Gottheil · Kaufmann · Kern · Zhao
X und Motif

K. Gottheil   H.-J. Kaufmann
Th. Kern   R. Zhao

X und Motif

Einführung in die Programmierung des
Motif-Toolkits und des X-Window-Systems

Mit 138 Abbildungen und 12 Tabellen

Springer-Verlag

Berlin Heidelberg New York
London Paris Tokyo
Hong Kong Barcelona
Budapest

Klaus Gottheil
Hermann-Josef Kaufmann
Thomas Kern
Rui Zhao

CADLAB
Bahnhofstraße 32
W-4790 Paderborn

CIP-Titelaufnahme der Deutschen Bibliothek
X und Motif : Einführung in die Programmierung des Motif-Toolkits und des X-Window-Systems; mit 12
Tabellen / K. Gottheil ...- Berlin ; Heidelberg ; New York ; London ; Paris ; Tokyo ; Hong Kong ; Barcelona;
Budapest : Springer, 1992
ISBN-13: 978-3-642-77309-9   e-ISBN-13: 978-3-642-77308-2
DOI: 10.1007/978-3-642-77308-2

Eingetragene Warenzeichen:
X Window System: MIT; OSF/Motif: Open Software Foundation; UNIX: AT & T; VMS: Digital
Equipment Corporation; SunView, SunOS, OpenLook, Sun4, SPARC, SPARCstation: Sun Microsystems,
Inc.; Macintosh: Apple Computer, Inc.; OpenDialogue: Apollo Computer, Inc.; GEM: Digital Research,
Inc.; MS-Windows, MS-DOS: Microsoft Corporation

Die Wiedergabe von Gebrauchsnamen, Handelsnamen, Warenbezeichnungen usw. in diesem Werk
berechtigt auch ohne besondere Kennzeichnung nicht zu der Annahme, daß solche Namen im Sinne der
Warenzeichen- und Markenschutz-Gesetzgebung als frei zu betrachten wären und daher von jedermann
benutzt werden dürften.

Umschlaggestaltung: Konzept & Design, Ilvesheim
Satz: Reproduktionsfertige Vorlage der Autoren
45/3140-5 4 3 2 1 0 – Gedruckt auf säurefreiem Papier

Vorwort

Motif ist eine Software-Umgebung zur Implementierung grafischer Benutzungsoberflächen. Mit Motif erstellte Applikationen bieten alle Elemente, die eine moderne Benutzungsoberfläche auszeichnen, wie überlappende Fenster, Dialogboxen und Menüs. Motif-Applikationen sind einfach und konsistent zu bedienen. Motif ist für UNIX und VMS erhältlich und hat gute Chancen, sich als Standard-Benutzungsoberfläche für diese Betriebssysteme zu etablieren.

Motif besteht aus einem Toolkit, einer Beschreibungssprache, einem Window-Manager und einem Style-Guide. In diesem Buch wird die Programmierung von Applikationen mit Hilfe des Toolkits beschrieben. Auf die anderen Komponenten von Motif wird dabei nur am Rande eingegangen. Das Motif-Toolkit stellt Grundbausteine zur Realisierung grafischer Benutzungsoberflächen zur Verfügung. Es baut auf dem X-Window-System auf. Das Toolkit deckt aber nicht alle Aspekte einer Applikation ab. Grafikausgaben zum Beispiel müssen weiterhin direkt mit dem X-Window-System erfolgen. In diesem Buch werden daher auch die notwendigen Kenntnisse über das X-Window-System vermittelt, ohne die eine erfolgreiche Motif-Applikation nicht zustande kommen kann.

Dieses Buch wendet sich an all diejenigen, die Applikationen mit grafischen Benutzungsoberflächen entwickeln wollen. Es ist für geübte C-Programmierer geschrieben; einige UNIX-Grundkenntnisse sollten ebenfalls vorhanden sein. Kenntnisse über Computergrafik und Benutzungsoberflächen sind hilfreich, aber nicht Bedingung. Viel Wert wird auf die Praxis gelegt — die Konzepte des Toolkits werden anhand längerer Beispiele vorgestellt. Mit den Beispielen werden zugleich Grundschemata entwickelt, die auch für andere Motif-Applikationen nützlich sind.

Viele der Beispiele sind aus unseren Erfahrungen im CADLAB hervorgegangen. Das CADLAB ist ein Forschungsinstitut, das gemeinsam von der

Firma Siemens Nixdorf Informationssysteme AG (SNI) und der Universität-GH Paderborn getragen wird. Es arbeitet unter anderem an Benutzungsoberflächen für CAD-Werkzeuge im Elektronikbereich. Ohne die vielen anregenden Diskussionen mit unseren Kollegen wäre dieses Buch wohl nicht zustandegekommen. Besonders W. Müller und J. Wening haben uns tatkräftig unterstützt. Den Ansporn, dieses Projekt überhaupt in Angriff zu nehmen, gab Prof. Dr. Th. Lengauer. Die nötigen Ressourcen haben unsere jeweiligen Arbeitgeber großzügig zur Verfügung gestellt. Ihnen allen gilt unser herzlicher Dank. Unseren Familien und Freunden danken wir für ihre Geduld.

Paderborn und Dortmund, Januar 1992

Klaus Gottheil
Hermann-Josef Kaufmann
Thomas Kern
Rui Zhao

Inhaltsverzeichnis

12 Menüs à la carte 533

13 Prozeßkommunikation 563

1. Einleitung

Grafische Benutzungsoberflächen bekommen zunehmende Bedeutung bei der anwenderfreundlichen Gestaltung von Applikationsprogrammen. Ihre Vorzüge gegenüber „klassischen" Oberflächen sind wohl unumstritten. Was dem Benutzer das Leben erleichtert, kann für den Programmierer aber eine echte Herausforderung darstellen. Um ihm das Leben zu erleichtern, hat die Open Software Foundation (OSF) die Software-Umgebung *Motif* entwickelt. Motif besteht aus vier Komponenten: dem Motif-Toolkit, der Beschreibungssprache UIL, dem Motif-Window-Manager und dem Motif-Style-Guide.

Das Motif-Toolkit ist eine Sammlung von Grundbausteinen für Applikationen mit grafischer Benutzungsoberfläche. Hierzu zählen unter anderem Dialogboxen, Menüs und Schalter. Diese Grund-Bausteine, *Widgets* genannt, erscheinen dreidimensional und können mit der Maus oder der Tastatur bedient werden. Die Geometrie einer Applikation, ihre Widgets und deren Aussehen kann optional auch mit der UIL (User Interface Language) beschrieben werden. Die UIL muß nicht verwendet werden, sie ist mehr eine Ergänzung zum Toolkit. Mit dem Window-Manager kann der Benutzer Fenster am Bildschirm manipulieren. Unter anderem kann er die Größe und Lage der Fenster verändern. Der Style-Guide schließlich ist eine Sammlung von Richtlinien, wie die Benutzungsoberfläche einer Motif-Applikation auszusehen hat. Er enthält unter anderem Konventionen über die Verwendung der Widgets.

1.1 Das Motif-Toolkit

In diesem Buch steht die Programmierung von Applikationen mit Hilfe des Motif-Toolkits im Vordergrund. Auf die anderen Komponenten von Motif wird dabei nur am Rande eingegangen. Das Motif-Toolkit setzt auf dem *X-Window-System* auf. Das X-Window-System wurde am Massachusetts Institute of Technology (MIT) entwickelt, es ist das Standard-Window-System für UNIX. Die Software-Schnittstelle des X-Window-Systems heißt *Xlib*. Die Xlib stellt nur einfache Basisfunktionen zur Verfügung, Dialogelemente wie Menüs oder Schalter sind zum Beispiel nicht vorhanden. Aufbauend auf der Xlib wurden vom MIT die *X-Toolkit-Intrinsics* entwickelt. Die Intrinsics sind selbst noch kein Toolkit, sie stellen nur die Grundfunktionen für ein Toolkit zur Verfügung. Dabei werden Methoden der objektorientierten Programmierung angewandt. In den X-Toolkit-Intrinsics wird der Grundstein für die Widgets gelegt. Die konkreten Widgets werden dann durch Motif realisiert. In diesem Zusammenhang spricht man auch von den *Motif-Widgets*. Abbildung 1.1 zeigt diese drei Ebenen unterhalb der „eigentlichen" Motif-Applikation.

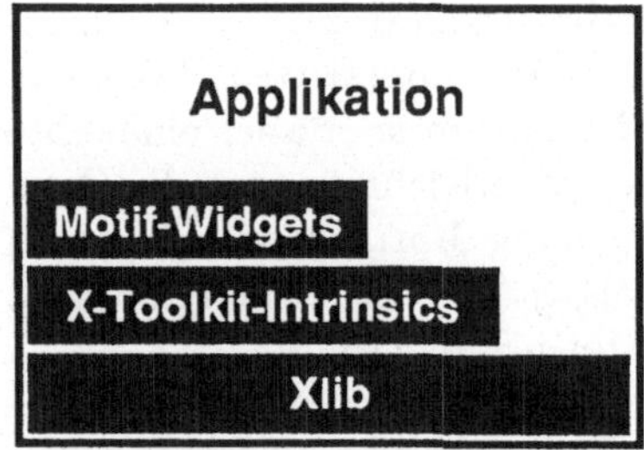

Abb. 1.1 Die verschiedenen Ebenen einer Motif-Applikation

Das Motif-Toolkit deckt die Funktionalität der Xlib und der X-Toolkit-Intrinsics nicht vollständig ab. Einige Aufgaben, wie zum Beispiel die Ausgabe von Grafik, müssen weiterhin direkt mit der Xlib erledigt werden. Grundkenntnisse über Intrinsics und Xlib sind für ein tiefergehendes Verständnis des Toolkits unbedingt erforderlich, ohne sie kann keine realistische Motif-Applikation zustande kommen. Das nötige Wissen wird hier ebenfalls vermittelt.

Letztlich kann wegen der Fülle des Stoffes nur eine Einführung in die Programmierung mit Motif gegeben werden. Insbesondere ist dieses Buch kein Ersatz für die Manuale, es sollte dem Leser aber für eine recht lange Strecke nützlich sein. Viel Wert wird auf die Praxis gelegt. Längere Beispiele begleiten die vorgestellten Konzepte. Dabei wurden realistische Beispiele gewählt, die gleichzeitig als Anleitung für eigene Applikationen dienen können. Bei kurzen Beispielen werden die eigentlichen Probleme oft nicht sichtbar. Der Leser sollte die Beispiele möglichst selbst nachvollziehen. Nur durch eigene Praxis kann man ein tiefergehendes Wissen über das Toolkit erwerben. UNIX-Grundwissen und Erfahrung mit der Programmiersprache C werden vorausgesetzt. Sattelfest im Umgang mit *, -> und & sollte der Leser also schon sein.

Die Beispiele sind durchgehend in „Kernighan & Ritchie – C" geschrieben (Kernighan und Ritchie 1978). Beim X-Window-System wurde X11 Release 4 verwendet, beim Motif-Toolkit war es Version 1.1. Sämtliche Beispiele wurden auf einer SUN SPARCstation 1 unter SunOS 4.1 entwickelt und getestet. Eine Portierung nach VMS dürfte nicht allzu schwierig sein, wurde von den Autoren aber nur in Ansätzen durchgeführt.

1.2 Lesehinweise

Das Buch gliedert sich in drei Teile: Im Teil A wird eine Übersicht über Benutzungsoberflächen, Computergrafik, das X-Window-System und das Motif-Toolkit geboten. Eine Fülle an grundlegenden Begriffen und Konzepten wird dargestellt, auf die später immer wieder zurückgegriffen wird. Anschaulich gemacht wird das Ganze durch zwei kurze Beispiele, wobei aber nicht auf jedes Detail eingegangen wird. Dieser Teil ist für jeden interessant, der sich mit Motif beschäftigt, auch wenn er nicht selbst programmieren möchte.

Teil B bildet den Schwerpunkt des Buches, hier geht es zur Sache: Zuerst wird gezeigt, wie man sich als Programmierer eine geeignete Arbeitsumgebung schafft. Hierzu werden verschiedene Tools des X-Window-Systems sowie eine komfortable Konfigurierung des Motif-Window-Managers vorgestellt. Danach wird ein kurzes Beispiel im Detail vorgeführt, wobei die Konzepte aus Teil A in die Praxis umgesetzt werden. In den beiden folgenden Kapiteln wird gezeigt, wie komplexe Formulare aufgebaut werden und wie das Zusammenspiel mehrerer Formulare organisiert werden kann. Mit in den Dunstkreis dieses Themas gehören so wichtige Dinge wie Dialogboxen und die Behandlung von Fehlern. Weiter werden die wichtigsten Widget-Klassen vorgestellt. Begleitet werden diese Themen von einem längeren Beispiel, das laufend erweitert wird. Diese Kapitel sind für jeden wichtig, der mit Motif programmieren will.

Danach wird die Ausgabe von Grafik beschrieben, wobei direkt die Xlib verwendet wird. Zu diesem Thema gehört auch die Verwaltung von Grafikdaten, der ein eigenes Kapitel gewidmet ist. Anschließend folgen Details zum Eingabemodell des X-Window-Systems, bei dem das *Event* der zentrale Begriff ist. Als Beispiel für diese Kapitel dient ein einfacher Grafik-Editor, der nach und nach ausgebaut wird. Wer nicht an Grafik interessiert ist, kann die entsprechenden Abschnitte ohne weiteres überspringen. Das Kapitel über Events braucht beim ersten Lesen nur überflogen zu werden, da diese Informationen nur gelegentlich benötigt werden.

Die verschiedenen Menü-Arten werden anhand kurzer Beispiel-Programme vorgestellt, die leicht auf den Grafik-Editor übertragbar sind. Dabei werden einige nützliche Hilfsfunktionen zur Erstellung von Menüs entwickelt. Nach den Menüs werden noch einige spezielle Themen kurz angerissen. Unter anderem wird gezeigt, wie Prozeßkommunikation mit Hilfe des X-Window-Systems betrieben werden kann. Weiter wird eine „Software-Pinwand" vorgestellt, mit der Daten zwischen Applikationen ausgetauscht werden können.

In Teil C wird beschrieben, wie das Motif-Toolkit nach eigenen Bedürfnissen erweitert werden kann. Die X-Toolkit-Intrinsics erlauben dazu die Programmierung neuer Widget-Klassen. Bei diesem Thema kann allerdings nur die Oberfläche angeritzt werden — wer sich ernsthaft mit der Programmierung von Widget-Klassen auseinandersetzen will, muß die Intrinsics „im Schlaf herbeten" können und ist zusätzlich noch auf das Studium des Source-Codes von Motif angewiesen. Zum Glück reichen die vorhandenen Motif-Widgets für die allermeisten Anwendungen aus.

Noch ein Wort zu einem leidigen Problem: der Verwendung englischer Fachwörter in deutschen Texten. In dieser Hinsicht wäre es sicher einfacher, einen Text gleich in Englisch abzufassen. Muß es immer Datei heißen, oder darf auch das in der Umgangssprache gebräuchlichere Wort „file" verwendet werden? Und wie ist es mit „directory" – was heißt das eigentlich auf deutsch? Nach einigem Nachdenken kommt man auf Dateiverzeichnis – oder ist Katalog richtiger, wie es in einem Lexikon der Informatik steht? Die Autoren müssen jedenfalls eingestehen, daß sie im Gespräch die Anglizismen verwenden und beim Lesen von deutschen Texten Wörter wie Katalog sofort in „directory" übersetzen. Schlimm wird die Situation, wenn neue Wortungetüme gezeugt werden müßten, weil kein eingeführtes deutsches Fachwort existiert. Da versagt schlichtweg die Phantasie dröger Informatiker, wie wir es sind. Zumal die neu geschaffenen Wörter dann auch noch das Studium der englischen Manuale behindern würden. Die Verwendung englischer Begriffe in Anführungsstrichen macht das Lesen auch nicht einfacher – persönlich finden wir „sie" jedenfalls störend.

Also haben wir uns zur freizügigen Verwendung von Anglizismen anstelle deutscher Substantive durchgerungen. Bei Begriffen, die für den Programmierer von Bedeutung sind, haben wir meistens englische Wörter verwendet. Deutsch wurde dagegen für die Sicht des Benutzers verwendet. Ein Beispiel sind die Begriffe „Fenster" und „Window": Ein „Fenster" ist ein Konzept aus Sicht des Benutzers. Ein „Window" dagegen ist ein Objekt aus der Welt des Programmierers.

1.3 Weiterführende Literatur

Die letzte Instanz für Informationen über das X-Window-System, die X-Toolkit-Intrinsics und das Motif-Toolkit sind sicherlich die Manuale Gettys et al. (1988), McCormack et al. (1988) und OSF (1989a). Es ist eine gute Idee, während des Lesens gelegentlich auch einen Blick in die Manuale zu werfen: Themen, die hier nur angerissen werden können, werden dort ausführlich behandelt. Außerdem kann man sich Verweise für später merken und bekommt so einen besseren Zugang zu den doch recht zäh zu lesenden Originalen. Interessant dürften auch die Programmier-Richtlinien in OSF (1989b) sein. In ihnen wird allerdings die Kenntnis der Xlib und der X-Toolkit-Intrinsics vorausgesetzt. Im „Ernstfall" ist für die Erstellung einer kommerziellen Applikation außerdem das Studium des Motif-Style-Guides OSF (1989c) unabdingbar. Ein vorzügliches Handbuch zur Programmierung mit der Xlib ist das Werk von Adrian Nye (1988).

An weiterführender Literatur zu den Themen Benutzungsoberflächen, Computergrafik und objektorientierte Programmierung seien hier nur stellvertretend die Werke von Shneiderman (1987), Foley und Van Dam (1982) und Cox (1986) erwähnt.

Teil A: Überblick und Konzepte

2. Fenster zur Welt

In diesem Kapitel werden zuerst einige grundsätzliche Begriffe zu Benutzungsoberflächen erklärt. Naturgemäß ist dieser Teil recht kurz und oberflächlich, einiges mehr an Einsichten hat zum Beispiel das Buch von Shneiderman (1987) zu bieten. Danach wird etwas Licht in die schnellebige Historie der Window-Systeme und Toolkits gebracht. Wie ist es zum X-Window-System gekommen, welche Rolle spielt Motif dabei? Sogar die Gründe für die Architektur des Toolkits werden durch die Geschichte verständlich.

2.1   Wozu Windows?

Die Vorteile von Window-Systemen verstehen sich fast von selbst. Bei der Gestaltung von Benutzungsoberflächen können Windows alle möglichen Aufgaben übernehmen. Sie können Daten darstellen, Formulare und Menüs zeigen oder zur Ausgabe von Warnungen und Hilfestellungen dienen.

Ein Window-System erlaubt es dem Benutzer, die Ausgaben mehrerer Programme gleichzeitig zu beobachten. Er kann mehr Informationen aufnehmen, da grafische Information leichter als textuelle erfaßt werden kann. Auf einem Grafikbildschirm kann der Status eines Programms deutlicher angezeigt werden. Wer hat beim Bildschirm-Editor *vi* nicht schon einmal geglaubt, im Eingabemodus zu sein, während er im Kommandomodus war? Außerdem kann der Benutzer in einem Window-System quasi parallel Eingaben machen. Während er in einem Window editiert, kann er in einem anderen Window ein Programm übersetzen. Diese Parallelität gilt aber nicht nur für verschiedene Programme, sondern auch innerhalb eines Programms: In einem Grafikeditor kann er in einem Window „malen" und dabei in einem anderen Window die Linienbreite ändern.

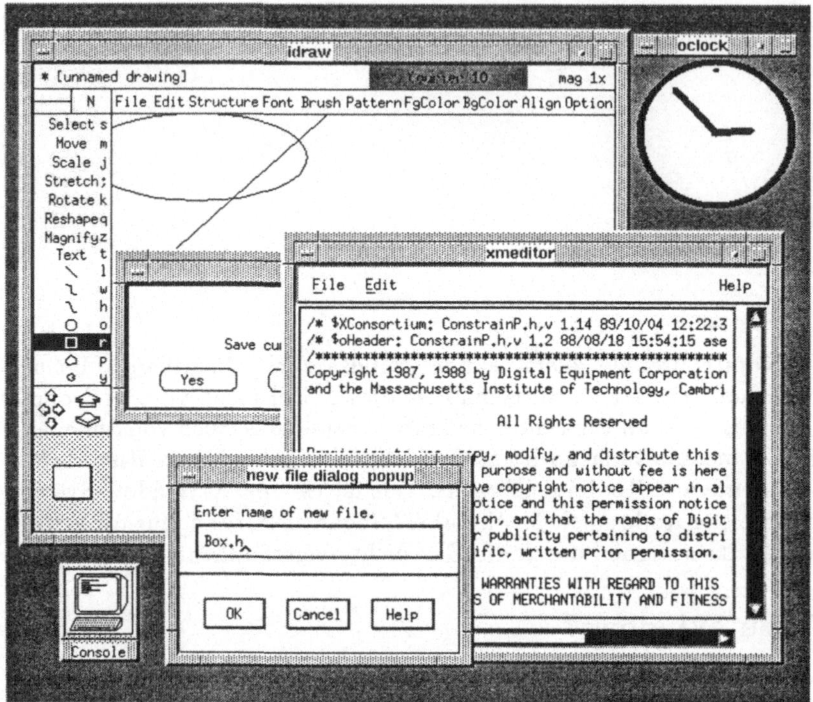

Abb. 2.1 Eine grafische Benutzungsoberfläche unter Motif

Mit dem Aufkommen der Window-Systeme erschien eine alte Anforderung an eine Benutzungsoberfläche in einem neuen Licht: Der Benutzer sollte durch das Programm nicht zu einer bestimmten Reihenfolge der „Bedienung" gezwungen werden. Vielmehr sollte er die Freiheit haben, die Reihenfolge seiner Eingaben selbst zu bestimmen. Wird ihm jeder einzelne Schritt vom Programm vorgeschrieben, so muß er sich „fremdbestimmt" und gegängelt fühlen, während er im anderen Fall die Kontrolle über das Programm behält. Die „Führung" des Benutzers durch das Programm wird auch als *interne Kontrolle* bezeichnet, im Gegensatz zur *externen Kontrolle*, bei der der Benutzer das Programm „steuert".

Vor dem Aufkommen von Grafikbildschirmen und Window-Systemen war solch eine externe Kontrolle durch den Benutzer nur mit einer Kommandosprache oder einfachen Menüs zu erreichen. Die externe Kontrolle eines Programms durch den Benutzer hat durch Window-Systeme eine ganz neue Qualität gewonnen: Jetzt kann er mehrere Eingaben parallel machen. Er kann ein Formular teilweise ausfüllen, zwischendurch etwas anderes machen und dann die Parametereingabe durch das Formular beenden. Dieses Mehr an Parallelität kommt aber nicht von selbst zustande — es muß vom Programmierer mühselig hergestellt werden. Window-Systeme bieten nur die *Möglichkeit*, dies zu erreichen. Man kann auch in einem Window-System Programme schreiben, die den Benutzer kontrollieren oder ihn immer im Dunkeln stehenlassen. Und diese neuen Möglichkeiten haben natürlich ihren Preis: Die parallelen Eingaben machen innerhalb eines Programms meist einen sehr komplizierten *Kontrollfluß* notwendig, der die Programmierung des Dialogs mit dem Benutzer schwierig macht. In jeder Situation kann fast alles passieren — was für den Benutzer Komfort bedeutet, ist für den Programmierer eine erschreckende Vorstellung.

Ein weiteres wichtiges Element grafischer Benutzungsoberflächen sind neben den Windows die *Dialogobjekte*, die auf Eingaben des Benutzers reagieren. Mit ihnen kann der Benutzer Kommandos oder Texte eingeben, Parameter einstellen, Optionen auswählen oder sonstwie die Applikation steuern. Auf diese Eingaben reagieren Dialogobjekte meist mit einem *Echo* — sie zeigen den neuen, durch die Eingabe geänderten Zustand direkt an. Außerdem können sie auch zur reinen Ausgabe von Daten dienen.

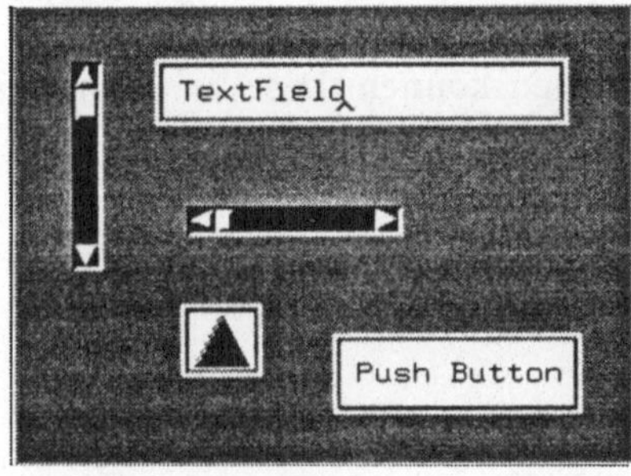

Abb. 2.2 Einige der Dialogobjekte von Motif

Man kann Dialogobjekte als logische Ein-/Ausgabegeräte (*„devices"*) auffassen. Wie andere Geräte lesen sie Eingaben vom Benutzer, erzeugen ein Echo und dienen zur Ausgabe. Während aber ein Programm mit Terminaldialog nur zwei Geräte — Bildschirm und Tastatur — benötigt, gibt es bei einem Programm in einer Window-Umgebung meist eine Vielzahl von Geräten, die der Benutzer gleichzeitig bedienen kann. Auch hieran erkennt man schon, daß der Kontrollfluß für ein solches Programm sehr kompliziert sein kann.

Dialogobjekte sind oft Dingen der realen Welt nachempfunden: Manche verhalten sich wie Tasten, auf die man „drücken" kann — mit der Maus statt mit dem Daumen. Andere Dialogobjekte verhalten sich wie Schalter, die man „umstellen" kann. *Scrollbars* erinnern an Schieberegler, mit denen man einen analogen Wert durch „Verschieben" einstellen kann. Die Benutzung solcher

Objekte wird daher als „*direct manipulation*" bezeichnet — der Benutzer kann ein solches Dialogobjekt wie ein wirkliches Objekt direkt manipulieren. Solche Dialogobjekte sind vom Benutzer leicht zu verstehen, da er sie aus eigener Erfahrung kennt. Benutzungsoberflächen mit „direct manipulation" erfordern viel Aufwand bei der Programmierung — wegen der Grafik und der Nachbildung des „natürlichen" Verhaltens der Objekte. Manchmal klappt es mit dem Verhalten auch nicht so recht — wenn der Benutzer sich etwas anderes unter einem Objekt als der Programmierer vorstellt.

Die Dialogobjekte und die Form der Windows geben einem Anwendungsprogramm ein bestimmtes Gesicht und legen zum Teil auch die Benutzung des Programms fest — durch die Form der Menüs, Schalter, Scrollbars und was es sonst noch so an Dialogobjekten gibt. Dieses Gesicht und die Handhabung sollte natürlich möglichst konsistent sein — dumm, wenn ein Schalter mal mit der linken und mal mit der rechten Maustaste bedient werden muß. Noch besser, wenn auch verschiedene Anwendungsprogramme — im folgenden meist nur kurz *Applikationen* genannt — ein einheitliches Gesicht und einheitliche Prinzipien für die Bedienung der Dialogobjekte haben. Das Gesicht und die Bedienungsprinzipien werden auch als „*look and feel*" einer Applikation bezeichnet. Die Dialogobjekte machen natürlich einen guten Teil des „look and feel" einer Applikation aus. Sie legen zum Beispiel fest, wie Menüs und Schalter aussehen und benutzt werden können. Die Verwendung der Dialogobjekte durch die Applikation gehört aber genauso zum „look and feel". Und das kann nicht durch das Toolkit, sondern nur durch Konventionen festgelegt werden.

2.2   Window-Historie

Wie ist es zur Entwicklung von Window-Systemen gekommen? Anfang der 70'er Jahre ging die Entwicklung in der Informatik weg von den Rechenzentren mit ihren Großrechnern hin zu Personal-Computern und Workstations. Die Computer verließen die Elfenbeintürme der Rechenzentren und wanderten auf die Schreibtische. Bis dahin waren die Bediener der Anwendungsprogramme in erster Linie Programmierer oder geschulte Operatoren. Jetzt bedienten die Endbenutzer selbst die Programme – die Programme wurden zu Werkzeugen der Benutzer. Dazu mußten die Werkzeuge aber auch von Laien zu bedienen sein. Die Benutzungsoberfläche der Applikationen bekam ein völlig neues Gewicht.

Im Forschungsinstitut der Firma Xerox in Palo Alto (Xerox PARC) erkannte man früh, daß leistungsfähige Workstations mit hochauflösender Grafik neue Perspektiven für Benutzungsoberflächen eröffnen würden. Hier wurde das Paradigma des Window-Systems erfunden und auch zum ersten Mal mit der „Xerox Star" realisiert. Zu dieser Zeit war die Realisierung eines Window-Systems aber noch eine sehr teure Angelegenheit – die Hardware war einfach noch nicht weit genug. Das Window-System von Xerox war konkurrenzlos, bis Ende der 70er Jahre die „Lisa" von Apple auf den Markt gebracht wurde und Anfang der 80er der „Macintosh". Bei Apple richtete man konsequent die „cooperate identity" ganz auf die Benutzerfreundlichkeit aus. Während Xerox die Erfindung des Window-Systems kommerziell nicht so recht zu nutzen verstand, wurde sie ein Grundpfeiler des Erfolgs von Apple.

Wurde der Macintosh anfangs noch als Spielzeug belächelt, so geriet die Computer-Industrie doch zunehmend unter den Druck, ihre Produkte anwenderfreundlicher zu gestalten. Nach und nach wurden die verschiedensten Window-Systeme für PC's und Workstations entwickelt. Auf dem PC erschien GEM von Digital Research und MS-Windows von Microsoft. Auf den Workstations wurde von jedem Hersteller, der etwas auf sich hielt, ein eigenes Window-System entwickelt, speziell zugeschnitten auf die jeweilige Hardware. Als Beispiele seien nur SunView von Sun, OpenDialogue von Apollo oder VWS von der Digital Equipment Corporation (DEC) genannt. Diese Vielfalt war sowohl aus Sicht der Programmierer als auch der Anwender eher unerfreulich: Die Applikationen für die verschiedenen Window-Systeme waren nur mit großem Aufwand zu portieren, sie mußten teilweise unter jedem Window-System vom Benutzer anders bedient werden. Nur Apple verstand es von Anfang an, durch strenge Konventionen die Einheitlichkeit der Applikationen sicherzustellen. Diese Konventionen sind in den „Human Interface Guidelines" von Apple festgehalten.

Parallel zu den Window-Systemen fand noch eine zweite wichtige Entwicklung in der Informatik statt: Die unterschiedlichsten Rechner — PC's, Workstations und Großrechner — wurden durch schnelle lokale Netzwerke miteinander verbunden. Aus isolierten Werkzeugen wurde ein ganz neues Kommunikationsmedium. Beim Massachusetts Institute of Technology (MIT) überlegte man, wie die vielen verschiedenen Rechner des MIT am besten nutzbar gemacht werden könnten; hierzu wurde das Projekt Athena initiiert. Eines der Ziele des Projektes war es, ein großes heterogenes Netzwerk aufzubauen, in dem die Benutzer Zugriff auf alle möglichen Ressourcen haben sollten. Man sollte zum Beispiel von seiner Workstation aus interaktiv Applikationen auf einem Großrechner benutzen können. Die Großrechner konnten jedoch bis dato keine interaktive Grafik auf den Workstations ausgeben – die unterschiedlichen Window-Systeme waren nicht netzwerkfähig. Auch die schon erwähnte mangelnde Portabilität der Window-Systeme war ein Problem: Eine Applikation mußte praktisch für jeden Rechnertyp im Netzwerk neu implementiert werden.

Aus diesen Gründen entschloß man sich 1984 beim MIT, selbst ein netzwerkfähiges und portierbares Window-System zu entwickeln. Der erste Versuch erhielt den Namen „W", die Nachfolgeversion sinnigerweise den Namen „X". Die ersten 10 Versionen des *X-Window-Systems* wurden fast ausschließlich von Robert Scheifler, Jim Gettys und Ron Newman entwickelt, gesponsert wurde die Arbeit – wie das ganze Projekt Athena – von DEC. Diese ersten Versionen wurden nur intern beim MIT und bei DEC eingesetzt. Mit der Version 10 erwachte das Interesse der Industrie an dem Produkt. Die Version 10 wurde vom MIT dann auch gegen eine geringe Gebühr vertrieben und auf vielen Rechnern als Window-System eingesetzt. Wegen des großen Interesses der Industrie wurde schließlich ein Konsortium eingesetzt, in dem sich die Hersteller an der Definition der Version 11 des X-Window-Systems beteiligen konnten. Diese Version wurde schließlich als ANSI-Standard eingeführt.

Etwas später als das MIT hat auch die Firma Sun die Zeichen der Netzwerk-Zeit erkannt und mit *NeWS* ein eigenes netzwerkfähiges Window-System herausgebracht. Für die Grafikausgabe wird bei NeWS eine Erweiterung von Postscript verwendet. Postscript ist nicht einfach eine Grafikschnittstelle, sondern eine ausgewachsene Programmiersprache — ursprünglich zur Beschreibung von 2-dimensionaler Grafik für den Fotosatz. Genau wie das X-Window-System wird NeWS gegen eine geringe Gebühr weitergegeben, NeWS-Implementationen gibt es für eine ganze Zahl von Rechnern. Sun liefert für ihre Rechner eine „Mixtur" — NeWS und X können gemeinsam verwendet werden.

Bei der Entwicklung des X-Window-Systems war man sehr darauf bedacht, daß es „politikfrei" sein sollte. Jede Art von Benutzungsoberfläche sollte mit dem X-Window-System realisiert werden können. Man wollte sich auf keinen Fall von vornherein auf ein bestimmtes Aussehen oder eine bestimmte Bedienung festlegen. Daher hat die Programmierschnittstelle des X-Window-Systems — die *Xlib* — auch nur eine sehr niedrige Funktionalität. Die Xlib ist nicht dafür gedacht, daß sie vom Programmierer einer Applikation direkt verwendet wird. Vielmehr soll der Programmierer die Benutzungsoberfläche einer Applikation mit Hilfe eines *Toolkits* gestalten. Das X-Window-System kennt nur „nackte" Windows, die unterschiedlichen Dialogobjekte werden erst durch Toolkits realisiert.

Es gab schon für Version 10 von X einfache Toolkits. Aber erst mit Version 11 sind die Toolkits zur vollen Reife gelangt. Der Grundstein hierfür wurde wiederum beim MIT gelegt. Dort wurde eine Schicht über das X-Window-System gelegt, mit der ein Toolkit relativ einfach implementiert werden kann: die *X-Toolkit-Intrinsics*, meist nur kurz Intrinsics genannt. Die Intrinsics sind also kein Toolkit, sondern stellen nur Basisfunktionen für Toolkits zur Verfügung. Mit Hilfe der Intrinsics werden die oben erwähnten *Dialogobjekte* implementiert, also all die bunten Schalter, Texteingabefelder, Menüs und Formulare. Diese Dialogobjekte werden in den Intrinsics *Widgets* genannt. Die meisten Toolkits bestehen im wesentlichen aus den Intrinsics und einer Menge von Widgets, dem *Widget-Set* des Toolkits. In der Einleitung wurden diese verschiedenen Ebenen — X-Window-System, Intrinsics und Widget-Set — unterhalb der eigentlichen Applikation schon angesprochen, siehe Abb. 1.1. Es gibt übrigens auch einige Toolkits, die nicht die Intrinsics verwenden; sie sind aber in der Minderheit.

Nun wiederholte sich aber bei den Toolkits, was schon bei den Window-Systemen passiert war: Jeder Rechner-Hersteller warf sein eigenes Widget-Set — also praktisch sein eigenes Toolkit — auf den Markt. Bei DEC hieß das Widget-Set „XUI Toolkit", bei Hewlett-Packard „HP X Widgets", das MIT war mit den „Athena Widgets" dabei. Jedes dieser Toolkits sah anders aus und wurde anders bedient — sie hatten alle ihr eigenes „look and feel". Die konsistente Bedienung war dahin. Das führte sinnvollerweise zu Bestrebungen, für alle Toolkits ein einheitliches „look and feel" zu definieren, ähnlich wie es Apple mit seinen „Human Interface Guidelines" gemacht hatte. Es sollte also nicht in erster Linie festgelegt werden, welches Toolkit eine Applikation verwenden soll, sondern wie sie auszusehen und zu bedienen ist. Es blieben zwei Organisationen übrig, die beide das endgültige „look and feel" für sich reklamieren: Die Open Software Foundation (OSF) und Unix International (UI). Alle wichtige Workstation-Hersteller sind in einer der beiden Organisationen vertreten.

Die OSF hat 1988 eine Ausschreibung für ein einheitliches „look and feel" und ein passendes Widget-Set veranstaltet, an der sich 39 Firmen beteiligten. Es zeigte sich, daß keine Firma alle Ansprüche der OSF erfüllen konnte. So wurde schließlich ein gemeinsam von Hewlett-Packard und Microsoft definiertes „look and feel" angenommen. Die Firma DEC wurde beauftragt, ihr Widget-Set an dieses „look and feel" anzupassen. Das „look and feel" der OSF heißt *Motif* und ist im *Motif-Style-Guide* festgelegt. Das entsprechende Widget-Set dazu sind die *Motif-Widgets*. Wenn im folgenden vom *Motif-Toolkit* die Rede ist, so sind immer die X-Toolkit-Intrinsics zusammen mit den Motif-Widgets gemeint.

Das „look and feel" von Unix International heißt *OpenLook*. Bei der Definition von OpenLook ist man anders als die OSF vorgegangen: Sun hat den *OpenLook-Style-Guide* definiert, eine öffentliche Ausschreibung gab es nicht. Für OpenLook existieren bisher zwei Toolkits: *XView* von Sun und *Xt+* von AT&T. Hierbei verwendet Xt+ die X-Toolkit-Intrinsics, genau wie das Motif-Toolkit. XView verwendet übrigens nicht die Intrinsics.

Zur Zeit ist offen, ob Motif oder OpenLook das Rennen machen wird — wahrscheinlich werden beide einige Zeit nebeneinander existieren. Für den Applikationsprogrammierer gibt es aber eine gute Nachricht: Verwendet man ein Toolkit, das auf den Intrinsics aufbaut, so ist eine Applikation relativ einfach auf ein anderes Toolkit zu portieren, das ebenfalls auf den Intrinsics aufsetzt. Die Intrinsics legen schon sehr viel von der Basis-Funktionalität eines Toolkits fest. Mit den Intrinsics fährt man also relativ sicher. Auch wenn hier nur von den Motif-Widgets die Rede ist, kann man das neu erworbene Wissen zum Beispiel leicht auf Xt+ übertragen.

Die Motif-Widgets: Hier sollen kurz einige der Motif-Widgets aus Sicht des Benutzers vorgestellt werden. Es steht ein vielseitiger Zoo von Dialogobjekten zur Verfügung:

— *XmPushButton:* eine beschriftete Taste. Wird sie gedrückt, so wird meist ein Befehl ausgeführt.

— *XmLabel:* ein fester Text, der keine Eingaben annimmt

— *XmText:* ein Text, der vom Benutzer editiert werden kann

— *XmScrollBar:* ein „Rollbalken" (wer weiß eine bessere Übersetzung?). Er dient zum Verschieben von Ausgaben in Windows.

— *XmDrawingArea:* ein Ausgabefeld für Grafik

— *XmList:* eine Liste mit Texten. Die einzelnen Elemente können vom Benutzer selektiert werden.

Es werden auch Widgets zur Organisation anderer Widgets und komplette Formulare zur Verfügung gestellt:

— *XmForm:* ein Widget zur Positionierung von Dialogobjekten. Es wird mit Schaltern oder anderen Widgets gefüllt.

— *XmFileSelectionBox:* ein spezielles Formular zur Auswahl eines Files

— *XmMessageBox:* ein Widget zur Ausgabe von Meldungen. Der Benutzer wird zu einer Reaktion aufgefordert.

Diese Liste ist bei weitem nicht vollständig. Die Handhabung der Dialogelemente durch den Benutzer ist einfach und intuitiv. Der Benutzer kann übrigens die Präsentation der Widgets selbst verändern. Er kann durch spezielle Files unter anderem Farben oder Texte von Widgets umdefinieren. So kann er zum Beispiel festlegen, daß alle Schalter einer Applikation blau sein sollen oder daß ein bestimmter Schalter den Text „Schluß" statt „Quit" zeigen soll.

3. X-Windows machen's möglich

Das X-Window-System erlaubt die geräteunabhängige Verwaltung von grafischen Bildschirmen. Eine Applikation kann in ihren Windows Text und Grafik ausgeben und erhält Benutzereingaben von Maus oder Tastatur. Dabei wird die prozedurale Schnittstelle des X-Window-Systems, die *Xlib*, verwendet. Die Xlib sollte allerdings möglichst nicht direkt von einer Applikation verwendet werden: Dabei wären einfach zu viele Details von der Applikation selbst zu verwalten, da die Funktionalität der Xlib nur sehr niedrig ist. So kennt die Xlib zum Beispiel keinerlei Dialogobjekte, sondern nur „nackte" Windows. Es gibt verschiedene *Toolkits*, die einer Applikation eine höhere Funktionalität als die der Xlib zur Verfügung stellen. Erst die Toolkits stellen einer Applikation Dialogobjekte wie Schalter oder Menüs zur Verfügung.

Eigentlich sollte ein Toolkit den Applikationsprogrammierer völlig von den Details der Xlib abschirmen — so zumindest die Theorie. In der Praxis muß der Programmierer aber doch einiges von der Xlib wissen. Er muß unter anderem mit Windows, Events und Ressourcen vertraut sein, um ein Toolkit anwenden zu können. Für die Ausgabe von Grafik muß sogar direkt die Xlib verwendet werden. Einige grundlegende Kenntnisse über die Xlib sind für das Verständnis des Toolkits oft nützlich.

3.1 Server und Client

Das X-Window-System ist netzwerkfähig. Das heißt, daß Applikationen ein Grafik-Terminal über ein Netzwerk ansprechen können. Hierzu gibt es für die Ein- und Ausgabegeräte des Grafik-Terminals einen eigenen Prozeß, der die Ausgaben der verschiedenen Applikationen koordiniert und umgekehrt Benutzereingaben an die Applikationen verteilt. Der Terminal-Prozeß wird *X-Server*, die Applikationen werden *Clients* genannt, siehe auch Abb. 3.1.

Wenn hier von einem Terminal die Rede ist, so kann das selbstverständlich auch die Konsole einer Grafik-Workstation sein. Ein Terminal wird in der Xlib *Display* genannt und darf nicht mit einem Bildschirm verwechselt werden, der in der Xlib *Screen* heißt. Es gibt besonders im CAD-Bereich nämlich Terminals, die mehrere Bildschirme haben können, zum Beispiel einen Bildschirm für Dialoge und einen für die eigentliche Grafik. Das ist in der Xlib berücksichtigt — ein Display kann mehrere Screens ansteuern. Ein Display wird in der Xlib immer mit dem zugehörigen X-Server gleichgesetzt.

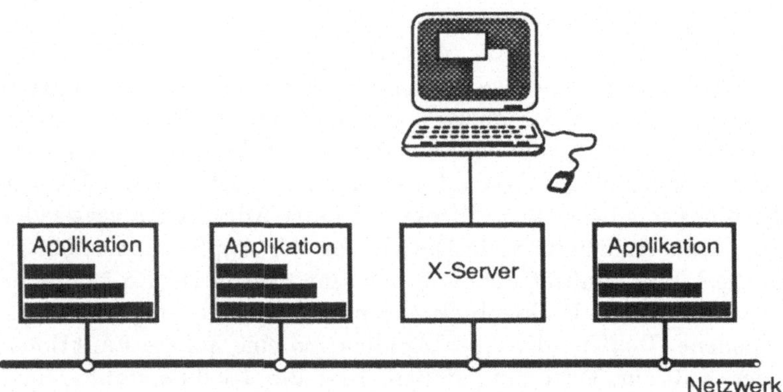

Abb. 3.1 Der X-Server verteilt die Ein- und Ausgaben der Applikationen.

Der Server-Prozeß für ein Display hat eine eindeutige Netzwerk-Adresse. Das Format dieser Adresse hängt vom jeweiligen Netzwerk ab. In einer UNIX-Umgebung hat der Server für die Konsole der Workstation *obelix* zum Beispiel die Adresse *obelix:0*. Bevor eine Applikation mit einem X-Server kommunizieren kann, muß sie zuerst eine Verbindung zum Server aufbauen. Das geschieht mit Hilfe der Routine *XOpenDisplay()*. Ansonsten „merkt" eine Applikation aber in keiner Weise, ob sie mit einem Server auf derselben Maschine oder auf einer anderen Maschine verbunden ist.

Die Ausgaben, die eine Applikation zum X-Server schickt, werden normalerweise nicht synchron bearbeitet. Meist werden die Ausgaben in einen Puffer geschrieben. Erst wenn der Puffer voll ist oder die Applikation nach Eingaben fragt, werden die Ausgaben zum Server geschickt. Das heißt aber, daß Ausgaben erst einige Zeit nach dem eigentlichem Aufruf sichtbar werden. Das kann bei der Fehlersuche recht verwirrend sein.

3.2 Windows

Ein *Window* ist ein rechteckiger Ausschnitt auf einem Grafikbildschirm. Auf dem Bildschirm können gleichzeitig viele verschiedene Windows existieren, die sich dabei überlappen dürfen. Die Windows eines Bildschirms können verschiedenen Applikationen gehören, jede Applikationen kann wiederum mehrere Windows haben. Die Windows eines Displays werden dazu vom X-Server verwaltet. Windows haben im wesentlichen zwei Funktionen: Sie dienen als Felder für die Ausgaben einer Applikation und „filtern" Benutzereingaben. Eine Applikation kann nur in ihren Windows Ausgaben erzeugen und bekommt meist auch nur Eingaben, wenn der Maus-Cursor über einem ihrer Windows liegt.

Ein Window hat an „geometrischem Inhalt" nur einen *Rand* und ein *Hintergrundmuster*. Ein Titel oder eine „close box", wie man sie von anderen Window-Systemen kennt, sind nicht vorhanden. Solche Zusätze müssen extra erzeugt werden. Die Muster für Rand und Hintergrund und die Breite des Randes können verändert werden. Auf Ausgaben und Eingaben wird später noch genauer eingegangen.

Windows können andere Windows enthalten, sogenannte *Subwindows.* Ein Subwindow ist immer ganz in seinem „Eltern-Window", oder auch *Parent-Window*, enthalten. Ein Parent-Window ist also so etwas wie ein Ausschnitt, durch den hindurch die Subwindows sichtbar sind. Die Subwindows eines Windows können sich dabei wieder überlappen. Ansonsten sind Subwindows ganz normale Windows wie andere auch und können als solche selbst wieder Subwindows enthalten. Abbildung 3.2 zeigt eine mögliche Konfiguration von Windows und Subwindows.

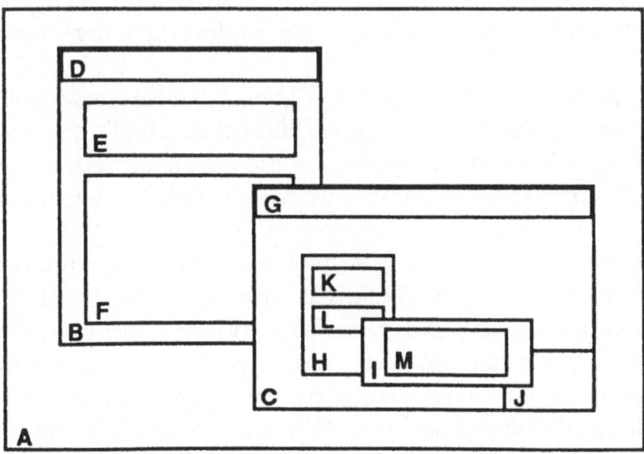

Abb. 3.2 Eine mögliche Konfiguration von Windows

Die Windows eines Bildschirms bilden eine Hierarchie. Hierbei wird der eigentliche Bildschirm auch als Window aufgefaßt — er ist die Wurzel der *Window-Hierarchie.* Das Window des Bildschirms wird daher *Root-Window* genannt. Die Subwindows des Root-Windows werden *Top-Level-Windows* genannt. Abbildung 3.3 zeigt die zu Abb. 3.2 gehörige Window-Hierarchie. A ist das Root-Window, B und C sind Top-Level-Windows.

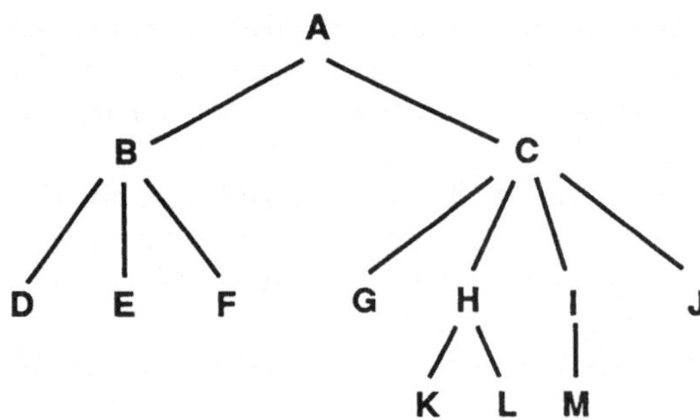

Abb. 3.3 Die Hierarchie der Windows aus Abb. 3.2

Wird ein Window verschoben, so ändert sich die relative Lage seiner Subwindows nicht. Ein Subwindow, das in der linken oberen Ecke des Parent-Windows lag, bleibt dort, auch wenn das Parent-Window verschoben wird. Wenn die Größe eines Windows geändert wird, so ändert sich die Größe der Subwindows nicht. Anders ist es mit der relativen Lage der Subwindows, wenn die Größe des Parent-Windows verändert wird. Hierbei kann sich die relative Lage der Subwindows ändern — die genaue Änderung hängt vom Parent-Window ab.

Die Windows einer Applikation werden vom jeweiligen X-Server verwaltet. Die Applikation kennt von ihren Windows nur einen Identifier. Die Daten des Windows liegen beim Server. Wenn eine Applikation die aktuellen Attribute eines Windows wissen will, muß sie diese mit Hilfe des Window-Identifiers beim Server erfragen.

Eine Applikation kann übrigens auch die Identifier von Windows anderer Applikationen erfragen. Dies ist möglich, da ja die gesamte Window-Hierarchie im X-Server bekannt ist. Ausgehend vom Root-Window können alle Windows des Servers erreicht werden. So kann eine Applikation die Windows einer anderen Applikation verändern. Das wird von einer wichtigen Applikation ausgenutzt — dem *Window-Manager.* Mit dem Window-Manager kann der Benutzer die Fenster einer Applikation verändern. Er kann sie verschieben, vergrößern oder verkleinern. Manche Window-Manager versehen die Fenster zusätzlich noch mit Titeln und Rahmen. Diese Funktionen sind nicht wie bei den meisten anderen Window-Systemen fest in jede einzelne Applikation eingebaut, sondern nur einmal im Window-Manager vorhanden. Der Window-Manager erfragt hierzu die Identifier der Windows eines Displays und kann damit die Geometrie der Windows ändern. Es gibt verschiedene Window-Manager mit unterschiedlicher Bedienung. Recht populär sind zum Beispiel der „Ultrix-Window-Manager" *uwm* und „Tom's Window-Manager" *twm*. Für Motif gibt es den *Motif-Window-Manager mwm*. Wer Langeweile hat, schreibt sich einen eigenen.

Die meisten Window-Funktionen der Xlib braucht ein Applikationsprogrammierer nicht zu kennen, da die Windows vom Toolkit verwaltet werden. Trotzdem ist es nützlich, einen Eindruck von den Grundfunktionen zu bekommen: Bevor ein Window benutzt werden kann, muß es zuerst erzeugt werden. Hierzu gibt es die Routine *XCreateWindow()*. Das neue Window ist nicht sofort sichtbar, es muß explizit mit *XMapWindow()* sichtbar gemacht werden. Mit *XUnmapWindow()* kann es wieder unsichtbar gemacht werden. Ein neues Window liegt automatisch „ganz vorne", über allen seinen Geschwistern. Man kann diese Reihenfolge aber verändern, zum Beispiel ein unten liegendes nach vorne holen. Hierzu gibt es Routinen wie *XRaiseWindow()*. Die Geometrie eines Windows — also seine Größe, Lage usw. — kann mit Routinen wie *XConfigureWindow()* geändert werden. Die aktuellen Attribute des Windows können mit Routinen wie *XGetWindowAttributes()* erfragt werden.

3.3   Grafik im Raster

Beim Design des X-Window-Systems hatte man besonders Rastergrafik-Bildschirme für die Ausgaben im Auge. Die Ausgaberoutinen sind zwar geräteunabhängig, lehnen sich aber stark an die Funktionen von Rasterbildschirmen an. Deswegen sollen zuerst einige Grundbegriffe dieser Bildschirme erklärt werden. Tiefergehende Kenntnisse zur Computergrafik können hier nicht vermittelt werden, es gibt aber einige gute Bücher zu diesem Thema. Beispielhaft sei hier nur das Werk von Foley und Van Dam (1982) genannt.

3.3.1   Grundlagen der Rastergrafik

Die prinzipielle Architektur eines Rasterbildschirms ist recht einfach. Ein Monitorbild ist zeilenweise aus einer Folge einzelner Bildpunkte oder *Pixel* aufgebaut; Pixel steht für „picture element". Der Monitor einer typischen Grafik-Workstation besteht zum Beispiel aus 1000 Zeilen, wobei jede Zeile 1200 Pixel enthält. Für jedes einzelne Pixel gibt es einen entsprechenden Speicherplatz im *Bildwiederholspeicher („frame buffer")* des Monitors. Ein einzelnes Pixel wird durch seine *Bildschirmkoordinaten* angesprochen. Hierbei gibt die x-Koordinate die Stellung des Pixels in der Zeile und die y-Koordinate die Zeile des Pixels an. Gezählt wird dabei witzigerweise so, wie der Elektronenstrahl die Bildröhre des Monitors beschreibt — das hat wohl

historische Gründe. Wie in Abb. 3.4 angedeutet ist, fängt der Elektronenstrahl oben links mit der ersten Zeile an und „schreibt" das Bild zeilenweise
auf den Bildschirm. Das erste Pixel ist also oben links und hat die Koordinaten (0,0). Das letzte Pixel der ersten Zeile hat die Koordinaten (1119,0), und
das letzte Pixel auf dem Bildschirm überhaupt ist unten rechts und hat die
Koordinaten (1119,999). Diese Koordinaten werden auch *Pixel-Koordinaten*
genannt.

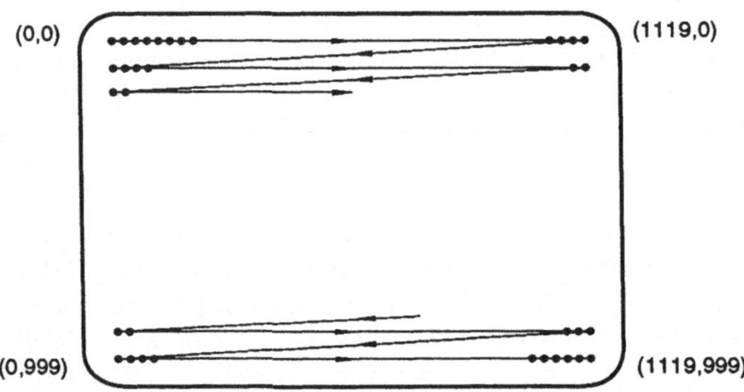

Abb. 3.4 Der Elektronenstrahl der Bildröhre bestimmt das Koordinatensystem
des Monitors.

Der nötige Speicher für ein Pixel hängt von der Zahl der darstellbaren
Farben ab. Bei Schwarz-Weiß braucht man nur ein Bit pro Pixel — eine 1
entspricht Weiß und eine 0 Schwarz oder umgekehrt. Bei 256 darstellbaren
Farben braucht man 8 Bits pro Pixel. Die Anzahl der Bits pro Pixel wird auch
die *Tiefe* des Frame-Buffers genannt. Bei 16 Farben muß der Frame-Buffer
zum Beispiel eine Tiefe von 4 haben. Es gibt Grafikbildschirme mit einem
„tiefen" Frame-Buffer — 24, 32 oder mehr Bits pro Pixel.

Ein Frame-Buffer wird jetzt noch zusätzlich in einzelne *Ebenen* (*„planes"*)
unterteilt. Jede Ebene besteht dabei aus einem bestimmten Bit aller Pixel
des Buffers. Zum Beispiel bilden die „dritten Bits" aller Pixel des Frame-
Buffers die dritte Ebene des Buffers. Die Anzahl der Ebenen gibt gerade
die Tiefe des Frame-Buffers an — bei einem Schwarz-Weiß-Bildschirm hat
man natürlich nur eine Ebene. Abbildung 3.5 zeigt die 4 Ebenen eines (recht
kleinen) Frame-Buffers der Tiefe 4.

Und wie kommt jetzt die Farbe ins Spiel? Nun — dazu gibt es die *Farbtabelle* (*„color table"*). Das ist einfach eine Tabelle, in der zu jedem möglichen
Pixel-Wert die zugehörige Farbe gespeichert ist. Da steht dann zum Beispiel,
daß der Pixel-Wert 13 der Farbe Lindgrün entspricht. Und mit dieser Farbe
wird das Pixel dann ausgegeben. Die Farbtabelle kann entweder fest „verdrah-
tet" sein (zum Beispiel als ROM) oder sie kann durch ein Programm änderbar

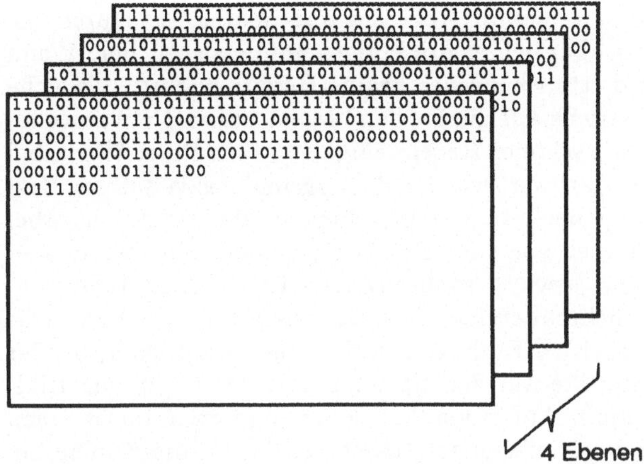

Abb. 3.5 Ein Frame-Buffer mit 4 Ebenen

sein. Wem das Lindgrün nicht gefällt, der kann es dann durch Blaßrosa ersetzen.

Die Farben werden in der Farbtabelle als *RGB-Werte* gespeichert. Der RGB-Wert gibt — wie der Name schon sagt — den Rot-, Grün- und Blauanteil einer Farbe an. Diese Grundfarben werden additiv gemischt: Ist kein *Farbanteil* vorhanden, so erhält man Schwarz. Sind alle Grundfarben in voller Helligkeit vorhanden, so wird daraus Weiß. Grün und Rot ergeben zusammen Gelb.

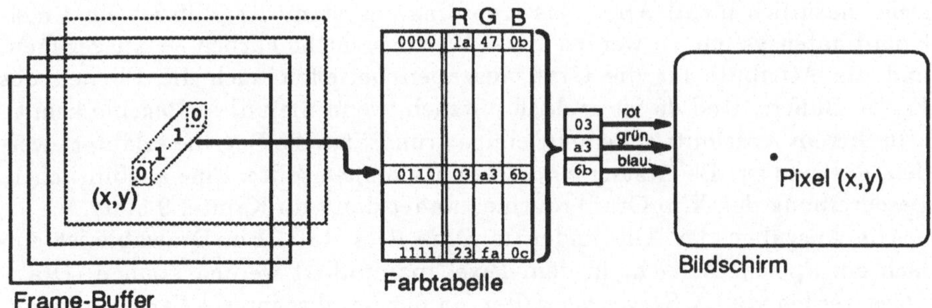

Abb. 3.6 Die Farbtabelle übersetzt Pixel-Werte in RGB-Werte.

Ausgaben auf einem Rasterbildschirm geschehen dann im Prinzip dadurch, daß ein Programm Werte in den Frame-Buffer schreibt. Diese Werte sind noch keine Farben, sondern Pixel-Werte, die erst durch die Farbtabelle in RGB-Werte umgesetzt werden, wie in Abb. 3.6 angedeutet ist. Durch die Farbtabelle werden die Ausgaben leider um einiges unübersichtlicher. Wenn man zum Beispiel nur die dritte Ebene des Frame-Buffers ändert — welche Auswirkung hat das dann jeweils auf die Farben? Meist passiert etwas anderes, als man sich vorstellt. Mit schöner Regelmäßigkeit haben Pixel-Werte bei der Ausgabe auch denselben Farbwert wie der Hintergrund des Windows. Und dann sucht man stundenlang nach dem Grund für die „fehlende" Ausgabe. Die Farbtabelle kann meist auch von allen Applikationen geändert werden — eine andere Applikation kann „meine" mühselig erstellten Farben ändern.

Der Frame-Buffer ist manchmal einfach ein Teil des Hauptspeichers. Das ist zwar billig, führt aber auch zu Einbußen in der Geschwindigkeit, da der Hauptprozessor sich die Zugriffe auf den Speicher mit der Logik zur Bildschirmauffrischung teilen muß. Auf jeden Fall kann man aber meist einen Speicherblock im Hauptspeicher wie einen Ausschnitt des Frame-Buffers behandeln. Man kann also zuerst unsichtbar „in den Speicher zeichnen" und diesen Speicherblock dann in den Frame-Buffer kopieren. In diesem Fall wird das eigentliche Zeichnen auf den Bildschirm recht fix. Zeichensätze werden zum Beispiel meist als Pixel-Muster im Hauptspeicher gehalten. Zur Ausgabe werden die Buchstaben einzeln in den Frame-Buffer kopiert. Genauso kann man meist einen Ausschnitt des Frame-Buffers in den Hauptspeicher kopieren, um ihn dann „unsichtbar" zu bearbeiten oder in einer Datei zu sichern.

3.3.2   Grafikausgaben mit der Xlib

Mancher wird allerspätestens jetzt ganz nervös auf seinem Stuhl hin- und hergerutscht sein. „Und wozu muß ich das alles wissen? Ich werde doch hoffentlich nicht jedes Pixel einzeln anknipsen müssen!" Zur Beruhigung: Nein, natürlich nicht! Aber: das Koordinatensystem der Xlib ist ein Pixel-Koordinatensystem, es werden Pixel-Werte — nicht Farben — ausgegeben, und die Attribute für die Grafikausgaben betreffen auch die Ebenen des Frame-Buffers. Und da ist es doch nützlich, wenn man diese Begriffe kennt.

In diesem Abschnitt sollen nur einige grundsätzliche Begriffe erläutert werden, die man zur Benutzung eines Toolkits kennen sollte. Eine ausführlichere Beschreibung der Xlib-Grafikroutinen findet dann im Kapitel 9 statt.

Alle Ausgaben der Xlib finden in *Drawables* statt. Ein Drawable ist einfach ein Speicherbereich, in dem Pixel manipuliert werden können. Drawables werden vom X-Server verwaltet, da nur der ihre interne Struktur kennt. Der sichtbare Teil eines Windows wird zum Beispiel durch einen geeigneten Ausschnitt des Frame-Buffers dargestellt. In diesem Ausschnitt können die Pixel-Werte des Windows verändert werden. Also ist ein Window ein Drawable. Die einzige andere Sorte von Drawables sind *Pixmaps*. Ein Pixmap ist ein Speicherbereich außerhalb des Frame-Buffers, der ein Rechteck aus Pixel-Werten enthält. Ein Pixmap kann in den Frame-Buffer kopiert werden, umgekehrt können Ausschnitte des Frame-Buffers in ein Pixmap kopiert werden. Pixmaps werden zum Beispiel als Muster für Rand und Hintergrund von Windows verwendet.

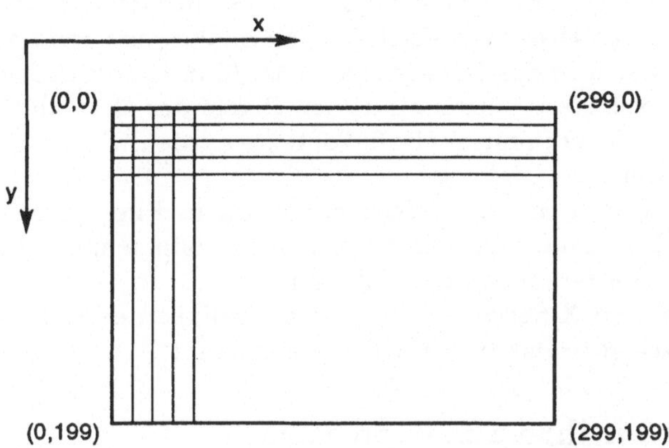

Abb. 3.7 Das Koordinatensystem eines Drawables

Die Koordinaten zur Ausgabe in Drawables sind *Pixel-Koordinaten.* Breite und Höhe eines Drawables werden — wie könnte es anders sein — ebenfalls in Pixeln angegeben. Ist das Drawable 300 Pixel breit und 200 Pixel hoch, so hat das Pixel in der linken oberen Ecke des Drawables die Koordinaten (0,0) und das Pixel in der rechten unteren Ecke die Koordinaten (299,199). In Abb. 3.7 ist dieses Koordinatensystem skizziert. Man kann bei Ausgaben auch Koordinaten außerhalb des Drawables angeben. Ausgaben werden dann entsprechend abgeschnitten — das nennt man *Clipping.* Ausgaben in Windows finden nur im sichtbaren Teil des Windows statt.

Windows „merken" sich ihren Inhalt normalerweise nicht — Ausgaben im unsichtbaren Teil eines Windows werden einfach „vergessen". Wenn der unsichtbare Teil eines Windows dann später wieder sichtbar gemacht wird — etwa weil der Benutzer das Window nach vorne geholt hat — so muß die Applikation den nun sichtbaren Teil des Windows neu zeichnen. Es gibt allerdings auch Grafikbildschirme, die eine Kopie des Windows im Speicher halten. Diese kann dann bei Bedarf einfach in den Frame-Buffer kopiert werden. Die Methode hat allerdings auch ihre Nachteile: Zum einen braucht man mehr Speicher, zum anderen benötigen Ausgaben die doppelte Zeit, da ja immer auch in die Kopie des Windows gezeichnet werden muß. Wie auch immer: Eine Applikation muß gewährleisten, daß der Inhalt eines Windows praktisch jederzeit neu ausgegeben werden kann.

Bei jeder Ausgabe wird neben einem Drawable noch ein *Grafikkontext* angegeben. Der Grafikkontext gibt die Attribute an, die zur Ausgabe verwendet werden. Hier wird unter anderem festgelegt, welcher „Zeichenstift" für Linien verwendet wird, mit welchem Pixmap Flächen gefüllt werden und welcher Zeichensatz (*Font*) zur Ausgabe von Texten verwendet wird. Man kann festlegen, daß die Ausgaben nur einen Teil der Ebenen des Frame-Buffers betreffen sollen. Weiter kann man eine logische Verknüpfung zwischen den Pixeln der „Zeichenquelle" und denen des Drawables festlegen: Normalerweise werden die Pixel beim Zeichnen einfach in das Drawable kopiert. Man kann bei den Ausgaben aber auch die Pixel-Werte bitweise mit den Pixeln des Drawables „verodern" oder anders logisch verknüpfen. Grafikkontexte werden wie Drawables vom X-Server verwaltet.

Zeichensätze sind als Pixmaps in einem eigenen Format in Files gespeichert. Zur Ausgabe von Text muß man einen Zeichensatz öffnen und den zugehörigen Identifier in einen Grafikkontext eintragen.

Diese ganzen Daten auf dem X-Server — Windows, Grafikkontexte, Pixmaps, Fonts — werden auch *Ressourcen* des X-Servers genannt.

3.4 Ereignisse werfen ihre Schatten voraus

Was nützt die schönste Grafikausgabe ohne die Möglichkeit, Benutzereingaben zu verarbeiten? Hier soll das Eingabemodell des X-Window-Systems beschrieben werden. Dieses Modell ist *ereignisorientiert*. Die verschiedenen Benutzereingaben werden als *Events* vom X-Server registriert und an die einzelnen Applikationen weitergeleitet. Mögliche Event-Typen sind unter anderem: Betätigung der Tastatur, Bewegung der Maus, Betätigung einer Maustaste. Aber es gibt noch andere Events, die nicht direkt vom Benutzer erzeugt werden und unter anderem die Verwaltung der Windows betreffen — die verschiedenen Event-Typen werden später noch genauer beschrieben.

Die Events für eine Applikation werden vom X-Server in eine Warteschlange geschrieben, die *Event-Queue*. Die Applikation kann dann ihre Events aus der Queue lesen. Das Lesen aus der Queue ist — wie die Ausgabe — ein asynchroner Prozeß. Zunächst einmal dauert es einige Zeit, bis der Server ein Event nach einer Benutzereingabe in die Event-Queue der Applikation geschrieben hat. Außerdem muß die Applikation das Event dann noch lange nicht aus der Queue lesen, sie kann ja gerade mit einer anderen Operation beschäftigt sein. Und mit dem Event wartet auch der Benutzer auf eine Reaktion.

Wie man sich leicht vorstellen kann, erzeugt ein fleißiger Benutzer eine Unmenge von Events: Jede Mausbewegung, jeder Tastaturklick wird vom X-Server registriert. Würde jede Applikation vom Server alle Events bekommen, so wären die Applikationen hoffnungslos überfordert, die für sie relevanten Events zu bearbeiten. Außerdem müßten Unmengen von Daten vom Server über das Netzwerk zu den Applikationen geschickt werden. Das Netzwerk würde nur unnötig belastet. Darum werden die Windows als Filter für die Events verwendet. Mit Hilfe der Windows legt der X-Server fest, welche Applikation die einzelnen Events bekommt: Events beziehen sich ja normalerweise auf Windows. Wenn der Benutzer zum Beispiel im Window eines Grafikeditors eine Maustaste drückt, so hat das in diesem Window eine spezielle Bedeutung, die nur dem Grafikeditor bekannt ist. Ein Event wird darum normalerweise dem Window zugeordnet, über dem sich gerade der Maus-Cursor befindet. (Solch ein Window gibt es immer — notfalls ist es das Root-Window.) Die Applikation legt die Event-Typen fest, an denen ein Window Interesse hat. Dazu ordnet sie jedem Window eine *Event-Maske* zu. Die Event-Maske eines Windows bestimmt die unterschiedlichen Typen von Events, die eine Applikation aus diesem Window bekommt.

Wenn eine Applikation an einem Event kein Interesse hat, so ist das Event damit noch nicht verloren. Es wird zum Parent-Window hochgereicht. Hat das Parent-Window eine Eventmaske, die Interesse am Event signalisiert, so wird das Event an die Applikation geliefert, als wäre es direkt vom Parent-Window aufgefangen worden. Hat auch das Parent-Window kein Interesse, so wird das Event abermals hochgereicht — zum Parent des Parent-Windows. Das Event wird solange in der Window-Hierarchie hochgereicht, bis es entweder an die Applikation geschickt wird oder beim Root-Window landet. Hat auch das Root-Window kein Interesse, so geht das Event endgültig in den Hades ein.

Soweit der Normalfall. Ein Window kann aber auch Events bekommen, die sich außerhalb des Windows ereignet haben. Man stelle sich zum Beispiel das Window eines Grafikeditors vor, in dem gerade eine Linie gezeichnet wird. Drückt der Benutzer im Window eine Maustaste, so soll dadurch der Anfangspunkt der Linie gegeben sein. Die Cursor-Position beim Loslassen der Maustaste soll der Endpunkt der Linie sein. Wenn der Benutzer jetzt — versehentlich oder absichtlich — mit dem Cursor das Window verläßt und dabei aber noch die Maustaste gedrückt hält, würden nach dem obigen Schema alle Events außerhalb des Editor-Windows an irgendwelche anderen Windows gehen. Insbesondere würde das Editor-Window das Event vom Loslassen der Maustaste nicht bekommen — und wäre wahrscheinlich in einem inkonsistenten Zustand. Um solche Probleme auszuschließen, hat ein Window die Möglichkeit, an bestimmte Events heranzukommen, auch wenn sie eigentlich an andere Windows gehen würden. Dies wird *Grabbing* genannt.

Welche Event-Typen gibt es? Da sind zuerst einmal die direkten Benutzereingaben von Tastatur und Maus. Aber der Benutzer erzeugt auch indirekt Events. Wenn er zum Beispiel mit dem Window-Manager ein Fenster verschiebt, kann ein vorher unsichtbarer Teil eines Windows nun sichtbar werden. Die Applikation dieses Windows muß diesen Teil des Windows neu ausgeben. Zur Information der Applikation schickt der X-Server ihr sogenannte *Expose*-Events für dieses Window. In einem *Expose*-Event wird zugleich angegeben, welcher Teil des Windows neu ausgegeben werden muß. Manchmal will eine Applikation erfahren, ob der Cursor in ein bestimmtes Window hinein- oder aus einem Window wieder herausbewegt wurde. Das ist dann nützlich, wenn ein grafisches Echo für den Benutzer erzeugt werden soll. Dem Benutzer soll zum Beispiel signalisiert werden, an welches Window die weiteren Events gehen, hierzu soll der Rand des Windows geändert werden. Aber dazu muß die Applikation wissen, wann ein Window „betreten" oder verlassen wird. Würden einfach alle Mausbewegungen an die Applikation geschickt, so wären das zu viele unnötige Informationen. Also gibt es *EnterNotify-* und *LeaveNotify*-Events. Es gibt noch eine Unzahl weiterer Event-Typen, im Kapitel 11 von Teil B wird darauf genauer eingegangen.

Wie sieht die Kontrollstruktur einer ereignisgesteuerten Applikation aus? Wie wird auf die Events in der Queue reagiert? Nun — die Event-Queue gibt einer Applikation schon eine recht strikte Kontrollstruktur vor. Die ist sehr einfach und sieht wie bei kommando-gesteuerten Programmen aus:

```
main() {
    <Initialisierung>;
    while (TRUE) {
        <lese Event aus der Queue>;
        <bearbeite Event>;
    }
}
```

Charakteristisch ist eigentlich nur die endlose Schleife für's Lesen und Bearbeiten der Events. Deswegen hat diese Schleife einen eigenen Namen, man nennt sie *„main event loop"*. Die „main event loop" wird übrigens vom Toolkit realisiert.

Eine interaktive Applikation muß vor allem eines: *schnell* auf Benutzereingaben reagieren. Deswegen darf die Bearbeitung eines einzelnen Events in der „main event loop" nicht zu lange dauern. Insbesondere dürfen langwierige Berechnungen nicht ununterbrochen stattfinden, bis das nächste Event gelesen wird. Während dieser Zeit kann sonst die Applikation ja nicht auf Eingaben reagieren.

3.5   Wunschlisten für Benutzer

Benutzer möchten Applikationen oft für ihre speziellen Bedürfnisse konfigurieren. Manchen gefallen zum Beispiel bestimmte Farben nicht. Oder die Beschriftung einer Taste erscheint zu nichtssagend und soll durch einen besseren Text ersetzt werden. Ein Schalter kann als zu klein erscheinen, der Benutzer will ihn größer haben. Die Xlib bietet Möglichkeiten, solche Konfigurationsdaten — die im X-Window-System *Ressourcen* heißen — zur Laufzeit einer Applikation von Files einzulesen. Diese Files heißen *Ressourcen-Files.* Jeder Benutzer kann in seinem Home-Directory ein Ressourcen-File namens *.Xdefaults* anlegen, in dem Ressourcen für einzelne Applikationen textuell beschrieben werden. Diese Ressourcen haben übrigens nichts mit den Ressourcen des X-Servers — wie Windows, Pixmaps oder Fonts — zu tun. Der Begriff hat leider zwei Bedeutungen in der Xlib.

Die folgenden Einträge im *.Xdefaults*-File bewirken zum Beispiel, daß das Window der Applikation *xterm* die Hintergrundfarbe rot bekommt und daß *times* als Zeichensatz für die Texte verwendet wird:

```
xterm*background: red
xterm*font: times
```

Diese Daten werden vom *Ressourcen-Manager* der Xlib beim Start der Applikation eingelesen und in die *Ressourcen-Datenbasis* eingetragen. Der Ressourcen-Manager kennt allerdings nicht die Bedeutung der Ressourcen. Die Applikation muß selbst sehen, was sie mit den Daten in der Ressource Datenbasis anfängt. Der Ressourcen-Manager stellt nur Routinen zur Handhabung der Datenbasis zur Verfügung. Meist werden Ressourcen-Daten vom Toolkit interpretiert und bestimmen das Aussehen von Widgets.

3.6   Ein kleines Beispiel

Viele werden schon das folgende Beispiel als Anwendung der Xlib erwartet haben. Das Programm heißt *xhello* und macht etwas, was fast jeder in einer neuen Programmierumgebung zuerst ausprobiert: es gibt den Text „Hello World" aus. Genauer gesagt wird ein hübsch buntes Window mit Hintergrundmuster erzeugt und sichtbar gemacht. Der Text wird im Window mit einem besonderen Zeichensatz in einem eigenen Rahmen ausgegeben, siehe Abb. 3.8. Das Programm zeichnet nötigenfalls auch den Window-Inhalt neu, falls dieser zerstört wird. Klickt der Benutzer mit der Maus ins Window, so wird das Programm beendet.

Abb. 3.8 So sieht *xhello* in Schwarz-Weiß aus.

Durch *xhello* soll eigentlich nur deutlich gemacht werden, wie mühselig die direkte Programmierung mit der Xlib ist — da steigt sofort die Motivation, sich mit dem Motif-Toolkit zu beschäftigen. Bei den einzelnen Xlib-Aufrufen werden die Parameter nicht weiter beschrieben. Der interessierte Leser sollte das Beispiel mit dem Xlib-Manual in der anderen Hand durchgehen. Die Grundstruktur von *xhello* ist recht einfach, alles wird im Hauptprogramm erledigt:

```
#include <stdio.h>
#include <X11/Xlib.h>

#define TRUE 1

main() {
    <Verbindung zum X-Server aufbauen>
    <Pixel-Werte erfragen>
    <Zeichensatz oeffnen>
    <Pixmap fuer Hintergrund erzeugen>
    <Grafikkontext erzeugen>
    <Window erzeugen und sichtbar machen>
    <Geometrie berechnen>

    while(TRUE) {
        <naechstes Event lesen>
        <Event bearbeiten>
    }
}
```

Die Datei *Xlib.h* enthält die für die Xlib notwendigen Deklarationen. Die
Verbindung zum X-Server wird wie folgt aufgebaut:

```
/* Verbindung zum X-Server aufbauen */

Display *display;     /* Identifier des X-Servers */

display = XOpenDisplay(NULL);
if (display == NULL) {
    fprintf(stderr,"Display kann nicht geoeffnet werden\n");
    exit(1);
}
```

Der Parameter *NULL* bei *XOpenDisplay()* bewirkt dabei, daß ein Default-
Bildschirm verwendet wird. Dieser wird durch die Shell-Variable *DISPLAY*
angegeben. Gibt man in der C-Shell zum Beispiel

```
setenv DISPLAY obelix:0.0
```

an, so wird eine Verbindung zum Rechner *obelix* aufgebaut, genauer zum
Bildschirm *0* des Displays *0* von *obelix*. Es wurde ja schon erwähnt, daß ein
X-Server mehrere Bildschirme verwalten kann.

Die Pixel-Werte für die Grafikausgaben richten sich danach, ob ein Farb-
oder Schwarz-Weiß-Monitor vorliegt. Daher wird zuerst abgefragt, wieviele
Ebenen der Frame-Buffer des am X-Server angeschlossenen Bildschirms hat.
Hat der Frame-Buffer nur eine Ebene, so liegt ein Schwarz-Weiß-Monitor vor.
Bei mehr Ebenen wird von einem Farbmonitor ausgegangen:

```
/* Pixel-Werte erfragen */

Screen *screen;     /* Daten des Bildschirms */

screen = DefaultScreenOfDisplay(display);
if (DefaultDepthOfScreen(screen) == 1) {
    <Pixel-Werte fuer Schwarz-Weiss-Monitor erfragen>
} else {
    <Pixel-Werte in Farbtabelle eintragen>
}
```

Eigentlich müßte noch der Fall betrachtet werden, daß ein Monitor mit Grau-
werten vorliegt. Aber es soll ja nicht komplizierter als unbedingt nötig werden.
Bei Schwarz-Weiß hat man nicht viele Möglichkeiten:

```
/* Pixel-Werte fuer Schwarz-Weiss-Monitor erfragen */

unsigned long bgnd_pixel,       /* Hintergrundfarbe */
              pattern_pixel,    /* Farbe des Musters */
              font_pixel,       /* Farbe des Textes */
              rect_pixel;       /* Farbe des Rechtecks */

bgnd_pixel    = WhitePixelOfScreen(screen);
pattern_pixel = BlackPixelOfScreen(screen);
font_pixel    = BlackPixelOfScreen(screen);
rect_pixel    = WhitePixelOfScreen(screen);
```

Bei einem Farbmonitor werden die Pixel-Werte mit Hilfe von Farbnamen in
die Default-Farbtabelle eingetragen:

```
/* Pixel-Werte in Farbtabelle eintragen */

Colormap colormap;      /* Identifier der Farbtabelle */
XColor act_color,       /* aktueller Farbwert */
       exact_color;     /* exakter Farbwert */

colormap = DefaultColormapOfScreen(screen);

if (! XAllocNamedColor(display, colormap, "yellow",
                       &act_color, &exact_color)) {
    fprintf(stderr,"Farbe 'yellow' kann nicht eingetragen werden\n");
    exit(1);
}
bgnd_pixel = act_color.pixel;
rect_pixel = act_color.pixel;

if (! XAllocNamedColor(display, colormap, "blue",
                       &act_color, &exact_color)) {
    fprintf(stderr,"Farbe 'blue' kann nicht eingetragen werden\n");
    exit(1);
}
```

```
pattern_pixel = act_color.pixel;

if (! XAllocNamedColor(display, colormap, "red",
                       &act_color, &exact_color)) {
    fprintf(stderr,"Farbe 'red' kann nicht eingetragen werden\n");
    exit(1);
}
font_pixel = act_color.pixel;
```

Es gibt natürlich intelligentere Möglichkeiten, als die Applikation einfach abzubrechen, falls ein Farbwert nicht in die Farbtabelle eingetragen werden
kann. Als nächstes braucht man einen Zeichensatz zur Ausgabe des Textes:

```
/* Zeichensatz oeffnen */

#define FONT "9x15"          /* Name des Fonts */

XFontStruct *font_info;     /* Informationen zum Font */

font_info = XLoadQueryFont(display, FONT);
if (! font_info) {
    fprintf(stderr,"Font '9x15' kann nicht geladen werden\n");
    exit(1);
}
```

Auch hier sollte eine ernsthafte Applikation nicht einfach abbrechen, wenn
der Zeichensatz nicht gefunden wird. Es gibt Möglichkeiten, die vorhandenen
Zeichensätze abzufragen. Die Datenstruktur *font_info* enthält unter anderem
auch Informationen zur Größe der einzelnen Zeichen. Die Höhe eines einzelnen
Zeichens ist zum Beispiel gegeben durch:

```
font_info->ascent + font_info->descent
```

Nach dem Zeichensatz wird noch ein Pixmap für das Hintergrundmuster des
Windows erzeugt. Die eigentlichen Daten des Pixmaps werden dazu vorher
mit dem *bitmap*-Editor erzeugt. Dies ist ein spezieller Grafik-Editor, mit
dem interaktiv am Bildschirm die für ein Pixmap nötigen Daten erstellt werden können. Der *bitmap*-Editor gibt die Daten für das Pixmap als C-Code
auf eine Datei aus, die direkt ins Programm eingebunden werden kann. Die
Datei mit den Pixmap-Daten heißt in diesem Fall *bgnd.h*. In der Datei werden zwei Konstanten und eine statische Variable definiert: *bgnd_width* und
bgnd_height geben die Größe des Pixmaps an, *bgnd_bits* enthält die eigentlichen Pixel-Daten. Das Pixmap wird dann aus diesen Daten auf dem X-Server
erzeugt:

```
/* Pixmap fuer Hintergrund erzeugen */

#include "bgnd.h"       /* File mit den Pixmap-Daten */

Pixmap bgnd_pixmap;     /* Identifier des Hintergrund-Musters */
```

```
bgnd_pixmap = XCreatePixmapFromBitmapData(display,
            RootWindowOfScreen(screen),
            bgnd_bits, bgnd_width, bgnd_height,
            pattern_pixel, bgnd_pixel,
            DefaultDepthOfScreen(screen));
```

Mit diesen Daten kann der Grafikkontext für die Ausgaben erzeugt werden:

```
/* Grafikkontext erzeugen */

GC context;              /* Identifier des Kontextes */
XGCValues gc_values;     /* Attribute des Kontextes */

gc_values.line_width = 4;
gc_values.fill_style = FillSolid;
gc_values.font = font_info->fid;

context = XCreateGC(display, RootWindowOfScreen(screen),
            GCLineWidth | GCFillStyle | GCFont,
            &gc_values);
```

Die Pixel-Werte für die Farben werden noch nicht in den Grafikkontext eingetragen, da diese davon abhängen, was gerade gezeichnet wird.

Jetzt kann endlich das Window erzeugt und sichtbar gemacht werden. Die Größe des Windows wird dazu aus der Größe des Textes berechnet:

```
/* Window erzeugen und sichtbar machen */

#define STRING "Hello World !"

Window window;                          /* Identifier des Windows */
XSetWindowAttributes attributes;        /* Attribute des Windows */
int win_width, win_height;              /* Groesse des Windows */

win_width  = 100 + XTextWidth(font_info, STRING, strlen(STRING));
win_height = 100 + font_info->ascent + font_info->descent;

attributes.background_pixmap = bgnd_pixmap;
attributes.border_pixel = pattern_pixel;
attributes.event_mask = ButtonPressMask | ExposureMask;

window = XCreateWindow(display, RootWindowOfScreen(screen),
            0, 0, win_width, win_height, 4,
            CopyFromParent, CopyFromParent, CopyFromParent,
            CWBackPixmap | CWBorderPixel | CWEventMask,
            &attributes);
XStoreName(display, window, STRING);
XMapWindow(display, window);
```

Die Parameter *CopyFromParent* bewirken, daß die entsprechenden Werte vom Parent-Window übernommen werden. In diesem Fall ist dies das Root-Window. Durch *XStoreName()* wird ein Name an's Window gebunden. Dieser wird zum Beispiel gezeigt, wenn das Window vom Window-Manager plaziert wird. Für eine reguläre Verbindung zum Window-Manager müßte noch sehr viel mehr gemacht werden. Später wird das vom Toolkit organisiert, hier würde es zu weit führen. Mit *XMapWindow()* wird das Window dann sichtbar gemacht.

Die Geometrie für das Rechteck und die Position des Textes sind einfach zu berechnen:

```
/* Geometrie der Grafik berechnen */

int text_x, text_y,             /* Position des Textes */
    rect_x, rect_y,             /* Position des Rechtecks */
    rect_width, rect_height;    /* Groesse des Rechtecks */

text_x = 50; text_y = 50 + font_info->ascent;
rect_x = 40; rect_y = 40;
rect_width  = 20 + XTextWidth(font_info, STRING, strlen(STRING));
rect_height = 20 + font_info->ascent + font_info->descent;
```

Damit sind alle notwendigen Initialisierungen abgeschlossen, jetzt können die Eingaben in der „main event loop" verarbeitet werden. Das Lesen der Events benötigt eine Zeile:

```
/* naechstes Event lesen */

XEvent event;    /* Struktur fuer ein Event */

XNextEvent(display, &event);
```

Abhängig vom Typ des Events wird jetzt entweder der Window-Inhalt ausgegeben oder das Programm beendet. Wird das Window mit *XMapWindow()* sichtbar gemacht, so wird übrigens auch ein Expose-Event erzeugt, so daß dieser Fall nicht extra berücksichtigt werden muß:

```
/* Event bearbeiten */

switch (event.type) {
case Expose:
    if (event.xexpose.count == 0) {
        <zeichne Window-Inhalt neu>
    }
    break;
case ButtonPress:
    exit(0);
otherwise:
    break;
}
```

Ist das Event ein Expose-Event, so wird das Feld *count* abgefragt. Oft kommt es vor, daß nicht nur ein rechteckiger Ausschnitt des Windows neu gezeichnet werden muß, sondern eine ganze Reihe von Rechtecken. Wenn ein Window zum Beispiel nach vorne geholt wird und vorher von mehreren anderen Windows verdeckt war, so wird die insgesamt neu zu zeichnende Fläche eine komplizierte Summe von Rechtecken sein. Für jedes dieser Rechtecke wird vom X-Server ein Expose-Event erzeugt. Das Feld *count* gibt an, wie viele Expose-Events direkt anschließend noch folgen. *xhello* beachtet diese Rechtecke aber nicht, es gibt einfach den ganzen Window-Inhalt neu aus, wenn keine weiteren Expose-Events folgen. Durch die Abfrage von *count* wird hier also unnötiges Neuzeichnen vermieden. Die Ausgabe an sich sieht dann wie folgt aus:

```
/* zeichne Window-Inhalt neu */

XSetForeground(display, context, rect_pixel);
XFillRectangle(display, window, context, rect_x, rect_y,
               rect_width, rect_height);

XSetForeground(display, context, font_pixel);
XDrawString(display, window, context, text_x, text_y,
            STRING, strlen(STRING));
XDrawRectangle(display, window, context, rect_x, rect_y,
               rect_width, rect_height);
```

Erst wird ein Rechteck gefüllt, dann der Text mit einem Rahmen in diesem Rechteck ausgegeben.

Das war also die denkbar einfachste Xlib-Applikation. Recht mühselig für solch ein mageres Ergebnis, nicht wahr? Aber zum Glück gibt es ja das Toolkit, das einem das meiste vom Kleinkram der Xlib-Programmierung abnimmt. Wer Spaß daran findet, kann *xhello* ja noch etwas erweitern. Zum Beispiel wäre es wünschenswert, daß der Benutzer die Farben oder den Zeichensatz durch Einträge in sein *.Xdefaults*-File selbst bestimmen kann.

4. Das Motif-Toolkit

Im ersten Kapitel wurden die verschiedenen Komponenten einer Applikation
genannt: Xlib, X-Toolkit-Intrinsics, Widget-Set und schließlich die eigentliche Applikation. Dort wurde auch schon erwähnt, daß sich das Motif-Toolkit
aus den Intrinsics und den Motif-Widgets zusammensetzt. Es macht durchaus
Sinn, diese beiden Komponenten zusammenzufassen, da sie nicht unabhängig
voneinander verwendet werden können. Statt vom Motif-Toolkit wird im folgenden oft auch einfach nur vom *Toolkit* die Rede sein.

Was bietet nun das Toolkit über die Xlib hinaus an Funktionen an? Bei der
Beschreibung der Xlib im vorherigen Kapitel wurde deutlich, daß die Funktionalität der Xlib im Grunde sehr niedrig ist — die Xlib stellt zum Beispiel
nur Windows ohne jeden „Inhalt" zur Verfügung. Was eine Applikation aber
braucht, sind grafische Dialogobjekte, die der Benutzer bedienen kann. Das
Toolkit stellt der Applikation diese Dialogobjekte als *Widgets* zur Verfügung.

Rund um die Widgets gibt es eine Menge zu organisieren: Widgets wollen
erzeugt sein. Hierbei muß der Benutzer die Möglichkeit haben, die Widgets
seinen Bedürfnissen anzupassen. Widgets müssen zur Laufzeit änderbar sein.
Nicht zuletzt verarbeiten Widgets auch Events. Mit ihnen steuert der Benutzer die Applikation, hierzu müssen die Events von einer zentralen Stelle
aus an die Widgets verteilt werden. Andererseits liefern die Widgets dem
Benutzer auch ein Echo.

Neben den Widgets gibt es für das Toolkit noch zusätzliche Aufgaben:
Es organisiert die Kommunikation mit dem Window-Manager und anderen
Applikationen. Das Toolkit stellt Mechanismen zur Verfügung, um beliebige
Daten zu anderen Applikationen zu schicken. Hiermit kann zum Beispiel „cut
and paste" zwischen verschiedenen Applikationen realisiert werden. Darüber
hinaus gibt es viele nützliche Hilfsroutinen im Toolkit.

Es gibt erstaunlicherweise aber auch einige Dinge, die das Toolkit nicht
leistet. Es stellt zum Beispiel keine komfortableren Grafikroutinen als die

Xlib zur Verfügung. Will eine Applikation direkt Grafik ausgeben, so muß sie dazu die Xlib verwenden. Grafische Datenstrukturen, wie sie zum Beispiel im „Graphical Kernel System" (GKS) als *Segmente* bekannt sind, werden da natürlich erst recht nicht zur Verfügung gestellt. Auch über die Möglichkeiten für das oben erwähnte „cut and paste" darf man sich nicht zu viele Illusionen machen: Das Toolkit kennt nicht die Bedeutung der Daten, die da übertragen werden sollen. Diese Datenstrukturen müssen auch weiterhin von den Applikationen ausprogrammiert werden.

Ein Wort noch zur Zweiteilung von Toolkit-Intrinsics und Motif-Widgets. Was sind die Aufgaben der beiden Teile? Die Intrinsics bilden die Basis des Toolkits. In ihnen sind die Routinen für die Implementierung neuer Widget-Klassen enthalten. Zugleich werden in den Intrinsics die Konventionen festgelegt, nach denen diese Routinen verwendet werden. Die Motif-Widgets realisieren mit diesen Basisroutinen dann die konkreten Widget-Klassen des Toolkits. Außerdem werden in den Motif-Widgets noch einige der oben erwähnten Hilfsmittel wie „cut and paste" realisiert, die mit Widgets nur indirekt zu tun haben.

Ein spezielles Hilfsmittel von Motif soll noch erwähnt werden: Die *User Interface Language (UIL)*. Mit der UIL wird ein interessantes Konzept verfolgt: Die Benutzungsoberfläche einer Applikation soll durch eine eigene Sprache — die UIL — möglichst vollständig beschrieben werden. In der UIL werden dabei zum Beispiel die Widgets einer Applikation mitsamt ihrer Geometrie beschrieben, ohne daß man dafür C-Code schreiben muß. Das UIL-Programm wird dann zur Laufzeit der Applikation eingelesen und interpretiert. Fernziel dabei ist, daß die Benutzungsoberfläche unabhängig von der Applikation werden soll. Das wird von der UIL aber leider nur teilweise erreicht. Aus Platzgründen wird die UIL hier nicht beschrieben — sie ist so umfangreich, daß sie einen zweiten Band erfordert hätte. Außerdem muß man das Motif-Toolkit schon recht gut kennen, um mit der UIL erfolgreich arbeiten zu können.

Dieses Kapitel wird sich auf die Widgets konzentrieren. Die anderen Hilfsmittel des Motif-Toolkits werden erst im zweiten Teil zu ihrem Recht kommen. Die Konzepte des Toolkits sollen durch ein Beispiel anschaulicher gemacht werden. Dabei können nicht alle Details beschrieben werden. Also keine Panik, wenn nicht auf Anhieb jeder Parameter verstanden wird: Im zweiten Teil folgt die Auflösung.

4.1   Die Begriffswelt der Widgets

Vor der Programmierung gibt es aber zuerst noch einige Wermutstropfen in Form von grauer Theorie — einige wichtige Begriffe wie Gadget, Klassenhierarchie und Widget-Hierarchie wollen erläutert sein. Dies ist schon deswegen notwendig, weil viele dieser Begriffe oft wüst durcheinandergewirbelt werden.

4.1.1   Klassen und Instanzen

Der Begriff der *Widget-Klasse* ist schon mehrfach gefallen. Gemeint ist damit der Typ eines Widgets. Genau wie eine Variable Instanz eines Datentyps ist, ist ein Widget Instanz einer Widget-Klasse. Einige der Widget-Klassen des Motif-Toolkits sind bereits im Abschnitt 2.2 erwähnt worden. Der Begriff der „Klasse" kommt dabei aus der objektorientierten Programmierung. Dabei ist mit einer Klasse ein Datentyp zusammen mit den Routinen gemeint, die zu den Instanzen dieser Klasse gehören. Zu einem Widget gehören demnach nicht nur irgendwelche Daten wie Höhe und Breite, sondern zugleich auch Routinen, um mit dem Widget arbeiten zu können. Die Analogie zur objektorientierten Programmierung geht bei Widgets und Widget-Klassen noch weiter, das ist aber Thema des nächsten Abschnitts.

In Zukunft wird oft von einem „*ToggleButton*-Widget" oder einfach nur von einem „Toggle-Button" die Rede sein, auch wenn eigentlich eine „Instanz der Widget-Klasse *XmToggleButton*" gemeint ist. Dieser Sprachgebrauch ist zwar etwas flapsig, aber bequem. Der Leser wird aus dem Zusammenhang schnell den Unterschied zwischen Widget-Klasse und Widget-Instanz erkennen.

Abb. 4.1 Verschiedene Instanzen der Widget-Klasse *XmToggleButton*

Abbildung 4.1 zeigt verschiedene Widgets der Klasse *XmToggleButton*. Sie sehen recht unterschiedlich aus, nicht wahr? Was macht diese Unterschiede aus? Genau wie Variablen desselben Typs unterschiedliche Werte haben, so haben auch Widgets derselben Klasse Attribute mit unterschiedlichen Werten. Diese Attribute heißen bei Widgets *Ressourcen*. Die Werte von Ressourcen können sowohl von Benutzer als auch vom Programmierer festgelegt werden. Die vier Widgets aus der Abb. zum Beispiel sind alle durch denselben C-Code erzeugt worden. Die Werte ihrer Ressourcen sind aber vom Benutzer durch ein *Ressourcen-File* unterschiedlich festgelegt worden.

4.1.2   Ein Baum von Klassen

Die Widget-Klassen des Toolkits bilden nicht einfach eine lose Ansammlung.
Sie sind vielmehr in einer Hierarchie, der *Klassenhierarchie*, angeordnet. Jede
Widget-Klasse leitet sich von einer „Elternklasse" ab — der *Superklasse*.
Die aus einer Widget-Klasse abgeleiteten Widget-Klassen heißen dementspre-
chend auch *Subklassen*.

Ein Beispiel: Die Widget-Klasse *XmToggleButton* ist eine Subklasse der
XmLabel-Klasse. Die Klasse *XmLabel* hat aber mehr Subklassen als nur die
Klasse *XmToggleButton*: Die Klassen *XmCascadeButton*, *XmDrawnButton*
und *XmPushButton* haben ebenfalls die Klasse *XmLabel* als Superklasse über
sich. Die Klasse *XmLabel* hat wiederum die Klasse *XmPrimitive* als Superklasse. Abbildung 4.2 zeigt diesen Teil der Klassenhierarchie. Es stellt nur
einen kleinen Ausschnitt aus der gesamten Klassenhierarchie des Toolkits
dar. Die gesamte Hierarchie würde einige Seiten füllen.

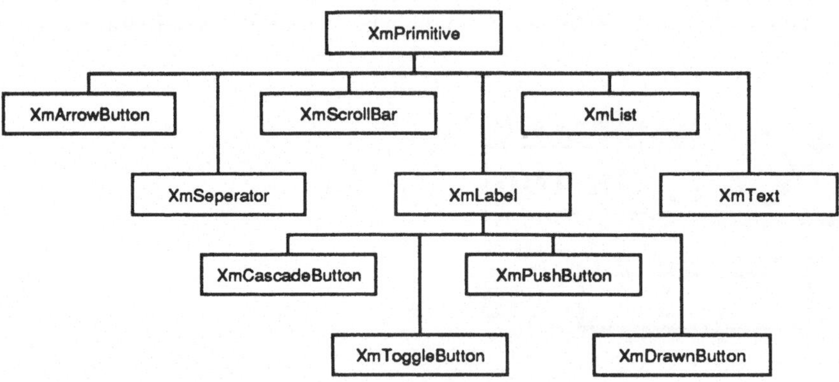

Abb. 4.2 Ein Ausschnitt aus der Klassenhierarchie des Motif-Toolkits

Die Klassenhierarchie ist strikt: Jede Widget-Klasse hat immer genau eine
Superklasse. Sie kann mehrere Subklassen haben, das muß aber nicht der Fall
sein. Die Klasse *XmPushButton* hat zum Beispiel keine Subklasse. Bezüglich
der Superklasse gibt es übrigens genau eine Ausnahme, sonst gäbe es ja un-
endlich viele Klassen: Die Klasse *Core* hat keine Superklasse, sie ist die Wurzel
der Klassenhierarchie, die Urgroßmutter aller Klassen des Toolkits.

Wozu nun diese Hierarchie? Um das einzusehen, muß man wissen, wie die
Widget-Klassen im Toolkit implementiert sind: Die Widget-Klassen bauen
bei der Implementation aufeinander auf. Eine Subklasse verwendet dazu Datenstrukturen und Routinen, die von ihrer Superklasse stammen. Nur einige
Teile der Subklasse werden neu gemacht, der größte Teil wird von der Superklasse übernommen. So „erbt" die Subklasse viele der Eigenschaften ihrer

Superklasse. Einige dieser Eigenschaften werden geändert, ein Teil der Subklasse wird ganz neu erstellt — dies macht dann die neue Widget-Klasse
aus. Dementsprechend spricht man auch von *Vererbung*, ein Begriff aus der
objektorientierten Programmierung.

Überhaupt kommt diese ganze Idee der Vererbung von Eigenschaften aus
dem Bereich der objektorientierten Programmierung. Deshalb spricht man
auch davon, daß das Toolkit mit objektorientierten Methoden implementiert
ist. Die Anwendung solcher Methoden ist in einer Sprache wie C recht mühselig — man muß schon einige Klimmzüge machen, um Vererbung in C zu betreiben. Zum Glück braucht man sich darüber als Applikationsprogrammierer
nicht allzuviele Gedanken machen. Nur wenn man neue Widget-Klassen programmieren will, muß man sich damit auseinandersetzen.

Es gibt einige Klassen im Toolkit, von denen niemals Instanzen erzeugt
werden, sogenannte *Metaklassen*. Anders gesagt: Von einer Metaklasse gibt es
keine Widgets. Das klingt paradox, hat aber gute Gründe: Diese Klassen sind
nur dazu da, um bestimmte Eigenschaften zu realisieren, die dann später von
den Subklassen benötigt werden. Die oben erwähnte Klasse *Core* ist solch ein
Vertreter: Sie ist wirklich nur als Wurzel der Klassenhierarchie, für die rauhe
Wirklichkeit taugt sie nicht. Ein anderes Beispiel ist die Klasse *Composite*,
eine Subklasse von *Core*. Ein *Composite*-Widget dient als Behälter für andere
Widgets. Die Klassen *Core* und *Composite* sind übrigens in den Toolkit-
Intrinsics enthalten, nicht in den Motif-Widgets. Sie dienen als Basis für die
Implementierung der „eigentlichen" Widget-Klassen.

Der Vorteil der Vererbung bei der Implementierung der Klassen dürfte klar
sein: Viel vom Code der Superklasse kann wiederverwendet werden, außerdem
wird durch die Vererbung eine gewisse Einheitlichkeit bei den Klassen ge-
wahrt. Klassen, die direkt aufeinander aufbauen, haben ein ähnliches Aussehen und eine ähnliche Funktion. Unter anderem erbt eine Widget-Klasse
alle Ressourcen ihrer Superklasse. Die Ressourcen behalten in der Subklasse
dabei ihre Bedeutung im wesentlichen bei: Ein *Label*-Widget hat zum Beispiel die Ressource *XmNlabelString*, die als Text des Labels ausgegeben wird.
Auch die Widgets der Subklasse *XmPushButton* haben diese Ressource, sie
dient als Beschriftung für den Schalter. Unterm Strich bleibt für den Applikationsprogrammierer der Merksatz: Eine Widget-Klasse macht etwas ähnliches
wie ihre Superklasse, zusätzlich erbt sie alle Ressourcen der Superklasse.

4.1.3 Widgets, Windows und Shells

Widgets dienen nicht nur als einfache Dialogobjekte wie Schalter oder Textfelder, sondern organisieren auch andere Widgets. Es wurde schon erwähnt,
daß Widgets andere Widgets enthalten können. Abbildung 4.3 zeigt ein *Row-
Column*-Widget, das mehrere Schalter enthält. Hieraus ergibt sich die sogenannte *Widget-Hierarchie*: Ein Widget, in dem andere Widgets enthalten
sind, wird *Parent-Widget* genannt. Entsprechend wird ein Widget, das in

einem Parent-Widget enthalten ist, *Child-Widget* oder einfach Kind des letzteren genannt.

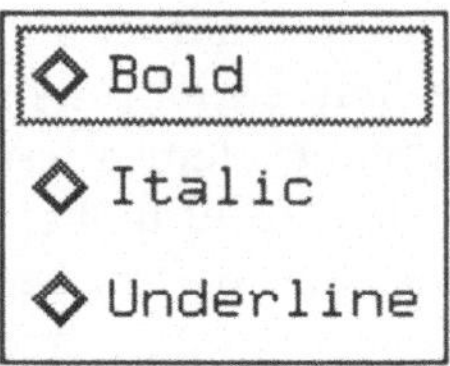

Abb. 4.3 Ein *RowColumn*-Widget mit Schaltern

Im letzten Abschnitt wurde schon die Widget-Klasse *Composite* erwähnt. Diese Klasse ist die Urahne aller Widget-Klassen, deren Instanzen Kinder haben können. Jedes Parent-Widget ist aus einer Klasse, die letztlich von der Klasse *Composite* abgeleitet wurde. Daher nennt man solche Widgets auch *Composite-Widgets.* Dagegen sind alle Klassen, deren Widgets keine Kinder haben können, von der Klasse *XmPrimitive* abgeleitet. Composite-Widgets sind aber nicht einfach nur Behälter für andere Widgets, sie organisieren auch die Positionierung der Widgets, die in ihnen enthalten sind. Durch das *RowColumn*-Widget in Abb. 4.3 wird festgelegt, wie die einzelnen Schalter plaziert werden. Die Organisation der Geometrie wird *Layout* genannt, daher heißen Composite-Widgets auch *Layout-Widgets.* Beide Begriffe stehen für die gleichen Widget-Klassen. Abbildung 4.4 zeigt die Hierarchie der Widgets aus Abb. 4.3.

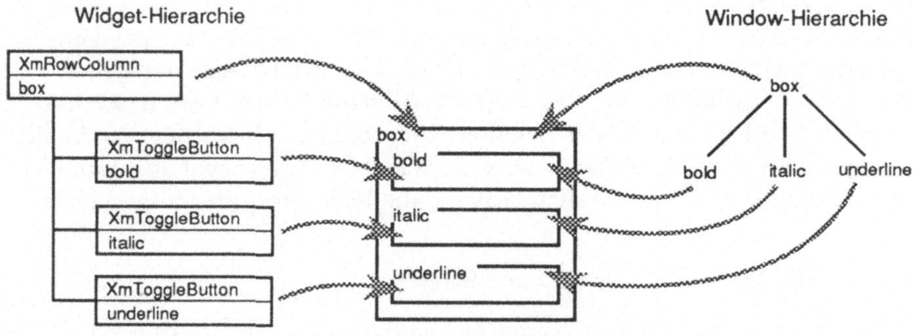

Abb. 4.4 Die Window- und Widget-Hierarchie zu Abb. 4.3

Zwischen Widgets und Windows gibt es eine sehr intime Beziehung: Jedes Widget hat sein eigenes Window. Ist auf dem Bildschirm zum Beispiel ein

PushButton-Widget zu sehen, so liegt der Button in einem eigenen Window, das gerade so groß wie der Button ist. In diesem Window wird das Widget ausgegeben, aus diesem Window bezieht es seine Events. Das mag auf den ersten Blick recht verschwenderisch erscheinen, hat aber einige Vorteile. Events für das Widget werden zum Beispiel schon vom Window ausgefiltert, so müssen weniger Events über das Netzwerk zu den Applikationen gesendet werden. Windows sind im X-Window-System relativ billig, so daß sich die Verschwendung in Grenzen hält.

Es gibt im Motif-Toolkit auch Widgets ohne eigene Windows: die *Gadgets*. Wie Widgets sind die Gadgets dabei in Klassen organisiert. Zu jeder Gadget-Klasse gibt es eine Widget-Klasse, wobei die Benutzung der beiden Klassen fast identisch ist. Gadget-Klassen gibt es nur für einige einfache Dialogobjekte, wie zum Beispiel feste Texte oder Schalter. Aus Platzgründen soll auf Gadgets im folgenden nicht extra eingegangen werden.

Im Abschnitt 3.2 wurde die Window-Hierarchie des X-Window-Systems beschrieben. Zur Erinnerung: Das Root-Window ist die Wurzel der Window-Hierarchie, darunter hängen die Top-Level-Windows und darunter alle anderen Windows. In dieser Hierarchie sind natürlich auch diejenigen Windows enthalten, die zu Widgets gehören. Wie paßt nun die Window-Hierarchie zur Widget-Hierarchie? Diese Frage ist leicht zu beantworten: Ist ein Widget Kind eines anders Widgets, so ist das Window des Child-Widgets ein Subwindow des Windows des Parent-Widgets — die natürlichste Sache der Welt.

Die „obersten" Windows einer Applikation sind dabei ihre Top-Level-Windows. Für diese Top-Level-Windows sind spezielle Widgets zuständig, die sogenannten *Shell-Widgets*. Die Shell-Widgets pflegen den Kontakt zum Window-Manager. Das Window eines Shell-Widgets kann als Top-Level-Window ja vom Benutzer mit Hilfe des Window-Managers verändert werden. Ändert der Benutzer zum Beispiel die Größe eines Formulars, so ändert er mit dem Window-Manager letztlich nur die Größe des Top-Level-Windows eines Shell-Widgets. Den Rest besorgt das Shell-Widget in Zusammenarbeit mit seinen Kindern. Shell-Widgets haben sonst keine weitere Funktion — sie machen keine eigenen Ausgaben und verarbeiten erst recht keine Eingaben vom Benutzer.

Die Widget-Hierarchie sieht also wie folgt aus: Es gibt ein oder mehrere Shell-Widgets, jede Shell ist die Wurzel eines Widget-Baumes. Unter jeder Shell hängt als Kind jeweils genau ein Composite-Widget, um das Layout zu organisieren. Dieses Composite-Widget kann als Kinder wieder Composite-Widgets haben und so fort. Erst die untersten Kinder der Composite-Widgets — die Blätter der Hierarchie — sind dann die eigentlichen Dialogobjekte. Die Windows zu dieser Widget-Hierarchie bilden genau dieselbe Hierarchie, die Wurzeln sind dabei die Top-Level-Windows der Shell-Widgets. Abbildung 4.4 zeigt die Window- und Widget-Hierarchie der Konfiguration aus Abb. 4.3.

Die Geschichte mit der Widget-Hierarchie wäre soweit ja auch recht einfach, gäbe es da nicht neben den „normalen" Kindern noch eine zweite Sorte von Kindern, die *Popup-Children*. Das sind Shell-Widgets, die aus rein organisatorischen Gründen unter ihren Eltern aufgehängt sind. Sie sind grafisch nicht in ihren Parent-Widgets enthalten — es sind ja schließlich Shells mit eigenen Top-Level-Windows. Meist gibt es aber einen logischen Zusammenhang zwischen Popup-Children und ihren Parent-Widgets. Wenn von „den Kindern" eines Widgets die Rede ist, werden in Zukunft immer nur die „normalen Kinder" gemeint sein.

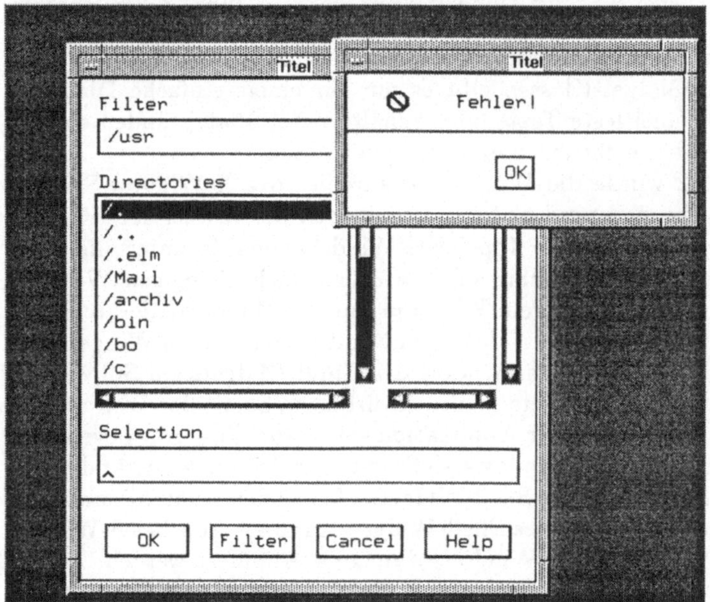

Abb. 4.5 Die Message-Box ist ein Popup-Child der File-Selection-Box.

Abbildung 4.5 zeigt eine Message-Box, die einen Fehler für die darunter liegende File-Selection-Box meldet. Beide Formulare haben ihre eigene Shell, da sie eigene Top-Level-Windows haben. Die Shell der Message-Box ist ein Popup-Child der File-Selection-Box. Ein Shell-Widget, das zugleich Popup-Child ist, wird *Popup-Shell* genannt. Der Begriff Popup-Shell bezeichnet also keine spezielle Widget-Klasse. Eine Popup-Shell kann unter jedem beliebigen Widget als Popup-Child hängen, nicht nur unter Composite-Widgets. In Abb. 4.6 ist ein Ausschnitt aus der Widget-Hierarchie zu Abb. 4.5 dargestellt.

Der etwas seltsame Name „Popup-Child" hat wohl historische Gründe. Bei den Toolkit-Intrinsics waren als Popup-Children zuerst nur „Popups" wie Menüs oder Fehlermeldungen vorgesehen. Es hat sich aber gezeigt, daß Popup-Children auch für andere Anwendungen nützlich sind, zum Beispiel für kompliziertere Formulare.

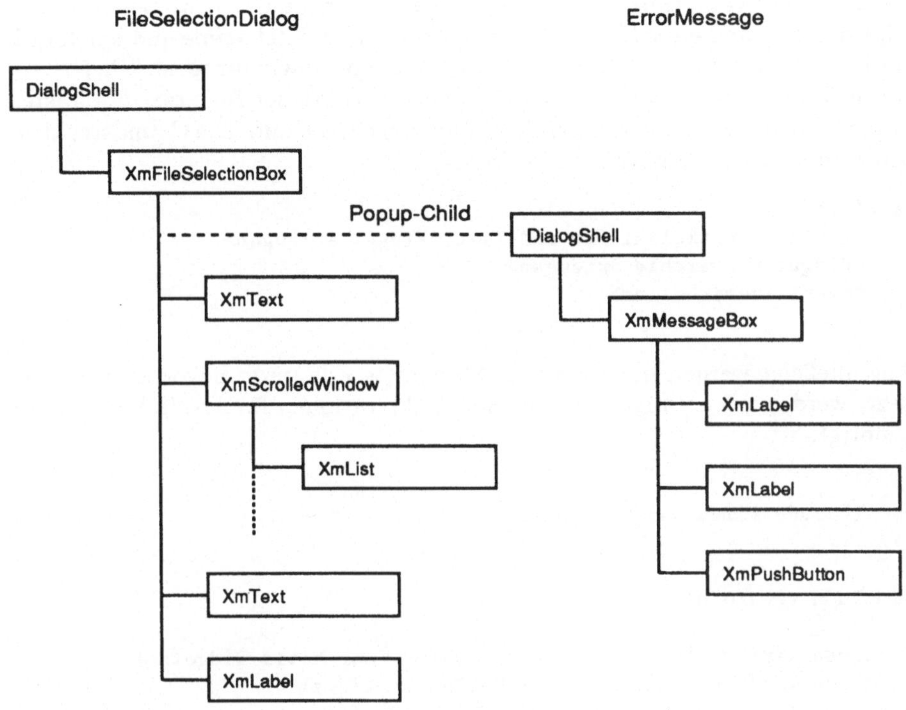

Abb. 4.6 Die Widget-Hierarchie zu Abb. 4.5

4.2 Widgets konkret

Zum Ausgleich nach all dem trockenen Stoff soll es jetzt konkreter werden:
Die erste Motif-Applikation wird programmiert. Sie heißt *xtime* und liefert
ähnlich wie das UNIX-Kommando *date* die aktuelle Zeit, natürlich in einem
eigenen Fenster — siehe Abb. 4.7.

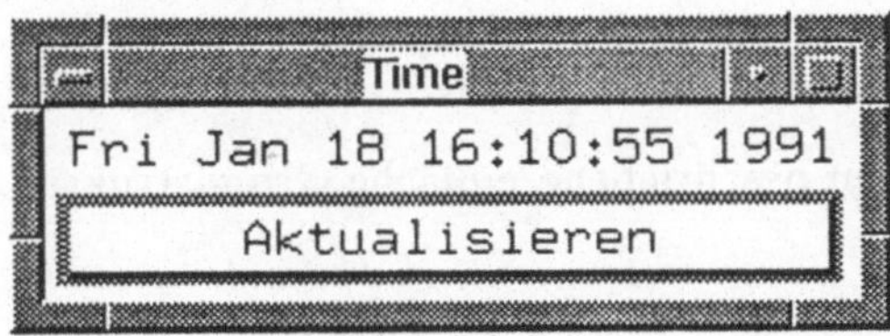

Abb. 4.7 Das Fenster von *xtime* zeigt die aktuelle Zeit.

Das Fenster von *xtime* besteht aus zwei Komponenten: einem Text zur Anzeige der Zeit und einer Taste „Aktualisieren". Der Titel *xtime* und der Rand
des Fensters werden vom Motif-Window-Manager *mwm* umsonst geliefert —
darum braucht man sich nicht zu kümmern. Drückt der Benutzer die Taste,
so wird die aktuelle Zeit angezeigt. Einfacher geht's kaum. Die Grundstruktur
von *xtime* ist sehr einfach:

```
main() {
    <Toolkit initialisieren und Shell-Widget erzeugen>
    <Widget-Hierarchie erzeugen>
    <Events verarbeiten>
}
```

Anschließend werden die einzelnen Abschnitte erläutert. Bevor es aber losgeht, werden noch einige Includes und Deklarationen für lokale Funktionen
benötigt:

```
/*
 *  Include-Files und Funktionen
 */

#include <stdio.h>

#include <Xm/Xm.h>              /* Globales fuer Motif-Widgets */
#include <Xm/RowColumn.h>       /* RowColumn-Widget */
#include <Xm/Label.h>           /* Label-Widget */
#include <Xm/PushB.h>           /* PushButton-Widget */

void CreateTimeWidgets();
void UpdateCallback();
XmString ActualTime();
```

Die Includes für die Xlib und die Toolkit-Intrinsics befinden sich unter UNIX
normalerweise im Directory */usr/include/X11*, während die Includes für die
Motif-Widgets im Directory */usr/include/Xm* zu finden sind. Die Pfade können aber eventuell auch anders lauten. An den Includes sieht man schon,
welche Widget-Klassen verwendet werden — für jede Klasse gibt es ein eigenes Include-File.

4.2.1 Das Hauptprogramm von *xtime*

Das Hauptprogramm spiegelt die oben beschriebene einfache Grundstruktur
von *xtime* wieder:

```
main(argc, argv)
    int argc;
    char *argv[ ];
{
    Widget shell;           /* Shell-Widget */
```

```
    /* Toolkit initialisieren, Shell-Widget erzeugen. */

    shell = XtInitialize("xtime", "Time", NULL, 0, &argc, argv);

    /* Child-Widgets erzeugen und realisieren. */

    CreateTimeWidgets(shell);
    XtRealizeWidget(shell);

    /* Events verarbeiten. */

    XtMainLoop();
}
```

Zuerst muß das Toolkit initialisiert und ein Shell-Widget erzeugt werden. Das geschieht mit der Routine *XtInitialize()* aus den Toolkit-Intrinsics. Hinter diesem Aufruf verbergen sich vier Schritte:

- Toolkit initialisieren,
- Verbindung zum X-Server aufbauen,
- Ressourcen einlesen,
- Shell-Widget erzeugen.

Durch Ressourcen kann *xtime* vom Benutzer konfiguriert werden. Die Ressourcen werden zum einen von verschiedenen Ressourcen-Files und zum anderen von der Kommandozeile eingelesen. Ressourcen auf der Kommandozeile werden der Routine *XtInitialize()* durch argc und argv übergeben. Argumente der Kommandozeile, die Ressourcen angeben, werden von *XtInitialize()* aus argv entfernt und in die Ressourcen-Datenbasis der Applikation eingetragen. Wie die Ressourcen bei *xtime* gesetzt werden, wird später in Abschnitt 4.2.4 beschrieben. Dies hängt sowohl von den verwendeten Widget-Klassen als auch von der Widget-Hierarchie von *xtime* ab. Die beiden Parameter *"xtime"* und *"Time"* werden bei der Angabe von Ressourcen benötigt; *xtime* ist der Name der Applikation, und *Time* ist die Klasse der Applikationen, zu der *xtime* gehört.

Nachdem das Toolkit initialisiert, die Verbindung zum Server aufgebaut und die Ressourcen eingelesen sind, kann das Shell-Widget als Wurzel der Widget-Hierarchie erzeugt werden. Das Shell-Widget erhält dabei den Namen der Applikation, also *xtime*. Durch *XtInitialize()* wird das Window für das Shell-Widget aber noch nicht erzeugt. Das geschieht erst später durch die Funktion *XtRealizeWidget()*.

Die anderen Widgets von *xtime* werden in der Funktion *CreateTimeWidgets()* erzeugt. Diese Funktion wird unten in Abschnitt 4.2.2 beschrieben. Die erzeugten Widgets sind alles Kinder oder Enkel von *shell*. Erst durch die Funktion *XtRealizeWidget()* wird das Window zum Widget *shell* erzeugt. Zugleich werden auch die Windows sämtlicher Kinder und Kindeskinder von *shell* erzeugt. Anschließend macht *XtRealizeWidget()* diese ganzen Windows sichtbar, erst jetzt erscheint etwas auf dem Bildschirm. Dieser Vorgang wird auch *„mappen"* genannt. Der Ausdruck kommt von der Funktion *XMapWindow()*, die ein Window sichtbar macht.

In der Funktion *XtMainLoop()* wird danach die „main event loop" der Applikation durchlaufen. Wie schon in Abschnitt 3.4 beschrieben wurde, ist dies eine Endlos-Schleife, in der die Events für *xtime* verarbeitet werden. Der Aufruf *XtMainLoop()* wird nie wieder verlassen. Anweisungen, die im Hauptprogramm hinter *XtMainLoop()* stehen, werden nie ausgeführt. Man muß sich also schon etwas besonderes einfallen lassen, um *xtime* zu beenden. Im Abschnitt 4.2.3 wird beschrieben, wie die Events für *xtime* verarbeitet werden.

Hier werden schon einige Namenskonventionen deutlich: Während die Xlib-Routinen einfach nur mit „X" beginnen, fangen die Routinen der Toolkit-Intrinsics mit „Xt" an. Die Routinen der Motif-Widgets beginnen dagegen mit „Xm". Ähnliche Konventionen gibt es auch für Datentypen und Konstanten.

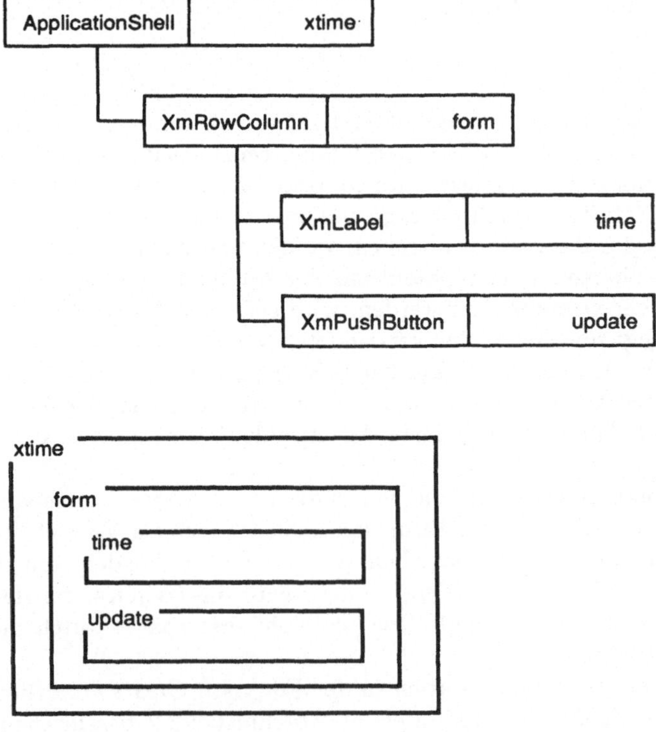

Abb. 4.8 Die Widget-Hierarchie von *xtime* und die Lage der zugehörigen Windows

Sie sind sehr hilfreich, um zu erkennen, woher eine Funktion, ein Typ oder
eine Konstante stammt. In Abschnitt 6.1.1 sind die Namenskonventionen
genauer aufgelistet.

4.2.2 Die Widgets erzeugen

Die Widgets von *xtime* werden in der Routine *CreateTimeWidgets()* erzeugt,
ausgenommen natürlich das Shell-Widget. Für *xtime* werden nur 3 Widgets
benötigt:

- ein *Label*-Widget zur Ausgabe der Zeit,
- ein *PushButton*-Widget als Schalter, mit dem der Benutzer die Zeit im
  Label-Widget aktualisieren kann,
- ein *RowColumn*-Widget, mit dem das Layout der beiden Dialogobjekte
  organisiert wird.

In Abb. 4.8 ist die gesamte Widget-Hierarchie von *xtime* dargestellt. Zugleich ist dort skizziert, wie die Windows der einzelnen Widgets zueinander
liegen. Bei *xtime* ist die Window-Hierarchie noch identisch mit der Widget-
Hierarchie, da kein Popup-Child erzeugt wird.

Das *RowColumn*-Widget ist das einzige Kind des Shell-Widgets, es muß
zuerst erzeugt werden. Anschließend können die beiden anderen Widgets als
Kinder des *RowColumn*-Widgets erzeugt werden:

```
/*
 *  CreateTimeWidgets -- Widgets fuer "xtime" erzeugen
 */

void CreateTimeWidgets(parent)
   Widget parent;
{
   Widget form;              /* RowColumn-Widget */
   Widget update_button;     /* "Aktualisieren"-Taste */
   Widget time_label;        /* Label-Widget fuer Zeit */

   Arg args[2];              /* fuer Argumente von Widgets */
   XmString time_string;     /* Motif-String fuer Zeit */

   /* RowColumn-Widget fuer's Layout erzeugen. */

   args[0].name  = XmNorientation;
   args[0].value = (XtArgVal) XmVERTICAL;
   args[1].name  = XmNpacking;
   args[1].value = (XtArgVal) XmPACK_TIGHT;

   form = XmCreateRowColumn(parent, "form", args, 2);
   XtManageChild(form);
```

```
/* Text mit aktueller Zeit erzeugen. */

time_string = ActualTime();

args[0].name  = XmNlabelString;
args[0].value = (XtArgVal) time_string;

time_label = XmCreateLabel(form, "time", args, 1);
XtManageChild(time_label);

/* String mit Zeit wird nicht mehr benoetigt. */

XmStringFree(time_string);

/* "Aktualisieren"-Taste erzeugen */

update_button = XmCreatePushButton(form, "update", NULL, 0);
XtManageChild(update_button);
XtAddCallback(update_button, XmNactivateCallback, UpdateCallback,
              (caddr_t) time_label);
}
```

Zuerst wird mit der Funktion *XmCreateRowColumn()* das *RowColumn*-Widget *form* erzeugt. Die ersten beiden Parameter geben dabei durch *parent* das Parent-Widget (hier das Shell-Widget) und durch *"form"* den Namen des Widgets an. Der Name wird zur Angabe von Ressourcen in Ressourcen-Files benötigt.

Ein *RowColumn*-Widget ordnet seine Kinder zeilen- oder spaltenweise an. Bei *form* sollen *Label*-Widget und Push-Button spaltenweise übereinander liegen, beide Widgets sollen gleich breit sein. Diese Anordnung wird durch Ressourcen des *RowColumn*-Widgets festgelegt. Mit der Ressource *XmNorientation* wird durch *XmVERTICAL* festgelegt, daß die Kinder von *form* zeilenweise angeordnet werden sollen. Die Ressource *XmNpacking* legt durch *XmPACK_TIGHT* fest, daß die Kinder von *form* gleich breit sein sollen.

Die Übergabe der Ressourcen-Werte an das Widget ist recht umständlich: Zuerst wird das Array *args* mit den Namen und Werten der Ressourcen belegt. Bei der Erzeugung von *form* wird dann an *XmCreateRowColumn()* ein Zeiger auf das Array *args* und die Anzahl der Argumente im Array übergeben. Das ist notwendig, da ein Widget sehr viele verschiedene Ressourcen haben kann. Würde man für jede Ressource einen eigenen Parameter haben, so wären die Aufrufe viel zu unübersichtlich. Außerdem werden für die meisten Ressourcen Default-Werte verwendet, die man dann trotzdem immer angeben müßte. Die Argumente in *args* werden von *XmCreateRowColumn()* in einen eigenen Speicherbereich für das Widget kopiert. Das Array mit den Argumenten wird nach dem Aufruf also nicht mehr benötigt.

Die Namen der Ressourcen werden durch Makros angegeben, hinter denen sich Strings verbergen. *XmNpacking* zum Beispiel ist ein Makro, hinter dem der String *"packing"* steht. Im Ressourcen-File heißt die Ressource dann einfach *packing*, das Präfix *XmN* wird im File weggelassen.

Man sollte als Programmierer bei der Festlegung von Ressourcen zurükkhaltend sein: Ressourcen, die durch das Programm festgelegt werden, können vom Benutzer später nie wieder geändert werden. Bei *xtime* kann also die Ressource *XmNpacking* des Widgets *form* vom Benutzer nicht verändert werden. Das ist ägerlich bei Farben oder Texten. Beim Layout läßt sich darüber streiten, ob es vom Benutzer änderbar sein soll. Bei *xtime* wird restriktiv vorgegangen. Genauso könnte man aber das Layout im Programm offen lassen, dadurch wäre es später noch änderbar. Für jede Klasse von Applikationen gibt es ein eigenes Ressourcen-File. In diesem File können alle diejenigen Ressourcen festgelegt werden, die zwar einerseits angegeben werden müssen, aber andererseits noch vom Benutzer änderbar sein sollen. So brauchen diese Ressourcen nicht von jedem Benutzer erneut angegeben werden. Der Text des *PushButton*-Widgets wird zum Beispiel in diesem zentralen Ressourcen-File angegeben. So ist immer ein Default-Text vorhanden, der vom Benutzer noch geändert werden kann.

Das Widget *form* ist jetzt zwar als Kind des Shell-Widgets erzeugt worden, aber es wird noch nicht vom Shell-Widget verwaltet. Dies geschieht erst durch den Aufruf der Funktion *XtManageChild()*. Erst durch diesen Aufruf wird *form* zum „anerkannten" Kind des Shell-Widgets — man spricht auch vom *gemanagten* Kind. Ein nicht gemanagtes Kind wird zum Beispiel nie sichtbar gemacht und erhält so natürlich auch keine Eingaben. Wozu diese Unterscheidung zwischen gemanagten und nicht gemanagten Kindern? Manchmal braucht man Widgets, die nur ab und zu „auftauchen" und sich ansonsten nicht zeigen. Solche Widgets brauchen nur einmal erzeugt werden. Werden sie benötigt, so ruft man einfach *XtManageChild()* auf, und schwupps sind sie da. Werden sie dann nicht mehr gebraucht, so kann man sie mit *XtUnmanageChild()* wieder verschwinden lassen.

Die prominentesten Vertreter für solche Geister-Widgets sind Popup-Menüs. Normalerweise sind sie inaktiv und nicht gemanagt. Erst wenn der Benutzer sie „aufpoppt", werden sie sichtbar gemacht, indem sie gemanagt werden. Die meisten Widgets werden aber immer gemanagt, bei ihnen wird *XtManageChild()* nur zu Beginn einmal aufgerufen.

Jetzt endlich ist das erste Widget erzeugt und wird verwaltet. Das heißt aber noch lange nicht, daß es auch schon sichtbar wäre. Wie im vorherigen Abschnitt schon erwähnt wurde, ist noch nicht einmal das Window des Widgets erzeugt. Das geschieht erst durch die Funktion *XtRealizeWidget()*. Diese Funktion braucht aber nur einmal für das Shell-Widget aufgerufen zu werden, sie „realisiert" dann rekursiv die Windows aller Kinder und Kindeskinder. Das ist effizienter, als wenn die Windows jedesmal einzeln erzeugt werden.

Als nächstes wird das *Label*-Widget *time_label* für die Anzeige der Zeit erzeugt. Es bekommt den Namen *"time"* und hat *form* als Parent-Widget.

Da es als erstes Kind von *form* erzeugt wird, kommt es ganz nach oben ins
RowColumn-Widget. Der Text eines *Label*-Widgets wird durch die Ressource
XmNlabelString angegeben.

Der Text selbst weist eine Besonderheit auf: Er ist ein *Compound-String*.
Ein Compound-String enthält neben dem Text noch Informationen über den
Zeichensatz, mit dem der Text ausgegeben wird. Für Compound-Strings
können spezielle Zeichensätze verwendet werden, zum Beispiel das kyrilli-
sche Alphabet. Mit Compound-Strings kann man sogar von rechts nach links
schreiben. Das ist wichtig für Applikationen, die auch Arabisch ausgeben
sollen. Compound-Strings werden durch spezielle Routinen erzeugt und gehandhabt. Der Speicherplatz für die Strings wird dabei dynamisch zur Laufzeit reserviert. Nur ein Compound-String wie *time_string* kann als Wert der
Ressource *XmNlabelString* verwendet werden.

Die Funktion *ActualTime()* erzeugt einen Compound-String mit der aktuellen Zeit:

```
/*
 *  ActualTime -- Compound-String mit aktueller Zeit erzeugen
 */


XmString ActualTime()
{
    long t;                 /* aktuelle Zeit */
    char *s;                /* C-String mit Zeit */

    /* Zeit erfragen und in Compound-String uebersetzen. */

    time(&t);
    s = ctime(&t);
    s[strlen(s) - 1] = '\0'; /* \n am Ende entfernen */

    return XmStringCreate(s, XmSTRING_DEFAULT_CHARSET);
}
```

Die Zeit wird mit der System-Routine *time()* erfragt und mit *ctime()* in einen
normalen C-String übersetzt. Aus diesem wird dann mit *XmStringCreate()*
ein Compound-String erzeugt. Wegen *XmSTRING_DEFAULT_CHARSET*
wird ein Default-Zeichensatz für den Text verwendet.

Zurück zur Funktion *CreateTimeWidgets()*: Der String *time_string* wird
beim Erzeugen des Widgets *time_label* in einen eigenen Speicherbereich kopiert. Anschließend wird er nicht mehr benötigt. Daher wird der Speicher für
den String nach der Erzeugung des Widgets mit *XmStringFree()* wieder freigegeben. Genau wie das Widget *form* soll auch *time_label* immer gemanagt
werden, daher wird sofort die Routine *XtManageChild()* aufgerufen.

Hier wird schon deutlich, daß man bei der Verwendung von dynamischem
Speicher sehr vorsichtig vorgehen muß: Wo wird der Speicherplatz reserviert,
wo kann er wieder freigegeben werden? Wird der Inhalt kopiert oder wird er

später noch benötigt? Wenn temporäre Variablen auf dem Stack verwendet werden: Ist sicher, daß sie nach dem Verlassen der Routine nicht mehr referenziert werden? Beliebte Fehler sind, Speicher mehrfach oder nie wieder freizugeben oder auch Speicherbereiche auf dem Stack zu referenzieren, die längst ungültig sind. Man sollte sich wirklich genaue Gedanken darüber machen, was mit dynamischem Speicherplatz passiert — aber das ist ja schließlich eine der „goldenen Regeln" bei C.

Als letztes Widget wird durch *XmCreatePushButton()* noch das *PushButton*-Widget *update_button* erzeugt. Das Parent-Widget ist wieder *form*, der Name des Widgets ist *"update"*. Da es als zweites Kind von *form* erzeugt wird, wird es unterhalb des ersten Kindes *time_label* plaziert. Bei diesem Widget müssen keine Ressourcen angegeben werden, daher wird *NULL* anstelle eines Arrays und *0* als Länge des Arrays übergeben. Anschließend wird *update_button* ebenfalls sofort gemanagt.

Welchen Text wird dieser Schalter später wohl zeigen? Das wird hier noch nicht festgelegt — aus gutem Grund, wie inzwischen klar sein dürfte. Für einen Push-Button kann zwar genau wie für ein *Label*-Widget ein Text angegeben werden. Dieser Text wäre dann aber vom Benutzer nicht mehr änderbar, auch wenn er partout „Uhrzeit" statt „Aktualisieren" haben möchte. Die Ressource für den Text des Schalters heißt übrigens *XmNlabelString*, genau wie beim *Label*-Widget. Die Widget-Klasse *XmPushButton* ist eine Subklasse von *XmLabel* und erbt daher die *XmNlabelString*-Ressource.

Bleibt nur noch der letzte Funktionsaufruf *XtAddCallback()*. Hier wird festgelegt, was der *update_button* tun soll, wenn er vom Benutzer betätigt wird. Bisher wurde ja nur beschrieben, wie die Widgets aussehen, aber nicht, wie sie auf Eingaben reagieren. „Verhalten" zeigt dabei nur der Schalter *update_button*: Wenn der Benutzer mit der Maus in den Schalter klickt, soll die angezeigte Zeit aktualisiert werden.

Durch *XtAddCallback()* wird angegeben, daß die Funktion *UpdateCallback()* aufgerufen werden soll, sobald der Schalter *update_button* vom Benutzer aktiviert wird. Die Funktion *UpdateCallback()* wird dazu von der Applikation zur Verfügung gestellt, sie trägt die aktuelle Zeit in das *Label*-Widget *time_label* ein:

```
XtAddCallback(update_button, XmNactivateCallback, UpdateCallback,
              (caddr_t) time_label);
```

Der Parameter *time_label* wird der Funktion *UpdateCallback()* später beim Aufruf übergeben.

Die Funktion *UpdateCallback()* wird also vom Toolkit „zurückgerufen", wenn sie an der Reihe ist — wenn der Benutzer den Schalter betätigt. Solch eine Funktion wird daher *Callback-Routine* oder einfach *Callback* genannt. Der weitaus größte Teil des Dialogs in einer Applikation wird über solche Callbacks abgewickelt — sie sind ein sehr wichtiges Konzept des Toolkits. Die Idee ist eigentlich simpel: Die Applikation stellt Funktionen zur Verfügung, die aufgerufen werden, sobald der Benutzer eine bestimmte Eingabe macht.

Die zurückgerufene Funktion führt dann die vom Benutzer ausgelöste Aktion
aus.

4.2.3   Den Dialog organisieren

Im vorherigen Abschnitt wurde schon der wichtigste Mechanismus zur Organisation des Dialogs vorgestellt: die Callback-Routine. Bei *xtime* wird nur
die Callback *UpdateCallback()* gebraucht. Sie wird vom Toolkit aufgerufen,
sobald der Benutzer den Schalter „Aktualisieren" betätigt:

```
/*
 * UpdateCallback -- Callback der "Aktualisieren"-Taste
 */

void UpdateCallback(widget, client_data, call_data)
   Widget widget;
   caddr_t client_data;
   caddr_t call_data;
{
   Widget time_label;      /* Label-Widget fuer Zeit */
   XmString time_string;   /* Compound-String fuer Zeit */
   Arg arg;                /* Argument fuer Label-Widget */

   /* Das Label-Widget wird durch client_data uebergeben */

   time_label = (Widget) client_data;

   /* Aktuelle Zeit ins Label-Widget eintragen. */

   time_string = ActualTime();

   arg.name  = XmNlabelString;
   arg.value = (XtArgVal) time_string;

   XtSetValues(time_label, &arg, 1);

   /* String mit Zeit wird nicht mehr benoetigt. */

   XmStringFree(time_string);
}
```

Eine Callback hat immer die gleiche Deklaration:

```
void MyCallback(widget, client_data, call_data)
```

Das Widget *widget* hat die Callback-Routine „ausgelöst". Bei *UpdateCall-
back()* kommt da natürlich nur der Push-Button *update_button* in Frage.
Eine Callback kann aber gleichzeitig für mehrere Widgets verwendet werden, diese müssen dann schon unterschieden werden. Die Adresse *client_data*
stammt vom Aufruf der Funktion *XtAddCallback()*. Der letzte Parameter

von *XtAddCallback()* wird einfach an die Callback weitergereicht. Hierdurch kann die Applikation beliebige eigene Daten an die Callback übergeben, die Adresse hat für das Toolkit selbst keine Bedeutung. Der Parameter *call_data* hängt vom Widget ab, das die Callback ausgelöst hat. Hier werden Daten vom Widget übergeben, die eventuell in der Callback von Interesse sind. Ein *ScrollBar*-Widget gibt so zum Beispiel die aktuelle Position des Balkens an die Callback weiter. Der Parameter *call_data* wird hier nicht benötigt.

Wenn man sich in *CreateTimeWidgets()* den Aufruf von *XtAddCallback()* nochmals anschaut, so sieht man, daß als letzter Parameter dabei das *Label*-Widget *"time"* übergeben wurde. Der Parameter *client_data* enthält also den Identifier des *Label*-Widgets — allerdings in den Typ *caddr_t* umgewandelt. Aus Gründen der besseren Lesbarkeit wird der Identifier als erstes wieder in die Variable *time_label* mit dem richtigen Typ *Widget* kopiert. Der Identifier kann so natürlich nur übergeben werden, weil er in eine Variable vom Typ *caddr_t* paßt — etwas unsauber. Eigentlich sollte man solche Annahmen über Typen nicht machen. Korrekter wäre es, Speicher für den Identifier zu reservieren, den Identifier in diesen Speicher zu kopieren und dann als *client_data* einen Zeiger auf den Speicher zu übergeben. Ganz schön umständlich. Oder ist hier vielleicht ausnahmsweise gegen alle guten Sitten auch eine globale Variable für den Identifier erlaubt?

Die aktuelle Zeit wird als Text an das *Label*-Widget übergeben. Der Text wird dann vom Widget angezeigt. Das ist genau die Funktion, die der Benutzer vom „Aktualisieren"-Schalter erwartet. Der Text für die Zeit wird wieder als Compound-String mit der Funktion *ActualTime()* erzeugt. Der String wird als neue *XmNlabelString*-Ressource an das Widget übergeben. Hierzu dient die Routine *XtSetValues()*. Der erste Parameter gibt dabei das *Label*-Widget an. Die Übergabe der Ressource erfolgt mit den beiden Parametern *&arg* und *1*. Sie funktioniert genau wie bei *XmCreateLabel()*, nur daß hier kein Array verwendet wird. Es muß ja nur ein Argument übergeben werden. Zum Schluß muß der Compound-String nur noch freigegeben werden, und schon ist die Arbeit der Callback getan. Damit ist *xtime* fertig, mehr wird nicht benötigt.

Eigentlich könnte man sich jetzt bequem zurücklehnen und das vollendete Werk würdigen, aber als neugieriger Mensch möchte man ja doch wissen, wie die Callback dann später ins Spiel gebracht wird. Bis jetzt wurde ja nur beschrieben, wie sie mit *XtAddCallback()* installiert wird. Die meisten werden auch schon ahnen, daß die Callback irgendwie in der „main event loop", also in der Funktion *XtMainLoop()* aufgerufen wird. Eng damit zusammen hängt die Frage, wie die Ausgabe der Widgets organisiert ist. Schließlich wird im ganzen Programm nicht einmal ein Widget explizit auf dem Bildschirm ausgegeben.

In Kapitel 3.4 wurde beschrieben, wie die Eingaben des Benutzers in Form von Events zur Applikation gelangen. Die Verarbeitung eines Events durch das Toolkit bis zum Aufruf einer Callback geschieht in mehreren Stufen:

- In der Funktion *XtMainLoop()* wird das nächste Event von der Event-Queue gelesen.
- In dem Event ist das Window angegeben, aus dem das Event stammt. Zum Window gehört wiederum ein Widget. Dieses Widget verarbeitet das Event weiter.
- Zu jedem Widget gehören Routinen, die Events verarbeiten, sogenannte *Event-Handler*. Ein Event-Handler ist nicht für alle Event-Typen zuständig, nur für bestimmte. Die zuständigen Event-Handler des Widgets werden mit dem Event als Parameter nacheinander aufgerufen.
- Einige Event-Handler verarbeiten schon direkt das Event. Es gibt aber auch Event-Handler, deren Verhalten durch spezielle Ressourcen — sogenannte *Translation-Tables* — beschrieben wird. Eine Translation-Table legt fest, welche Aktionen ein Widget bei welchen Events ausführen soll. Diese Aktionen bestehen im Aufruf sogenannter *Action-Routinen*, auch kurz *Actions* genannt.
- Eine Action-Routine ruft dann eventuell eine Callback-Routine auf. Einige Action-Routinen verarbeiten das Event aber auch selbst.
- Ist das Event verarbeitet, so wird das nächste von der Queue geholt. Und damit geht das ganze Spiel dann von vorne los.

Das ist eine ganz schön lange Kette, nicht wahr: Über *XtMainLoop()*, Event-Handler, Action-Routine bis endlich zur Callback. Aber es gibt gute Gründe für diese Konstruktion. Die Idee dabei ist, daß der Benutzer selbst bestimmen soll, wodurch eine Callback aufgerufen wird. Der Benutzer soll durch Ressourcen entscheiden können, daß ein Schalter mit der linken statt der rechten Maustaste ausgelöst wird. Daher die Verwendung von Translations und Actions. Im nächsten Abschnitt wird gezeigt, wie Translation-Tables als Ressourcen angegeben werden.

Für die Ausgabe der Widgets sind direkt Event-Handler zuständig. Da braucht der Benutzer ja nichts zu konfigurieren. Wird ein Window sichtbar gemacht oder muß ein Teil eines Windows neu gezeichnet werden, so wird vom X-Server ein *Expose*-Event für das Window erzeugt. Zu jedem Widget gibt es einen Event-Handler für solche *Expose*-Events. Dieser Event-Handler gibt beim Aufruf die Grafik für das Widget neu aus. Das *Expose*-Event wird in *XtMainLoop()* von der Event-Queue gelesen, das passende Widget wird ermittelt, und der Event-Handler wird aufgerufen — und schon ist ein Widget sichtbar, wo vorher nur ein Window war.

In Abschnitt 2.1 wurde zwischen externer und interner Kontrolle unterschieden. Der hier vorgestellte Mechanismus ist ein gutes Beispiel für externe Kontrolle: Die Callbacks sitzen da und warten darauf, vom Benutzer aufgerufen zu werden. Es liegt beim Benutzer, was als nächstes passiert. (Das darf man natürlich nicht zu wörtlich nehmen, schließlich legt die Applikation ja fest, welche Events überhaupt auftreten können. Aber die Idee dürfte klar sein.) Diese Art der Programmierung hat aber auch ihre Tücken: Wie behandelt man zum Beispiel einen Fehler in einer Callback, bei dem der Benutzer direkt eingreifen muß? Der Benutzer muß dazu eine Eingabe machen, also müssen Events verarbeitet werden. Eines geht jedenfalls nicht: einfach nochmals *XtMainLoop()* aufrufen. Dieser Aufruf käme ja nie zurück, der Rest der Callback würde nicht abgearbeitet. Eine Möglichkeit ist zum Beispiel, die Callback zu verlassen und die Fehlerbehandlung erst später in einer Callback des Formulars für die Fehlermeldung durchzuführen. So etwas kann aber schnell unübersichtlich werden. In Abschnitt 8.8 werden solche Probleme eingehend besprochen.

4.2.4   Der letzte Schliff

So weit so gut, aber wie wird aus dem Quelltext das Programm *xtime*? Das ist einfach:

```
cc -D_NO_PROTO -o xtime xtime.c -lXm -lXt -lX11
```

Die drei Libraries sind *libXm.a* für die Motif-Widgets, *libXt.a* für die Toolkit-Intrinsics und *libX11.a* für die Xlib.

Beim Start von *xtime* zeigt sich allerdings noch ein Manko: Der Push-Button enthält als Text den Namen des Widgets, also *update* — der richtige Text wurde beim Erzeugen des Widgets ja wohlweislich nicht angegeben. Ein Default-Wert für den Text kann aber als Ressource in einem speziellen Ressourcen-File angegeben werden. Dieses Ressourcen-File muß *Time* heißen und im Directory

```
/usr/lib/X11/app-defaults
```

enthalten sein. Das Ressourcen-File *Time* enthält die Default-Werte für alle Applikationen aus der Klasse *Time*. Die Klasse *Time* wurde beim Aufruf von *XtInitialize()* angegeben. Der Eintrag für den Text des Schalters lautet:

```
xtime.form.update.labelString: Aktualisieren
```

Der Ressource *XmNlabelString* des Widgets *xtime.form.update* wird mit dieser Zeile der Wert *Aktualisieren* zugewiesen. Dabei wird das Widget durch seine Stellung in der Widget-Hierarchie angegeben: *update* ist ein Kind von *form*, welches wiederum ein Kind von *xtime* ist. Der Name *xtime* steht dabei gleichzeitig für die Applikation und das Shell-Widget — auch das wurde ja beim Aufruf von *XtInitialize()* angegeben.

Dieser Default-Wert kann vom Benutzer überschrieben werden. Hierzu muß er in seinem Home-Directory das Ressourcen-File *.Xdefaults* haben. In *.Xdefaults* kann er (fast) jede andere Ressource der Widgets in *xtime* ändern, zum Beispiel Farben oder Zeichensätze:

```
xtime.form.update.labelString: Show Time
xtime*foreground:              blue
xtime*background:              pink
xtime*fontList:                9x15
```

Hier wird die Vordergrundfarbe auf blau und die Hintergrundfarbe auf pink gesetzt, als Font soll *9x15* verwendet werden. Für die Angabe der Widgets wird dabei eine Abkürzung verwendet: *xtime** bezeichnet alle Widgets von *xtime*. Soll nur die Vordergrundfarbe des Widgets *time* gesetzt werden, so kann *xtime*time* oder auch der ganze Pfad *xtime.form.time* angegeben werden.

Per Ressourcen-File kann sogar die Bedienung des Schalters geändert werden. Hierzu dienen die oben erwähnten Translations. Die Default-Translations für einen *PushButton* lauten:

```
<Btn1Down>:      Arm()
<Btn1Up>:        Activate() Disarm()
<Key>Return:     ArmAndActivate()
<Key>space:      ArmAndActivate()
<EnterWindow>: Enter()
<LeaveWindow>: Leave()
```

Wird zum Beispiel die Maustaste 1 gedrückt (*Btn1Down*), so ändert die Action-Routine *Arm()* die Farbe des Schalters. (Maustaste 1 ist normalerweise die linke Taste, siehe Abschnitt 5.1.2.) Hierdurch signalisiert der Schalter, daß er bereit ist, das Kommando auszulösen. Wird die Maustaste dann wieder losgelassen (*Btn1Up*), so werden die Actions *Activate()* und *Disarm()* ausgeführt. *Activate()* ruft die Callback *UpdateCallback()* auf — die aktuelle Zeit wird angezeigt. *Disarm()* setzt die Farbe des Schalters wieder zurück.

Wenn der Schalter mit der Maustaste 2 bedient werden soll, so muß folgende Ressource im *.Xdefaults*-File angegeben werden:

```
xtime*update.translations: #override \n\
    <Btn2Down>: Arm() \n\
    <Btn2Up>:   Activate() Disarm()
```

Durch *#override* werden die entsprechenden Default-Einträge überschrieben, „\n" steht für einen Zeilenumbruch. Das letzte „\" in einer Zeile gehört nicht zu den Translations, es ist das Fortsetzungszeichen für Strings in Ressourcen-Files.

Hiermit hat man die Ressourcen von *xtime* unter Kontrolle. Wenn die Default-Werte nicht gefallen: Bitteschön, im Ressourcen-File *Time* kann auch mehr als nur der Text für den Schalter eingetragen werden. Die möglichen Ressourcen sind in der Motif-Dokumentation auf den „man pages" der Widget-Klassen angegeben, zum Beispiel unter *XmPushButton(3X)*.

Teil B: Programmieren mit Motif

5. Arbeiten mit X

In Teil A dieses Buchs wurde ein kurzer Überblick über das X-Window-System und über die Motif-Widgets gegeben. Hier soll nun mit der praktischen Arbeit unter X begonnen werden. Leser, die bereits praktische Erfahrung mit dem X-Window-System und dem Motif-Window-Manager haben, können dieses Kapitel mehr oder weniger schnell überfliegen. Vielleicht finden auch sie auf den folgenden Seiten noch den einen oder anderen Tip, der die Arbeit mit dem System vereinfacht. Auf die Installierung von X und Motif wird nicht näher eingegangen. Das ist Sache des System-Administrators.

Hersteller, wie Sun oder DEC, liefern für ihre Workstations eigene Versionen von X aus, oft zusammen mit dem Betriebssystem. Alles, was in diesem Kapitel beschrieben wird, bezieht sich allerdings nur auf X11, Release 4, so wie es vom MIT ausgeliefert wird. Besonders Dinge wie die Konfigurierung und das Starten von X können herstellerabhängig sein. Wenn man nicht die MIT-Version von X besitzt, sollte man im Zweifelsfall die Dokumentation des Herstellers zu Rate ziehen.

Wie sollte man dieses Kapitel lesen? Am besten, man sitzt vor einer Workstation und probiert alle Beispiele direkt aus. Außerdem sollte man zusätzlich zu diesem Buch die Man-Pages zu X griffbereit haben, entweder fertig ausgedruckt oder „on-line" auf der Workstation, um wichtige Details dort nachlesen zu können. Es geht uns hier nämlich hauptsächlich darum, dem Leser einen einfachen Einstieg in die Welt der Fenster zu verschaffen, und nicht darum, die komplette Dokumentation noch einmal in anderer Form zu präsentieren. So beschränkt sich dieses Kapitel auf das, was für die tägliche Arbeit wirklich wichtig und sinnvoll ist.

5.1 Starten von X

5.1.1 Server, Clients und Displays

Wie ja bereits aus Teil A dieses Buchs bekannt ist, basiert das X-Window-System auf dem Client-Server-Modell. Der X-Server ist ein Programm namens *X*. Er befindet sich – wie alle ausführbaren X-Programme – im Verzeichnis */usr/bin/X11*. Normalerweise ist *X* nur ein *Link* im File-System auf den eigentlichen Server. Auf Sun-Workstations heißt er zum Beispiel *Xsun*, auf Apollo-Workstations heißt er *Xapollo*. Der Server ist für die eigentliche Ausgabe auf dem Terminal verantwortlich.

Jeder Server wird über einen Namen von seinen Clients angesprochen. Ein Server-Name hat folgendes Format:

hostname:*display*[*.screen*]

hostname: der Name des Rechners, auf dem der X-Server läuft. Falls Client und Server denselben Rechner benutzen, kann dieser Name „unix" sein. Anstelle des Rechnernamens kann auch direkt eine Netzwerk-Adresse angegeben werden.

display: enthält die Nummer des anzusprechenden Grafik-Terminals. Unter Grafik-Terminal versteht man hier die Kombination von Monitor, Tastatur und grafischem Eingabegerät. Diese Nummer ist normalerweise *0*, da Workstations gewöhnlich nur einen Monitor und eine Tastatur besitzen.

screen: die Nummer des Bildschirms, auf dem gearbeitet werden soll. Es gibt nämlich Workstations, die mehrere virtuelle Bildschirme unterstützen, auf denen unabhängig voneinander gearbeitet werden kann. Falls *screen* nicht angegeben ist, wird per Default *0* eingesetzt.

Der Name des Servers, der standardmäßig von einer Applikation angesprochen wird, ist in der Environment-Variablen *DISPLAY* gespeichert. Falls Clients und Server auf derselben Workstation laufen und man den Default-Screen benutzen will, kann man *DISPLAY* auf „unix:0" setzen. Andernfalls muß *DISPLAY* den Namen des Rechners enthalten, auf dem der Server läuft.

Angenommen, der Server läuft auf der Workstation „asterix" und der Client läuft auf „majestix". In diesem Fall muß die Variable *DISPLAY* auf dem Rechner „majestix" den Wert „asterix:0" enthalten.

Zusätzlich muß „asterix" dem Rechner „majestix" den Zugriff auf seinen Server erlauben. Das geschieht mit Hilfe des Programms *xhost*. Dazu gibt man den Befehl

```
xhost + majestix
```

auf „asterix" ein. Dadurch erlaubt „asterix" dem Rechner „majestix", seinen Server zu benutzen. Mit

```
xhost - majestix
```

kann „asterix" dem Rechner „majestix" die Zugriffserlaubnis wieder entziehen.

Man kann den Namen des Servers auch über die Option *-display* beim Starten eines Clients angeben. Der Wert dieser Option hat Vorrang vor dem Wert der *DISPLAY*-Variablen. Zum Beispiel wird durch den Befehl

```
xcalc -display asterix:0.0
```

das Programm *xcalc* für den Bildschirm *0* des Displays *0* auf dem Rechner „asterix" gestartet. *xcalc* ist ein kleiner Taschenrechner, der zum Standardumfang von X gehört.

5.1.2   Die Maus

Heutzutage besitzen die meisten Workstations als Eingabegerät neben der Tastatur eine *Maus*. Mit Hilfe der Maus kann man einen kleinen Pfeil oder ein Kreuz auf dem Bildschirm bewegen. Dieser Pfeil wird auch *Mauszeiger* oder *Pointer* genannt. Abbildung 5.1 zeigt eine Maus mit drei Tasten.

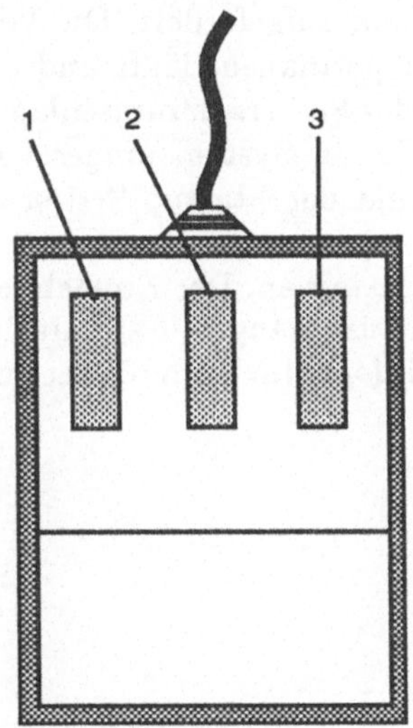

Abb. 5.1 Maus mit drei Tasten

Beim X-Window-System sind die Maustasten üblicherweise von links nach rechts durchnumeriert. Die linke Maustaste ist Nummer eins, die mittlere Nummer zwei und die rechte Nummer drei. Diese Zuordnung ist die Standardbelegung, auf die sich auch alle weiteren Beschreibungen in diesem Buch beziehen. Wenn also zum Beispiel von „Maustaste eins" die Rede ist, so ist damit die linke Maustaste gemeint.

Mit dem Programm *xmodmap* kann man die Belegung der Maustasten oder auch der Tastatur ändern. So können zum Beispiel Linkshänder durch den Aufruf

```
xmodmap -e "pointer = 3 2 1"
```

die Maustasten eins und drei miteinander vertauschen. Mit

```
xmodmap -e "pointer = default"
```

wird die Standardbelegung wiederhergestellt.

5.1.3   Das Programm *xinit*

Um überhaupt mit einem X-Server kommunizieren zu können, muß dieser natürlich zuerst einmal gestartet werden. Eine Möglichkeit dazu bietet das Programm *xdm*. Üblicherweise wird der Befehl *xdm* in ein Startup-Script des Rechners eingebaut und dadurch beim Hochfahren des Rechners automatisch ausgeführt. Dadurch wird der Server gestartet und der Benutzer über ein Eingabeformular zur Eingabe seiner Benutzerkennung aufgefordert. Die Verwendung von *xdm* hat den Vorteil, daß der Server permanent läuft und ein unerfahrener Benutzer sich nicht mit dem Starten des Servers herumschlagen muß. Andererseits kann nicht auf ein anderes Window-System umgeschaltet werden, ohne den Rechner herunterzufahren und das Startup-Script zu ändern.

Als Alternative zu *xdm* bietet sich das Programm *xinit* an. Der Einfachheit halber wird bei der folgenden Beschreibung davon ausgegangen, daß mit der C-Shell gearbeitet wird. Zuerst muß man die Datei *.login* im Home-Directory um folgende Zeilen erweitern:

```
setenv DISPLAY unix:0
set path=($path /usr/bin/X11)
```

Nach dem Einlesen der geänderten Datei mit

```
source .login
```

kann man *xinit* aufrufen. Dieses Programm startet *usr/bin/X11/X*, den eigentlichen Server. Nach kurzer Zeit sollte der Bildschirmhintergrund grau werden und sich in der linken oberen Bildschirmecke ein Fenster öffnen (s. Abb. 5.2).

Das geöffnete Fenster gehört zum Programm *xterm*, der Terminal-Emulation des X-Window-Systems. In der Mitte des Bildschirms befindet der Pointer in Form eines kleinen Kreuzes. Der Pointer zeigt die aktuelle Position der Maus auf dem Bildschirm an. Wenn man nun versucht, etwas über die Tastatur einzugeben, tut sich zunächst überhaupt nichts. Bewegt man jedoch

Abb. 5.2 Der Bildschirm nach dem Aufruf von *xinit*

den Pointer mit Hilfe der Maus in das Fenster, kann man danach wie auf
einem gewöhnlichen Terminal arbeiten. Das kommt dadurch, daß *xterm* eine
Shell startet und alle Ein- und Ausgaben dieser Shell in das eigene Fenster
umlenkt. Durch Eingeben von *exit* oder *Control D* wird die Sitzung beendet
und der Server heruntergefahren.

Das Programm *xinit* besitzt eine Reihe von Optionen, die hier jedoch nicht
interessieren. Wichtig ist aber das Shell-Script *.xinitrc*. Falls *xinit* diese Datei
im Home-Directory findet, führt es die darin enthaltenen Befehle aus. Üblicherweise werden hier mehrere Clients gestartet. Eine *.xinitrc*-Datei könnte
zum Beispiel folgendermaßen aussehen:

```
xclock -geometry -0+0 &
xterm -C -wf -fn 9x15 -j -sb -sk -title "Console" -geometry +0+0 &
xterm -fn 9x15 -j -sb -sk -geometry +0-0
```

Durch dieses Script werden die X-Uhr (*xclock*) und zwei Terminal-Emulationen (*xterm*) aufgerufen. Beim Schreiben des *.xinitrc*-Files muß darauf geachtet werden, daß die letzte der gestarteten Applikationen im Vordergrund
läuft. Dort darf also kein & am Zeilenende stehen! Denn sobald die letzte
Zeile in *.xinitrc* abgearbeitet ist, wird der Server heruntergefahren.

Hier wird in *.xinitrc* das letzte *xterm* im Vordergrund gestartet. Falls dieses
xterm beendet wird, zum Beispiel durch Eingeben von *Control D* im *xterm*-
Fenster, so wird auch der X-Server-Prozeß und damit die Sitzung beendet.

Nach dem Anlegen von *.xinitrc* und dem erneuten Starten des Servers sollten diesmal zwei *xterm*-Fenster auf dem Bildschirm erscheinen. Außerdem sollte in der rechten oberen Ecke das Ziffernblatt einer kleinen Uhr sichtbar sein. Das obere der beiden Fenster gehört zum ersten *xterm*, das im Hintergrund gestartet wurde. Das Drücken von *Control D* im oberen Fenster beendet deshalb nur diesen *xterm*-Prozeß. Dagegen fährt *Control D* im unteren Fenster den Server herunter. Dadurch werden auch alle Clients des Servers abgebrochen.

Neben *.xinitrc* gibt es auch noch die Datei *.xserverrc*, die beim Starten vom Server ausgewertet wird. Auf diese Datei soll hier aber nicht weiter eingegangen werden.

5.1.4   Erweiterungen für *.login* und *.cshrc*

Wie bereits in Abschnitt 5.1.1 deutlich wurde, ist das Starten eines Clients auf einem Remote-Host und das richtige Setzen der *DISPLAY*-Variablen etwas umständlich. Aus diesem Grund werden hier einige kleine Erweiterungen für das *.login*-File und *.cshrc*-File vorgestellt, die die Arbeit in einem Netzwerk von Rechnern etwas erleichtern.

Wenn man sich von seiner Workstation aus auf einem anderen Rechner einloggt, kann die *DISPLAY*-Variable durch die folgenden Zeilen in *.login* automatisch gesetzt werden:

```
setenv HOST 'hostname'
setenv DISPLAY unix:0.0
set string='who am i'

# Der sechste Teilstring von "string" enthaelt den Namen des
# Rechners, vom dem aus "rlogin" aufgerufen wurde.

if ($#string == 6) then
   set loginhost='echo $string[6]|sed "s/\(\([^:]*\).*)/\1/"'
   if ($loginhost != $HOST) then
      setenv DISPLAY "${loginhost}:0.0"
   endif
endif
unset string loginhost
```

Über das Kommando „*who am i*" wird ermittelt, ob sich der Benutzer von einem anderen Rechner aus eingeloggt hat. Dieser Befehl gibt nämlich neben dem Benutzernamen auch den Namen des Host-Rechners und des virtuellen Terminals aus. Der Name des Host-Rechners wird mit *sed* extrahiert und in der Variablen *loginhost* gespeichert. Falls *loginhost* und *HOST* unterschiedlich sind, wird *DISPLAY* entsprechend gesetzt. Ansonsten bleibt *DISPLAY* auf *unix:0.0*, denn dann arbeitet man ja auf dem lokalen Rechner.

Diese Methode funktioniert natürlich nur, wenn man sich von der Workstation, auf der der Server läuft, auf einem anderen Rechner anmeldet. Wenn

man sich von diesem Rechner dann wiederum auf einem dritten Rechner einloggt, stimmt *DISPLAY* nicht mehr und muß nach dem Einloggen von Hand
gesetzt werden.

Zum Einloggen auf einem Remote-Host wird auf Unix-Systemen normalerweise das Programm *rlogin* verwendet. Folgende Zeile sollte man ins *.cshrc-*
File eintragen:

```
alias xlogin 'xhost + \!:1 && xterm -title \!:1 -e rlogin \!* &'
```

Um sich von seiner Workstation aus zum Beispiel auf dem Rechner „majestix"
einzuloggen, gibt man nun einfach

```
xlogin majestix
```

ein. Dadurch werden die Zugriffsrechte für den Server mit *xhost* gesetzt, eine
Terminal-Emulation gestartet und *rlogin* ausgeführt. Auf dem Bildschirm erscheint ein neues *xterm*-Fenster, und darin läuft die Login-Shell des Rechners
„majestix". Falls sich ein entsprechendes *.rhosts*-File im Home-Directory des
Remote-Hosts befindet, braucht noch nicht einmal ein Password eingegeben
zu werden. Auch die Variable *DISPLAY* ist richtig gesetzt, falls man das
.login-File von „majestix" wie oben beschrieben erweitert hat. Die Zeile

```
alias xinit 'if ('tty' == /dev/console) /usr/bin/X11/xinit'
```

sollte man ebenfalls ins *.cshrc*-File eintragen. Dadurch kann man den Server
nur noch von der Systemkonsole starten.

Es ist nämlich nicht sinnvoll, einen Server mehrmals auf der gleichen Workstation zu starten. Genauso wenig Sinn macht es, einen Server etwa von einem anderen Rechner aus zu starten, von dem man sich auf der Workstation
angemeldet hat. Da *xinit* keine dieser Bedingungen testet, sollten Vorkehrungen zur Verhinderung solcher Situationen getroffen werden. Der String
„/dev/console" ist hierbei vom Betriebssystem abhängig und muß eventuell
angepaßt werden.

5.2   Terminals im Fenster

Das Programm *xterm* ist die Terminal-Emulation des X-Window-Systems,
und man kann damit genauso wie mit einem gewöhnlichen Terminal arbeiten. Falls nicht anders angegeben, startet *xterm* eine Shell. Alle Ein- und
Ausgaben dieser Shell werden in das *xterm*-Fenster umgeleitet.

Gegenüber einem normalen Terminal besitzt *xterm* einige zusätzliche Vorteile:

- Es können die Terminals VT100, VT102 und Tektronix 4014 emuliert wer-
  den.
- Die Anzahl der Zeilen und Spalten des Terminals ist frei wählbar.
- Der benutzte Zeichensatz kann frei bestimmt werden.

— Alle Ausgaben können in einer Datei mitprotokolliert werden.

— Der Fensterinhalt kann mit einem Scrollbar vertikal verschoben werden.

— Das sogenannte „cut and paste" zwischen mehreren Terminal-Emulationen ist möglich.

— Viele der Terminalparameter können zur Laufzeit über Menüs verändert werden.

Alle Möglichkeiten von *xterm* zu beschreiben, würde den Rahmen dieses Buchs sprengen. Aus diesem Grund sollen an dieser Stelle nur die wichtigsten Optionen besprochen werden. Auf den Tektronix-Modus wird nicht weiter eingegangen. Für detailliertere Informationen sei auf die Man-Page zu *xterm* verwiesen. Außerdem erhält man durch den Aufruf von *xterm* mit der Option *-help* eine Kurzbeschreibung aller Optionen. Die allgemeine Aufruf-Syntax von *xterm* lautet:

xterm [-standardoption ...] [-xtermoption ...]

Mit *standardoption* sind diejenigen Optionen gemeint, die auch viele andere X-Clients besitzen. Die wichtigsten dieser Optionen sind:

-display Display: spezifiziert den Server, den der Client benutzen soll. Diese Option hat Vorrang vor der Environment-Variablen *DISPLAY*.

-fn Zeichensatz: wählt den zu verwendenden Zeichensatz

-title Text: der Titel des Fensters wird auf *Text* gesetzt

-fg Farbe: bestimmt die Farbe, mit der Text ausgegeben wird. Default ist schwarz.

-bg Farbe: legt die Hintergrundfarbe des Terminal-Fensters fest. Default ist weiß.

-geometry Geometrie: bestimmt die Größe und Position des Fensters auf dem Bildschirm.

Mit *xtermoption* sind die speziellen Optionen von *xterm* gemeint. Dazu gehören:

-help: gibt eine Liste aller gültigen Optionen mit kurzer Beschreibung aus

-j: schaltet das Terminal auf „jump scrolling", wodurch mehrere Zeilen des Bildschirminhalts auf einmal gescrollt werden. Durch das Einschalten dieser Option wird das Scrolling stark beschleunigt.

-e Programm Argumente: Diese Option bestimmt, welches Programm von *xterm* gestartet werden soll. Alle Ein- und Ausgaben des gestarteten Programms werden in das *xterm*-Fenster umgeleitet. Die Option *-e* muß als letztes in der Liste der Optionen angegeben werden. Falls sie nicht angegeben ist, wird defaultmäßig eine Unix-Shell gestartet.

-sb: erzeugt einen Scrollbar an der linken Seite des Fensters. Mit Hilfe dieses Scrollbars können Zeilen, die bereits aus dem Fenster herausgeschoben worden sind, noch einmal ins Fenster zurückgeholt und angesehen werden.

-sk: Wenn eine Taste gedrückt wird während man den Scrollbar benutzt, wird der alte Fensterinhalt restauriert und der Cursor in die unterste Zeile gestellt.

-C: Alle Ausgaben, die normalerweise auf die Systemkonsole gehen würden, werden zu dem *xterm* umgelenkt, das mit dieser Option gestartet wurde.

-wf: „wait for map". Dies bedeutet, daß *xterm* mit dem Starten der Shell solange wartet, bis das Terminal-Fenster auf dem Bildschirm sichtbar ist. Besonders sinnvoll ist dies in Verbindung mit der Option *-C*.

Viele der Optionen von *xterm* können auch mit einem Plus-Zeichen anstelle eines Minus-Zeichens beginnen, wodurch die entsprechende Option wieder rückgängig gemacht wird. Nun könnte man natürlich entgegnen, daß man in diesem Fall diese Option ja einfach nicht zu setzen brauchte. Wie jedoch bereits im ersten Teil dieses Buchs kurz erwähnt wurde, gibt es ja auch noch die Ressourcen-Files. Meistens gibt es für alle Optionen auch noch entsprechende Ressourcen, die im Ressourcen-File gesetzt werden können. Da Optionen Vorrang vor Ressourcen-Files haben, können dort gesetzte Ressourcen durch Angeben der entsprechenden Option wieder rückgängig gemacht werden. Auf das Ressourcen-Konzept von X wird in Abschnitt 5.7 eingegangen.

Nach dem Start von *xterm* können Parameter nachträglich über drei Popup-Menüs verändert werden. Durch gleichzeitiges Drücken von *Control* und der linken, mittleren oder rechten Maustaste im Terminal-Fenster werden die Menüs sichtbar. Aktive Optionen sind durch einen Haken gekennzeichnet.

Beim Starten durchsucht *xterm* die Termcap-Datei des Rechners nach den Einträgen *xterm*, *vt102*, *vt100* und *ansi*. Die Environment-Variable *TERM* wird auf den Namen des ersten passenden Eintrags gesetzt. Auf Rechnern mit System V ist keine Termcap-Datei vorhanden, dort wird der entsprechende Eintrag aus der Terminfo-Datenbasis verwendet.

Falls es Probleme geben sollte, nachdem ein Fenster in der Größe verändert worden ist und Programme wie *more* oder *vi* die aktuelle Fenstergröße nicht erkennen, muß man eventuell in den sauren Apfel beißen und nach jeder Änderung der Fenstergröße das Programm *resize* benutzen.

5.3 Schneiden und Kleben

Über das sogenannte „cut and paste" ist es möglich, mit Hilfe der Maus Text zwischen verschiedenen Clients auszutauschen. Auch *xterm* unterstützt diesen Mechanismus. Zunächst muß der gewünschte Text selektiert werden. Dafür gibt es verschiedene Möglichkeiten:

- Doppelklick der linken Maustaste auf einem Wort selektiert das Wort.
- Dreifachklick der linken Maustaste selektiert eine Zeile.
- Drücken der linken Maustaste und Bewegen des Cursors bei gedrückter Maustaste selektiert den überfahrenen Bereich.

— Einfachklick der linken Maustaste am Anfang des zu selektierenden Bereichs und Einfachklick des rechten Maustaste am Ende des Bereichs selektiert den Bereich zwischen diesen beiden Positionen.

— Durch Einfachklick der rechten Maustaste vor oder hinter einem bereits selektierten Bereich werden die Zeichen zwischen der aktuellen Mausposition und dem schon selektierten Bereich zusätzlich selektiert. Aus diesem Grund wird die rechte Maustaste in diesem Zusammenhang auch als *Extension-Key* bezeichnet, weil man damit eine bereits erfolgte Selektion erweitern kann.

Der selektierte Bereich wird auf dem Bildschirm invers dargestellt und im sogenannten *Cut-Buffer* gespeichert. Dies ist ein reservierter Speicherbereich im X-Server-Prozeß. Um nun den Inhalt des Cut-Buffers in ein anderes *xterm*-Fenster zu übertragen, bewegt man den Cursor in das Fenster und drückt die mittlere Maustaste. Dadurch wird der Cut-Buffer ausgelesen und in das Fenster übertragen. Daten aus dem Cut-Buffer werden wie gewöhnliche Eingaben von der Tastatur behandelt.

Auf diese Art und Weise ist es zum Beispiel möglich, die Ausgabe eines Programms mit Hilfe der Maus in einen Editor einzufügen oder Shell-Kommandos auszuführen. Beim Einfügen in einen Editor muß man unbedingt darauf achten, daß sich der Editor im Eingabemodus befindet.

5.4 Fenstergeometrie

Wie auch viele andere Clients kennt *xterm* die Option *-geometry*. Als Wert wird dahinter die Beschreibung der Geometrie des Fensters durch eine Zeichenkette folgenden Formats angegeben:

<*width*>x<*height*>{+|-}<*xoff*>{+|-}<*yoff*>

Die Parameter *width*, *height*, *xoff* und *yoff* sind Zahlenwerte, die Breite, Höhe und Position des Fensters auf dem Bildschirm bestimmen. Die verwendete Maßeinheit für *width* und *height* sind entweder Pixel oder Zeichen, je nach Applikation (s. Abb. 5.3).

Der Wert *xoff* legt die x-Position, *yoff* die y-Position des Applikationsfensters auf dem Bildschirm fest. Dabei sind folgende Schreibweisen zulässig:

+xoff: Der linke Rand des Fensters wird um *xoff* Pixel vom linken Rand des Bildschirms plaziert.

-xoff: Der rechte Rand des Fensters wird um *xoff* Pixel vom rechten Rand des Bildschirms plaziert.

+yoff: Der obere Rand des Fensters wird um *yoff* Pixel vom oberen Rand des Bidschirms plaziert.

-yoff: Der untere Rand des Fensters wird um *yoff* Pixel vom unteren Rand des Bildschirms plaziert.

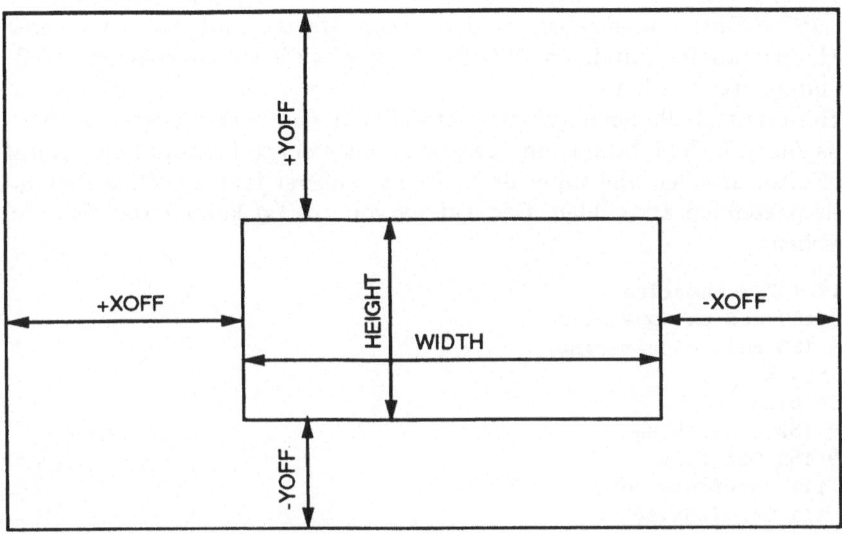

Abb. 5.3 Geometriebeschreibung

Durch den Aufruf

```
xterm -geometry 80x24+0+0
```

wird *xterm* mit einer Fenstergröße von 80 Spalten und 24 Zeilen gestartet.
Die linke obere Ecke des Fensters befindet sich in der linken oberen Ecke
des Bildschirms, also auf den Bildschirmkoordinaten (0,0). Bei *xterm* werden
Breite und Höhe des Fensters in Zeichen angegeben, die x/y-Position aber in
Pixeln. Wenn *xterm* mit

```
xterm -geometry 132x48-0+0
```

aufgerufen wird, so besitzt das Fenster eine Größe von 132x48 Zeichen und
befindet sich in der rechten oberen Ecke des Bildschirms. Teile der Geometriebeschreibung sind optional. Folgendes ist zum Beispiel auch möglich:

```
xterm -geometry 80x24
xterm -geometry +100+100
```

Alle Angaben zur Geometrie eines Fensters beziehen sich immer nur auf dessen Anfangsgröße und Anfangsposition, das heißt auf die Geometrie, die das
Fenster besitzt, wenn es das erste Mal auf dem Bildschirm erscheint.

5.5   Farben

Clients besitzen Kommandozeilenoptionen und Ressourcen, die die Festlegung von Farben erlauben. Die Farbe kann dabei entweder über einen *Farb-*

namen oder direkt als eine Kombination von Rot-, Grün- und Blau-Anteilen – dem *RGB-Wert* – angegeben werden. Beim Starten lädt der Server eine Übersetzungstabelle, mit deren Hilfe Farbnamen in die entsprechenden RGB-Werte umgesetzt werden.

Die Standardtabelle heißt *rgb.txt* und befindet sich normalerweise im Verzeichnis */usr/lib/X11*. Man kann sich den Inhalt von *rgb.txt* zum Beispiel mit einem Editor ansehen und unter den teilweise äußerst fantasievollen Farbnamen die passenden auswählen. Der Anfang von *rgb.txt* könnte zum Beispiel so aussehen:

```
112 219 147 aquamarine
50 204 153 medium aquamarine
50 204 153 MediumAquamarine
0 0 0 black
0 0 255 blue
95 159 159 cadet blue
95 159 159 CadetBlue
66 66 111 cornflower blue
66 66 111 CornflowerBlue
107 35 142 dark slate blue
107 35 142 DarkSlateBlue
191 216 216 light blue
191 216 216 LightBlue
143 143 188 light steel blue
143 143 188 LightSteelBlue
50 50 204 medium blue
50 50 204 MediumBlue
```

Jede Zeile dieser Datei hat folgendes Format:

<Rot> <Grün> <Blau>   <Farbname>

Die Intensität von Rot-, Grün- und Blauanteil wird durch einen Dezimalwert zwischen 0 und 255 repräsentiert. 0 entspricht hier der minimalen, 255 der maximalen Intensität des entsprechenden Farbanteils. Durch die additive Farbmischung können beliebige Farben erzeugt und über den Farbnamen angesprochen werden.

Eine einfache Möglichkeit, das Aussehen verschiedener Farben zu überprüfen, bietet das Programm *xsetroot*. Eigentlich dient es zur Einstellung verschiedener Parameter des Root-Windows. Man kann das Root-Window zum Beispiel mit einen Pixelmuster belegen, den Mauszeiger verändern oder die Hintergrundfarbe setzen. Durch Eingeben der Zeile

```
xsetroot -solid MediumBlue
```

wird der Bildschirmhintergrund zum Beispiel *MediumBlue*, welche Farbe man sich auch immer darunter vorzustellen hat. Wie man an den RGB-Werten sehen kann, sind die Farben *MediumBlue* und *medium blue* identisch. Es ist also gleichgültig, welche Schreibweise man verwendet.

Man kann eine Farbe auch direkt als RGB-Wert angeben. Jeder Farbanteil wird dabei als Byte im Hexadezimalformat angegeben. Die Bytes für Rot, Grün und Blau werden hintereinander gehängt. Davor kommt ein Nummernzeichen (#). Das Root-Window kann man deshalb auch folgendermaßen auf *MediumBlue* setzen:

```
xsetroot -solid #3232cc
```

Der Vorteil dieses Verfahrens besteht darin, daß man beliebige Farben angeben kann, auch wenn dafür kein Name in *rgb.txt* definiert ist.

5.6 Zeichensätze

Zusammen mit dem X-Window-System wird eine große Anzahl von Zeichensätzen ausgeliefert, die auch *Fonts* genannt werden. Um sich einen Überblick über die vorhandenen Fonts zu verschaffen, sollte man einmal folgendes Kommando eingeben:

```
xlsfonts
```

Als Ergebnis bekommt man eine wahrscheinlich mehrere Bildschirmseiten umfassende Liste mit den Namen aller Zeichensätze, die auf dem System installiert sind. Diese Namen sehen auf den ersten Blick ziemlich merkwürdig aus, aber dahinter steckt ein ganz bestimmtes System der Namensgebung. Dieses System hier zu beschreiben würde zu weit führen. Bei der MIT-Distribution wird aber ein entsprechendes Dokument zusammen mit dem X-Window-System auf Band ausgeliefert (s. Flowers(1988)).

Fonts sind Dateien, die bei Bedarf vom Server geladen werden und dann von allen Applikationen benutzt werden können. Das Wort Server sei hier besonders hervorgehoben. Es kommt nämlich auf die Fonts an, die auf dem Rechner installiert sind, auf dem der Server-Prozeß läuft. Applikationen können auf anderen Rechnern laufen, auf denen auch andere Fonts installiert sein können. Üblicherweise stehen die *Font-Dateien* in verschiedenen Verzeichnissen unterhalb von */usr/lib/X11/fonts*:

- Im Verzeichnis */usr/lib/X11/fonts/misc* steht eine Reihe von Standardfonts.
- In */usr/lib/X11/fonts/75dpi* stehen Fonts für Displays mit einer Bildschirmauflösung von 75 Punkten pro Zoll (dpi = dots per inch). Es gibt mehrere Schriftarten, und zu jeder Schriftart sind mehrere Zeichensätze vorhanden, die sich jeweils durch bestimmte Attribute, wie Größe oder Stil, voneinander unterscheiden.
- In */usr/lib/X11/fonts/100dpi* sind einige Fonts für 100dpi-Displays enthalten.

Wenn man sich einmal den Inhalt eines der Verzeichnisse ansieht, wird man feststellen, daß die Dateinamen nichts mit den eigentlichen Font-Namen zu tun haben, die man beim Aufruf von *xlsfonts* zu sehen bekommt.

Wie findet nun der X-Server die zum Font-Namen passende Datei? Dazu gibt es im selben Verzeichnis die Datei *fonts.dir*. In dieser Datei ist zu jedem Dateinamen der entsprechende Font-Name eingetragen. Der Server muß also nur diese Datei einlesen und hat dann eine Übersetzungstabelle, die er nach der Font-Datei durchsuchen kann.

Zur Generierung von *fonts.dir* gibt es das Programm *mkfontdir*. Dieses muß immer dann aufgerufen werden, wenn Font-Dateien hinzugefügt oder gelöscht worden sind. Falls Probleme mit bestimmten Fonts auftauchen, sollte man deshalb immer zuerst *mkfontdir* aufrufen. Das geht aber nur, wenn man sich als „root" im System anmeldet. Wenn man das Password nicht kennt, muß man den System-Administrator um Hilfe bitten.

Eventuell kann man auch noch eine Datei namens *fonts.alias* in den verschiedenen Verzeichnissen finden. In dieser Datei stehen zusätzliche Namen für bestimmte Fonts.

Bisher wurde zwar einiges über Fonts gesagt, vom eigentlichen Aussehen der verschiedenen Fonts fehlt aber noch eine Vorstellung. Aber auch dafür gibt es ein Programm, und zwar *xfd*, den *X-Font-Displayer* (s. Abb. 5.4).

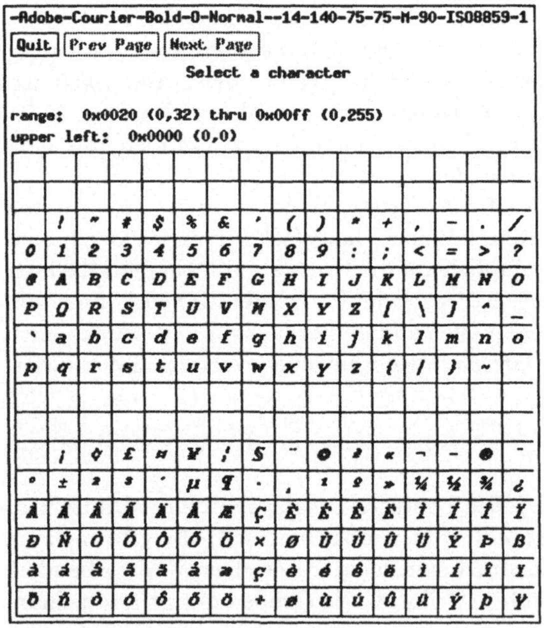

Abb. 5.4 Das Programm xfd

Nach der Eingabe von

```
xfd -fn -adobe-courier-bold-o-normal--14-140-75-75-m-90-iso8859-1
```

erscheint auf dem Bildschirm ein Fenster, in dem die Zeichen des angegebenen Fonts dargestellt werden. Falls das Fenster für die Darstellung des gesamten Zeichensatzes zu klein ist, wird nur ein Teil der Zeichen abgebildet. Durch Drücken von *Next Page* können die verbleibenden Zeichen angesehen werden. Wenn man mit der mittleren Maustaste auf ein Zeichen klickt, wird am oberen Rand des Fensters der ASCII-Code dieses Zeichens zusammen mit zusätzlichen Informationen über die Geometrie des Zeichens angezeigt.

Font-Namen können durch einen Stern abgekürzt werden. Der Stern steht dabei wie üblich als Platzhalter für „beliebig viele Zeichen". Um den oben verwendeten Font anzuzeigen, kann man deshalb auch

```
xfd -fn '*-courier-bold-o-normal--*-140-*'
```

eingeben. Damit ein Stern nicht bereits von der Shell interpretiert wird, muß er maskiert werden.

Neben *xfd* gibt es noch das Programm *xfontsel*, mit dem man Font-Namen sehr bequem zusammensetzen und den Font ansehen kann. Man kann *xfontsel* einfach ohne Parameter aufrufen, die Bedienung erfolgt über Pulldown-Menüs.

Der X-Server kennt einen Pfad, über den er auf die verschiedenen Verzeichnisse zugreift, in denen sich Fonts befinden. Dieser Pfad kann mit Hilfe des Programms *xset* modifiziert werden. Zum Beispiel kann man eigene Fonts erzeugen und in einem beliebigen Verzeichnis abspeichern. Nach dem Erweitern des Pfads können diese Fonts benutzt werden.

Mit *xset* kann man auch andere Parameter des Servers verändern, wie zum Beispiel Lautstärke oder bestimmte Parameter der Maus.

5.7 Ressourcen

Bisher wurde das Verhalten von Applikationen über bestimmte Optionen in der Kommandozeile beeinflußt. X stellt dazu noch eine wesentlich mächtigere Möglichkeit zur Verfügung, die sogenannten *Ressourcen-Files*. Ressourcen-Files sind Text-Dateien, in denen *Ressourcen* beschrieben sind. Ressourcen sind Attribute, wie z.B. Vordergrundfarbe, Hintergrundfarbe, Zeichensatz, Höhe und Breite. Applikationen und die Widgets, aus denen diese Applikationen unter anderem bestehen, können solche Ressourcen besitzen. Im ersten Teil dieses Buchs wurde ja bereits der Begriff Widget-Hierarchie erläutert, der jetzt eine ganz praktische Bedeutung bekommen wird.

Noch einmal zur Erinnerung: Ein Widget kann ein Dialogobjekt sein, wie zum Beispiel ein *Label*-Widget oder *PushButton*-Widget. Oder es kann ein Layout-Objekt sein, das selbst wieder andere Widgets enthält. Eine Applikation besteht normalerweise aus einer Vielzahl solcher Widgets, die hierarchisch angeordnet sind. Jedes Widget einer Applikation besitzt einen Namen, über den es angesprochen werden kann. Dieser Name wird auch Instanzenname oder *Instance-Name* genannt. Außerdem besitzt jedes Widget durch die

Zugehörigkeit zu einer bestimmten Widget-Klasse einen Klassennamen, den sogenannten *Class-Name*. Abbildung 5.5 zeigt ein Formular, das aus mehreren Widgets aufgebaut ist, und Abbildung 5.6 veranschaulicht die Hierarchie, die diese Widgets bilden.

Abb. 5.5 Formular mit Label und zwei Buttons

Das Formular besteht aus einem *BulletinBoard*-Widget, in dem ein *Label*-Widget und zwei *PushButton*-Widgets enthalten sind. In unserem Beispiel hat das *BulletinBoard*-Widget den Namen *box* und den Klassennamen *XmBulletinBoard*. Der Name für das Label-Widget ist *text*, der Klassenname *XmLabel*. Der erste Button heißt *okButton* und der zweite *cancelButton*. Beide Buttons gehören zur Klasse *XmPushButton*.

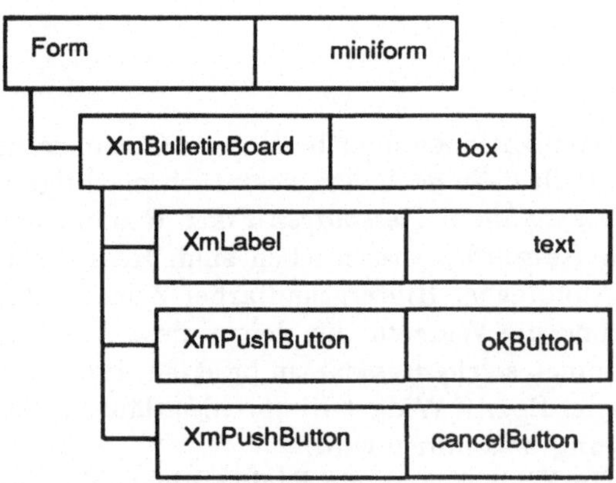

Abb. 5.6 Widget-Hierarchie des Formulars

Das Programm, das dieses Formular erzeugt, soll *miniform* heißen. Angenommen, es gäbe mehrere Programme, die alle ähnliche Formulare erzeugten. Dann könnten alle diese Programme zum Beispiel zur Klasse *Form* gehören.

Der vollständige Name eines Widgets ergibt sich aus dessen Position innerhalb der Widget-Hierarchie. Er setzt sich aus dem Namen des Widgets, den
Namen aller Widgets, die in der Hierarchie Vorfahren des Widgets sind, und
dem Applikationsnamen zusammen. Die einzelnen Namen werden durch einen Punkt voneinander getrennt. Die vollständigen Namen im Beispiel heißen
demnach:

```
miniform.box
miniform.box.text
miniform.box.okButton
miniform.box.cancelButton
```

Um die Ressource eines Widgets zu setzen, wird der Widget-Name um den
Namen der entsprechenden Ressource ergänzt. Der Name wird vom zu set-
zenden Wert durch einen Doppelpunkt getrennt:

```
miniform.box.text.font: 9x15
miniform.box.okButton.foreground: white
miniform.box.okButton.background: black
miniform.box.cancelButton.foreground: white
miniform.box.cancelButton.foreground: black
```

Welche Ressourcen ein Widget kennt, steht in der Widget-Dokumentation.
Für das *Label*-Widget wird der Font auf *9x15* gesetzt. Für jeden der beiden
Buttons wird die Vordergrundfarbe auf *white* und die Hintergrundfarbe auf
black gesetzt.

Über den Klassennamen eines Widgets können Attribute für alle Widgets
einer Klasse gesetzt werden. Wie jedes Widget zu einer Widget-Klasse gehört,
so gehört jede Ressource zu einer Ressourcen-Klasse. Über den Klassennamen
einer Ressource können alle Ressourcen gesetzt werden, die zu einer gemeinsamen Klasse gehören. Beispielsweise könnten alle Ressourcen zum Setzen der
Vordergrundfarbe der Ressourcen-Klasse *Foreground* angehören, unabhängig
davon, ob die eigentlichen Ressourcen *borderColor*, *windowColor*, *titleColor*
oder *foreground* heißen. Durch die Zeilen

```
Form.XmBulletinBoard.XmLabel.Font: 9x15
Form.XmBulletinBoard.XmPushButton.Foreground: white
Form.XmBulletinBoard.XmPushButton.Background: black
```

wird die Vordergrundfarbe für alle *PushButton*-Widgets auf *white* gesetzt, die
Kinder des *BulletinBoard*-Widgets sind und zu einer Applikation der Klasse
Form gehören. Die Hintergrundfarbe dieser Buttons wird auf *black* gesetzt.
Das *Label*-Widget bekommt den Font *9x15*. Dadurch wird derselbe Effekt
erreicht wie im Beispiel davor, allerdings spart man zwei Zeilen. Definitionen
für Widgets haben Vorrang vor Definitionen für Widget-Klassen.

```
Form.XmBulletinBoard.XmPushButton.Foreground: white
Form.XmBulletinBoard.XmPushButton.Background: black
miniform.box.okButton.foreground: red
```

Diese Zeilen setzen für alle *Push*-Buttons die Vordergrundfarbe auf *white* und die Hintergrundfarbe auf *black*. Nur für den Button *okButton* wird die Vordergrundfarbe auf *red* gesetzt. Man beachte die unterschiedliche Schreibweise der Ressource *foreground*. Sie ergibt sich durch folgende Namenskonvention:

- Namen von Ressourcen beginnen mit einem kleinen Buchstaben.
- Namen von Ressourcen-Klassen beginnen mit einem großen Buchstaben.
- Bei Namen, die aus mehreren Wörtern bestehen, beginnen alle dem ersten Wort folgenden Wörter mit einem großen Buchstaben und werden direkt aneinandergehängt.

Nach dieser Konvention ist *Foreground* also der Name einer Ressourcen-Klasse und *foreground* der Name einer Ressource. Die gleichen Konventionen gelten übrigens nicht nur für Ressourcen, sondern auch für die Namen von Widgets und Widget-Klassen.

Ressourcen-Beschreibungen können durch einen Stern abgekürzt werden. Der Stern darf anstelle des Punkts als Trennzeichen verwendet werden und steht dann stellvertretend für mehrere Komponenten. Zum Beispiel wird mit

```
miniform*font: 9x15
```

die Ressource *font* für alle Widgets der Applikation *miniform* auf *9x15* gesetzt. Also wird sowohl für die beiden Buttons als auch für das Label der Font gesetzt. Um jetzt zusätzlich dem Ok-Button einen anderen Font zu geben, kann man folgendes schreiben:

```
miniform*font: 9x15
miniform*okButton.font: 6x13
```

Die genauere Spezifikation einer Ressource überschreibt grundsätzlich die weniger genaue Spezifikation. Klassennamen können in ein und derselben Zeile mit Widget-Namen gemischt werden. Beispiel:

```
miniform*Font: 9x15
miniform*XmPushButton.foreground: black
miniform.box.XmPushButton.Font: 9x15
```

Zum Festlegen von Ressourcen gibt es mehrere Möglichkeiten:

- Die Ressourcen-Spezifikationen werden in Textdateien abgelegt. Diese Ressourcen-Files werden beim Start einer Applikation interpretiert und die Ressourcen entsprechend gesetzt. Jede Zeile eines Ressourcen-Files enthält genau eine Ressourcen-Beschreibung. Alles, was in einer Zeile nach einem Ausrufezeichen kommt, wird als Kommentar aufgefaßt und nicht interpretiert.
- Ressourcen-Files können mit dem Programm *xrdb* in den X-Server geladen werden. Die geladenen Ressourcen sind dann für alle Applikationen gültig, die mit diesem Server kommunizieren (s. 5.8).

— Viele Programme kennen die Option *-xrm*, die als Argument eine Ressourcen-Beschreibung in Form einer einzelnen Zeile erwartet.

— Viele Programme kennen Optionen wie zum Beispiel *-fn*, *-fg* oder *-bg*. Diese Optionen setzen ebenfalls Ressourcen. Zum Beispiel wird über *-fg* die Ressource *foreground* gesetzt.

Auf der Suche nach passenden Ressourcen-Beschreibungen gehen Applikationen beim Start nach folgender Prozedur vor:

1. Laden der Datei */usr/lib/X11/app-defaults/<Applikations-Klassenname>*.
2. If (Environment-Variable *XAPPLRESDIR*)
      Laden der Datei *$XAPPLRESDIR/<Applikations-Klassenname>*.
   else
      Laden der Datei *$HOME/<Applikations-Klassenname>*.
   endif
3. If (Ressourcen im Server vorhanden)
      Einlesen der dort spezifizierten Ressourcen.
   else
      Laden der Datei *$HOME/.Xdefaults*.
   endif
4. If (Environment-Variable *XENVIRONMENT*)
      Laden der Datei *$XENVIRONMENT*.
   else
      Laden der Datei *$HOME/.Xdefaults-<Rechnername>*.
   endif
5. Auswerten der *-xrm*-Optionen.
6. Auswerten der Optionen, die ebenfalls Ressourcen beeinflussen (*-fg*, *-bg*, *-fn* usw.).

Besonders der dritte Punkt dieser Aufzählung verdient Beachtung: Wenn man mit *xrdb* irgendwelche Ressourcen in den Server lädt, wird die Datei *.Xdefaults* nicht mehr ausgewertet! Die Datei *.Xdefaults* gibt es nämlich nur noch aus Gründen der Kompatibilität zu früheren Versionen von X11, bei denen das Laden von Ressourcen in den Server noch nicht vorgesehen war.

Ressourcen können auch direkt im Programm gesetzt werden. Solche eingebauten Anweisungen haben absolute Priorität vor allen anderen Arten der Spezifikation. Deshalb können diese Ressourcen nicht mehr nachträglich vom Benutzer modifiziert werden. Darüber sollte sich der Programmier einer Applikation stets im klaren sein und sich sehr gut überlegen, welche Ressourcen er für den Benutzer unzugänglich macht.

Es gibt Ressourcen-Files, wie *.Xdefaults* oder *.Xdefaults-<Rechnername>*, die von allen Programmen ausgewertet werden. Auch Ressourcen-Beschreibungen im X-Server werden von allen Programmen benutzt. Daneben gibt es noch Ressourcen-Files, die nur Ressourcen zu einer Klasse von Programmen enthalten. Diese Ressourcen-Files werden *Application-Defaults-Files* genannt. Ein Application-Defaults-File heißt genauso wie der Klassenname der

Applikation, für die es bestimmt ist. Der Klassenname einer Applikation wird vom Programmierer festgelegt.

Die meisten Applikationen besitzen ein Application-Defaults-File im Verzeichnis */usr/lib/X11/app-defaults*. Dort stehen die Ressourcen-Definitionen einer Applikation, die zum einwandfreien Funktionieren unbedingt benötigt werden. Zusätzlich kann sich jeder Anwender ein Application-Defaults-File in seinem Home-Directory anlegen und dort das Aussehen der Applikation seinen persönlichen Wünschen anpassen. Die dort definierten Ressourcen haben laut obiger Liste Vorrang vor denjenigen in */usr/lib/X11/app-defaults* und überschreiben diese gegebenenfalls. Um Ressourcen aus dem Ressourcen-File in */usr/lib/app-defaults* zu überschreiben, muß der jeweilige Ressourcen-Pfad im privaten Ressourcen-File aber mindestens ebenso genau wie dort angegeben werden. Dies gilt nicht nur für Ressourcen in Application-Defaults-Files, sondern auch für alle anderen Arten von Ressourcen-Definitionen.

Beispiel: Der Klassenname für das Formular aus Abbildung 5.5 ist *Form*. Man kann also in der Datei */usr/lib/X11/app-defaults/Form* Standard-Ressourcen für alle Applikationen definieren, die zu dieser Klasse gehören. Zusätzlich kann sich ein Benutzer in seinem Home-Directory ein Ressourcen-File namens *Form* anlegen und dort seine privaten Ressourcen definieren. Angenommen */usr/lib/X11/app-defaults/Form* enthält folgendes:

```
Form.XmBulletinBoard.XmLabel.Font: 9x15
Form.XmBulletinBoard.XmPushButton.Foreground: white
Form.XmBulletinBoard.XmPushButton.Background: black
```

Die Datei *Form* im Home-Directory des Anwenders hat diesen Inhalt:

```
Form*Font: 6x13
*XmBulletinBoard.XmPushButton.Foreground: red
Form.XmBulletinBoard.XmPushButton.Background: MediumBlue
```

Der Anwender möchte dadurch für Font, Vorder- und Hintergrund eigene Werte setzen. Im Beispiel funktioniert das jedoch nur für die Ressource *Background*. Die Ressourcen-Pfade der beiden anderen Ressourcen sind weniger genau als in */usr/lib/X11/app-defaults/Form* angegeben und deshalb wirkungslos! Außerdem muß man beachten, daß Ressourcen im Application-Defaults-File wiederum von Ressourcen im Server oder *.Xdefaults*-File überschrieben werden können.

Die Environment-Variable *XAPPLRESDIR* kann auf den Namen eines Verzeichnisses gesetzt werden. Die Application-Defaults-Files des Benutzers werden dann nicht mehr im Home-Directory, sondern im dort angegebenen Verzeichnis gesucht.

Die Environment-Variable *XENVIRONMENT* kann den Namen eines Ressourcen-Files enthalten. Dieses Ressourcen-File wird dann anstelle der Datei *.Xdefaults-<Rechnername>* im Home-Directory verwendet.

Wie man an den bisherigen Erläuterungen bereits erkennen kann, ist das Setzen von Ressourcen unter Umständen ein etwas undurchsichtiges Unterfangen. Und es kommt noch besser: Ressourcen-Definitionen können davon abhängig gemacht werden, in welcher Sprache die Beschriftung einer Applikation, Meldungen und Fehlertexte ausgegeben werden sollen. So etwas wird auch „native language support" genannt. Dazu gibt es ab Release 4 des X-Window-Systems die Ressource *xnlLanguage*. Die Ressourcen-Klasse ist *XnlLanguage*. Falls weder für die Ressource *xnlLanguage*, noch für die Ressourcen-Klasse *XnlLanguage* ein Wert definiert ist, wird der Wert der Environment-Variablen *LANG* zur Konfigurierung verwendet.

Man kann den Wert von *xnlLanguage* entweder in den Server laden – beziehungsweise in *.Xdefaults* definieren – oder über die -xrm-Option setzen. Das Setzen dieser Ressourcen im Application-Defaults-File macht keinen Sinn, weil dieses File erst über den Wert von *xnlLanguage* bestimmt wird. Vor dem Ressourcen-Namen kann der Name beziehungsweise der Klassenname einer Applikation stehen. Man kann zum Beispiel schreiben:

```
*xnlLanguage: english
miniform.xnlLanguage: german
```

Dadurch wird für alle Applikationen als Sprache *english* gesetzt, für *miniform german*. Der Wert, der für *xnlLanguage* gesetzt werden kann, hat folgendes Format:

sprache[*_region*][*.zeichensatz*]

Die Komponente *sprache* ist ein String, der die verwendete Sprache beschreibt. Die beiden Komponenten *region* und *zeichensatz* sind optional. Sie sind ebenfalls Strings. In Abhängigkeit vom Ressourcen-Wert wird nun nach dem Application-Defaults-File gesucht. Dafür kann in der Environment-Variablen *XUSERFILESEARCHPATH* ein Suchpfad angegeben werden. Ein Suchpfad besteht aus einer Reihe von Dateinamen, die durch Doppelpunkte voneinander getrennt sind. Dabei kann jeder Dateiname folgende Platzhalter enthalten:

%N: der Klassenname der Applikation
%L: der komplette Ressourcen-Wert von *xnlLanguage*
%l: die Komponente *sprache*
%t: die Komponente *region*
%c: die Komponente *zeichensatz*.

Angenommen *xnlLanguage* hat den Wert *greek_south.kyr* und *XUSERFILE-SEARCHPATH* ist

```
/usr/lib/app-defaults/%L/%N:$HOME/%l/%t/%N:$HOME/%l/%N
```

Das Programm *miniform*, das ja zur Klasse *Form* gehört, versucht dann der Reihe nach die folgenden Files einzulesen:

```
/usr/lib/app-defaults/greek_south.kyr/Form
$HOME/greek/south/Form
$HOME/greek/Form
```

Das erste gefundene File wird eingelesen und die weitere Suche abgebrochen. Falls *XUSERFILESEARCHPATH* nicht definiert ist, dafür aber *XAPPLRESDIR*, wird standardmäßig folgender Suchpfad benutzt:

```
$XAPPLRESDIR/%L/%N:$XAPPLRESDIR/%1/%N:$XAPPLRESDIR/%N
```

Falls auch *XAPPLRESDIR* nicht definiert ist, wird dieser Suchpfad verwendet:

```
$HOME/%L/%N:$HOME/%1/%N:$HOME/%N
```

5.8 Ressourcen in den Server laden

Wie bereits erwähnt, kann man mit *xrdb* Ressourcen-Beschreibungen in den X-Server laden. Dadurch können Ressourcen von einem Server – und damit von Parametern wie Bildschirmgröße, Anzahl der Ebenen des Schirms, etc. – abhängig gemacht werden. Die geladenen Ressourcen sind für alle Applikationen wirksam, die mit einem derartig präparierten Server kommunizieren. Das gilt natürlich auch für Applikationen, die auf einem anderen Rechner als der Server laufen.

Wenn man eine Datei mit *xrdb* in den Server lädt, wird diese Datei zuerst durch den C-Präprozessor geschickt. Dadurch kann man die Anweisungen *#ifndef*, *#ifdef*, *#else*, *#endif*, *#include* oder *#define* einsetzen, um das Setzen der Ressourcen von Bedingungen abhängig zu machen. Unter anderem sind folgende Präprozessorkonstanten vordefiniert:

HOST: Name des Hostrechners
WIDTH: Breite des Bildschirms in Pixel
HEIGHT: Höhe des Bildschirms in Pixel
PLANES: Anzahl der Ebenen des Default-Screens
COLOR: Diese Konstante ist nur dann definiert, wenn der verwendete Screen
    ein Farbbildschirm ist.

xrdb wird folgendermaßen aufgerufen:

xrdb [-option ...] [filename]

Die wichtigsten Optionen von *xrdb* sind:

-help: gibt eine Kurzbeschreibung aller verfügbaren Optionen aus
-load: Der Inhalt von *filename* wird in den Server geladen. Der alte Inhalt
    wird zerstört.
-merge: Der Inhalt von *filename* wird in den Server geladen und zum alten
    Inhalt hinzugefügt.
-remove: Die Ressourcen-Definitionen im Server werden gelöscht.
-query: Die Ressourcen-Definitionen im Server werden in die Standardaus-
    gabe geschrieben.

-Dname[=value]: definiert das Präprozessorsymbol *name* und weist ihm den
  Wert *value* zu
-Uname: entfernt das Präprozessorsymbol *name*
-Idirectory: spezifiziert ein Verzeichnis, in dem nach Include-Files gesucht
  wird.

Eine Beschreibung weiterer Optionen und Präprozessorkonstanten findet man
in der Man-Page zu *xrdb*. Ein Beispiel für den Einsatz von *xrdb* zeigt das
folgende *.xinitrc*-File:

```
xsetroot -gray    # Bildschirmhintergrund auf hellgrau setzen
xrdb -load $HOME/.Xresources
xclock -geometry -0+0 &
xterm -C -wf -title "Console" -geometry 80x24+0+0 &
xterm -geometry 80x24+0-0
```

Im Home-Directory muß dazu die Datei *.Xresources* angelegt werden, die die
Ressourcen-Beschreibung enthält und von *xrdb* eingelesen wird:

```
!
! Allgemeine Ressourcen
!

*font: 9x15

#ifdef COLOR
*background: light blue
*foreground: navy blue
#endif

!
! XTerm-Defaults
!

XTerm*VT100*scrollBar: true
XTerm*VT100*jumpScroll: true
```

Durch die *#ifdef*-Anweisung wird das Setzen der Ressourcen *foreground* und
background davon abhängig gemacht, ob der Bildschirm Farbe unterstützt
oder nicht.

5.9 Motif-Window-Manager

Bisher wurden verschiedene Programme des X-Window-Systems vorgestellt,
die über Optionen der Kommandozeile und über Ressourcen im Aussehen
und Verhalten beeinflußt werden konnten. Ein Beispiel für eine solche Option
ist *-geometry*, mit der man die Größe und Position von Fenstern auf dem
Bildschirm festlegen kann.

Leser, die bereits mit anderen Window-Systemen wie zum Beispiel Sun-View, dem Macintosh-Finder, MS-Windows oder GEM gearbeitet haben, kennen wesentlich komfortablere Möglichkeiten der Manipulation von Fenstern auf dem Bildschirm. Bei allen diesen Systemen können die Fenster interaktiv mit Hilfe der Maus in Größe und Lage verändert werden.

Aber keine Sorge, natürlich bietet auch X diesen Komfort. Man braucht dazu nur, wie könnte es auch anders sein, ein Programm. Diese Art von Programmen, die Fenster auf dem Bildschirm interaktiv manipulieren, nennt man *Window-Manager*. Mit der Philosophie, daß ein Window-Manager ein Programm wie jedes andere ist, ist X wesentlich konsequenter als die meisten anderen Window-Systeme. Da es mittlerweile eine Vielzahl von Window-Managern gibt, kann sich jeder Benutzer einen passenden aussuchen - oder sich selbst einen eigenen programmieren. Zu den verfügbaren Window-Managern gehören unter anderem:

mwm: Motif-Window-Manager (OSF)
twm: Tom's Window-Manager (Evans & Sutherland Computer Corporation)
hpwm: Hewlett Packard Window-Manager (HP)
awm: Ardent-Window-Manager (Ardent Computer Corporation)

Im folgenden wird nur der *mwm* vorgestellt. Allerdings bietet dieses Programm eine solche Vielzahl von Möglichkeiten, daß nur ein kleiner Teil davon besprochen werden kann. Detaillierte Informationen dazu findet man in OSF(1990b) und OSF(1990d).

Der *mwm* ist eine der wichtigsten Komponenten von Motif und vereinigt viele Eigenschaften der gängigsten Window-Manager. Basierend auf dem HP-Window-Manager und dem „look and feel" des Presentation-Managers von Microsoft, bietet er neben Titelbalken und Icons den typischen 3D-Effekt.

5.9.1   Starten des *mwm*

Zum Starten des *mwm* baut man am besten eine entsprechende Anweisung als letzte Zeile in das *.xinitrc*-File ein:

```
xrdb -load $HOME/.Xresources
xterm -C -wf -iconic -title "Console " -n "Console"&
xterm -geometry 80x24+90+7 -title "csh"&
xterm -geometry 80x24+90+420 -title "csh"&
xclock -geometry 140x160+980+7&
xsetroot -gray
mwm
```

Nach dem Starten von X sollte der Bildschirm nun so aussehen wie Abb. 5.7 zeigt.

Jedes Fenster wird vom *mwm* mit verschiedenen Komponenten „dekoriert". Es gibt eine *Title-Area*, einen *Minimize-Button*, einen *Maximize-Button*, einen *Window-Menu-Button* und mehrere *Resize-Handles* (s. Abb. 5.8). Title-Area, Minimize-Button, Maximize-Button und Window-Menu-Button bilden

Abb. 5.7 Fenster unter Kontrolle des *mwm*

zusammen den *Title-Bar*. Mit Hilfe dieser Komponenten können alle wichtigen Operationen allein mit der Maus – ohne Zuhilfenahme der Tastatur – durchgeführt werden:

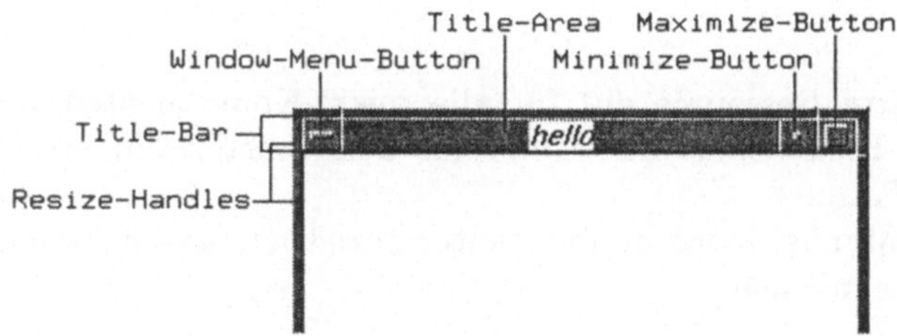

Abb. 5.8 Die *mwm*-Dekoration

- Durch Drücken und Festhalten der linken Maustaste auf der Title-Area und anschließendes Bewegen der Maus können Fenster verschoben werden.
- Durch Drücken und Festhalten der linken Maustaste auf einem Resize-Handle und anschließendes Bewegen der Maus kann man die Größe eines Fensters verändern.

- Durch Anklicken des Minimize-Buttons werden Fenster in Icons verwandelt. In Window-Systemen wird der Begriff *Icon* normalerweise für beliebige Piktogramme verwendet. Im Zusammenhang mit dem *mwm* ist ein Icon ein Fenster, das auf seine Minimalgröße „geschrumpft" worden ist. Ein solches Fenster nimmt keine normalen Eingaben mehr an, es befindet sich in einer Art von „platzsparender Ruhestellung". Man kann es aber zum Beispiel wie ein gewöhnliches Fenster auf dem Bildschirm verschieben. Durch einen Doppelklick auf dem Icon wird das ursprüngliche Fenster wiederhergestellt.
- Durch den Maximize-Button werden Fenster auf die volle Größe des Bildschirms vergrößert. Durch nochmaliges Drücken dieses Buttons wird die Originalgröße wiederhergestellt.
- Durch Drücken des Window-Menu-Buttons wird das Window-Menü sichtbar.

Die aktuelle Größe und Position eines Fensters während des Vergrößerns oder Verschiebens wird durch ein kleines Fenster in der Mitte des Bildschirms angezeigt. Dieses Fenster wird *Feedback-Window* genannt.

5.9.2 Mwm-Ressourcen

Der *mwm* hat eine große Anzahl von Ressourcen, mit denen das Verhalten und das Aussehen der verschiedenen Komponenten beeinflußt werden kann. Alle Ressourcen hier zu beschreiben würde zu weit führen, dazu sollte man die Motif-Dokumentation zu Rate ziehen.

Das Application-Defaults-File des *mwm* heißt *Mwm*. Für die systemweiten Defaults steht *Mwm* – wie gewöhnlich – im Verzeichnis */usr/lib/X11/app-defaults*. Zusätzlich kann jeder Benutzer im Home-Directory ein privates *Mwm*-File haben. Für alle Ressourcen-Definitionen gilt folgendes Format:

```
Mwm*resource_id:value
```

Eine derartig spezifizierte Ressource gilt für alle *mwm*-Komponenten, also für Menüs, Icons, das Feedback-Window und für den Fensterrahmen, den sogenannten *Window-Frame* .

Um Ressourcen von Menüs, Icons und so weiter gezielt zu setzen, ist eine erweiterte Beschreibung möglich:

```
Mwm*[menu|icon|client|feedback]*resource_id:value
```

Um also zum Beispiel Vordergrund und Hintergrund der *mwm*-Menüs zu setzen, kann man schreiben:

```
Mwm*menu*foreground: white
Mwm*menu*background: forestgreen
```

Der Font des Feedback-Windows wird zum Beispiel wie folgt auf *9x15* gesetzt:

```
Mwm*feedback*font: 9x15
```

Eine Reihe von Ressourcen kann gezielt für die Fenster bestimmter Applikationen gesetzt werden. Dazu wird der Name oder Klassenname der Applikation in den Ressourcen-Pfad eingefügt:

```
Mwm*xterm*iconImage: terminal
Mwm*XClock*clientDecoration: -resizeh -maximize
```

Eine wichtige Ressource heißt *configFile*. Über diese Ressource wird der Name für ein Konfigurations-File festgelegt, das vom *mwm* beim Starten eingelesen wird. Wenn *configFile* nicht spezifiziert ist, sucht der *mwm* beim Start zuerst im Home-Directory des Benutzers nach der Datei *.mwmrc*. Falls *.mwmrc* nicht existiert, wird */usr/lib/X11/system.mwmrc* zur Konfigurierung verwendet. Falls auch diese Datei nicht vorhanden ist, wird die eingebaute Default-Konfiguration benutzt.

In *.mwmrc* kann nun beschrieben werden, welche Funktionen des Window-Managers durch welche Aktionen eines Benutzers ausgelöst werden sollen. Außerdem können eigene Menüs erzeugt werden.

5.9.3 Menüs

Der *mwm* unterscheidet zwei Arten von Menüs. Zum einen gibt es das *Window-Menü*. Dieses Menü erscheint, wenn man den Window-Menu-Button im Title-Bar drückt. Der Aufbau eines solchen Menüs ist nicht willkürlich, sondern im Motif-Style-Guide beschrieben. Man sollte sich möglichst an den dort vorgeschlagenen Aufbau halten.

Die andere Art von Menü kann vom Benutzer nach eigener Vorstellung gestaltet werden. Er muß allerdings auch dafür sorgen, daß sein Menü durch irgendeine Aktion, zum Beispiel durch Drücken einer Maustaste im Root-Window, auf dem Bildschirm erscheint. Es können beliebig viele solcher Menüs definiert und an verschiedene Aktionen gebunden werden.

5.9.4 Funktionen

Der *mwm* besitzt eine große Anzahl von eingebauten Funktionen. Mit Hilfe dieser Funktionen können zum Beispiel Fenster bewegt, in ihrer Göße verändert oder in Icons verwandelt werden. Dazu muß der Benutzer verschiedene Aktionen ausführen. Zum Beispiel wird ein Fenster, das von anderen Fenstern verdeckt wird, durch Klicken auf den Titelbalken nach vorne geholt. Oder durch Drücken einer Maustaste im Root-Window erscheint ein Menü. Tabelle 5.1 enthält die Kurzbeschreibung einiger Funktionen des *mwm*. Die erste Spalte der Tabelle enthält den Funktionsnamen, der im *.mwmrc*-File benutzt werden kann. Die zweite Spalte beschreibt kurz die Funktion.

5.9.5 Beispiel für ein Konfigurations-File

Im Konfigurations-File, das standardmäßig *.mwmrc* heißt, werden die Funktionen des *mwm* mit bestimmten Aktionen des Benutzers verknüpft. Außer-

Tab. 5.1 Einige *mwm*-Funktionen

Funktionsname	Beschreibung
f.move	Fenster bewegen
f.resize	Fenstergröße verändern
f.maximize	Fenster auf Bildschirmgröße bringen
f.minimize	Fenster in Icon verwandeln
f.normalize	Fenster auf normale Größe bringen
f.lower	Fenster nach hinten bringen
f.raise	Fenster nach vorne holen
f.kill	Fenster schließen
f.exec	Shell-Kommando ausführen
f.post_wmenu	Window-Menü sichtbar machen
f.menu	Benutzer-Menü sichtbar machen
f.restart	*mwm* neu starten
f.quit	*mwm* beenden

dem werden Menüs definiert. Dazu existieren drei Schlüsselwörter:

Buttons: zum Anbinden von Window-Manager-Funktionen an Maustasten-
  Events
Keys: zum Anbinden von Window-Manager-Funktionen an Tastatur-Events
Menu: zur Definition von Menüs.

Das Konfigurations-File kann mehrere Definitionen für *Buttons*, *Keys* und
Menu enthalten. Diese Definitionen werden in der Motif-Dokumentation *Bindings* genannt. Unterschieden werden die Bindings durch unterschiedliche Namen, die den Schlüsselwörtern folgen. Das folgende Listing zeigt ein *.mwmrc*-
File:

```
################################################################
# Konfigurationsdatei (.mwmrc) fuer Motif-Window-Manager
################################################################


#
# Menue des Window-Frame
#


Menu DefaultWindowMenu
{
    Restore             _R      Alt<Key>F5      f.normalize
    Move                _M      Alt<Key>F7      f.move
    Size                _S      Alt<Key>F8      f.resize
    Minimize            _n      Alt<Key>F9      f.minimize
    Maximize            _x      Alt<Key>F10     f.maximize
```

```
    Lower                   _L        Alt<Key>F3        f.lower
    no-label                                            f.separator
    Close                   _C        Alt<Key>F4        f.kill
}



#
# Konfigurierung der Tastatur
#

Keys DefaultKeyBindings
{
    Shift<Key>Escape              window|icon        f.post_wmenu
    Meta<Key>space                window|icon        f.post_wmenu
    Meta<Key>Tab                  root|icon|window   f.next_key
    Meta Shift<Key>Tab            root|icon|window   f.prev_key
    Meta<Key>Escape               root|icon|window   f.next_key
    Meta Shift<Key>Escape         root|icon|window   f.prev_key
    Meta Shift Ctrl<Key>exclam    root|icon|window   f.set_behavior
    Meta<Key>F6                   window             f.next_key transient
    Meta Shift<Key>F6             window             f.prev_key transient
    <Key>F4                       icon               f.post_wmenu
}


#
# Konfigurierung der Maus
#

Buttons DefaultButtonBindings
{
    <Btn1Down>         icon|frame      f.raise
    Meta<Btn1Down>     icon|frame      f.lower
    <Btn3Down>         icon|frame      f.post_wmenu
    Meta<Btn3Down>     window|icon     f.move
    <Btn1Click2>       icon            f.normalize
    <Btn1Down>         root            f.menu   RootMenu
    Meta<Btn2Down>     window|icon     f.resize
}


#
# Benutzerdefinierte Menues
#

Menu RootMenu
{
    "Root Menu"          f.title
    "New Window"         f.exec "xterm -title $HOST &"
    "Login at..."        f.menu RemoteHostMenu
    "Applications"       f.menu ApplicationMenu
```

```
    "Utilities"           f.menu UtilMenu
    no-label              f.separator
    "Next Icon"           f.next_key icon
    "Next Window"         f.next_key window
    "Next Transient"      f.next_key transient
    "Refresh Screen"      f.refresh
    no-label              f.separator
    "Toggle Behavior"     f.set_behavior
    "Toggle Pass keys"    f.pass_keys
    no-label              f.separator
    "Restart"             f.restart
    "Quit"                f.quit_mwm
}


Menu RemoteHostMenu
{
    "Remote Hosts"        f.title
    "cadlab"              f.exec "xlogin cadlab &"
    "t35-3"               f.exec "xlogin t35-3 &"
    no-label              f.separator
    "majestix"            f.exec "xlogin majestix &"
    "lutetia"             f.exec "xlogin lutetia &"
}


Menu ApplicationMenu
{
    "Applications"        f.title
    "Idraw"               f.exec "idraw &"
    "Calculator"          f.exec "xcalc &"
    "Clipboard"           f.exec "xclipboard &"
    "OClock"              f.exec "oclock &"
    "XClock"              f.exec "xclock &"
}


Menu UtilMenu
{
    "XCalc"               f.exec "xcalc &"
    "XMag"                f.exec "xmag &"
    "XLoad"               f.exec "nice xload -bd red &"
}
```

Zuerst wird über das Schlüsselwort *Menu* das *DefaultWindowMenu* definiert.
Zwischen den geschweiften Klammern stehen die eigentlichen Einträge des
Menüs. Dieses Menü ist das Window-Menü und erscheint immer dann, wenn
man den Window-Menu-Button im Title-Bar eines Fensters drückt. Jedem
Menüeintrag kann ein *Mnemonic* und ein *Accelerator* zugewiesen werden.

Ein Accelerator ist eine Taste oder Tastenkombination, durch die der entsprechende Menüeintrag aktiviert wird. Dazu muß das Menü nicht sichtbar sein. Ein Mnemonic ist ein Zeichen, durch dessen Eingabe ebenfalls ein

Menüeintrag aktiviert werden kann. Im Gegensatz zum Accelerator muß dabei das Menü sichtbar sein. Ein Mnemonic ist ein Zeichen aus dem Menüeintrag, oft ist es zum Beispiel der Anfangsbuchstabe. Die Zeile

```
"Move"      _M       Alt<Key>F7      f.move
```

definiert zum Beispiel den Menüeintrag „Move". Durch „_M" wird das „M" als Mnemonic für diesen Menüpunkt definiert. Das „M" im Wort „Move" wird unterstrichen dargestellt. Der Accelerator ist die Tastenkombination *Alt F7*. Die Funktion *f.move* des *mwm* wird immer dann ausgeführt, wenn der Menüeintrag mit der Maus selektiert, die Taste *Alt* zusammen mit der Funktionstaste *F7* oder ein großes „M" bei sichtbarem Menü eingegeben wird.

An dieser Stelle sind einige Anmerkungen zur Tastaturbelegung nötig. Oft stimmen Namen für solche speziellen Tasten wie *Meta*, *Alt*, *Super*, *Hyper* und so weiter, nicht mit der eigentlichen Beschriftung der Tastatur überein. Viele Rechner besitzen diese exotischen Tasten überhaupt nicht. Auf SPARC-Workstations gibt es zum Beispiel eine *Alt*-Taste. Wenn man nun, wie im obigen Beispiel beschrieben, *Alt* zusammen mit *F7* drückt, passiert überhaupt nichts. Der Name *Alt* in der Menüdefinition entspricht nämlich eigentlich der Taste *Meta*. Die Taste *Meta* befindet sich auf der SPARC-Tastatur links neben der Leertaste und ist mit einer Raute gekennzeichnet. Diese Taste muß zusammen mit *F7* gedrückt werden. Man kann auch

```
"Move"      _M·      Meta<Key>F7     f.move
```

schreiben, dadurch ändert sich nichts.

Mit dem Schlüsselwort *Keys* können Funktionen des Window-Managers an bestimmte Tastatureingaben gebunden werden. Hinter dem Schlüsselwort *Keys* steht der Name des Bindings, im Beispiel *DefaultKeyBindings*. Wie der Name schon vermuten läßt, werden die *DefaultKeyBindings* vom *mwm* standardmäßig eingelesen. Die Zeile

```
Shift<Key>Escape        window|icon      f.post_wmenu
```

definiert eine Benutzeraktion zum Sichtbarmachen des Window-Menüs. Die Funktion *f.post_wmenu* wird aufgerufen, wenn die Tasten *Shift* und *Escape* gleichzeitig gedrückt werden. Das Format zum Beschreiben der Benutzeraktionen entspricht dem Format eines Events in einer Translation-Table (s. 11.7). Um die Funktion *f.post_wmenu* aufzurufen, muß der Mauszeiger zusätzlich entweder in einem Window oder auf einem Icon stehen. Die Kombination *window|icon* nennt man in diesem Zusammenhang „Kontext". Zum Bilden von Kontexten stehen die Schlüsselwörter *root*, *icon*, *window*, *title* und *frame* zur Verfügung. Sie beschreiben die verschiedenen Komponenten eines Fensters beziehungsweise das Root-Window und können über „|" oder-verknüpft werden. Mit

```
Meta Shift<Key>F6       window          f.post_wmenu
```

wird eine zweite Möglichkeit zum Aufruf des Window-Menüs definiert. Hier müssen die Tasten *Meta*, *Shift* und *F6* zusammen gedrückt werden. Außerdem muß sich der Mauszeiger in einem Window befinden.

Das gleiche gilt analog auch für die *DefaultButtonBindings*, die über das Schlüsselwort *Buttons* definiert werden. Hier werden Funktionen mit Maustasten-Events verknüpft:

```
<Btn1Down>        root          f.menu RootMenu
Meta<Btn2Down>    window|frame  f.resize
```

Die obere der beiden Zeilen bewirkt, daß das benutzerdefinierte Menü *Root-Menu* erscheint, wenn Maustaste 1 im Root-Window gedrückt wird. Die untere Zeile legt fest, daß ein Fenster durch Drücken von *Meta* und Maustaste 2 in der Größe verändert werden kann. Der Mauszeiger muß sich dazu über dem Window oder dem Window-Frame befinden.

Menüs werden mit dem Schlüsselwort *Menu* definiert. Dahinter steht der Name des Menüs, und zwischen den geschweiften Klammern werden die Menüeinträge – genau wie beim Window-Menü – spezifiziert. Menüs können hierarchisch aufgebaut sein. Zum Beispiel findet man im *RootMenu* folgende Einträge:

```
"Login at..."      f.menu RemoteHostMenu
"Applications"     f.menu ApplicationMenu
```

Dadurch wird dem Menüeintrag „Applications" das Sub-Menü *Application-Menu* und dem Eintrag „Login at..." das Sub-Menü *RemoteHostMenu* zugewiesen. Wenn man mit dem Mauszeiger über einen dieser Einträge fährt, wird das entsprechende Sub-Menü geöffnet. Über das *RemoteHostMenu* kann man sich bequem auf anderen Rechnern im Netz anmelden. Dazu wird der Alias *xlogin* benutzt, der im *.cshrc*-File definiert wurde (s. 5.1.4). Die Anzahl und Namen der Rechner muß man natürlich an die jeweiligen Gegebenheiten anpassen.

Der *mwm* kennt zwei Funktionen, die nur zur optischen Gestaltung von Menüs dienen. Mit der Funktion *f.title* kann einem Menü ein Titel zugewiesen werden. Durch *f.separator*, kombiniert mit dem Schlüsselwort *no-label*, kann man Menüeinträge optisch voneinander trennen.

Mit *f.exec* werden beliebige Shell-Kommandos ausgeführt. Alternativ dazu kann auch ein Ausrufezeichen (!) verwendet werden. Die Funktion *f.quit_mwm* beendet den Window-Manager. Da der *mwm* in *.xinitrc* als letzter Prozeß gestartet wurde, wird dadurch nicht nur der *mwm*, sondern auch der X-Server heruntergefahren.

Im Beispiel heißt das Binding zur Definition des Window-Menüs *Default-WindowMenu*. Die Bindings für Tastatur und Maustasten heißen *Default-KeyBindings* und *DefaultButtonBindings*. Dies sind die Namen, die der *mwm* standardmäßig verwendet. Durch die drei Ressourcen *buttonBindings*, *key-Bindings* und *windowBindings* kann man diese Namen, zum Beispiel im Ressourcen-File *Mwm*, ändern:

```
Mwm*buttonBindings: NewButtonBindings
Mwm*keyBindings:    NewKeyBindings
Mwm*windowBindings: NewWindowMenu
```

Dadurch wird für die Belegung der Maustasten nun die Beschreibung *New-ButtonBindings* verwendet. Für das Window-Menü wird *NewWindowMenu* und für die Tastaturfunktionen *NewKeyBindings* benutzt. Im Konfigurations-File *.mwmrc* müssen diese Bindings natürlich auch definiert werden. Man kann dort zum Beispiel mehrere unterschiedliche Bindings definieren und durch Ändern der Ressourcen zwischen ihnen umschalten.

Nun fehlt nur noch ein Beispiel für ein Ressourcen-File. Das folgende Listing kann man unter dem Namen *Mwm* im Home-Directory abspeichern. Alle verwendeten Ressourcen zu beschreiben, würde hier zu weit führen. Viele der aufgeführten Ressourcen sind auskommentiert. Dies sollte als Anregung gesehen werden, Kommentarzeichen zu entfernen und mit den verschiedenen Ressourcen zu experimentieren.

```
!!
!! Ressourcen des mwm
!!


Mwm*keyboardFocusPolicy:                pointer
!Mwm*focusAutoRaise:                     True
!Mwm*autoRaiseDelay:                     600


!!
!! Fonts
!!
Mwm*fontList: -adobe-helvetica-bold-r-normal--\
14-*-*-*-*-*-iso8859-*

Mwm*client*title*fontList: -adobe-helvetica-bold-o-\
normal--14-*-*-*-*-*-iso8859-*

Mwm*icon*fontList: -adobe-helvetica-medium-o-\
normal--12-*-*-*-*-*-iso8859-*

!Mwm*defaultFontList: variable


!!
!! Allgemeines Aussehen
!!
Mwm*wMenuButtonClick2:                  False
Mwm*wMenuButtonClick:                   False
Mwm*resizeBorderWidth:                  7
Mwm*showFeedback:                       -kill
Mwm*moveThreshold:                      3
```

```
!!
!! Allgemeines Aussehen und Verhalten der Icons
!!
Mwm*iconClick:                          False
!Mwm*iconAutoPlace:                     False
!Mwm*iconImageMinimum:                  16x16
!Mwm*iconImageMaximum:                  60x60
!Mwm*iconDecoration:                    label image
Mwm*iconDecoration:                     label image activelabel
Mwm*useClientIcon:                      True
Mwm*iconImage:                          xlogo32
Mwm*lowerOnIconify:                     False
!Mwm*fadeNormalIcon:                    True
Mwm*iconPlacement:                      top left
Mwm*iconPlacementMargin:                -1

!Mwm*useIconBox:                        True
!Mwm*iconBoxGeometry:                   =3x1
!Mwm*iconBoxTitle:                      Motif Window Manager
Mwm*iconBoxSBDisplayPolicy:             vertical
!Mwm*iconBoxName:                       iconbox


!!
!! Icons fuer X-Clients
!!

Mwm*xterm*iconImage:     terminal


!!
!! Verschiedene andere Ressourcen
!!
Mwm*multiScreen:             True
!Mwm*bitmapDirectory:        /bitmaps
!Mwm*configFile:             .altmwmrc

!Mwm*saveUnder:              True
!Mwm*moveOpaque:             True
!Mwm*showFeedback:           -move

Mwm*interactivePlacement:    True
!Mwm*clientAutoPlace:        False
!Mwm*positionIsFrame:        False
!Mwm*positionOnScreen:       False

!Mwm*enableWarp:             False
!Mwm*limitResize:            False
!Mwm*maximumMaximumSize:     1024x840
!Mwm*doubleClickTime:        600
!Mwm*enforceKeyFocus:        False
```

```
!Mwm*quitTimeout:                       1000

!Mwm*passSelectButton:                  True
!Mwm*passButtons:                       True
!Mwm*transientDecoration:               -resize


!!
!! Ressourcen fuer IconBox
!!


!Mwm*iconbox*troughColor:                        black
!Mwm*iconbox*XmDrawnButton*highlightColor: Black
!Mwm*iconbox*hScrollBar*highlightColor: grey
!Mwm*iconbox*vScrollBar*highlightColor: grey
!Mwm*iconbox*vScrollBar*width:  12
!Mwm*iconbox*hScrollBar*height: 12
!Mwm*iconbox*traversalOn:                         True
!Mwm*iconbox*clientDecoration:                    border
```

Nach dem Modifizieren des *Mwm*- oder *.mwmrc*-Files darf man nicht vergessen, den *mwm* neu zu initialisieren. Am besten führt man dazu die Funktion *f.restart* aus, zum Beispiel über den Menüeintrag „Restart" im *RootMenu*.

5.9.6   Im Brennpunkt: der Tastaturfokus

Wenn alle Tastatureingaben in ein bestimmtes Window geleitet werden, zum Beispiel in ein Terminalfenster, dann besitzt dieses Window den sogenannten *Tastaturfokus*. Der *mwm* kennt zwei Möglichkeiten, um einem Window den Tastaturfokus zu zuweisen. Das gewünschte Verhalten kann über die Ressource *keyboardFocusPolicy* eingestellt werden. Setzt man diese auf *explicit*, so muß man mit der Maus in ein Fenster klicken. Dadurch wird der Fokus auf dieses Fenster gesetzt, und es erhält von da an alle Tastatureingaben. Der Vorteil dieser Methode besteht darin, daß der Fokus auch dann erhalten bleibt, wenn man den Mauszeiger wieder aus dem Fenster herausbewegt. Allerdings ist es oft ausgesprochen lästig, jedesmal eine Maustaste zu drücken, wenn man in ein anderes Fenster wechseln will. Deshalb kann man *keyboardFocusPolicy* auch auf *pointer* setzen. Jetzt erhält immer das Fenster die Tastatureingaben, das sich gerade unter dem Mauszeiger befindet.

5.9.7   Icons selbstgemacht

Drückt man den Minimize-Button im Title-Bar eines Fensters, so wird es ikonifiziert. Das *Icon* besteht aus einem Bild, darunter befindet sich ein Label. Das Bild zeigt normalerweise nur vier unterschiedlich eingefärbte Rechtecke und ist nicht gerade dazu geeignet, einen Benutzer mit durchschnittlichen Ansprüchen in Entzücken zu versetzen. Aber da läßt sich Abhilfe schaffen.

Der *mwm* kann für jedes Icon eines Applikations-Fensters ein eigenes Bild verwalten. Ein solches Bild besteht aus einem Bitmuster, das in einer Datei abgelegt ist. Diese Art von Bitmuster wird üblicherweise *Bitmap* genannt. Über die Ressource *iconImage* kann ein Bitmap für eine Applikation gesetzt werden. Als Ressourcen-Wert wird einfach der Name der Bitmap-Datei angegeben.

Im Listing des Ressourcen-Files *Mwm* sind die folgenden zwei Zeilen enthalten:

```
Mwm*iconImage: xlogo32
Mwm*xterm*iconImage: terminal
```

Die obere der beiden Zeilen setzt für alle Applikationen das Icon *xlogo32*. Für *xterm* wird dieser Wert durch *terminal* ersetzt – ungenauere Definitionen von Ressourcen werden bekanntlich durch detailliertere Definitionen überschrieben.

Die beiden Dateien *xlogo32* und *terminal* stehen im Verzeichnis */usr/include/X11/bitmaps*, dem Standardverzeichnis für Bitmaps. Dort findet man außerdem noch eine ganze Reihe weiterer Bitmap-Files. Dieses Verzeichnis wird nach dem Namen des Bitmap-Files durchsucht, wenn als Name kein kompletter Pfad angegeben ist. Als Name eines Bitmap-Files kann ein absoluter Pfad angegeben werden, ein relativer Pfad ist nicht erlaubt! Außerdem gibt es die Ressource *bitmapDirectory*. Als Wert darf hier ebenfalls nur ein absoluter Pfad stehen, der dann anstelle von */usr/include/X11/bitmaps* durchsucht wird.

Bitmaps kann man mit einem Editor selbst malen. Ein solcher Editor ist zum Beispiel das Programm *bitmap*, das im Lieferumfang von X enthalten ist.

6.   Programmieren mit Xt und Motif

Bisher wurden Grundkenntnisse über den Aufbau, die Benutzung und Konfigurierung des X-Window-Systems aus Anwendersicht vermittelt. In den folgenden Kapiteln steht nun die Entwicklung von Applikationen im Vordergrund.

In 3.6 wurde bereits ein Programm kurz beschrieben, dem wir uns an dieser Stelle noch einmal ausführlicher widmen wollen. Die Rede ist von „Hello World".

6.1   Hello World zum zweiten...

Im Gegensatz zur ersten Version, die mit Hilfe der Xlib-Schnittstelle realisiert worden ist, basiert die hier besprochene Version von „Hello World" auf dem Motif-Toolkit.

Wie nicht anders zu erwarten, passiert auch bei der Toolkit-Version von „Hello World" nichts besonders Aufregendes: Es wird die Zeile „Hello World" in einem Fenster auf dem Bildschirm ausgegeben. Dennoch kann man eine ganze Menge an diesem Programm lernen, nämlich

- wie man ein Toolkit initialisiert,
- einen *Application-Context* generiert,
- ein Display öffnet,
- Fehlermeldungen behandelt,
- Widgets erzeugt,
- eine Widget-Hierarchie realisiert und
- wie man X-Events verarbeitet.

Diese Dinge sind von elementarer Wichtigkeit und kommen in allen anderen

Applikationen in dieser oder ähnlicher Form immer wieder vor. Das folgende
Listing zeigt den Sourcecode für „Hello World":

```
/*
 * hello.c -- Motif-Version von "Hello World"
 */

#include <Xm/Xm.h>
#include <Xm/Label.h>

#define APPLCLASS "Hello"

main(argc, argv)
    unsigned int argc;
    char **argv;
{
    Display      *display;
    XtAppContext app_context;
    Widget       app_shell;

    /* Toolkit initialisieren und Display oeffnen */

    XtToolkitInitialize();
    app_context = XtCreateApplicationContext();
    display = XtOpenDisplay(app_context, NULL, argv[0], APPLCLASS,
                            NULL, 0, &argc, argv);
    if (display == NULL) {
       XtAppError(app_context, "Display kann nicht geoeffnet werden.");
    }
    /* Application-Shell erzeugen */

    app_shell = XtAppCreateShell(argv[0], APPLCLASS,
                                 applicationShellWidgetClass, display,
                                 NULL, 0);

    /* Label-Widget erzeugen */

    XtCreateManagedWidget("label", xmLabelWidgetClass, app_shell,
                          NULL, 0);

    /* Shell realisieren und Events verarbeiten */

    XtRealizeWidget(app_shell);
    XtAppMainLoop(app_context);
}
```

Das zugehörige Ressourcen-File hat den Namen *Hello* und steht im Home-
Directory. Es enthält nur eine Zeile:

```
hello.label.labelString: Hello World
```

Außerdem wird noch ein *Makefile* benötigt, mit dem das Programm übersetzt und mit den notwendigen Bibliotheken zusammengebunden werden kann:

```
#
# Makefile fuer "Hello World"
#

hello: hello.o
        cc -o hello -D_NO_PROTO hello.o -lXm -lXt -lX11
```

Nach dem Eingeben des Befehls *make* und dem erfolgreichen Übersetzen und Binden, kann man das Programm *hello* aufrufen. Auf dem Bildschirm sollte jetzt ein Fenster erscheinen, das etwa so aussieht wie in Abb. 6.1.

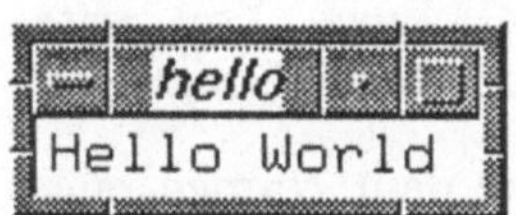

Abb. 6.1 Hello World

6.1.1 Namenskonventionen und Bibliotheken

Bevor das Beispiel ausführlich besprochen wird, sind einige Worte zur allgemeinen Namenskonvention nötig. Wie bereits im ersten Teil des Buchs erläutert wurde, besteht das X-Window-System unter anderem aus Xlib und Toolkit-Intrinsics. Zur Programmierung von Applikationen wird außerdem ein Satz von Widgets benötigt, das sogenannte Widget-Set. In unserem Fall sind das die Motif-Widgets.

Zusammen definieren diese Bibliotheken mehrere hundert Funktionen. Dazu kommen noch jede Menge Datentypen, Makros und Konstanten. Um Namenskonflikte zu vermeiden und damit der Programmierer den Überblick nicht völlig verliert, sind strenge Konventionen bei der Namensgebung nötig. Die wichtigsten Konventionen sind:

– Alle X-spezifischen externen Symbole verwenden die gemischte Groß-Kleinschreibung, wobei ein Symbolname grundsätzlich mit einem großen Buchstaben beginnt. Bei Namen, die aus mehreren Wörtern zusammengesetzt sind, beginnt jedes neue Wort mit einem Großbuchstaben.

– „X" ist als Präfix für externe Symbole und Funktionen der Xlib reserviert. Beispiele für Xlib-Namen sind *XCreateWindow()*, *XColor* oder *XErrorEvent*.

– Alle Datenstrukturen der Xlib, auf deren Inhalt der Programmierer zugreifen kann, beginnen mit einem großen „X". Beispiele dafür sind *XFontStruct*, *XEvent* und *XRectangle*.

- Alle anderen Symbole verwenden gemischte Groß-Kleinschreibung und beginnen nicht mit einem „X", wie zum Beispiel *Window* oder *Display*. Auf den Inhalt dieser Datenstrukturen darf der Programmierer nicht zugreifen.
- „Xt" ist als Präfix für externe Symbole und Funktionen der Toolkit-Intrinsics reserviert. *XtCreateWidget()*, *XtInheritResize* und *XtAppError()* sind Beispiele dafür.
- Namen von Feldern in Strukturen werden klein geschrieben. Bei zusammengesetzten Feldnamen werden die einzelnen Wörter durch einen Unterstrich getrennt.
- Namen von Widgets beginnen mit einem kleinen, Namen von Widget-Klassen mit einem großen Buchstaben. Innerhalb eines Namens gilt die gemischte Groß-Kleinschreibung.
- Die meisten Widget-Sets verwenden ein einheitliches Präfix. Motif verwendet „Xm", die Athena-Widgets verwenden zum Beispiel „Xaw". *XmCreateLabel()* und *XmCreatePushButton()* sind Beispiele für Motif-Namen.

Durch diese Regeln ist es unter anderem möglich, aus dem Namen eines Symbols oder einer Funktion die zugehörige Bibliothek zu bestimmen. Alle Xlib-Funktionen sind in der Bibliothek *libX11.a*, die Funktionen der Toolkit-Intrinsics in *libXt.a* zusammengefaßt. Für jedes Widget-Set existieren ebenfalls Bibliotheken. Für Motif ist das zum Beispiel die Bibliothek *libXm.a* und für die Athena-Widgets die Bibliothek *libXaw.a*. Außerdem stellen die Toolkit-Intrinsics noch eine Bibliothek namens *libXmu.a* zur Verfügung, die verschiedene Hilfsfunktionen enthält.

Je nachdem, welche Funktionen von einer Applikation benutzt werden, müssen die entsprechenden Bibliotheken hinzugebunden werden. Alle diese Bibliotheken sind normalerweise im Verzeichnis */usr/lib* installiert und können deshalb über die Optionen *-lX11*, *-lXt*, *-lXm*, *-lXaw* oder *-lXmu* vom Linker angesprochen werden.

Da in *hello.c* Funktionen der Toolkit-Intrinsics und ein *Label*-Widget verwendet werden, müssen die beiden Libraries *libXt.a* und *libXm.a* zu *hello.o* hinzugebunden werden. Das geschieht im Makefile durch Angeben der Optionen *-lXm* und *-lXt*. Die Bibliothek *libX11.a* muß zu allen X-Applikationen hinzugebunden werden, was durch Angeben von *-lX11* geschieht. Es muß unbedingt auf die richtige Reihenfolge der Bibliotheken geachtet werden, da alle Bibliotheken aufeinander aufbauen. Deshalb muß zuerst die Bibliothek für das verwendete Widget-Set, danach *libXt.a* und zuletzt *libX11.a* hinzugebunden werden.

Am Präfix eines Symbolnamens kann man das Dokument erkennen, in welchem die entsprechende Funktion oder der Datentyp beschrieben wird:

- Alle Funktionen mit dem Präfix „X" sind im Manual „Xlib – C Language X Interface" beschrieben (s. Gettys et al. (1989)).
- Alle Funktionen mit dem Präfix „Xt" sind im Manual „X Toolkit Intrinsics – C Language Interface" beschrieben (s. McCormack et al. (1989)).

–Alle Funktionen mit dem Präfix „Xm" sind im Manual „OSF/Motif Reference Manual" dokumentiert (s. OSF(1990d)).

6.1.2 Include-Files

Jede Applikation muß mehrere *Include-Files* für das X-Window-System und Motif einbinden. In */usr/include/X11* stehen alle Include-Files, die irgendetwas mit den Toolkit-Intrinsics oder der Xlib zu tun haben und zum Standardumfang von X gehören. In */usr/include/Xm* stehen alle Include-Files für Motif.

Benutzt eine Applikation irgendwelche Motif-Komponenten, so muß zuerst die Datei */usr/include/Xm/Xm.h* eingebunden werden. *Xm.h* enthält selbst wieder eine Include-Anweisung für die Datei */usr/include/X11/Intrinsic.h*. *Intrinsic.h* muß grundsätzlich von allen Programmen eingebunden werden, die die Toolkit-Intrinsics verwenden. In dieser Datei werden unter anderem eine Reihe von Datentypen definiert, die vom Toolkit verwendet werden.

Für jede benutzte Widget-Klasse muß ein eigenes Include-File eingefügt werden. Wenn vom Programm ein *Shell*-Widget erzeugt wird – wie im Beispiel – muß man die Datei */usr/include/X11/Shell.h* einbinden. Auch dafür ist in *Xm.h* bereits eine Include-Anweisung enthalten, sodaß man sich die entsprechende Zeile sparen kann. In „Hello World" wird außerdem ein *Label*-Widget verwendet, weshalb die Include-Datei */usr/include/Xm/Label.h* eingebunden werden muß. Welche Include-Files zu welcher Widget-Klasse gehören, geht aus der Motif-Dokumentation hervor.

Zu jeder Widget-Klasse gibt es zwei Include-Dateien, eine öffentliche und eine private. Ein privates Include-File kann man daran erkennen, daß im Dateinamen der letzte Buchstabe vor dem Punkt ein großes „P" ist. Für das *Label*-Widget gibt es zum Beispiel die beiden Include-Files *Label.h* und *LabelP.h*, wobei *LabelP.h* das private Include-File des *Label*-Widgets ist.

Per Konvention darf die öffentliche Include-Datei von allen Applikationen eingebunden werden, die private aber nur von Modulen, die eigene Widget-Klassen definieren. Mit anderen Worten: Für den Applikationsprogrammierer sind die privaten Include-Files tabu.

Wozu eigentlich dieser Aufwand, wird sich der Leser jetzt vielleicht fragen. Die Absicht besteht darin, die Innereien eines Widgets vor unerlaubter Manipulation seitens der Applikation zu schützen. Auf neudeutsch heißt so etwas „information hiding". Das kann natürlich nur dann funktionieren, wenn sich der Programmierer an die vereinbarten Spielregeln hält.

Wie schon bei den Bibliotheken, so kommt es auch bei den Include-Files auf die richtige Reihenfolge an: Die Datei *Xm.h* muß zuerst eingebunden werden, da beinahe alle anderen X- und Motif-Include-Dateien dort definierte Datentypen verwenden. Die Reihenfolge der anderen Include-Files ist beliebig.

Zum Schluß noch eine Bemerkung zum Makefile. Zum Übersetzen von *hello.c* wurde der C-Compiler mit der Option *-D_NO_PROTO* aufgerufen. Diese Option muß immer dann angegeben werden, wenn Motif-Programme mit einem C-Compiler übersetzt werden sollen, der kein *ANSI-C* versteht. Die Motif-Include-Files enthalten nämlich für jede Funktion einen sogenannten *Funktionsprototypen.* Anhand eines solchen Prototypen kann der C-Compiler überprüfen, ob die Parameter beim Aufruf einer Funktion vom richtigen Typ sind.

Wenn man einen Compiler benutzt, der kein ANSI-C unterstützt, muß man die Funktionsprototypen in den Motif-Include-Files durch die Definition der Präprozessorkonstanten *_NO_PROTO* ausschalten.

6.1.3   Initialisierung

Nach diesem kleinen Einschub über Namenskonventionen, Include-Dateien und Bibliotheken wollen wir uns wieder „Hello World" zuwenden.

Bevor man irgendwelche Toolkit-Funktionen aufrufen kann, muß das Toolkit initialisiert werden. Das geschieht durch den Aufruf der Funktion *XtToolkitInitialize()* :

void XtToolkitInitialize()

Die Funktion *XtToolkitInitialize()* darf innerhalb eines Programms nur einmal aufgerufen werden, mehrmalige Aufrufe führen zu undefinierten Zuständen.

Als nächstes wird durch den Aufruf von *XtCreateApplicationContext()* ein sogenannter *Application-Context* erzeugt:

XtAppContext XtCreateApplicationContext()

Was aber ist ein Application-Context? Normalerweise kann man davon ausgehen, daß eine Applikation genau ein Display öffnet und genau einen Screen, meistens den Default-Screen, benutzt. Das muß aber nicht unbedingt so sein. Genaugenommen kann eine Applikation mit mehreren Displays und Screens gleichzeitig zusammenarbeiten. Bekanntlich ist der Begriff „Display" eigentlich nur ein anderes Wort für die Verbindung zu einem X-Server. Wenn mehrere X-Server von einer Applikation gleichzeitig bedient werden sollen, dann müssen natürlich auch die Events, die von den Servern an die Applikation gesendet werden, unabhängig voneinander verarbeitet werden können. Außerdem sehen die Toolkit-Intrinsics vor, daß ein Prozeß mehrere Applikationen enthalten kann, die voneinander unabhängig sind. Um dies zu ermöglichen, wurde der Application-Context eingeführt. Jede Applikation benutzt mindestens einen Application-Context. Ein Application-Context ist vom Typ *XtAppContext.* Auf den Inhalt einer Variablen vom Typ *XtAppContext* darf eine Applikation nicht direkt zugreifen.

Ein Application-Context kann mit der Funktion *XtDestroyApplicationContext()* wieder zerstört werden:

void XtDestroyApplicationContext(XtAppContext app_context)
app_context der zu zerstörende Application-Context

Durch das Zerstören eines Application-Contexts werden auch alle zugehörigen Displays geschlossen. Ein Application-Context wird beim Beenden der Applikation automatisch zerstört, so daß man diese Funktion normalerweise nicht aufrufen muß.

Nachdem in „Hello World" ein Application-Context erzeugt worden ist, wird die Funktion *XtOpenDisplay()* aufgerufen. Dadurch werden gleich mehrere Dinge erledigt:

- Das Display wird geöffnet und initialisiert.
- Die Optionen der Kommandozeile und die Ressourcen-Files werden ausgewertet.
- Das Display wird einem Application-Context zugeordnet.

*Display * XtOpenDisplay(XtAppContext app_context, String display_string,*
String application_name, String application_class,
*XrmOptionDescRec *options, Cardinal num_options,*
*Cardinal *argc, String *argv)*

app_context	der Application-Context, für den das Display geöffnet und initialisiert werden soll. Vorsicht: In X11, Release 3 konnte hier *NULL* eingesetzt werden. Dadurch wurde ein Default-Kontext verwendet. Ab Release 4 ist das nicht mehr möglich. *NULL* bringt das Programm mit Sicherheit zum Absturz.
display_string	der Name des zu öffnenden Displays. Bei der Übergabe von *NULL* wird zuerst die Kommandozeilenoption *-display* und danach die Environment-Variable *DISPLAY* ausgewertet.
application_name	der Instanzenname der Applikation. Dieser Name wird nur verwendet, wenn beim Aufruf der Applikation die Option *-name* nicht angegeben ist. Falls *application_name NULL* ist und *-name* nicht angegeben ist, wird *argv[0]* als Name verwendet.
application_class	der Klassenname der Applikation
options	eine Liste von Optionsbeschreibungen für die Applikation. Falls die Applikation keine besonderen Optionen kennt, steht hier *NULL*.
num_options	die Anzahl der Einträge in der Optionsliste
argc	ein Zeiger auf die Anzahl der Kommandozeilenparameter
argv	die eigentlichen Kommandozeilenparameter.

Die Funktion liefert bei erfolgreicher Ausführung einen Zeiger auf das geöffnete Display, im Fehlerfall *NULL*.

Eine wichtige Aufgabe von *XtOpenDisplay()* ist das Laden der Ressourcen-Files. Dabei werden die Ressourcen-Files in der Art und Weise eingelesen, wie es bereits in Abschnitt 5.7 erläutert wurde. Alle Ressourcen-Beschreibungen werden in einer Tabelle, der sogenannten *Ressourcen-Datenbasis*, abgespeichert. Auf diese Datenbasis greifen dann die Widgets der Applikation zu.

In Abschnitt 5.7 über die Anwendung von Ressourcen wurde bereits der Unterschied zwischen der Instanz und der Klasse einer Applikation erklärt und darauf hingewiesen, daß der Programmierer die Klasse einer Applikation festlegt. Genau diese Festlegung wird durch den Parameter *application_class* getroffen. Der Klassenname ist in „Hello World" über die Konstante *AP-PLCLASS* definiert. Als Instanzenname wird *argv[0]* verwendet, was dem Namen der ausführbaren Programmdatei entspricht.

Die Parameter *argc* und *argv* bedürfen keiner weiteren Erklärung, es handelt sich dabei um die Kommandozeilenparameter, die beim Aufruf der Applikation an *main()* übergeben werden. Dabei ist zu beachten, daß die Adresse von *argc* weitergereicht werden muß, nicht *argc* selbst.

Der Parameter *options* ist eine Tabelle, in der Kommandozeilenoptionen definiert werden können. Diese Optionen kann man beim Aufruf der Applikation angeben. Die Anzahl der Optionen wird in *num_options* übergeben. Die genaue Anwendung von *options* und *num_options* wird später noch ausführlich besprochen.

Um ein geöffnetes Display wieder zu schließen, verwendet man die Funktion *XtCloseDisplay()*:

*void XtCloseDisplay(Display *display)*
display spezifiziert das zu schließende Display.

Dies erübrigt sich aber meistens, da beim Verlassen einer Applikation automatisch alle Displays geschlossen werden.

6.1.4   Einfache Fehlerbehandlung

Die Toolkit-Intrinsics stellen mehrere Funktionen zur Ausgabe von Warnungen und Fehlermeldungen zur Verfügung. In „Hello World" wird die Routine *XtAppError()* aufgerufen, wenn das gewünschte Display nicht geöffnet werden kann. *XtAppError()* dient zur Verarbeitung fataler Fehler. Vor den übergebenen Text wird der String „Error:" gehängt und der vollständige Text nach *stderr* ausgegeben. Danach wird die Applikation beendet. Die Definition von *XtAppError()* sieht so aus:

void XtAppError(XtAppContext app_context, String message)
app_context der Application-Context
message   die auszugebende Fehlermeldung.

XtAppError() sollte aufgerufen werden, wenn das Fortsetzen einer Applikation nach einem Fehler – wie im Beispiel – keinen Sinn mehr macht.

Zur Behandlung nicht-fataler Fehler gibt es die Funktion *XtAppWarning()*:

void XtAppWarning(XtAppContext app_context, String message)
app_context der Application-Context
message   die auszugebende Fehlermeldung.

Auch diese Funktion gibt einen Fehlertext nach *stderr* aus. Diesmal wird jedoch der String „Warning:" vor die Meldung gehängt. Außerdem kehrt die Funktion ganz normal zurück.

Der Hauptvorteil dieser beiden Funktionen ist vor allen Dingen ihre einfache Anwendbarkeit. Doch eigentlich sind *XtAppError()* und *XtAppWarning()* noch wesentlich flexibler, als bisher beschrieben wurde. Die beiden Funktionen geben die Meldungen nämlich nicht direkt aus, sondern rufen sogenannte *Error-Handler* auf. Diese Error-Handler sind nichts anderes als Funktionen, die vom Programmierer durch eigene Routinen ersetzt werden können. Dazu gibt es die Funktionen *XtAppSetErrorHandler()* und *XtAppSetWarningHandler()*, mit deren Hilfe man die eingebauten Standard-Handler ersetzen kann. Im Normalfall möchte man eine Fehlermeldung natürlich nicht einfach in den Standard-Fehlerkanal schreiben. Wie man Fehlermeldungen komfortabel behandelt, wird in Abschnitt 8.8.5 gezeigt.

6.1.5   Keine Applikation ohne Shell

Mit dieser Überschrift ist nicht etwa gemeint, daß der Mineralölkonzern mit der gelben Muschel beim Schreiben von Applikationen ein Wörtchen mitzureden hat. Auch mit einer normalen Unix-Shell hat diese Art von Shell nichts zu tun. Wenn man das Wort „Shell" aber einfach mit „Schale" oder „Hülle" übersetzt, kommt man der Sache schon ziemlich nahe. Mit „Shell" ist nämlich eine Schale gemeint, die die Verbindung zwischen der eigentlichen Applikation und der Außenwelt, sprich Window-Manager, herstellt. Mit Hilfe der Shell kann ein Window-Manager zum Beispiel die Position und Größe von Fenstern auf dem Bildschirm verändern, Fenster in Icons verwandeln und anderes mehr. Wie man in einem späteren Kapitel noch sehen wird, gibt es verschiedene Arten von Shells mit unterschiedlichen Eigenschaften.

Nach dem Initialisieren des Toolkits und dem Öffnen und Initialisieren des Displays wird in „Hello World" mit der Funktion *XtAppCreateShell()* eine sogenannte *Application-Shell* erzeugt. Diese Shell ist ein Widget der Klasse *ApplicationShell*. Sie dient als Wurzel für die gesamte Widget-Hierarchie einer Applikation und besitzt deshalb auch keine Vorfahren.

Widget XtAppCreateShell(String application_name, String application_class,
*   WidgetClass widget_class, Display *display,*
*   ArgList args, Cardinal num_args)*

application_name der Name der Applikation. Falls *NULL* angegeben ist, wird der Name verwendet, der beim Aufruf von *XtOpenDisplay()* spezifiziert wurde.

application_class der Klassenname der Applikation

widget_class   Zeiger auf den Klassen-Record der Shell

display   Verbindung zum Server

args   Ressourcen-Argumentliste

num_args   Anzahl der Argumente in *args*.

Die Funktion *XtAppCreateShell()* liefert nach erfolgreicher Ausführung einen Widget-Identifier zurück, über den man das erzeugte Shell-Widget ansprechen kann. Die Parameter *application_name* und *application_class* legen die

Wurzel für alle Ressourcen-Spezifikationen der Applikation fest. Mit anderen Worten, sie sind die Komponenten eines Ressourcen-Namens, die in der Ressourcen-Beschreibung ganz vorne stehen. Zur Erinnerung sei hier noch einmal auf Abschnitt 5.7 verwiesen. Wenn man sich das Ressourcen-File *Hello* ansieht, so steht darin folgende Zeile:

```
hello.label.labelString: Hello World
```

Ganz links in der Zeile steht das Wort „hello". Das entspricht dem Namen der Application-Shell, der durch den Parameter *application_name* festgelegt wird. Im Sourcecode *hello.c* wird hier einfach *argv[0]* eingesetzt, was dem Namen des ausführbaren Programms entspricht. Der Klassenname der Applikation wird durch die Konstante *APPLCLASS* auf „Hello" gesetzt. Man kann im Ressourcen-File also auch schreiben:

```
Hello.label.labelString: Hello World
```

Die Parameter *args* und *num_args* beschreiben eine optionale Liste von Ressourcen-Definitionen für die Application-Shell. Wie bereits in 4.2 kurz beschrieben wurde, kann man Ressourcen nämlich nicht nur über Ressourcen-Files, sondern auch direkt im Sourcecode angeben. Da es diese Argumentlisten nicht nur für die Application-Shell, sondern für alle Widgets gibt, wird deren genaue Anwendung später noch ausführlich besprochen.

6.1.6   Das *Label*-Widget

Nachdem nun das Toolkit initialisiert, das Display geöffnet, initialisiert und eine Application-Shell erzeugt worden ist, wird es langsam Zeit, den Hauptdarsteller auf die Bühne des Geschehens zu rufen. Die Rede ist vom *Label*-Widget, das den Text „Hello World" auf dem Bildschirm erscheinen lassen soll. Dabei soll es uns vorerst allerdings nur um das prinzipielle Verständnis gehen. Das *Label*-Widget dient als Beispiel, an dem unter anderem gezeigt wird, wie man Widgets manipuliert werden und wie die Widget-Dokumentation zu lesen ist. Detaillierte Informationen zum *Label*-Widget findet man in Abschnitt 7.4.

Wie bereits an anderer Stelle dieses Buchs erläutert wurde, besteht das Motif-Toolkit aus einer Vielzahl von verschiedenen Widget-Klassen. Jede dieser Widget-Klassen besitzt spezielle Eigenschaften und wurde für einen besonderen Zweck entwickelt. Der Zweck des *Label*-Widgets ist die Erzeugung eines *Labels* oder, allgemeiner ausgedrückt, die Ausgabe von Text. Um diese Aufgabe ausführen zu können, muß zuerst einmal ein *Label*-Widget erzeugt werden.

Dazu besitzt das *Label*-Widget – wie jede Widget-Klasse – eine globale Datenstruktur, den *Klassen-Record*. Im Klassen-Record sind alle Informationen enthalten, die zum Erzeugen eines Widgets benötigt werden. Dies sind nicht nur Daten, sondern auch Funktionen, die von den Toolkit-Intrinsics indirekt aufgerufen werden. Eine Applikation kennt für jede Widget-Klasse einen Zeiger auf den Klassen-Record, den sogenannten *Class-Pointer*. Der Class-Pointer für das *Label*-Widget heißt *xmLabelWidgetClass*. Im Klassen-Record steht auch der Klassenname des Widgets, der beim *Label*-Widget *XmLabel* heißt.

Motif und die Toolkit-Intrinsics stellen mehrere Funktionen zum Erzeugen von Widgets zur Verfügung:

- Die Funktion *XtCreateWidget()*.
- Die Funktion *XtCreateManagedWidget()*.
- Für jede Widget-Klasse eine sogenannte *Convenience-Function*, was nichts anderes bedeuten soll, als daß das Erzeugen eines Widgets mit dieser speziellen Funktion bequemer sein soll. Für das *Label*-Widget heißt die Convenience-Function *XmCreateLabel()*.

Außerdem gibt es zu den Funktionen *XtCreateWidget()* und *XtCreateManagedWidget()* Versionen mit variabler Parameterliste (s. 6.10).

Da in *hello.c* die Funktion *XtCreateManagedWidget()* zum Erzeugen des *Label*-Widgets verwendet wird, soll diese auch zuerst besprochen werden:

Widget XtCreateManagedWidget(String name, WidgetClass widget_class,
*   Widget parent, ArgList args,*
*   Cardinal num_args)*

name	Name des zu erzeugenden Widgets. Der Parameter *name* kann eine beliebige Zeichenkette sein. Man sollte sich bei der Namensgebung aber an die in Abschnitt 6.1.1 empfohlenen Namenskonventionen für Widgets halten.
widget_class	Class-Pointer des Widgets. Der Class-Pointer bestimmt, zu welcher Widget-Klasse das Widget gehören soll. Zu jeder Widget-Klasse existiert ein solcher Zeiger, der in der Dokumentation des jeweiligen Widgets beschrieben ist.
parent	der Widget-Identifier des Parent-Widgets
args	Argumentliste mit Ressourcen
num_args	Anzahl der Elemente in *args*.

Bei erfolgreicher Ausführung liefert die Funktion den Widget-Identifier des erzeugten Widgets als Rückgabewert. Im Fehlerfall wird der Error-Handler des Toolkits für fatale Fehler aufgerufen (s. 8.8.5).

In „Hello World" wird das *Label*-Widget durch folgenden Aufruf erzeugt:

```
XtCreateManagedWidget("label", xmLabelWidgetClass, app_shell, NULL,0);
```

Der Name des Widgets ist „label", er wird beim Aufruf von *XtCreateManagedWidget()* als erster Parameter angegeben. Da für den Parameter *parent* der Widget-Identifier der Application-Shell *app_shell* eingesetzt wird, ist das erzeugte Widget ein Kind dieser Shell. Abbildung 6.2 zeigt die erzeugte, zugegebenermaßen äußerst einfache Widget-Hierarchie.

Man könnte vermuten, daß der Text, der vom *Label*-Widget ausgegeben werden soll, irgendwo im Sourcecode steht und beim Erzeugen des *Label*-Widgets als Parameter angegeben wird. Wie man aber am Beispiel sehen

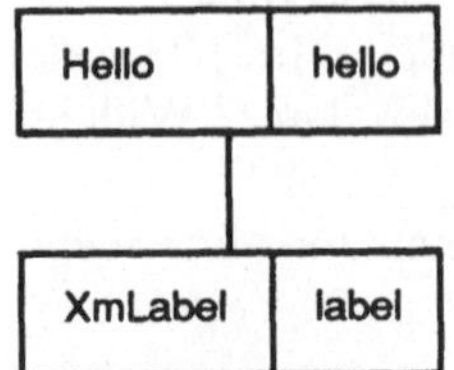

Abb. 6.2 Einfache Widget-Hierarchie

kann, ist das nicht der Fall. Hier wird der auszugebende Text „Hello World"
über die Ressourcen-Datei *Hello* festgelegt:

```
hello.label.labelString: Hello World
```

Die einzelnen Komponenten des Ressourcen-Namens entsprechen dabei den
erzeugten Widgets: Der Name der Application-Shell ist „hello". Das Kind dieser Shell ist ein *Label*-Widget namens „label". Dieses *Label*-Widget hat eine
Ressource namens „labelString", der der String „Hello World" zugewiesen
wird.

Welche Ressourcen ein Widget besitzt und wie diese heißen, kann man
im „OSF/Motif Programmer's Reference Manual" nachschlagen. Das *Label*-
Widget kennt ungefähr 50 verschiedene Ressourcen. Gezählt werden müssen
dabei nämlich nicht nur die Ressourcen, die vom *Label*-Widget selbst ange-
boten werden, sondern auch alle Ressourcen, die zu Widget-Klassen gehören,
von denen das *Label*-Widget abstammt.

In der Dokumentation zum *Label*-Widget findet man unter anderem Tabelle 6.1, die hier leider aus Platzgründen nicht im gleichen Format wie in
OSF(1990d) dargestellt werden kann.

Die erste Spalte der Tabelle enthält den Namen und Klassennamen der
Ressource. Die zweite Spalte enthält den Datentyp und den Default-Wert.
Der Default-Wert wird verwendet, falls für die Ressource kein Wert angege-
ben ist. Die letzte Spalte gibt Auskunft über die Art, wie auf die Ressource
zugegriffen werden kann. „C" steht dabei für „Create" und bedeutet, daß die
Ressource beim Erzeugen eines Widgets gesetzt werden kann. „S" steht für
„Set" und weist darauf hin, daß man der Ressource auch nach dem Erzeu-
gen des Widgets mit der Funktion *XtSetValues()* nachträglich einen anderen
Wert zuweisen kann. „G" ist die Abkürzung für „Get" und besagt, daß der
Ressourcen-Wert mit der Funktion *XtGetValues()* ausgelesen werden darf.
Außer diesen drei Abkürzungen gibt es noch „N/A", was für „not applica-
ble" steht. Derartig gekennzeichnete Ressourcen dürfen vom Anwender nicht
verwendet werden. Die Anwendung der Funktionen *XtSetValues()* und *Xt-
GetValues()* wird in einem späteren Abschnitt beschrieben.

Im Ressourcen-File *Hello* wurde die Ressource „labelString" verwendet.
Wenn man in der obigen Tabelle nach diesem Namen sucht, findet man al-

Tab. 6.1 Ressourcen des *Label*-Widgets

XmLabel Resource Set		
Name **Class**	**Type** **Default**	**Access**
XmNaccelerator XmCAccelerator	String NULL	CSG
XmNAcceleratorText XmCAcceleratorText	XmString NULL	CSG
XmNalignment XmCAlignment	unsigned char XmALIGNMENT_CENTER	CSG
XmNfontList XmCFontList	XmFontList Fixed	CSG
XmNlabelInsensitivePixmap XmCLabelInsensitivePixmap	Pixmap XmUNSPECIFIED_PIXMAP	CSG
XmNlabelPixmap XmCPixmap	Pixmap XmUNSPECIFIED_PIXMAP	CSG
XmNlabelString XmCXmString	XmString NULL	CSG
XmNlabelType XmCLabelType	unsigned char XmSTRING	CSG
XmNmarginBottom XmCMarginBottom	short 0	CSG
XmNmarginHeight XmCMarginHeight	short 2	CSG
XmNmarginLeft XmCMarginLeft	short 0	CSG
XmNmarginRight XmCMarginRight	short 0	CSG
XmNmarginTop XmCMarginTop	short 0	CSG
XmNmarginWidth XmCMarginWidth	short 2	CSG
XmNmnemonic XmCMnemonic	char 0	CSG
XmNrecomputeSize XmCRecomputeSize	Boolean True	CSG
XmNstringDirection XmCStringDirection	XmStringDirection XmSTRING_DIRECTION_L_TO_R	CSG

lerdings nur *XmNlabelString*. Es handelt sich dabei um ein Makro, das folgendermaßen definiert ist:

```
#define XmNlabelString  "labelString"
```

Der Grund dafür ist folgender: Wenn Ressourcen direkt im Programmtext manipuliert werden sollen, könnte man dazu direkt den String verwenden.

Dies hätte allerdings einen entscheidenden Nachteil: Falls dem Programmierer beim Abtippen von Ressourcen-Namen ein Schreibfehler unterlaufen sollte, so passierte zuerst einmal nichts. Das Programm ließe sich ganz normal übersetzen und starten. Normalerweise käme es auch nicht zu irgendwelchen bösen Programmabstürzen, denn unbekannte Ressourcen bleiben einfach ohne Wirkung. Da sich das Programm nicht wie erwartet verhalten würde, müßte man in einem solchen Fall den Sourcecode mühsam nach Tippfehlern durchsuchen.

Um diese Fehlerquelle von vornherein auszuschließen, haben sich die Toolkit-Entwickler einen Trick ausgedacht: Für jeden Ressourcen-Namen wird mit Hilfe des C-Präprozessors eine Konstante definiert, die anstelle des eigentlichen Strings benutzt wird. Bei einem Tippfehler gibt dann der C-Compiler eine Fehlermeldung aus.

Alle zu diesem Zweck definierten Konstanten folgen einer besonderen Namenskonvention. Bei Ressourcen ist der Name der Konstanten der Ressourcen-Name plus dem Präfix „XmN". Bei Ressourcen-Klassen ist der Name der Konstanten der Ressourcen-Klassenname plus dem Präfix „XmC". Für andere Toolkits müssen die Buchstaben „Xm" eventuell ausgetauscht werden.

Wie man an Tabelle 6.1 sieht, sind bei der Beschreibung einer Widget-Klasse immer die Namen der Konstanten angegeben. Wenn ein solcher Name in einer Ressourcen-Datei verwendet werden soll, muß das Präfix „XmN" beziehungsweise „XmC" einfach weggelassen werden.

In der Beschreibung des *Label*-Widgets (s. OSF(1990d)) finden sich unter anderem die folgenden drei Sätze:

> „Label inherits behaviour and resources from *Core* and *XmPrimitive*
> Classes.
> The class pointer is *xmLabelWidgetClass*.
> The class name is *XmLabel*."

Dem ersten dieser Sätze kann man entnehmen, daß die Klasse des *Label*-Widgets in der Klassenhierarchie unterhalb von *Core* und *XmPrimitive* liegt. Das bedeutet, daß der Programmierer alle Ressourcen der Widget-Klassen *Core* und *XmPrimitive* auch beim *Label*-Widget verwenden darf.

Der zweite Satz gibt Auskunft über den Namen des Zeigers auf den Klassen-Record, der beim Aufruf von *XtCreateManagedWidget()* als Parameter übergeben werden muß.

Die letzte Zeile informiert über den Klassennamen des *Label*-Widgets. Dieser Name kann zum Beispiel in der Ressourcen-Spezifikation verwendet werden, um Ressourcen gemeinsam für alle Widgets der Klasse *XmLabel* zu setzen.

Bevor noch einmal genauer auf die Erzeugung von Widgets eingegangen wird, soll noch der Rest von *hello.c* besprochen werden. Mit der Erzeugung einer Widget-Hierarchie allein ist es nämlich noch nicht getan. Damit eine Applikation funktioniert, müssen außerdem noch die Widget-Hierarchie „realisiert" und X-Events verarbeitet werden.

6.1.7 Realisierung einer Widget-Hierarchie

Damit ein Widget mit der Außenwelt Kontakt aufnehmen kann, muß es mit Hilfe der Funktion *XtRealizeWidget()* realisiert werden. Vereinfacht ausgedrückt bedeutet „realisieren" in diesem Zusammenhang, daß für das Widget ein Window im X-Server erzeugt wird. *XtRealizeWidget()* realisiert dabei nicht nur das als Parameter übergebene Widget, sondern die Funktion durchläuft rekursiv die komplette Widget-Hierarchie und realisiert auch alle Kinder dieses Widgets. Deshalb muß *XtRealizeWidget()* normalerweise auch nur für die Wurzel einer Widget-Hierarchie aufgerufen werden. Wie in den meisten anderen Applikationen ist auch in „Hello World" die Wurzel dieser Hierarchie eine Application-Shell.

XtRealizeWidget() ist folgendermaßen definiert:

void XtRealizeWidget(Widget w)
w Widget-Identifier des zu realisierenden Widgets.

6.1.8 Ereignisse ohne Ende: die Event-Schleife

Nachdem die Widget-Hierarchie nun realisiert ist, müssen noch die X-Events verarbeitet werden, die der Server für die Windows von „Hello World" erzeugt. Auf den ersten Blick gesehen ist es vielleicht nicht ganz einleuchtend, warum unbedingt Events verarbeitet werden müssen – schließlich soll doch nur der Text „Hello World" auf dem Bildschirm erscheinen. Nun, wenn unser Fenster die einzige Applikation auf dem Bildschirm wäre und man darauf verzichten würde, das Fenster mit dem Window-Manager zu manipulieren, dann brauchte man sich nicht um Events zu kümmern. Sobald sich aber mehrere Fenster den Bildschirm teilen müssen, wird die Sache kritisch. Dann kann es nämlich ohne weiteres passieren, daß eines der Fenster von anderen Fenstern zugedeckt und anschließend wieder ganz oder teilweise freigelegt wird. Eine ähnliche Situation entsteht, wenn ein Fenster mit dem Window-Manager zuerst ikonifiziert und danach wieder in ein normales Fenster zurückverwandelt wird. In allen diesen Fällen wird der Inhalt des Fensters zerstört und muß wieder rekonstruiert werden.

Für die Rekonstruktion ihrer Fenster ist jede Applikation selbst verantwortlich. Dabei erhält sie Unterstützung vom X-Server. Da der X-Server die Fenster aller Applikationen verwaltet, die mit ihm kommunizieren, weiß er auch am besten, welche Fenster restauriert werden müssen. Immer wenn ein Fenster restauriert werden muß, sendet der X-Server ein oder mehrere Events an die Applikation, der das betreffende Fenster gehört. Die Applikation kann dann darauf reagieren.

Dieses Reagieren auf Events wird in „Hello World" durch den Aufruf von *XtAppMainLoop()* realisiert:

void XtAppMainLoop(XtAppContext app_context)
app_context der Application-Context.

Die Funktion besteht aus einer Endlosschleife , in der zunächst auf ein Event
gewartet wird. Wenn ein Event eingetroffen ist, wird es verarbeitet. Danach
wird auf das nächste Event gewartet. Dieser Zyklus läuft solange ab, bis die
Applikation beendet wird.

Um das Neuzeichnen eines Widgets braucht man sich nicht zu kümmern.
Widgets „wissen" nämlich selbst, wie sie ihren Inhalt aufbauen und restaurieren müssen. Anders sieht die Sache bei Applikationen aus, die eigene Daten verwalten und in einem Fenster darstellen, wie zum Beispiel bei einem
grafischen Editor. In solch einem Fall muß die Applikation selbst auf entsprechende Events reagieren und das Neuzeichnen der dargestellten Objekte
übernehmen, was in der Praxis beliebig kompliziert sein kann.

6.2   Initialisierung mit Komfort

Die Schritte

– Toolkit initialisieren (*XtToolkitInitialize()*)
– Application-Context erzeugen (*XtCreateApplicationContext()*)
– Display öffnen (*XtOpenDisplay()*)
– Application-Shell erzeugen (*XtAppCreateShell()*)

kommen in vielen Applikationen immer wieder in genau der gleichen Art und
Weise vor. Es liegt deshalb nahe, diese Funktionsaufrufe zu einer einzigen
Funktion zusammenzufassen. Eine solche Funktion heißt *XtAppInitialize()*
und wird von den Toolkit-Intrinsics zur Verfügung gestellt:

*Widget XtAppInitialize(XtAppContext *app_context_return,*
*String application_class, XrmOptionDescRec *options,*
*Cardinal num_options, Cardinal *argc, String *argv,*
*String *fallback_resources, ArgList args,*
Cardinal num_args)

app_context_return	der erzeugte Application-Context
application_class	der Klassenname der Applikation
options	eine Liste von Optionsbeschreibungen, die spezifisch für die Applikation sind. Falls die Applikation keine besonderen Optionen kennt, steht hier *NULL*.
num_options	die Anzahl der Einträge in der Optionsliste
argc	ein Zeiger auf die Anzahl der Parameter in der Kommandozeile
argv	die eigentlichen Kommandozeilenparameter
fallback_resources	eine Liste von C-Strings mit Ressourcen-Definitionen. Das letzte Element der Liste muß der *NULL*-Pointer sein. Diese Ressourcen werden verwendet, wenn kein Application-Defaults-File für die Applikation eingelesen werden konnte.
args	Ressourcen-Argumentliste
num_args	Anzahl der Argumente in *args*.

XtAppInitialize() verfügt über eine interne Fehlerbehandlung. Im Fehlerfall wird *XtAppError()* aufgerufen und das Programm beendet. Die Funktion liefert den Widget-Identifier einer Application-Shell als Rückgabewert. Über die Parameter *args* und *num_args* können Ressourcen für diese Shell gesetzt werden. Der erzeugte Application-Context wird im Parameter *app_context* zurückgeliefert.

Es fällt auf, daß der Applikationsname nicht angegeben werden kann. Dafür wird automatisch der Inhalt von *argv[0]* verwendet. Der Parameter *fallback_resources* enthält eine Liste sogenannter *Fallback-Ressourcen*. Das letzte Element in der Liste muß der *NULL*-Pointer sein.

Fallback-Ressourcen werden verwendet, wenn in */usr/lib/X11/app-defaults* kein Application-Defaults-File für die Applikation existiert. Zum Setzen der Fallback-Ressourcen ruft *XtAppInitialize()* intern die Funktion *XtAppSetFallbackResources()* auf, die hier aber nicht näher erläutert werden soll. Falls keine Fallback-Ressourcen gesetzt werden sollen, kann für *fallback_resources* der *NULL*-Pointer übergeben werden.

Das nächste Listing zeigt eine Version von „Hello World", die *XtAppInitialize()* zur Initialisierung verwendet:

```c
/*
 * hello.c -- Version mit XtAppInitialize()
 */

#include <Xm/Xm.h>
#include <Xm/Label.h>

#define APPLCLASS "Hello"

main(argc, argv)
   unsigned int argc;
   char **argv;
{
   Widget app_shell;
   XtAppContext app_context;
   static String fallback_resources[] = {
      "*label.labelString: Hello World",
      NULL
   };

   /* Initialisierung */

   app_shell = XtAppInitialize(&app_context, APPLCLASS, NULL, 0,
                  &argc, argv, fallback_resources, NULL, 0);

   /* Label-Widget erzeugen */

   XtCreateManagedWidget("label", xmLabelWidgetClass, app_shell,
                  NULL, 0);
```

```
/* Shell realisieren und Events verarbeiten */

XtRealizeWidget(app_shell);
XtAppMainLoop(app_context);
}
```

Der Text „Hello World" wird diesmal über die Fallback-Ressourcen gesetzt. Deshalb wird der Text auch dann ausgegeben, wenn kein Application-Defaults-File namens *Hello* existiert.

6.3   Der Default-Application-Context

„Hello World" und auch die meisten anderen Applikationen verwenden nicht mehrere, sondern nur einen Application-Context. Dieser Application-Context wird normalerweise bei der Initialisierung einer Applikation erzeugt und danach als Parameter beim Aufruf verschiedener Funktionen verwendet.

Die Toolkit-Intrinsics stellen nun eine Reihe von Routinen zur Verfügung, die einen internen *Default-Application-Context* benutzen. Wenn eine Applikation nur einen Application-Context benötigt, kann man diese Routinen verwenden. Wenn der Default-Application-Context verwendet werden soll, muß die Applikation mit *XtInitialize()* initialisiert werden:

Widget XtInitialize(String shell_name, String application_class,
*XrmOptionDescRec *options, Cardinal num_options,*
*Cardinal *argc, String *argv)*

shell_name	Dieser Parameter hat nur historischen Wert und wird ignoriert. Man kann *NULL* übergeben.
application_class	der Klassenname der Applikation
options	eine Liste von Optionsbeschreibungen, die spezifisch für die Applikation sind. Falls die Applikation keine besonderen Optionen kennt, steht hier *NULL*.
num_options	die Anzahl der Einträge in der Optionsliste
argc	ein Zeiger auf die Anzahl der Parameter in der Kommandozeile
argv	die eigentlichen Kommandozeilenparameter.

XtInitialize() funktioniert genauso wie *XtAppInitialize()*. Es können nur keine Fallback-Ressourcen und keine Argumentliste für die Shell übergeben werden. Außerdem wird kein Application-Context zurückgeliefert.

Wenn eine Applikation mit *XtInitialize()* initialisiert worden ist, muß man zur Verarbeitung von Events die Funktion *XtMainLoop()* benutzen:

void XtMainLoop()

Das folgende Listing zeigt eine Version von „Hello World", die diese beiden Funktionen verwendet:

```
/*
 * hello.c -- Version mit XtInitialize() und XtMainLoop()
 */

#include <Xm/Xm.h>
#include <Xm/Label.h>

#define APPLCLASS "Hello"

main(argc, argv)
    unsigned int argc;
    char **argv;
{
    Widget app_shell;

    /* Initialisierung */

    app_shell = XtInitialize(NULL, APPLCLASS, NULL, 0, &argc, argv);

    /* Label-Widget erzeugen */

    XtCreateManagedWidget("label", xmLabelWidgetClass, app_shell,
                          NULL, 0);

    /* Shell realisieren und Events verarbeiten */

    XtRealizeWidget(app_shell);
    XtMainLoop();
}
```

Eigentlich existieren *XtInitialize()* und *XtMainLoop()* – wie eine Reihe anderer Funktionen – nur aus Gründen der Kompatibilität zu früheren Versionen der Toolkit-Intrinsics. Einen Application-Context gibt es nämlich erst ab Release 3. Trotzdem werden in allen weiteren Beispielen aus Gründen der Bequemlichkeit die Funktionen *XtInitialize()* und *XtMainLoop()* verwendet.

Falls doch einmal ein Application-Context als Parameter gebraucht wird, kann man sich mit der Funktion *XtWidgetToApplicationContext()* einen beschaffen:

XtAppContext XtWidgetToApplicationContext(Widget w)
w Widget-Identifier, für den der Application-Context ermittelt werden soll.

Die Funktion liefert zu einem Widget-Identifier den Application-Context als Rückgabewert.

6.4   Optionen

Die Funktionen *XtAppInitialize()*, *XtInitialize()* und *XtOpenDisplay()* besitzen alle die beiden Parameter *options* und *num_options*. Deshalb wird es nun endlich Zeit, das Geheimnis um die Bedeutung dieser Parameter zu lüften: Die Toolkit-Intrinsics unterstützen die Definition eigener *Kommandozeilenoptionen*. Wie man gleich sehen wird, geht das sehr bequem. Die einzige Einschränkung ist die, daß alle derartig spezifizierten Parameter als Ressourcen bekannt sein müssen.

Alle in *options* definierten Optionen, werden aus der Liste der Kommandozeilenoptionen entfernt. Nach dem Aufruf von *XtAppInitialize()*, *XtInitialize()* oder *XtOpenDisplay()* enthält *argv* nur noch die Optionen, die nicht in *options* beschrieben worden sind.

Für „Hello World" sollen die Optionen -*label*, -*width* und -*height* eingeführt werden. Mit -*label* kann man den auszugebenden String über die Kommandozeile eingeben, mit -*width* und -*height* kann man die Größe des *Label*-Widgets bequem definieren. Ein Aufruf von *hello* könnte zum Beispiel so aussehen:

```
hello -label "Hallo Welt" -width 300 -height 300
```

Mit diesem Aufruf von *hello* wird der Text „Hallo Welt" in einem *Label*-Widget der Größe 300 mal 300 Pixel ausgegeben. Die Reihenfolge der Optionen ist beliebig. Die Anführungszeichen sind nötig, damit die Unix-Shell den String als ein Argument verarbeitet. Wenn eine oder mehrere der Optionen nicht angegeben werden, so wird der entsprechende Wert aus dem Ressourcen-File verwendet.

Um „Hello World" zu erweitern, muß zunächst jedoch der Aufbau von *options* erklärt werden. Der Parameter *options* ist ein Array des Datentyps *XrmOptionDescRec*, der folgendermaßen definiert ist:

```
typedef struct {
   char *option;
   char *specifier;
   XrmOptionKind argKind;
   caddr_t value;
} XrmOptionDescRec, *XrmOptionDescList;
```

Die Felder dieser Struktur haben die folgende Bedeutung:

option: Dieses Feld enthält den Namen der Option als String, inklusive Minuszeichen.

specifier: enthält den Namen der Widget-Instanz und den Namen der Ressource. Für „Hello World" könnte hier zum Beispiel „label.labelString" stehen.

argKind: beschreibt mit Hilfe des Datentyps *XrmOptionKind* die Art der Option

value: spezifiziert den Wert der Ressource, falls es sich um eine Option handelt, die kein weiteres Argument benötigt.

Das Präfix „Xrm" steht übrigens für *X-Resource-Manager*. Der Resource-Manager ist eine Sammlung von Routinen und Datentypen, die mit dem Einlesen und der Verwaltung von Ressourcen zu tun haben. Der Typ *XrmOptionKind* ist ein Aufzählungstyp und so definiert:

```
typedef enum {
   XrmoptionNoArg,
   XrmoptionIsArg,
   XrmoptionStickyArg,
   XrmoptionSepArg,
   XrmoptionResArg,
   XrmoptionSkipArg,
   XrmoptionSkipNArgs,
   XrmoptionSkipLine
} XrmOptionKind;
```

XrmoptionNoArg: Der Option folgt kein Argument mit dem Wert der Option, dafür wird der Inhalt des Felds *value* aus *XrmOptionDescRec* verwendet.

XrmoptionIsArg: Als Wert für die Ressource wird der String der Option selbst verwendet.

XrmoptionStickyArg: Der Wert „klebt" praktisch an der Option, das heißt, der Wert folgt der Option direkt ohne Trennzeichen.

XrmoptionSepArg: Der Wert ist das nächste Argument in der Kommandozeile.

XrmoptionResArg: Das nächste Argument wird zur Ressourcen-Datenbasis hinzugefügt (erst ab Release 4).

XrmoptionSkipArg: Die aktuelle Option und das nächste Argument in der Kommandozeile werden ignoriert.

XrmoptionSkipNArgs: Die aktuelle Option und die Anzahl der folgenden Argumente, die im Feld *value* angegeben ist, werden ignoriert (erst ab Release 4).

XrmoptionSkipLine: Die aktuelle Option und der Rest der Zeile werden ignoriert.

Das alles hört sich komplizierter an, als es eigentlich ist. Wie so oft, geht auch hier Probieren über Studieren. Deshalb soll jetzt in der Praxis gezeigt werden, wie man Kommandozeilenoptionen definiert. Das nächste Listing zeigt die erweiterte Version von „Hello World":

```c
/*
 * hello.c -- Version mit Kommandozeilenoptionen
 */

#include <stdio.h>
#include <Xm/Xm.h>
#include <Xm/Label.h>

#define APPLCLASS "Hello"

void usage()
{
```

```
    fprintf(stderr, "usage: hello [-label {text}] [-width {width}] \
[-height {height}]\n");
    exit(1);
}

main(argc, argv)
    unsigned int argc;
    char         **argv;
{
    Widget  app_shell;

    static XrmOptionDescRec options[] = {
        {"-label",  "label.labelString", XrmoptionSepArg, NULL},
        {"-width",  "label.width",       XrmoptionSepArg, NULL},
        {"-height", "label.height",      XrmoptionSepArg, NULL}
    };

    /* Initialisierung */

    app_shell = XtInitialize(NULL, APPLCLASS, options,
                             XtNumber(options), &argc, argv);

    if (argc != 1) usage();

    /* Label-Widget erzeugen */

    XtCreateManagedWidget("label", xmLabelWidgetClass, app_shell,
                          NULL, 0);

    /* Shell realisieren und Events verarbeiten */

    XtRealizeWidget(app_shell);
    XtMainLoop();
}
```

Wie man sieht, hat sich das Programm nicht sehr verändert. Hinzugekommen
ist die Definition der zusätzlichen Kommandozeilenoptionen mit Hilfe des
Arrays *options*. Die Anzahl der Array-Elemente wird mit Hilfe des Makros
XtNumber() ermittelt. *XtNumber()* berechnet die Anzahl der Elemente aus
der Größe eines Arrays. Deshalb funktioniert dieses Verfahren nur bei Arrays,
die direkt bei der Definition initialisiert werden.

Als *argKind* wird für jede der Optionen *XrmoptionSepArg* verwendet. Das
bedeutet, daß hinter den Optionen zunächst ein Leer- oder Tabulatorzeichen
kommen muß, gefolgt vom eigentlichen Wert.

Hätte man bei der Spezifikation der Optionen *-width* und *-height* als *arg-
Kind* den Wert *XrmoptionStickyArg* eingesetzt, dann wäre zum Beispiel folgender Aufruf möglich gewesen:

```
hello -width300 -height100
```

Wie man sieht, fehlt hier das Trennzeichen zwischen der Option und deren Wert.

Zusätzlich zu den in *options* beschriebenen Optionen kennt eine Toolkit-Applikation eine Reihe von Standardoptionen. Einige dieser Standardoptionen wurden bereits in Abschnitt 5.2 beschrieben. Eine vollständige Liste findet man im Intrinsics-Manual (s. McCormack et al. (1989)).

Nach dem Aufruf von *XtInitialize()* enthält *argc* die Anzahl der Optionen in *argv*, die nicht ausgewertet worden sind. Diese Optionen können nun separat ausgewertet werden. Da im Beispiel keine zusätzlichen Optionen erlaubt sind, wird die Funktion *usage()* aufgerufen und das Programm abgebrochen.

6.5   Wichtige Datentypen

In diesem Abschnitt sollen kurz einige wichtige Datentypen besprochen werden, die in den meisten Applikationen vorkommen:

XtAppContext: Zeiger auf einen Application-Context
Display: enthält alle wichtigen Informationen über den Server, mit dem eine Applikation kommuniziert. Dabei handelt es sich um eine C-Datenstruktur. Über die einzelnen Felder dieser Datenstruktur sollte eine Applikation keine Annahmen machen, sie sind für den Programmierer normalerweise tabu. Es wird immer mit einem Zeiger auf *Display* gearbeitet. Das heißt zum Beispiel, daß Funktionen die Adresse der Display-Struktur zurückliefern und auch eine solche als Parameter erwarten. Deshalb:

```
Display *display;
display = XtOpenDisplay(........)
```

Widget: Datentyp für alle Widget-Identifier. Er ist, im Gegensatz zu *Display*, bereits als Zeiger auf eine Datenstruktur definiert. Auf den Inhalt einer als *Widget* definierten Variablen darf der Applikationsprogrammierer nicht zugreifen.
WidgetList: Dieser Typ ist als Zeiger auf den Typ *Widget* definiert. Funktionen, die einen Parameter vom Typ *WidgetList* erwarten, wird meistens ein Array von Widgets übergeben (siehe auch *XtManageChildren()*).
WidgetClass: Datentyp für Zeiger auf Klassen-Records
String: dient vor allem der Bequemlichkeit. Er entspricht folgender Typdefinition:

```
typedef char *    String;
```

String darf nicht mit *XmString* verwechselt werden. *XmString* ist der Datentyp für sogenannte *Compound-Strings* (s. 7.4.1).
Cardinal: ein Datentyp zur Darstellung positiver ganzer Zahlen. Üblicherweise ist er wie folgt definiert:

```
typedef unsigned long Cardinal;
```

Position: wird vom Toolkit zur Angabe der x/y-Position eines Widgets benutzt. *Position* ist folgendermaßen definiert:

```
typedef short Position;
```

Dimension: wird vom Toolkit zur Beschreibung der Breite und Höhe eines Widgets benutzt. *Dimension* ist folgendermaßen definiert:

```
typedef unsigned short Dimension;
```

Boolean: dient zur Darstellung der Werte *True* und *False*, die ebenfalls vordefiniert sind. *Boolean* kann zum Beispiel als *unsigned short* oder *unsigned char* implementiert sein. Die Xlib kennt einen Datentyp *Bool*, der meistens als *int* definiert ist. Man sollte also aufpassen, daß man *Bool* und *Boolean* nicht durcheinanderbringt. Das ist besonders bei der Verwendung von Variablen dieses Typs als Funktionsparameter wichtig.

6.6   Argumentlisten

Bisher wurden Ressourcen über

- Ressourcen-Files,
- Fallback-Ressourcen und über
- Optionen beim Aufruf der Applikation

gesetzt.

Ressourcen-Files sind sicherlich die flexibelste Art, um Ressourcen festzulegen. Dadurch erhält der Anwender die Möglichkeit, das Aussehen eines Programms nach seinem eigenen Geschmack zu beeinflußen, ohne den Sourcecode zur Verfügung zu haben. Wenn zum Beispiel alle Texte in einer Ressourcen-Datei abgelegt sind, ist es leicht möglich, die Applikation durch einfachen Austausch der Ressourcen-Datei an die jeweilige Landessprache anzupassen.

Allerdings kann ein Anwender durch diese Möglichkeit der Beeinflußung auch eine Menge Unsinn anstellen. Das kann sogar so weit führen, daß eine korrekte Funktion der Applikation nicht mehr gewährleistet ist. Aus diesem Grund bieten die Toolkit-Intrinsics die Möglichkeit, Ressourcen auch im Sourcecode zu definieren. Solche Ressourcen können extern nicht mehr verändert werden.

Genau zu diesem Zweck dienen die bisher immer nur kurz erwähnten Funktionsparameter *args* und *num_args*. Sehen wir uns noch einmal die Definition der Funktion *XtCreateManagedWidget()* an:

Widget XtCreateManagedWidget(String name, WidgetClass widget_class,
Widget parent, ArgList args,
Cardinal num_args)

Der Parameter *args* ist eine Liste von Ressourcen-Spezifikationen, und *num_args* enthält die Anzahl der Elemente in *args*. Eine solche Liste nennt man auch *Argumentliste*. Argumentlisten sind vom Typ *ArgList*. *ArgList* ist folgendermaßen definiert:

```
typedef struct {
   String name;
   XtArgVal value;
} Arg, *ArgList;
```

Das Feld *name* enthält den Ressourcen-Namen, und *value* enthält den zugehörigen Wert. Eine *XtArgVal*-Variable ist groß genug, um ein Datum des Typs *caddr_t, char *, long, int ** oder einen Zeiger auf eine Funktion aufnehmen zu können.

Angenommen, der Text „Hallo Welt, hier bin ich!" soll für „Hello World" im Programmcode gesetzt werden. Dazu muß eine Argumentliste erzeugt werden, die dann als Parameter an die Funktion *XtCreateManagedWidget()* übergeben wird:

```c
/*
 * hello.c -- Text ueber Argumentliste setzen
 */


#include <Xm/Xm.h>
#include <Xm/Label.h>

#define APPLCLASS "Hello"

main(argc, argv)
   unsigned int argc;
   char **argv;
{
   Widget  app_shell;
   Arg args[1]; /* Platz fuer ein Argument */
   XmString text;

   /* Initialisierung */

   app_shell = XtInitialize(NULL, APPLCLASS, NULL, 0, &argc, argv);

   /* Label-Widget erzeugen */

   text = XmStringCreate("Hallo Welt, hier bin ich!",
                     XmSTRING_DEFAULT_CHARSET);

   args[0].name = XmNlabelString;
   args[0].value = (XtArgVal) text;

   XtCreateManagedWidget("label", xmLabelWidgetClass, app_shell,
                     args, 1);
   XmStringFree(text);

   /* Shell realisieren und  Events verarbeiten */

   XtRealizeWidget(app_shell);
```

```
    XtMainLoop();
}
```

Die Argumentliste hat im obigen Beispiel nur ein Argument. Dieses Argument besteht aus einem Ressourcen-Namen und dem zugehörigen Wert. Aus der Ressourcen-Tabelle des *Label*-Widgets (s. 6.1), kann man ersehen, daß die Ressource *XmNlabelString* als Wert ein Datum vom Typ *XmString* erwartet. *XmString* ist eine spezielle Art von String, ein sogenannter *Compound-String*. Im Beispiel wird der C-String „Hallo Welt, hier bin ich!" mit Hilfe der Funktion *XmStringCreate()* in einen solchen Compound-String umgewandelt. *XmStringCreate()* liefert als Resultat einen Zeiger auf den erzeugten Compound-String, der dem Feld *value* zugewiesen wird. Die Anzahl der Elemente in *args* ist eins und wird zusammen mit *args* an die Funktion *XtCreateManagedWidget()* übergeben.

Wenn man nach den durchgeführten Änderungen *hello.c* neu übersetzt und startet, erscheint der Satz „Hallo Welt, hier bin ich!" auf dem Bildschirm – obwohl im Ressourcen-File *Hello* immer noch „Hello World" steht (s. Abb. 6.3).

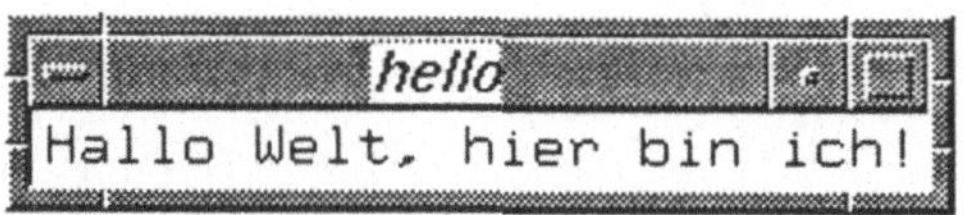

Abb. 6.3 Hallo Welt, hier bin ich!

Wie man an diesem Beispiel sehen kann, muß der Programmierer dafür sorgen, daß der Wert, der dem Feld *value* zugewiesen wird, vom richtigen Datentyp ist. Wenn in der Ressourcen-Beschreibung eines Widgets zum Beispiel steht, daß eine Ressource vom Typ *XmString* ist, dann darf der zugewiesene Wert auch wirklich nur von diesem Typ sein. Für den Programmierer kann das bedeuten, daß er eventuell Konvertierungen vornehmen muß. Bei der Verwendung von Ressourcen-Files wird diese Konvertierung von eingebauten *Ressourcen-Konvertern* übernommen.

Nach dem Erzeugen des Widgets wird die Argumentliste *args* nicht mehr gebraucht. Man kann sie mit anderen Werten füllen und bei der Erzeugung des nächsten Widgets wiederverwenden.

Für einen Ressourcen-Wert, der über seine Adresse an ein Widget übergeben wird, reserviert das Widget zunächst Speicherplatz. Danach wird der Ressourcen-Wert in diesen Speicherplatz kopiert. Ein Ressourcen-Wert muß deshalb nur bis zum Erzeugen des Widgets gültig sein.

Da ein Compound-String ein Zeiger auf eine Datenstruktur ist, die vom *Label*-Widget kopiert wird, kann man den Compound-String nach dem Aufruf von *XtCreateManagedWidget()* mit *XmStringFree()* wieder freigeben.

6.7 Mehr über Argumentlisten

Die Größe des *Label*-Widgets wird immer so gewählt, daß der auszugebende
Text gerade hineinpaßt. Wenn man das Fenster auf eine andere Größe setzen
will, so kann man das mit Hilfe der Ressourcen *XmNwidth* und *XmNheight*
machen. Diese beiden Ressourcen gehören nicht direkt zu den Ressourcen des
Label-Widgets, sondern werden von der Widget-Klasse *Core* an das *Label*-
Widget vererbt.

Außerdem findet man in der Ressourcen-Tabelle des *Label*-Widgets die
Ressource *XmNalignment*. Diese Ressource bestimmt, wie der String inner-
halb des Widgets justiert wird. Dazu sind die drei Konstanten *XmALIGN-
MENT_CENTER*, *XmALIGNMENT_END* und *XmALIGNMENT_BEGIN-
NING* definiert. Sie geben an, ob der String zentriert, linksbündig oder rechts-
bündig im Widget ausgegeben werden soll. Der Default-Wert ist *XmALIGN-
MENT_CENTER*.

Die Argumentliste soll nun so erweitert werden, daß das Fenster des *Label*-
Widgets eine feste Breite von 300 Pixeln und eine Höhe von 100 Pixeln besitzt. Außerdem soll der Text linksbündig ausgegeben werden. Dazu muß
folgendes geändert werden:

```
Arg args[4]; /* Platz fuer vier Argumente */
   :

   :
args[0].name = XmNlabelString;
args[0].value = (XtArgVal) text;
args[1].name = XmNwidth;
args[1].value = (XtArgVal) 300;
args[2].name = XmNheight;
args[2].value = (XtArgVal) 100;
args[3].name = XmNalignment;
args[3].value = (XtArgVal) XmALIGNMENT_BEGINNING;


XtCreateManagedWidget("label", xmLabelWidgetClass, app_shell,
                      args, 4);
```

Nach dem Übersetzen des Sourcecodes sollte das Fenster nun wie in Abb. 6.4
aussehen.

Wenn viele Ressourcen gesetzt werden müssen, ist die Initialisierung einer
Argumentliste in der vorgestellten Art und Weise recht mühsam. Um dem
Programmierer das Leben etwas einfacher zu machen, gibt es das Makro
XtSetArg():

void *XtSetArg(Arg arg, String name, XtArgVal value)*
arg   das zu besetzende Element der Argumentliste
name der Ressourcen-Name
value der Ressourcen-Wert.

Die folgenden Zeilen zeigen, wie *XtSetArg()* verwendet wird. Dadurch sieht
die Initialisierung der Argumentliste schon wesentlich übersichtlicher aus:

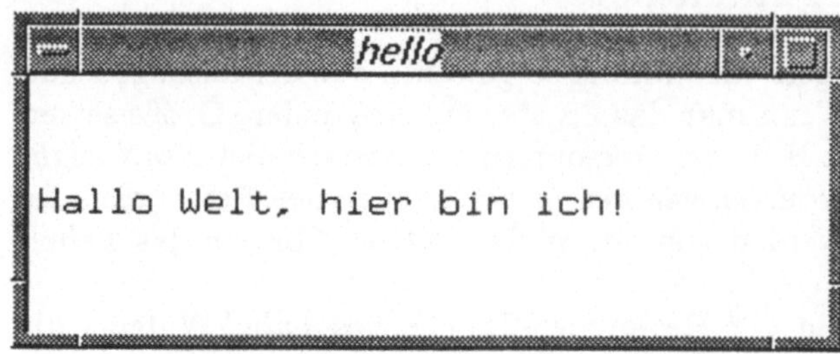

Abb. 6.4 Breite und Höhe wurden explizit gesetzt.

```
Arg args[4]; /* Platz fuer vier Argumente */
Cardinal n;
   :
   :
n = 0;
XtSetArg(args[n], XmNlabelString, text); n++;
XtSetArg(args[n], XmNwidth, 300); n++;
XtSetArg(args[n], XmNheight, 100); n++;
XtSetArg(args[n], XmNalignment, XmALIGNMENT_BEGINNING); n++;

XtCreateManagedWidget("label", xmLabelWidgetClass, app_shell,
                      args, n);
```

Als Erleichterung wird zusätzlich die Laufvariable *n* eingeführt. Diese wird
zu Beginn auf 0 initialisiert und als Index für *args* verwendet. Nach jedem
Aufruf von *XtSetArg()* wird die Variable inkrementiert. Dadurch enthält sie
die aktuelle Anzahl der Elemente in *args* und kann direkt als Parameter für
XtCreateManagedWidget() verwendet werden.

Vorsicht, erfahrungsgemäß werden bei der Initialisierung von Argumentlisten nach diesem Verfahren häufig Fehler gemacht:

− Die automatische Inkrementierung der Laufvariablen *n* innerhalb von *Xt-
SetArg()* ist nicht erlaubt:

```
n = 0;
XtSetArg(args[n++], XmNlabelString, text); /* Das geht nicht! */
```

Das Makro *XtSetArg()* verwendet das erste Argument − also *args[n++]*
− nämlich zweimal. Dadurch wird *n* bei dieser Schreibweise auch zweimal
inkrementiert, was natürlich falsch ist.
− Die Laufvariable *n* wird nicht mit 0 initialisiert.
− Die Laufvariable wird nicht nach jedem Aufruf von *XtSetArg()* inkrementiert.
− Die Argumentliste wird zu klein dimensioniert.

−Es werden nachträglich weitere *XtSetArg()* Anweisungen eingefügt, ohne
  die Argumentliste zu vergrößern.
−Das Schreiben der Anweisung zum Inkrementieren der Laufvariable in derselben Zeile hinter *XtSetArg()* ist bequem und erhöht die Übersichtlichkeit.
  Man vergißt allerdings leicht, daß hier in einer Zeile zwei Anweisungen stehen:

```
n = 0;
XtSetArg(args[n], XmNlabelString, text); n++;
if (w < 300)
    XtSetArg(args[n], XmNwidth, 300); n++; /* <== Fehler! */
XtSetArg(args[n], XmNheight, 100); n++;
```

Oft ist es wünschenswert, Ressourcen nicht nur beim Erzeugen eines Widgets
festzulegen, sondern diese auch nachträglich zu verändern. Zu diesem Zweck
stellen die Toolkit-Intrinsics die Funktion *XtSetValues()* zur Verfügung:

void XtSetValues(Widget w, ArgList args, Cardinal num_args)

w   Widget-Identifier des anzusprechenden Widgets

args   Argumentliste der zu modifizierenden Ressourcen

num_args Anzahl der Argumente in *args*.

Es sei hier noch einmal daran erinnert, daß es auch Ressourcen gibt, die
nicht nachträglich verändert werden dürfen. Im Zweifelsfall sollte man in
der Widget-Dokumentation nachsehen. Mit Hilfe von *XtSetValues()* kann die
letzte Version von „Hello World" folgendermaßen geschrieben werden:

```
/*
 * hello.c -- Version mit XtSetValues()
 */

#include <Xm/Xm.h>
#include <Xm/Label.h>

#define APPLCLASS "Hello"

main(argc, argv)
    unsigned int argc;
    char **argv;
{
    Widget  app_shell;
    Arg args[4]; /* Platz fuer vier Argumente */
    Widget w;
    Cardinal n;
    XmString text;

    /* Initialisierung */

    app_shell = XtInitialize(NULL, APPLCLASS, NULL, 0, &argc, argv);
```

```
/* Label-Widget erzeugen */

w = XtCreateManagedWidget("label", xmLabelWidgetClass, app_shell,
                          NULL, 0);

/* Ressourcen nachtraeglich setzen */

text = XmStringCreate("Hallo Welt, hier bin ich!",
                      XmSTRING_DEFAULT_CHARSET);
n = 0;
XtSetArg(args[n], XmNlabelString, text); n++;
XtSetArg(args[n], XmNwidth, 300); n++;
XtSetArg(args[n], XmNheight, 100); n++;
XtSetArg(args[n], XmNalignment, XmALIGNMENT_BEGINNING); n++;
XtSetValues(w, args, n);
XmStringFree(text);

/* Shell realisieren und Events verarbeiten */

XtRealizeWidget(app_shell);
XtMainLoop();
}
```

Zugegeben, die Verwendung von *XtSetValues()* ergibt in diesem Zusammenhang keinen rechten Sinn, vorher war's einfacher. Wie *XtSetValues()* sinnvoll eingesetzt werden kann, wird später gezeigt.

Das Gegenstück zu *XtSetValues()* heißt *XtGetValues()*. Wie der Name schon vermuten läßt, kann man mit dieser Funktion die Ressourcen-Werte eines Widgets erfragen:

void XtGetValues(Widget w, ArgList args, Cardinal num_args)

w   Widget-Identifier des anzusprechenden Widgets

args   Argumentliste der zu lesenden Ressourcen

num_args Anzahl der Argumente in *args*.

Die Angabe der Argumentliste für den Aufruf von *XtGetValues()* geschieht in der bereits vorgestellten Art und Weise, mit einer ganz wichtigen Ausnahme: Als Ressourcen-Werte müssen die Adressen von Variablen übergeben werden. In diese Variablen werden dann beim Aufruf von *XtGetValues()* die aktuellen Ressourcen-Werte kopiert.

Wenn man zum Beispiel die Breite und Höhe eines Widgets wissen möchte, kann man dazu die Ressourcen *XmNwidth* und *XmNheight* des betreffenden Widgets auslesen. Angenommen, das zu untersuchende Widget ist *w*. Dann sieht der Aufruf von *XtGetValues()* so aus:

```
Arg args[2];
Cardinal n;
Dimension width;
```

```
Dimension height;
   :
   :
n = 0;
XtSetArg(args[n], XmNwidth, &width); n++;
XtSetArg(args[n], XmNheight, &height); n++;
XtGetValues(w, args, n);
```

In den Variablen *width* und *height* stehen nun Breite und Höhe von *w*.

Es gibt noch einen Stolperstein, der unter Umständen schwer zu findende Fehler verursacht: Die Variablen müssen jeweils mit genau dem Typ definiert sein, den die auszulesende Ressource besitzt. Beim Aufruf von *XtGetValues()* wird jeder Ressourcen-Wert nämlich Byte für Byte in den Speicherbereich kopiert, auf den die übergebene Adresse zeigt. Die Anzahl der kopierten Bytes richtet sich dabei nach der Typdefinition der Ressource. Wenn die übergebene Variable nun zu klein oder zu groß ist, wird entweder der Speicher hinter der Variablen überschrieben, oder überzählige Bytes in der Variablen bleiben uninitialisiert.

Wenn man in der Ressourcen-Tabelle des *Core*-Widgets – zu diesem gehören die Ressourcen *XmNwidth* und *XmNheight* – nachsieht, stellt man fest, daß beide Ressourcen vom Typ *Dimension* sind. Folglich müssen auch die beiden Variablen *width* und *height* vom Typ *Dimension* sein, sonst gibt's unter Umständen unvorhersehbare Resultate.

Bei *XtSetValues()* ist die Situation entschärft, hier wird der übergebene Wert automatisch auf die richtige Größe zurechtgestutzt. Aus diesem Grund können dort – wie im Beispiel geschehen – als Werte für *XmNwidth* und *XmNheight* auch einfach Konstanten vom Typ *int* angegeben werden.

6.8   Erzeugen und Zerstören von Widgets

Wie bereits kurz erwähnt, existieren neben *XtCreateManagedWidget()* noch weitere Funktionen zum Erzeugen von Widget-Instanzen, zum Beispiel die Funktion *XtCreateWidget()*. *XtCreateWidget()* erzeugt eine nicht gemanagte Instanz. Das heißt, der Vater eines so erzeugten Widgets weiß vorerst überhaupt nichts von der Existenz seines Sprößlings. Deshalb erscheint so ein Widget normalerweise auch nicht auf dem Bildschirm. Ansonsten ist *XtCreateWidget()* mit *XtCreateManagedWidget()* identisch.

Widget XtCreateWidget(String name, WidgetClass widget_class, Widget parent,
*   ArgList args, Cardinal num_args)*

name   Name des zu erzeugenden Widgets.

widget_class Zeiger auf die Klassenstruktur

parent   der Widget-Identifier des Parent-Widgets

args   Argumentliste zum Überschreiben der Ressourcen-Defaults

num_args   Anzahl der Elemente in args.

Bei erfolgreicher Ausführung liefert die Funktion das erzeugte Widget als Rückgabewert. Im Fehlerfall wird eine interne Fehlerbehandlung durchgeführt.

Das Motif-Toolkit bietet für jede Widget-Klasse außerdem eine sogenannte Convenience-Function zur Erzeugung von Widget-Instanzen an. Derartig erzeugte Widgets sind grundsätzlich nicht gemanagt. So gibt es zur Erzeugung eines *Label*-Widgets zum Beispiel die Funktion *XmCreateLabel()*:

Widget XmCreateLabel(Widget parent, String name, ArgList args,
                    Cardinal num_args)

parent   Der Widget-Identifier des Parent-Widgets.

name   Name der zu erzeugenden Widget-Instanz.

args   Argumentliste zum Überschreiben der Ressourcen-Defaults.

num_args Anzahl der Elemente in *args*.

Die Übergabeparameter dieser Funktion entsprechen, bis auf die Reihenfolge und dem Fehlen von *widget_class*, denen von *XtCreateWidget()*.

Ein nicht gemanagtes Widget kann mit Hilfe der Funktion *XtManageChild()* nachträglich beim Vater angemeldet, also gemanagt, werden:

void XtManageChild(Widget child)
child der Widget-Identifier des Kindes.

Damit entsprechen die beiden Zeilen

```
w = XtCreateWidget(............);
XtManageChild(w);
```

genau einem Aufruf der Funktion *XtCreateManagedWidget()*.

Widgets können mit der Funktion *XtUnmanageChild()* auch wieder beim Vater abgemeldet und vom Bildschirm entfernt werden. Solche Widgets existieren weiter, alle Daten bleiben vollständig erhalten:

void XtUnmanageChild(Widget child)
child der Widget-Identifier des Kindes.

Was passiert eigentlich beim Managen? Wenn ein Widget gemanagt wird, berechnet das Parent-Widget anhand der Größe, Lage und Anzahl seiner Kinder die Position jedes einzelnen Kindes neu. Eventuell werden die Kinder auch nach bestimmten Regeln in ihrer Größe verändert. Dabei verhält sich das Parent-Widget ziemlich autoritär, denn es bestimmt ganz allein, was mit seinen Kindern passiert. Schließlich wird das gemanagte Kind angezeigt. Beim Aufruf von *XtUnmanageChild()* wird analog verfahren. Nach der Berechnung des neuen Layouts wird das Kind von Bildschirm entfernt.

Angenommen, ein Widget besitzt viele Kinder. Dann ist es viel effizienter, die Kinder zunächst zu erzeugen und danach gemeinsam zu managen. Denn dann muß die zum Teil recht aufwendige Layout-Berechnung nur einmal erfolgen. Zu diesem Zweck gibt es die Funktion *XtManageChildren()*:

void XtManageChildren(WidgetList children, Cardinal num_children)
children   Array mit den Widget-Identifiern der Kinder
num_children Anzahl der Elemente in *children*.

Der Datentyp *WidgetList* ist so definiert:

```
typedef Widget *WidgetList;
```

Man kann also folgendermaßen programmieren:

```
Widget wl[10];
Cardinal n;
   :
   :
n = 0;
wl[n] = XtCreateWidget(...........);
n++;

wl[n] = XtCreateWidget(...........);
n++;

wl[n] = XtCreateWidget(...........);
n++;
   :
   :
XtManageChildren(wl, n);
```

Zum gleichzeitigen Abmelden mehrerer Kinder beim Parent-Widget gibt es
die Funktion *XtUnmanageChildren()*:

void XtUnmanageChildren(WidgetList children, Cardinal num_children)
children   Array mit den Widget-Identifiern der Kinder
num_children Anzahl der Elemente in *children*.

Irgendwann schlägt auch dem Widget die Stunde, spätestens beim Beenden
der Applikation. Dann werden nämlich alle Widgets automatisch zerstört.
Es kommt aber auch häufig vor, daß eine Applikation bestimmten Widgets
vorzeitig den Garaus machen möchte. Dazu dient die Funktion *XtDestroy-*
Widget(). Diese Funktion zerstört nicht nur das betreffende Widget, sondern
auch dessen Kinder, Kindeskinder und so weiter. „Zerstören" eines Widgets
bedeutet, daß unter anderem das Window des Widgets zerstört und der vom
Widget alloziierte Speicherplatz freigegeben wird. Außerdem wird das Widget
bei seinem Vater abgemeldet.

void XtDestroyWidget(Widget w)
w das zu zerstörende Widget.

Es versteht sich von selbst, daß der Widget-Identifier eines zerstörten Widgets
nicht weiter verwendet werden darf.

Außer den bisher besprochenen Funktionen zum Erzeugen, Zerstören und Modifizieren von Widgets gibt es unter anderem noch die Funktionen *Xt-MapWidget()*, *XtUnmapWidget()* und *XtUnrealizeWidget()*. In der Praxis werden diese nur sehr selten verwendet. Eine genaue Funktionsbeschreibung findet man in McCormack et al. (1989).

6.9 Callbacks

Jede Applikation sollte dem Benutzer die Möglichkeit bieten, das Programm ordnungsgemäß zu beenden. „Hello World" glänzt selbst in dieser Hinsicht nicht gerade durch Bedienungskomfort, muß es doch brutal durch Drücken von *Control C* beendet werden.

Das „Problem" liegt im Aufruf von *XtMainLoop()* begründet. Wie bereits erwähnt, handelt es sich dabei um eine Endlosschleife, in der zunächst auf das Eintreffen eines Events gewartet wird. Wenn ein Event eingetroffen ist, wird es verarbeitet. Danach wird auf das Eintreffen eines neuen Events gewartet.

Events können auf Grund vieler Ursachen vom X-Server generiert werden, zum Beispiel wenn Fenster generiert oder aufgedeckt wurden. Auch durch Drücken einer Taste auf der Tastatur oder einer Maustaste werden Events erzeugt.

Wie bereits im ersten Teil dieses Buchs erläutert wurde, können Events den Aufruf einer Callback-Routine auslösen (s. 4.2). „Hello World" soll nun so erweitert werden, daß das Programm beendet wird, wenn man die linke Maustaste im Fenster drückt. Das Programm hat dann die gleiche Funktionalität wie die Xlib-Version im ersten Teil dieses Buchs. Erreicht wird dies, indem man ein Widget der Klasse *XmPushButton* anstelle des *Label*-Widgets verwendet. Das nächste Listing zeigt die erweiterte Version von „Hello World":

```
/*
 * hello.c -- Version mit Push-Button
 */

#include <Xm/Xm.h>
#include <Xm/PushB.h>

#define APPLCLASS "Hello"


/*
 * ExitCB - Callback-Routine zum Beenden der Applikation
 */

static void ExitCB(widget, client_data, call_data)
   Widget widget;
   caddr_t client_data, call_data;
{
   exit(0);
```

```c
}

/*
 * main - Applikationshauptprogramm
 */

main(argc, argv)
    unsigned int argc;
    char **argv;
{
    Widget app_shell;
    Widget push;

    /* Initialisierung */

    app_shell = XtInitialize(NULL, APPLCLASS, NULL, 0, &argc, argv);

    /* XmPushButton-Widget erzeugen */

    push = XmCreatePushButton(app_shell, "pushButton", NULL, 0);
    XtManageChild(push);

    /* Callback hinzufuegen */

    XtAddCallback(push, XmNactivateCallback, ExitCB, NULL);

    /* Shell realisieren und Events verarbeiten */

    XtRealizeWidget(app_shell);
    XtMainLoop();
}
```

Das Ressourcen-File dafür sieht so aus:

```
hello.pushButton.labelString: Hello World
```

Zur Abwechslung wird diesmal zum Erzeugen des Widgets die Convenience-Function *XmCreatePushButton()* verwendet. Mit dem Aufruf von *XtAdd-Callback()* wird die Callback-Routine *ExitCB()* an die Callback-Liste *XmNactivateCallback* des Push-Buttons gehängt. Die Callback-Routinen dieser Liste werden immer dann aufgerufen, wenn Maustaste 1 über dem Button gedrückt und wieder losgelassen wird. *ExitCB()* macht nichts weiter, als *exit()* aufzurufen und die Applikation damit ordnungsgemäß zu beenden.

Zum Anhängen einer Callback-Routine an ein Widget wird die Funktion *XtAddCallback()* verwendet:

void XtAddCallback(Widget w, String callback_name, XtCallbackProc callback,
                    caddr_t client_data)

w   Widget, an das die Callback angehängt werden soll

callback_name Name der Callback-Liste, an die die Callback-Routine gehängt
werden soll

callback   Zeiger auf die Callback-Routine

client_data   ein von der Applikation bereitgestellter Zeiger auf beliebige Daten,
die an die Callback-Routine beim Aufruf übergeben werden. Falls
client_data nicht benötigt wird, sollte hier *NULL* übergeben
werden.

Um verstehen zu können, wie *XtAddCallback()* funktioniert, muß man wissen, daß ein Widget ein oder mehrere Listen von Callback-Routinen verwalten kann. Jede der *Callback-Listen* ist mit einem bestimmten Ereignis verknüpft, bei dessen Eintritt alle Callback-Routinen der Liste nacheinander aufgerufen werden.

Eine Callback-Liste ist eine ganz normale Ressource und besitzt deshalb auch einen Ressourcen-Namen. Dieser Ressourcen-Name wird als zweiter Parameter an *XtAddCallback()* übergeben und legt fest, an welche der Listen die Callback-Routine angehängt werden soll. Jedes Listenelement besteht aus der Adresse einer Callback-Routine (*callback*) und einem Zeiger auf Daten der Applikation (*client_data*). Diese Daten werden *Client-Data* genannt. Die Callback-Routine und *client_data* werden von der Applikation bereitgestellt und als dritter und vierter Parameter an *XtAddCallback()* übergeben. Eine Callback-Routine muß immer folgendermaßen definiert werden:

void callback(Widget w, caddr_t client_data, caddr_t call_data)

w   Widget, das die Callback aufgerufen hat.

client_data Zeiger auf Daten des Clients.

call_data   Zeiger auf Daten, die vom Widget zur Verfügung gestellt werden.

Der Name *callback* wird dabei natürlich durch den aktuellen Namen der Callback-Routine ersetzt. Über den Widget-Identifier *w* des aufrufenden Widgets können in der Callback-Routine zum Beispiel Ressourcen-Werte mit *XtGetValues()* und *XtSetValues()* erfragt beziehungsweise verändert werden. Der Parameter *client_data* wird von *XtAddCallback()* unverändert an die Callback-Routine weitergereicht.

Wenn als *client_data* ein Zeiger auf irgendwelche Daten verwendet wird, so muß man sich darüber im klaren sein, daß zwar der Zeiger kopiert wird, die zugehörigen Daten jedoch nicht. Deshalb muß sichergestellt werden, daß *client_data* beim Aufruf der Callback-Routine auf gültige Daten zeigt. Das ist nicht der Fall, wenn die Daten in einer Subroutine als „gewöhnliche" Variable auf dem *Stack* angelegt werden. Der Stack wird ja nach dem Verlassen einer Routine abgeräumt. Wie's nicht gemacht werden darf, wird noch an einem Beispiel gezeigt.

Der dritte Parameter, der einer Callback-Routine übergeben wird, heißt *call_data*. Mit Hilfe dieses Parameters kann ein Widget Daten an eine Callback-Routine übermitteln. Dabei handelt es sich um Informationen über den internen Zustand des Widgets. Das Format dieser Daten hängt ganz allein von

der Widget-Klasse ab und ist in der Widget-Dokumentation beschrieben. Die
meisten Motif-Widgets übergeben hier einen Zeiger auf eine Datenstruktur,
die folgendermaßen aufgebaut ist:

```
typedef struct
{
    int     reason;
    XEvent *event;
} XmAnyCallbackStruct;
```

Über das Feld *reason* kann die Applikation feststellen, warum eine Callback-
Routine aufgerufen worden ist. Im Feld *event* steht das X-Event, das den
Aufruf verursacht hat.

Welche Callback-Listen ein Widget kennt und bei welchen Ereignissen die
Callback-Routinen der entsprechenden Liste aufgerufen werden, hängt von
der verwendeten Widget-Klasse ab. Ein Widget der Klasse *XmPushButton*
kennt zum Beispiel die Callback-Liste *XmNactivateCallback*. Die Callbacks
dieser Liste werden normalerweise immer dann aufgerufen, wenn Maustaste
1 über dem Button gedrückt und wieder losgelassen wird (s. 4.2).

Alle Widgets besitzen die Callback-Liste *XmNdestroyCallback*, deren Callback-Routinen immer dann aufgerufen werden, wenn das Widget mittels *Xt-
DestroyWidget()* zerstört wird. Oft werden diese Callbacks dazu benutzt, um
den von der Applikation alloziierten Speicherbereich wieder freizugeben.

Wie man Callback-Routinen sinnvoll einsetzt, wird in den folgenden Kapiteln deutlich. An dieser Stelle soll nur anhand einiger Programmzeilen kurz
gezeigt werden, wie man *client_data* benutzen kann:

```
/*
 * main -- Konstanter String als "client_data"
 */

main(argc, argv)
    unsigned int argc;
    char **argv;
{
    void EchoCB();
    Widget push;
       :
    push = XmCreatePushButton(app_shell, "pushButton", NULL, 0);
    XtAddCallback(push, XmNactivateCallback, EchoCB,
                "Knopf gedrueckt!");
       :
    XtMainLoop();
}

/*
 * EchoCB -- "client_data" ausgeben
 */
```

```
static void EchoCB(widget, client_data, call_data)
   Widget widget;
   caddr_t client_data, call_data;
{
   printf("Client-Data: %s\n", (String) client_data);
}
```

In diesem kurzen Beispiel wird die Adresse eines konstanten Strings als *client_data* übergeben. Man kann Daten aber nicht nur "by reference", sondern auch "by value" übergeben. Der übergebene Datentyp darf allerdings nicht mehr Speicherplatz als ein Zeiger beanspruchen. Normalerweise trifft das für *char*, *short*, *int* und *long* zu, nicht aber für *float* und *double*. Also aufgepaßt!

Die folgenden Zeilen zeigen die Übergabe eines Integer-Wertes als Client-Data:

```
/*
 * main -- Integer-Wert als "client_data"
 */

main(argc, argv)
   unsigned int argc;
   char **argv;
{

   void EchoCB();
   Widget push;
   int    value = 999;
      :
   push = XmCreatePushButton(app_shell, "pushButton", NULL, 0);
   XtAddCallback(push, XmNactivateCallback, EchoCB, value);
      :
   XtMainLoop();
}


/*
 * EchoCB -- "client_data" ausgeben
 */

static void EchoCB(widget, client_data, call_data)
   Widget widget;
   caddr_t client_data, call_data;
{
   printf("Client-Data: %d\n", (int)client_data);
}
```

Es wurde oben bereits erwähnt, das *client_data* beim Aufruf der Callback-Routine auf gültige Daten zeigen muß. Das folgende Beispiel zeigt, was nicht erlaubt ist:

```
/*
 * AddCallback -- Callback an Widget haengen. Beispiel, wie man's
```

```
 *     nicht machen darf!
 */

void AddCallback(w)
   Widget w;
{
   struct position {
       int x;
       int y;
   } Position;

   Position.x = 10;
   Position.y = 25;

   XtAddCallback(w, XmNactivateCallback, EchoCB, &Position);
}


/*
 * main
 */

main(argc, argv)
   unsigned int argc;
   char **argv;
{
   Widget push;
      :
   push = XmCreatePushButton(app_shell, "pushButton", NULL, 0);
   AddCallback(push);
      :
   XtMainLoop();
}
```

In *AddCallback()* wird *Position* definiert, initialisiert und die Adresse als *client_data* an *XtAddCallback()* übergeben. Nach dem Verlassen von *AddCallback()* existiert *Position* aber nicht mehr! Wenn *EchoCB()* aufgerufen wird, enthält *client_data* eine ungültige Adresse. Man kann das Problem umgehen, wenn man *Position* zum Beispiel mit dem Schlüsselwort *static* definiert.

Außer mit *XtAddCallback()* können Callback-Routinen auch über Argumentlisten an ein Widget gehängt werden. Das ist möglich, da Callback-Listen – wie bereits oben erwähnt – ganz normale Ressourcen sind. Callback-Listen werden über den Datentyp *XtCallbackList* repräsentiert:

```
typedef struct {
   XtCallbackProc callback;
   caddr_t closure;
} XtCallbackRec, *XtCallbackList;
```

Der Applikations-Code muß Speicherplatz für eine Callback-Liste entsprechender Größe anlegen und die Felder *callback* und *closure* mit den entsprechenden Werten belegen – *closure* entspricht dabei dem Parameter *client_data*. Das Ende der Liste wird mit zwei *NULL*-Pointern markiert. Die Callback-Liste wird vom Widget in einen internen Speicherbereich kopiert; sie wird nach dem Erzeugen des Widgets nicht mehr benötigt.

Am einfachsten ist es, die Liste als statisches Array vom Typ *XtCallbackRec* zu definieren und direkt zu initialisieren. Wie dies gemacht wird, zeigen die folgenden Zeilen. Dabei sollte man beachten, daß die Callback-Liste hier zwar nur eine Callback-Routine enthält, in der Praxis aber beliebig viele Einträge erlaubt sind:

```
/*
 * main -- Callbacks ueber Argumentliste setzen.
 */

main(argc, argv)
    unsigned int argc;
    char **argv;
{
    Widget push;
    Arg args[1];
    void EchoCB(); /* Vorwaerts-Deklaration der Callback-Routine */

    static XtCallbackRec callbacks[] = {
        {(XtCallbackProc) EchoCB, (caddr_t) "Knopf gedrueckt!"},
        {NULL, NULL}
    };

        :
    XtSetArg(args[0], XmNactivateCallback, callbacks);
    push = XmCreatePushButton(app_shell, "pushButton", args, 1);
        :
    XtMainLoop();
}
```

Wie man sieht, ist diese Methode doch um einiges umständlicher als die Verwendung von *XtAddCallback()*, weshalb letztere Funktion in der Praxis wesentlich häufiger Verwendung findet.

Außer *XtAddCallback()* gibt es noch einige andere Funktionen zur Verwaltung von Callback-Listen, so zum Beispiel die Funktion *XtRemoveCallback()*, mit deren Hilfe Callback-Routinen gezielt aus einer Callback-Liste entfernt werden können oder die Funktionen *XtCallCallbacks()* und *XtHasCallbacks()*, mit denen eine Applikation die Callback-Routinen einer Liste aufrufen, beziehungsweise feststellen kann, ob eine Liste Callback-Routinen enthält. In der Praxis werden diese Routinen eher selten verwendet, bei Bedarf sollte man deshalb die X-Dokumentation zu Rate ziehen.

6.10   Variable Parameterlisten

Bisher wurden Ressourcen immer über Argumentlisten vom Typ *ArgList* an Funktionen übergeben. Ab Release 4 stellen die Toolkit-Intrinsics eine Reihe zusätzlicher Funktionen zur Verfügung, die mit variablen Parameterlisten arbeiten. Bei Funktionen dieser Art können Anzahl und Typ der Funktionsparameter variieren. Die bekanntesten Vertreter solcher Funktionen sind *printf()* und *scanf()*. Die Toolkit-Intrinsics bieten unter anderem für die Funktionen

- *XtCreateWidget()*
- *XtCreateManagedWidget()*
- *XtSetValues()*
- *XtGetValues()*
- *XtAppInitialize()*
- *XtAppCreateShell()*

Versionen mit variablen Parameterlisten an. Die Namen dieser Funktionen beginnen alle mit dem Präfix „XtVa", ansonsten sind sie mit den oben aufgezählten Namen identisch:

- *XtVaCreateWidget()*
- *XtVaCreateManagedWidget()*
- *XtVaSetValues()*
- *XtVaGetValues()*
- *XtVaAppInitialize()*
- *XtVaAppCreateShell()*

Anstelle der Parameter *args* und *num_args* werden den Funktionen Parameterlisten variabler Länge übergeben. Eine solche Parameterliste besteht aus Paaren von Ressourcen-Namen und Ressourcen-Werten. Der letzte Parameter der Liste muß der *NULL*-Pointer sein.

   Nun soll die Funktion *XtVaCreateManagedWidget()* kurz besprochen und ihre Anwendung am Beispiel gezeigt werden. Alle anderen Funktionen können analog dazu verwendet werden:

Widget XtVaCreateManagedWidget(String name, WidgetClass widget_class,
$$\qquad\qquad\qquad Widget\ parent,\ ...)$$

name	Name des Widgets
widget_class	Class-Pointer des Widgets
parent	der Widget-Identifier des Parent-Widgets
...	Variable Parameterliste mit den Ressourcen-Namen und zugehörigen Ressourcen-Werten.

Die folgenden Zeilen aus „Hello World"

```
Arg args[4]; /* Platz fuer vier Argumente */
Cardinal n;
    :
```

```
    :
n = 0;
XtSetArg(args[n], XmNlabelString, text); n++;
XtSetArg(args[n], XmNwidth, 300); n++;
XtSetArg(args[n], XmNheight, 100); n++;
XtSetArg(args[n], XmNalignment, XmALIGNMENT_BEGINNING); n++;

XtCreateManagedWidget("label", xmLabelWidgetClass, app_shell,
                      args, n);
```

kann man durch einen einzigen Aufruf von *XtVaCreateManagedWidget()*
ersetzen:

```
XtVaCreateManagedWidget("label", xmLabelWidgetClass, app_shell,
                        XmNlabelString, text,
                        XmNwidth, 300,
                        XmNheight, 100,
                        XmNalignment, XmALIGNMENT_BEGINNING,
                        NULL); /* <-- nicht vergessen! */
```

Dadurch spart man sich eine Menge Schreibarbeit. Außerdem ist diese Methode nicht so fehleranfällig wie die Verwendung von *args* und einer zusätzlichen Laufvariablen. Trotzdem wurde bei allen Beispielen in diesem Buch die
herkömmliche Methode der Parameterübergabe verwendet, um zu Release 3
kompatibel zu bleiben.

Die Toolkit-Intrinsics bieten übrigens auch die Möglichkeit, variable Parameterlisten zu schachteln oder automatische Typkonvertierungen von Ressourcen-Werten durchzuführen. Mehr Informationen dazu enthält das Intrinsics-Manual.

7. Der Aufbau von Formularen

Im vorigen Kapitel sind die grundlegenden Routinen zum Programmieren mit Widgets vorgestellt worden. Das geschah anhand eines sehr einfachen Beispiels. In diesem Kapitel sollen die Routinen nun intensiver eingesetzt werden. Außerdem werden neue Widget-Klassen aus dem Motif-Toolkit vorgestellt und einige bereits bekannte Widget-Klassen genauer beschrieben.

Der Aufbau von komplizierten Benutzungsoberflächen mit dem X-Toolkit basiert darauf, daß man Widgets verschiedener Klassen zu komplexeren Objekten zusammenstellt. Diese zusammengesetzten Objekte sollen hier *Formulare* genannt werden. Der Begriff deutet die Ähnlichkeiten an, die zwischen einem Formular auf Papier und Widgets auf dem Bildschirm bestehen. Formulare kennt wohl jeder aus eigener Erfahrung mit den verschiedensten Behörden. Aber auch ein Lottoschein kann im weiteren Sinne als Formular aufgefaßt werden. Stets werden hier Informationen in einer „strukturierten", fest vorgegebenen Form abgefragt. Der tabellenartige Aufbau und die klare Beschriftung im Formular sorgen dafür, daß es sowohl einfach ausgefüllt als auch einfach ausgewertet werden kann.

Mit Widgets lassen sich Formulare auf dem Bildschirm nachahmen. Es gibt Widgets, die das „Ankreuzen" von Anworten ermöglichen oder die „getippten" Text aufnehmen. Mit dem *Label*-Widget, das bereits im letzten Kapitel vorgestellt wurde, kann man ein Formular mit festen Schriftzügen oder auch Bildern versehen. Zusätzlich können Buttons in einem Formular enthalten sein, mit denen man Aktionen zur Bearbeitung des Formulars aufrufen kann.

7.1 Das Beispiel „Software-Entwicklung"

Abbildung 7.1 zeigt ein Formular, das aus verschiedenen Widgets zusammengesetzt ist. An diesem Beispiel sollen verschiedene Programmiertechniken und grundsätzliche Probleme aufgezeigt werden.

```
┌──────────────────────── soft ──────────────────────┐
│  Bitte Dateinamen eintragen :                       │
│                                                     │
│  Uebersetzer  : │compile                       │    │
│                                                     │
│  Programm     : │ a.out                        │    │
│                                                     │
│  Programmtext: │ test.c                         │    │
│                                                     │
│  [Editieren] [Uebersetzen] [Ausfuehren] [Loeschen] [Ende]  │
└─────────────────────────────────────────────────────┘
```

Abb. 7.1 Das Formular „Software-Entwicklung"

Das Formular zeigt am oberen Rand den Schriftzug „Bitte Dateinamen eintragen:". Am linken Rand sind einige Namen aufgelistet, die von einem Doppelpunkt abgeschlossen werden. Diese Namen bezeichnen jeweils die Bedeutung des Texteingabefeldes, das rechts davon angeordnet ist. Am unteren Rand des Formulars befinden sich fünf Kommando-Buttons. Soweit das Aussehen des Formulars, doch wie kann man es einsetzen?

7.1.1 Bedienung und Aufbau

Es ist nicht schwer zu erraten, daß das Formular irgend etwas mit „Programmieren" zu tun hat. Es kann beim Schreiben von Programmen benutzt werden. Während der Entwicklung eines Programms wiederholt sich ein bestimmter Arbeitszyklus, den man vereinfacht mit „Editieren", „Übersetzen" und „Testen" beschreiben kann. Das vorzustellende Formular soll diesen Arbeitsprozeß unterstützen. Es hat deshalb, wenn es auch ein wenig übertrieben klingt, den Namen „Software-Entwicklung" bekommen.

Mit Hilfe des Formulars werden einige benötigte Dateinamen erfragt. Das Beispiel setzt eine UNIX-Umgebung voraus. In das erste Eingabefeld, das hinter dem Label „Uebersetzer" steht, muß man den Namen einer ausführbaren Datei eintragen, mit der der Übersetzer gestartet wird. Dies ist ein UNIX Shell-Script, das einfach den C-Compiler mit den passenden Parametern aufruft. Das Shell-Script kann zum Beispiel wie folgt aussehen:

```
cc -o $1 $2 -D_NO_PROTO -lXm -lXt -lX11
```

Dieser Aufruf ist angelehnt an das Makefile für Motif-Programme, das in Abb. 6.1 vorgestellt wurde. Mit der Shell-Variablen $1 wird der Dateiname des ausführbaren Programms angegeben und mit $2 der Name der Quelldatei. Auch diese beiden Namen müssen in das Formular eingetragen werden. Dort wird die ausführbare Datei mit „Programm" bezeichnet und der Quelltext des Programms mit „Programmtext". In Abb. 7.1 sind bereits Dateinamen im Formular eingetragen. Das Shell-Script mit dem Übersetzeraufruf heißt „compile", das ausführbare Programm „a.out" und der Programmtext „test.c".

Sind die Dateinamen im Formular festgelegt, zum Beispiel wie in Abb. 7.1, kann die „Software-Entwicklung" beginnen. Mit dem Kommando „Editieren" wird ein Editor aufgerufen, der den Programmtext „test.c" aufnimmt. Nachdem man den Text fertiggestellt hat, kann er mit dem Kommando „Uebersetzen" kompiliert werden. Es entsteht ein neues Programm mit dem Namen „a.out". Das Kommando „Ausführen" ruft das Programm „a.out" auf. Mit dem Befehl „Loeschen" entfernt man das ausführbare Programm aus dem Dateisystem. Will man die „Software-Entwicklung" abschließen, so kann mit dem Kommando „Ende" die Arbeit mit dem Formular beendet werden.

Das Beispiel „Software-Entwicklung" soll mit dem Motif-Toolkit realisiert werden. Aus den vorhergehenden Beispielen weiß man bereits, daß feste Texte mit Widgets der Klasse *XmLabel* und Kommando-Buttons mit Widgets der Klasse *XmPushButton* realisiert werden können. Für Texteingaben stellt das Motif-Toolkit die Klasse *XmText* zur Verfügung. Die verschiedenen Widgets werden mit einem Shell-Widget und Widgets der Klasse *XmRowColumn* zu einem Formular zusammengefügt.

Damit wäre eigentlich schon alles gesagt, was man zur Programmierung des Formulars benötigt. Leider gibt es da aber noch eine Menge Detailprobleme, die es erforderlich machen, daß man die benutzten Widget-Klassen etwas genauer kennt.

7.1.2 Dialogobjekte und Layout-Widgets

Für den Benutzer eines Formulars sind nicht alle Widgets gleich wichtig. *Label-*, *Text-* und *PushButton*-Widgets kann man der Gruppe der *Dialogobjekte* zuordnen. Sie haben eine unmittelbare Bedeutung für den Benutzer, da sie den Dialog mit dem Rechner abwickeln. Ein *Label*-Widget informiert den Benutzer mit Hilfe des angezeigten Textes. Ein *Text*-Widget überträgt eine Eingabe von der Tastatur in das Programm. In der Motif-Dokumentation werden Dialogobjekte auch als *Primitive-Widgets* bezeichnet.

Neben den Dialogobjekten gibt es Widgets, die keine direkte Kommunikationsfunktion haben, sondern für die geometrische Lage anderer Widgets verantwortlich sind. Sie werden als *Layout-Widgets* bezeichnet. Im Motif-Toolkit heißen sie auch *Container-Widgets* oder *Manager-Widgets*. Ein Layout-Widget kann andere Widgets als Kinder aufnehmen. Dialogobjekte können das nicht. Ein *RowColumn*-Widget ist zum Beispiel ein Layout-Widget, in dem die Kinder zeilen- oder spaltenweise plaziert werden. Auch ein Shell-Widget ist eigentlich ein Layout-Widget. Es darf jedoch höchstens ein Kind aufnehmen, und dies ist normalerweise genauso groß wie das Shell-Widget, so daß das Shell-Widget und das Kind-Widget deckungsgleich übereinanderliegen. Alle Layout-Widgets und Dialogobjekte, die in einer gemeinsamen Shell liegen, bilden ein Formular.

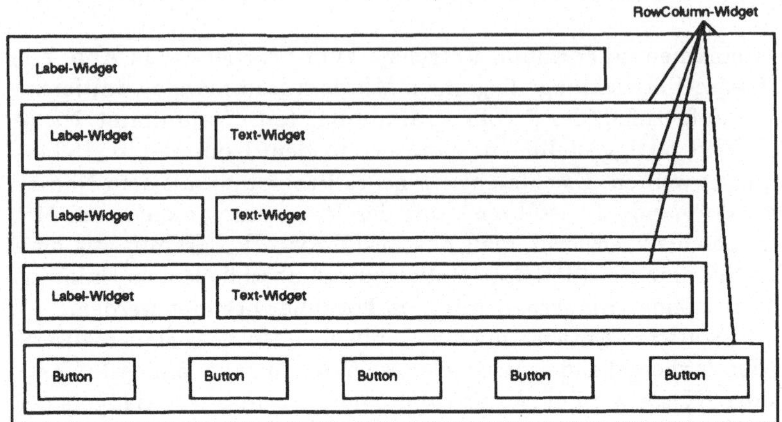

Abb. 7.2 Das schematisierte Layout des Formulars „Software-Entwicklung"

Im Layout des Formulars „Software-Entwicklung" kann man eine Aufteilung in Zeilen erkennen. Die oberste Zeile besteht aus einem *Label*-Widget, die nächsten drei aus jeweils einem *Label*- und einem *Text*-Widget und die letzte Zeile aus den Buttons. Diese Sichtweise legt nahe, *RowColumn*-Widgets für das Layout des Formulars einzusetzen. Eine Zeile mit mehreren Dialogobjekten wird durch ein *RowColumn*-Widget repräsentiert und alle Zeilen werden in einem anderen *RowColumn*-Widget untereinander angeordnet. Vernachlässigt man den Inhalt der Dialogobjekte und zeichnet nur die Ränder der einzelnen Widgets, dann ergibt sich ein Layoutschema, wie es in Abb. 7.2 gezeigt wird.

7.1.3   Ein ganz normales Hauptprogramm

Nach den allgemeinen Erläuterungen kann jetzt das eigentliche Programm in Angriff genommen werden. Das Hauptprogramm des Beispiels „Software-Entwicklung" zeigt kaum einen Unterschied zum einfachen Beispiel in Abb. 6.2. Dort wurde bereits ausführlich auf die einzelnen Routinen eingegangen. Der Programmtext des Hauptprogramms sieht wie folgt aus:

```
/*
 * soft.c -- das Beispiel "Software-Entwicklung"
 */

#include <Xm/Xm.h>             /* fuer alle Motif-Widgets */
#include <Xm/Label.h>          /* fuer Klasse XmLabel */
#include <Xm/Text.h>           /* fuer Klasse XmText */
#include <Xm/PushB.h>          /* fuer Klasse XmPushButton */
#include <Xm/RowColumn.h>      /* fuer Klasse XmRowColumn */
#include "soft.h"              /* Include mit privatem Datentyp */
```

```c
/*
 * Hauptprogramm
 */

#define APPLCLASS "Soft"

void main(argc, argv)
    int  argc;
    char **argv;
{
    Widget app_shell;
    void CreateForm();

    /* Toolkit initialisieren, Formular erzeugen. */

    app_shell = XtInitialize(argv[0], APPLCLASS, NULL, 0, &argc, argv);
    CreateForm(app_shell);

    /* Formular anzeigen, Eventschleife */

    XtRealizeWidget(app_shell);

    XtMainLoop();
}
```

Auf die Include-Files wurde bereits in Abb. 6.1.2 ausführlich hingewiesen. Aus den Namen der Files kann man ablesen, daß das Programm die Widget-Klassen *XmLabel*, *XmText*, *XmPushButton* und *XmRowColumn* benutzen wird. In der Datei *soft.h* ist ein neuer Datentyp abgelegt, der für die Callback-Routinen des Programms benötigt wird.

Im Hauptprogramm initialisiert die Routine *XtInitialize()* das X-Toolkit, stellt die Verbindung zum X-Server her und erzeugt eine Application-Shell. Innerhalb der Shell wird mit der Routine *CreateForm()* der eigentliche Formularinhalt aufgebaut. Im Beispiel „Hello World" ist an dieser Stelle einfach ein *Label*-Widget erzeugt worden. Die Application-Shell wird anschließend mit *XtRealizeWidget()* realisiert, und das Programm geht mit *XtMainLoop()* in die Event-Schleife.

Das Hauptprogramm und alle folgenden Routinen zum Beispiel „Software-Entwicklung" kann man in ein einzelnes Source-File schreiben. Nennt man dieses File *soft.c*, so kann mit folgendem Aufruf ein ausführbares File *soft* erzeugt werden:

```
cc -o soft soft.c -D_NO_PROTO -lXm -lXt -lX11
```

Das Beispiel „Software-Entwicklung" soll ab nun auch einfach „soft" genannt werden. Es wird in diesem und im nächsten Kapitel ständig ergänzt werden. So ergibt sich schon eine recht umfangreiche und realistische Anwendung des

Motif-Toolkits. Im Laufe der beiden Kapitel entstehen aber auch viele verschiedene Versionen des Programms. Damit man den Überblick nicht verliert, wird ab und zu eine Liste mit den Routinen der aktuellen Version angegeben, und zwar in der Reihenfolge, in der sie im Source-File auftauchen müssen. Die folgende Liste bezieht sich auf die erste vollständige Version des Beispiels:

Dateien: *soft.c* S. 154, *soft.h* S. 163

Funktion	Quelltext
main()	S. 155
CreateInput()	S. 159
CreateCommands()	S. 164
CreateForm()	S. 163
RunCB()	S. 166
MakeCB()	S. 168
RemoveCB()	S. 168
EditCB()	S. 169
ExitCB()	S. 170

Das Programm *soft* wird in den folgenden Abschnitten nicht sofort in dieser vollständigen Form vorgestellt werden, sondern Schritt für Schritt aufgebaut. Auch diese Zwischenversionen sind lauffähige Programme. Zuerst wird das Layout des Formulars erstellt, indem nach und nach immer mehr Widgets in das Formular eingefügt werden. Die Beschreibung des Beispiels endet vorerst mit den Callback-Routinen, die die erste Version des Programms *soft* vollständig machen.

Noch etwas zu den Ressourcen: Bei den folgenden Programmstücken wird fast immer davon ausgegangen, daß einige Ressourcen erst im Ressourcen-File festgelegt werden. Am einfachsten legt man im Home-Directory eine Datei mit dem Namen *Soft* an, in der dann die Ressourcen eingetragen werden. Wem dies so nicht gefällt, kann sich in Abb. 5.7 über andere Möglichkeiten informieren.

7.1.4   Ein einzeiliges Formular

In der Routine *CreateForm()* soll zunächst eine einzelne Zeile des Formulars erstellt werden, und zwar eine Texteingabezeile. Später wird dann dieses Programmstück in das Gesamtformular integriert. Die Zeile besteht aus einem festen Text auf der linken Seite und einem Texteingabefeld auf der rechten Seite. Der Programmcode zum Aufbau des einzeiligen Formulars sieht wie folgt aus:

```
/*
 * "CreateForm" erzeugt ein RowColumn-Widget mit einem Label und einem
 * Text-Widget.
 */
```

```
void CreateForm(parent)
   Widget parent;
{
   Widget    line;
   Widget    label;
   Widget    text;
   Arg       arg[1];
   Cardinal n;

   /* In das RowColumn-Widget "line" werden ein Label- und ein
      Text-Widget nebeneinander plaziert */

   n = 0;
   XtSetArg(arg[n], XmNorientation, XmHORIZONTAL); n++;
   line = XtCreateManagedWidget("line", xmRowColumnWidgetClass,
                                 parent, arg, n);
   label = XtCreateManagedWidget("label", xmLabelWidgetClass,
                                 line, NULL, 0);
   text = XtCreateManagedWidget("input", xmTextWidgetClass,
                                 line, NULL, 0);
}
```

Als erstes wird ein Widget der Klasse *XmRowColumn* erzeugt. Dieses Widget hat den Namen *line* und ist ein Kind des Widgets *parent*. Das Hauptprogramm übergibt *CreateForm()* eine Application-Shell. Die Shell nimmt das *RowColumn*-Widget als Kind auf. Mit der Ressource *XmNorientation*, die auf den Wert *XmHORIZONTAL* gesetzt ist, wird festgelegt, daß alle Kinder des *RowColumn*-Widgets nebeneinander plaziert werden sollen. Hier gibt es zwei Kinder, ein Widget der Klasse *XmLabel* und ein Widget der Klasse *XmText*. Die Reihenfolge des Erzeugens bestimmt, daß das *Label*-Widget links vom *Text*-Widget plaziert wird. Abbildung 7.3 zeigt das Aussehen des bisher erstellten Formulars.

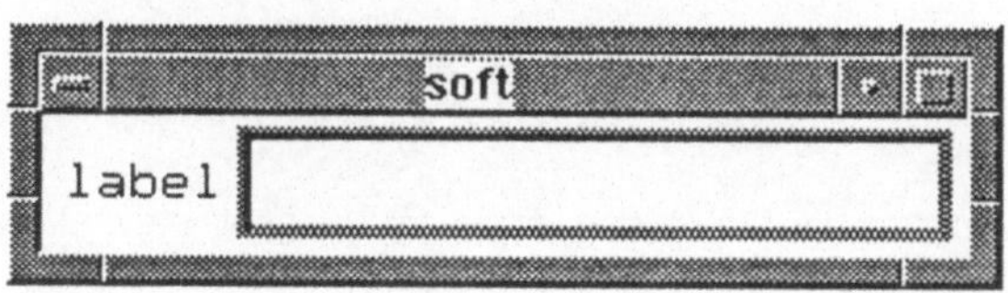

Abb. 7.3 Eine einzelne Eingabezeile; links ein *Label-* und rechts ein *Text*-Widget

Mit dem Ressourcen-File kann das Erscheinungsbild zusätzlich verändert werden. Soll der Text im *Label*-Widget den Wert „Eingabe:" erhalten, so muß die folgende Zeile in das Ressourcen-File eingetragen werden:

```
Soft.line.label.labelString:Eingabe:
```

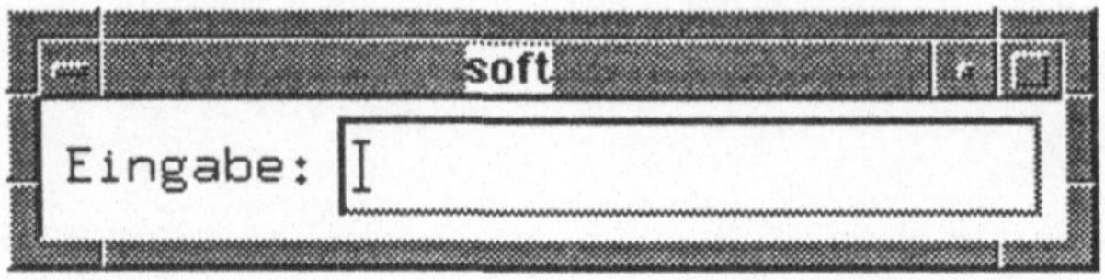

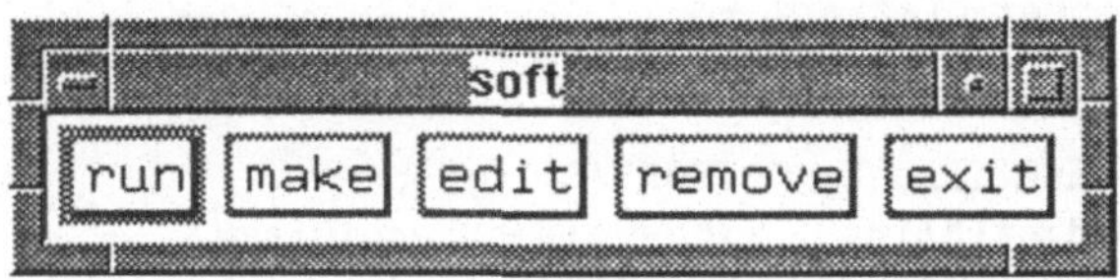

Abb. 7.4 Eingabezeile mit verändertem Label-Text

Abb. 7.5 Eine Zeile mit Kommando-Buttons

Abbildung 7.4 zeigt die Veränderung im Formular. In der gleichen Art und
Weise kann man auch eine Zeile mit Kommando-Buttons erzeugen. Dabei
werden nur Widgets der Klasse *XmPushButton* als Kinder eines *RowColumn*-
Widgets eingesetzt. Betrachtet man die Zeile wieder als eigenes Formular,
ergibt sich ein Aussehen wie in Abb. 7.5, und der Programm-Code sieht
folgendermaßen aus:

```
/*
 * "CreateForm" erzeugt ein RowColumn-Widget mit nebeneinander-
 * liegenden Push-Buttons.
 */

void CreateForm(parent)
   Widget parent;
{
   Widget    line;
   Widget    button;
   Arg       arg[1];
   Cardinal n;

   n = 0;
   XtSetArg(arg[n], XmNorientation, XmHORIZONTAL); n++;
   line = XtCreateManagedWidget("buttons", xmRowColumnWidgetClass,
                           parent, arg, n);

   button = XtCreateManagedWidget("run", xmPushButtonWidgetClass,
                           line, NULL, 0);
   button = XtCreateManagedWidget("make", xmPushButtonWidgetClass,
                           line, NULL, 0);
```

```
button = XtCreateManagedWidget("edit", xmPushButtonWidgetClass,
                          line, NULL, 0);
button = XtCreateManagedWidget("remove", xmPushButtonWidgetClass,
                          line, NULL, 0);
button = XtCreateManagedWidget("exit", xmPushButtonWidgetClass,
                          line, NULL, 0);
}
```

7.1.5   Geschachtelte Formulare

Bisher wurden zwei getrennte Formulare, die jeweils eine Zeile realisieren, aufgebaut. Nun sollen beide Zeilen in ein gemeinsames Formular gepackt werden. Dazu muß man wissen, daß Layout-Widgets auch andere Layout-Widgets als Kinder aufnehmen können. Im vorliegenden Fall werden die Eingabezeile und die Kommandozeile in ein gemeinsames *RowColumn*-Widget plaziert. Die *CreateForm()*-Routinen aus dem vorigen Abschnitt bekommen die neuen Namen *CreateInput()* und *CreateCommands()*. In einer neuen *CreateForm()*-Routine werden diese Routinen ihrerseits wieder aufgerufen.

Im endgültigen Formular sind jedoch drei Eingabezeilen verlangt. Damit man sie unterscheiden kann, bekommen die Widgets in verschiedenen Zeilen unterschiedliche Namen. Die Namen der Widgets werden der Routine *CreateInput()* als Parameter übergeben. Dann kann die Routine mehrfach aufgerufen werden. *CreateInput()* muß man dazu folgendermaßen verändern:

```
/*
 * "CreateInput" erzeugt ein RowColumn-Widget mit dem Namen
 * "line_name". Dieses Widget nimmt ein Label-Widget mit dem
 * Namen "label_name" und ein Text-Widget mit dem Namen
 * "text_name" auf. Das Text-Widget wird als Ergebnis
 * zurueckgeliefert.
 */

Widget CreateInput(parent, line_name, label_name, text_name)
   Widget parent;
   char   *line_name;
   char   *label_name;
   char   *text_name;
{
   Widget   line;
   Widget   label;
   Widget   text;
   Arg      arg[1];
   Cardinal n;

   n = 0;
   XtSetArg(arg[n], XmNorientation, XmHORIZONTAL); n++;
   line = XtCreateManagedWidget(line_name, xmRowColumnWidgetClass,
                          parent, arg, n);
```

```
    label = XtCreateManagedWidget(label_name, xmLabelWidgetClass,
                                  line, NULL, 0);
    text = XtCreateManagedWidget(text_name, xmTextWidgetClass,
                                 line, NULL, 0);
    return (text);
}
```

In „wissender" Vorausschau liefert *CreateInput()* das erzeugte *Text*-Widget
zurück. Das wird sich später als recht praktisch herausstellen. Bisher wird der
Rückgabewert aber einfach ignoriert. Im fertigen Formular werden die drei
Eingabezeilen mit *CreateInput()* erzeugt und über diese Zeilen ein zusätzliches *Label*-Widget gesetzt. Die endgültige *CreateForm()*-Routine sieht nun
so aus:

```
/*
 * "CreateForm" erzeugt ein RowColumn-Widget, das einen Titel, drei
 * Texteingabezeilen und eine Button-Zeile aufnimmt.
 */

void CreateForm(parent)
   Widget parent;
{
   Widget    form;
   Arg       arg[1];
   Cardinal n;

   n = 0;
   XtSetArg(arg[n], XmNorientation, XmVERTICAL); n++;
   form = XtCreateManagedWidget("base", xmRowColumnWidgetClass,
                                parent, arg, n);

   XtCreateManagedWidget("title", xmLabelWidgetClass, form, NULL, 0);

   CreateInput(form, "compileLine", "compileLabel", "compileInput");
   CreateInput(form, "programLine", "programLabel", "programInput");
   CreateInput(form, "sourceLine", "sourceLabel", "sourceInput");
   CreateCommands(form);
}
```

Abbildung 7.6 zeigt die aufgebaute Widget-Hierarchie. Aus dieser Hierarchie
läßt sich leicht ablesen, wie ein Widget in einem Ressourcen-File angesprochen werden muß. Ein passendes Ressourcen-File für das Programm sieht
folgendermaßen aus:

```
! Ressourcen fuer das Beispiel "Software-Entwicklung"
!
! Titel, oberste Zeile des Formulars

Soft.base.title.labelString:Bitte Dateinamen eintragen :
```

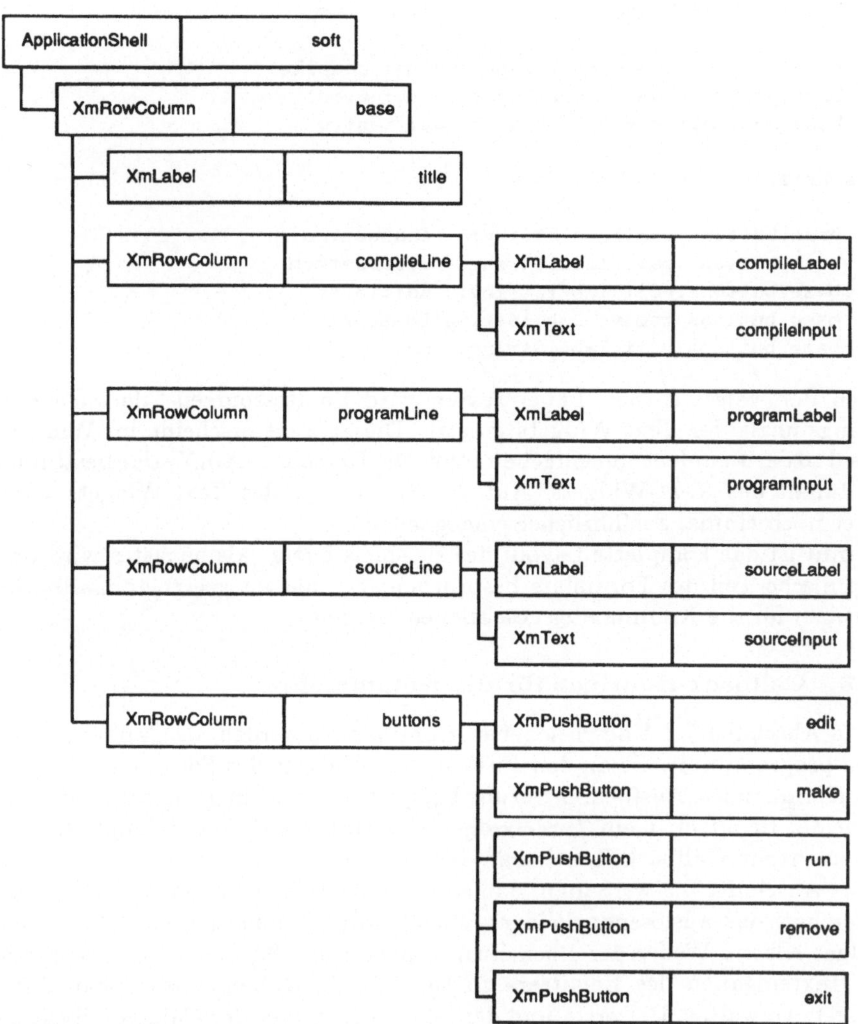

Abb. 7.6 Die Widget-Hierarchie des Programms *soft*

```
! Beschriftung der Eingabezeilen

Soft.base.compileLine.compileLabel.labelString: Uebersetzer :
Soft.base.programLine.programLabel.labelString: Programm     :
Soft.base.sourceLine.sourceLabel.labelString:  Programmtext:
```

```
! Inhalt der Text-Widgets

Soft.base.compileLine.compileInput.value: compile
Soft.base.programLine.programInput.value: a.out
Soft.base.sourceLine.sourceInput.value: test.c

! Beschriftung der Push-Buttons

Soft.base.buttons.run.labelString:    Ausfuehren
Soft.base.buttons.make.labelString:   Uebersetzen
Soft.base.buttons.edit.labelString:   Editieren
Soft.base.buttons.remove.labelString:Loeschen
Soft.base.buttons.exit.labelString:   Ende
```

Neben den verschiedenen Label-Texten wird im Ressourcen-File auch der
Anfangsinhalt der *Text*-Widgets gesetzt. Dieser Text erscheint im Widget,
ohne daß der Benutzer ihn eingeben muß. Die Ressource *XmNvalue* bestimmt
den Inhalt des *Text*-Widgets. Auf die Ressourcen des *Text*-Widgets wird
später noch einmal ausführlicher eingegangen.

Damit ist das komplette Layout des Beispiels fertig. Als nächstes wird der
dynamische Teil des Formulars besprochen. Es müssen geeignete Callback-
Routinen für die Kommandos geschrieben werden.

7.1.6   Callback-Routinen für die Kommandos

Die in Abschnitt 7.1.1 beschriebenen Kommandos werden als Callback-Routinen programmiert, die an den *PushButton*-Widgets des Formulars hängen.
Das Kommando „Ausfuehren", zum Beispiel, startet ein Programm, dessen
Name der Benutzer in ein *Text*-Widget eingetragen hat. Wie gelangt nun die
entsprechende Callback-Routine an diesen Namen?

Aus Abschnitt 6.9 weiß man, daß eine Callback-Routine immer drei Parameter hat: das auslösende Widget, Benutzerdaten und spezielle Daten der
Widget-Klasse. Weder der Push-Button noch seine Klasse haben etwas mit
den Texteingaben des Benutzers zu tun. Die Eingaben werden von *Text*-
Widgets verwaltet. Der erste und der letzte Parameter der Callback-Routine
können also nicht zur Lösung des Problems beitragen. Die *Text*-Widgets
müssen der Callback-Routine zugänglich gemacht werden. Dies könnte man
mit globalen Variablen machen. Hier soll aber eine Lösung vorgestellt werden,
die die Benutzerdaten – *client_data* – zu Hilfe nimmt. Dies ist eine Standard-
methode beim Programmieren mit dem X-Toolkit. Außerdem wird sich im
nächsten Kapitel zeigen, daß die vorgestellte Lösung erweiterungsfähig ist.

Alle Callback-Routinen bekommen einen Zeiger auf die gleiche Datenstruktur übergeben. Der Typ dieser Datenstruktur heißt *FormData* und ist im
Include-File *soft.h* definiert:

```
/*
 * soft.h -- "client_data" fuer die Callback-Routinen des Formulars
 */


typedef struct _FormData {
   Widget compile_text_widget;
   Widget program_text_widget;
   Widget source_text_widget;
} FormData;
```

Für alle drei *Text*-Widgets des Formulars gibt es hier ein Feld. Die von *CreateInput()* (S. 159) gelieferten Text-Widgets werden in diese Datenstruktur eingetragen. *CreateForm()* verändert sich also etwas, im Vergleich zur alten Version auf Seite 160:

```
/*
 * "CreateForm" erzeugt ein RowColumn-Widget, das einen Titel, drei
 * Texteingabezeilen und eine Button-Zeile aufnimmt.
 */


void CreateForm(parent)
   Widget parent;
{
   Widget    form;
   Arg       arg[1];
   Cardinal n;
   FormData *form_data;

   /* "form_data" wird als "client_data" fuer Callback-Routinen
          benutzt. */

   form_data = (FormData *) XtMalloc(sizeof(FormData));

   n = 0;
   XtSetArg(arg[n], XmNorientation, XmVERTICAL); n++;
   form = XtCreateManagedWidget("base", xmRowColumnWidgetClass,
                                parent, arg, n);
   n = 0;
   XtCreateManagedWidget("title", xmLabelWidgetClass, form, arg, n);

   /* "CreateInput" erzeugt eine Eingabezeile. Das erzeugte Text-
          Widget wird in die Datenstrukur "form_data" eingetragen. */

   form_data->compile_text_widget =
      CreateInput(form, "compileLine", "compileLabel", "compileInput");
   form_data->program_text_widget =
      CreateInput(form, "programLine", "programLabel", "programInput");
   form_data->source_text_widget =
      CreateInput(form, "sourceLine", "sourceLabel", "sourceInput");
```

```
    /* "form_data" wird als "client_data" fuer die Callbacks der
       Buttons eingesetzt, die in "CreateCommands" erzeugt werden. */

    CreateCommands(form, form_data);
}
```

Zuerst wird in *CreateForm()* der Speicherplatz für die *client_data*-Struktur geschaffen. Dies geschieht mit der Routine *XtMalloc()*, die eigentlich genauso wie die C-Standardfunktion *malloc()* arbeitet. Sie hat jedoch eine erweiterte Fehlerbehandlung, die auf das X-Toolkit abgestimmt ist. Kann kein Speicherplatz zur Verfügung gestellt werden, so wird automatisch die Routine *XtError()* aufgerufen. Speicherfehler muß der Aufrufer nicht mehr selbst behandeln. Neben *XtMalloc()* gibt es auch noch *XtCalloc()*, *XtRealloc()* und *XtFree()* für die Speicherverwaltung. Sie arbeiten alle wie die korrespondierenden C-Funktionen aus der Standardbibliothek.

```
char*   XtMalloc(Cardinal size)
char*   XtCalloc(Cardinal num,  Cardinal size)
char*   XtRealloc(char *ptr,  Cardinal num)
void    XtFree(char *ptr)
```

Ein beliebter Anfängerfehler bei der Toolkit-Programmierung hat mit der Speicherverwaltung zu tun. In Abschnitt 6.9 wurde er schon angesprochen. Man könnte ja auf die Idee kommen, die Struktur *form_data* als lokale Variable vom Typ *FormData* zu definieren. Dann würde der Speicherplatz automatisch auf dem Laufzeitkeller angelegt, ohne daß man ihn extra mit *XtMalloc()* reserviert. Das darf jedoch bei Daten, die als *client_data* für Callback-Routinen benutzt werden, *nicht* gemacht werden. Die Callback-Routinen werden erst aufgerufen, wenn die Routine *CreateForm()* bereits wieder verlassen ist. Dann sind natürlich auch die lokalen Variablen ungültig, und die Callback-Routinen greifen über ihren *client_data*-Zeiger in einen nicht definierten Speicherbereich. Erlaubt sind allerdings statische, lokale Variablen. Im Hinblick auf die Erweiterungsfähigkeit, die im nächsten Kapitel zum Tragen kommt, ist hier jedoch eine dynamische Speicherverwaltung gewählt worden.

Der Zeiger *form_data* wird nun der Routine *CreateCommands()* übergeben. Diese reicht den Zeiger weiter an die Callback-Routinen. Mit *XtAddCallback()* werden die verschiedenen Callback-Routinen mit ihrem *client_data*-Zeiger in die Callback-Liste *XmNactivateCallback* eingetragen. Im Gegensatz zur letzten Version (S. 158) sieht die neue Routine *CreateCommands()* wie folgt aus:

```
/*
 * "CreateCommands" erzeugt eine Reihe von Push-Buttons mit Callback-
 * Routinen, die als "client_data" den Zeiger "form_data" mit-
 * bekommen.
 */
```

```c
void CreateCommands(parent, form_data)
   Widget    parent;
   FormData *form_data;
{
   Widget    line;
   Widget    button;
   Arg       arg[1];
   Cardinal n;

   void EditCB();
   void MakeCB();
   void RunCB();
   void RemoveCB();
   void ExitCB();

   /* Ein RowColumn-Widget nimmt die Buttons auf. */

   n = 0;
   XtSetArg(arg[n], XmNorientation, XmHORIZONTAL); n++;
   line = XtCreateManagedWidget("buttons", xmRowColumnWidgetClass,
                                parent, arg, n);

   /* Nach dem Erzeugen der Buttons wird mit "XtAddCallback" eine
      Callback-Routine an die Buttons gehaengt. */

   button = XtCreateManagedWidget("edit", xmPushButtonWidgetClass,
                                  line, NULL, 0);
   XtAddCallback(button, XmNactivateCallback, EditCB, form_data);

   button = XtCreateManagedWidget("make", xmPushButtonWidgetClass,
                                  line, NULL, 0);
   XtAddCallback(button, XmNactivateCallback, MakeCB, form_data);

   button = XtCreateManagedWidget("run", xmPushButtonWidgetClass,
                                  line, NULL, 0);
   XtAddCallback(button, XmNactivateCallback, RunCB, form_data);

   button = XtCreateManagedWidget("remove", xmPushButtonWidgetClass,
                                  line, NULL, 0);
   XtAddCallback(button, XmNactivateCallback, RemoveCB, form_data);

   button = XtCreateManagedWidget("exit", xmPushButtonWidgetClass,
                                  line, NULL, 0);
   XtAddCallback(button, XmNactivateCallback, ExitCB, form_data);
}
```

Der Speicherplatz für den *client_data*-Zeiger der Callback-Routinen wird also
in *CreateForm()* reserviert, mit den Aufrufen von *CreateInput()* feldweise
initialisiert und in *CreateCommands()* in die Callback-Listen eingetragen.
Wird eine Callback-Routine irgendwann in der Event-Schleife aufgerufen,

dann wird dieser Zeiger immer als *client_data*, also als zweiter Parameter, übergeben.

Als Beispiel soll die Callback-Routine *RunCB()* betrachtet werden: Mit der Datenstruktur vom Typ *FormData*, die als *client_data* übergeben wird, hat *RunCB()* Zugriff auf das *Text*-Widget, in das der Benutzer den Programmnamen eingetragen hat. *RunCB()* setzt diesen Namen in die C-Routine *system()* ein, die das Programm dann ausführt. Die Routine *RunCB()* sieht wie folgt aus:

```
/*
 * "RunCB" startet ein Programm, dessen Name vom Benutzer in das
 * Formular eingetragen wurde.
 */

static void RunCB(button, client_data, call_data)
   Widget  button;
   caddr_t client_data;
   caddr_t call_data;
{
   FormData *form_data = (FormData *) client_data;
   char     *system_string;
   char     *program;

   /* Der Programmname wird aus dem Text-Widget geholt. */

   program = XmTextGetString(form_data->program_text_widget);

   /* Der Programmname wird mit "&" konkateniert und damit im
      Hintergrund gestartet. */

   system_string = (char *) XtMalloc(strlen(program) + 2);
   strcpy(system_string, program);
   strcat(system_string, "&");

   /* Programmaufruf */

   system(system_string);

   /* reservierte Speicherplaetze freigegeben */

   XtFree(program);
   XtFree(system_string);
}
```

Der Parameter *client_data* hat den Typ *caddr_t*, ist also ein beliebiger Zeiger. In der Routine *RunCB()* zeigt er allerdings auf eine Datenstruktur vom Typ *FormData*. Damit man einfacher auf die Felder der Struktur zugreifen kann, wird eine lokale Variable *form_data* als Zeiger auf diesen Typ eingeführt. Der Variable weist man den Zeiger *client_data* zu, der dabei auf den Typ

FormData angepaßt wird („casten"). Mit *form_data* kann man jetzt auf alle Felder des Typs *FormData* zugreifen, ohne jedesmal den Typ anzupassen. In *RunCB()* wird dies zwar nur einmal gemacht, aber man kann es als nützlichen Programmierstil ansehen, die passende lokale Variable für *client_data* in den Callbacks zu definieren.

Der Text eines *Text*-Widgets kann mit der Funktion *XmTextGetString()* ermittelt werden. Als Parameter wird dieser Funktion das *Text*-Widget übergeben. In *RunCB()* ist es das Widget aus *form_data->program_text_widget*. Der Speicherplatz des ermittelten Strings wird von der Routine *XmTextGet-String()* reserviert. Er muß vom Aufrufer wieder freigegeben werden. Dies geschieht dann auch am Ende der Callback-Routine, wenn der String nicht mehr benötigt wird. Die Routine *XmTextGetString()* und andere Routinen zum *Text*-Widget werden in Abschnitt 7.7 genauer erläutert.

Die Routine *system()* startet das neue Programm, dessen Name als Parameter übergeben wird. Wie bei der Eingabe in eine Betriebssystem-Shell wird der Parameter-String als Kommando interpretiert und ausgeführt. *system()* kehrt erst dann wieder zurück, wenn das angegebene Kommando beendet ist. Die Programmkontrolle befindet sich während dieser Zeit in der Callback-Routine *RunCB()* und nicht in der Event-Schleife. Treffen nun Events ein, zum Beispiel, weil der Benutzer einen Button betätigt oder weil der Formularinhalt neu gezeichnet werden muß, so kann das X-Toolkit seine Aufgaben nicht erledigen. Erst wenn die Callback-Routine beendet wird, können die angefallenen Events verarbeitet werden. Für den Benutzer ist es oft überraschend, daß dann plötzlich Kommandos ausgeführt werden, die erst gar nicht funktionieren wollten. Im allgemeinen sollten Callback-Routinen nur eine kurze Zeit für ihre Ausführung benötigen, damit das Toolkit nicht blockiert wird. Im Programm *soft* läßt sich das dadurch erreichen, daß das neue Programm im Hintergrund gestartet wird. Die Routine *system()* kehrt dann unmittelbar nach dem Starten des Prozesses wieder zurück. In anderen Fällen ist es oft nicht so einfach, die Laufzeit der Callback-Routinen klein zu halten.

Damit das Programm im Hintergrund abgearbeitet wird, muß an den Programmnamen das Zeichen **&** gehängt werden. Dazu wird mit *XtMalloc()* ein genügend großer Speicherplatz geschaffen. Der Speicherplatz muß beide Strings aufnehmen können und zusätzlich das Zeichen für String-Ende. Am Ende der Callback-Routine werden die Speicherplätze der Strings mit *XtFree()* freigegeben.

Die Callback-Routinen für die anderen Kommandos sind nach dem gleichen Muster aufgebaut. Als erstes wird ein String zusammengebastelt, der dann mit *system()* ausgeführt wird. Die Strings für die *system()*-Aufrufe haben den folgenden Aufbau:

RunCB: <program>&
MakeCB: <compile> <program> <program_text>
EditCB: xterm -e vi <program_text>&
RemoveCB: rm <program>.

In spitzen Klammern sind jeweils die Werte aus den *Text*-Widgets angedeutet. Die Routinen *MakeCB()*, *EditCB()* und *RemoveCB()* seien hier der
Vollständigkeit halber aufgelistet:

```
/*
 * In "MakeCB" wird der C-Compiler in einem Shell-Script aufgerufen.
 * Quelltext und Programmname sind Parameter des Scripts.
 */

static void MakeCB(button, client_data, call_data)
   Widget  button;
   caddr_t client_data;
   caddr_t call_data;
{
   FormData *form_data = (FormData *) client_data;
   char     *system_string;
   char     *compile;
   char     *program;
   char     *program_text;

   compile = XmTextGetString(form_data->compile_text_widget);
   program = XmTextGetString(form_data->program_text_widget);
   program_text = XmTextGetString(form_data->source_text_widget);

   system_string = (char *) XtMalloc(strlen(compile) +
                                     strlen(program) +
                                     strlen(program_text) + 3);
   strcpy(system_string, compile);
   strcat(system_string, " ");
   strcat(system_string, program);
   strcat(system_string, " ");
   strcat(system_string, program_text);

   system(system_string);

   XtFree(compile);
   XtFree(program);
   XtFree(program_text);
   XtFree(system_string);

   printf("Uebersetzung beendet\n");
}

/*
 * "RemoveCB" loescht das ausfuehrbare Programm.
 */

static void RemoveCB(button, client_data, call_data)
   Widget  button;
   caddr_t client_data;
```

```c
   caddr_t call_data;
{

   FormData *form_data = (FormData *) client_data;
   char     *system_string;
   char     *program;

   program = XmTextGetString(form_data->program_text_widget);

   system_string =
     (char *) XtMalloc(strlen("rm ") + strlen(program) + 1);
   strcpy(system_string, "rm ");
   strcat(system_string, program);

   system(system_string);

   XtFree(program);
   XtFree(system_string);
}

/*
 * "EditCB" ruft eine Terminal-Emulation mit dem Editor "vi" auf.
 */

static void EditCB(button, client_data, call_data)
   Widget  button;
   caddr_t client_data;
   caddr_t call_data;
{

   FormData *form_data = (FormData *) client_data;
   char     *system_string;
   char     *source;

   source = XmTextGetString(form_data->source_text_widget);

   system_string = (char *) XtMalloc(strlen("xterm -e vi ") +
                                     1 /* strlen("&") */ +
                                     strlen(source) + 1);
   strcpy(system_string, "xterm -e vi ");
   strcat(system_string, source);
   strcat(system_string, "&");

   system(system_string);

   XtFree(source);
   XtFree(system_string);
}
```

Wie beim Beispiel „Hello World" in Abschnitt 6.9 besteht die Callback-Routine des Exit-Buttons nur aus dem Aufruf der Routine *exit()*, mit dem der Prozeß beendet wird.

```
/*
 * "ExitCB" beendet den Prozess.
 */

static void ExitCB(button, client_data, call_data)
   Widget  button;
   caddr_t client_data;
   caddr_t call_data;
{
   exit(0);
}
```

Am Beispiel des Programms *soft* sollen noch einmal die Benutzeraktivitäten mit dem Kontrollfluß des X-Toolkits in Verbindung gebracht werden. Was geschieht eigentlich intern, wenn man mit dem Programm *soft* arbeitet?

Nachdem das Programm aufgerufen wurde, wird das Toolkit initialisiert und die Verbindung zum X-Server aufgebaut. Dabei werden die Ressourcen-Files gelesen und intern abgespeichert. Wenn man die Widgets des Formulars erzeugt, existiert die interne Ressourcen-Datenbasis bereits. Ressourcen werden nur beim Programmstart eingelesen. Das Toolkit benutzt sie während des gesamten Programmablaufs, auch wenn später neue Formulare erzeugt werden. Mit dem Erzeugen der Widgets ist das Formular in Form von internen Datenstrukturen aufgebaut. Erst in der Event-Schleife des X-Toolkits wird das Formular auf dem Bildschirm sichtbar. Jetzt kann der Benutzer mit Hilfe des Formulars das Programm bedienen.

Ändert er den Text in einem *Text*-Widget, so wird dies nur lokal im X-Toolkit registriert. Erst wenn der Benutzer einen Kommando-Button drückt, werden die Texte aus den *Text*-Widgets gelesen und verarbeitet. Hat der Benutzer einen falschen Dateinamen eingegeben, so wird erst jetzt der Fehler bemerkt. Da die Callback-Routinen mit dem Aufruf von *system()* neue Prozesse erzeugen, werden Fehlermeldungen von diesen Prozessen ausgegeben.

Damit ist das Programm *soft* fertig. Später wird dieses Beispiel noch ergänzt, um weitere Probleme und Lösungsmöglichkeiten beim Programmieren von grafischen Oberflächen zu demonstrieren. Vorher sollen jedoch einige Widget-Klassen etwas genauer beschrieben werden.

7.2 Allgemeines zur Beschreibung von Widget-Klassen

Die verschiedenen Ressourcen der Widget-Klassen machen den größten Anteil bei der folgenden Beschreibung aus. Es ist wichtig, daß man eine ungefähre Vorstellung davon bekommt, was die einzelnen Widgets leisten können und welche Veränderungen man mit den Ressourcen erreichen kann.

Am besten probiert man deshalb die Ressourcen an einem einfachen Programm aus. Dabei kann das Hauptprogramm aus dem Beispiel „Software-Entwicklung" (S. 155) verwendet werden. Die Routine *CreateForm()* erzeugt

einfach ein Widget der gerade beschriebenen Widget-Klasse. Die Ressourcen setzt man dann im Ressourcen-File auf die verschiedenen Werte. Für ein
einzelnes *Label*-Widget sieht *CreateForm()* wie folgt aus:

```
/*
 * "CreateForm" erzeugt ein einzelnes Label-Widget.
 */

void CreateForm(parent)
   Widget parent;
{
   XtCreateManagedWidget("label", xmLabelWidgetClass,
                         parent, NULL, 0);
}
```

Behält man das Hauptprogramm bei, so kann man die Ressourcen in die Datei
Soft eintragen, so wie es auch in den vorhergehenden Abschnitten beschrieben
ist. Zu fast jeder Klasse gibt es eine sogenannte *Convenience-Function* zum
Erzeugen eines Widgets der Klasse. Diese kann anstatt *XtCreateWidget()*
benutzt werden. Allerdings muß dann immer *XtManageChild()* extra aufgerufen werden, denn die von den Convenience-Functions erzeugten Widgets
sind nicht gemanagt. Alle Convenience-Functions haben die gleichen Parameter. Sie unterscheiden sich nur im Namen. Für ein *Label*-Widget heißt die
Convenience-Function *XmCreateLabel()*.

Widget XmCreateLabel(Widget parent, String name, ArgList arglist,
                     Cardinal argcount)
parent   Parent-Widget des neuen *Label*-Widgets
name   Name des neuen *Label*-Widgets
arglist   Ressourcen-Liste für das neue *Label*-Widget
argcount Anzahl der Elemente in der Ressourcen-Liste *arglist*.

Bei den folgenden Klassenbeschreibungen werden der Name der Klasse, der
Klassenzeiger, das Include-File der Klasse, die Superklassen und die Conven-
ience-Functions zum Erzeugen stets ohne weitere Erläuterungen aufgelistet.
Die Bedeutung ist für alle Klassen gleich:

Klassenname: *XmLabel*
Klassenzeiger: *xmLabelWidgetClass*
Include-File: *Xm/Label.h*
Superklassen: *Core, XmPrimitive*
Convenience: *XmCreateLabel()*

In den folgenden Abschnitten wird zuerst eine Reihe von Dialogobjekten beschrieben. Im Anschluß daran werden zwei wichtige Layout-Widgets erläutert:
die Klassen *XmRowColumn* und *XmForm*. Abbildung 7.7 zeigt die Klassenhierarchie der Dialogobjekte, die in diesem Kapitel detailliert vorgestellt werden.

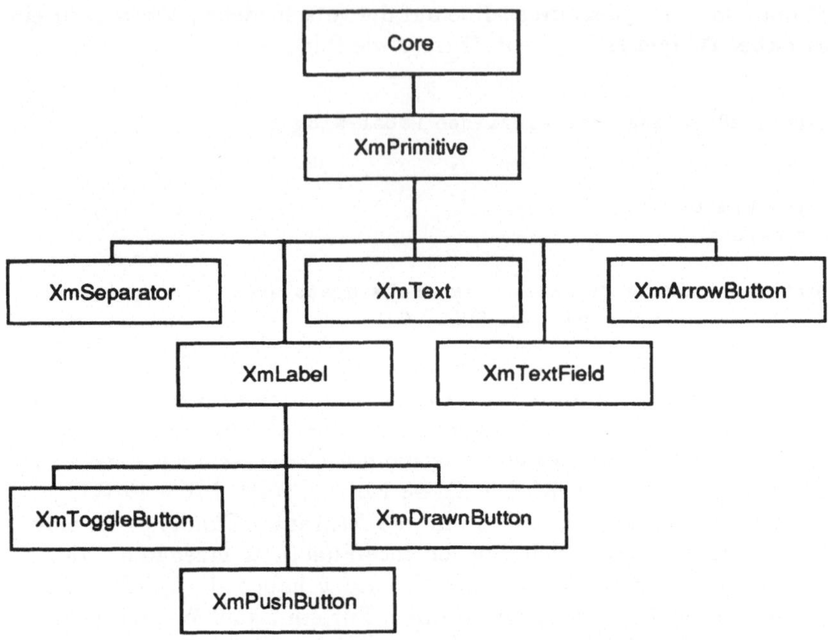

Abb. 7.7 Klassenhierarchie einiger Dialogobjekte

7.3   Geometrie und Farben der Dialogobjekte

In der Klassenhierarchie der Dialogobjekte, wie sie in Abb. 7.7 gezeigt wird,
sind die Klassen *Core* und *XmPrimitive* eigentlich nur Hilfskonstruktionen.
Als *Metaklassen* stellen sie eine Anzahl von Eigenschaften zur Verfügung,
die aber erst bei ihren Subklassen richtig zum Einsatz kommen. In „normalen" Programmen werden keine Widgets der Klassen *Core* oder *XmPrimitive*
benutzt. Allerdings sind die Ressourcen dieser beiden Klassen für alle Dialogobjekte relevant.

Während die Klasse *XmPrimitve* bereits zum Motif-Toolkit gehört, rechnet
man die Klasse *Core* zu den X-Toolkit-Intrinsics. In der Klasse *Core* werden
die wichtigsten geometrischen Eigenschaften eines Widget festgelegt, die für
alle Widget-Klassen – auch für Layout-Widgets – von Bedeutung sind. Hierzu
gehören die Ressourcen:

XmNx: x-Position im Parent-Widget
XmNy: y-Position im Parent-Widget
XmNwidth: Breite des gesamten Widgets
XmNheight: Höhe des gesamten Widgets
XmNborderWidth: Breite des Window-Rahmens.

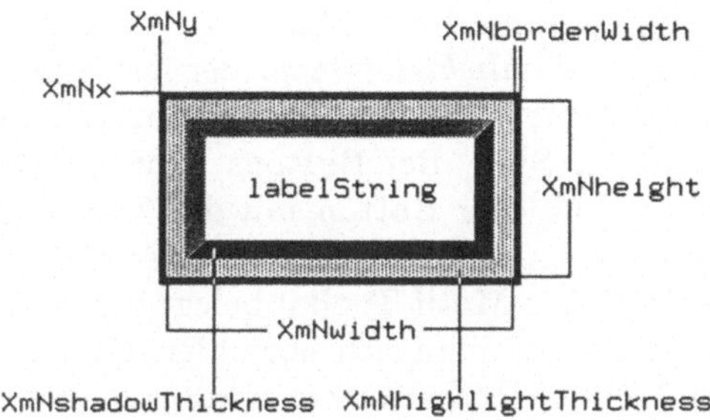

Abb. 7.8 Der geometrische Aufbau eines Dialogobjektes

In Abb. 7.8 sind die aufgelisteten Ressourcen eingezeichnet. *XmNwidth* und
XmNheight legen die Größe des Windows fest, das dem Widget zugrunde
liegt. Um das Window kann mit *XmNborderWidth* ein *Window-Rahmen*
gelegt werden. Die Eigenschaften eines Windows übertragen sich hier auf
die Widgets. Die Xlib-Schnittstelle legt fest, daß die Breite und Höhe den
inneren Teil eines Windows bestimmen. Die x- und y-Position, mit denen
ein Window in einem Parent-Window plaziert wird, beziehen sich allerdings
auf das Window mit Rahmen. Die volle Breite eines Widgets ist also durch
XmNwidth und zweimal *XmNborderWidth* festgelegt.

Probiert man die Ressource *XmNborderWidth* bei einem Widget aus, das
das Kind einer Shell ist, so zeigt sich keinerlei Reaktion. Ein Shell-Widget ist
immer so groß, daß nur der innere Teil seines Kindes sichtbar ist. Damit wird
der Window-Rahmen des Kindes verdeckt. Will man trotzdem einen Rahmen
um ein Formular haben, so kann man die Ressource *XmNborderWidth* beim
Shell-Widget setzen. Bei fast allen Widgets ist der Default-Wert für die Ressource *XmNborderWidth 0*. Die volle Ausdehnung des Widgets ist dann allein
durch die Ressourcen *XmNwidth* und *XmNheight* festgelegt. Außerdem wird
man sehen, daß es innerhalb der Window-Fläche noch „genügend" andere
Rahmen gibt.

In einem Formular werden die Position und die Größe eines Widgets auch
vom jeweiligen Parent-Widget beeinflußt. Layout-Widgets sind für das gesamte Layout verantwortlich und müssen Position und Größe eines Widgets mit denen der anderen Kinder in Einklang bringen. Beim *RowColumn-*
Widget ist dies in den bisherigen Beispielen vielleicht schon deutlich geworden. Bei der detaillierten Besprechung der Layout-Widgets wird dieser Aspekt
noch einmal klar werden.

Die Klasse *XmPrimitive* ist ein Vorfahr aller Dialogobjekte im Motif-Toolkit. Deshalb werden Dialogobjekte auch Primitive-Widgets genannt. Mit den
Ressourcen der Klasse *XmPrimitive* kann man verschiedene Rahmen innerhalb eines Dialogobjektes konfigurieren. In Abb. 7.8 sind die Rahmen bereits

eingezeichnet. Die Rahmen geben einem Widget ein „schönes" Aussehen und zeigen durch Farbwechsel den internen Zustand des Widgets an.

Den äußeren der Rahmen nennt man *Highlight-Rahmen*, der bei einigen Widgets durch Farbwechsel den Eintritt mit dem Maus-Cursor anzeigt. Für *Label*-Widgets macht das keinen rechten Sinn. Bei Buttons kann es aber sehr hilfreich sein, wenn angezeigt wird, welcher Button mit der Maustaste ausgelöst werden kann. Mit der Ressource *XmNhighlightThickness* wird die Breite des Highlight-Rahmens festgelegt. Das Motif-Toolkit belegt diese Ressource mit geeigneten Default-Werten, so daß man sich normalerweise nicht darum kümmern muß. Im Abschnitt 7.5 über Push-Buttons wird noch einiges mehr zur Funktion des Highlight-Rahmens beschrieben.

Innerhalb des Highlight-Rahmens befindet sich ein Rahmen, der als Schatten um den „eigentlichen Inhalt" des Widgets interpretiert werden kann. Der *Shadow-Rahmen* ist wohl eine der markantesten Eigenschaften von Motif-Widgets. Bei geeigneter Wahl der Farben des Rahmens ergibt sich ein 3-D-Effekt: Flächen treten optisch hervor oder zurück. Man muß sich eine Lichtquelle vorstellen, die sich oben links vom Bildschirm befindet. Trifft das Licht auf eine „Erhöhung", so ist der linke und der obere Rand der Erhöhung beleuchtet, und die andere Seite liegt im Schatten. Um eine Erhöhung darzustellen, muß also der obere Teil des Shadow-Rahmens heller sein als der untere. Bei einer Vertiefung ist es genau andersherum. Normalerweise werden Buttons als Erhöhung dargestellt und *Text*-Widgets als Vertiefung.

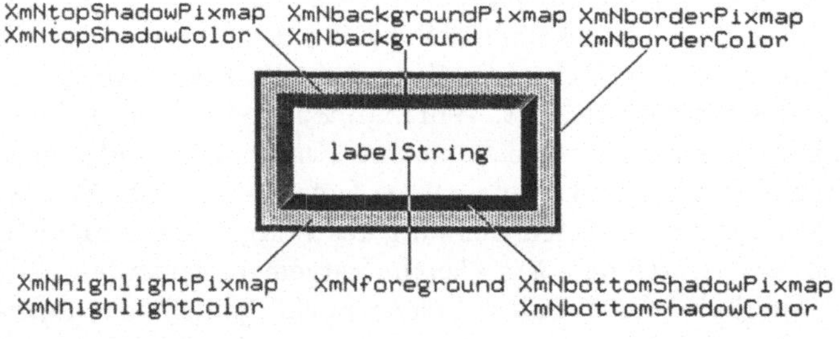

Abb. 7.9 Ressourcen für die Farben in einem Dialogobjekt

Die Farben für die verschiedenen Rahmen kann man mit Ressourcen setzen. Abbildung 7.9 zeigt die entsprechenden Ressourcen-Namen. Damit sich ein „schöner" 3-D-Effekt ergibt, berechnet das Motif-Toolkit einige Farbwerte selbst. Wenn die Hintergrundfarbe neu festgelegt wird, werden daraus die Vordergrund- und die Schattenfarben automatisch neu berechnet. Dies geschieht aber nur beim Erzeugen eines Widgets. Spätere Änderungen beeinflußen die anderen Farbwerte nicht mehr. Auf einem Schwarz-Weiß-

Bildschirm werden Farben durch Pixmaps nachempfunden. Die Flächen werden mit einem Muster gefüllt. Das Motif-Toolkit stellt einige Standard-Pixmaps zur Verfügung, deren Namen man einfach in ein Ressourcen-File einsetzen kann. Diese sind:

background: Pixmap mit der aktuellen Hintergrundfarbe
25_foreground: Pixmap mit 25 % Vordergrundfarbe und 75 % Hintergrundfarbe
50_foreground: Pixmap mit 50 % Vordergrundfarbe und 50 % Hintergrundfarbe
75_foreground: Pixmap mit 75 % Vordergrundfarbe und 25 % Hintergrundfarbe
horizontal: Pixmap mit zweifarbigen horizontalen Linien
vertical: Pixmap mit zweifarbigen vertikalen Linien
slant_right: Pixmap mit zweifarbigen schrägen Linien
slant_left: Pixmap mit zweifarbigen schrägen Linien.

Abbildung 7.10 zeigt die Muster mit der Vordergrundfarbe „schwarz" und der Hintergrundfarbe „weiß". Die Muster sind in der gleichen Reihenfolge abgebildet, in der sie oben aufgelistet sind. Die Hintergrundfarbe wird normalerweise der Ressource *XmNbackground* entnommen. Die Vordergrundfarbe ergibt sich dagegen aus der Verwendung des Pixmaps. Wird das Pixmap für den oberen Schattenteil eingesetzt, dann wird die Ressource *XmNtopShadow-Color* als Vordergrundfarbe des Pixmaps benutzt. Beim Highlight-Rahmen bestimmt *XmNhighlightColor* die Vordergrundfarbe. Soll der Rahmen einfarbig sein, also nicht mit einem Muster gefüllt werden, dann muß die entsprechende Ressource für das Pixmap mit *NULL* besetzt sein.

Abb. 7.10 Standard-Pixmaps im Motif-Toolkit

Die Namen der Standard-Pixmaps kann man direkt als Wert ins Ressourcen-File eintragen. Für die Farb-Ressourcen können Farbnamen ins Ressourcen-File eintragen werden, zum Beispiel *blue*, *green*, *white* oder *black*. Auf einen Schwarz-Weiß-Bildschirm machen natürlich nur die Farben *black* und *white* Sinn. Wie in Abschnitt 5.5 bereits erwähnt wurde, findet man die möglichen Farben im File „rgb.txt".
Wenn Farb-Ressourcen im Quelltext festgelegt werden sollen, muß man Pixel-Werte angeben. Wie die Pixel-Werte auf Farben abgebildet werden, bedarf einer umfangreichen Erläuterung. Im Kapitel 9 über Grafik-Routinen wird das Thema detailliert besprochen. Normalerweise sollte aber dem Benutzer die Möglichkeit gegeben werden, eigene Farben zu wählen. Dann dürfen die Farb-Ressourcen nicht im Quelltext des Programms festgelegt werden.

7.4 Das *Label*-Widget

Als erste Klasse, die nicht nur als „Erbklasse" gebraucht wird, soll *XmLabel* genauer vorgestellt werden. Ein *Label*-Widget ist wohl eines der einfachsten Dialogobjekte, die man sich vorstellen kann. Es dient nur zur Anzeige eines Textes oder Bildes. Die Eigenschaften des *Label*-Widgets werden von vielen Subklassen übernommen, so daß die Klasse *XmLabel* von zentraler Bedeutung im Motif-Toolkit ist.

Für den Text des *Label*-Widgets gibt es die Ressource *XmNlabelString* und für das Bild *XmNlabelPixmap*. Dabei bestimmt *XmNlabelType*, welche der beiden zum Zuge kommt. Daneben gibt es einige andere Ressourcen, die innerhalb der Rahmen, die bereits im letzten Abschnitt beschrieben wurden, die genaue Lage des Textes oder Bildes festlegen.

7.4.1 Compound-Strings im *Label*-Widget

Mit der Ressource *XmNlabelType* wird angegeben, ob das *Label*-Widget einen Text – String – oder ein Bild – Pixmap – anzeigen soll. Dazu muß eine der beiden Konstanten *XmSTRING* oder *XmPIXMAP* angegeben werden. Gibt man *XmSTRING* an – dies ist der Default-Wert –, so wird der Text der Ressource *XmNlabelString* entnommen. Ist dieser Wert *NULL*, dann wird der Name des Widgets angezeigt.

Wie man einen Text im Ressourcen-File angeben kann, wurde bereits mehrmals beschrieben. Soll der Text aber im Programm festgelegt werden, dann müssen erst spezielle Routinen aufgerufen werden, die einen sogenannten *Compound-String* erzeugen. Das Beispiel „Hello World" in Abschnitt 6.1 hat bereits einen Compound-String benutzt. Viele Ressourcen im Motif-Toolkit haben Compound-Strings als Werte. Wie der Namen schon sagt, ist ein Compound-String aus mehreren Komponenten zusammengesetzt. Jede Komponente enthält einen Text, die Schreibrichtung – normalerweise von links nach rechts – und einen Font, mit dem der Text geschrieben wird. Der Text in einem *Label*-Widget kann also aus mehreren Komponenten mit unterschiedlichen Fonts bestehen.

Es gibt eine große Anzahl von Routinen, die sich auf Compound-Strings beziehen. Nur die wichtigsten sollen hier angesprochen werden. Im Beispiel „Hello World" wurde die Routine *XmStringCreate()* benutzt. Sie wandelt einen normalen C-String in einen Compound-String um, der eine Komponente enthält. Neben dem C-String muß ein weiterer Parameter für den Font angegeben werden. Dabei wird ein Font aus einer Font-Liste ausgewählt. Weiter unten wird gezeigt, wie man Font-Listen angibt und benutzt.

*XmString XmStringCreate(char *text, XmStringCharSet charset)*
text   ein String, der mit '\0' abgeschlossen ist
charset Dieser String wird benutzt, um in der aktuellen Font-Liste einen Font
          auszuwählen. Es kann die Konstante *XmSTRING_DEFAULT_CHARSET*
          eingesetzt werden.

XmStringCreate() hat einen Nachteil: Will man Texte mit mehreren Zeilen
darstellen, so muß für jede Zeile eine eigene Komponente geschaffen werden.
Im Gegensatz zu *XmStringCreate()* interpretiert *XmStringCreateLtoR()* das
Zeichen '\n' als Zeilenumbruch und legt automatisch eine neue Komponente
an. Die Endung des Names – „LtoR" – zeigt, daß die Schreibrichtung von links
nach rechts ist, wie's in Abendland üblich ist. Will man von rechts nach links
schreiben, muß der Compound-String mit *XmStringSegmentCreate()* erzeugt
werden. *XmStringSegmentCreate()* ist allerdings eine „Low-Level"-Routine,
die nicht sehr oft benutzt wird.

*XmString XmStringCreateLtoR(char *text, XmStringCharSet charset)*
text   ein String, der mit '\0' abgeschlossen ist
charset Dieser String wird benutzt, um in der aktuellen Font-Liste einen Font
          auszuwählen. Es kann die Konstante *XmSTRING_DEFAULT_CHARSET*
          eingesetzt werden.

Alle Erzeugungsroutinen wandeln einen „einfachen" String, wie er normalerweise in der Programmiersprache C angegegeben wird, in einen Compound-
String um. Sie reservieren internen Speicherplatz für die gelieferte Datenstruktur. Der Speicherplatz muß vom Aufrufer wieder freigegeben werden.
Dies geschieht mit der Routine *XmStringFree()*.

*void XmStringFree(XmString *string)*
string der Compound-String, der freigegeben werden soll.

Die folgende Routine *CreateForm()* versieht ein *Label*-Widget mit mehrzeiligem Text:

```
/*
 * "CreateForm" erzeugt ein Label-Widget mit einem im Programm
 * festgelegten Text.
 */

void CreateForm(parent)
   Widget parent;
{
   Arg       arg[1];
   Cardinal n;
   XmString label_string;

   /* Ein Label-Widget benoetigt einen Wert vom Typ "XmString". Ein
      normaler C-String muss erst konvertiert werden. */

   label_string = XmStringCreateLtoR("Ein fester Text\nim\nProgramm",
                             XmSTRING_DEFAULT_CHARSET);
   n = 0;
   XtSetArg(arg[n], XmNlabelString, label_string); n++;
   XtCreateManagedWidget("label", xmLabelWidgetClass, parent, arg, n);
```

```
/* Der Compound-String wurde im Label-Widget kopiert, der
   Speicherplatz kann also wieder freigegeben werden */

XmStringFree(label_string);
}
```

Dem *Label*-Widget wird der Compound-String als Ressourcen-Wert übergeben. Das Widget erzeugt eine private Kopie davon. Deshalb kann der String *label_string* später wieder freigegeben werden.

Den Font, mit dem ein Label-Text dargestellt wird, kann man mit der Ressource *XmNfontList* festlegen. Im Motif-Toolkit wird ein Font nicht direkt angegeben, sondern mit Hilfe einer *Font-Liste* bestimmt. Jedes Element einer Font-Liste enthält einen Font und einen symbolischen Namen. Dieser symbolische Name ist nicht identisch mit dem eigentlichen Namen des Fonts. Er ist praktisch die Addresse des Fonts in der Liste.

Beim Erzeugen eines Compound-Strings wird der symbolische Name des Fonts mit dem Parameter *charset* angegeben. Der Datentyp *XmStringCharSet* ist eigentlich ein String, entspricht also dem Typ *char**. Im aufgelisteten Beispiel wird für *charset* die Konstante *XmSTRING_DEFAULT_CHARSET* angegeben. Diese referiert den Default-Font, der normalerweise der erste Font in der aktuellen Font-Liste ist. Eine Font-Liste mit einem Element kann man einfach wie folgt im Ressourcen-File angeben:

```
Soft.label.fontList: 9x15
```

In den meisten Fällen reicht es aus, nur einen Font in die Font-Liste aufzunehmen. Mit dem *charset XmSTRING_DEFAULT_CHARSET* wird dann auch dieser Font benutzt. Eine Liste mit mehreren Fonts kann man so festlegen:

```
Soft.label.fontList: 6x10=smallFont, 9x15=bigFont
```

Die Strings *6x10* und *9x15* sind die eigentlichen Font-Namen, wie sie in Abschnitt 5.6 beschrieben sind. Jedem Font wird mit „smallFont" und „bigFont" ein symbolischer Name zugeordnet. Trägt man in der Routine *XmStringCreateLtoR()* als zweiten Parameter den String *bigFont* anstatt *XmSTRING_DEFAULT_CHARSET* ein, so wird der Font *9x15* benutzt.

Die nächste Version der Routine *CreateForm()* setzt den Label-Text aus zwei Compound-Strings zusammen. Jeder einzelne Compound-String wird mit *XmStringCreateLtoR()* erzeugt und dann mit *XmStringConcat()* zusammengesetzt. *XmStringConcat()* liefert einen neuen Compound-String, der den Inhalt der beiden Teil-Strings übernimmt.

*XmString XmStringConcat(XmString *s1, XmString *s2)*
s1 der vordere Teil des neuen Strings
s2 der hintere Teil des neuen Strings.

```
/*
 * "CreateForm" erzeugt ein Label mit einem Text, der mit zwei
 * verschiedenen Fonts geschrieben wird.
 */

void CreateForm(parent)
   Widget parent;
{
   Arg       arg[1];
   Cardinal n;
   XmString part1;
   XmString part2;
   XmString label_string;

   /* Der Text "part1" wird mit dem Font geschrieben, der in der
      Font-Liste unter dem Namen "smallFont" eingetragen ist und
      "part2" mit einem Font, der mit "bigFont" angegeben werden
      muss. */

   part1 = XmStringCreateLtoR("Ein fester Text\nim\n", "smallFont");
   part2 = XmStringCreateLtoR("Programm", "bigFont");
   label_string = XmStringConcat(part1, part2);

   n = 0;
   XtSetArg(arg[n], XmNlabelString, label_string); n++;
   XtCreateManagedWidget("label", xmLabelWidgetClass, parent, arg, n);

   /* Das Label-Widget haelt eine private Kopie von "label_string".
      Deshalb koennen alle erzeugten Compound-Strings wieder
      freigegeben werden. */

   XmStringFree(part1);
   XmStringFree(part2);
   XmStringFree(label_string);
}
```

Im Beispiel unterscheiden sich die beiden Strings nicht nur im Text, sondern auch im Parameter *charset*. Der erste Teil wird mit dem Font *smallFont*, der zweite mit *bigFont* geschrieben. Diese beiden Namen müssen in der Font-Liste des *Label*-Widgets vorhanden sein. Ansonsten wird der Default-Font benutzt. Abbildung 7.11 zeigt das *Label*-Widget mit den zwei verschiedenen Fonts.

Font-Listen kann man auch im Programm erzeugen. Dazu stellt Motif die Routine *XmFontListCreate()* zur Verfügung. Mit *XmFontListAdd()* kann die Liste vergrößert werden, und mit *XmFontListFree()* wird die Liste wieder zerstört. Auch eine Font-Liste wird im Widget noch einmal kopiert und kann wieder freigegeben werden, wenn sie nicht anderweitig benötigt wird. Normalerweise wird man eine Font-Liste aber im Ressourcen-File festlegen.

Abb. 7.11 Ein Label-Text mit zwei verschiedenen Fonts

Es gibt eine ganze Reihe weiterer Routinen, die mit Compound-Strings zusammenhängen. Eine genaue Erklärung aller Routinen würde hier zu weit führen. In den meisten Anwendungen reicht auch eine Umwandlung von C-Strings in Compound-Strings, und dazu kann das obige Beispiel einfach abgetippt werden. In der Motif-Version 1.1 gibt es noch die vereinfachte Funktion *XmStringCreateSimple()*, bei der immer der Standard-Font benutzt wird und deshalb der zweite Parameter wegfällt.

*XmString XmStringCreateSimple(char *text)*
text   ein String, der mit '\0' abgeschlossen ist.

Mit anderen Routinen kann man Compound-Strings zusammensetzen, auslesen, vergleichen und kopieren. Wichtig ist noch die Routine *XmStringGetLtoR()*, mit der man auf den Text einer Komponente, also den C-String, zugreifen kann. Die Routine liefert den Wert *True*, wenn ein String erfolgreich ermittelt werden konnte:

*Boolean XmStringGetLtoR(char *string, XmStringCharSet charset, char **text)*
string der Compound-String, aus dem der Text einer Komponente ermittelt
         werden soll
charset Die Komponente muß als Font den symbolischen Namen *charset* haben.
         Wenn es keine Komponente mit diesem Font gibt, liefert
         XmStringGetLtoR() False. XmSTRING_DEFAULT_CHARSET ist als
         Wert erlaubt.
text   enthält nach erfolgreichem Aufruf einen Zeiger auf einen C-String. Der
         Speicherplatz wird intern reserviert. Der Aufrufer muß ihn mit *XtFree()*
         wieder freigeben.

Eine etwas undurchsichtige Geschichte im Zusammenhang mit Compound-Strings soll hier noch erwähnt werden: Ermittelt man einen Compound-String mit *XtGetValues()*, so sollte, laut Dokumentation, eigentlich eine Kopie des Compound-Strings geliefert werden. Die Kopie müßte mit *XmStringFree()* freigegeben werden. Leider hat man bei einigen Ressourcen vergessen, eine Kopie zu erzeugen, und der Aufruf von *XmStringFree()* führt zu Speicherfehlern. Die bisher bekannten Stellen sind:

XmBulletinBoard:	*XmNdialogTitle*
XmFileSelectionBox:	*XmNdirectory, XmNnoMatchString*
XmRowColumn:	*XmNlabelString*
XmList	*XmNitems, XmNselectedItems*
XmScale:	*XmNtitleString*

In der Dokumentation ist keine vollständige Liste angegeben. Man kann nur empfehlen, möglichst selten die Routine *XtGetValues()* anzuwenden. Etwas eigenartig ist auch, daß *XtGetValues()* bei anderen Ressourcen, deren Werte als Zeiger übergeben werden, zum Beispiel bei C-Strings, keine Kopie erzeugt.

7.4.2   Bilder im *Label*-Widget

Nun zu den Bildern in einem *Label*-Widget. Wenn man *XmPIXMAP* als Wert für *XmNlabelType* angibt, wird das zugehörige Bild der Ressource *XmNlabel-Pixmap* entnommen. Im Ressourcen-File können diese Ressourcen gesetzt werden:

```
Soft.label.labelType:PIXMAP
Soft.label.labelPixmap: label.bm
```

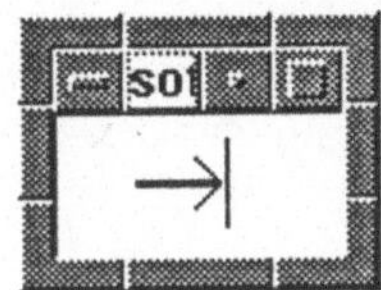

Abb. 7.12 Ein *Label*-Widget mit einem Pixmap

Abbildung 7.12 zeigt das Resultat der letzten Einträge im Ressourcen-File. Mit dem Label-Typ *PIXMAP* erwartet das *Label*-Widget ein Pixmap. Ein Pixmap kann man im Ressourcen-File mit einem Namen angeben. Es muß der Name einer Datei mit einer Pixmap-Beschreibung sein. Wie bei Ressourcen-Files gibt es auch für Pixmap-Dateien eine Liste von Suchpfaden, in denen die Dateien gesucht werden. Diesen Suchpfad kann man mit Hilfe der Environment-Variablen *XBMLANGPATH* setzen. Wenn diese Variable nicht gesetzt ist, wird unter anderem im aktuellen, im Home-Directory und in *$HOME/bitmaps* gesucht. Am einfachsten legt man ein eigenes Directory mit dem Namen „bitmaps" im Home-Directory an, in das dann die Pixmap-Dateien kommen. In den Motif-Versionen vor 1.1 hat dieser Suchmechanismus nicht immer funktioniert. In dem Fall mußte ein vollständiger Pfadname oder ein Name relativ zum aktuellen Directory angeben werden.

Mit dem Standard-Programm *bitmap* kann man eine Pixmap-Beschreibung erzeugen. Das Programm wird mit einem File-Namen und der Größe des neuen Bitmaps aufgerufen. Will man ein Bitmap erstellen, das die Größe 32 mal 32 Pixel hat und das in das File *label.bm* abgespeichert werden soll, so muß man das Programm wie folgt aufrufen:

```
bitmap label.bm 32x32
```

Abbildung 7.13 zeigt das Fenster des *bitmap*-Programms. Durch Klicken mit der linken Maustaste in das linke Rasterfeld werden Pixel gesetzt, mit der rechten Maustaste wieder gelöscht.

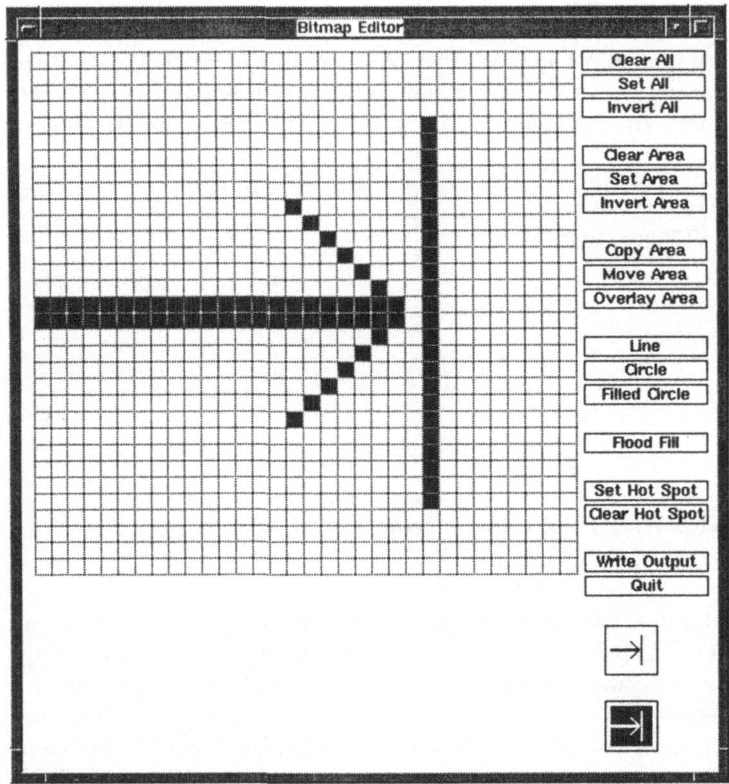

Abb. 7.13 Der Editor *bitmap*.

Es ist sicherlich aufgefallen, daß im letzten Teil von Bitmaps statt Pixmaps gesprochen wurde. Ein Bitmap ist ein Pixmap mit nur zwei möglichen Farben. Auf einem Farbbildschirm wandeln interne Routinen des Motif-Toolkits ein Bitmap in ein passendes Pixmap um. Für die beiden Farben werden dann die Hinter- und Vordergrundfarbe des Widgets eingesetzt.

Soll ein Pixmap im Quelltext des Programms festgelegt werden, so kann man die Routine *XmGetPixmap()* benutzen. Diese Routine erzeugt ein Pixmap bei vorgegebenen Namen. Auf diese und andere Routinen wird in Kapitel 9, in dem es um Grafikroutinen geht, genauer eingegangen. Bei der Routine *XmGetPixmap()* findet man auch mehr Informationen zu den Suchpfaden für Pixmap-Beschreibungen. Da Bilder oft Geschmackssache sind, ist es in vielen Fällen besser, die Pixmaps im Ressourcen-File festzulegen, damit sie vom Benutzer verändert werden können.

7.4.3 Ausrichten des Label-Inhaltes

Auch für ein *Label*-Widget kann man die in Abschnitt 7.3 beschriebenen Rahmenbreiten setzen. Allerdings schaffen sie beim *Label*-Widget nur ein wenig mehr Freiraum um den Label-Inhalt. Weder der Highlight-Rahmen noch der Shadow-Rahmen werden gezeichnet. Ob sich der Maus-Cursor über einem Label befindet, hat im allgemeinen keine tiefere Bedeutung. Deshalb ist der Highlight-Rahmen überflüssig. Damit man sieht, daß ein Label nur zur Anzeige dient, und es nicht mit Buttons oder *Text*-Widgets verwechselt, hat es keinen Shadow-Rahmen. Erst bei den Subklassen von *XmLabel* treten die beiden Rahmen wirklich in Erscheinung. Beim *Label*-Widget ist der Default-Wert für die Breite dieser Rahmen *0*.

Für einen Freiraum um den Label-Inhalt stellt die Klasse *XmLabel* besondere Ressourcen zur Verfügung. Abbildung 7.14 zeigt diese Ressourcen. Da die Margin-Ressourcen ebenfalls für Subklassen von *XmLabel* gelten, sind in Abb. 7.14 auch der Highlight-Rahmen und der Shadow-Rahmen eingezeichnet.

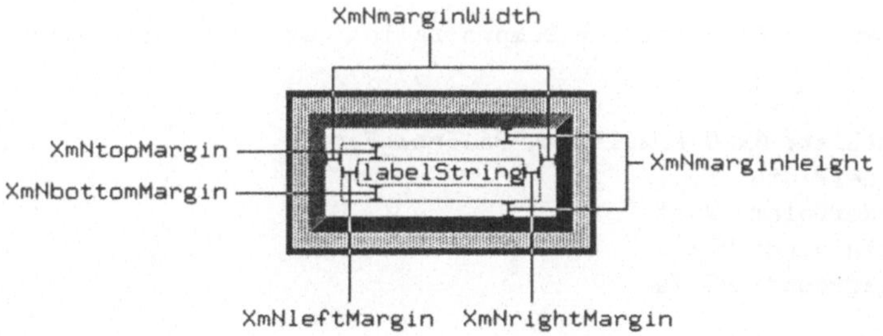

Abb. 7.14 Innerer Freiraum um den Label-Inhalt

Die Margin-Ressourcen bilden also weitere gedachte Rahmen innerhalb des Widgets. Die Breite des inneren Margin-Rahmens wird von einigen Widget-Klassen ausgenutzt, um Platz für zusätzliche Symbole – Pfeile, Markierungen in Buttons – zu schaffen. Deshalb sollte man sich damit begnügen, die Ressourcen *XmNmarginWidth* und *XmNmarginHeight* zu verändern, um ausreichend Freiraum um den Label-Inhalt zu schaffen.

Steht innerhalb der Rahmen mehr Platz zur Verfügung, als für den Inhalt – Text oder Pixmap – gebraucht wird, dann kann der Inhalt innerhalb dieses Bereichs ausgerichtet werden. Das geht allerdings nur in horizontaler Richtung. Vertikal wird immer zentriert. Zum Ausrichten dient die Ressource *XmNaligment*, die die folgenden Werte annehmen kann:

XmALIGNMENT_BEGINNING: Inhalt linksbündig ausrichten
XmALIGNMENT_CENTER: Inhalt zentrieren
XmALIGNMENT_END: Inhalt rechtsbündig ausrichten.

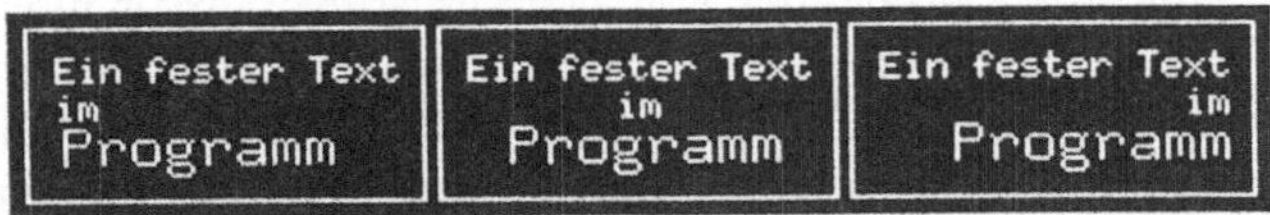

Abb. 7.15 Verschiedene Ausrichtungen eines Label-Inhaltes

Bei einem mehrzeiligen Text kann man die Wirkung des Ausrichtens gut beobachten. Abbildung 7.15 zeigt ein Formular mit einem *RowColumn*- und drei *Label*-Widgets. Das *RowColumn*-Widget hat den Namen *base*, und die Namen der *Label*-Widgets haben die Endungen *1,2,3*. Folgende Ressourcen sind für das Formular in Abb. 7.15 gesetzt:

```
!
! Ressourcen fuer das Beispiel zur Demonstration der Textausrichtung
!

Soft.base.*.fontList: 6x10=smallFont, 9x15=bigFont
Soft.base.*.borderWidth: 1
Soft.base.*.borderColor: White
Soft.base.*.background: Black
Soft.base.*.foreground: wHiTe

! Das RowColumn-Widget soll die Label-Texte NICHT selbst ausrichten

Soft.base.isAligned: False

! Die verschiedenen Ausrichtungsarten

Soft.base.label1.alignment: ALIGNMENT_BEGINNING
Soft.base.label2.alignment: ALIGNMENT_CENTER
Soft.base.label3.alignment: alignment_END
```

Beim Setzen der Ressourcen zum Ausrichten des Label-Inhaltes muß man beachten, daß das *RowColumn*-Widget auch auf diese Ressource Einfluß nimmt. Wenn dort das Flag *XmNisAligned* auf *True* gesetzt ist – das ist der Default-Wert –, dann werden alle *Label*-Widgets in der gleichen Art und Weise ausgerichtet. Das *RowColumn*-Widget bestimmt dann allein, welche Ausrichtungsart benutzt wird. Für Farben können im Ressourcen-File Namen angegeben werden. Am String *wHiTe* erkennt man, daß es dabei nicht auf Groß- oder Kleinschreibung ankommt. Man kann jedoch nicht immer Groß- und Kleinbuchstaben vertauschen. Bei den symbolischen Font-Namen, zum Beispiel *bigFont*, ist das nicht erlaubt. Bei den Konstanten für die Ausrichtungsarten kann im Ressourcen-File der Präfix „Xm" weggelassen werden.

7.4.4 Trennen mit einem *Separator*-Widget

Eine Widget-Klasse, die sehr viel Ähnlichkeit mit einem *Label*-Widget hat, ist die Klasse *XmSeparator*.

Klassenname: *XmSeparator*
Klassenzeiger: *xmSeparatorWidgetClass*
Include-File: *Xm/Separator.h*
Superklassen: *Core, XmPrimitive*
Convenience: *XmCreateSeparator()*

Ein *Separator*-Widget zeigt lediglich eine Linie an. Sie dient zur optischen Aufteilung von Formularen. Man kann mit der Ressource *XmNorientation* festlegen, ob es eine horizontale oder vertikale Linie sein soll. Die Konstanten *XmHORIZONTAL* – als Default-Wert – und *XmVERTICAL* legen dies fest. Bei horizontalen Separatoren kann mit *XmNmargin* der linke und rechte Abstand vom Rand des Parent-Widgets festgelegt werden. Im vertikalen Fall legt diese Ressource den Abstand zum oberen und unteren Rand des Widgets fest.

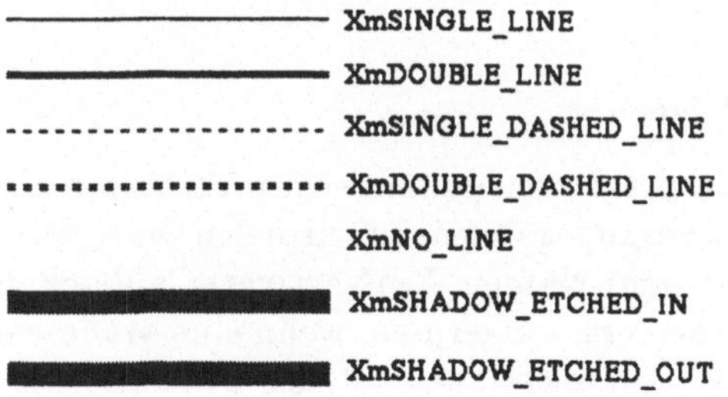

Abb. 7.16 Die möglichen Trennstriche mit den zugehörigen Konstanten für die Ressource *XmNseparatorType*.

Das *Separator*-Widget kennt verschiedene Arten von Linien, insbesondere verschiedene 3-D-Effekte. Das Aussehen bestimmt man mit der Ressource *XmNseparatorType*, deren mögliche Werte in Abb. 7.16 aufgelistet sind. *XmNseparatorType* hat den Default-Wert *XmSHADOW_ETCHED_IN*. Mit *XmNO_LINE* kann ein Freiraum ohne Linie erzeugt werden. Die Linie, die man mit *XmSHADOW_ETCHED_IN* erhält, ist farblich so gestaltet, daß sie optisch wie ein Graben in der Fläche wirkt, also eingeätzt. Der 3-D-Effekt ergibt sich nach dem gleichen Modell wie beim Schatten: Wenn man sich vorstellt, daß eine Lichtquelle oben links vom Widget existiert, dann liegt der obere Teil des Grabens im Schatten, und der untere wird angestrahlt, ist also heller. *XmSHADOW_ETCHED_OUT* wirkt wie ein Wall auf der Fläche. Leider kommt dieser 3-D-Effekt auf einem Schwarz/Weiß-Bildschirm nicht so schön zur Geltung. Die Breite der 3-D-Linien kann man mit der Ressource *XmNshadowThickness* verändern, die Farben mit den in Abschnitt 7.3 angegebenen Ressourcen für Schatten.

7.5   *PushButton*-Widgets

Ein Push-Button ist ein „dynamisches" Label. Er sieht aus wie ein Label, hat aber zusätzlich Callback-Listen, mit denen man Kommandos starten kann. Die Verwandtschaft zum Label spiegelt sich in der Klassenhierarchie wider. Die Klasse *XmPushButton* ist eine Subklasse von *XmLabel*. Das dynamische Verhalten eines Push-Buttons ist das Hauptthema in diesem Abschnitt. Die in Abschnitt 7.3 beschriebenen Rahmen bekommen dabei ihre eigentliche Bedeutung. Verschiedene Farben lassen einen Rückschluß auf den Zustand des Buttons zu. Am Schluß wird noch gezeigt, wie man einen Button kurzfristig außer Betrieb setzt.

Klassenname: *XmPushButton*
Klassenzeiger: *xmPushButtonWidgetClass*
Include-File: *Xm/PushB.h*
Superklassen: *Core, XmPrimitive, XmLabel*
Convenience: *XmCreatePushButton()*

7.5.1   Verschiedene Callback-Listen

Das wichtigste an einem Push-Button ist sein dynamisches Verhalten und damit seine Callback-Listen. In den vorangegangenen Beispielen wurden die Callback-Routinen an die Liste mit dem Namen *XmNactivateCallback* gehängt. Die Routinen dieser Liste werden erst aufgerufen, wenn eine Maustaste innerhalb des Push-Buttons gedrückt und auch innerhalb des Buttons wieder losgelassen wird. Läßt man die Maustaste außerhalb des Buttons los, dann werden die Callback-Routinen nicht aufgerufen. Ein Push-Button zeigt also ein komplizierteres Verhalten, als es auf den ersten Blick erscheint.

Normalerweise wird die linke Maustaste zum Auslösen eines Buttons benutzt. In Abschnitt 11.7 wird beschrieben, wie man diese Tastenbelegung

ändern kann. In der Motif-Dokumentation wird deshalb allgemeiner von der
„aktiven" statt von der „linken" Maustaste gesprochen. In diesem Buch wird
meistens einfach „die Maustaste" benutzt. Drückt man die Maustaste innerhalb eines Buttons und läßt sie auch dort wieder los, dann sagt man, daß
der Button *angeklickt, aktiviert* oder *ausgelöst* wurde. Ein *Mausklick* ist das
Drücken und Loslassen der Maustaste innerhalb eines Widgets.

Ein Push-Button kann sich in verschiedenen internen Zuständen befinden.
Wird im Push-Button die Maustaste gedrückt, dann „merkt sich" der Button
dies, indem er in den Zustand *armed* geht. Er verändert auch sein Äußeres:
Der Schatten und die Hintergrundfarbe des Buttons werden verändert. Wenn
die Maustaste losgelassen wird, geht der Button in den Zustand *disarmed*.
Schatten und Hintergrund bekommen ihre alten Farben zurück.

Ein „waffenunkundiger Zivilist" wird sicherlich Schwierigkeiten haben, für
armed und *disarmed* die passende Bedeutung zu finden. Vielleicht kann man
„bewaffnet" und „unbewaffnet", „geladen" und „nicht geladen" oder „entsichert" und „gesichert" sagen. Ein „geladener" und „entsicherter" Button
ist bereit, seine Callbacks „abzufeuern". Abbildung 7.17 zeigt die beiden
Zustände anhand zweier Push-Buttons. Links befindet sich der Button im
Zustand „nicht geladen", rechts ist der Button „geladen". Normalerweise sind
die Farben eines Buttons so gewählt, daß sich folgender 3-D-Effekt ergibt: Ein
nicht geladener Button tritt optisch aus der umgebenden Fläche hervor, ein
geladener Button erscheint in der Fläche versenkt. Bei gedrückter Maustaste
wird also der Button „in den Bildschirm" gedrückt.

Abb. 7.17 Links ein „nicht geladener" Button, rechts „geladen"

Verläßt der Benutzer mit gedrückter Maustaste den Push-Button, dann
nimmt der Button temporär den Zustand *disarmed* an. Läßt man nun die
Maustaste los, dann werden die Callback-Routinen der *XmNactivateCallback*-
Liste nicht aufgerufen. Führt man dagegen den Maus-Cursor mit gedrückter
Maustaste zurück in den Push-Button, geht dieser automatisch wieder in den
Zustand *armed*. Die Hintergrundfarbe und der Schatten werden beim Verlassen und Wiedereintritt verändert. Die Callback-Routinen der *XmNactivate-
Callback*-Liste werden nur dann aufgerufen, wenn die Maustaste losgelassen
wird und der Maus-Cursor sich im Button befindet, also der Button im Zu-

stand *armed* ist. Zwischendurch kann der Button beliebig oft mit gedrückter Maustaste verlassen werden.

Das *PushButton*-Widget hat, angelehnt an die internen Zustände, noch zwei andere Callback-Listen. Beim Drücken der Maustaste werden die Callback-Routinen der Liste *XmNarmCallback* und beim Loslassen die der Liste *XmNdisarmCallback* aufgerufen. Die temporären Zustandswechsel mit gedrückter Maustaste führen allerdings nicht zum Aufruf dieser Callback-Routinen.

Alle Callback-Routinen haben drei Parameter: Der erste ist das Widget, das den Aufruf hervorgebracht hat. Der zweite Parameter ist ein Zeiger auf Benutzerdaten, die der Programmierer beim Eintragen der Callback-Routine in die Callback-Liste übergeben hat, und der dritte Parameter liefert spezielle Informationen aus dem Widget, die *call_data* genannt werden. Jede Callback-Liste kann eine eigene *call_data*-Datenstruktur festlegen. Normalerweise benutzen aber alle Listen einer Widget-Klasse die gleiche Struktur. Im Motif-Toolkit sind darüber hinaus die ersten beiden Felder einer *call_data*-Struktur immer gleich. Alle *call_data*-Zeiger können als Zeiger auf eine Struktur vom Typ *XmAnyCallbackStruct* aufgefaßt werden:

```
typedef struct {
    int     reason;
    XEvent *event;
} XmAnyCallbackStruct;
```

Für Callback-Routinen der Liste *XmNactivateCallback* wird in das Feld *reason* die Konstante *XmCR_ACTIVATE* eingetragen, bei *XmNarmCallback* ist es *XmCR_ARM* und bei *XmNdisarmCallback XmCR_DISARM*. Im Feld *event* steht das auslösende Event, hier „Maustaste gedrückt" oder „Maustaste losgelassen". Was kann man in einer Callback-Routine mit diesen Informationen anfangen? Will man zum Beispiel eine Routine an mehrere Callback-Listen hängen, können die Listen mit dem Feld *reason* unterschieden werden. Statt mehrere Routinen zu schreiben, kann mit einer *switch*-Anweisung eine Unterscheidung getroffen werden. Wo das übergebene Event nützlich ist, wird ein Beispiel in Abschnitt 9.1 zeigen.

Ab der Motif-Version 1.1 wird zusätzlich registriert, wenn ein Push-Button mehrere Male schnell hintereinander angeklickt wird. Wie schnell das sein muß, bestimmt eine Ressource mit dem Namen *XmNmultiClickTime* die eine Zeit in Millisekunden aufnimmt. Soll diese Zeit eine halbe Sekunde sein, muß folgender Eintrag im Ressourcen-File gemacht werden:

```
Soft.multiClickTime:500
```

Die Ressource *XmNmultiClickTime* gehört keinem speziellen Widget an, sondern wird für den gesamten Bildschirm gesetzt. Mit der Routine *XtGetMultiClickTime()* kann man diese Zeit im Programm erfragen, was aber recht selten notwendig ist. Um den Callback-Routinen die Anzahl der bisher aufgetretenden schnellen Mausklicks zu übergeben, wurde eine neue *call_data*-Struktur eingeführt, die das zusätzliche Feld *click_count* besitzt. Sie ist die *call_data*-Struktur für die Arm-, Disarm- und Activate-Callbacks. Das Feld *click_count* hat allerdings nur für die Activate-Callbacks einen definierten Wert.

```
typedef struct {
    int    reason;
    XEvent *event;
    int    click_count;
} XmPushButtonCallbackStruct;
```

Ob die schnellen Mausklicks überhaupt registriert werden, kann man mit der Ressource *XmNmultiClick* bestimmen. Setzt man diese Ressource des Push-Buttons auf die Konstante *XmMULTICLICK_DISCARD*, dann werden nur beim ersten Anklicken die Callback-Routinen des Buttons aufgerufen, die anderen schnellen Klicks werden weggeworfen. Hat die Ressource *XmNmultiClick* den Default-Wert *XmMULTICLICK_KEEP*, werden alle Arm-, Disarm- und Activate-Callbacks wie gewöhnlich aufgerufen und die schnellen Mausklicks in *click_count* mitgezählt. Leider kann eine Callback-Routine nicht feststellen, ob in der Zukunft ein weiterer schneller Klick folgt. Dazu dürften die Callbacks nur nach dem letzten Klick aufgerufen werden – dies ist vielleicht eine Verbesserungmöglichkeit für folgende Motif-Versionen.

Ein Push-Button kann nicht nur mit der Maustaste ausgelöst werden, sondern auch mit der Tastatur. Dabei spielt der *Tastaturfokus* in einem Formular eine wesentliche Rolle. Ein Widget empfängt nur Tastatureingaben, wenn es den Tastaturfokus im Formular besitzt. Zu jeder Zeit kann nur ein einziges Dialogobjekt den Tastaturfokus besitzen. Es gibt im Motif-Toolkit zwei Fokusmodelle, die man beim Shell-Widget mit der Ressource *XmNkeyboardFocusPolicy* einstellt. Als Werte für die Ressource sind die Konstanten *XmPOINTER* und *XmEXPLICIT* – dies ist der Default-Wert – erlaubt. Bei explizitem Tastaturfokus muß ein Widget erst angeklickt werden, bevor es den Tastaturfokus erhält. Im Pointer-Modell hat immer das Widget den Fokus, über dem sich der Maus-Cursor befindet. Hat ein Push-Button den Tastaturfokus, dann kann er auch mit der Return-Taste aktiviert werden. Dabei werden die Callback-Routinen der Listen *XmNarmCallback* und *XmNactivateCallback* aufgerufen. Der Tastaturfokus wird in Abschnitt 8.1.7 genauer behandelt.

Eine Besonderheit ist der *Default-Button* in einem Formular. Auch wenn der Default-Button nicht den Tastaturfokus besitzt, kann er mit der Return-Taste ausgelöst werden. Hat allerdings ein anderer Button den Fokus, wird der „fokussierte" Button ausgelöst. Abbildung 7.18 zeigt das Beispiel „Software-Entwicklung" mit dem Default-Button „Ausfuehren". Befindet sich der Tastaturfokus zum Beispiel in einem Text-Widget, dann wird mit der Return-Taste der Button „Ausfuehren" ausgelöst. Um einen Push-Button als Default-Button kenntlich zu machen, gibt es die Ressourcen *XmNshowAsDefault* und *XmNdefaultButtonShadowThickness*. Ist *XmNshowAsDefault* größer als 0, dann wird ein zweiter Schatten gezeichnet. Diese Ressourcen bewirken aber

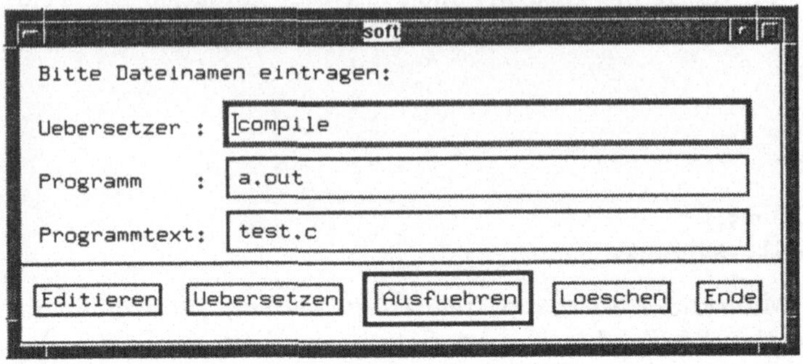

Abb. 7.18 Der Button „Ausfuehren" ist der Default-Button des Formulars.

nur, daß der Button wie ein Default-Button aussieht. Er funktioniert noch nicht wie ein Default-Button. Dazu muß der Button das Kind eines *Form*-Widgets sein, und er muß mit der Ressource *XmNdefaultButton* dem *Form*-Widget übergeben werden. Das *Form*-Widget wird später beschrieben.

Neben den bisher beschriebenen Callback-Listen kennt ein Push-Button noch zwei ererbte Callback-Listen. Alle Widgets haben eine Liste für Callback-Routinen, die beim Zerstören eines Widgets aufgerufen werden. Diese Liste heißt *XmNdestroyCallback*. In den Destroy-Callbacks wird oft der Speicherplatz, der in der Applikation speziell für ein Widget geschaffen wurde, wieder freigegeben.

Bei den Destroy-Callbacks ist zu beachten, daß das Zerstören eines Widgets mit *XtDestroyWidget()* in zwei Phasen vonstatten geht. In der ersten Phase wird das Widget nur als „zu zerstören" gekennzeichnet und in der zweiten Phase endgültig zerstört. Die Callback-Routinen der Liste *XmNdestroyCallback* werden in der zweiten Phase aufgerufen. Die zweite Phase beginnt erst dann, wenn die Programmkontrolle wieder in der Event-Schleife ist, also im allgemeinen in *XtMainLoop()*. Man sollte sich merken, daß mit *XtDestroyWidget* nicht gleichzeitig die Destroy-Callbacks aufgerufen werden.

Eine andere ererbte Callback-Liste hat den Namen *XmNhelpCallback*. Die Routinen dieser Liste werden aufgerufen, wenn eine bestimmte Help-Taste gedrückt wird. Welche Taste das ist, hängt vom Rechnertyp ab. In einer Help-Callback kann man zum Beispiel ein Formular mit Erläuterungen anzeigen. Wie man solche „Messages" einfach ausgeben kann, wird ein wichtiges Thema des nächsten Kapitels sein.

7.5.2 Das Erscheinungsbild eines Push-Buttons

Ein Push-Button kann auch ein Pixmap anzeigen. Die ererbte Ressource *XmNlabelType* muß dann den Wert *XmPIXMAP* haben. Wenn die Breite und Höhe des Buttons nicht explizit gesetzt wird, verdeckt das Pixmap den

Hintergrund des Buttons vollständig. Eine Änderung der Hintergrundfarbe
hat dann keine sichtbaren Auswirkungen mehr. Damit man den Zustand *armed* erkennen kann, kann man ein eigenes Pixmap angeben, und zwar mit
der Ressource *XmNarmPixmap*.

Abb. 7.19 Ein Button mit veränderten Farben und Rahmenbreiten

In Abschnitt 7.3 wurde schon gesagt, daß einige geometrische Aspekte der
Dialogobjekte – insbesondere die Rahmen – erst bei Buttons richtig zur Geltung kommen. Deshalb sollen sie hier am Beispiel vorgeführt werden. In Abb.
7.19 wird das Resultat der folgenden Ressourcen-Belegung dargestellt:

```
!
! Rahmen und Farben bei einem Push-Button
!

*.keyboardFocusPolicy: POINTER

Soft.button.marginWidth: 5
Soft.button.marginHeight: 15

Soft.button.highlightThickness: 8
Soft.button.highlightOnEnter: True
Soft.button.highlightPixmap: NULL
Soft.button.highlightColor: black

Soft.button.shadowThickness: 10
Soft.button.topShadowColor: Black
Soft.button.bottomShadowColor: Black
Soft.button.topShadowPixmap: 25_foreground
Soft.button.bottomShadowPixmap: 75_foreground
```

Die Abbildungen 7.8 und 7.9 (S. 173, 174) zeigen die Bedeutung der Ressourcen. Der Shadow-Rahmen wird benutzt, um die Zustände *armed* und
disarmed zu kennzeichnen. Befindet sich ein Push-Button im Zustand *armed*,
dann werden die Farben oder Pixmaps der beiden Schattenteile ausgetauscht.
Dies schafft den Eindruck, daß der Button in die Bildschirmebene versenkt,

also gedrückt wird, weil helle und dunklere Ränder ausgetauscht werden. Außerdem wird die Hintergrundfarbe im Zustand *armed* ausgetauscht. Die neue Hintergrundfarbe kann man mit *XmNarmColor* bestimmen. Nur bei einem Farbbildschirm ist es sinnvoll, diese Farbe festzulegen. Auf einem Schwarz-Weiß-Bildschirm wird einfach eine inverse Darstellung benutzt. Soll sich die Hintergrundfarbe im Zustand *armed* nicht ändern, dann muß man die Ressource *XmNfillOnArm* auf *False* setzen.

Der Highlight-Rahmen wird dazu benutzt, um anzuzeigen, daß ein Widget den Tastaturfokus besitzt. Bei allen Widgets, die Eingaben von der Tastatur verarbeiten, zum Beispiel Buttons oder *Text*-Widgets, geschieht das in der gleichen Art und Weise. Deshalb gilt die folgende Beschreibung auch für andere Dialogobjekte: Der Highlight-Rahmen wird normalerweise mit der Hintergrundfarbe gezeichnet. Wenn das Widget den Tastaturfokus besitzt, bekommt der Rahmen ein neues Aussehen, das aus den Ressourcen *XmNhighlightColor* und *XmNhighlightPixmap* ermittelt wird. Ist die Shell-Ressource *XmNkeyboardFocusPolicy* auf *XmPOINTER* gesetzt, dann geschieht dies, wenn der Maus-Cursor in das Widget gelangt. Außerdem muß die Ressource *XmNhighlightOnEnter* auf *True* gesetzt sein. Bei expliziter Fokussierung bekommt ein Widget den Tastaturfokus durch Anklicken. In diesem Modell ist der Tastaturfokus vom Maus-Cursor entkoppelt, und der Highlight-Rahmen ist besonders wichtig, da er anzeigt, wohin die Tastatureingaben gehen. In den Motif-Versionen vor 1.1 war der Default-Wert der Ressource *XmNhighlightThickness 0*. Ab der Motif-Version 1.1 ist bei expliziter Fokussierung ein schmaler Highlight-Rahmen voreingestellt. Das ist auch der Fall, wenn *XmNhighlightOnEnter* auf *True* gesetzt ist.

Die „normale Hintergrundfarbe" für den Highlight-Rahmen ist die Hintergrundfarbe des Parent-Widgets. Diese ist nicht immer mit der Hintergrundfarbe des Kindes identisch. Hat ein Widget den Tastaturfokus, dann bestimmen *XmNhighlightColor* und *XmNhighlightPixmap* das Aussehen des Rahmens. Im letzten Beispiel soll er dann vollständig schwarz sein. Da auf einem Schwarz-Weiß-Bildschirm als Default-Wert für *XmNhighlightPixmap* ein Pixmap eingetragen ist, muß diese Ressource auf *NULL* gesetzt werden. Ansonsten würde lediglich die Farbe „schwarz" als Vordergrundfarbe des Pixmaps eingesetzt. Erst wenn kein Pixmap angegeben ist, wird der Rahmen ganz mit der angegebenen Farbe gefüllt.

7.5.3 Ein Widget abschalten: Die Ressource *XmNsensitive*

Die Ressource *XmNsensitive* ist eigentlich eine Ressource der Klasse *Core*. Sie wirkt sich aber erst bei Dialogobjekten aus, die Events verarbeiten. Wenn man diese Ressource auf *False* setzt, werden keine Maus- oder Tastatur-Events mehr verarbeitet. Das Widget ist *abgeschaltet* oder *gesperrt*. Der Benutzer kann einen gesperrten Button nicht mehr betätigen. Damit dieser Zustand für den Benutzer sichtbar ist, wird der Schriftzug im Button gestrichelt gezeichnet. Der Text ist dann zwar nur schwer zu lesen, zeigt aber deutlich, daß der Button abgeschaltet ist. Abbildung 7.20 zeigt einen Push-Button mit der Ressource *XmNsensitive* auf *False*. Wenn im Button normalerweise ein Pixmap angezeigt wird, kann ein anderes Pixmap für den abgeschalteten Zustand angegeben werden. Dies geschieht mit der Ressource *XmNlabelInsensitivePixmap*.

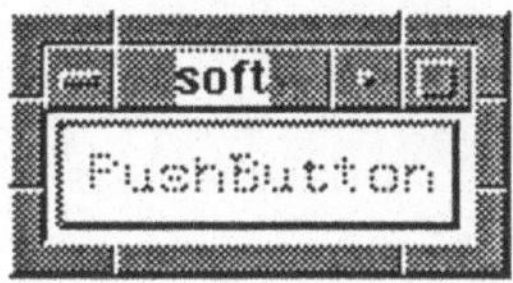

Abb. 7.20 Ein gesperrter Button

Es ist üblich, die Ressource *XmNsensitive* während der Laufzeit einer Applikation zu verändern. Damit kann verhindert werden, daß ein Benutzer Eingaben macht, die in einer bestimmten Situation nicht erlaubt sind. Zum Setzen der Ressource sollte die Routine *XtSetSensitive()* benutzt werden.

void XtSetSensitive(Widget w, Boolean sensitive)
w   Widget, das sensitiv oder nicht sensitiv gemacht werden soll
sensitive True für sensitiv, *False* für nicht sensitiv.

Setzt man bei einem Layout-Widget die Ressource *XmNsensitive* auf *False*, dann werden auch alle Kinder abgeschaltet. So können ein ganzes Formular oder größere Formularteile gesperrt werden.

7.5.4   Vorgefertigte Buttons

Soviel zur Klasse *XmPushButton*. Das Motif-Toolkit stellt zwei andere Widget-Klassen zur Verfügung, die eigentlich nur spezielle Push-Buttons sind. Es sind die Klassen *XmArrowButton* und *XmDrawnButton*.   In einem Arrow-Button werden immer Pfeile dargestellt. Ein Drawn-Button kann dagegen mit einer beliebigen Zeichnung versehen werden.

Klassenname: *XmArrowButton*
Klassenzeiger: *xmArrowButtonWidgetClass*
Include-File: *Xm/ArrowB.h*
Superklassen: *Core, XmPrimitive*
Convenience: *XmCreateArrowButton()*

Klassenname: *XmDrawnButton*
Klassenzeiger: *xmDrawnButtonWidgetClass*
Include-File: *Xm/DrawnB.h*
Superklassen: *Core, XmPrimitive, XmLabel*
Convenience: *XmCreateDrawnButton()*

Beide Klassen haben die Callback-Listen *XmNactivateCallback*, *XmNarm-Callback* und *XmNdisarmCallback*. Arrow-Buttons bekommen als *call_data* die gleiche Struktur wie Push-Buttons übergeben. Sie heißt nur anders: *XmArrowButtonCallbackStruct*. Ein Arrow-Button hat zusätzlich die Ressource *XmNarrowDirection*. Sie kann mit vier Konstanten besetzt werden, die mit dem jeweiligen Resultat in Abb. 7.21 aufgelistet sind. Als Besonderheit haben die Pfeile einen eigenen Schatten, der sich beim Anklicken verändert.

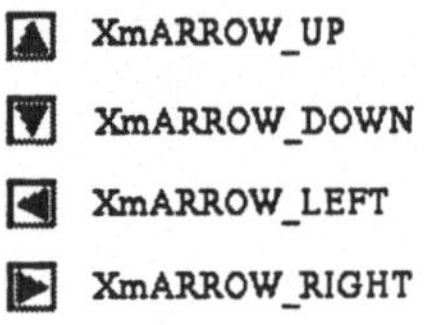

XmARROW_UP

XmARROW_DOWN

XmARROW_LEFT

XmARROW_RIGHT

Abb. 7.21 Die 4 grundsätzlichen Arrow-Buttons

Der Inhalt des Drawn-Buttons ist dagegen vollständig vom Anwender zu gestalten. „Normale" Push-Buttons zeichnen ihren Inhalt – Texte oder Pixmaps – automatisch. Bei einem Drawn-Button muß dies in Callback-Routinen geschehen. Dazu gibt es die Callback-Liste *XmNexposeCallback*, deren Callbacks aufgerufen werden, wenn der Window-Inhalt des Buttons zerstört wurde und neu gezeichnet werden muß. Auch wenn sich die Größe eines Drawn-Buttons verändert, kann der Inhalt zerstört werden. Dann werden die Routinen der Callback-Liste *XmNresizeCallback* aufgerufen. In der *call_data*-Struktur dieser Callbacks ist zusätzlich noch das Window angegeben, in das gezeichnet werden muß:

```
typedef struct
{
    int     reason;
    XEvent *event;
    Window  window;
    int     click_count;
} XmDrawnButtonCallbackStruct;
```

Beim Zeichnen muß man beachten, daß der Schatten Teil des Button-Windows ist. Er sollte nicht überzeichnet werden. Allerdings ist er bei einem Drawn-Button normalerweise nicht sichtbar. Er wird erst eingeschaltet, wenn man die Ressource *XmNpushButtonEnabled* auf *True* setzt. Grafikroutinen werden in Kapitel 9 genauer erklärt. In Abschnitt 10.2 gibt es auch ein Beispiel mit einem Drawn-Button.

7.6   Der Toggle-Button

Mit Toggle-Buttons kann man das „Ankreuzen" in Formularen darstellen.
Die Klasse *XmToggleButton* ist eine Subklasse von *XmLabel* und hat einige
Ähnlichkeit mit der Klasse der Push-Buttons.

Klassenname: *XmToggle*
Klassenzeiger: *xmToggleWidgetClass*
Include-File: *Xm/Toggle.h*
Superklassen: *Core, XmPrimitive, XmLabel*
Convenience: *XmCreateToggleButton()*

Im Gegensatz zum Push-Button kennt ein Toggle-Button zwei Zustände, die
unabhängig von den Maustasten sind. Ein Toggle-Button kann sich im Zustand *gesetzt* oder *nicht gesetzt* befinden. Abbildung 7.22 zeigt zwei Toggle-
Buttons. Beide Buttons haben einen Schriftzug und links davon eine recht-
eckige Markierung. Der untere Toggle-Button ist gesetzt, was man an der
ausgefüllten Markierung erkennen kann. Für „gesetzt" sagt man oft auch
selektiert oder *ausgewählt*, für „nicht gesetzt" *deselektiert*.

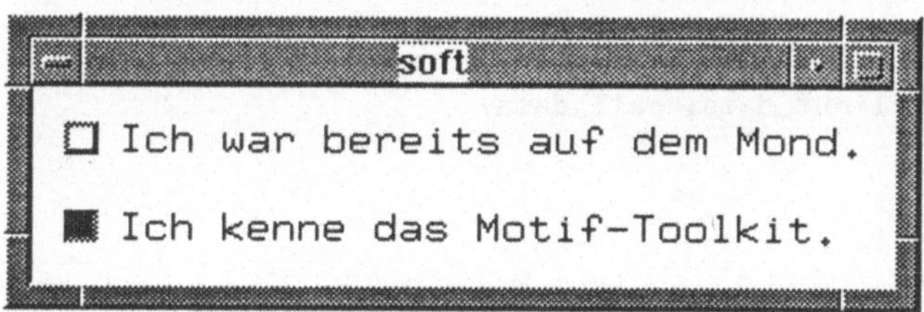

Abb. 7.22 Oben ein nicht gesetzter, unten ein gesetzter Toggle-Button

7.6.1   Zustand eines Toggle-Buttons

Wie beim Push-Button kann der Benutzer einen Toggle-Button anklicken.
Dies bewirkt aber nicht nur den Aufruf von Callback-Routinen, sondern auch
einen Zustandswechsel im Button. Befindet sich der Button im Zustand „gesetzt", dann geht er nach dem Anklicken in den Zustand „nicht gesetzt" und
umgekehrt.

Für das Anklicken gelten die gleichen Regeln wie beim Push-Button. Deshalb gibt es auch die beiden Callback-Listen *XmNarmCallback* und *XmN-
disarmCallback*. Anstelle der *XmNactivateCallback* tritt aber die Liste *XmN-
valueChangedCallback*. Die Callback-Routinen dieser Liste bekommen eine
spezielle *call_data*-Datenstruktur übergeben:

```
typedef struct{
   int      reason;
   XEvent  *event;
   Boolean set;
} XmToggleButtonCallbackStruct;
```

Für Callbacks der Liste *XmNvalueChangedCallback* wird die Konstante *Xm-CR_VALUE_CHANGED* in das Feld *reason* eingetragen. Das Feld *set* enthält den Zustand des Buttons nach dem Anklicken. Ist ein Button nicht gesetzt und der Benutzer klickt in den Button, dann geht er automatisch in den Zustand „gesetzt". Die Callback-Routinen der Liste *XmNvalueChanged-Callback* werden daraufhin aufgerufen, und das Feld *set* erhält den Wert *True*. Umgekehrt bedeutet *False*, daß der Button nicht gesetzt ist. In der folgenden Routine *ChangeCB()* wird der Zustand des Toggle-Buttons auf drei verschiedene Arten ermittelt. Man kann den Zustand der *call_data*-Struktur entnehmen, mit *XmToggleButtonGetState()* erfragen oder ihn mit der Ressource *XmNset* aus dem Widget herauslesen.

```
/*
 * "ChangeCB" ermittelt den Zustand eines Toggle-Buttons in drei
 * verschiedenen Arten und gibt ihn aus.
 */

void ChangeCB(widget, client_data, call_data)
   Widget  widget;
   caddr_t client_data;
   caddr_t call_data;
{
   Arg       arg[1];
   Cardinal  n;
   Boolean   set_value;

   XmToggleButtonCallbackStruct *toggle_struct =
      (XmToggleButtonCallbackStruct *) call_data;

   printf("Wert des Feldes \"set\": %d\n", toggle_struct->set);

   set_value = XmToggleButtonGetState(widget);
   printf("Wert des Feldes \"set\": %d\n", set_value);

   n = 0;
   XtSetArg(arg[n], XmNset, &set_value); n++;
   XtGetValues(widget, arg, n);
   printf("Wert des Feldes \"set\": %d\n", set_value);

}
```

Die Routine *XmToggleButtonGetState()* erhält den Toggle-Button als Parameter und liefert *True* oder *False*, dem Zustand des Buttons entsprechend.

Mit der Routine *XtGetValues()* ist es etwas komplizierter. Ihr wird ein Argument-Array übergeben, das die Konstante *XmNset* aufnimmt und einen Zeiger auf eine Boolean-Variable. In diese Variable wird der Zustand eingetragen. Hier sei nochmals darauf hingewiesen, daß bei *XtGetValues()* besonders darauf geachtet werden muß, daß die übergebenen Zeiger den richtigen Datentyp haben – hier *Boolean* für *set_value*. Einfacher ist es auf jeden Fall, die Routine *XmToggleButtonGetState()* zu benutzen.

Boolean XmToggleButtonGetState(Widget widget)
widget der Toggle-Button, dessen Zustand erfragt wird.

7.6.2 Zustandsänderungen im Programm

Ein Programm kann nicht nur den Zustand eines Toggle-Buttons erfragen, es kann ihn auch aktiv verändern: mit der Routine *XmToggleButtonSetState()*, mit *XtSetValues()* oder im Ressourcen-File. Im Ressourcen-File kann der initiale Zustand eines Toggle-Buttons festgelegt werden. Der Default-Wert ist „nicht gesetzt". Man kann aber auch später jederzeit den Zustand eines Toggle-Buttons ändern. Die folgende Beispiel-Routine *RefuseCB()* verhindert einen Zustandswechsel, indem der vorherige Zustand wieder gesetzt wird. *RefuseCB()* wird an die Liste *XmNvalueChangedCallback* eines Toggle-Buttons gehängt.

```
/*
 * "RefuseCB" ist eine Callback-Routine fuer einen ToggleButton. Die
 * Routine wird aufgerufen, wenn ein Zustandswechsel auftritt. Der
 * Wechsel wird nicht akzeptiert und wieder zurueckgenommen.
 */

void RefuseCB(widget, client_data, call_data)
    Widget widget;
    caddr_t client_data;
    caddr_t call_data;
{
    Arg       arg[1];
    Cardinal n;
    Boolean   set_value;

    XmToggleButtonCallbackStruct *toggle_struct =
       (XmToggleButtonCallbackStruct *) call_data;

    printf("Wert des Feldes \"set\": %d\n", toggle_struct->set);

    /* Setze den Zustand wieder auf den alten Wert */

    n = 0;
    XtSetArg(arg[n], XmNset, !(toggle_struct->set)); n++;
    XtSetValues(widget, arg, n);
```

```
    set_value = XmToggleButtonGetState(widget);
    printf("Wert des Feldes \"set\": %d\n", set_value);
}
```

Statt *XtSetValues()* kann man auch die speziellen Routine *XmToggleButton-SetState()* zum Setzen des Zustands benutzen:

```
/* Setze den Zustand wieder auf den alten Wert */

XmToggleButtonSetState(widget, !(toggle_struct->set), False);
```

void XmToggleButtonSetState(Widget widget, Boolean state, Boolean notify)
widget der Toggle-Button, dessen Zustand gesetzt wird
state der neue Zustand
notify Wenn dieser Parameter *True* ist, werden die ValueChanged-Callbacks
aufgerufen. Dies geschieht aber auch nur dann, wenn der vorherige und der
neue Zustand unterschiedlich sind.

Das Beispiel *RefuseCB()* ist sicherlich kein repräsentatives Beispiel. Normalerweise wird der Zustand in einer Callback-Routine eines anderen Widgets gesetzt werden. Mit Hilfe des *client_data*-Zeigers gelangt man an den Identifier des Toggle-Buttons, dessen Zustand verändert werden soll. In einem solchen Beispiel ist auch der dritte Parameter der Routine *XmToggleButton-SetState()* wichtig. Er erlaubt es, „künstliche" Callback-Aufrufe zu erzeugen. Mit dem Parameter *notify* kann man erreichen, daß beim Aufruf von *Xm-ToggleButtonSetState()* auch die ValueChanged-Callbacks aufgerufen werden. Damit geschieht das gleiche, wenn der Benutzer oder das Programm den Zustand eines Toggle-Buttons verändert.

Doch Vorsicht: Wenn in *RefuseCB()* der Parameter *notify* auf *True* gesetzt wird, erzeugt man eine Endlosschleife, weil sich die Callback-Routine dadurch selbst aufruft.

7.6.3   Markierungen und Radio-Buttons

Als Subklasse von *XmLabel* kann ein Toggle-Button auch ein Pixmap darstellen. Dabei muß die ererbte Ressource *XmNlabelType* den Wert *XmPIXMAP* bekommen. Dann wird das Pixmap aus der Ressource *XmNlabelPixmap* dargestellt. Für den gesetzten Zustand kann optional ein eigenes Pixmap angegeben werden. Dies geschieht mit der Ressource *XmNselectPixmap*. Hat man verschiedene Pixmaps für die beiden Zustände eines Toggle-Buttons gesetzt, so benötigt man die zusätzliche Markierung am linken Button-Rand nicht mehr. Sie wird weggelassen, wenn die Ressource *XmNindicatorOn* auf *False* gesetzt ist. Man kann den Zustand auch am Schatten eines Toggle-Buttons erkennen. Dafür muß man allerdings die Rahmenbreite neu setzen, da die Ressource *XmNshadowThickness* beim Toggle-Button den Default-Wert *0* hat.

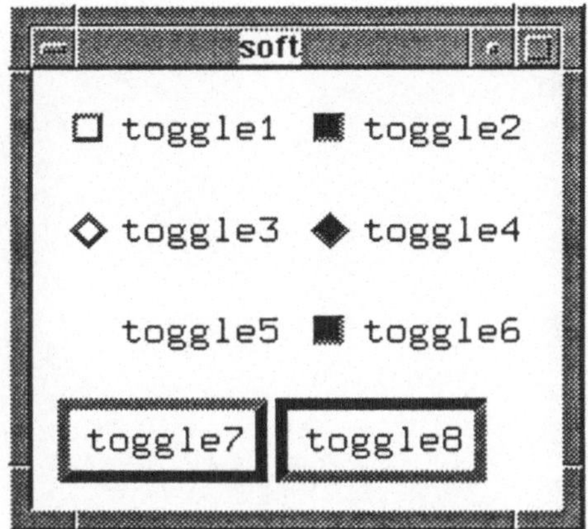

Abb. 7.23 Auf der linken Seite nicht gesetzte, rechts gesetzte Toggle-Buttons

Ein gesetzter Button ist in den Bildschirm versenkt, und ein nicht gesetzer
ragt aus dem Bildschirm heraus.

Ist eine Markierung im Toggle-Button vorhanden, dann entscheidet die
Ressource *XmNvisibleWhenOff*, ob die Markierung beim ungesetzten Button weggelassen wird. Das Aussehen der Markierung kann man außerdem
mit der Ressource *XmNindicatorType* bestimmen. Normalerweise ist hier
die Konstante *XmN_OF_MANY* eingetragen, und es wird ein Rechteck als
Markierung gezeichnet. Gibt man *XmONE_OF_MANY* an, dann erscheint
eine Raute. Abbildung 7.23 zeigt vier verschiedene Konfigurationen für die
Markierung eines Toggle-Buttons. In jeder Zeile ist links jeweils ein nicht gesetzter und rechts ein gesetzter Button dargestellt. Die ersten beiden Zeilen
zeigen die Wirkung von *XmNindicatorType*, die dritte Zeile die von *XmN-
visibleWhenOff*, und in der vierten Zeile ist die Markierung abgeschaltet. Die
folgenden Ressourcen-Belegungen gelten für Abb. 7.23:

```
!
! Ressourcen von 8 Toggle-Buttons
!
! Abstand Text - Rand

Soft*marginWidth: 5
Soft*marginHeight: 5

! Erste Zeile

Soft*toggle1.indicatorType: N_OF_MANY
Soft*toggle2.indicatorType: N_OF_MANY
Soft*toggle2.set: True
```

```
! Zweite Zeile

Soft*toggle3.indicatorType: ONE_OF_MANY
Soft*toggle4.indicatorType: ONE_OF_MANY
Soft*toggle4.set: True

! Dritte Zeile

Soft*toggle5.visibleWhenOff: False
Soft*toggle6.set: True
Soft*toggle6.visibleWhenOff: False

! Vierte Zeile

Soft*toggle7.shadowThickness: 5
Soft*toggle8.shadowThickness: 5
Soft*toggle7.indicatorOn: False
Soft*toggle8.set: True
Soft*toggle8.indicatorOn: False
```

Die zwei Markierungsformen – Rechteck und Raute – sind für verschiedene Anwendungsfälle gedacht. In einem Formular benötigt man oft die Auswahl unter mehr als zwei Alternativen. Ein *RowColumn*-Widget mit mehreren Toggle-Buttons kann diese Aufgabe übernehmen. Wenn man keine weiteren Vorkehrungen trifft, kann man mehrere Toggle-Buttons gleichzeitig setzen. Bei sogenannten *Radio-Buttons* (oder auch *Radio-Box*) darf aber immer nur ein Button gesetzt sein. Da die einzelnen Toggle-Buttons ihre Partner nicht kennen, muß das *RowColumn*-Widget für das richtige Verhalten der Toggle-Buttons sorgen. Dazu setzt man beim *RowColumn*-Widget die Ressource *XmNradioBehavior* auf *True*. Das *RowColumn*-Widget hängt dann geeignete Callback-Routinen an alle Toggle-Buttons, die dafür sorgen, daß stets nur einer gesetzt ist. Wenn der Benutzer einen neuen Toggle-Button selektiert, wird die Selektion des alten automatisch rückgängig gemacht.

Ist beim *RowColumn*-Widget die Ressource *XmNradioBehavior* auf *True* gesetzt, dann werden bei allen Kindern die Ressourcen *XmNindicatorType* auf *XmONE_OF_MANY* und *XmNvisibleWhenOff* auf *True* gesetzt. Beim *RowColumn*-Widget kann zusätzlich noch die Ressource *XmNradioAlwaysOne* gesetzt werden. Normalerweise hat diese Ressource den Wert *True*. Dann bewirkt sie, daß immer mindestens ein Toggle-Button gesetzt ist. Will der Benutzer die Selektion eines Buttons rückgängig machen, so wird ihm das verweigert, sofern nicht *XmNradioAlwaysOne* auf *False* steht. Hier gibt es Probleme, wenn am Anfang nicht genau ein Button gesetzt ist oder wenn der einzige gesetzte Button zerstört wird. In solchen Fällen muß das Programm dafür sorgen, daß ein Button gesetzt ist.

7.7 Das *Text*-Widget

Die Klasse *XmText* ist eine Subklasse von *XmPrimitive*. Sie hat also in der
Klassenhierarchie die gleiche Stellung wie *XmLabel*. *Text*-Widgets sind aber
weit komplexer als *Label*-Widgets. *Text*-Widgets kann man zur einfachen
Darstellung von Texten benutzen, aber auch als Grundlage komplizierter
Text-Editoren. Letzteres kann hier aber nicht vollständig erläutert werden.

Klassenname: *XmText*
Klassenzeiger: *xmTextWidgetClass*
Include-File: *Xm/Text.h*
Superklassen: *Core, XmPrimitive*
Convenience: *XmCreateText()*

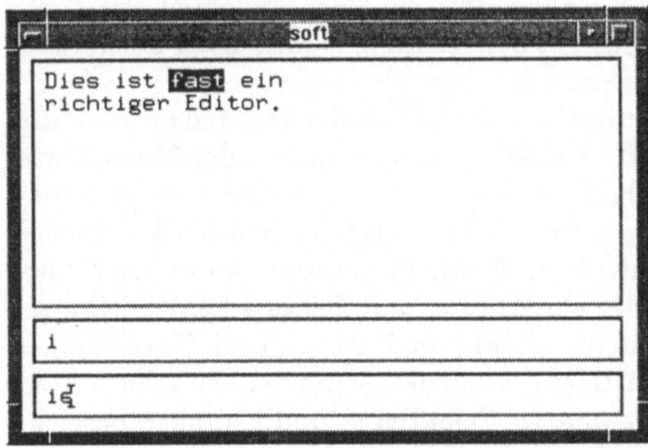

Abb. 7.24 Oben ein *Text*-Widget mit mehreren Zeilen, darunter zwei einzeilige
Text-Widgets

Text-Widgets können einzeilige oder mehrzeilige Texte verwalten. Unterschieden wird das mit der Ressource *XmNeditMode*, der man die Werte *Xm-
SINGLE_LINE_EDIT* oder *XmMULTI_LINE_EDIT* zuweisen kann. Der Default-Wert *XmSINGLE_LINE_EDIT* wurde schon im Programm *soft* eingesetzt. In diesem Modus ist die Eingabe auf eine Zeile beschränkt. Mit *Xm-
MULTI_LINE_EDIT* sind mehrere Zeilen erlaubt. Abbildung 7.24 zeigt ein
mehrzeiliges und darunter zwei einzeilige *Text*-Widgets.

7.7.1 Bedienung eines *Text*-Widgets

Ein *Text*-Widget wird mit der Tastatur und mit der Maus bedient. Zuerst
muß der Tastaturfokus auf das *Text*-Widget gelegt werden. Je nach Fokus-
Modell geschieht dies durch Hineinfahren mit der Maus oder durch Anklicken
des *Text*-Widgets. Dann erscheint ein Text-Cursor in Form eines großen *I's*,

der die aktuelle Eingabeposition anzeigt. Tastatureingaben werden an dieser Stelle in den Text eingefügt.

Die Cursor-Position kann mit den Cursor-Tasten verändert werden. Bei einzeiligen *Text*-Widgets sind dazu nur die Tasten „Cursor nach rechts" und „Cursor nach links" geeignet. Mit der Delete-Taste kann das Zeichen direkt hinter dem Text-Cursor und mit der „Back Space"-Taste das Zeichen direkt vor dem Text-Cursor gelöscht werden. Die Return-Taste bewirkt bei einzeiligen *Text*-Widgets den Aufruf einer Callback-Routine, bei mehrzeiligen *Text*-Widgets das Einfügen einer neuen Zeile.

Ist in einem *Text*-Widget nicht der vollständige Text sichtbar, dann kann der Inhalt verschoben oder „gescrollt" werden. Wenn hinter dem rechten Widget-Rand noch Text verborgen ist, kann man mit dem Text-Cursor gegen den rechten Rand laufen. Der Text wird dann nach links verschoben, bis rechts vom Rand kein Text mehr vorhanden ist. Analog wird verfahren, wenn man mit dem Text-Cursor an den linken Rand stößt. Bei einem mehrzeiligen *Text*-Widget können die Zeilen außerdem mit den Tasten „Cursor nach oben" und „Cursor nach unten" verschoben werden.

Der Text-Cursor kann auch mit der Maus plaziert werden, indem man die gewünschte Stelle im Text anklickt. Außerdem kann man mit der Maus Texte markieren – selektieren –, die dann in einen Puffer im X-Server geschrieben werden und dort von beliebigen Prozessen ausgelesen werden könnnen – selbstverständlich auch vom eigenen Prozeß. Klickt man mit der linken Maustaste zweimal schnell hintereinander ein Wort an, so wird es selektiert. Ein selektierter Text wird invers dargestellt. Abbildung 7.24 zeigt ein *Text*-Widget mit selektiertem Text. Mit der mittleren Maustaste kann der selektierte Text an anderer Stelle wieder eingefügt werden. Selektieren und Einfügen bezeichnet man auch als „cut and paste". Dreimaliges Anklicken selektiert übrigens eine ganze Zeile, viermaliges den ganzen Text. Man kann einen Text auch selektieren, indem man mit gedrückter linker Maustaste über den gewünschten Text fährt. Will man einen bestimmten Text durch einen anderen ersetzen, so muß man den zu ersetzenden Text selektieren und anschließend mit der mittleren Maustaste über den neuen Text fahren. Nach Loslassen der mittleren Maustaste ersetzt der zuletzt markierte Text den zuerst selektierten Text. Das funktioniert auch zwischen verschiedenen *Text*-Widgets.

7.7.2 Der Text im Widget

Der Text eines *Text*-Widgets ist in der Ressource *XmNvalue* abgelegt, die aktuelle Position des Text-Cursors in *XmNcursorPosition*. Anders als beim *Label*-Widget ist der Inhalt eines *Text*-Widgets kein Compound-String, sondern ein normaler C-String. Man kann den Eingabetext auf eine maximale Länge begrenzen, und zwar mit der Ressource *XmNmaxLength*. Überschreitet der Benutzer diese Länge, so wird die Eingabe nicht mehr akzeptiert.

Die beiden Ressourcen *XmNvalue* und *XmNmaxLength* kann man mit speziellen Routinen verändern. *XmTextGetString()* liefert den aktuellen Eingabetext, und *XmTextSetString()* setzt ihn neu. Bei *XmTextGetString()* muß man beachten, daß die Funktion den Text in einen Speicherbereich kopiert, der zuvor neu reserviert wird. Dieser Speicherplatz muß vom Aufrufer mit *XtFree()* wieder freigegeben werden. Die Routine *XmTextGetMaxLength()* liefert die maximale Länge des Eingabetextes, und *XmTextSetMaxLength()* setzt die maximale Länge.

```
char*  XmTextGetString(Widget widget)
void   XmTextSetString(Widget widget, char *value)
int    XmTextGetMaxLength(Widget widget)
void   XmTextSetMaxLength(Widget widget, int max_length)
```

Der aktuelle Eingabestring kann auch in Teilstücken verändert werden. Dazu gibt es die Routine *XmTextReplace()*.

```
void XmTextReplace(Widget widget, XmTextPosition from_pos,
                   XmTextPosition to_pos, char *value)
```

widget   Widget, dessen Inhalt geändert werden soll

form_pos Anfangsposition des zu ersetzenden Textes

to_pos   Endposition des zu ersetzenden Textes

value   der neue Text.

Der Typ *XmTextPosition* repräsentiert Integer-Zahlen. Im aktuellen String muß man sich die Zeichen von 0 an durchnumeriert vorstellen. Alle Zeichen von *from_pos* bis ausschließlich *to_pos* werden gelöscht und durch den String *value* ersetzt. Soll beispielsweise der Text „Dies is an String" in „Dies is ein String" umgewandelt werden, kann das mit dem folgenden Aufruf durchgeführt werden:

```
/* Dies is an String ---> Dies is ein String */
XmTextReplace(text_widget, 8, 10, "ein");
```

Der achte Buchstabe „a" – bei Zählung von 0 an – und der neunte, „n", werden durch den String „ein" ersetzt. Mit *XmTextReplace()* kann man einen Text auch einfügen, ohne einen anderen zu löschen. Dann müssen *from_pos* und *to_pos* die gleichen Werte haben. Soll im String „Dies is ein String" hinter dem Wort „is" ein „t" eingesetzt werden, muß folgender Aufruf erfolgen:

```
/* Dies is ein String ---> Dies ist ein String */
XmTextReplace(text_widget, 7, 7, "t");
```

Beim Einfügen muß man beachten, daß das *Text*-Widget nicht überprüft, ob die maximale Länge überschritten wird. Ab der Motif-Version 1.1 gibt es eine spezielle Routine zum Einfügen von Text:

```
void XmTextInsert(Widget widget, XmTextPosition position, char *value)
```

widget Widget, dessen Inhalt geändert werden soll

position Vor dieser Position wird der neue Text eingefügt.

value   der neue Text.

Auch die Cursor-Position, also die Ressource *XmNcursorPosition*, kann man mit speziellen Routinen setzen und erfragen. Von den folgenden Routinen liefert *XmTextGetInsertionPosition()* die aktuelle Cursor-Position, und *XmTextSetInsertionPosition()* setzt die Cursor-Position neu.

XmTextPosition XmTextGetInsertionPosition(Widget widget)
widget Widget, dessen Cursor-Position erfragt werden soll.

void XmTextSetInsertionPosition(Widget widget, XmTextPosition position)
widget Widget, dessen Cursor-Position geändert werden soll
position die neue Position. Vor dem Buchstaben mit dieser Nummer wird der Text-Cursor plaziert. Die Numerierung beginnt bei 0.

Soll ein *Text*-Widget lediglich zur Anzeige eines Textes benutzt werden, in dem der Benutzer den Text nicht editieren kann, dann muß die Ressource *XmNeditable* auf *False* gesetzt werden. Die Ressource *XmNeditable* kann man mit den Routinen *XmTextGetEditable()* und *XmTextSetEditable()* erfragen und ändern.

Boolean XmTextGetEditable(Widget widget)
widget Widget, von dem der Wert der Ressource *XmNeditable* erfragt wird.

void XmTextSetEditable(Widget widget, Boolean editable)
widget Widget, dessen Ressource *XmNeditable* gesetzt wird
editable der Wert von *XmNeditable*.

7.7.3 Das Aussehen des *Text*-Widgets

Die Größe eines *Text*-Widgets wird mit den Ressourcen *XmNrows* und *XmNcolumns* festgelegt. *XmNcolumns* legt die Anzahl der sichtbaren Zeichen in einer Zeile fest, *XmNrows* die Anzahl der sichtbaren Zeilen. *XmNrows* gilt allerdings nur für mehrzeilige *Text*-Widgets. Mit der sichtbaren Größe des Widgets bestimmt man nicht die maximale Länge des Textes, der im Widget verwaltet wird. Die maximale Länge wird mit *XmNmaxLength* festgelegt.

Die Größe eines *Text*-Widgets kann flexibel gehalten werden. Dazu muß man die Ressourcen *XmNresizeWidth* oder *XmNresizeHeight* auf *True* setzen. Dann wird die Breite oder Höhe eines *Text*-Widgets immer so angepaßt, daß der ganze Text zu sehen ist. In einigen Situationen ist es aber nicht möglich, das *Text*-Widget beliebig zu verändern. Das ist zum Beispiel der Fall, wenn das Formular, das das *Text*-Widget aufnimmt, eine Maximalgröße einhalten muß, die man bei einem Shell-Widget angeben kann, wie im Abschnitt 8.1.5 gezeigt wird. Die Flags *XmNresizeWidth* und *XmNresizeHeight* sind normalerweise auf *False* gesetzt.

Abgesehen vom eigentlichen Text gibt es noch andere Ressourcen, die das Erscheinungsbild eines Text-Widgets beeinflussen. Die verschiedenen Rahmen, die vom *Primitive*-Widget ererbt werden, sind bereits in Abschnitt 7.3 beschrieben worden. Wenn ein *Text*-Widget den Tastaturfokus besitzt, wird

der Highlight-Rahmen in einer anderen Farbe dargestellt. Außerdem ist der
Text-Cursor nur bei dem *Text*-Widget zu sehen, das den Tastaturfokus besitzt.

Innerhalb des Shadow-Rahmens bestimmen, wie beim *Label*-Widget, die
Ressourcen *XmNmarginHeight* und *XmNmarginWidth* den Abstand zwischen Eingabetext und Schatten. Mit *XmNfontList* kann der Font angegeben
werden, der zur Darstellung des Eingabetextes benutzt wird. Die Frequenz,
mit der der Text-Cursor blinkt, wird mit der Ressource *XmNblinkRate* bestimmt. Dabei wird eine Zeit in Millisekunden angegeben. Der Default-Wert
ist 500. Mit diesem Wert ist der Cursor eine halbe Sekunde sichtbar und eine
halbe unsichtbar. Der Cursor blinkt nicht, wenn die Ressource *XmNblink-
Rate* den Wert 0 erhält. Ganz weggelassen wird der Text-Cursor, wenn man
die Ressource *XmNcursorPositionVisible* auf *False* setzt.

7.7.4 Die Callback-Routinen eines *Text*-Widgets

Die Aktivitäten des Benutzers lösen im Programm verschiedene Callbacks
des *Text*-Widgets aus:

XmNactivateCallback: Bei einzeiligen *Text*-Widgets bewirkt das Drücken
der Return-Taste den Aufruf dieser Callbacks. Im Feld *reason* der *call-
data*-Struktur ist die Konstante *XmCR_ACTIVATE* eingetragen.

XmNvalueChangedCallback: Die Callbacks werden aufgerufen, nachdem eine
Änderung im Text stattgefunden hat. In *reason* steht *XmCR_VALUE-
CHANGED*.

XmNmodifyVerifyCallback: Die Callbacks werden aufgerufen, wenn eine Änderung im Text stattfinden soll. Ist diese Änderung fehlerhaft, kann sie
abgelehnt werden. In *reason* steht *XmCR_MODIFYING_TEXT_VALUE*.

XmNmotionVerifyCallback: Mit diesen Callbacks kann man eine Positions-
änderung des Text-Cursors auf Korrektheit überprüfen, bevor der Text-
Cursor die neue Position einnimmt. In *reason* steht *XmCR_MOVING-
INSERT_CURSOR*.

XmNfocusCallback: Die Callbacks werden aufgerufen, wenn ein Text-Widget
den Tastaturfokus bekommt. In *reason* steht *XmCR_FOCUS*.

XmNlosingFocusCallback: Die Callbacks werden aufgerufen, wenn ein Text-
Widget den Tastaturfokus verliert. In *reason* steht *XmCR_LOSING_FO-
CUS*.

Wie beim Push-Button gibt es auch bei einzeiligen *Text*-Widgets die Callback-Liste *XmNactivateCallback*. Die Routinen dieser Liste werden aufgerufen, wenn die Return-Taste im *Text*-Widget betätigt wird. Der Text-Cursor
und der Tastaturfokus werden dadurch nicht beeinflußt. In den Callback-
Routinen kann die Texteingabe ausgewertet werden. Bei mehrzeiligen *Text*-
Widgets wird die Return-Taste benutzt, um eine neue Zeile einzufügen und
den Text-Cursor in die nächste Zeile zu setzen.

Es ist beim *Text*-Widget auch möglich, auf jede einzelne Eingabe zu reagieren. Dazu existiert die Callback-Liste *XmNvalueChangedCallback*. Eine ValueChanged-Callback wird aufgerufen, nachdem ein Text eingefügt oder gelöscht wurde. Dies kann ein einzelnes Zeichen von der Tastatur oder ein längerer Text aus dem „cut and paste"-Mechanismus sein. Damit eine fehlerhafte Eingabe erst gar nicht angezeigt wird, gibt es die Callback-Liste *XmNmodifyVerifyCallback*. Diese Callback-Routinen werden aufgerufen, *bevor* ein Text eingefügt oder gelöscht wird.

Den Callbacks der Listen *XmNactivateCallback* und *XmNvalueChangedCallback* wird die „übliche" *call_data*-Struktur *XmAnyCallbackStruct* übergeben. Dagegen ist die *call_data*-Struktur der *XmNmodifyVerifyCallback*-Liste weitaus komplizierter. Hier muß ja der zukünftige Text eingetragen werden, da die Callback-Routinen *vor* der Änderung aufgerufen werden. Die neue Struktur heißt *XmTextVerifyCallbackStruct*.

```
typedef struct {
    int             reason;
    XEvent          *event;
    Boolean         doit;
    XmTextPosition  currInsert, newInsert;
    XmTextPosition  startPos, endPos;
    XmTextBlock     text;
} XmTextVerifyCallbackStruct, *XmTextVerifyPtr;
```

Die Felder *startPos* und *endPos* geben den zu ersetzenden Text an. Diese Werte sind analog zu den Parametern von *XmTextReplace()*. Der dafür einzusetzende Text steht in einer besonderen Unterstruktur, auf die das Feld *text* zeigt. Diese Struktur hat den folgenden Typ:

```
typedef struct {
    char         *ptr;
    int          length;
    XmTextFormat format;
} XmTextBlockRec, *XmTextBlock;
```

Das Feld *ptr* enthält das neue Textstück. Der String in *ptr* ist nicht mit '\0' abgeschlossen. Die Länge des Textes wird deshalb im Feld *length* abgelegt. Das Feld *format* gibt an, wie ein Buchstabe auf dem jeweiligen Rechner dargestellt wird, zum Beispiel in 8 Bit – *FMT8BIT* – oder 16 Bit – *FMT16BIT*. Das Format ist in den meisten Fällen *FMT8BIT*. Der String im Feld *ptr* soll den Text zwischen den Positionen *startPos* und *endPos* ersetzen. Will man diese Änderung verhindern, muß das Feld *doit* in der Struktur *XmTextVerifyCallbackStruct* auf *False* gesetzt werden, ansonsten wird die Änderung durchgeführt. Nachdem die Callback-Routinen beendet sind, wird dieses Flag vom *Text*-Widget ausgewertet.

In das Feld *currInsert* wird die aktuelle Position des Text-Cursors eingetragen und in *newInsert* die zukünftige Position. Diese Werte sind für die

Callbacks der Liste *XmNmotionVerifyCallback* gedacht. Sie werden aufgerufen, bevor der Text-Cursor eine neue Position erhält. Auch hier kann man mit dem Feld *doit* die Änderung verhindern.

Für den Tastaturfokus gibt es zwei besondere Callback-Listen. Wenn ein *Text*-Widget den Tastaturfokus erhält, werden die Callbacks der Liste *XmNfocusCallback* aufgerufen; wenn der Tastaturfokus wieder verlorengeht, die Callback-Routinen der Liste *XmNlosingFocusCallback*. Während den Routinen der Liste *XmNfocusCallback* ein Zeiger auf *XmAnyCallbackStruct* als *call_data* übergeben wird, erhalten die Callbacks der Liste *XmNlosingFocusCallback* einen Zeiger auf *XmTextVerifyCallbackStruct*. Bei der letzten Liste und bei der Liste *XmNmotionVerifyCallback* ist der Zeiger *text* jedoch nicht definiert. Auf ihn sollte nicht zugegriffen werden. Anhand des Feldes *reason* kann gegebenenfalls entschieden werden, aus welcher Liste die Callback aufgerufen wurde und ob das Feld *text* definiert ist.

Neben den Verify-Callbacks kann man die Focus-Callbacks gut dazu verwenden, die Texteingaben auf mögliche Fehler zu untersuchen. Wenn ein *Text*-Widget den Tastaturfokus verliert, hat der Benutzer höchstwahrscheinlich die Eingabe abgeschlossen, und das Programm kann sie überprüfen. Dazu wird im nächsten Kapitel bei der Beschreibung von Fehlerbehandlungen ein Beispiel angegeben.

7.7.5   Ein einfacher Text-Editor

Die Callback-Listen sollen an einem Beispiel demonstriert werden. Abbildung 7.24 (S. 201) zeigt ein Formular, das aus einem *RowColumn*-Widget und drei *Text*-Widgets besteht. Das *RowColumn*-Widget hat den Namen *base*, und die *Text*-Widgets haben von oben nach unten die Namen *editor*, *pattern* und *newPattern*. Folgende Ressourcen sind für diese Widgets gesetzt:

```
!
! Ressourcen fuer ein Formular mit drei Text-Widgets
!

Soft*keyboardFocusPolicy: POINTER
Soft*marginWidth: 5
Soft*marginHeight: 5

! Sichtbare Zeichen fuer alle Text-Widgets

Soft.base.XmText.columns: 40

! Ressourcen fuer das oberste Text-Widget

Soft.base.editor.editMode: MULTI_LINE_EDIT
Soft.base.editor.rows: 10
Soft.base.editor.value: Dies ist fast ein\nrichtiger Editor.
```

```
! Inhalt der unteren beiden Widgets

Soft.base.pattern.value: i
Soft.base.newPattern.value: ie
```

Das Programm soll eine einfache Editierfunktion realisieren. Das Widget *pattern* nimmt einen String auf, nach dem im *Text*-Widget *editor* gesucht wird. Falls er vorhanden ist, wird er durch den String aus *newPattern* ersetzt. Die Suche startet man mit der Return-Taste in einem der beiden unteren *Text*-Widgets. Sie beginnt bei der aktuellen Position des Text-Cursors im Widget *editor*. In Abb. 7.24 würde das „i" in „Dies" durch „ie" ersetzt, wenn der Text-Cursor am Anfang steht. Nach dem Ersetzen wird der Text-Cursor hinter den eingefügten String plaziert.

An die Widgets *pattern* und *newPattern* muß eine Callback-Routine gehängt werden, die die Ersetzung durchführt. Bei einzeiligen *Text*-Widgets eignet sich die Callback-Liste *XmNactivateCallback* für den gewünschten Zweck.

Die verschiedenen *Text*-Widgets werden in einer Struktur vom Typ *EditorData* abgespeichert. Dies geschieht genauso wie im Beispiel „Software-Entwicklung". Die Struktur wird als *client_data* der Callback-Routine übergeben.

```c
typedef struct _EditorData{
    Widget editor;
    Widget pattern;
    Widget new_pattern;
} EditorData;
```

Die Routine *ReplaceCB()* führt die Ersetzung durch:

```c
/*
 * "ReplaceCB" fuehrt eine String-Ersetzung in einem Text-Widget
 * durch.
 */

void ReplaceCB(widget, client_data, call_data)
    Widget  widget;
    caddr_t client_data;
    caddr_t call_data;
{
    EditorData *editor_data = (EditorData *) client_data;

    char *text;                 /* Gesamttext */
    char *pattern;              /* zu ersetzendes altes Muster */
    char *new_pattern;          /* einzusetzendes neues Muster */


    Arg       arg[1];
    Cardinal n;
    int j;                      /* Index fuer "pattern" */
    int i;                      /* Index fuer "text" */
```

```c
    int length;                        /* Laenge des Gesamttextes */
    XmTextPosition cursor_position;       /* Position des Textcursors */

    /* Hole die eingegebenen Strings aus den Text-Widgets */

    text = XmTextGetString(editor_data->editor);
    pattern = XmTextGetString(editor_data->pattern);
    new_pattern = XmTextGetString(editor_data->new_pattern);

    /* Hole die aktuelle Cursor-Position aus dem "editor". Die Suche
       beginnt an dieser Stelle. */

    n = 0;
    XtSetArg(arg[n], XmNcursorPosition, &cursor_position); n++;
    XtGetValues(editor_data->editor, arg, n);

    /* Suche im "editor"-Text nach den String "pattern" und ersetze ihn
       durch den Text "new_pattern" */

    length = strlen(text);
    for (i = cursor_position; i < length; i++) {
       /* Pruefe, ob das Muster "pattern" ab der Stelle "i" im Text
          "text" vorkommt */

       for (j = 0;
            (pattern[j] != '\0') && (pattern[j] == text[i + j]);
            j++);

       if (pattern[j] == '\0') {
          /* Das Muster wurde erkannt. Der neue String kann einge-
             setzt und die neue Cursor-Position gesetzt werden. */

          XmTextReplace(editor_data->editor, i, i + j, new_pattern);
          XmTextSetInsertionPosition(editor_data->editor,
                                     i + strlen(new_pattern));

/***

          In der Motif-Version 1.0 gibt es
          "XmTextSetInsertionPosition" noch nicht:

          n = 0;
          XtSetArg(arg[n], XmNcursorPosition, i + strlen(new_pattern));
          n++;
          XtSetValues(editor_data->editor, arg, n);
***/

          break;
       }
    }
```

```
    /* Die Strings aus den Text-Widgets muessen wieder freigegeben
       werden, siehe "XmTextGetString" */

    XtFree(text);
    XtFree(pattern);
    XtFree(new_pattern);
}
```

In der Callback-Routine *ReplaceCB()* werden die Strings der *Text*-Widgets
mit der Funktion *XmTextGetString()* ermittelt. Die aktuelle Position des
Text-Cursors kommt aus der Ressource *XmNcursorPosition*. Zeichenweise
wird im Text *editor* nach dem Ersetzungsmuster gesucht. Wenn es vor dem
Ende des Textes gefunden wird, benutzt man die Routine *XmTextReplace()*
zum Ersetzen. Die neue Position des Text-Cursors wird mit der Routine
XmTextSetInsertionPosition() gesetzt. Diese Routine gab es in den Motif-
Versionen vor 1.1 noch nicht. Dort mußte man die Ressource *XmNcursor-
Position* benutzen.

Nun ist es recht interessant, auch die Aufrufe der anderen Callbacks zu
beobachten. Im Moment würden jedoch sinnvolle Aufgaben für die einzelnen
Callbacks zu sehr umfangreichen Programmen führen. Im Verlaufe dieses
Buches wird das *Text*-Widget aber noch in anderen Beispielen vorkommen.
Damit man sieht, wann die Callbacks in Aktion treten, kann man einfach
Routinen mit *printf*-Aufrufen an die Callback-Listen hängen.

An die Liste *XmNmotionVerifyCallback* kann dazu die Routine *VerifyCB()*
gebunden werden. In einer ernsthaften Verify-Callback wird mit dem Flag
doit in der Struktur *XmTextVerifyCallbackStruct* festgelegt, ob die Änderung
wirklich vorgenommen wird oder nur ein Piepton als Fehlermeldung erfolgt.
Ab der Motif-Version 1.1 kann man den Piepton mit der Boolean-Ressource
XmNverifyBell ausschalten.

```
/*
 * "VerifyCB" wird aufgerufen, bevor eine Aenderung in dem
 * Text-Widget stattfindet. Hier wird nur die "call_data"-
 * Datenstruktur ausgegeben.
 */

void VerifyCB(widget, client_data, call_data)
   Widget  widget;
   caddr_t client_data;
   caddr_t call_data;
{
   XmTextVerifyCallbackStruct *call =
      (XmTextVerifyCallbackStruct *) call_data;
   int i;

   printf("\n--------------------------------\n");
   printf("Verify->reason:       %d\n", call->reason);
```

```
printf("Verify->doit:       %d\n", call->doit);
printf("Verify->currInsert: %d\n", call->currInsert);
printf("Verify->newInsert:  %d\n", call->newInsert);
printf("Verify->startPos:   %d\n", call->startPos);
printf("Verify->endPos:     %d\n", call->endPos);

printf("Verify->text->length: %d\n", call->text->length);
printf("Verify->text->ptr:    ");

/* For-Schleife, da "call->text->ptr" nicht mit '\0'
   abgeschlossen ist */

for (i = 0; i < call->text->length; i++)
    printf("%c", call->text->ptr[i]);
printf("\n");
}
```

Man wird feststellen, daß auch beim Aufruf der Routine *XmTextReplace()*
vor der Änderung die Verify-Callback aufgerufen wird.

7.7.6   *Text*-Widgets mit Scrollbars

Bei mehrzeiligen *Text*-Widgets ist es ziemlich mühsam, mit den Cursor-
Tasten durch einen großen Text zu wandern. Mit der Routine *XmCreate-
ScrolledText()* kann man ein *Text*-Widget zusammen mit zwei *Scrollbars* er-
zeugen.

Widget XmCreateScrolledText(Widget parent, String name, ArgList arglist,
                          Cardinal argcount)

parent   Parent-Widget des neuen *Text*-Widgets

name   Name des *Text*-Widgets

arglist   Ressourcen des *Text*-Widgets. Da ein *Text*-Widget normalerweise im
         XmSINGLE_LINE_EDIT-Modus erzeugt wird, sollte hier die Ressource
         XmNeditMode auf *XmMULTI_LINE_EDIT* gesetzt werden.

argcount Länge von *arglist*.

Abbildung 7.25 zeigt den eben beschriebenen Editor mit Scrollbars. Jeder
Scrollbar hat einen Balken, der mit gedrückter Maustaste verschoben werden
kann. Der Balken zeigt an, welcher Teil des Textes sichtbar ist. Der Inhalt
des Text-Widgets wird also zusammen mit dem Balken verschoben. Im nächsten Kapitel gibt es einen eigenen Abschnitt über Scrollbars, so daß eine
weitere Erläuterung bis dahin zurückgestellt wird. Normalerweise erscheint
am unteren und linken Rand des *Text*-Widgets jeweils ein Scrollbar. Mit den
folgenden Ressourcen des *Text*-Widgets kann man das verändern:

XmNscrollHorizontal: Wenn diese Ressource auf *False* gesetzt wird, erscheint
   kein horizontaler Scrollbar. Der Default-Wert ist *True*.

XmNscrollVertical: Wenn diese Ressource auf *False* gesetzt wird, erscheint
   kein vertikaler Scrollbar. Der Default-Wert ist *True*.

XmNscrollTopSide: Der horizontale Scrollbar wird an die obere Seite des *Text*-Widgets plaziert, wenn diese Ressouce *True* ist. Der Default-Wert ist *False*.

XmNscrollLeftSide: Der vertikale Scrollbar wird an die linke Seite des *Text*-Widgets plaziert, wenn diese Ressouce *True* ist. Der Default-Wert ist *False*.

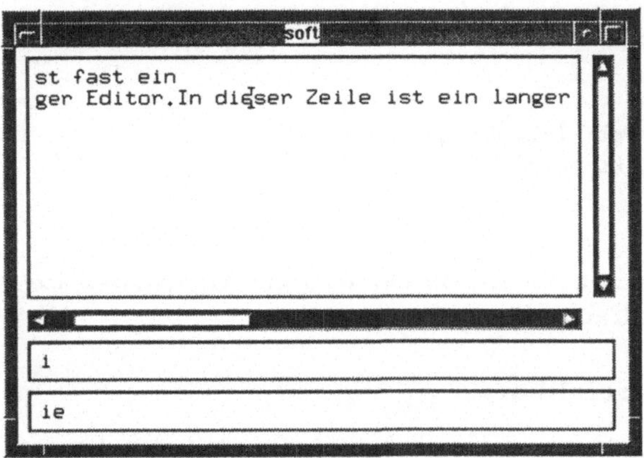

Abb. 7.25 Ein *Text*-Widget mit Scrollbars

7.7.7   *Text*-Widgets für Fortgeschrittene

Mit der Motif-Version 1.1 sind beim *Text*-Widget viele Neuerungen eingeführt worden. Für komplexe und komfortable Programme können diese Dinge wichtig werden. Dieser Abschnitt soll eine kurze Übersicht der neuen Merkmale liefern. Außerdem wird das Selektieren im *Text*-Widget eingehender beschrieben.

Eine wichtige neue Ressource ist *XmNsource*. Mit ihr ist es möglich, einen Text in mehreren *Text*-Widgets gleichzeitig anzuzeigen. Die Ressource enthält einen Zeiger auf eine verdeckte Datenstruktur vom Typ *XmTextSource*, die bei jedem *Text*-Widget erzeugt wird. Mit der Routine *XmTextGetSource()* kann die *Text-Source* erfragt und mit *XmTextSetSource()* gesetzt werden. Beim Setzen wird die alte Datenstruktur freigegeben. Indem man dieselbe Text-Source in verschiedenen Widgets benutzt, kann man Speicherplatz sparen und einen einzigen Text in verschiedenen Widgets editieren. Die Text-Source entnimmt man zum Beispiel einem zentralen *Text*-Widget und setzt sie mit *XmTextSetSource()* in andere *Text*-Widgets ein.

```
XmTextSource  XmTextGetSource(Widget widget)
void          XmTextSetSource(Widget widget, XmTextSource source,
                              XmTextPosition top_character,
                              XmTextPosition cursor_position)
```

Beim Setzen einer neuen Text-Source muß die Position des Text-Cursors und
das Zeichen angegeben werden, das in der ersten Zeile des *Text*-Widgets erscheinen soll. Mit dem obersten Zeichen kann man den sichtbaren Teil des
Textes festlegen. Entsprechend gibt es beim *Text*-Widget die Ressource *XmN-
topPosition* und die Routinen *XmTextSetTopCharacter()* und *XmTextGet-
TopCharacter()*, mit denen diese Ressource gesetzt und gelesen werden kann.
Die Routine *XmTextGetLastPosition()* liefert die Position des letzten Zeichens im Text, also die Länge des Textes minus 1.

```
void          XmTextSetTopCharacter(Widget widget,
                              XmTextPosition top_character)
XmTextPosition XmTextGetTopCharacter(Widget widget)
XmTextPosition XmTextGetLastPosition(Widget widget)
```

Das Verändern der Ressource *XmNtopPosition* bewirkt praktisch ein „Scrollen" des Textes. Das kann man auch mit verschiedenen anderen Routinen
erreichen. *XmTextShowPosition()* bewirkt, daß eine bestimmte Position im
Text sichtbar ist. Mit *XmTextScroll()* kann der Text zeilenweise verschoben
werden.

```
void XmTextShowPosition(Widget widget, XmTextPosition character)
void XmTextScroll(Widget widget, int lines)
```

Eine ganze Reihe von Routinen bezieht sich auf das Selektieren von Texten. Wie bereits im Abschnitt über die Bedienung des *Text*-Widgets gesagt
wurde, kann man durch mehrmaliges Anklicken einen Text selektieren. Das
X-Window-System stellt einen Mechanismus bereit, mit dem ein selektierter Text anderen Prozessen, die an einem gemeinsamen Bildschirm arbeiten,
zugänglich gemacht wird.

Hat der Benutzer einen Text selektiert, dann meldet das *Text*-Widget dies
dem X-Server. Will nun ein anderer Prozeß, beziehungsweise ein anderes Widget, den selektierten Text lesen – der Benutzer klickt zum Beispiel mit der
mittleren Maustaste in ein anderes *Text*-Widget –, so schickt dieser *Anfrager
– requestor –* eine Anforderung an den X-Server. Der X-Server kennt das *Text*-
Widget, das den selektierten Text verwaltet, so daß er diesem *Text*-Widget
ein Event schicken kann, mit dem es aufgefordert wird, den selektierten Text
an den Anfrager zu schicken.

Genaugenommen kennt der X-Server nur das Window des *Text*-Widgets.
Um die Beschreibung aber einfach zu halten, werden hier Widgets und deren
Windows nicht unterschieden. Das Kapitel 13 geht genauer auf die Prozeß-
kommunikation im X-Window-System ein.

So ist es möglich, Texte zwischen gänzlich verschiedenen Programmen auszutauschen. Darüber hinaus legen einige Programme, zum Beispiel *xterm*, den

selektierten Text zusätzlich in einen Speicherplatz des X-Servers ab. Das hat den Vorteil, daß der Text noch vorhanden ist, wenn das Programm gar nicht mehr läuft. Dieses Verfahren wird aber vom *Text*-Widget nicht unterstützt.

Das *Text*-Widget, das dem X-Server meldet, daß es einen selektierten Text besitzt, wird als *Besitzer – owner –* der Selektion bezeichnet. Es kann jederzeit nur ein einziges Widget der Besitzer einer Selektion sein. Damit man verschiedene Daten gleichzeitig selektieren kann, werden Namen für verschiedene Selektionsarten vergeben. Das X-Window-System hat die Namen *Primary*, *Secondary* und *Clipboard* als Selektionsnamen vorgegeben. Für jede dieser drei Selektionen kann es einen momentanen Besitzer geben.

Die normale Selektion in einem *Text*-Widget hat den Namen *Primary*. Wird in einem *Text*-Widget ein Text selektiert, dann wird dieses Widget zum Besitzer der Primary-Selektion. Der vorherige Besitzer bekommt vom X-Server ein Event, das ihm sagt, daß er nicht mehr der Besitzer der Primary-Selektion ist. Auf dem Bildschirm wird der vorher selektierte Text wieder normal und der neue invers dargestellt. Beim *Text*-Widget gibt es zwei Callback-Listen, deren Routinen aufgerufen werden, wenn das Widget Besitzer der Primary-Selektion wird oder den Besitz verliert. Es sind dies die Listen *XmNgainPrimaryCallback* und *XmNlosePrimaryCallback*.

Mit dem eingebauten Selektionsmechanismus der *Text*-Widgets ist es nur möglich, Texte zu kopieren. In einem Text-Editor wird man weitere Operationen auf dem selektierten Text durchführen. Eine einfache Operation ist das Löschen des selektierten Textes. Dazu gibt es die Routine *XmTextRemove()*, die den aktuell selektierten Text im *Text*-Widget löscht. Dies geht aber nur, wenn das *Text*-Widget auch der Besitzer der Primary-Selektion ist. Wenn dies nicht der Fall ist, liefert die Routinen *XmTextRemove() False* als Fehlerstatus zurück. Es ist nicht sinnvoll, den Text in anderen *Text*-Widgets zu löschen. Auch andere Routinen, die mit den Daten der Primary-Selektion arbeiten, liefern *False*, wenn das entsprechende *Text*-Widget nicht der Besitzer der Selektion ist. Mit *XmTextGetSelectionPosition()* kann die Position des selektierten Textes und mit *XmTextGetSelection()* der selektierte Text selbst erfragt werden. Wenn kein Text im Widget selektiert wurde, liefert *XmTextGetSelection()* den Wert *NULL*. Der gelieferte Text muß mit *XtFree()* wieder freigegeben werden.

Normalerweise löscht eine neue Selektion im *Text*-Widget die alte Selektion. Mit der Routine *XmTextSetAddMode()* kann man bestimmen, ob der neu selektierte Text zum alten hinzugefügt wird.

Boolean XmTextRemove(Widget widget)
*Boolean XmTextGetSelectionPosition(Widget widget, XmTextPosition *left,*
                          *XmTextPosition *right)*
char   XmTextGetSelection(Widget widget)*
void   XmTextSetAddMode(Widget widget, Boolean state)

Mit den bisher vorgestellten Routinen kann man den selektierten Text nur benutzen. Es gibt aber auch einen Satz von Routinen, die den selektierten

Text selbst beeinflussen. *XmTextClearSelection()* macht die bisherige Selektion rückgängig, und *XmTextSetSelection()* selektiert einen neuen Text.

void XmTextClearSelection(Widget widget, Time time)
void XmTextSetSelection(Widget widget, XmTextPosition first,
*   XmTextPosition last, Time time)*

Wenn mehrere *Text*-Widgets gleichzeitig Besitzer einer Selektion werden wollen, muß dieser Konflikt irgendwie vom X-Server gelöst werden. Dazu muß man bei den Selektionsroutinen eine Zeitangabe als Parameter übergeben. Der X-Server hat immer eine aktuelle Zeit. Im Konfliktfall kommt das Widget zum Zuge, bei dem die aktuelle Zeit angegeben wurde. Damit nicht mehrere Anwender die gleiche Zeit angeben, sollte die Zeitangabe einem Event entnommen werden. Der X-Server trägt eine eindeutige Zeit in die Events ein. Oft werden die Selektionsroutinen in Callback-Routinen von Buttons aufgerufen. Aus der *call_data*-Struktur dieser Callbacks kann die aktuelle Zeit ermittelt werden:

```
((XmAnyCallbackStruct*)call_data)->event->xbutton.time
```

Neben der Primary-Selektion gibt es noch die Secondary-Selektion. Sie wird im *Text*-Widget dazu benutzt, um den mit der Primary-Selektion selektierten Text zu ersetzen. Für die Secondary-Selektion gibt es keinen direkten Zugang mit speziellen Routinen des *Text*-Widgets. Dafür kann man die Clipboard-Selektion mit speziellen Routinen ansprechen. Ein selektierter Text kann „in das Clipboard" kopiert oder aus dem Clipboard herausgeholt werden. *XmTextCut()* kopiert den selektierten Text in das Clipboard und löscht die Selektion. *XmTextCopy()* kopiert, ohne zu löschen. Mit *XmTextPaste()* wird der Text aus dem Clipboard an die aktuelle Cursor-Position kopiert.

Boolean XmTextCopy(Widget widget, Time time)
Boolean XmTextCut(Widget widget, Time time)
Boolean XmTextPaste(Widget widget)

Das Standardprogramm *xclipboard* des X-Window-Systems überwacht den Inhalt des Clipboards. Wenn etwas ins Clipboard geschrieben wird, zeigt *xclipboard* dies in einem Fenster an. Weitere Informationen zum Clipboard findet man in Abschnitt 13.6.

Will man einen vollständig eigenen Selektionsmechanismus realisieren, so bietet das *Text*-Widget Routinen an, mit denen auf die Darstellung des sichtbaren Textes Einfluß genommen werden kann. Die Lage eines Zeichens in Pixel-Koordinaten kann mit der Routine *XmTextPosToXY()* ermittelt werden. Die Routine *XmTextXYToPos()* liefert bei gegebenen x-y-Koordinaten das Zeichen, das dieser Stelle am nächsten kommt. Mit *XmTextGetBaseline()* kann die y-Position der ersten Zeile ermittelt werden. Die Routine *XmTextSetHighlight()* bewirkt das Neuzeichnen eines bestimmten Textteils.

```
XmTextPosition  XmTextXYToPos(Widget widget, Position x, Position y)
Boolean         XmTextPosToXY(Widget widget, XmTextPosition position,
                              Position *x, Position *y)
int             XmTextGetBaseline(Widget widget)
void            XmTextSetHighlight(Widget widget, XmTextPosition left,
                              XmTextPosition right,
                              XmHighlightMode mode)
```

Für den Parameter *mode* von *XmTextSetHighlight()* gibt es drei Konstanten, die verschiedene Darstellungsformen bewirken:

XmHIGHLIGHT_NORMAL: normale Darstellung
XmHIGHLIGHT_SELECTED: inverse Darstellung. Dies ist die Darstellung der Primary-Selektion.
XmHIGHLIGHT_SECONDARY_SELECTED: unterstrichen. Die Secondary-Selektion wird unterstrichen.

7.7.8 Eine spezielle Widget-Klasse für einzeilige Texte

Für einzeilige Texte gibt es ab der Motif-Version 1.1 eine spezielle Widget-Klasse: *XmTextField*.

Klassenname: *XmTextField*
Klassenzeiger: *xmTextFieldWidgetClass*
Include-File: *Xm/TextF.h*
Superklassen: *Core, XmPrimitive*
Convenience: *XmCreateTextField()*

Diese Klasse ist ein Spezialfall des einzeiligen *Text*-Widgets. Deshalb fehlen auch die Ressourcen und die Routinen, die für *Text*-Widgets mit mehreren Zeilen gelten. Ansonsten kennt das *TextField*-Widget fast die gleichen Ressourcen wie das *Text*-Widget. In den Namen der Widget-Routinen taucht das Wort „Field" zusätzlich auf: *XmTextFieldGetString()* statt *XmTextGet-String()*.

7.8 Plazieren mit dem *RowColumn*-Widget

Die Klasse *XmRowColumn* ist schon oft in Beispielen verwendet worden, ohne intensiv auf die Einzelheiten einzugehen. Das soll hier nun nachgeholt werden.

Klassenname: *XmRowColumn*
Klassenzeiger: *xmRowColumnWidgetClass*
Include-File: *Xm/RowColumn.h*
Superklassen: *Core, Composite, Constraint, XmManager*
Convenience: *XmCreateRowColumn()*

7.8.1 Die verschiedenen Varianten eines *RowColumn*-Widgets

Ein *RowColumn*-Widget ist ein Layout-Widget, das beliebige Widgets als
Kinder aufnehmen kann. Wie bei allen Layout-Widgets, ist es für die Lage
seiner Kinder verantwortlich. Das *RowColumn*-Widget ordnet seine Kinder
spalten- oder zeilenweise an, und zwar in der Reihenfolge, in der die Kinder
erzeugt werden. Abbildung 7.26 zeigt ein *RowColumn*-Widget mit zeilenweiser Anordnung der Kinder. Die Kinder sind *Label*-Widgets, die von links
nach rechts in das *RowColumn*-Widget eingefügt wurden, also zuerst „la-
bel1", dann „label2" und so weiter.

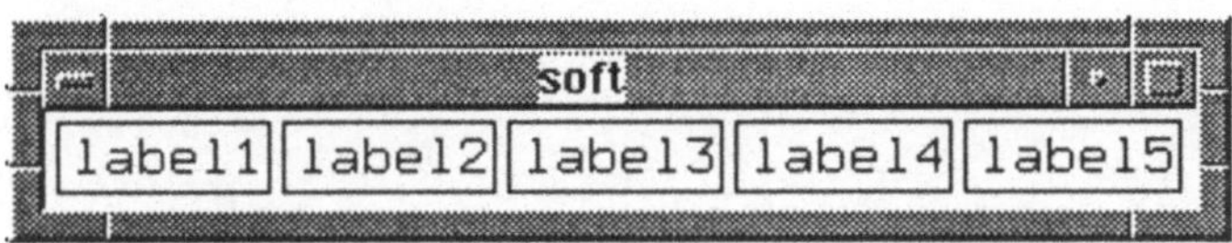

Abb. 7.26 Ein *RowColumn*-Widget mit zeilenweiser Plazierung

Ein *RowColumn*-Widget wird normalerweise in Formularen eingesetzt. Im
Motif-Toolkit dient es daneben auch zum Aufbau von Menüs, oder, wie
bereits in Abschnitt 7.6.3 angesprochen, als Grundlage für Radio-Buttons.
Wenn ein *RowColumn*-Widget für ein Menü eingesetzt wird, dann muß die
Ressource *XmNrowColumnType* einen der folgenden Werte haben:

XmMENU_BAR: Das *RowColumn*-Widget wird als Menüleiste eingesetzt.
   Eine Menüleiste enthält eine Zeile mit Buttons, die beim Anklicken Pulldown-Menüs erscheinen lassen.

XmMENU_PULLDOWN: Das Widget nimmt die Kommando-Buttons eines
   Pulldown-Menüs auf – siehe Menüleiste.

XmMENU_POPUP: Das Widget nimmt die Kommando-Buttons eines Popup-Menüs auf. Ein Popup-Menü kann an ein beliebiges Widget gebunden
   werden, das dann beim Drücken einer Maustaste das Menü erscheinen läßt.

XmMENU_OPTION: Das Widget wird für ein „Option"-Menü benutzt.

Menüs werden in Kapitel 12 erklärt. Hier soll nur der Einsatz des *Row-
Column*-Widgets in „normalen" Formularen beschrieben werden. Dazu muß
XmNrowColumnType auf den Wert *XmWORK_AREA* gesetzt sein. Dies ist
der Default-Wert. Als Beispiel für die folgenden Erklärungen soll ein einfaches
Formular dienen, wie es in Abb. 7.26 gezeigt wird. Es besteht aus einem
RowColumn-Widget mit dem Namen *base* und acht *Label*-Widgets, die von
1 bis 8 durchnummeriert sind. Der Abb. 7.26 liegen die folgenden Ressourcen-
Werte zugrunde:

```
Soft.*.borderWidth: 1
Soft.base.orientation: HORIZONTAL
```

Der Window-Rand der Widgets wird auf die Breite 1 gesetzt, damit man die Lage der Kinder besser erkennen kann. Die Ressource *XmNorientation* wurde in den vorangegangenen Beispielen schon mehrmals benutzt. Sie bestimmt, ob die Kinder zeilen- oder spaltenweise plaziert werden. Erhält diese Ressource den Wert *XmVERTICAL* – der auch Default-Wert ist –, dann werden die Kinder spaltenweise ausgelegt, bei *XmHORIZONTAL* zeilenweise. Läßt man also die Ressource *XmNorientation* unbesetzt, dann ergibt sich ein Resultat wie in Abb. 7.27.

Abb. 7.27 Ein *RowColumn*-Widget mit spaltenweiser Plazierung

Neben der Orientierung gibt es noch verschiedene Plazierungsmodi, die mit der Ressource *XmNpacking* eingestellt werden können. Der Default-Wert, der auch in den Abbildungen 7.27 und 7.26 benutzt wurde, ist *XmPACK_TIGHT*. Daneben sind noch *XmPACK_NONE* und *XmPACK_COLUMN* erlaubt.

7.8.2   Freies Plazieren im *RowColumn*-Widget

Beim Plazierungsmodus *XmPACK_NONE* werden die Kinder eigentlich gar nicht ausgerichtet. Sie werden einfach auf die x-y-Positionen gesetzt, die mit den Ressourcen *XmNx* und *XmNy* angegeben wurden. Der Programmierer muß mit den richtigen x-y-Werten für eine „ordentliche" Plazierung sorgen. Dieser Modus setzt die eigentliche Layoutaufgabe des *RowColumn*-Widgets außer Kraft. Es versucht nur noch, die eigene Größe so einzustellen, daß alle Kinder darin sichtbar sind. Abbildung 7.28 zeigt das Beispiel mit folgender Ressourcen-Belegung:

```
!
! Freie Plazierung im RowColumn-Widget mit den x-y-Positionen
! der Kinder
!

Soft.base.packing: PACK_NONE
```

```
Soft.base.label1.x: 0
Soft.base.label1.y: 0
Soft.base.label2.x: 100
Soft.base.label2.y: 10
Soft.base.label3.x: 10
Soft.base.label3.y: 40
Soft.base.label4.x: 200
Soft.base.label4.y: 0
Soft.base.label5.x: 0
Soft.base.label5.y: 80
Soft.base.label6.x: 90
Soft.base.label6.y: 90
Soft.base.label7.x: 190
Soft.base.label7.y: 60
Soft.base.label8.x: 100
Soft.base.label8.y: 40
```

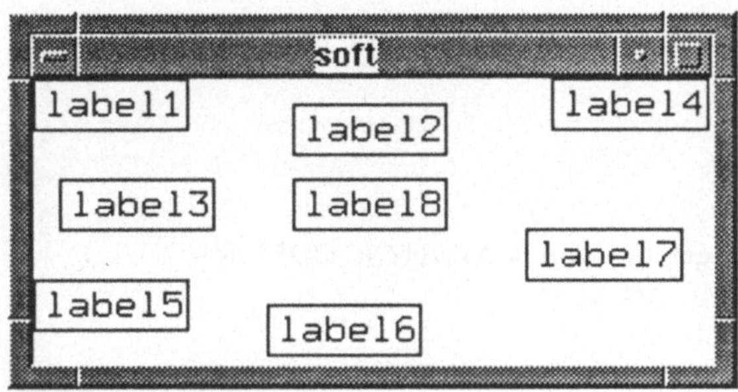

Abb. 7.28 Ein *RowColumn*-Widget mit freier Plazierung im Modus *Xm-PACK_NONE*

7.8.3 Kinder einheitlicher Größe

Im Gegensatz zu *XmPACK_NONE* führt der Wert *XmPACK_COLUMN* zu einer strengen Ausrichtung der Kinder. *XmNorientation* bestimmt, ob die Kinder zeilen- oder spaltenweise ausgelegt werden. Alle Kinder erhalten die gleiche Höhe und Breite, die sich aus der Breite des breitesten und der Höhe des höchsten Kindes bestimmt. Mit der Ressource *XmNnumColumns* kann die Anzahl der Spalten oder Zeilen angegeben werden, auf die die Kinder aufgeteilt werden. Ist als Orientierung *XmVERTICAL* gewählt worden, dann bestimmt *XmNnumColumns* die Anzahl der Spalten. Bei vertikaler Orientierung und wachsender Kinderzahl wird so die Höhe eines *RowColumn*-Widgets größer, und die Spaltenzahl bleibt fest. Hat man *XmHORIZONTAL* als Orientierung angegeben, dann legt *XmNnumColumns* die Anzahl der Zeilen fest. Der Modus *XmPACK_COLUMN* findet vor allem bei Menüs seine Anwendung. Abbildung 7.29 zeigt das obige Beispiel im *XmPACK_COLUMN*-Modus. Man beachte, daß die Ressource *XmNnumColumns* die Anzahl der Zeilen angibt.

```
!
! Strenge spaltenorientierte Ausrichtung der Kinder
!

Soft.base.orientation: HORIZONTAL
Soft.base.packing: PACK_COLUMN
Soft.base.numColumns: 4
```

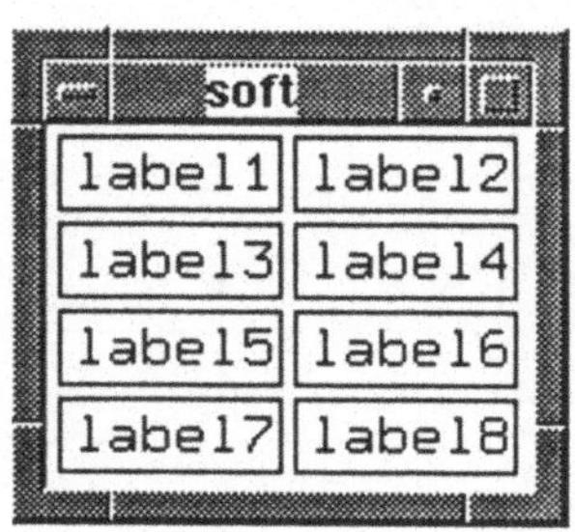

Abb. 7.29 Ein *RowColumn*-Widget im Modus *XmPACK_COLUMN*

7.8.4   Kinder gleicher Höhe oder Breite

Bei der dritten, standardmäßigen Plazierungsart *XmPACK_TIGHT* werden die Kinder auch, gemäß der Orientierung, zeilen- oder spaltenweise plaziert. Die Kinder können aber unterschiedlich groß sein. Bei vertikaler Orientierung werden alle Kinder einer Spalte gleich breit und bei horizontaler Orientierung alle Kinder einer Zeile gleich hoch gemacht. Die andere Dimension bleibt jeweils unverändert. In diesem Modus hat die Ressource *XmNnumColumns* keine Bedeutung. Die Zeilen- oder Spaltenzahl ergibt sich aus der Breite und Höhe des *RowColumn*-Widgets. Außerdem muß man beachten, daß das *RowColumn*-Widget normalerweise versucht, seine Breite und Höhe so zu vergrößern, daß alle Kinder sichtbar sind. Werden die Flags *XmNresizeHeight* oder *XmNresizeWidth* jedoch auf *False* gesetzt, dann erscheint das *RowColumn*-Widget in der festgesetzten Höhe oder Breite. Abbildung 7.30 zeigt das Beispiel mit folgender Ressourcen-Belegung:

```
!
! RowColumn-Widget mit fester Groesse
!
```

```
Soft.base.packing: PACK_TIGHT
Soft.base.orientation: VERTICAL

Soft.base.width: 300
Soft.base.height: 80
Soft.base.resizeHeight: False
Soft.base.resizeWidth: False

Soft.base.label1.labelString: 1: Text
Soft.base.label2.labelString: 2: Text
Soft.base.label3.labelString: 3: Text
Soft.base.label4.labelString: 4: x
Soft.base.label5.labelString: 5: ya
Soft.base.label6.labelString: 6: z
Soft.base.label7.labelString: 7: langer Text
Soft.base.label8.labelString: 8: Text
```

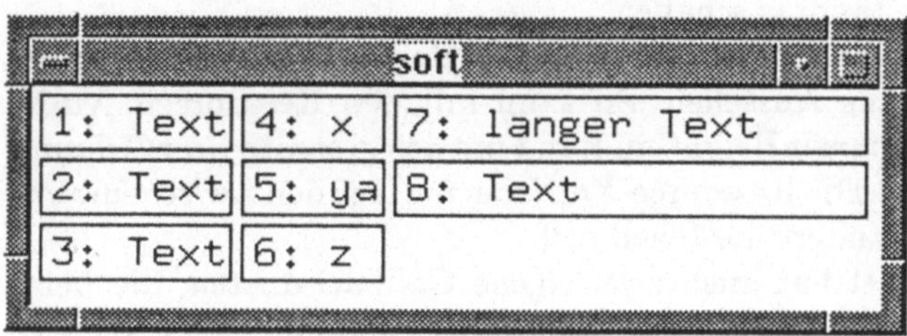

Abb. 7.30 Ein *RowColumn*-Widget im *PACK_TIGHT* Modus

Wird zusätzlich die Ressource *XmNadjustLast* auf *False* gesetzt, ergibt sich ein Aussehen wie in Abb. 7.31. Mit *XmNadjustLast* bestimmt man also, ob die letzte Spalte – bei vertikaler Orientierung – oder die letzte Zeile – bei horizontaler Orientierung – so weit gedehnt wird, daß das ganze *RowColumn*-Widget ausgefüllt ist.

Die Ressourcen *XmNresizeHeight* oder *XmNresizeWidth* verhindern nicht, daß der Window-Manager die Größe der Shell und damit auch die des *RowColumn*-Widgets verändert. Geschieht dies, dann ordnet das *RowColumn*-Widget die Kinder wieder anders an, und eine „schöne" Tabelle kann so zerstört werden. Man kann diesen Effekt verhindern, wenn man das Shell-Widget passend konfiguriert. Es gibt Ressourcen, die die minimale und maximale Ausdehnung einer Shell festlegen. Im nächsten Kapitel wird darauf eingegangen. Ein anderer Trick besteht darin, das *RowColumn*-Widget in ein zusätzliches *Form*-Widget zu plazieren. Verändert der Window-Manager die Größe der Shell, so wird erst einmal das *Form*-Widget verändert. Ob sich das dann auch für das *RowColumn*-Widget auswirkt, hängt von der Pla-

```
 soft
 1: Text  4: x   7: langer Text
 2: Text  5: ya  8: Text
 3: Text  6: z
```

Abb. 7.31 Ein *RowColumn*-Widget mit *XmNadjustLast* auf *False*

zierung im *Form*-Widget ab. Das *Form*-Widget wird im nächsten Abschnitt beschrieben.

Der Plazierungsalgorithmus des *RowColumn*-Widgets ist im Detail schwer zu verstehen und nur sehr umständlich zu erklären. Man kann sich sicherlich klarere Layoutstrategien vorstellen, als die, die das Motif-Toolkit hier vorgibt. Erst die Erfahrung am Beispiel und die „genaue" Definition im Manual können ein besseres Verständnis schaffen.

Neben den bisher besprochenen Plazierungsstrategien gibt es noch Ressourcen für das allgemeine Aussehen. So kann mit den Ressourcen *XmNmarginWidth* und *XmNmarginHeight* ein Rand um das gesamte *RowColumn*-Widget festgelegt werden. Die Ressource *XmNspacing* legt den Zwischenraum fest, der zwischen zwei Kindern bestehen soll.

Ein *RowColumn*-Widget hat auch zwei eigene Callback-Listen, die beim „mappen" beziehungsweise „unmappen" aufgerufen werden – also wenn es sichtbar oder unsichtbar wird. Die Namen der Listen sind *XmNmapCallback* und *XmNunmapCallback*.

7.8.5   Einheitliche Ressourcen für die Kinder

Um einen tabellenartigen Aufbau eines Formulars zu unterstützen, ist es möglich, einige private Geometrie-Ressourcen der Kinder auf einheitliche Werte zu zwingen. Das *RowColumn*-Widget besitzt dafür unter anderem die Ressource *XmNentryBorder*. Weist man der Ressource eine Zahl größer 0 zu, dann bekommen alle Kinder einen Rand mit dieser Breite. Wenn beim *RowColumn*-Widget die Ressource *XmNisAligned* auf *True* gesetzt ist, werden alle Texte der Kinder gleich ausgerichtet. Das gilt aber nur für *Label*-Widgets oder Widgets, die einer Subklasse von *XmLabel* angehören. Bei diesen Kindern wird die Ressource *XmNalignment* überschrieben – siehe Abschnitt 7.4.3. Die *RowColumn*-Ressource *XmNentryAlignment* bestimmt dann die Ausrichtung aller Texte. Hier kann man die Konstanten *XmALIGN-MENT_BEGINNING*, *XmALIGNMENT_CENTER* und *XmALIGNMENT_-END* einsetzen. Setzt man die Ressource *XmNadjustMargin* auf *True*, dann erhalten alle inneren Rahmen, wie sie in Abschnitt 7.4.3 beschrieben sind, eine einheitliche, maximale Breite.

Im Abschnitt über Toggle-Buttons wurden schon die Ressourcen *XmN-radioBehavior* und *XmNradioAlwaysOne* erläutert. Beim Modus *XmNradio-Behavior* müssen alle Kinder Toggle-Buttons sein, ansonsten gibt es eine Fehlermeldung. Dieses Verhalten wird aber eigentlich von der Ressource *XmNis-Homogeneous* bewirkt, die beim Radio-Button standardmäßig auf *True* steht. In diesem Fall wird überprüft, ob alle Kinder der gleichen Klasse angehören. Die Klasse der Kinder kann mit der Ressource *XmNentryClass* gesetzt werden. Beim Radio-Button ist dies *xmToggleButtonWidgetClass*. Diesen Mechanismus kann der Programmierer auch für eigene Zwecke einsetzen.

Auch Callback-Routinen können vereinheitlicht werden: Beim Erzeugen eines *RowColumn*-Widgets kann mit der Ressource *XmNentryCallback* eine Liste von Callback-Routinen übergeben werden, die die Activate-Callbacks der Kinder überschreiben. Damit kann man zum Beispiel allen Push-Buttons eines *RowColumn*-Widgets die gleiche Callback-Routine übergeben. Dies funktioniert aber nur beim Erzeugen eines *RowColumn*-Widgets und kann später mit *XtSetValues()* nicht mehr geändert werden.

7.9   Ein universelles Layout-Widget, das *Form*-Widget

In diesem Abschnitt wird ein weiteres Layout-Widget vorgestellt. Mit ihm ist es möglich, die Kanten eines Kindes zu plazieren. Es können Bedingungen angegeben werden wie: Die obere Kante des Kindes muß eine Entfernung von 8 Pixeln von der unteren Kante eines anderen Kindes haben. Die neue Klasse heißt *XmForm*.

Klassenname: *XmForm*
Klassenzeiger: *xmFormWidgetClass*
Include-File: *Xm/Form.h*
Superklassen: *Core, Composite, Constraint, XmManager, XmBulletinBoard*
Convenience: *XmCreateForm()*

Das im letzten Abschnitt besprochene *RowColumn*-Widget erlaubt dagegen nur globale Angaben zur Plazierung, die für alle Kinder gelten. Lediglich durch die Reihenfolge des Erzeugens der Kinder kann Einfluß auf die Plazierung genommen werden. Im Motif-Toolkit ist das *Form*-Widget als Standard-Widget für das Layout eines Formulars vorgesehen, deshalb der Name *XmForm*.

7.9.1   Constraint-Ressourcen

Bei *Form*-Widgets kann man jedem einzelnen Kind eigene Plazierungsinformationen mitgeben. Für die Plazierung ist das Form-Widget verantwortlich. Die Plazierungsangaben für das Kind werden deshalb an das Parent-Widget weitergereicht. Ressourcen, die man für ein Kind angibt und die aber eigentlich für das Parent-Widget bestimmt sind, werden im X-Toolkit *Constraint-Ressourcen* genannt. Meistens werden Constraint-Ressourcen für

Plazierungsinformationen benutzt. Dies sind dann die Bedingungen – Constraints – die ein Layout-Widget beim Plazieren seiner Kinder beachten muß. In der Toolkit-Dokumentation sind die Constraint-Ressourcen – für die Kinder – bei der Klasse des Parent-Widgets beschrieben. Das Layout-Widget bestimmt, welche Constraint-Ressourcen beim Kind erlaubt sind.

Bei Kindern des *Form*-Widgets können Constraint-Ressourcen gesetzt werden, die die Kanten des Kindes an die Kanten anderer Kinder oder die Kanten des *Form*-Widgets *binden*. Solche Plazierungsregeln oder Kantenbedingungen kann man für alle vier Kanten eines Kindes angeben. Die folgenden vier Ressourcen nehmen die Regeln auf:

XmNtopAttachment: Regel für die obere Kante
XmNbottomAttachment: Regel für die untere Kante
XmNleftAttachment: Regel für die linke Kante
XmNrightAttachment: Regel für die rechte Kante.

Es gibt sieben verschiedene Regelarten, die man durch Konstanten unterscheidet:

XmATTACH_NONE: Kante ist nicht gebunden.
XmATTACH_FORM: Binde Kante an Formularrand.
XmATTACH_OPPOSITE_FORM: Binde Kante an entgegengesetzten Formularrand.
XmATTACH_WIDGET: Binde Kante an die Kante eines anderen Kindes.
XmATTACH_OPPOSITE_WIDGET: Binde Kante an die entgegengesetzte Kante eines anderen Kindes.
XmATTACH_POSITION: Halte die relative Position im Formular konstant.
XmATTACH_SELF: wie *XmATTACH_POSITION*, aber die relative Position bestimmt sich aus den x-y-Werten des Kindes.

Diese Aufzählung reicht sicherlich noch nicht zum Verständnis der Attachment-Ressourcen. Mit *XmATTACH_NONE* wird gesagt, daß die Kante des Kindes frei beweglich ist, das heißt, daß das *Form*-Widget keine Restriktionen bei der Plazierung beachten muß. Dies ist der Default-Wert aller Attachment-Ressourcen. Mit *XmATTACH_FORM* oder *XmATTACH_OPPOSITE_FORM* wird die jeweilige Kante an einen Rand des *Form*-Widgets geheftet und mit *XmATTACH_WIDGET* und *XmATTACH_OPPOSITE_WIDGET* an die Kante eines anderen Kindes. Das andere Kind, also das Referenz-Widget für die Plazierung, muß man in diesem Fall noch angeben. Dazu gibt es die Ressourcen:

XmNtopWidget: bestimmt das Referenz-Widget für die obere Kante, wenn die Ressource *XmNtopAttachment* den Wert *XmATTACH_WIDGET* oder *XmATTACH_OPPOSITE_WIDGET* hat.
XmNbottomWidget: bestimmt das Referenz-Widget für die untere Kante
XmNleftWidget: bestimmt das Referenz-Widget für die linke Kante
XmNrightWidget: bestimmt das Referenz-Widget für die rechte Kante.

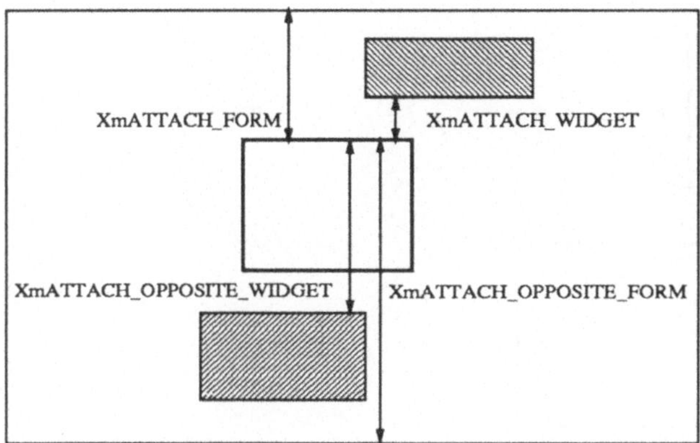

Abb. 7.32 Die Verbindungsmöglichkeiten der oberen Kante eines Widgets mit den Nachbarkanten

Abbildung 7.32 deutet die möglichen Relationen zwischen der oberen Kante eines Kindes und anderen Kanten (Referenzkanten) an. Der Abstand zwischen den Kanten kann man mit den Offset-Ressourcen bestimmen. Diese Ressourcen haben als Default-Wert *0*. Er kann aber für das gesamten *Form*-Widget mit *XmNhorizontalSpacing* und *XmNverticalSpacing* auf einen anderen Wert gesetzt werden. Die Referenzkante bestimmt sich aus den jeweiligen Attachment-Ressourcen. Es gibt die folgenden vier Offset-Ressourcen:

XmNtopOffset: Abstand zwischen oberer Kante und Referenzkante
XmNbottomOffset: Abstand zwischen unterer Kante und Referenzkante
XmNleftOffset: Abstand zwischen linker Kante und Referenzkante
XmNrightOffset: Abstand zwischen rechter Kante und Referenzkante.

Neben den Bedingungen zwischen zwei Kanten kann man die Kante eines Kindes auch auf eine relative Position innerhalb des *Form*-Widgets plazieren. Dazu muß für die Kante die Plazierungsregel *XmATTACH_POSITION* eingesetzt werden. Man kann zum Beispiel festlegen, daß sich die linke Kante eines Kindes immer auf einem Punkt befindet soll, der 30 Prozent vom linken Rand des *Form*-Widgets entfernt ist. Die Prozentangabe bezieht sich auf die momentane Gesamtbreite des *Form*-Widgets. Abbildung 7.33 zeigt den Zusammenhang bei veränderter Größe des *Form*-Widgets. Die relative Position gibt man mit den folgenden Ressourcen an:

XmNtopPosition: relative Position, wenn *XmNtopAttachment* den Wert *XmATTACH_POSITION* hat
XmNbottomPosition: relative Position, wenn *XmNbottomAttachment* den Wert *XmATTACH_POSITION* hat

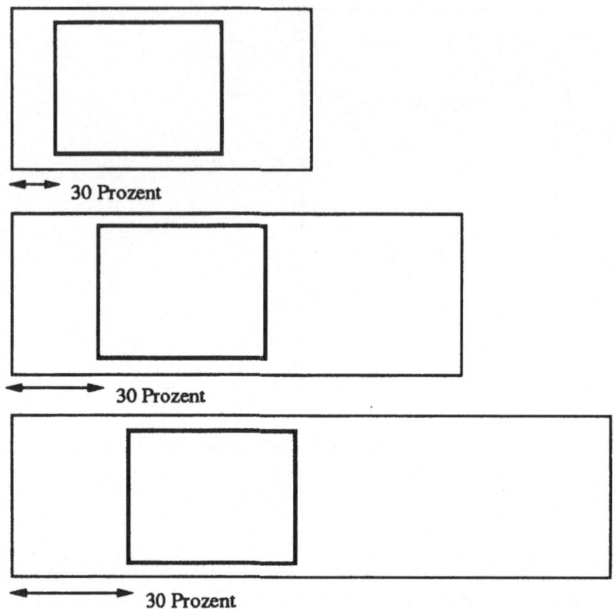

Abb. 7.33 Die linke Kante eines Kindes wird auf 30 Prozent fixiert. Der relative Abstand bleibt auch bei veränderter Größe des *Form*-Widgets erhalten.

XmNleftPosition: relative Position, wenn *XmNleftAttachment* den Wert *Xm-ATTACH_POSITION* hat

XmNrightPosition: relative Position, wenn *XmNrightAttachment* den Wert *XmATTACH_POSITION* hat.

Die Plazierungsregel *XmATTACH_SELF* ist eine besondere Form von *Xm-ATTACH_POSITION*. Die relative Position wird aus den x-y-Werten des Kindes berechnet, die man mit den Ressourcen *XmNx* und *XmNy* dem Kind übergeben hat. Aus diesen absoluten Werten wird die relative Position bezüglich der Höhe und Breite des *Form*-Widgets berechnet. Ansonsten wird wie bei *XmATTACH_POSITION* verfahren.

Gibt man weder für die linke noch für die rechte Kante eines Kindes einen Attachment-Wert an, dann erhält die linke Kante automatisch den Wert *XmATTACH_FORM*, und als *XmNleftOffset* wird die Ressource *XmNx* des Kindes benutzt. In vertikaler Richtung wird analog verfahren, wenn weder für die obere noch für die untere Kante ein Attachment-Wert angegeben wurde. Das Kind wird also auf die Position gesetzt, die von *XmNx* und *XmNy* bestimmt wird. Wenn die Ressource *XmNrubberPositioning* True ist, wird statt *XmATTACH_FORM XmATTACH_SELF* benutzt. Die Anfangsposition ist dann zwar die gleiche, aber wenn die Größe des *Form*-Widgets verändert wird, werden die relativen Positionen eingehalten und im ersten Fall die absoluten.

7.9.2 Plazierung der oberen Kante eines Kindes

Nun noch eine kurze Zusammenstellung der Plazierungsregeln als Überblick. In der Auflistung wird nur auf die Bedingungen für die obere Kante eines Kindes eingegangen. Für die anderen Seiten gelten aber analoge Aussagen. Abbildung 7.34 zeigt die Bedingungen für die linke Kante eines Kindes. Man kann sehr leicht die Analogie zu Abb. 7.32 erkennen.

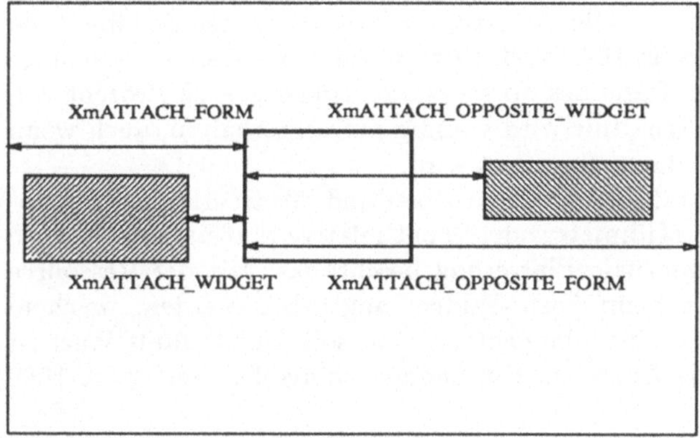

Abb. 7.34 Die Verbindungsmöglichkeiten der linken Kante eines Kindes mit den Nachbarkanten

XmATTACH_NONE: Die obere Kante unterliegt keiner Plazierungsregel. Dieser Wert ist der Default-Wert. Die Position des Widgets in vertikaler Richtung bestimmt sich aus der Plazierungsregel für die untere Seite. Falls man keine Regel für die untere oder obere Kante angegeben hat, wird das Kind auf die durch *XmNy* gegebene Position gesetzt. Die Ressource *XmNrubberPositioning* bestimmt, ob diese Position später als absoluter oder relativer Wert interpretiert wird.

XmATTACH_FORM: Die obere Seite des Kindes wird an der oberen Seite des *Form*-Widgets ausgerichtet. Dabei bestimmt die Ressource *XmNtopOffset* den Abstand zwischen dem Rand des *Form*-Widgets und der oberen Kante des Kindes.

XmATTACH_OPPOSITE_FORM: Die obere Seite des Kindes wird an der unteren Seite des *Form*-Widgets ausgerichtet. Man sollte dabei beachten, daß der Abstand zwischen den Kanten – gegeben durch *XmNtopOffset* – auch negativ sein darf. Ist er positiv und die obere Kante des Kindes wird an der unteren Kante des *Form*-Widgets ausgerichtet, dann liegt das Kind außerhalb des *Form*-Widgets und ist deshalb nicht mehr sichtbar. Wird jedoch ein negativer Abstand angegeben, so rutscht das Kind nach oben und wird sichtbar.

XmATTACH_WIDGET: Die obere Seite des Kindes wird an der unteren Seite des Widgets ausgerichtet, das mit der Ressource *XmNtopWidget* angegeben wird. Dieses Widget muß ein bereits erzeugtes Kind des gleichen *Form*-Widgets sein. Der Abstand zwischen den Kanten kann wieder mit *XmNtopOffset* angegeben werden.

XmATTACH_OPPOSITE_WIDGET: Die obere Seite des Kindes wird an der oberen Seite des Widgets ausgerichtet, das mit *XmNtopWidget* gegeben ist.

XmATTACH_POSITION: Die obere Kante wird prozentual zur Höhe des gesamten Formulars auf die Position gesetzt, die durch *XmNtopPosition* gegeben ist. Wird der Wert 25 für *XmNtopPosition* angegeben und die Höhe des gesamten Formulars ist 160 Pixel, so wird die obere Kante des Kindes auf 40 Pixel vom oberen Rand des *Form*-Widgets plaziert – 25 Prozent von 160. Das angegebene Verhältnis wird ständig aufrechterhalten, auch wenn die Größe des *Form*-Widgets verändert wird.

Man beachte, daß die Maßeinheiten hier Pixel sind. Motif erlaubt auch andere Maßeinheiten, wie Millimeter oder „Font relative Maßeinheiten". Man ist auch nicht auf prozentuale Plazierung beschränkt. Mit der Ressource *XmNfractionBase* kann beim *Form*-Widget angegeben werden, welchem Wert die volle Höhe des Formulars entsprechen soll. Der Default-Wert ist hier 100 für prozentuale Angaben. Ein anderer sinnvoller Wert wäre 1000 für Promille.

XmATTACH_SELF: Aus dem Ressourcen-Wert für *XmNy* wird die relative Position im Formular berechnet. Sonst verhält sich dieser Wert wie *XmATTACH_POSITION*.

7.9.3   Kinder flexibler Größe

Man kann mit den Plazierungsregeln auch erreichen, daß sich die Kinder flexibel an die Größe des Formulars anpassen. Dazu muß man die beiden horizontalen oder vertikalen Kanten des Kindes mit einer Plazierungsregel versehen. Damit diese Bedingungen eingehalten werden können, wird die Breite oder Höhe eines Kindes gegebenenfalls verändert. Bindet man die linke Kante eines Kindes an den linken Form-Rand und die rechte an den rechten, dann paßt sich das Kind der Breite des *Form*-Widgets an.

Wenn man die Größe eines *Form*-Widgets nicht explizit angibt, dann wird sie so festgelegt, daß alle Kinder darin Platz finden. Dabei werden die Plazierungsregeln beachtet. In den Motif-Versionen vor 1.1 mußte man dann unbedingt eine Breite für das *Form*-Widget angeben, ansonsten schrumpfte die Breite des Kindes und des *Form*-Widgets auf *0* zusammen. In der Version 1.1 wird die Anfangsbreite des Kindes zur Berechnung der Breite des *Form*-Widgets benutzt. Eine Standard-Situation mit dehnbaren Widgets zeigt Abb. 7.35. In einem Formular sind rechts und links zwei Formularteile konstanter

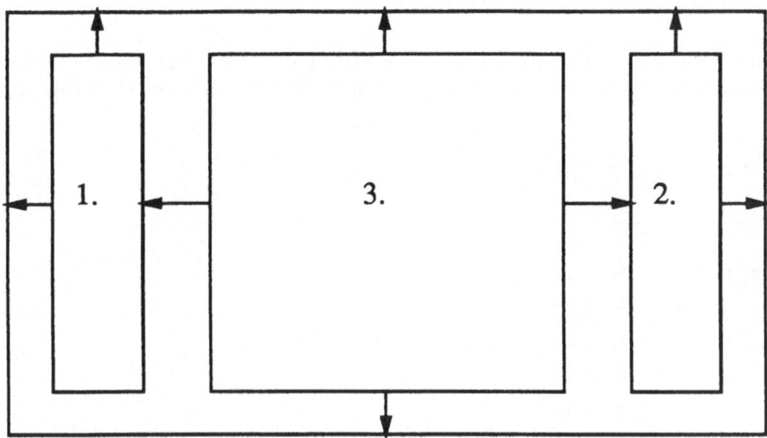

Abb. 7.35 Plazierungsregeln für ein Formular, dessen mittlerer Teil in Höhe und Breite flexibel ist. Die Zahlen geben die Reihenfolge des Erzeugens an.

Breite, und in der Mitte ist ein Widget, das in der Breite und Höhe mit dem Formular wachsen und schrumpfen soll.

Man sieht, daß das mittlere Widget an das rechte und das linke Widget gebunden ist. Dem mittleren Widget werden die anderen beiden als Wert der Ressourcen *XmNleftWidget* und *XmNrightWidget* übergeben. Am besten erzeugt man also zuerst das linke und rechte und dann das mittlere Widget. In den Motif-Versionen vor 1.1 muß man außerdem – zum Beispiel im Ressourcen-File – die Höhe und Breite des Formulars setzen, sonst schrumpft der mittlere Teil des Formulars auf die Breite *0* zusammen, und der linke und rechte Teil liegen übereinander.

Aus den bisherigen Erläuterungen wird deutlich, daß es viele Möglichkeiten für die Plazierung eines Kindes im *Form*-Widget gibt. Bedenkt man, daß die Ressourcen nicht nur beim Erzeugen der Kinder, sondern auch noch später mit *XtSetValues()* verändert werden können, werden die Variationsmöglichkeiten noch größer. Auf jeden Fall muß ein Kind gemanagt sein, bevor es der Kontrolle des *Form*-Widgets und damit den angegebenen Plazierungsregeln unterliegt. Außerdem dürfen keine Kreise in den Abhängigkeiten auftreten.

All diese Zusammenhänge sind recht kompliziert. Anfänger sollten darum das Layout nach einem festen Schema realisieren. Eine einfache Strategie besteht darin, alle Kinder an der oberen linken Ecke zu fixieren. Dabei fängt man mit dem Kind an, das oben links plaziert werden soll und fügt zeilenweise die anderen Kinder ein. Im nächsten Abschnitt wird das Beispiel „Software-Entwicklung" mit Hilfe von *Form*-Widgets realisiert. Daran kann man einfache Regeln für den Einsatz des *Form*-Widgets erkennen.

7.10   *Form*-Widgets im Einsatz

In der letzten Version des Programms *soft* wurden für das Layout geschachtelte *RowColumn*-Widgets benutzt. Diese Version findet man auf den folgenden Seiten:

Dateien: *soft.c* S. 154, *soft.h* S. 163

Funktion	Quelltext
main()	S. 155
CreateInput()	S. 159
CreateCommands()	S. 164
CreateForm()	S. 163
RunCB()	S. 166
MakeCB()	S. 168
RemoveCB()	S. 168
EditCB()	S. 169
ExitCB()	S. 170

Nun sollen *Form*-Widgets eingesetzt werden. Im ersten Schritt wird nur das äußere *RowColumn*-Widget in der Routine *CreateForm()* durch ein *Form*-Widget ersetzt. Die nächste Version verzichtet vollständig auf *RowColumn*-Widgets, und als letztes wird das Layout des Formulars nur durch Einträge im Ressourcen-File festgelegt.

7.10.1   Ein *Form*-Widget anstelle eines *RowColumn*-Widgets

Da eine neue Widget-Klasse benutzt wird, muß auch ein neues Include-File eingebunden werden. Die Liste der Include-Files sieht jetzt wie folgt aus:

```
/*
 * Die Include-Files zum Beispiel "Software-Entwicklung".
 */

#include <Xm/Xm.h>
#include <Xm/Label.h>
#include <Xm/Text.h>
#include <Xm/PushB.h>
#include <Xm/RowColumn.h>
#include <Xm/Form.h>
#include <Xm/Separator.h>

#include "soft.h"
```

Neben dem *Form*-Widget soll ein zusätzliches *Separator*-Widget zur Verschönerung eingefügt werden. Statt *xmRowColumnWidgetClass* wird jetzt *xmFormWidgetClass* im ersten Aufruf von *CreateManagedWidget()* benutzt.

Die Kinder des damit erzeugten *Form*-Widgets sind der Titel und die folgenden Zeilen, also *RowColumn*-Widgets. Abbildung 7.36 zeigt das Schema der
Plazierungsregeln. Der Titel wird oben links an den Formularrand gebunden.
Alle nachfolgenden Eingabezeilen bindet man an den linken Rand des Formulars und an den oberen Nachbarn. Die Reihe der Push-Buttons wird an
den unteren Rand des Formulars gebunden. Zwischen die Buttons und den
Eingabezeilen wird das Separator-Widget geheftet.

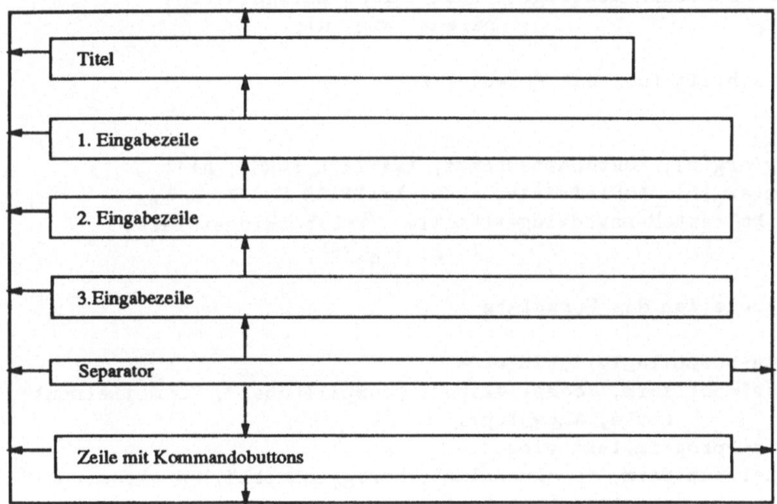

Abb. 7.36 Plazierungsregeln für das *Form*-Widget im Beispiel „Software-Entwicklung"

Die neue Routine *CreateForm()* hat sich also etwas verändert:

```
/*
 * "CreateForm" erzeugt den Formularinhalt des Beispiels
 * "Software Entwicklung" mit Hilfe eines Form-Widgets.
 */

void CreateForm(parent)
   Widget parent;
{
   Widget   form;
   Widget   title;
   Widget   new_top;
   Widget   sep;
   Widget   buttons;
   Arg      arg[6];
   Cardinal n;
```

```c
    FormData *form_data;

    /* "client_data" fuer die Callback-Routinen des Formulars */

    form_data = (FormData *) XtMalloc(sizeof(FormData));

    /* Form-Widget als Kind der Shell "parent" */

    n = 0;
    form = XtCreateManagedWidget("base", xmFormWidgetClass,
                                 parent, arg, n);

    /* Ueberschrift fuer das Formular */

    n = 0;
    XtSetArg(arg[n], XmNtopAttachment, XmATTACH_FORM); n++;
    XtSetArg(arg[n], XmNleftAttachment, XmATTACH_FORM); n++;
    title = XtCreateManagedWidget("title", xmLabelWidgetClass,
                                  form, arg, n);

    /* Eingabezeilen des Formulars */

    form_data->compile_text_widget =
        CreateInput(form, "compileLine", "compileLabel", "compileInput",
                    title, &new_top);
    form_data->program_text_widget =
        CreateInput(form, "programLine", "programLabel", "programInput",
                    new_top, &new_top);
    form_data->source_text_widget =
        CreateInput(form, "sourceLine", "sourceLabel", "sourceInput",
                    new_top, &new_top);

    /* Kommando-Buttons in der unteren Zeile */

    buttons = CreateCommands(form, form_data);

    /* Ein Trennungsstrich zwischen Eingabefeld und Buttons */

    n = 0;
    XtSetArg(arg[n], XmNbottomAttachment, XmATTACH_WIDGET); n++;
    XtSetArg(arg[n], XmNbottomWidget, buttons); n++;
    XtSetArg(arg[n], XmNtopAttachment, XmATTACH_WIDGET); n++;
    XtSetArg(arg[n], XmNtopWidget, new_top); n++;
    XtSetArg(arg[n], XmNleftAttachment, XmATTACH_FORM); n++;
    XtSetArg(arg[n], XmNrightAttachment, XmATTACH_FORM); n++;
    sep = XtCreateManagedWidget("sep", xmSeparatorWidgetClass,
                                form, arg, n);
}
```

Die Plazierungsregeln für die *RowColumn*-Widgets der Eingabezeilen werden
in der Routine *CreateInput()* angegeben. Die Routine bekommt das jeweils
darüberliegende Widget als Parameter übergeben, damit das *RowColumn*-
Widget an dessen Unterkante ausgerichtet werden kann. Die Zeile mit den
Buttons wird nur an den Formularrand geheftet. Allerdings benötigt man
das *RowColumn*-Widget der Zeile zum Ausrichten des Separators. Deshalb
liefert *CreateCommands()* dieses Widget als Rückgabewert. Die veränderte
Routine *CreateInput()* sieht wie folgt aus:

```
/*
 * "CreateInput" erzeugt ein RowColumn-Widget mit einem Label
 * und einem Text-Widget.
 */

Widget CreateInput(parent, line_name, label_name, text_name,
                   top, new_top)
   Widget parent;
   char   *line_name;
   char   *label_name;
   char   *text_name;
   Widget top;
   Widget *new_top;
{
   Widget   line;
   Widget   label;
   Widget   text;
   Arg      arg[4];
   Cardinal n;

   /* RowColumn-Widget in das Form-Widget "parent" einfuegen */

   n = 0;
   XtSetArg(arg[n], XmNtopAttachment, XmATTACH_WIDGET); n++;
   XtSetArg(arg[n], XmNtopWidget, top); n++;
   XtSetArg(arg[n], XmNleftAttachment, XmATTACH_FORM); n++;
   XtSetArg(arg[n], XmNorientation, XmHORIZONTAL); n++;
   line = XtCreateManagedWidget(line_name, xmRowColumnWidgetClass,
                                parent, arg, n);

   /* "new_top" wird fuer das Attachment der naechsten Zeile
      benoetigt */

   *new_top = line;
   label = XtCreateManagedWidget(label_name, xmLabelWidgetClass,
                                 line, NULL, 0);
   text = XtCreateManagedWidget(text_name, xmTextWidgetClass,
                                line, NULL, 0);
   return (text);
}
```

Die Routine *CreateInput()* hat zwei neue Parameter: *top* und *new_top*. Das *RowColumn*-Widget bekommt, als Kind eines *Form*-Widgets, Plazierungsregeln mitgegeben. Die obere Kante des *RowColumn*-Widgets wird an die untere Kante des Widgets geheftet, das mit *top* übergeben wird. Die linke Kante wird mit *XmATTACH_FORM* an die linke Seite des Formulars gebunden. Das erzeugte *RowColumn*-Widget wird zum Ausrichten der nächsten Zeile gebraucht und daher mit dem Parameter *new_top* zurückgeliefert. Die Routine *CreateCommands()* muß analog verändert werden. Auch hier bekommt das *RowColumn*-Widget Plazierungsinformationen mitgegeben, die Push-Buttons bleiben unverändert.

Der Separator hat im vorgestellten Layout-Schema eine entscheidende Rolle: Läßt man ihn weg, dann schiebt das *Form*-Widget den oberen Teil des Formulars und die Button-Zeile zusammen. Heftet man die Button-Zeile an die unterste Eingabezeile, dann werden die Buttons beim Vergrößern des Formulars mitgedehnt, was sehr unschön wirkt. Man kann für solche Layout-Tricks auch unsichtbare Separatoren einsetzen, die nur Platz im Formular reservieren. So kann man zum Beispiel zwischen dem eigentlichen Separator und den Eingabezeilen einen weiteren unsichtbaren Separator einfügen. Dann wird der sichtbare Separator vertikal nicht mehr gedehnt, und der Abstand zwischen der Linie und der Button-Zeile bleibt stets erhalten:

```
/* Ein Trennungsstrich zwischen Eingabefeld und Buttons */

n = 0;
XtSetArg(arg[n], XmNbottomAttachment, XmATTACH_WIDGET); n++;
XtSetArg(arg[n], XmNbottomWidget, buttons); n++;
XtSetArg(arg[n], XmNleftAttachment, XmATTACH_FORM); n++;
XtSetArg(arg[n], XmNrightAttachment, XmATTACH_FORM); n++;
sep = XtCreateManagedWidget("sep", xmSeparatorWidgetClass,
                            form, arg, n);


/* Ein flexibler leerer Bereich zwischen Separator
   und Eingabefeld */

n = 0;
XtSetArg(arg[n], XmNbottomAttachment, XmATTACH_WIDGET); n++;
XtSetArg(arg[n], XmNbottomWidget, sep); n++;
XtSetArg(arg[n], XmNtopAttachment, XmATTACH_WIDGET); n++;
XtSetArg(arg[n], XmNtopWidget, new_top); n++;
XtSetArg(arg[n], XmNleftAttachment, XmATTACH_FORM); n++;
XtSetArg(arg[n], XmNseparatorType, XmNO_LINE); n++;
sep = XtCreateManagedWidget("empty", xmSeparatorWidgetClass,
                            form, arg, n);
```

Im Ressourcen-File können die einzelnen Widgets mit den Offset-Ressourcen gegeneinander verschoben werden. Nachfolgend sind einige Beispielwerte angegeben:

```
!
! Die Abstaende zwischen den Kanten im Beispiel
! "Software-Entwicklung"
!

Soft.base.verticalSpacing: 10
Soft.base.horizontalSpacing: 10

Soft.base.sep.leftOffset: 0
Soft.base.sep.rightOffset: 0

Soft.base.compileLine.topOffset: 15
Soft.base.programLine.topOffset: 5
Soft.base.sourceLine.topOffset: 5
Soft.base.sep.topOffset: 15
```

7.10.2   Dehnbare Eingabezeilen

Es ist sicherlich aufgefallen, daß das *Separator*-Widget an den linken und rechten Formularrand geheftet ist. Damit wird erreicht, daß sich dieses Widget immer über die volle Breite des Formulars ausdehnt, auch wenn das Formular vom Window-Manager verändert wird. Abbildung 7.37 zeigt das Formular mit *Separator*-Widget.

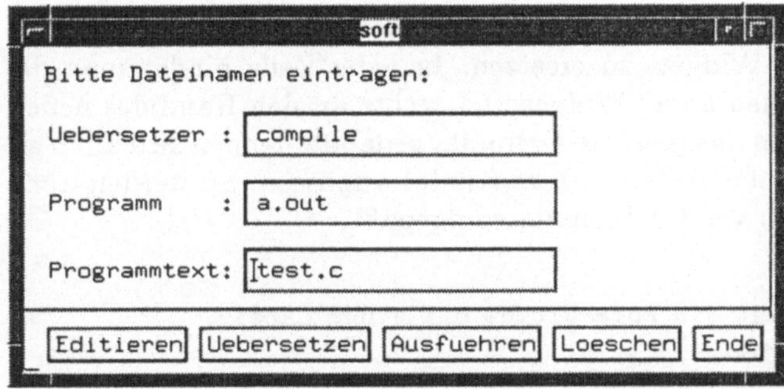

Abb. 7.37 Formular „Software-Entwicklung" mit *Separator*-Widget

Will man nun erreichen, daß sich auch die *Text*-Widgets mit der Breite des Formulars vergrößern, ergibt sich eine Schwierigkeit. Man könnte nämlich auf die Idee kommen, einfach die *RowColumn*-Widgets der Eingabezeilen an den rechten Rand zu binden:

```
*borderWidth:1
Soft.base.compileLine.rightAttachment:ATTACH_FORM
```

```
Soft.base.programLine.rightAttachment:ATTACH_FORM
Soft.base.sourceLine.rightAttachment:ATTACH_FORM
```

Verändert man nun mit dem Window-Manager die Größe des Formulars, so passen sich die *RowColumn*-Widgets der Breite des Formulars an, nicht aber die *Text*-Widgets. Abbildung 7.38 zeigt das resultierende Formular. Alle Window-Rahmen sind auf 1 gesetzt, damit die Ausdehnungen der Widgets sichtbar werden.

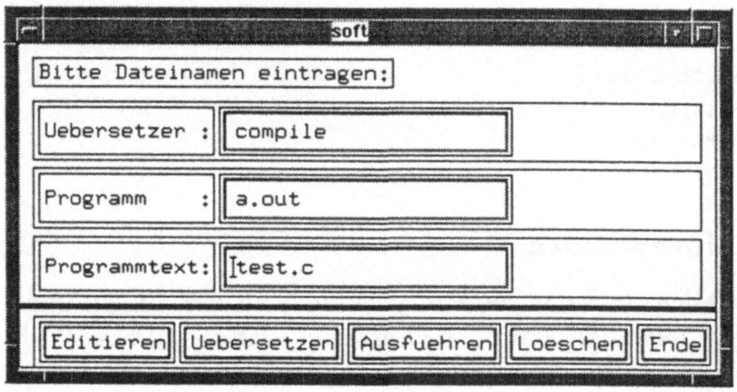

Abb. 7.38 Formular mit gedehnten *RowColumn*-Widgets

Eine einfache Lösung besteht darin, auch die *RowColumn*-Widgets der Eingabezeilen durch *Form*-Widgets zu ersetzen. In jeder Zeile bindet man die *Text*-Widgets links an das *Label*-Widget und rechts an den Rand des neuen *Form*-Widgets. Wird nun das gesamte Formular gedehnt, dehnen sich alle Zeilen, die als *Form*-Widgets wiederum ihre Kinder anpassen. So werden auch die *Text*-Widgets der Größe des Formulars angepaßt.

```
/*
 * "CreateInput" erzeugt ein Form-Widget mit einem Label-
 * und einem Text-Widget.
 */

Widget CreateInput(parent, line_name, label_name, text_name,
                   top, new_top)
    Widget parent;
    char   *line_name;
    char   *label_name;
    char   *text_name;
    Widget top;
    Widget *new_top;
{
    Widget   line;
```

```
Widget    label;
Widget    text;
Arg       arg[4];
Cardinal n;

/* Form-Widget in das Form-Widget "parent" einfuegen */

n = 0;
XtSetArg(arg[n], XmNtopAttachment, XmATTACH_WIDGET); n++;
XtSetArg(arg[n], XmNtopWidget, top); n++;
XtSetArg(arg[n], XmNleftAttachment, XmATTACH_FORM); n++;
XtSetArg(arg[n], XmNrightAttachment, XmATTACH_FORM); n++;
line = XtCreateManagedWidget(line_name, xmFormWidgetClass,
                             parent, arg, n);

/* "new_top" wird fuer das Attachment der naechsten Zeile
   benoetigt */

*new_top = line;

n = 0;
XtSetArg(arg[n], XmNtopAttachment, XmATTACH_FORM); n++;
XtSetArg(arg[n], XmNbottomAttachment, XmATTACH_FORM); n++;
label = XtCreateManagedWidget(label_name, xmLabelWidgetClass,
                              line, arg, n);
n = 0;
XtSetArg(arg[n], XmNleftAttachment, XmATTACH_WIDGET); n++;
XtSetArg(arg[n], XmNleftWidget, label); n++;
XtSetArg(arg[n], XmNrightAttachment, XmATTACH_FORM); n++;
text = XtCreateManagedWidget(text_name, xmTextWidgetClass,
                             line, arg, n);
return (text);
}
```

Damit der Text der *Label*-Widgets durch die höheren *Text*-Widgets in den Eingabezeilen nicht nach oben rutscht, wird die Höhe der Labels ebenfalls dehnbar gemacht. *Label*- und *Text*-Widget einer Zeile haben damit stets die gleiche Höhe, und der Label-Text wird darin zentriert. Vorher sorgte das *RowColumn*-Widget dafür, daß die beiden Widgets gleich hoch waren.

Man kann die Layout-Widgets in den Zeilen auch ganz weglassen und alle Dialogobjekte direkt in das erste *Form*-Widget plazieren. Abbildung 7.39 zeigt die nötigen Plazierungsregeln. Allerdings wird dabei davon ausgegangen, daß das *Text*-Widget immer höher ist als das *Label*-Widget. Die nächste Zeile läßt sich dann am *Text*-Widget ausrichten. Die Bedingung lautet: Die oberen Kanten aller Widgets einer Zeile müssen unterhalb der unteren Kante des *Text*-Widgets aus der vorherigen Zeile liegen. Diese Bedingung schafft keine korrekte zeilenweise Ausrichtung, wenn das *Label*-Widget höher ist als das *Text*-Widget. Das kann bei der Wahl eines größeren Fonts für den

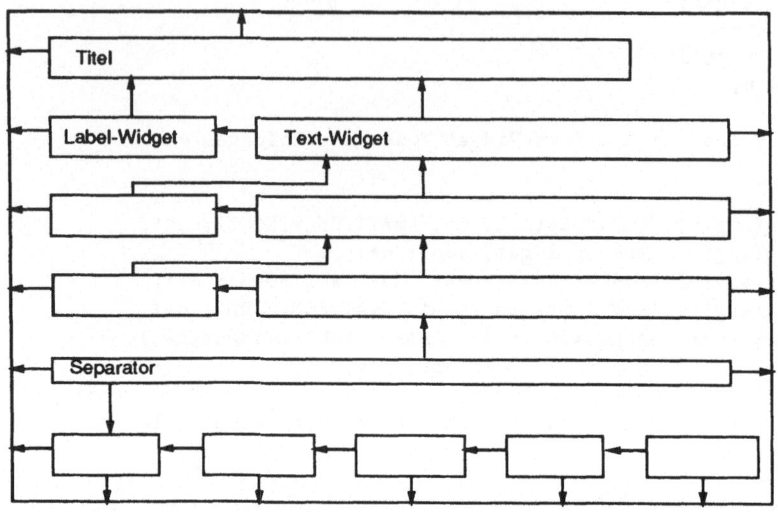

Abb. 7.39 Alle Dialogobjekte in einem *Form*-Widget

Label-Text geschehen. Die Ausrichtung muß dann mit den Offset-Ressourcen korrigiert werden.

Es ist auf jeden Fall einfacher, für zusammengehörige Unterformulare ein eigenes Layout-Widget einzusetzen. Die folgende Version von *CreateCommands()* benutzt dazu ein *Form*-Widget. Außerdem wird der Run-Button zum Default-Button gemacht. Dazu muß man den Identifier des Buttons mit der Ressource *XmNdefaultButton* dem *Form*-Widget übergeben. Die Bedeutung des Default-Buttons wurde bereits in Abschnitt 7.5.1 beschrieben.

```
/*
 * "CreateCommands" erzeugt eine Zeile mit Kommando-Buttons.
 */

Widget CreateCommands(parent, form_data)
   Widget    parent;
   FormData *form_data;
{
   Widget    button;
   Widget    line;
   Widget    run_button;
   Arg       arg[3];
   Cardinal n;

   void EditCB();
   void MakeCB();
   void RunCB();
```

```c
void RemoveCB();
void ExitCB();

/* Form-Widget in das Form-Widget "parent" einfuegen */

n = 0;
XtSetArg(arg[n], XmNbottomAttachment, XmATTACH_FORM); n++;
XtSetArg(arg[n], XmNleftAttachment, XmATTACH_FORM); n++;
XtSetArg(arg[n], XmNrightAttachment, XmATTACH_FORM); n++;
line = XtCreateManagedWidget("buttons", xmFormWidgetClass,
                             parent, arg, n);


n = 0;
XtSetArg(arg[n], XmNleftAttachment, XmATTACH_FORM); n++;
XtSetArg(arg[n], XmNtopAttachment, XmATTACH_FORM); n++;
button = XtCreateManagedWidget("edit", xmPushButtonWidgetClass,
                               line, arg, n);
XtAddCallback(button, XmNactivateCallback, EditCB, form_data);


n = 0;
XtSetArg(arg[n], XmNleftWidget, button); n++;
XtSetArg(arg[n], XmNleftAttachment, XmATTACH_WIDGET); n++;
XtSetArg(arg[n], XmNtopAttachment, XmATTACH_FORM); n++;
button = XtCreateManagedWidget("make", xmPushButtonWidgetClass,
                               line, arg, n);
XtAddCallback(button, XmNactivateCallback, MakeCB, form_data);


XtSetArg(arg[0], XmNleftWidget, button);
button = XtCreateManagedWidget("run", xmPushButtonWidgetClass,
                               line, arg, n);
XtAddCallback(button, XmNactivateCallback, RunCB, form_data);
run_button = button;


XtSetArg(arg[0], XmNleftWidget, button);
button = XtCreateManagedWidget("remove", xmPushButtonWidgetClass,
                               line, arg, n);
XtAddCallback(button, XmNactivateCallback, RemoveCB, form_data);


XtSetArg(arg[0], XmNleftWidget, button);
button = XtCreateManagedWidget("exit", xmPushButtonWidgetClass,
                               line, arg, n);
XtAddCallback(button, XmNactivateCallback, ExitCB, form_data);

/* Setze den "run"-Button als Default-Button */

n = 0;
XtSetArg(arg[n], XmNshowAsDefault, True); n++;
XtSetValues(run_button, arg, n);
n = 0;
```

```
    XtSetArg(arg[n], XmNdefaultButton, run_button); n++;
    XtSetValues(parent, arg, n);

    return(line);
}
```

Da der Default-Button einen zusätzlichen Rahmen bekommt, ergibt sich ein
schöneres Aussehen, wenn die anderen Buttons entsprechend zentriert werden:

```
Soft.base.buttons.horizontalSpacing: 3
Soft.base.buttons.verticalSpacing: 6
Soft.base.buttons.edit.leftOffset: 0
Soft.base.buttons.run.topOffset: 0
Soft.base.buttons.topShadowColor: black
```

Der Default-Rahmen erhält seine Farben vom Parent-Widget. Damit eine
durchgehende, ein Pixel breite Linie erscheint, wird die Ressource *XmNtop-
ShadowColor* auf „schwarz" gesetzt.

7.10.3   Layout im Ressourcen-File

Die letzte Version des Programms *soft* in diesem Kapitel soll zeigen, wie
man das gesamte Layout im Ressourcen-File realisiert. Dabei werden keine
Layout-Informationen im Programm festgelegt.

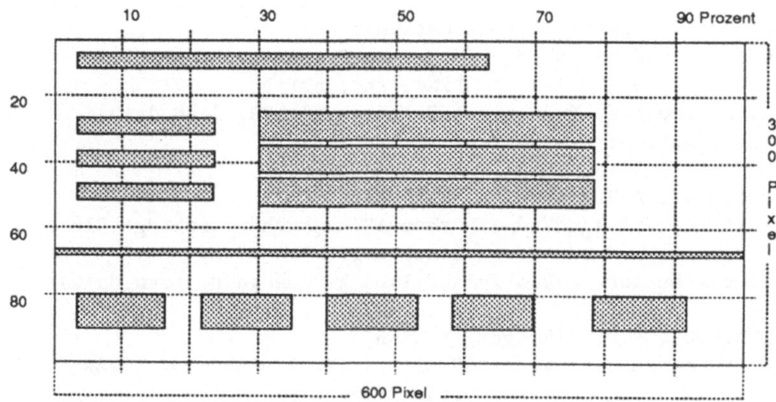

Abb. 7.40 Relative Plazierung in Prozentwerten

Für die Zeilen werden keine eigenen Widgets benutzt. Alle Dialogobjekte
kommen in ein gemeinsames *Form*-Widget. Die beiden letzten Parameter der
Routinen *CreateInput()* und *CreateCommand()* werden nicht mehr benötigt,
da man keine Referenz-Widgets im Programmtext festlegt.

Mit Ausnahme der linken und rechten Kante des Separators werden alle Dialogobjekte auf relative Positionen gesetzt. In Abb. 7.40 sind die Widgets in einem Raster aus Prozentwerten eingetragen. Die Höhe und die Breite des Formulars wird auf 300x600 Pixel festgelegt. Die Prozentangaben beziehen sich auf diese Höhe und Breite. Das folgende Ressourcen-File legt die Positionen der Widgets so fest, wie sie in Abb. 7.40 eingezeichnet sind und wie man sie aus den verschiedenen Abbildungen bereits kennt:

```
!
! Das Layout des Programms "soft" wird vollstaendig im
! Ressourcen-File festgelegt:
!


! Feste Breite und Hoehe des Formulars

soft.base.width: 600
soft.base.height: 300


! Ausser dem Separator werden alle Widgets links oben auf eine
! relative Position festgelegt

soft.base*topAttachment:   ATTACH_POSITION
soft.base*leftAttachment: ATTACH_POSITION
soft.base.sep.leftAttachment:   ATTACH_FORM
soft.base.sep.rightAttachment:   ATTACH_FORM


! Positionen der einzelnen Widgets

soft.base*leftPosition:        4

soft.base.XmText.leftPosition: 30
soft.base.title.topPosition:     4

soft.base.compileLabel.topPosition: 28
soft.base.programLabel.topPosition: 38
soft.base.sourceLabel.topPosition:  48
soft.base.sep.topPosition:          78

soft.base.compileInput.topPosition: 26
soft.base.programInput.topPosition: 36
soft.base.sourceInput.topPosition:  46


soft.base.XmPushButton.topPosition: 80


soft.base.edit.leftPosition:    4
soft.base.make.leftPosition:   22
soft.base.run.leftPosition:    40
soft.base.remove.leftPosition:58
soft.base.exit.leftPosition:   76
```

```
! Texte:

Soft.base.title.labelString:Bitte Dateinamen eintragen :

Soft.base.compileLabel.labelString: Uebersetzer :
Soft.base.programLabel.labelString: Programm     :
Soft.base.sourceLabel.labelString:  Programmtext:

Soft.base.run.labelString:    Ausfuehren\
Soft.base.make.labelString:   Uebersetzen
Soft.base.edit.labelString:   Editieren \
Soft.base.remove.labelString:Loeschen  \
Soft.base.exit.labelString:   Ende      \

Soft.base.compileInput.value: compile
Soft.base.programInput.value: a.out
Soft.base.sourceInput.value: test.c
```

Die Dialogobjekte werden oben und links mit *ATTACH_POSITION* plaziert,
das heißt es muß eine Prozentangabe für die linke obere Ecke der Widgets
angegeben werden. Als Standardwert legt man die x-Position auf 4 Prozent
fest. Da bei diesen Angaben im Ressourcen-Pfad ein * vorhanden ist, werden sie von detaillierteren Angaben überschrieben. Alle *Text*-Widgets werden
horizontal auf 30 Prozent der Breite des Formulars plaziert.

Mit *topPosition* werden die einzelnen Zeilen in 10 Prozent Abständen untereinander ausgerichtet. Da die *Text*-Widgets etwas höher sind als die *Label*-
Widgets, werden die Labels um 2 Prozent – 6 Pixel – weiter nach unten
geschoben. Alle Push-Buttons haben als *topPosition* den Wert 80. Sie erscheinen deshalb in der gleichen Zeile und werden in Schritten von 18 Prozent
nebeneinander plaziert.

Bei den Strings der Push-Buttons wird übrigens noch ein Trick benutzt,
um die Buttons alle gleich groß zu machen. Einige Texte werden mit Leerzeichen aufgefüllt. Das letzte Leerzeichen muß mit einem \ maskiert werden.
Normalerweise werden nämlich die Leerzeichen am Ende einer Zeile weggelassen. Das funktioniert aber nur, wenn die Zeichen des gewählten Fonts alle
gleich groß sind. Bei einem Proportional-Font geht das nicht mehr so schön.

Wie man sich denken kann, ist die prozentuale Plazierung ziemlich mühsam,
da man die Prozentwerte alle selbst ermitteln muß. Was vorher das *Form*-
Widget bei der Auswertung der Bedingungen gemacht hat, muß jetzt per
Hand gemacht werden.

Es sei an dieser Stelle erwähnt, daß es für größere Programme mit mehreren
Formularen unter Umständen sehr große und unübersichtliche Ressourcen-
Files geben kann. Man sollte also genau überlegen, welche Ressourcen im
Programm und welche durch das Ressourcen-File festgelegt werden.

7.10.4 Tabellen mit dem *Form*-Widget

Sehr oft hat das Layout eines Formulars eine tabellenartige Struktur. So auch im Beispiel *soft*: Dort sind die *Label*-Widgets in einer Spalte angeordnet. Die Ausrichtung der Widgets wird dadurch erreicht, das alle Label-Texte und damit auch die Widgets selbst die gleiche Breite besitzen. In vielen Fällen sind die Inhalte eines Widgets aber unterschiedlich breit oder hoch. Dann ist es nicht mehr so einfach, eine Tabelle zu konstruieren. Eine Möglichkeit besteht darin, *RowColumn*-Widgets in ein *Form*-Widget zu plazieren, wie es bereits in Abschnitt 7.8.4 vorgeschlagen wurde.

Will man das *Form*-Widget direkt benutzen, so könnte man auf die Idee kommen, Separatoren gitterartig in ein *Form*-Widget zu plazieren und dazwischen die Tabelleneinträge einzufügen, in der Hoffnung, daß das *Form*-Widget die breitesten oder höchsten Einträge zur Ausrichtung benutzt. Mit dem momentanen Layoutalgorithmus des *Form*-Widgets funktioniert das allerdings nicht. Man muß die größten Einträge selber herausfinden und daran die Separatoren ausrichten.

Eine für Spezialfälle geeignete Möglichkeit, Tabellen zu realisieren, besteht darin die Widgets einer Spalte rechts und links auf relative Positionen zu fixieren. Das *Form*-Widget benutzt in diesem Fall das breiteste Widget zur Berechnung der absoluten Positionen.

7.11 Die Superklassen der Layout-Widgets

Bisher wurde nicht auf die Superklassen der *Form*- und *RowColumn*-Widgets eingegangen. Abbildung 7.41 zeigt die Einordnung dieser Klassen in die Klassen-Hierarchie. Die Wurzel ist die Klasse *Core*. Von dieser erben die Layout-Widgets, genau wie die Dialogobjekte, die grundlegenden Farb- und Geometrie-Ressourcen. Unter anderem besitzen sie damit die Ressourcen *XmNx*, *XmNy*, *XmNwidth*, *XmNheight*, *XmNborderWidth* und *XmNbackground*.

Die Klasse *Composite* stellt die grundlegenden Mechanismen zur Verwaltung von Widget-Kindern zur Verfügung. Die Klasse *Constraint* fügt das Konzept der Constraint-Ressourcen hinzu. Wie dies alles genau gemacht wird, ist für einen Anwender der Widget-Klassen nicht so wichtig.

7.11.1 Layout-Widgets im Motif-Toolkit

Die Klassen *Core*, *Composite* und *Constraint* rechnet man noch zu den X-Toolkit-Intrinsics. Im Motif-Toolkit schließt sich an *Constraint* die Klasse *XmManager* an, die die Basisklasse für alle Layout-Widgets von Motif ist. Was die Klasse *XmPrimitive* für Dialogobjekte ist, ist *XmManager* für Layout-Widgets. Als Metaklasse stellt sie Ressourcen zur Verfügung, die erst in Subklassen benutzt werden. Viele Ressourcen stimmen mit denen aus der Beschreibung im Abschnitt 7.3 überein. Für den Schatten um ein Widget gibt

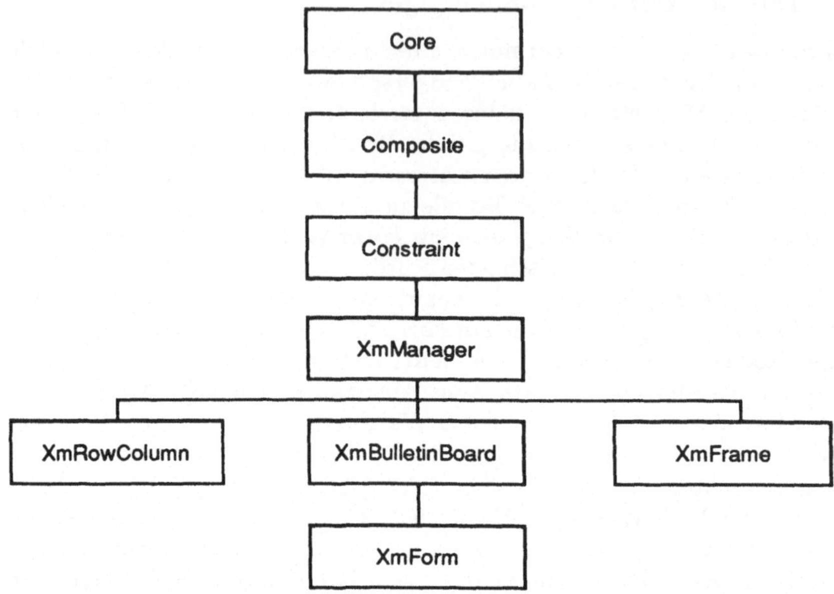

Abb. 7.41 Klassenhierarchie einiger Layout-Widgets

es die Ressourcen *XmNshadowThickness*, *XmNtopShadowColor*, *XmNtop-ShadowPixmap*, *XmNbottomShadowColor* und *XmNbottomShadowPixmap*. Soll in ein Layout-Widget gezeichnet werden, dann wird mit *XmNforeground* die Zeichenfarbe bestimmt.

Wichtiger als die Farben sind die Ressourcen *XmNuserData*, *XmNunit-Type* und *XmNhelpCallback*. Mit *XmNuserData* kann ein beliebiger Zeiger an ein Layout-Widget gehängt werden. Dieser Zeiger wird intern nicht weiter benutzt und muß von der Applikation verwaltet werden. Es ist eine Ablagemöglichkeit für beliebige Daten. Die Ressource *XmNunitType* erlaubt es, verschiedene Maßeinheiten für die Geometrie eines Widgets festzulegen. Der nächste Abschnitt befaßt sich ausführlich mit den möglichen Maßeinheiten. *XmNhelpCallback* ist eine Callback-Liste, deren Routinen aufgerufen werden, wenn die Help-Taste gedrückt wird.

Während die Klasse *XmRowColumn* eine direkte Subklasse von *XmMana-ger* ist, hat *XmForm* noch die Klasse *XmBulletinBoard* zwischen sich und der Klasse *XmManager*. Die Ressource *XmNdefaultButton* ererbt das *Form*-Widget vom Bulletin-Board. Im nächsten Kapitel wird sich ein längerer Abschnitt mit der Klasse *XmBulletinBoard* befassen.

7.11.2 Verschiedene Maßeinheiten

Mit der Ressource *XmNunitType* kann eine neue Maßeinheit gesetzt werden. Höhe, Breite, Plazierungskoordinaten und Rahmenbreiten werden in der angegebenen Maßeinheit interpretiert. Standardmäßig wird ein Bildschirm-Pixel als Maßeinheit benutzt. Auch die Klasse *XmPrimitive* kennt die Ressource *XmNunitType*. Ein Widget übernimmt die Maßeinheit vom Parent-Widget. Deshalb reicht es, dem Shell-Widget eines Formulars die passende Maßeinheit zuzuweisen. Allerdings kann man die Maßeinheit auch für jedes Widget einzeln setzen.

Abhängig von den Plazierungsstrategien der Layout-Widgets, hat die Maßeinheit nicht immer einen direkten Effekt. Beim *Form*-Widget werden die x- und y-Positionen nur bei *XmATTACH_NONE* und *XmATTACH_SELF* berücksichtigt. Bei *XmATTACH_POSITION* werden dagegen eigene Maßeinheiten benutzt und die x-y-Werte werden den *Position*-Ressourcen entnommen. Beim *RowColumn*-Widget muß der Plazierungsmodus *XmPACK_NONE* eingestellt sein, damit *XmNx* und *XmNy* berücksichtigt werden.

Als Werte kann die Ressource *XmNunitType* die folgenden Konstanten aufnehmen:

XmPIXELS: Eine Einheit ist ein Bildschirm-Pixel.
Xm100TH_MILLIMETERS: Eine Einheit ist ein hundertstel Millimeter.
Xm1000TH_INCHES: Eine Einheit ist ein tausendstel Inch.
Xm100TH_POINTS: Eine Einheit ist ein Hundertstel eines „Standardpunktes". Ein Standardpunkt ist 1/72 Inch breit.
Xm100TH_FONT_UNITS: Eine Einheit ist ein Hundertstel der Breite eines Buchstabens aus einem vorgegebenen Font.

Neben der Maßeinheit Pixel können die Größen auch in hundertstel Millimeter oder tausendstel Inch angegeben werden. In Textverarbeitungsprogrammen oder bei Druckern taucht oft die Einheit *Point* auf, die eine Ausdehnung von 1/72 Inch hat. Ein Hundertstel dieser Einheit kann mit *Xm100TH_POINTS* als Maßeinheit gewählt werden. Gibt man für *XmNx* den Wert *1000* an und hat man beim Parent-Widget *Xm100TH_MILLIMETERS* als Maßeinheit gewählt, so wird das Kind 1 cm vom linken Rand entfernt plaziert.

Etwas komplizierter ist die font-bezogene Maßeinheit *Xm100TH_FONT_UNITS*. Eine *Font-Einheit* ergibt sich aus der Breite oder Höhe eines Buchstabens in einem Referenz-Font. Es wird zwischen einer horizontalen und einer vertikalen Einheit unterschieden. Den Referenz-Font kann man im Ressourcen-File mit der Ressource *XmNfont* oder beim Aufruf eines Programms mit den Optionen „-fn" oder „-font" festlegen. Die Einheiten sind proportional zu den Zeichen in diesem Font. Es gibt recht komplizierte Formeln, um die Einheiten zu berechnen. Darauf soll hier nicht weiter eingegangen werden. In der Motif-Dokumentation zum *Manager*-Widget ist die Berechnung beschrieben. Die font-bezogene Maßeinheit hat den Vorteil, daß sie mit Hilfe eines anderen Fonts nachträglich skaliert werden kann. Im Programm kann man mit *XmSetFontUnit()* die „Font-Einheit" direkt festlegen. Das sollte man aber nur am Anfang eines Programms machen.

*void XmSetFontUnit(Display *display, int font_unit_value)*
display   Display der Widgets, für die die Maßeinheit gesetzt werden soll
font_unit_value die Einheit in Pixel.

Mit *XmSetFontUnits()* kann man verschiedene Werte für die horizontale und die vertikale Einheit angeben:

*void XmSetFontUnits(Display *display, int h_value int v_value)*

7.11.3   Schatten am Layout-Widget

Wie man beim *Label*-Widget bereits gesehen hat, bedeutet das Vorhandensein der Ressourcen für den Shadow-Rahmen noch nicht, daß auch ein Schatten gezeichnet wird. Bei *RowColumn*-Widgets ist ein Schatten nur im Menü-Modus erlaubt. Deshalb kommen nur dann die entsprechenden Ressourcen zur Anwendung.

In diesem Zusammenhang ist ein einfaches Layout-Widget zu erwähnen, das nur ein einzelnes Kind aufnehmen kann, aber dafür einen eigenen Schatten besitzt. Dies ist die Klasse *XmFrame*, eine Subklasse von *XmManager*.

Klassenname: *XmFrame*
Klassenzeiger: *xmFrameWidgetClass*
Include-File: *Xm/Frame.h*
Superklassen: *Core, Composite, Constraint, XmManager*
Convenience: *XmCreateFrame()*

Ein Kind wird immer in der Mitte des *Frame*-Widgets dargestellt. Um das Kind herum kann mit den Ressourcen *XmNmarginWidth* und *XmNmargin-Height* ein Freiraum festgelegt werden, erst dann folgt der Schatten. Für den Schatten kann man verschiedene Darstellungsformen wählen. Wird die Ressource *XmNshadowType* auf den Wert *XmSHADOW_IN* gesetzt, dann werden die Farben oder Pixmaps so gewählt, daß der Eindruck entsteht, die Fläche des Widgets sei in den Bildschirm versenkt. Bei *XmSHADOW_OUT* ist es genau anders herum. Die Werte *XmSHADOW_ETCHED_IN* und *Xm-SHADOW_ETCHED_OUT* sollen den Eindruck vermitteln, daß der Rand eine Vertiefung oder eine Erhöhung um das Widget darstellt, also einen Graben oder einen Wall. Ähnliche 3-D-Effekte sind schon beim *Separator*-Widget in Abschnitt 7.4.4 aufgetaucht. Die Breite des Randes wird wiederum mit *XmNshadowThickness* festgelegt.

8. Formulare im Zusammenspiel

Im letzten Kapitel wurde ausführlich auf die Komponenten eines Formulars eingegangen. Bisher bestanden aber alle Programme aus nur einem Formular. In diesem Kapitel soll das Programm *soft* mit mehreren Formularen ausgestattet werden. Abbildung 8.1 zeigt einige Formulare, die *soft* in der endgültigen Version haben wird.

Alle Formulare in Abb. 8.1 werden von einem einzigen Programm kontrolliert. In der oberen linken Ecke ist ein kleines Formular zu sehen, das einen Button zum Verlassen des Programms und einen zum Erzeugen neuer Formulare enthält. Beim Starten der neuen Version des Programms *soft* erscheint nur dieses Formular. Das Formular, mit dem man „richtig" arbeiten kann, ist schon aus dem vorherigen Kapitel bekannt. Es wird erst beim Anklicken des Buttons erzeugt. Dafür kann man aber beliebig viele dieser Formulare erzeugen und damit parallel an mehreren „Software-Entwicklungen" arbeiten. Das Programm wird verlassen, wenn man den unteren Button im „kleinen" Formular drückt. Dann verschwindet nicht nur dieses „kleine" Formular, sondern auch alle bisher erzeugten „Arbeitsformulare". Damit das Programm nicht vorschnell beendet wird, erscheint nach dem Anklicken des Buttons erst einmal ein Formular, mit dem die Aktion nochmals bestätigt werden muß. Dieses Formular ist in Abb. 8.1 oben rechts zu sehen. Erst wenn man auch in diesem Formular den Button mit der Aufschrift „Ende" drückt, wird das Programm endgültig beendet.

Weiter ist in Abb. 8.1 ein Formular zu sehen, in dem Dateinamen angezeigt werden. Mit diesem Formular ist es möglich, Dateinamen auszuwählen, ohne sie mühsam einzutippen. Im Programm *soft* werden die Dateinamen aus dem „File-Formular" automatisch in die *Text*-Widgets eines Arbeitsformulars kopiert.

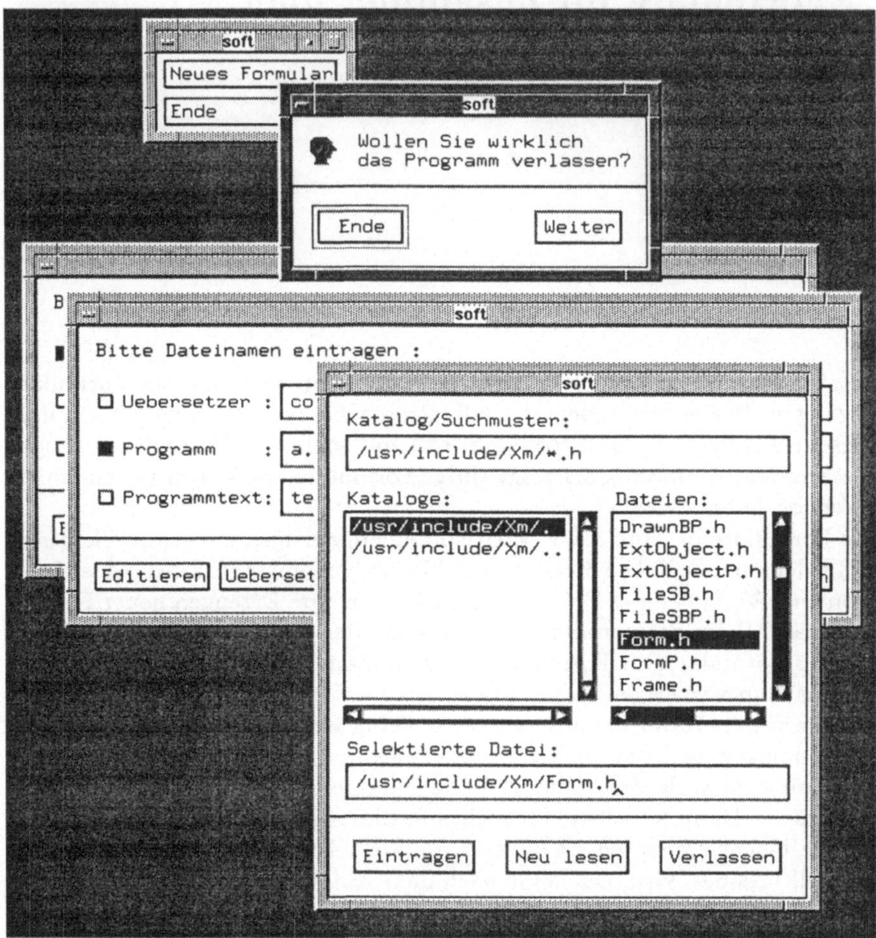

Abb. 8.1 Das Programm *soft* kontrolliert mehrere Formulare gleichzeitig.

Wie das alles funktioniert, wird im Laufe dieses Kapitels gezeigt. Schritt
für Schritt wird die alte Version des Programms *soft* ergänzt. Dabei werden
auch einige neue Widget-Klassen beschrieben. Ein Abschnitt über Fehlerbehandlungen wird das Kapitel abschließen. Die Routinen der alten Version
des Programms *soft*, die in diesem Kapitel geändert und erweitert werden,
befinden sich auf den folgenden Seiten:

Dateien: *soft.c* S. 154, *soft.h* S. 163

Funktion	Quelltext	Ergänzungen
main()	S. 155	S. 230
CreateInput()	S. 236	
CreateCommands()	S. 238	
CreateForm()	S. 231	
RunCB()	S. 166	
MakeCB()	S. 168	
RemoveCB()	S. 168	
EditCB()	S. 169	
ExitCB()	S. 170	

8.1   Shell-Widgets als „Tor" zum Window-Manager

Jedes Formular benötigt als Basis ein Shell-Widget. Die bisherigen Programme, die nur ein Formular besitzen, benutzen als Grundlage eine Application-Shell, die bei der Initialisierung erzeugt wird. Für jedes weitere Formular benötigt man eine neue Shell. Shell-Widgets regeln das Zusammenspiel mit dem Window-Manager. Verändert der Benutzer zum Beipiel die Größe eines Formulars mit dem *mwm*, so wird zuerst die Shell verändert. Das wirkt sich dann auf das gesamte Formular aus. Es gibt verschiedene Klassen von Shells, die vom Window-Manager unterschiedlich behandelt werden.

Bevor in die „Theorie" der Shell-Widgets eingestiegen wird, soll ein Beispiel zeigen, daß es gar nicht so schwer ist, ein weiteres Formular in ein Programm einzubauen. Das Programm *soft* bekommt dazu eine erste Erweiterung in diesem Kapitel. Dabei taucht zum erstenmal die Dialog-Shell auf, die im Motif-Toolkit am häufigsten als Grundlage eines Formulars eingesetzt wird.

8.1.1   Ende nur auf Bestätigung

Bisher wird das Programm *soft* sofort abgebrochen, wenn man den Exit-Button drückt. Jetzt soll der Benutzer den Abbruch zur Sicherheit bestätigen. Drückt man den Exit-Button, dann erscheint ein Formular, das zur Frage „Wollen Sie wirklich das Programm verlassen?" eine Antwort anfordert. Abbildung 8.2 zeigt das Formular, das als Antworten die beiden Buttons mit der Aufschrift „Ende" und „Weiter" zuläßt. Drückt man „Ende", dann wird das Programm verlassen. Bei „Weiter" wird das Programm fortgesetzt.

Für die Erzeugung solcher „Frageformulare" stellt das Motif-Toolkit besondere Routinen zur Verfügung. Im Programm *soft* muß die Callback-Routine des Exit-Buttons wie folgt verändert werden:

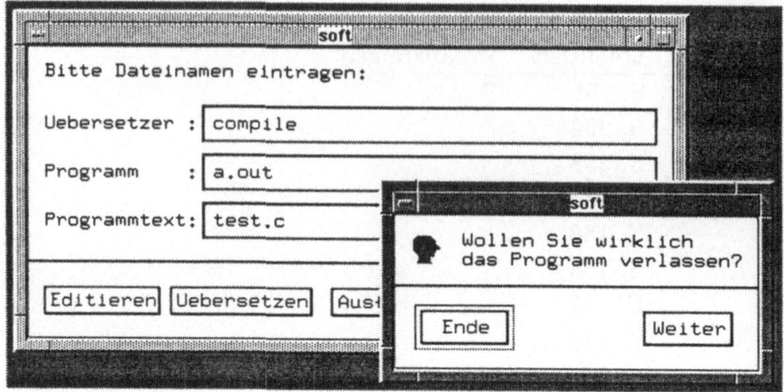

Abb. 8.2 Ein Formular zur Bestätigung des Programm-Abbruchs

```
/*
 * ExitCB erzeugt ein Formular mit der Anfrage, ob das
 * Programm verlassen werden soll.
 */

static void ExitCB(button, client_data, call_data)
   Widget  button;
   caddr_t client_data;
   caddr_t call_data;
{
   static Widget message_box = NULL;
   Widget help_button;

   if (message_box == NULL) {
      message_box = XmCreateQuestionDialog(button, "exitMessage",
                                  NULL, 0);
      XtAddCallback(message_box, XmNokCallback, ExitConfirmCB, NULL);
      help_button = XmMessageBoxGetChild(message_box,
                                  XmDIALOG_HELP_BUTTON);
      XtUnmanageChild(help_button);
   }
   XtManageChild(message_box);
}
```

Der wichtigste Aufruf in *ExitCB()* ist *XmCreateQuestionDialog()*. Er erzeugt
ein Shell-Widget und alle sonstigen Komponenten – sprich Widgets – des
neuen Formulars. Das neue Shell-Widget ist keine Application-Shell, sondern
eine Dialog-Shell. Das Kind der Dialog-Shell ist ein Widget der Klasse *Xm-
MessageBox*. Diese Widget-Klasse ist eine Subklasse des Bulletin-Boards und
damit ein Layout-Widget. Ein *MessageBox*-Widget hat aber immer die gleichen Kinder, nämlich zwei *Label*-Widgets, ein *Separator*-Widget und drei

Push-Buttons. Wenn man ein Widget der Klasse *XmMessageBox* erzeugt, werden diese Kinder gleich miterzeugt.

In Abbildung 8.2 kann man nur zwei der Buttons erkennen. Das liegt daran, daß in *ExitCB()* einer von ihnen, der sogenannte Help-Button, unsichtbar gemacht wurde. Mit der Routine *XmMessageBoxGetChild()* kann der Identifier des Buttons ermittelt werden, und mit *XtUnmanageChild()* wird er unsichtbar gemacht. An den linken Button der Message-Box, der auch Ok-Button genannt wird, wird die Callback-Routine *ExitConfirmCB()* gehängt. Es gibt bei der Message-Box eine spezielle Callback-Liste mit dem Namen *XmNok-Callback*, deren Routinen aufgerufen werden, wenn in den Ok-Button geklickt wird. Die Callback-Routinen werden von der Message-Box an den Button weitergereicht. Das hat den Vorteil, daß der Identifier des Buttons nicht extra ermittelt werden muß.

```
/*
 * ExitConfirmCB beendet das Programm.
 */

static void ExitConfirmCB(button, client_data, call_data)
    Widget  button;
    caddr_t client_data;
    caddr_t call_data;
{
    exit(0);
}
```

XmCreateQuestionDialog() erzeugt also eine Dialog-Shell und eine Message-Box. Als Resultat liefert sie den Identifier der Message-Box. In *ExitCB()* wird dieser Identifier in der statischen Variablen *message_box* abgespeichert. Wird *ExitCB()* zum zweiten Mal aufgerufen, dann ist das Formular bereits erzeugt und muß nur noch angezeigt werden. Das geschieht mit *XtManageChild()*. Während man eine Application-Shell mit *XtRealizeWidget()* auf den Bildschirm bringt, wird eine Dialog-Shell angezeigt, indem ihr Kind gemanagt wird.

Zur Dialog-Shell und zur Message-Box gibt es noch eine Menge zu sagen. Dieser Abschnitt wird erst einmal die Grundlagen eines jeden Formulars – die Shell-Widgets – beschreiben. In Abschnitt 8.2 kommen dann auch die Message-Boxen zu ihrem Recht.

8.1.2 Dialoghierarchie

Die Klasse *XmDialogShell* ist eine spezielle Klasse von Shell-Widgets.

Klassenname: *XmDialogShell*
Klassenzeiger: *xmDialogShellWidgetClass*
Include-File: *Xm/DialogS.h*
Superklassen: *Core, Composite, Shell, WMShell, VendorShell, TransientShell*
Convenience: *XmCreateDialogShell()*

Eine Dialog-Shell dient normalerweise als Grundlage für kurzzeitig sichtbare Formulare. Sie verschwinden vom Bildschirm, wenn der Benutzer sie bearbeitet hat. Sie können später wieder sichtbar gemacht werden. Ein solches Formular realisiert also einen „Dialog" mit dem Benutzer. Für ein *Hauptformular* wird dagegen normalerweise eine Application-Shell benutzt, die immer sichtbar ist. Zur Erinnerung: Eine Application-Shell wird mit *XtAppCreateShell()* erzeugt.

Auch der Window-Manager unterscheidet Hauptfenster und *Dialogfenster*. In einem Fenster ist gewöhnlich ein Formular aufgebaut. Ein Dialogfenster ist immer einem Hauptfenster untergeordnet. Im obigen Beispiel ist das Exit-Formular ein Dialogfenster und das „alte" Formular ein Hauptfenster. Diese Einstufung hat Einfluß auf die Fensteroperationen, die der Window-Manager zur Verfügung stellt. Ein Hauptfenster kann ikonifiziert werden, ein Dialogfenster nicht. Wenn ein Hauptfenster ikonifiziert wird, werden auch alle untergeordneten Dialogfenster unsichtbar gemacht, also alle Dialogfenster mit dem Icon des Hauptfensters identifiziert.

Ein Dialogfenster muß jedoch nicht direkt einem Hauptfenster untergeordnet sein, sondern kann auch einem anderen Dialogfenster unterstehen. Damit ergibt sich eine Hierarchie – *Dialoghierarchie* – von Fenstern, die ein Hauptfenster als Wurzel besitzt und sonst aus Dialogfenstern besteht. Die Dialoghierarchie bestimmt unter anderem, welche Fenster andere Fenster verdecken. Ein Fenster liegt immer über seinen Vorfahren aus der Dialoghierarchie. Hat ein Fenster Nachfahren, so müssen sie zur Seite geschoben werden, damit es sichtbar wird. Ein Fenster kann nicht seine Nachfahren verdecken.

Dieser Anordnung liegt die Vorstellung zu Grunde, daß ein Dialogfenster einen Dialog mit dem Benutzer realisiert, der erst abgeschlossen werden sollte, bevor in dem Parent-Fenster weitergearbeitet werden kann. Das bedeutet aber noch nicht, daß der Benutzer gezwungen wird, immer nur den „obersten" Dialog zu führen. Damit würden entscheidende Vorteile eines Window-Systems verloren gehen. Insofern kann die Dialoghierarchie nur als Strukturierung des Dialogs angesehen werden. Beabsichtigt man allerdings einen eingeschränkten Dialog, so kann man „modale" Formulare benutzen. Modale Formulare werden im Abschnitt über Bulletin-Boards beschrieben. Die Dialoghierarchie bestimmt wesentlich den Ablauf des Dialogs, ist also Teil der *Dialogkontrolle*. Oft zeigt sich in der Dialoghierarchie auch der Datenfluß eines Programms. Im untergeordneten Dialog werden Daten eingegeben oder verändert, die der übergeordnete Dialog weiterverarbeitet.

Die Fenster einer Dialoghierarchie behalten auch bei Operationen des Window-Managers ihre Anordnung auf dem Bildschirm bei. Liegt ein Fenster oberhalb eines anderen, so bleibt es nach dem Verschieben oberhalb des anderen Fensters. Wird ein Fenster in den Vordergrund geholt – dieser Befehl des Window-Managers heißt oft „Raise" –, so werden alle Fenster der Dialoghierarchie in den Vordergrund geholt. Die Anordnung in der Hierarchie bleibt dabei erhalten. Ebenso kann man die Fenster einer Dialoghierarchie in

den Hintergrund schicken − „Lower". Der gesamte Effekt läßt sich schlecht
in Worte fassen. Am Bildschirm wird man sehen, daß mit dieser Hierarchi-
sierung ein wenig Ordnung in die Unzahl der Formulare auf dem Bildschirm
gebracht werden kann.

8.1.3   Shell-Hierarchie und Popup-Shells

Die Dialoghierarchie muß vom Programm mit Hilfe der Shell-Widgets festgelegt werden. Ein Hauptfenster hat eine Application-Shell als Grundlage,
ein Dialogfenster eine Dialog-Shell. So ergibt sich eine Hierarchie von Shell-
Widgets, deren Windows die Dialoghierarchie bilden. Aus Sicht des Programmierers wird die Dialoghierarchie mit einer *Shell-Hierarchie* realisiert.

Im X-Toolkit werden Shell-Widgets, die einer anderen Shell untergeordnet
sind, auch als Popup-Shells bezeichnet. Beim Erzeugen einer Popup-Shell
muß ein Parent-Widget angegeben werden. Das Popup-Parent kann ein beliebiges Widget sein, also auch ein Dialogobjekt. Es ist auch erlaubt, mehrere
Popup-Shells an ein Popup-Parent zu hängen. So entsteht eine Hierarchie
zwischen den Shell-Widgets, die mittelbar über den Inhalt des entsprechenden Formulars gebildet wird. Vom Popup-Parent eines Shell-Widgets gelangt
man über die Widget-Hierarchie, die das Formular bildet, an die Shell des
Vorgängers in der Shell-Hierarchie. Dieses Spiel kann man solange treiben,
bis man bei einer Application-Shell landet, die kein Popup-Parent mehr hat.
So wird eine Hierarchie von Shell-Widgets aufgebaut, wie sie in Abbildung
8.3 angedeutet ist.

Alle Shell-Widgets, die mit der Funktion *XtCreatePopupShell()* erzeugt
werden, sind Popup-Shells. Motif stellt für eine Dialog-Shell die spezielle
Routine *XmCreateDialogShell()* zur Verfügung, die selbst *XtCreatePopup-
Shell()* aufruft. In *XmCreateQuestionDialog()* wird wiederum *XmCreate-
DialogShell()* aufgerufen. Also erzeugt auch *XmCreateQuestionDialog()* eine
Popup-Shell. Im letzten Beispiel wird der Exit-Button als Popup-Parent über-
geben. Statt mit der Routine *XmCreateQuestionDialog()* hätte man in *Exit-
CB()* die Dialog-Shell und die Message-Box auch selber erzeugen können, wie
der folgende Programmausschnitt zeigt:

```
dialog_shell =
   XmCreateDialogShell(button, "exitMessage_popup", NULL, 0 );
message_box =
   XmCreateMessageBox(dialog_shell, "exitMessage", NULL, 0);
XtAddCallback(message_box, XmNokCallback, ExitConfirmCB, NULL);
```

Man kann auch noch eine Ebene tiefer gehen und *XtCreatePopupShell()* benutzen:

```
dialog_shell =
   XtCreatePopupShell("exitMessage_popup", xmDialogShellWidgetClass,
                 button, NULL, 0);
```

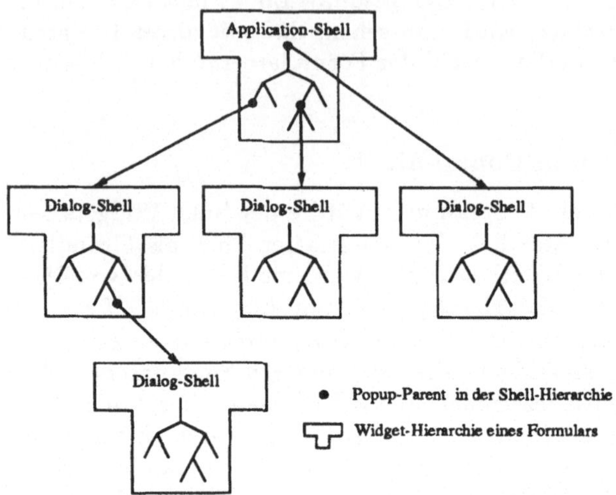

Abb. 8.3 Popup-Shells bilden eine Shell-Hierarchie mit einer Application-Shell als Wurzel.

```
message_box =
   XmCreateMessageBox(dialog_shell, "exitMessage", NULL, 0);
XtAddCallback(message_box, XmNokCallback, ExitConfirmCB, NULL);
```

Beim Aufruf von *XtCreatePopupShell()* muß eine Shell-Klasse angegeben werden. Das macht deutlich, daß der Begriff „Popup-Shell" nicht für eine bestimmte Widget-Klasse steht, sondern die Art angibt, wie ein Shell-Widget eingesetzt werden soll – nämlich als Formular, das zeitweise unsichtbar ist und nur manchmal „aufgepoppt" wird. Der Name „Popup-Shell" ist sicherlich historisch zu sehen. Auch Menüs sind in die Shell-Hierarchie eingebunden. Ursprünglich war die Shell-Hierarchie hauptsächlich für Popup-Menüs vorgesehen. Es hat sich aber schnell herausgestellt, daß das Popup-Konzept auch für andere Dinge gut ist. Popup-Menüs werden in Kapitel 12 detailliert beschrieben. Im Motif-Toolkit wird normalerweise nicht *XtCreatePopupShell()*, sondern die Routine *XmCreateDialogShell()* benutzt. Anstatt von Popup-Shells wird deshalb einfach von Dialog- oder Menu-Shells gesprochen.

Auch der Begriff „Application-Shell" meint eigentlich keine konkrete Klasse, sondern eine Wurzel in der Shell-Hierarchie, die mit *XtAppCreateShell()* erzeugt wird. Allerdings wird fast immer die Klasse *ApplicationShell* benutzt, so daß Klasse und Einsatzart identische Namen haben.

Nach dem Erzeugen muß eine Shell noch realisiert, das heißt die zugehörigen Xlib-Windows müssen geschaffen und sichtbar gemacht werden. Bei einer Application-Shell geschieht beides in der Routine *XtRealizeWidget()*. Eine Popup-Shell wird ebenfalls mit *XtRealizeWidget()* realisiert. In den meisten

Fällen geschieht das aber in der Routine *XtPopup()*. *XtPopup()* bringt die Popup-Shell auch auf den Bildschirm. Ruft man nur *XtRealizeWidget()* für eine Popup-Shell auf, dann werden zwar die Windows erzeugt, aber noch nicht sichtbar gemacht. Als Gegenstück gibt es die Routine *XtPopdown()*, die eine Popup-Shell wieder vom Bildschirm entfernt, ohne die Windows zu zerstören.

Für die Dialog-Shell gibt es im Motif-Toolkit wiederum eine Sonderlösung. Im Motif-Toolkit benutzt man die Routine *XtPopup()* nicht. Sie wird intern aufgerufen, wenn das Kind einer Dialog-Shell gemanagt wird. Damit übernimmt *XtManageChild()* die Aufgabe von *XtPopup()*. Umgekehrt wird *XtUnmanageChild()* für *XtPopdown()* benutzt, womit man ein Formular wieder verschwinden läßt.

Die Shell-Hierarchie zeigt sich nicht nur auf dem Bildschirm, sie muß auch im Ressourcen-File berücksichtigt werden. Das Popup-Parent wird im Ressourcen-Pfad wie ein normales Parent-Widget behandelt. Will man den vollständigen Ressourcen-Pfad angeben, dann muß man den vollständigen Pfad bis zum Popup-Parent davorsetzen. Im letzten Beispiel muß der Pfad bis zum Exit-Button vorangestellt werden:

```
Soft.base.buttons.exit.exitMessage_popup.exitMessage.messageString:\
Wollen Sie wirklich\ndas Programm verlassen?
Soft.base.buttons.exit.exitMessage_popup.-
   exitMessage.okLabelString: Ende
Soft.base.buttons.exit.exitMessage_popup.-
   exitMessage.cancelLabelString: Weiter
```

Die Ressourcen zur Message-Box werden im nächsten Abschnitt besprochen. Der Name „exitMessage_popup" wird übrigens von der Convenience-Function *XmCreateQuestionDialog()* vergeben, die die Dialog-Shell implizit erzeugt. Normalerweise wird man, statt der vollständigen Pfade, den Wildcard „*" zur Abkürzung einsetzen. Das ist immer dann sinnvoll, wenn der Name des Formulars eindeutig ist.

```
Soft*exitMessage.messageString:\
Wollen Sie wirklich\ndas Programm verlassen?
Soft*exitMessage.okLabelString: Ende
Soft*exitMessage.cancelLabelString: Weiter
```

Beim Zerstören von Widgets muß man beachten, daß zusammen mit dem Popup-Parent die angehängten Popup-Widgets zerstört werden. In diesem Zusammenhang verhalten sich die Popup-Kinder auch wie ein „normales" Kind.

8.1.4 Klassenhierarchie der Shell-Widgets

Es gibt eine Menge Ressourcen, mit denen der Window-Manager gesagt bekommt, wie ein Shell-Widget behandelt werden muß. Ein Widget der Klasse *XmDialogShell* hat keine eigenen Ressourcen, sondern erbt sie von seinen

Superklassen. Die Klassenhierarchie bis zur Dialog-Shell kann man aus Abbildung 8.4 ablesen. Eigentlich werden im Motif-Toolkit nur die Blätter dieser Hierarchie benutzt: *ApplicationShell*, *XmDialogShell* und *XmMenuShell*. Die Ressourcen machen aber auch ihre Vorfahren interessant.

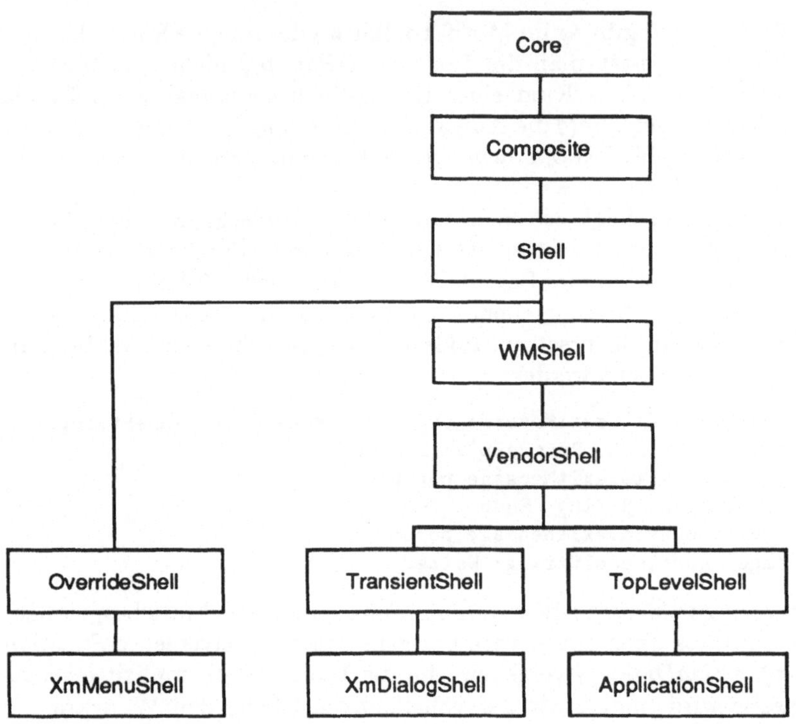

Abb. 8.4 Die Klassenhierarchie der Shell-Widgets

Die wichtigsten ererbten Ressourcen der Dialog-Shell sollen, beginnend bei der Wurzel *Core*, besprochen werden. In der Klasse *Core* sind, wie man bereits weiß, einige grundlegende Eigenschaften eines Widgets festgelegt. Zur Erinnerung seien hier die Ressourcen *XmNx*, *XmNy*, *XmNwidth*, *XmNheight*, *XmNbackground* und *XmNsensitive* genannt. Die Klasse *Composite* ist Grundlage für alle Layout-Widgets. Shell-Widgets sind Layout-Widgets, die aber nur ein einzelnes Kind anzeigen können. Die erste „richtige" Shell-Klasse hat den Namen *Shell*.

Die Ressourcen dieser Klasse haben eigentlich nichts mit dem Window-Manager zu tun. Bei der Dialog-Shell und bei der Menu-Shell sind sie in den meisten Fällen auf die richtigen Werte gesetzt. Für ein allgemeines Verständnis ist es jedoch ratsam, auch diese Ressourcen ein wenig kennenzulernen.

Eine wichtige Ressource der Klasse *Shell* ist *XmNallowShellResize*. Obwohl der Name auf eine Beziehung zum Window-Manager hindeutet, ist dies nicht der Fall. Wenn man *XmNallowShellResize* auf *True* setzt und die Shell realisiert ist, dann erlaubt die Shell eine Anpassung der Formulargröße, wenn sich der Formularinhalt verändert. Hat *XmNallowShellResize* den Wert *False*, dann wird die Vergrößerung eines Kindes abgelehnt, wenn damit auch die Shell in ihrer Größe verändert würde. Solange das Formular noch nicht realisiert ist, paßt sich das Shell-Widget immer seinem Kind an. Erst nach dem Realisieren kommt die Ressource *XmNallowShellResize* zur Anwendung. *XmNallowShellResize* sagt nichts darüber, ob man mit dem Window-Manager ein Formular vergrößern oder verkleinern kann, sondern sagt nur, wie sich ein Formular verhält, wenn sich seine Widgets verändern. Bei der Dialog-Shell ist diese Ressource auf *False* gesetzt.

Als weitere Ressourcen hat die Klasse *Shell* die Callback-Listen *XmNpopupCallback* und *XmNpopdownCallback*, deren Routinen aufgerufen werden, wenn eine Popup-Shell auf den Bildschirm gebracht oder vom Bildschirm entfernt wird. Die Ressource *XmNsaveUnder* ist für Shell-Widgets wichtig, die nur kurze Zeit auf dem Bildschirm erscheinen. Wenn diese Ressource den Wert *True* hat, wird damit dem X-Server mitgeteilt, daß der Bereich auf dem Bildschirm, der von der Shell verdeckt wird, intern als Pixelmuster abgespeichert werden soll. Wenn das Formular verschwindet, kann dieser ehemalige Hintergrund vom X-Server wieder auf den Bildschirm kopiert werden. Die Applikation muß selber keine Ausgaben machen. Da diese Operation viel Speicherplatz erfordert, ist die Ressource nur als ein Hinweis für den X-Server gedacht. Ob das Pixelmuster wirklich abgespeichert wird, hängt von der Implementierung des Servers ab. Bei einer Dialog-Shell ist dieser Wert normalerweise auf *True* gesetzt. Sehr sinnvoll ist dieser Mechanismus bei Popup-Menüs. Übrigens kennt auch der *mwm* die Ressource *saveUnder*. Damit die Shell-Ressource *XmNsaveUnder* überhaupt einen Effekt hat, muß auch die *mwm*-Ressource *saveUnder* auf *True* gesetzt werden.

Die Ressource *XmNoverrideRedirect* ist für Menüs besonders wichtig. Wenn sie auf *True* steht, wird die Shell vom Window-Manager nicht beachtet. Das ist bei Menu-Shells der Fall. Der *mwm* legt keinen Rahmen um eine solche Shell. Dialog-Shells und Application-Shells haben *False* als Default-Wert für *XmNoverrideRedirect*. Normalerweise wird der Default-Wert im Programm nicht mehr verändert.

Die Ressource *XmNoverrideRedirect* ist der Grund für die Aufspaltung der Klassenhierarchie unterhalb der Klasse *Shell*. Die Klasse *OverrideShell* hat die Ressource auf *True* stehen, und bei allen Subklassen ist das ebenso. Der andere Zweig hat *False* als Wert für diese Ressource. Eine Menu-Shell ist eine direkte Subklasse von *OverrideShell*.

Klassenname: *XmMenuShell*
Klassenzeiger: **xmMenuShellWidgetClass**

Include-File: *Xm/MenuShell.h*
Superklassen: *Core, Composite, Shell, WMShell, OverrideShell*
Convenience: *XmCreateMenuShell()*

8.1.5 Zusammenspiel mit dem Window-Manager

WMShell ist die erste Klasse in dem Zweig der Klassenhierarchie, die *XmNoverrideRedirect* auf *False* gesetzt hat und die deshalb vom Window-Manager beachtet wird. Alle Shell-Widgets, die mit einem Window-Manager zusammenarbeiten wollen, müssen einer Subklasse von *WMShell* angehören. Bei der Dialog-Shell und der Application-Shell ist das der Fall. Um einige spezielle Eigenschaften des *mwm's* ausnutzen zu können, ist zusätzlich noch die Klasse *VendorShell* erforderlich.

Die folgenden Ressourcen werden zwar beim Shell-Widget angegeben, aber vom Window-Manager ausgewertet. Es muß also eine Prozeßkommunikation zwischen dem Window-Manager und dem Prozeß stattfinden, der das Shell-Widget erzeugt hat. Obwohl man die Bedeutung der Ressourcen versteht, ohne zu wissen, wie die Kommunikation funktioniert, soll hier das Verfahren kurz angedeutet werden.

Das Shell-Window wird vom X-Server sichtbar gemacht. Wenn das *override_redirect*-Flag des Windows auf *False* gesetzt ist, dann schickt der X-Server vor dem Anzeigen des Windows ein Event an den Window-Manager. Der Window-Manager gelangt so an das Shell-Window des anderen Prozesses. Kennen zwei Prozesse einen gemeinsamen Window-Identifier, dann können sie mit Hilfe des X-Servers Daten über Prozeßgrenzen hinweg austauschen. Das Window dient dabei als Adresse des Partners. Auf diese Weise gelangt der Window-Manager an die Ressourcen-Werte des Shell-Widgets. In Kapitel 13 werden die Mechanismen zur Prozeßkommunikation etwas genauer beschrieben.

Mit dem Window-Manager kann man die Höhe und Breite einer Shell verändern. Bei der WMShell gibt es eine Anzahl von Ressourcen, mit denen man die Veränderungsmöglichkeiten genauer festlegen kann:

XmNminWidth: minimale Breite der Shell
XmNminHeight: minimale Höhe der Shell
XmNmaxWidth: maximale Breite der Shell
XmNmaxHeight: maximale Höhe der Shell
XmNminAspectX, XmNminAspectY: Das Verhältnis der Breite zur Höhe muß größer sein, als diese Ressourcen angeben. Wenn *XmNminAspectX* den Wert 3 und *XmNminAspectY* den Wert 2 hat und die Höhe mit 400 Pixel vorgegeben ist, dann muß die Breite mindestens 600 Pixel betragen.
XmNmaxAspectX, XmNmaxAspectY: Das Verhältnis der Breite zur Höhe muß kleiner sein, als diese Ressourcen angeben.
XmNwidthInc: Anzahl der Pixel, um die die Breite jedesmal verändert wird
XmNheightInc: Anzahl der Pixel, um die die Höhe jedesmal verändert wird.

Die Ressource *XmNtitle* legt den Text fest, der vom Window-Manager in den
Rahmen am oberen Ende des Fensters eingetragen wird. Für das Icon einer
Shell kann ein Window, ein Pixmap, eine Clip-Maske und ein Hinweis für die
Position des Icons angegeben werden: *XmNiconWindow*, *XmNiconPixmap*,
XmNiconMask, *XmNiconX* und *XmNiconY*. Diese Ressourcen zum Icon wird
man aber normalerweise nicht benutzen, da das Icon einer Applikation im
Ressourcen-File des *mwm* festgelegt werden kann:

```
Mwm*Soft*iconImage:  ~/bitmaps/Soft.bm
```

Der *mwm* kennt eine Reihe weiterer Ressourcen für die Darstellung von Icons,
die hier aber nicht weiter erläutert werden sollen.

Für den Window-Manager ist die Ressource *XmNtransient*, die auch zur
Klasse *WMShell* gehört, besonders wichtig. Damit unterscheidet der Window-
Manager, ob eine Shell die Wurzel einer Shell-Hierarchie ist oder „nur" eine
Popup-Shell. Bei der Dialog-Shell hat diese Ressource den Wert *True*. Eine
Popup-Shell ist nur vorübergehend – transient – sichtbar. Bei einer Applica-
tion-Shell ist die Ressource auf *False* gesetzt. Die Auswirkungen dieser Res-
source für den Benutzer wurden im Zusammenhang mit der Dialoghierarchie
in Abschnitt 8.1.2 bereits besprochen.

In der Klassenhierarchie der Shell-Widgets – siehe Abbildung 8.4 – ist
die Ressource *XmNtransient* der Grund für die Aufspaltung der Hierarchie
unterhalb der Vendor-Shell. Alle Subklassen der Klasse *TransientShell* haben für die Ressource *XmNtransient* den Wert *True* und alle Subklassen
von *TopLevelShell* den Wert *False*. Der Programmierer könnte die Ressource
verändern, sollte das jedoch unterlassen, um die Systematik in der Klassenhierarchie nicht zu zerstören.

Application-Shells können als Icon dargestellt werden. Deshalb gibt es bei
den Klassen *TopLevelShell* und *ApplicationShell* einen Icon-Namen – *XmN-
iconName* – als Ressource. Wenn die Ressource *XmNiconic* auf *True* gesetzt
ist, wird die Shell beim Realisieren mit *XtRealizeWidget()* direkt als Icon
angezeigt.

8.1.6 Spezielle Ressourcen für den Fensterrahmen

Die Ressourcen der Klasse *VendorShell* berücksichtigen spezielle Eigenschaften des *mwm*'s. Sie gelten für Dialog- und Application-Shells. Mit *XmN-
mwmDecorations* kann der Rahmen, der um eine Shell gelegt wird, beeinflußt werden. Als Wert muß man eine Zahl angeben, die aus einer Oder-
Verknüpfung der folgenden Konstanten bestehen darf:

MWM_DECOR_ALL: alle Dekorationen, die beim *mwm* angegeben sind.
MWM_DECOR_BORDER: nur ein Rahmen wird gezeichnet
MWM_DECOR_RESIZEH: ein Rand mit Resize-Handle
MWM_DECOR_TITLE: Titel am oberen Fensterrand
MWM_DECOR_MENU: Button für das Menü im Rahmen des Fensters

MWM_DECOR_MINIMIZE: Button zum Ikonifizieren
MWM_DECOR_MAXIMIZE: Button zum Vergrößern auf Bildschirmgröße.

Bisher kann man diese Konstanten leider nicht im Ressourcen-File benutzen.
Man muß eine Zahl eintragen. Die Ressource *XmNmwmDecorations* wird
auch nur in Ausnahmefällen benutzt. Normalerweise legen die *mwm*-Res-
sourcen *clientDecoration* und *transientDecoration* das „Dekor" eines Fensters
fest. Die Ressource *clientDecoration* gilt für Hauptfenster und *transientDecoration* für Dialogfenster. Die Ressource *XmNmwmDecorations* überschreibt
die *mwm*-Werte für eine bestimmte Shell.

Die Einträge im Window-Menü kann man mit der Ressource *XmNmwm-
Functions* beeinflussen. Als Wert muß man eine Zahl angeben, die aus einer
Oder-Verknüpfung der folgenden Konstanten bestehen darf:

MWM_FUNC_ALL: alle Befehle, die beim *mwm* angegeben sind
MWM_FUNC_RESIZE: Fenster in der Größe verändern
MWM_FUNC_MOVE: Fenster verschieben
MWM_FUNC_MINIMIZE: Fenster ikonifizieren
MWM_FUNC_MAXIMIZE: Fenster vergrößern auf Bildschirmgröße
MWM_FUNC_CLOSE: Fenster schließen.

Für die Ressource *XmNmwmFunctions* gilt das gleiche wie für die Ressource
XmNmwmDecorations. Die entsprechenden *mwm*-Ressourcen sind *clientFunc-
tions* und *transientFunctions*. Die Konstanten befinden sich übrigens im Include-File *X11/MwmUtil.h*, das eingebunden werden muß, wenn man die
Konstanten benutzt. Will man eine Dialog-Shell ohne Resize-Handles, aber
mit einfachem Rand und Menüknopf haben und soll im Menü der „Move"-
Befehl eingetragen sein, dann kann man das folgendermaßen machen:

```
#include<X11/MwmUtil.h>
...
n = 0;
XtSetArg(arg[n], XmNmwmDecorations,
             MWM_DECOR_MENU | MWM_DECOR_BORDER); n++;
XtSetArg(arg[n], XmNmwmFunctions, MWM_FUNC_MOVE ); n++;
dialog_shell =
   XmCreateDialogShell(button, "exitMessage_popup", arg, n );
```

Setzt man die Ressource *XmNmwmFunctions* wie im aufgelisteten Programmausschnitt, dann wird der „Close"-Eintrag nicht mit ins Menü aufgenommen.
Ist er aber vorhanden, so kann man mit der Ressource *XmNdeleteResponse*
bestimmen, was mit der Shell passieren soll, wenn „Close" angeklickt wird.
Als Wert für *XmNdeleteResponse* kann man die folgenden Konstanten einsetzen:

XmDESTROY: Eine Dialog-Shell wird zerstört. Bei einer Application-Shell
wird das Programm beendet.

XmUNMAP: Das Shell-Widget wird unsichtbar gemacht.
XmDO_NOTHING: Es passiert gar nichts.

Bei einer Dialog-Shell hat die Ressource den Default-Wert *XmUNMAP*, bei
einer Application-Shell *XmDESTROY*. Im Abschnitt 13.7.3 wird gezeigt, wie
man mit einer eigenen Routine auf das Auslösen des „Close"-Eintrags reagieren kann. Man kann das Menü im Rahmen auch durch eigene Befehle
erweitern. Dazu muß man mit der Ressource *XmNmwmMenu* eine Beschreibung der neuen Befehle übergeben. Das Ganze ist aber mit Prozeßkommunikation verbunden und dazu werden in Kapitel 13 einige Hinweise gegeben.

Auch die schon oft gebrauchte Ressource *XmNkeyboardFocusPolicy* gehört
zur Klasse *VendorShell*. Sie legt fest, wie der Tastaturfokus vergeben wird.
Bei der Behandlung der *Text-* und *PushButton*-Widgets wurde schon einiges
darüber gesagt – siehe vor allem Abschnitt 7.5.1.

8.1.7 Tastaturfokus und Tab-Groups

Als Werte für *XmNkeyboardFocusPolicy* können die Konstanten *XmEXPLI-
CIT* und *XmPOINTER* eingesetzt werden. Im Modell *XmEXPLICIT* muß
ein Widget erst angeklickt werden, wenn es Tastatureingaben empfangen soll.
Bei *XmPOINTER* reicht es, wenn sich der Maus-Cursor im Widget befindet.
Damit der Benutzer nicht verwirrt wird, sollten alle Shells einer Applikation
im gleichen Modus arbeiten. Dies kann man am besten erreichen, indem man
im Ressourcen-File eine der beiden folgenden Zeilen einträgt:

```
*keyboardFocusPolicy:EXPLICIT
*keyboardFocusPolicy:POINTER
```

Sowohl beim Window-Manager *mwm* als auch bei jedem Shell-Widget gibt es
die Ressource *XmNkeyboardFocusPolicy*. Die Ressource des Window-Managers bestimmt, wie man einer Shell den Tastaturfokus zuweist und die Shell-
Ressource bestimmt, wie einem Widget in der Shell der Fokus zugewiesen
wird. In beiden Fällen kann es durch die Mausposition oder durch Anklicken
geschehen. Damit ergibt sich für den Tastaturfokus eine Zweistufigkeit. Hat
eine Shell den Tastaturfokus, so ist sie selber dafür verantwortlich, wie der
Fokus an ein Widget innerhalb der Shell weitergegeben wird. Es ist möglich,
daß Shell und Window-Manager verschiedene Modelle für den Tastaturfokus
benutzen.

Welches Widget den Tastaturfokus gerade besitzt, zeigt der Highlight-
Rahmen an. Dieser Rahmen wurde bereits in den Abschnitten 7.3 und 7.5.2
beschrieben. Abbildung 8.5 zeigt das Formular des Programms *soft*, in dem
das oberste *Text*-Widget den Eingabefokus besitzt.

Ein expliziter Tastaturfokus kann innerhalb eines Formulars auch mit der
Tastatur gesteuert werden. Man teilt dazu das Formular in eine Liste von Un-
terformularen auf. Jedes Widget in der Widget-Hierarchie kann ein solches

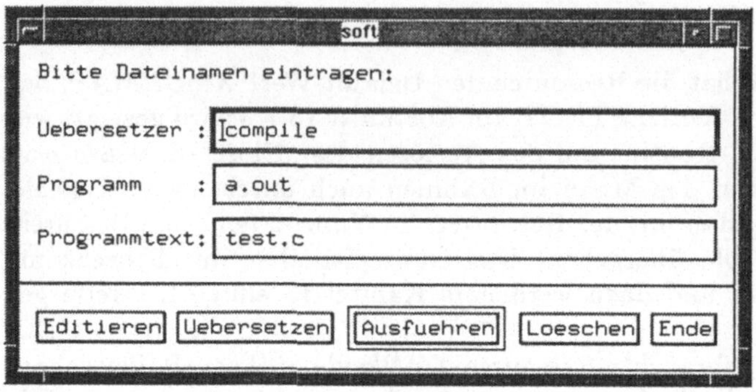

Abb. 8.5 Das oberste *Text*-Widget besitzt den Tastaturfokus.

Unterformular sein. Der Benutzer kann mit der Tabulator-Taste den Fokus von einem Unterformular zum nächsten übergeben. Mit der Tastenkombination Shift und Tabulator kann man zum vorhergehenden Unterformular kommen. Weil zum Traversieren die Tabulator-Taste benutzt wird, nennt man die Unterformulare auch *Tab-Groups*. In der Motif-Dokumentation wird eine Tab-Group auch als „navigation group" bezeichnet und der ganze Mechanismus als „keyboard navigation".

Besteht die Tab-Group aus einem Layout-Widget, dann wird der Tastaturfokus an die Kinder im Layout-Widget weitergereicht. Innerhalb der Liste der Kinder kann man mit den Cursor-Tasten den Fokus weitergeben. Besteht die Tab-Group aus einem Dialogobjekt, dann erhält es den Fokus direkt mit der Tabulator-Taste. Das Konzept der Tab-Groups ermöglicht es, ein Formular vollständig mit der Tastatur zu bedienen. Ein Button wird ausgelöst, wenn er den Tastaturfokus besitzt und dann die Return-Taste gedrückt wird.

Betreibt man das Beispielprogramm *soft* im Tastaturmodell *XmEXPLI-CIT*, dann bilden die drei *Text*-Widgets jeweils eine eigene Tab-Group, und alle Buttons gehören zu einer gemeinsamen Tab-Group. Mit der Tabulator-Taste wandert der Tastaturfokus vom obersten *Text*-Widget bis in die Tab-Group der Buttons. Hier kann man den Fokus mit den Cursor-Tasten auf jeden beliebigen Button legen und diesen gegebenenfalls mit der Return-Taste auslösen.

Für die Reihenfolge, in der die Tab-Groups mit der Tabulator-Taste und die Dialogobjekte innerhalb einer Tab-Group durchlaufen werden, gibt es zwei Strategien. Die geometrische Navigationsstrategie richtet sich nach der Lage der Widgets im Formular. Der Fokus wandert dabei zeilenweise von oben nach unten durch die Tab-Groups. Innerhalb der Tab-Groups kann mit den Cursor-Tasten der jeweilige Nachbar erreicht werden. Mit „Cursor nach rechts" durchläuft man die Dialogobjekte zeilenweise von links nach rechts. Nach dem Ende einer Zeile wird in die nächste Zeile gesprungen. Mit „Cursor nach links" geht es genau andersherum, also zeilenweise von rechts nach links. „Cursor nach unten" und „Cursor nach oben" durchlaufen die Widgets spaltenweise.

Bei expliziter Navigationsstrategie werden die Widgets in der Erzeugungsreihenfolge durchlaufen. Die Tasten „Cursor nach unten" und „Cursor nach rechts" haben dieselbe Bedeutung. Sie geben den Tastaturfokus zum nächsten Dialogobjekt in der Tab-Group weiter. Ist das Ende der Liste erreicht, bekommt das erste Widget den Tastaturfokus. Mit den Tasten „Cursor nach links" und „Cursor nach oben" durchläuft man die Tab-Group rückwärts. Bei dieser Navigationsstrategie ist die geometrische Lage im Formular unerheblich. Mit dem Erzeugen der Widgets wird die Reihenfolge explizit festgelegt.

In der Motif-Versionen vor 1.1 war nur die explizite Navigationsstrategie implementiert. Mit der Routine *XmAddTabGroup()* wird ein Widget zur Tab-Group gemacht, in der explizit navigiert wird.

void XmAddTabGroup(Widget widget)

widget Dieses Widget bildet eine Tab-Group. Das Widget, beziehungsweise dessen Kinder, können mit der Tastatur fokussiert werden.

Eigentlich wird mit dieser Routine nur die Ressource *XmNnavigationType* auf die Konstante *XmEXCLUSIVE_TAB_GROUP* gesetzt. Alle Motif-Widgets kennen diese Ressource. Mit ihr wird ein Widget zur Tab-Group gemacht und eine Navigationsstrategie festgelegt. Dafür gibt es folgende Konstanten:

XmNONE: Das Widget ist keine Tab-Group.
XmTAB_GROUP: Das Widget ist eine Tab-Group mit geometrischer Navigation.
XmSTICKY_TAB_GROUP: Das Widget ist eine Tab-Group mit geometrischer Navigation.
XmEXCLUSIVE_TAB_GROUP: Das Widget ist eine Tab-Group mit expliziter Navigation.

Setzt man für ein Widget den Wert *XmEXCLUSIVE_TAB_GROUP*, dann wird für das ganze Formular die explizite Navigationsstrategie benutzt. Alle Widgets, die für *XmNnavigationType* den Wert *XmTAB_GROUP* besitzen, sind nun keine Tab-Groups mehr. Widgets mit *XmSTICKY_TAB_GROUP* bleiben dagegen weiterhin Tab-Groups. Der Unterschied zwischen *XmTAB_GROUP* und *XmSTICKY_TAB_GROUP* kommt erst dann zum Tragen, wenn man die explizite Navigationsstrategie benutzt, die immer dann eingestellt ist, wenn mindestens ein Widget den Wert *XmEXCLUSIVE_TAB_GROUP* hat.

Als Default-Einstellung haben alle Layout-Widgets den Wert *XmTAB_GROUP*. Ist ein Widget das Kind einer Shell, dann hat dieses Widget den Wert *XmSTICKY_TAB_GROUP*.

Eine besondere Stellung haben das *Text*- und das *TextField*-Widget. Hier werden die Cursor-Tasten schon im Widget selbst benötigt, um den Text-Cursor zu bewegen. Deshalb bildet ein solches Widget in der Default-Einstellung eine eigene Tab-Group. Bei einzeiligen *Text*-Widgets kann kein Tabulator eingegeben werden, weil mit dieser Taste die Tab-Group gewechselt wird. Ein einzeiliges *Text*-Widget muß nicht unbedingt eine eigene Tab-Group bilden. Die Tasten „Cursor nach oben" und „Cursor nach unten" können ja benutzt werden, um innerhalb der Tab-Group zu navigieren. Bei mehrzeiligen *Text*-Widgets werden auch diese Tasten zur Steuerung des Text-Cursors benutzt. Außerdem ist es möglich, ein Tabulatorzeichen einzufügen. Damit bleibt nur noch die Tastenkombination Shift und Tabulator zum Navigieren aus einer Tab-Group mit einem mehrzeiligem Text.

Es gibt Widget-Klassen, die aus mehreren Teil-Widgets bestehen. Die Message-Box, die im nächsten Abschnitt beschrieben wird, ist ein Beispiel dafür. Solche Widgets müssen auch eine eigene Tab-Group bilden.

Soll im Programm *soft* die Reihenfolge der Fokusvergabe verändert werden, muß man entweder das Layout ändern oder die explizite Navigationstrategie benutzen. Man kann dazu für jede Zeile *XmAddTabGroup()* aufrufen:

```
...
line = XtCreateManagedWidget(line_name, xmRowColumnWidgetClass,
                             parent, arg, n);
XmAddTabGroup(line);
...
```

Eine Tab-Group kann man übrigens auch wieder löschen. Dies geschieht mit *XmRemoveTabGroup()*.

void XmRemoveTabGroub(Widget widget)

widget Dieses Widget wird nicht mehr beim Traversieren im Formular
    berücksichtigt. Das Widget, beziehungsweise dessen Kinder, können nicht
    mehr mit der Tastatur fokussiert werden. Durch Anklicken kann man
    dieses Widget allerdings weiterhin fokussieren. Die Ressource
    XmNnavigateType wird auf *XmNone* gesetzt.

Mit dem Aufruf der Routine *XmProcessTraversal()* kann der Tastaturfokus auch aus dem Programm heraus verändert werden. Sie ist nur bei explizitem Tastaturfokus einsetzbar. Man kann mit *XmProcessTraversal()* den Tastaturfokus innerhalb einer Tab-Group und zwischen verschiedenen Tab-Groups „wandern" lassen. Es gibt insgesamt 10 verschiedene Fälle, die man in der Dokumentation nachlesen kann.

Eine besonders einfache Art, auf die Fokusvergabe Einfluß zu nehmen, bietet die Ressource *XmNtraversalOn*. Alle Widgets besitzen diese Ressource. Steht sie auf *False*, dann wird das Widget bei der Fokusvergabe mit der Tastatur nicht berücksichtigt. Bei Layout-Widgets sind auch alle Kinder davon betroffen. Besteht ein Formular zum Beispiel aus Push-Buttons, Toggle-Buttons und *Text*-Widgets, dann kann man mit der folgenden Belegung der Ressource *XmNtraversalOn* erreichen, daß der Fokus nur an die *Text*-Widgets vergeben wird:

```
*XmPushButton.traversalOn:False
*XmToggleButton.traversalOn:False
```

Wie bereits gesagt, wird mit den Tab-Groups nur der Fokus innerhalb eines Formulars verwaltet. Wenn der Tastaturfokus zwischen den Shell-Widgets auch mit der Tastatur umgeschaltet werden soll, so muß der Window-Manager *mwm* entsprechend konfiguriert werden. Hat man viele Fenster auf dem Bildschirm, so ist es sehr mühsam, den Fokus auf eine bestimmte Shell zu setzen. Eigentlich wurde für diesen Zweck ja auch die Maus erfunden. Zum *mwm* ist bereits in Abschnitt 5.9 einiges gesagt worden. Als Hinweis soll hier reichen, daß im File *.mwmrc* auch Tasten mit Funktionen verbunden werden können. Man bindet beispielsweise die Funktionen *f.next_key* und *f.prev_key* an zwei Tasten. Mit diesen Tasten kann man dann durch die Shells „wandern".

8.1.8 Begriffe

Im Zusammenhang mit Shell-Widgets und Fenstern gibt es eine außerordentliche „Begriffsvielfalt" oder auch „Begriffsverwirrung". Aus der Sicht des Benutzers bedeutet der Begriff „Window" meistens etwas ganz anderes als aus der Sicht des Programmierers. Dieses Buch versucht den Unterschied dadurch deutlich zu machen, daß für die Sicht des Benutzers deutsche Übersetzungen benutzt werden und sonst die englischen Fachbegriffe. Ein Fenster ist für den Benutzer das „Ding", das er mit dem Window-Manager auf dem Bildschirm hin und herschieben kann. Der Inhalt eines Fensters ist ein Formular. Daß ein Formular aus mehreren Widgets, letztendlich Windows, besteht, ist nur aus programmtechnischer Sicht wichtig.

Bei den im Laufe dieses Abschnitts geprägten Begriffen kann man folgende Gegenüberstellung der Benutzersicht und der programmtechnischen Sicht aufstellen:

Dialoghierarchie: Shell-Hierarchie
Hauptfenster: Application-Shell
Dialogfenster: Dialog-Shell
Menü: Menu-Shell
Formular: Widget-Hierarchie.

Der Begriff „Popup-Shell" wird im Motif-Toolkit eigentlich gar nicht benutzt, da die Mechanismen einer Popup-Shell ganz von der Dialog-Shell und der Menu-Shell verdeckt werden. Trotzdem soll in diesem Buch weiterhin der Begriff „Popup-Parent" benutzt werden, um den Unterschied zwischen der Shell- und der Widget-Hierarchie deutlich zu machen.

Aus der Sicht des Benutzers gibt es noch eine Reihe anderer Begriffe, die mit Fenstern zu tun haben: Ein Fenster ist entweder ein Haupt-, ein Dialog- oder ein Menüfenster. Für Menüfenster wird normalerweise einfach Menü gesagt und für Dialogfenster „Dialogbox". Alle drei Fensterarten haben strenggenommen ein Formular als Inhalt. Man wird jedoch selten von einem Formular im Menüfenster sprechen, sondern man sagt einfach „Menü" und meint damit Fenster und Inhalt. Das gleiche gilt für die „Dialogbox". „Hauptfenster" wird dagegen auch für den Inhalt des Hauptfensters benutzt. Seltener taucht der Begriff „Hauptformular" auf.

Im Style-Guide von Motif wird ein Hauptfenster als „primary window" oder „main window" bezeichnet. Steht die Beziehung zum Window-Manager im Vordergrund – es ist ikonifizierbar – dann wird der Begriff „primary window" benutzt. Der Begriff „main window" zielt mehr in Richtung Anwendung oder Inhalt des Fensters. Dementsprechend heißt ein Dialogfenster „secondary window" oder „dialog box".

Für den Inhalt eines Fensters wird der Begriff „client area" benutzt. Mit „client area" ist aber manchmal nur der Inhalt eines Hauptfensters gemeint, und dann ist „box" der Inhalt eines Dialogfensters. Als Unterformulare gibt es dementsprechend „group boxes" und „window sub-areas".

In der Dokumentation zum Window-Manager wird für „Hauptfenster" auch „client window" und für „Dialogfenster" „transient window" gesagt. Das zeigt sich zum Beispiel an den beiden Ressourcen *clientDecoration* und *transient-Decoration*. Diese Begriffe sind wieder näher an der programmtechnischen Sprechweise.

8.2 Meldungen für den Benutzer

Das Exit-Formular am Anfang des letzten Abschnitts, das den Benutzer zur Bestätigung des Programmendes auffordert, besteht neben der Dialog-Shell eigentlich nur noch aus einer Message-Box. In vielen Programmen werden einfache Formulare benötigt, die einen Text und einige Buttons enthalten. Der Benutzer bestimmt durch Anklicken eines Buttons den weiteren Programmablauf. Für diesen Zweck liefern Message-Boxen eine einfache Lösung. Es gibt eine eigene Widget-Klasse für Message-Boxen.

Klassenname: *XmMessageBox*
Klassenzeiger: *xmMessageBoxWidgetClass*
Include-File: *Xm/MessageB.h*
Superklassen: *Core, Composite, Constraint, XmManager, XmBulletinBoard*
Convenience: *XmCreateMessageBox()*

8.2.1 Die Bestandteile einer Message-Box

Eine Message-Box ist ein Layout-Widget mit fest vorgegebenen Kindern. Es besteht aus zwei Hauptteilen: Im oberen Teil wird ein Text zusammen mit einem Symbol angezeigt. Der untere Teil setzt sich aus einer Reihe von Push-Buttons zusammen. Beide Teile werden durch ein *Separator*-Widget getrennt.

Die Kinder einer Message-Box sind in Abb. 8.6 dargestellt. Der Ok-Button dient normalerweise zur Bestätigung einer Meldung, der Cancel-Button zur Ablehnung, und mit dem Help-Button können Hilfestellungen angefordert werden. Wird der Ok-Button oder der Cancel-Button angeklickt, dann verschwindet das Formular automatisch vom Bildschirm. Der Ok-Button ist der

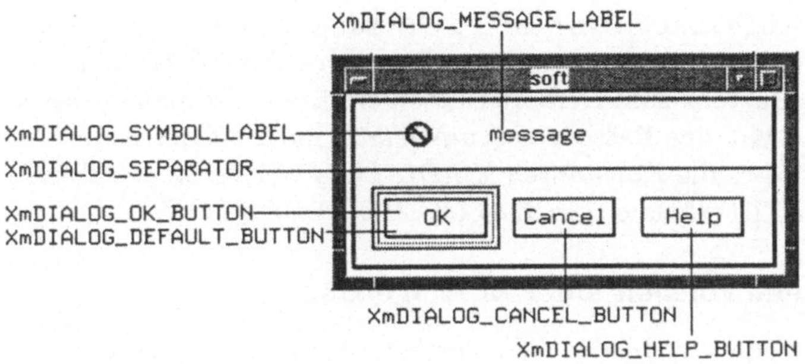

Abb. 8.6 Die Teilkomponenten einer Message-Box

Default-Button des Formulars. Der Default-Button bekommt den Tastaturfokus, wenn die Message-Box, jedoch kein anderer Button in der Message-Box, den Tastaturfokus besitzt.

Die genaue Bedeutung der Buttons hängt natürlich davon ab, was in den Callback-Routinen der einzelnen Buttons passiert. Im Beispiel des Exit-Formulars heißt „bestätigen", daß das Programm verlassen wird, und „ablehnen", daß das Programm weitergeführt werden soll. Dieses Verhalten sollte man durch passende Beschriftung der Buttons zum Ausdruck bringen. Die richtigen Beschriftungen erleichtern oft die Bedienung einer Message-Box. Statt „ja" oder „ok", die es erforderlich machen, daß der ganze Text der Message-Box gelesen werden muß, ist die Beschriftung „Ende" sicherlich aussagekräftiger.

Die Namen der Kinder einer Message-Box werden intern festgelegt und sind nicht bekannt. Damit man die Ressourcen der Kinder im Ressourcen-File festlegen kann, stellt die Message-Box besondere Ressourcen zur Verfügung, deren Werte an die Kinder weitergereicht werden. Für die Beschriftung der drei Buttons gibt es die Ressourcen *XmNokLabelString*, *XmNcancelLabelString* und *XmNhelpLabelString*. Diese Ressourcen-Werte werden an die Ressource *XmNlabelString* der drei Buttons weitergereicht. Für die Activate-Callbacks der drei Buttons gibt es die Ressourcen *XmNcancelCallback*, *XmNokCallback* und *XmNhelpCallback*. Der Text im oberen Teil einer Message-Box wird mit der Ressource *XmNmessageString* festgelegt.

In manchen Situationen benötigt man trotzdem den Identifier eines Kindes. Im Beispiel ist damit der Help-Button unsichtbar gemacht worden. Diesen Identifier liefert die Routine *XmMessageBoxGetChild()*.

Widget XmMessageBoxGetChild(Widget widget, unsigned char child)
widget die Message-Box, von der der Identifier eines Kindes ermittelt werden soll
child Bezeichnung für die Komponente. Die erlaubten Konstanten sind in Abb. 8.6 eingetragen. Sie beginnen alle mit dem String *XmDIALOG*.

Abbildung 8.6 zeigt die Zuordnung der Konstanten zu den einzelnen Komponenten. Mit *XmDIALOG_DEFAULT_BUTTON* kann der aktuelle Default-
Button ermittelt werden. Man kann mit der Ressource *XmNdefaultButton-
Type* einen der drei Buttons zum Default-Button erklären. Normalerweise ist
das der Ok-Button. Mit der Ressource *XmNdefaultButtonType* kann man
das ändern, dafür gibt es die Konstanten *XmDIALOG_CANCEL_BUTTON*,
XmDIALOG_OK_BUTTON und *XmDIALOG_HELP_BUTTON*.

8.2.2 Verschiedene Formen einer Message-Box

Das Motif-Toolkit stellt verschiedene Formen von Message-Boxen zur Verfügung. Sie haben alle den gleichen Aufbau, aber sie sind für verschiedene
Einsatzfälle gedacht. Unterschieden werden die Typen an dem Symbol, das
oben links in der Message-Box angezeigt wird. Beim Erzeugen einer Message-
Box legt man mit der Ressource *XmNdialogType* den Typ fest. In Abb.
8.7 sind die 6 Möglichkeiten dargestellt. Als Message-Text ist die Konstante
eingetragen, die man jeweils für die Ressource *XmNdialogType* angeben muß.

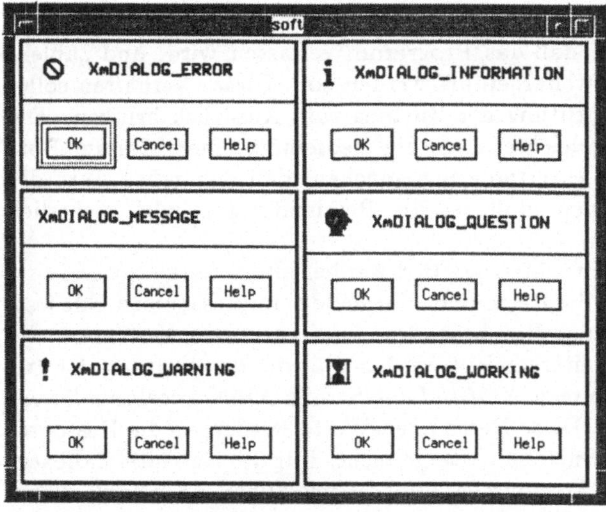

Abb. 8.7 Die verschieden Formen einer Message-Box

Soll eine Fehlermeldung ausgegeben werden, wählt man normalerweise eine
Message-Box vom Typ *XmDIALOG_ERROR*. Paßt keins der Symbole, so
kann man mit der Ressource *XmNsymbolPixmap* das Symbol in der Message-
Box direkt verändern.

Den Typ *XmDIALOG_WORKING* wählt man, wenn man anzeigen will,
daß das Programm gerade eine längere Berechnung vornimmt. Normalerweise

sollte die Dauer einer Callback-Routine möglichst kurz sein, damit die Benutzereingaben ohne große Verzögerung bearbeitet werden können. Lassen sich lange Callback-Routinen nicht vermeiden, dann sollten sie mit einer *Working-Box* – einer Message-Box des Typs *XmDIALOG_WORKING* – kenntlich gemacht werden. Mit dem Ok-Button der Working-Box wird die „lange" Ok-Callback gestartet. Wenn sie beendet ist, verschwindet die Working-Box. Will man keine Working-Box zum Aufruf einer „langen" Callback benutzen, aber trotzdem ein Formular während der Ausführung anzeigen, dann muß man schon einige Tricks anwenden. Im Anhang ist dazu ein Beispiel aufgelistet.

Damit der Aufbau von Formularen mit Message-Boxen etwas einfacher ist, gibt es zu jedem Typ eine eigene Convenience-Function:

- *XmCreateErrorDialog()*
- *XmCreateInformationDialog()*
- *XmCreateMessageDialog()*
- *XmCreateQuestionDialog()*
- *XmCreateWarningDialog()*
- *XmCreateWorkingDialog()*

Diese Routinen erzeugen jeweils eine *Dialog*-Shell und eine Message-Box. Die Message-Box wird als Ergebnis zurückgeliefert. Sie ist noch nicht gemanagt. Der Aufruf von *XtManageChild()*, mit der Message-Box als Parameter, läßt das Formular erscheinen. Alle Routinen haben die gleichen Parameter. Stellvertretend für die anderen ist die Syntax von *XmCreateQuestionDialog()* im folgenden aufgelistet:

Widget XmCreateQuestionDialog(Widget parent,   String name,   ArgList arglist,
                     Cardinal argcount)

parent   Popup-Parent der neuen Dialog-Shell
name   Name der Message-Box
arglist   Ressourcen für die Message-Box
argcount Länge von *arglist*.

Die Argumente in *arglist* werden an die Message-Box weitergereicht. Als Rückgabewert liefern alle Routinen den Identifier der Message-Box, nicht etwa der *Dialog*-Shell. Der Name der *Dialog*-Shell wird intern festgelegt. In der Motif-Version 1.1 wird dazu an den Namen der Message-Box der String „_popup" gehängt. Man sollte sich aber nicht darauf verlassen, daß das in weiteren Motif-Versionen so bleibt. Im Ressourcen-File gibt man am besten den Wildcard „*" für den Namen der Shell an. Im Beispiel aus Abschnitt 8.1.1 sollte man folgenden Ressourcen-Pfad benutzen:

`Soft.base.buttons.exit*exitMessage.okLabelString: Ende`

Im Motif-Toolkit gibt es eine Namenskonvention, die besagt, daß alle Routinen mit der Endung „Dialog" automatisch eine *Dialog*-Shell erzeugen. Zusätzlich wird ein Formularinhalt erzeugt, bei den oberen sechs Routinen besteht er jeweils aus einer Message-Box. Außerdem wird eine Callback-Routine an die Message-Box gehängt, die dafür sorgt, daß beim Zerstören der Message-Box auch die *Dialog*-Shell zerstört wird. In diesem Fall muß man sich also nicht weiter um die Shell kümmern.

Im Gegensatz dazu erzeugt man mit *XmCreateMessageBox()* eine Message-Box ohne Shell. Man kann also eine Message-Box wie jedes andere Widget einsetzen. In Abb. 8.7 sind sechs Message-Boxen gemeinsam in einem *RowColumn*-Widget plaziert worden. In den meisten Fällen wird man aber für jede Message-Box eine eigene Shell benutzen. Dann ist die Message-Box gleichzeitig ein Formular.

8.3   Das Bulletin-Board

Die Superklasse einer Message-Box ist die Klasse *XmBulletinBoard*. Sie wurde bereits in Abschnitt 7.11 als Superklasse der *Form*-Widgets kurz vorgestellt.

Klassenname: *XmBulletinBoard*
Klassenzeiger: *xmBulletinBoardWidgetClass*
Include-File: *Xm/BulletinB.h*
Superklassen: *Core, Composite, Constraint, XmManager*
Convenience: *XmCreateBulletinBoard()*

Die Klasse *XmBulletinBoard* und deren Subklassen bilden im Motif-Toolkit die eigentliche Grundlage für Formulare. Die Widgets dieser Klassen werden oft als Kind eines Shell-Widgets benutzt. Shell-Widgets spielen im Konzept des Motif-Toolkits eigentlich eine untergeordnete Rolle. Das sieht man zum Beispiel daran, daß das Popup-Konzept, wie es in Abschnitt 8.1.3 beschrieben wurde, fast vollständig verdeckt ist. In Formularen hat die Klasse *XmBulletinBoard*, beziehungsweise deren Subklassen, die Rolle der Shell-Widgets zum größten Teil übernommen. Als Kind einer Dialog-Shell werden Bulletin-Boards dazu benutzt, das Formular sichtbar und unsichtbar zu machen. Ein Bulletin-Board berechnet die Position eines Formulars auf dem Bildschirm und setzt wichtige Ressourcen des Shell-Widgets. Nur in Ausnahmefällen wird auf das Shell-Widget zurückgegriffen. Dazu benutzt man die Routine *XtParent()*, die als Parameter ein Widget bekommt und als Ergebnis dessen Parent-Widget liefert.

Wie man im letzten Abschnitt sehen konnte, gibt es eine Reihe von Routinen, die als „Nebeneffekt" eine Dialog-Shell erzeugen. Sie liefern das Kind der Shell als Resultat zurück. Ein wichtige Routine aus dieser Gruppe ist *XmCreateFormDialog()*. Sie liefert ein *Form*-Widget, das auch als spezielles Bulletin-Board betrachtet werden kann. Neben den speziellen „Boxen", die das Motif-Toolkit zur Verfügung stellt und von denen die Message-Box bereits vorgestellt wurde, wird das *Form*-Widget am häufigsten als Grundlage eines Formulars eingesetzt.

Widget XmCreateFormDialog(Widget parent, String name, ArgList arglist,
                          Cardinal argcount)

parent   das Popup-Parent der neuen Dialog-Shell
name   Name des *Form*-Widgets
arglist Ressourcen für das *Form*-Widgets
argcount Länge von *arglist*.

Bevor man die Ressourcen einer Shell verändert, sollte man erst einmal überprüfen, ob das Bulletin-Board nicht passende Ressourcen besitzt. Die Ressource *XmNdialogStyle* hat neben der Positionierung die größte Bedeutung für ein Formular. Mit ihr kann man modale Formulare realisieren. Bulletin-Boards stellen aber auch eine Reihe von Ressourcen zur Verfügung, die sich auf den Inhalt, also auf die Kinder des Bulletin-Boards, beziehen.

Trotz ihrer wichtigen Stellung als Kind eines Shell-Widgets können Bulletin-Boards, insbesondere die Widgets der Subklassen von *XmBulletinBoard*, auch innerhalb eines Formulars eingesetzt werden. Beim *Form*-Widget wurde das bereits im Programm *soft* gezeigt.

8.3.1 Das Bulletin-Board als Metaklasse für Layout-Widgets

Obwohl das allgemeine Bulletin-Board ein selbständiges Layout-Widget ist und auch als solches in einem Formular verwendet werden kann, wird es nicht sehr oft eingesetzt. Die Layoutstrategie eines Bulletin-Boards ist sehr primitiv. Alle Kinder werden auf die x-y-Position gesetzt, die sie vom Programm oder aus dem Ressourcen-File mitbekommen. Das Bulletin-Board versucht nur noch, eine minimale Größe zu finden, die alle Kinder umfaßt.

Die speziellen Bulletin-Boards, die einer Subklasse von *XmBulletinBoard* angehören, sind wesentlich komfortabler einzusetzen. Eine Message-Box hat zum Beispiel einen eigenen Layoutalgorithmus, der für die Plazierung der Kinder sorgt. Die Layoutmöglichkeiten eines *Form*-Widgets wurden im letzten Kapitel ausführlich beschrieben.

8.3.2 Bulletin-Boards und Shell-Widgets

Einige Ressourcen des Bulletin-Boards werden direkt an ein Shell-Widget weitergereicht. Diese Ressourcen kommen aber nur zum Einsatz, wenn das Bulletin-Board das Kind einer Shell oder sogar einer Dialog-Shell ist. Mit der Ressource *XmNnoResize* kann man festlegen, ob in dem Rahmen, den der Window-Manager zusätzlich an der Shell anbringt, Funktionen für „Resizing" vorhanden sein sollen. Die Ressource *XmNdialogTitle* setzt die Shell-Ressource *XmNtitle*. Für *XmNdialogTitle* muß man einen Compound-String angeben.

Mit der Ressource *XmNdefaultPosition* kann man bestimmen, an welcher Stelle ein Formular auf dem Bildschirm erscheint. Dazu muß das Bulletin-Board eine Dialog-Shell als Parent-Widget haben. Wenn *XmNdefaultPosition* *True* ist, wird die Dialog-Shell, also das Formular, über dem Popup-Parent zentriert. Setzt man die Ressource *XmNdefaultPosition* auf *False*, so muß man mit den Ressourcen *XmNx* und *XmNy* selbst für die richtige Plazierung auf dem Bildschirm sorgen.

Die beiden Callback-Listen *XmNmapCallback* und *XmNunmapCallback* haben ebenfalls nur dann eine Bedeutung, wenn das Bulletin-Board das Kind einer Dialog-Shell ist. Erscheint das Formular auf dem Bildschirm, dann werden die Routinen der Liste *XmNmapCallback* aufgerufen, verschwindet es wieder, die Routinen der Liste *XmNunmapCallback*. Dagegen hat die Callback-Liste *XmNfocusCallback* nur wenig mit Shell-Widgets zu tun. Die Routinen der Liste werden immer dann aufgerufen, wenn das Bulletin-Board den Tastaturfokus erhält.

Obwohl der Name der Ressource *XmNresizePolicy* darauf hindeuten könnte, daß sie Einfluß auf den Window-Manager nimmt, ist dies nicht der Fall. Sie ist die „Weiterführung" der Shell-Ressource *XmNallowShellResize*, die festlegt, wie sich eine Shell verhält, wenn sich das Kind in der Shell vergrößert. Die Ressource *XmNresizePolicy* des Bulletin-Boards legt fest, wie sich das Bulletin-Board verhält, wenn sich die Größen der Kinder in dem Bulletin-Board verändern. Folgende Werte sind für die Ressource *XmNresizePolicy* erlaubt:

XmRESIZE_ANY: Das Bulletin-Board kann größer und kleiner werden.
XmRESIZE_NONE: Das Bulletin-Board verändert seine Größe nicht.
XmRESIZE_GROW: Das Bulletin-Board kann nur größer werden.

Diese „Resize-Politik" des Bulletin-Boards kann sich durch die gesamte Widget-Hierarchie fortpflanzen. Bei einer Veränderung des Bulletin-Boards bestimmt die „Politik" der Vorfahren, ob die Änderung wirklich stattfinden kann. Die letzte Instanz ist immer das Shell-Widget. Wird zum Beispiel ein Widget vergößert, dann müssen alle Vorfahren in der Widget-Hierarchie dieser Vergrößerung zustimmen, und diese Zustimmung hängt beim Bulletin-Board von der Ressource *XmNresizePolicy* ab. Hier kann man auch wieder gut erkennen, daß ein Layout-Widget für seine Kinder „verantwortlich" ist. Wenn es einer Veränderung zugestimmt hat, dann muß es auch für die Plazierung seiner Kinder sorgen. Dieses komplizierte Verfahren findet aber nur bei realisierten Formularen statt. Solange ein Formular noch nicht realisiert und damit auch nicht sichtbar ist, werden alle Änderungen bei den Kindern akzeptiert. Normalerweise wird die Plazierung der Kinder auch erst beim Realisieren durchgeführt.

Eine andere Ressource des Bulletin-Boards ist in diesem Zusammenhang noch zu nennen: Wenn die Ressource *XmNallowOverlap* auf *False* gesetzt wird, verhindert das Bulletin-Board die Änderung der Größe eines Kindes nach dem Realisieren, wenn dadurch eine Überlappung der Kinder entstehen würde. *XmNallowOverlap* hat allerdings den Default-Wert *True*.

8.3.3   Modale Formulare

Die wichtigste Ressource des Bulletin-Boards ist *XmNdialogStyle*. Mit der Hilfe dieser Ressource kann man *modale Dialoge* realisieren.   Dem Zustand – Modus – des Programms entsprechend, darf der Benutzer nur noch bestimmte Formulare – Dialoge – bedienen. Im Zusammenspiel mit dem Window-Manager werden die Benutzereingaben auf einige Formulare beschränkt. Das funktioniert aber nur bei Bulletin-Boards, die Kinder einer Dialog-Shell sind. *XmNdialogStyle* kann die folgenden Werte haben:

XmDIALOG_WORK_AREA: Dieser Wert wird benutzt, wenn das Parent-Widget des Bulletin-Boards keine Dialog-Shell ist.

XmDIALOG_MODELESS: Das Formular kann parallel zu anderen sichtbaren Formularen bearbeitet werden. Es verhindert nicht den Zugriff auf andere Formulare. Dies ist der Default-Wert für die Ressource *XmNdialogStyle*, wenn ein Bulletin-Board das Kind einer Dialog-Shell ist.

XmDIALOG_SYSTEM_MODAL: Auf dem ganzen Bildschirm kann nur noch dieses Formular bearbeitet werden. Alle anderen Formulare sind gesperrt, auch die Formulare anderer Prozesse.

XmDIALOG_FULL_APPLICATION_MODAL: Alle anderen Formulare im selben Programm werden gesperrt. Die Formulare anderer Programme werden dadurch nicht beeinflußt.

XmDIALOG_PRIMARY_APPLICATION_MODAL: Alle anderen Formulare, die Vorfahren in der Shell-Hierarchie sind, werden gesperrt.

XmDIALOG_APPLICATION_MODAL: Diese Konstante ist aus den Motif-Versionen vor 1.1 erhalten geblieben und bedeutet dasselbe wie *XmDIALOG_PRIMARY_APPLICATION_MODAL*.

Beim Exit-Formular des Beispiels „Software-Entwicklung" ist es sinnvoll, den Dialogstil   *XmDIALOG_FULL_APPLICATION_MODAL*   einzusetzen. Der Benutzer darf keine andere Aktion im Programm starten, bis er sich entschieden hat, ob er das Programm verlassen will oder nicht. Man sollte sich genau überlegen, ob und wann modale Formulare eingesetzt werden. Dem Benutzer wird damit ein fester Dialogstil aufgezwungen. Man verhindert das gleichzeitige Arbeiten in verschiedenen Formularen, die zwar sichtbar sind, aber nicht bedient werden können. Obwohl ein modaler Dialogstil die Kontrollstrukur im Programm erheblich vereinfachen kann, sollte der „moderne" Programmierer immer darauf achten, daß der Benutzer möglichst viele Freiheiten behält und nicht durch modale Dialoge gegängelt wird.

8.3.4   Rahmen, Buttons und Fonts

Die Klasse *XmBulletinBoard* ist eine Subklasse von *XmManager*. Deshalb erbt ein Bulletin-Board auch die Möglichkeit, Schattenbreite und -farben zu setzen. Beim Bulletin-Board kann das Aussehen des Schattens noch mit der Ressource *XmNshadowType* verändert werden. Die für diese Ressourcen

erlaubten Konstanten wurden bereits beim *Separator*-Widget in Abschnitt
7.4.4 beschrieben. Innerhalb des Schattens kann mit *XmNmarginWidth* und
XmNmarginHeight ein weiterer Freiraum angegeben werden.

In den Ressourcen *XmNcancelButton* und *XmNdefaultButton*   werden
Buttons mit speziellen Bedeutungen abgelegt. Subklassen von *XmBulletin-
Board*, zum Beispiel *XmMessageBox*, setzen diese Ressourcen, wenn sie die
entsprechenden Buttons erzeugen. Aber auch eine Applikation kann die Ressourcen mit eigenen Widgets besetzen. In der Routine auf Seite 238 wird
ein Default-Button für das Programm *soft* gesetzt. Wenn man irgendwo im
BulletinBoard-Widget die Return-Taste drückt, so wird der Default-Button
aktiviert. Die Escape-Taste aktiviert den Cancel-Button.

Ist das Bulletin-Board das Kind einer Dialog-Shell, tritt ein anderer Automatismus in Kraft: Wenn der Benutzer irgendeinen Push-Button im Bulletin-
Board drückt, verschwindet das Formular vom Bildschirm. Man konnte das
bereits bei der Message-Box beobachten. Beim Help-Button einer Message-
Box ist dieser Mechanismus mit „Programmiertricks" umgangen worden, die
hier nicht weiter erläutert werden sollen. Der Automatismus wird abgeschaltet, wenn die Ressource *XmNautoUnmanage* auf *False* gesetzt wird.

Ein Bulletin-Board stellt drei Font-Listen zur Verfügung. Für alle But-
tons eines Bulletin-Boards gibt es die Font-Liste *XmNbuttonFontList*. Für
Label-Widgets hat ein Bulletin-Board die Font-Liste *XmNlabelFontList* und
für *Text*-Widgets *XmNtextFontList*. In den Motif-Versionen vor 1.1 wurde
XmNtextFontList als Default-Wert für die anderen beiden Listen benutzt.
Wenn also kein Label-Font oder kein Button-Font gesetzt war, wurde der
Text-Font benutzt.

Ab der Motif-Version 1.1 wird der Default-Wert in der Widget-Hierarchie
des Formulars gesucht: Gibt es ein Bulletin-Board unter den Vorfahren des
aktuellen Bulletin-Boards, dann wird der Default-Font diesem Vorfahr entnommen. Ansonsten liefert das Shell-Widget des Formulars den Font aus der
Ressource *XmNdefaultFontList*. Diese Propagierung der Default-Werte innerhalb der Widget-Hierarchie ist nicht mit der Vererbung der Ressourcen
in der Klassenhierarchie zu verwechseln: Als spezielles Bulletin-Board erbt
eine Message-Box die Ressourcen für die Font-Listen. In einer Message-Box
ist die „Message" ein *Label*-Widget, dessen Font der Liste *XmNlabelFontList*
entnommen wird. Die drei Buttons der Message-Box bekommen ihren Font
aus der Liste *XmNbuttonFontList*.

8.4   Mehrere Formulare mit gleichem Aufbau

Das Formular des Programms *soft*, das im letzten Kapitel so ausführlich
besprochen wurde, soll nun mehrfach eingesetzt werden. Damit man das Formular von anderen unterscheiden kann, soll es den Namen „Arbeitsformular"
bekommen. „Arbeitsformular" ist kein Begriff aus der Toolkit-Terminologie,
sondern der Name eines konkreten Formulartyps im Programm *soft*.

Mit der nächsten Version von *soft* kann man eine beliebige Anzahl dieser Arbeitsformulare erzeugen und damit gleichzeitig an mehreren Software-Entwicklungen arbeiten. Zum Erzeugen neuer Arbeitsformulare muß man einen Button betätigen. Der Button liegt in einem neuen Formular. Darin befindet sich außerdem ein Button zum Beenden des Programms. Abbildung 8.8 zeigt in der linken, oberen Ecke das Formular mit den beiden Buttons und zwei Arbeitsformularen.

Abb. 8.8 Das neue Hauptformular des Programms *soft* zusammen mit zwei Arbeitsformularen

Beim Aufruf von *soft* erscheint zuerst nur das Formular mit den zwei Buttons. Deshalb wird es hier als „Hauptformular" bezeichnet. Ein Arbeitsformular erhält man, wenn man den Button mit der Aufschrift „Neues Formular" angeklickt hat. Eine Callback-Routine dieses Buttons erzeugt ein neues Arbeitsformular. Im Arbeitsformular selber ist auch noch eine Kleinigkeit geändert geworden. Der frühere Exit-Button wird durch einen Quit-Button ersetzt, mit dem nicht mehr das Programm beendet, sondern nur noch das Formular geschlossen wird. Der Exit-Button im Hauptformular übernimmt die Aufgabe, das Programm zu beenden. Wie beim Exit-Button muß der Benutzer vor dem Schließen des Formulars die Aktion in einer Message-Box bestätigen. In Abb. 8.8 ist diese Message-Box am unteren Rand abgebildet.

8.4.1   Interaktive Erzeugung eines Formulars

Das Hauptformular besteht aus einem *RowColumn*-Widget und zwei Push-Buttons. Es wird in der Routine *CreateMain()* erzeugt und im Hauptprogramm (S. 155) anstelle von *CreateForm()* aufgerufen. In dieser Version von *soft* sollen außerdem die Convenience-Functions des Motif-Toolkits intensiver eingesetzt werden.

```
/*
 * "CreateMain" erzeugt das Hauptformular von "soft".
 */

void CreateMain(parent)
   Widget parent;
{
   Widget form;
   Widget button;

   void NewCB();
   void ExitCB();

   form = XmCreateRowColumn(parent, "base", NULL, 0);
   XtManageChild(form);

   button = XmCreatePushButton(form, "new", NULL, 0);
   XtAddCallback(button, XmNactivateCallback, NewCB, parent);
   XtManageChild(button);

   button = XmCreatePushButton(form, "exit", NULL, 0);
   XtAddCallback(button, XmNactivateCallback, ExitCB, NULL);
   XtManageChild(button);
}
```

Die Routine *ExitCB()* (S. 250) ist aus der vorherigen Programmversion übernommen worden. Sie ist jetzt eine Callback-Routine des Exit-Buttons im Hauptformular. Der ehemalige Exit-Button im Arbeitsformular bekommt in der neuen Version die Aufgabe, ein einzelnes Arbeitsformular zu schließen. Die *NewCB()*-Routine erzeugt mit der bereits bekannten Routine *CreateForm()* ein neues Arbeitsformular. Als *client_data* bekommt sie das Shell-Widget aus dem Hauptprogramm mitgegeben.

```
/*
 * "NewCB" erzeugt ein neues Arbeitsformular.
 */

static void NewCB(button, client_data, call_data)
   Widget  button;
   caddr_t client_data;
   caddr_t call_data;
```

```
{
    Widget app_shell = (Widget) client_data;

    CreateForm(app_shell);
}
```

In *CreateForm()* wird, im Gegensatz zur vorherigen Version (S. 231), eine
neue Dialog-Shell erzeugt, die in der Shell-Hierarchie unter die Shell des
Hauptformulars angehängt wird:

```
/*
 * "CreateForm" erzeugt ein Arbeitsformular des Programms
 * "soft" auf der Grundlage einer neuen Dialog-Shell.
 */

void CreateForm(parent)
    Widget parent;
{
    Widget    shell;
    Widget    form;
    Widget    title;
    Widget    new_top;
    Widget    sep;
    Widget    buttons;
    Arg       arg[6];
    Cardinal n;
    FormData *form_data;

    void DestroyCB();

    form_data = (FormData *) XtCalloc(1, sizeof(FormData));

    /* Form-Widget als Kind einer neuen Dialog-Shell */

    n = 0;
    form = XmCreateFormDialog(parent, "base", arg, n);
    form_data->form = form;
    XtAddCallback(form, XmNdestroyCallback, DestroyCB, form_data);

    shell = XtParent(form);
    n = 0;
    XtSetArg(arg[n], XmNdeleteResponse, XmDESTROY); n++;
    XtSetValues(shell, arg, n);

    /* Ueberschrift fuer das Formular */

    n = 0;
    XtSetArg(arg[n], XmNtopAttachment, XmATTACH_FORM); n++;
    XtSetArg(arg[n], XmNleftAttachment, XmATTACH_FORM); n++;
    title = XmCreateLabel(form, "title", arg, n);
```

```
    XtManageChild(title);

    /* Eingabezeilen des Formulars */

    form_data->compile_text_widget =
       CreateInput(form, "compileLine", "compileLabel", "compileInput",
                   title, &new_top);
    form_data->program_text_widget =
       CreateInput(form, "programLine", "programLabel", "programInput",
                   new_top, &new_top);
    form_data->source_text_widget =
       CreateInput(form, "sourceLine", "sourceLabel", "sourceInput",
                   new_top, &new_top);

    /* Kommando-Buttons in der unteren Zeile */

    buttons = CreateCommands(form, form_data);

    /* Ein Trennungsstrich zwischen Eingabefeld und Buttons */

    n = 0;
    XtSetArg(arg[n], XmNbottomAttachment, XmATTACH_WIDGET); n++;
    XtSetArg(arg[n], XmNbottomWidget, buttons); n++;
    XtSetArg(arg[n], XmNtopAttachment, XmATTACH_WIDGET); n++;
    XtSetArg(arg[n], XmNtopWidget, new_top); n++;
    XtSetArg(arg[n], XmNleftAttachment, XmATTACH_FORM); n++;
    XtSetArg(arg[n], XmNrightAttachment, XmATTACH_FORM); n++;
    sep = XmCreateSeparator(form, "sep", arg, n);
    XtManageChild(sep);
    XtManageChild(form);
    MinShellDim(shell);
}
```

In *CreateForm()* wird mit der Routine *XmCreateFormDialog()* ein *Form*-Widget zusammen mit einer Dialog-Shell erzeugt. Die Application-Shell *parent*, die über die Callback-Routine *NewCB()* und *CreateMain()* als Parameter der Routine *CreateForm()* übergeben wird, ist das Popup-Parent der neuen Dialog-Shell. Damit das Formular nicht sofort angezeigt wird, darf das direkte Kind der Dialog-Shell, also das *Form*-Widget *base*, nicht gleich gemanagt werden. Nachdem alle Widgets des Formulars erzeugt sind, bringt der Aufruf von *XtManageChild()* das Formular auf den Bildschirm.

Nach dem Aufruf von *XtManageChild()* haben die Layout-Widgets das Layout des Formulars und damit die Anfangsgröße berechnet. In dieser Größe sind alle Formularteile sichtbar. Eine Verkleinerung würde einige Teile verdecken. Deshalb ist es sinnvoll, die Anfangsgröße als Minimalgröße für das Formular festzulegen. Das geschieht in *MinShellDim()*. Dort wird die aktuelle Ausdehnung der Shell zur minimalen Ausdehnung gemacht:

```
/*
 * Die Routine macht die aktuelle Groesse der Shell zur
 * Minimalgroesse.
 */

void
MinShellDim(shell)
Widget shell;
{
   Dimension width;
   Dimension height;
   Arg       arg[2];
   Cardinal  n;

   n = 0;
   XtSetArg(arg[n], XmNwidth, &width); n++;
   XtSetArg(arg[n], XmNheight, &height); n++;
   XtGetValues(shell, arg, n);

   n = 0;
   XtSetArg(arg[n], XmNminWidth, (int)width); n++;
   XtSetArg(arg[n], XmNminHeight, (int)height); n++;
   XtSetValues(shell, arg, n);
}
```

8.4.2   Das Formular und die Formulardatenstruktur

Obwohl die Routine *CreateForm()* mehrmals aufgerufen werden kann, muß
man zwischen den einzelnen Arbeitsformularen unterscheiden können. In jedem Formular kann eine andere Software-Entwicklung stattfinden. Bei der
Unterscheidung hilft nun die Formulardatenstrukur *FormData*. In den alten
Programmversionen wurde sie nur dazu benutzt, um den Callback-Routinen
der Buttons den Zugriff auf die *Text*-Widgets zu ermöglichen. Das hätte
man auch mit globalen Variablen bewerkstelligen können. *CreateForm()* erzeugt bei jedem Aufruf eine neue Formulardatenstrukur. Die Widgets der unterschiedlichen Arbeitsformulare werden in unterschiedlichen Formulardatenstrukturen abgelegt. Neben den *Text*-Widgets werden auch das erste *Form*-
Widget des Arbeitsformulars und die Message-Box, in der der Benutzer das
Schließen des Arbeitsformulars bestätigen muß, in die Formulardatenstruktur
eingetragen:

```
/*
 * ClientData fuer die Callback-Routinen des Formulars.
 */

typedef struct _FormData {
   Widget form;
   Widget quit_box;
   Widget compile_text_widget;
```

```
    Widget program_text_widget;
    Widget source_text_widget;
} FormData;
```

Anstatt des *Form*-Widgets könnte man auch die Shell des Formulars in die
Formulardatenstruktur eintragen. Wie beim Bulletin-Board in Abschnitt 8.3
dargelegt, spielen Shell-Widgets im Motif-Toolkit nur eine untergeordnete
Rolle. Im weitesten Sinne kann man es deshalb als „Programmierkonvention"
bezeichnen, wenn das Kind der Shell, sehr oft ein *Form*-Widget, als Repräsen-
tant des Formulars in der Formulardatenstruktur abgelegt wird. An die Shell
des Formulars gelangt man mit der Routine *XtParent()*.

Damit man die Struktur nicht extra initialisieren muß, wird in der neuen
Version der Speicherplatz mit *XtCalloc()* statt mit *XtMalloc()* reserviert.
Später wird man sehen, daß es sehr nützlich ist, die Felder mit 0 initialisiert zu
haben. Auch wenn in späteren Versionen neue Felder hinzukommen, werden
sie initialisiert.

8.4.3   Eine Shell wird zerstört

Mit dem Programm *soft* kann man beliebig viele Arbeitsformulare erzeugen
und schließen.   Beim Schließen wird einfach die Dialog-Shell des Formulars
zerstört. Das Toolkit sorgt dafür, daß auch der Formularinhalt zerstört wird:
Neben der Shell werden alle Nachfahren der Shell in der Widget-Hierarchie
und in der Shell-Hierarchie zerstört. Um die Formulardatenstruktur kümmert
sich das Toolkit allerdings nicht. Sie muß vom Anwender freigegeben werden.
Dazu verwendet man normalerweise eine Callback-Routine. Jedes Widget
kennt die Callback-Liste *XmNdestroyCallback*, deren Routinen aufgerufen
werden, wenn das Widget zerstört wird. An das erste *Form*-Widget des Arbeitsformulars wird eine Destroy-Callback gehängt, in der die Formulardatenstrukur wieder freigegeben wird:

```
/*
 * DestroyCB gibt die "client_data" des Arbeitsformulars wieder frei.
 */

static void DestroyCB(button, client_data, call_data)
   Widget  button;
   caddr_t client_data;
   caddr_t call_data;
{
   FormData *form_data = (FormData *) client_data;

   XtFree(form_data);
}
```

Im Zusammenhang mit dem Zerstören des Formulars ist auch die Shell-
Ressource *XmNdeleteResponse* von Bedeutung. Sie bestimmt, was passiert,
wenn zum Beispiel im *mwm*-Menü, das beim Anklicken im Fensterrahmen

erscheint, der Punkt „close" aufgerufen wird. Bei einer Dialog-Shell hat die Ressource normalerweise den Wert *XmUNMAP*. Die Dialog-Shell wird dann lediglich vom Bildschirm genommen, aber nicht zerstört. Im Beispiel soll das Formular jedoch zerstört werden. Dazu muß man *XmNdeleteResponse* auf *XmDESTROY* setzen.

Der Benutzer kann auch einen Button im Arbeitsformular zum Schließen benutzen, der an Stelle des alten Exit-Buttons getreten ist. Die Button-Reihe im Arbeitsformular wird mit der Routine *CreateCommands* erzeugt (S. 238). Aus dem Button mit dem Namen *exit* wird ein Button mit Namen *quit*. Die zugehörige Callback-Routine heißt *QuitCB()*.

```c
/*
 * QuitCB zeigt ein Formular auf dem Bildschirm, mit der
 * Frage, ob das Formular verlassen werden soll.
 */

static void QuitCB(button, client_data, call_data)
    Widget  button;
    caddr_t client_data;
    caddr_t call_data;
{
    FormData *form_data = (FormData *) client_data;
    Widget   help_button;

    if (form_data->quit_box == NULL) {
        form_data->quit_box =
            XmCreateQuestionDialog(button, "quitMessage", NULL, 0);
        XtAddCallback(form_data->quit_box, XmNokCallback,
                        QuitConfirmCB, client_data);
        help_button = XmMessageBoxGetChild(form_data->quit_box,
                                        XmDIALOG_HELP_BUTTON);
        XtUnmanageChild(help_button);
    }
    XtManageChild(form_data->quit_box);
}
```

QuitCB() hat sehr viel Ähnlichkeit mit *ExitCB()*. Die erzeugte Message-Box wird aber nicht in einer statischen Variablen abgelegt, sondern in der Datenstruktur des zugehörigen Arbeitsformulars. Damit wird erreicht, daß jedes Arbeitsformular eine eigene Message-Box für den Quit-Button besitzt. Das ist notwendig, da die Dialog-Shell der Message-Box ein Popup-Kind des Quit-Buttons ist. Würde die Message-Box nur einmal im gesamten Programm erzeugt und dann in einer statischen Variablen abgelegt, dann wäre sie immer noch an ein bestimmtes Arbeitsformular gekoppelt. Wird dieses Arbeitsformular zerstört, dann werden alle Popup-Kinder und damit auch die einzige Message-Box zerstört, und die anderen „überlebenden" Formulare hätten keine Message-Box mehr. Natürlich lassen sich andere Lösungen finden, indem man zum Beispiel die Quit-Message-Box zum Kind des Hauptformu-

lars macht. Aber das gibt wieder andere Probleme: Dann erscheint nämlich
die Message-Box oberhalb des Hauptformulars, und es ist schwer zu erkennen, welches Arbeitsformular gemeint ist. Das könnte man wiederum dadurch
lösen, daß man die Message-Box selbst positioniert. Dazu muß die Ressource
XmNdefaultPosition auf *False* gesetzt werden.

Entscheidet sich der Benutzer in der Message-Box für das Verlassen des
Formulars, dann wird die Callback-Routine *QuitConfirmCB()* aufgerufen, die
schließlich die Shell des Arbeitsformulars zerstört:

```
/*
 * "QuitConfirmCB" beendet das Formular, indem die Shell
 * zerstoert wird.
 */

static void QuitConfirmCB(button, client_data, call_data)
   Widget  button;
   caddr_t client_data;
   caddr_t call_data;
{
   FormData *form_data = (FormData *) client_data;

   XtDestroyWidget(XtParent(form_data->form));
}
```

Mit dem Zerstören der Shell wird auch die zugehörige Widget-Hierarchie
zerstört, einschließlich der Quit-Message-Box. Die Zerstörung des ersten *Form*-
Widgets im Arbeitsformular bewirkt den Aufruf der Callback-Routine, die die
Formulardatenstruktur freigibt. Damit sind alle Dinge, die an das Arbeitsformular im Programm „erinnern", vernichtet worden. An den anderen Button
der Message-Box muß man keine Callback-Routine hängen, da die Message-
Box nach Auslösen des Buttons automatisch vom Bildschirm genommen wird
und sonst nichts weiter gemacht werden muß.

An dieser Stelle sei auf eine Besonderheit des Motif-Toolkits hingewiesen: Benutzt man zum Erzeugen einer Dialog-Shell die Convenience-Function
XmCreateFormDialog(), so kann man auch das *Form*-Widget benutzen, um
das gesamte Formular zu zerstören. In der Callback *QuitConfirmCB()* reicht
deshalb der folgende Aufruf:

```
XtDestroyWidget(form_data->form);
```

Das Motif-Toolkit sorgt dafür, daß auch die Dialog-Shell zerstört wird. Dazu
wird in der Convenience-Function eine zusätzliche Destroy-Callback an das
Form-Widget gehängt, in der dann die Dialog-Shell zerstört wird. Dieser Mechanismus wird bei allen Convenience-Functions benutzt, die mit „Dialog"
enden, die also implizit eine Dialog-Shell erzeugen. Dies unterstreicht wiederum die untergeordnete Stellung der Shell-Widgets im Motif-Toolkit.

8.4.4 Hierarchien

Abbildung 8.9 zeigt die Shell- und die Widget-Hierarchie des Programms
soft. Die Shell-Hierarchie ist mit breiten Linien eingezeichnet. Die Namen
der Widgets in den Message-Boxen, die implizit festgelegt und nicht bekannt
sind, sind mit drei Fragezeichen gekennzeichnet. In der Abb. ist nur ein Arbeitsformular berücksichtigt. Hat ein Benutzer mehrere davon erzeugt, würde
sich der entsprechende Teilbaum in Abb. 8.9 vervielfachen.

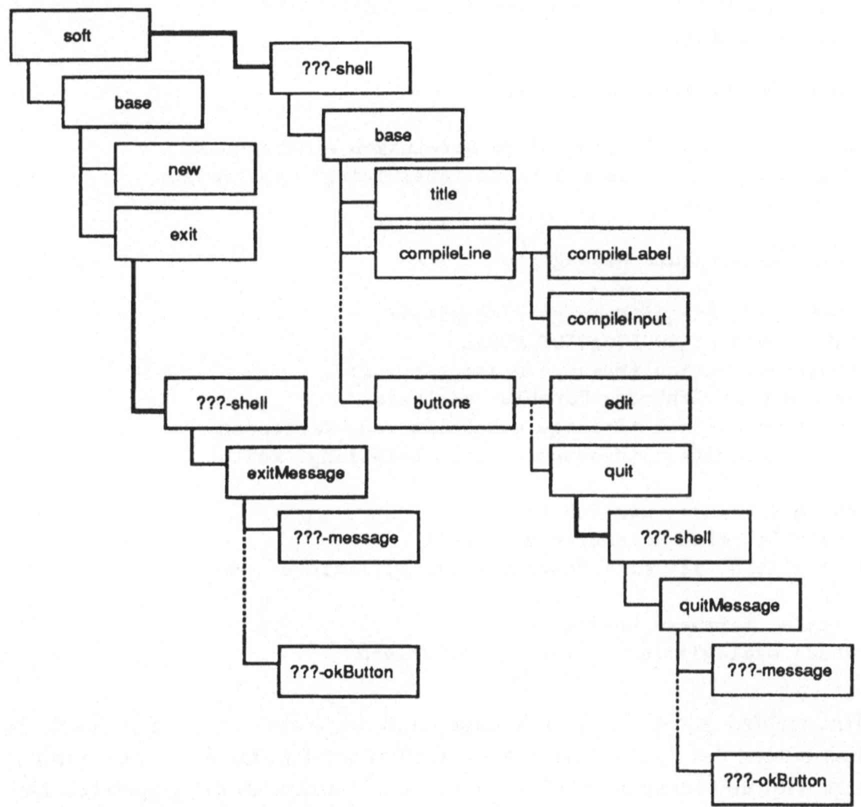

Abb. 8.9 Shell- und Widget-Hierarchie des Programms *soft*

Aus der Hierarchie in Abb. 8.9 lassen sich auch die neuen Ressourcen-Pfade
ablesen. Da die Widgets aller Arbeitsformulare die gleichen Namen haben,
muß man sie im Ressourcen-File auch nur einmal berücksichtigen. Wird ein
neues Arbeitsformular erzeugt, dann erfolgen lediglich erneute Zugriffe auf
die Ressourcen-Datenbasis mit den gleichen Namen. Im folgenden ist die Belegung der Ressourcen aufgelistet:

```
! Ressourcen des Hauptformulars

Soft.base.exit.labelString: Ende
Soft.base.new.labelString:   Neues Formular

! Ressourcen der exit-Message-Box

Soft.base.exit*exitMessage.dialogStyle: \
    DIALOG_FULL_APPLICATION_MODAL
Soft.base.exit*exitMessage.messageString: \
Wollen Sie wirklich\ndas Programm verlassen?
! ... und so weiter

! Ressourcen des Arbeitsformulars

Soft*base.title.labelString:Bitte Dateinamen eintragen :
Soft*base.compileLine.compileLabel.labelString: Uebersetzer :
! ... und so weiter

! Ressourcen der quit-Message-Box

Soft*buttons.quit*quitMessage.dialogStyle: \
    DIALOG_PRIMARY_APPLICATION_MODAL
Soft*buttons.quit*quitMessage.messageString: \
Wollen Sie wirklich\ndas Formular verlassen?
Soft*buttons.quit*quitMessage.okLabelString: Verlassen
Soft*buttons.quit*quitMessage.cancelLabelString: Weiter


! Text im Titel des mwm-Rahmens:
! "titel" ist eine Ressource der Shell.
! "dialogTitle" ist eine Ressource des Bulletin-Boards.

Soft.title: Software Entwicklung
Soft*base.dialogTitle: Software Entwicklung
```

Im Unterschied zur bisherigen Version muß der Name der neuen Shell für
die Ressourcen der Arbeitsformulare eingefügt werden. Da der Name implizit
erzeugt wird und nicht bekannt ist, wird ein „*" hinter „Soft" eingesetzt. Das
Exit-Formular hängt an einem Button des Hauptformulars. Beachten sollte
man die Ressource *XmNdialogStyle* der Message-Boxen. Die Ressource wurde
beim Bulletin-Board in Abschnitt 8.3.3 beschrieben. Das Exit-Formular bekommt als Dialogstil den Wert *DIALOG_FULL_APPLICATION_MODAL*.
Damit blockiert es alle anderen Formulare im Programm *soft*. Dagegen hat
das Quit-Formular den Wert *DIALOG_PRIMARY_APPLICATION_MODAL*
und sperrt nur die Vorfahren in der Shell-Hierarchie. Andere Arbeitsformulare
können weiterhin bedient werden.

Den Text im Titel des *mwm*-Rahmens kann man mit der Ressource *XmN-
dialogTitle* setzen. Dies ist eine Ressource des Bulletin-Boards. Beim Haupt-

formular kann man diese Ressource nicht benutzen, da das *RowColumn*-Widget keine Subklasse des Bulletin-Boards ist. Deshalb muß man die Shell-Ressource *XmNtitle* benutzen.

8.4.5   Mehrere Application-Shells

In der bisherigen Version von *soft* sind alle Arbeitsformulare dem Hauptformular untergeordnet. Nur das Hauptformular kann ikonifiziert werden, und damit verschwinden auch alle Arbeitsformulare. Sollen die Arbeitsformulare „selbstständiger" werden, dann muß man sie mit einer Application-Shell realisieren. Sie bilden dann unabhängige Wurzeln in der Shell-Hierarchie, und der Window-Manager betrachtet sie als Hauptfenster, die eigenständig ikonifiziert werden können.

Es gibt keine Regel, mit der man sicher entscheiden könnte, ob ein Formular nun mit einer Application- oder einer Dialog-Shell realisiert werden soll. Es spricht sicherlich einiges dafür, daß jedes Programm nur eine Application-Shell besitzen sollte und damit eine einzige Icon-Repräsentation. Wenn allerdings verschiedene Formulare völlig unabhängig voneinander sind, wie im Programm *soft*, dann bilden sie ein „logisches" Programm, was wiederum den Einsatz einer Application-Shell rechtfertigt.

Ersetzt man im Programm *soft* die Dialog-Shells durch Application-Shells, so muß nur die Routine *CreateForm()* geändert werden:

```
{
  ...

    /* Das Arbeitsformular bekommt eine neue Shell */

    n = 0;
    XtSetArg(arg[n], XmNdeleteResponse, XmDO_NOTHING); n++;
    shell = XtAppCreateShell("work", APPLCLASS,
                             applicationShellWidgetClass,
                             XtDisplay(parent), arg, n);

    /* Form-Widget als Kind der neuen Shell */

    n = 0;
    form = XmCreateForm(shell, "base", arg, n);
    form_data->form = form;
    XtAddCallback(form, XmNdestroyCallback, DestroyCB, form_data);
  ...

    sep = XmCreateSeparator(form, "sep", arg, n);
    XtManageChild(sep);

    XtManageChild(form);
    XtRealizeWidget(form_data->shell);
}
```

Die Application-Shell wird mit der Routine *XtAppCreateShell()* erzeugt. Sie ist bereits in Abschnitt 6.1.5 beschrieben worden und benötigt als Parameter einen Display-Zeiger. Diesen Zeiger kann man mit der Routine *XtDisplay()* dem Hauptformular *parent* entnehmen. Damit erscheint das neue Arbeitsformular auf dem gleichen Bildschirm wie das Hauptformular *parent*. Trotzdem bildet nun jedes Arbeitsformular eine eigene Wurzel in der Shell-Hierarchie. Damit ändern sich auch die Pfade im Ressourcen-File. Wenn man die Ressourcen-Pfade mit den Klassennamen beginnen läßt, muß dieser bei jeder Application-Shell richtig eingetragen werden. Im Beispiel wird für alle Application-Shells der Name *Soft* benutzt.

Die Ressource *XmNdeleteResponse* hat bei einer Application-Shell den Default-Wert *XmDESTROY*. Allerdings bewirkt das gleichzeitig den Abbruch des Programms. Um das zu verhindern, wird der Menüeintrag „close" stillgelegt, indem *XmNdeleteResponse* den Wert *XmDO_NOTHING* erhält. Man könnte auch das Kommando „close" ganz aus dem Menü herausnehmen, so wie es in Abschnitt 8.1.6 beschrieben ist.

Eine Application-Shell muß explizit realisiert werden, bevor sie auf dem Bildschirm erscheint. Bei einer Dialog-Shell macht dies die Routine *XtManageChild()*. Am Ende von *CreateForm()* wird deshalb *XtRealizeWidget()* aufgerufen.

8.5 Dateien auswählen

Bisher gibt der Benutzer beim Programm *soft* die benötigten Dateien mit Hilfe der Tastatur ein. Das Motif-Toolkit stellt aber eine komfortable Möglichkeit zur Verfügung, Dateien in einem Formular aufzulisten und aus der Liste eine Datei durch Anklicken auszuwählen, beziehungsweise zu selektieren. Eine solche File-Selection-Box wird in Abb. 8.10 gezeigt. In der Abbildung sind bereits einige Ressourcen-Namen eingetragen, die im Laufe dieses Abschnitts besprochen werden. Die File-Selection-Box wird zusätzlich in das Programm *soft* eingebaut.

8.5.1 Zur Bedienung einer File-Selection-Box

Wie die Message-Box ist auch die File-Selection-Box eine vorgefertigte Dialogbox im Motif-Toolkit. Eine File-Selection-Box ist allerdings viel komplizierter. Mit dem *Text*-Widget „Filter" kann man bestimmen, welche Dateien in der File-Selection-Box angezeigt werden. In Abb. 8.10 ist als Filter-Text der String „/usr/include/Xm/*.h" eingetragen. In der Liste „Files" erscheinen dann alle Dateien aus dem Directory „/usr/include/Xm/", die die Endung „.h" haben. In der Liste „Directories" sind alle Subdirectories von „/usr/include/Xm/" aufgelistet.

Im Filter-Text unterscheidet man immer zwei Teile: einen festen Directory-Teil, der keine Wildcard-Zeichen enthält, und einen Pattern-Teil mit Wildcard-Zeichen. Wie in einer UNIX-Shell kann man die Zeichen „*,?,[ ]" als

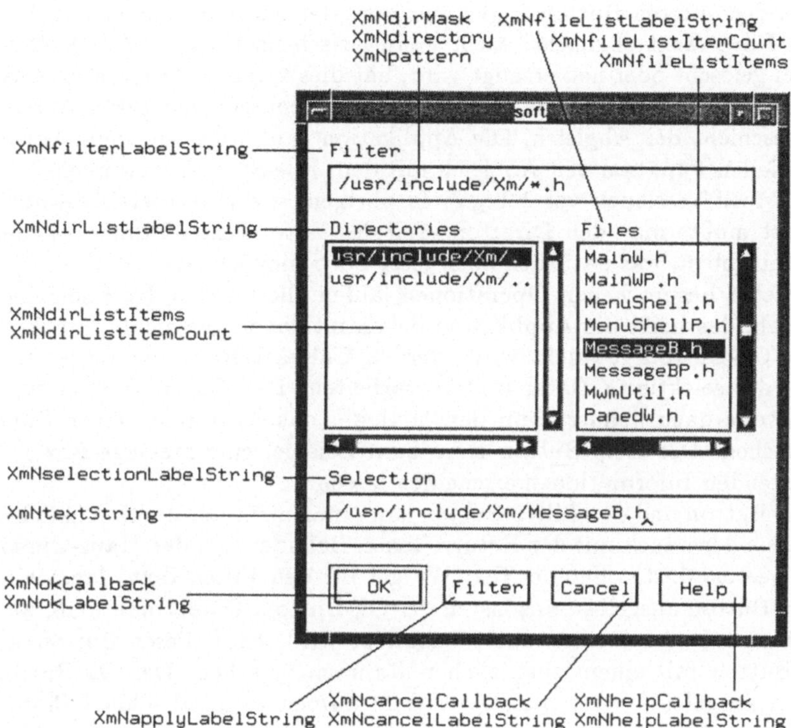

Abb. 8.10 Mit einer File-Selection-Box können Files selektiert werden.

Wildcards einsetzen. Das Zeichen „*" steht für einen beliebigen String, „?"
für ein einzelnes Zeichen und zwischen den Klammern „[ ]" kann man eine
Liste oder einen Bereich einzelner Zeichen angeben. In der Directory-Liste
erscheinen die Subdirectories des Directory-Teils und in der File-Liste die
Dateien, die zum Directory-Teil und zum Pattern-Teil passen. Lautet der
Filter-Text „/usr/include/X*/*.[hc]", dann werden alle Subdirectories des
Directories „/usr/include/" in der Directory-Liste aufgeführt und in der File-
Liste alle Dateien mit den Endungen „.h" und „.c" aus den Subdirectories,
die mit einem großen „X" beginnen. Wenn der Directory-Teil leer ist, wird
im aktuellen Directory gesucht, wenn der Pattern-Teil leer ist, werden alle
Dateien des Directories angezeigt.

Man wählt nun eine Datei aus, indem man einen File-Namen in der File-
Liste anklickt. Der Namen wird dann invers dargestellt und erscheint im
Text-Widget „Selection". Wählt man dagegen einen String aus der Directory-
Liste, dann ersetzt dieser den Directory-Teil des Filter-Textes. Das bewirkt

aber noch keine Änderung in den Listen. Dazu muß man erst den Filter-Button in der unteren Button-Reihe auslösen, der dann die Listen mit dem aktuellen Filter-Text abgleicht. Auch wenn zwischenzeitlich im File-System eine Datei gelöscht oder neu erzeugt wird, hat dies keine unmittelbaren Auswirkungen auf die Namensliste. Erst wenn der Benutzer den Filter-Button drückt, geschieht der Abgleich. Die Applikation kann aber mit dem Aufruf einer speziellen Funktion den Abgleich mit dem File-System erzwingen.

In den Motif-Versionen vor 1.1 gab es übrigens die Directory-Liste noch nicht. Dort mußte man den Directory-Teil des Filter-Textes immer mit der Tastatur eingeben, was natürlich auch jetzt noch möglich ist.

Diese bisher besprochenen Operationen laufen alle lokal in der File-Selection-Box ab, das heißt die Applikation bekommt davon gar nichts mit. Erst wenn der Ok-Button gedrückt wird, werden Callback-Routinen aufgerufen, die dann die selektierte Datei weiterverarbeiten. Der Cancel-Button wird normalerweise dazu benutzt, um den Dialog – das Auswählen einer Datei – abzubrechen. Der Help-Button kann zum Beispiel eine Message-Box mit unterstützenden Informationen erscheinen lassen.

Den Ok-Button und den Filter-Button kann man nicht nur durch Anklicken auslösen, sondern auch mit der Return-Taste. Befindet sich der Maus-Cursor in der Directory-Liste oder im *Text*-Widget für den Filter-Text, dann wird der Filter-Button ausgelöst, ansonsten der Ok-Button. Damit man weiß, welcher Button mit der Return-Taste ausgelöst wird, wird dieser Button als Default-Button mit einem zusätzlichen Rahmen versehen. Der Ok-Button wird auch ausgelöst, wenn man einen File-Namen zweimal schnell hintereinander anklickt. Das File wird damit selektiert und der Applikation über die Callbacks zur Verfügung gestellt. Entsprechend wird der Filter-Button ausgelöst, wenn man zweimal eine Subdirectory anklickt.

8.5.2   Die Widget-Klasse *XmFileSelectionBox*

Eine File-Selection-Box ist, wie eine Message-Box, als eigene Klasse implementiert. Sie ist eine Subklasse von *XmSelectionBox*, die wiederum ein Subklasse von *XmBulletinBoard* ist. Viele wichtige Ressourcen werden von der Klasse *XmSelectionBox* ererbt. Außerdem benutzt eine File-Selection-Box *List*-Widgets als Kinder. Die beiden Klassen *XmSelectionBox* und *XmList* werden im nächsten Abschnitt ausführlicher behandelt.

Klassenname: *XmFileSelectionBox*
Klassenzeiger: *xmFileSelectionBoxWidgetClass*
Include-File: *Xm/FileSB.h*
Superklassen: *Core, Composite, Constraint, XmManager, XmBulletinBoard,*
                XmSelectionBox
Convenience: *XmCreateFileSelectionBox()*

Wie bei der Message-Box gibt es auch für eine File-Selection-Box eine Routine, die zusammen mit einer File-Selection-Box eine Dialog-Shell erzeugt. Es ist die Routine *XmCreateFileSelectionDialog()*. Sie liefert die File-Selection-Box als Ergebnis.

Widget XmCreateFileSelectionDialog(Widget parent,   String name,
ArgList arglist,   Cardinal argcount)

parent   das Popup-Parent der neuen Dialog-Shell
name   Name der File-Selection-Box
arglist   Ressourcen der File-Selection-Box
argcount Länge von *arglist*.

Die Kinder einer File-Selection-Box kann man mit der Routine *XmFileSelectionBoxGetChild()* ermitteln. In Abb. 8.11 sind die Konstanten eingetragen, die man zur Identifikation der einzelnen Kinder als Parameter angeben muß. Alle Konstanten beginnen mit dem Präfix „XmDIALOG".

Widget XmFileSelectionBoxGetChild(Widget widget,   unsigned char child)
widget die File-Selection-Box, von der ein Kind ermittelt werden soll

child   Bezeichnung für das Kind. Erlaubt sind die Konstanten aus Abb. 8.11, die
mit dem Präfix „XmDIALOG" beginnen.

Die Namen der Kinder und der Shell werden intern festgelegt. Damit man sie trotzdem im Ressourcen-File ansprechen kann, gibt es bei der File-Selection-Box wieder eine Reihe von Ressourcen, die einfach an die Kinder weitergereicht werden. In Abb. 8.10 sind einige Ressourcen eingetragen. Zu denen mit der Endung „LabelString" muß wohl nichts mehr gesagt werden. Für die beiden Listen „Directories" und „Files" kann man jeweils die Länge der Liste und die Liste selbst ermitteln: *XmNdirListItemCount*, *XmNdirListItems*, *XmNfileListItemCount*, *XmNfileListItems*. Für den Filter-Text, der angibt, welche Files in die Listen aufgenommen werden, gibt es mehrere Ressourcen: Mit *XmNdirectory* kann der Directory-Teil und mit *XmNpattern* der Pattern-Teil des Filter-Textes angegeben werden. Wenn eine oder beide Ressourcen nicht belegt sind, wird der fehlende Teil des Filter-Textes der Ressource *XmNdirMask* entnommen. Normalerweise wird man den Filter-Text nur mit *XmNdirMask* angeben. Daraus wird der Directory-Teil und Pattern-Teil berechnet und gegebenenfalls durch die Ressourcen *XmNdirectory* und *XmNpattern* überschrieben.

Neben dem Filter-Text bestimmt die Ressource *XmNfileTypeMask*, welche Dateien in die File-Liste eingetragen werden. Dabei kann man die folgenden Konstanten angeben:

XmFILE_REGULAR: Es werden keine Directories angezeigt. Dies ist der Default-Wert von *XmNfileTypeMask*.
XmFILE_DIRECTORY: Es werden nur Directories angezeigt.
XmFILE_ANY_TYPE: Es werden Directories und normale Dateien angezeigt.

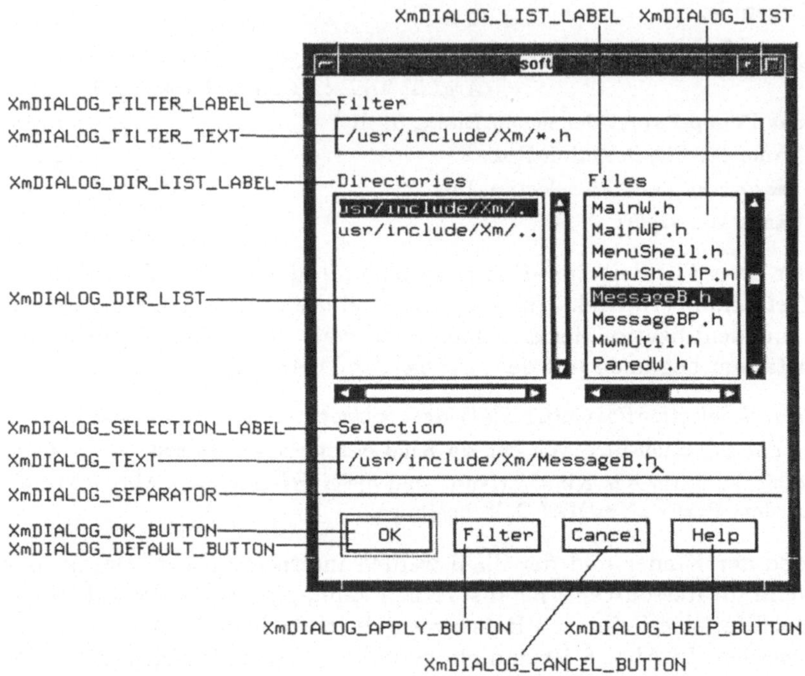

Abb. 8.11 Konstanten zur Bezeichnung der Kinder

Gibt es für die File-Liste keinen Eintrag, dann kann man mit der Ressource *XmNnoMatchString* bestimmen, wie dieser Fall sichtbar gemacht wird. Normalerweise hat die Ressource den Wert „[ ]". Die „leere Klammer" soll andeuten, daß die Liste leer ist. Die Directory-Liste enthält immer einen Eintrag, nämlich den Directory-Teil des Filter-Textes.

Wie bei der Bedienung bereits gesagt, bekommt die Applikation erst dann die ausgewählte Datei übergeben, wenn der Ok-Button gedrückt wird. Die Ok-Callback muß dafür sorgen. Den vollen Pfadnamen der ausgewählten Datei kann man der Ressource *XmNdirSpec* entnehmen oder auch der *call_data*-Struktur der Callback-Routinen der File-Selection-Box. Die Callback-Routinen bekommen die folgende Datenstruktur als *call_data* übergeben:

```
typedef struct {
    int      reason;
    XEvent   *event;
    XmString value;
    int      length;
    XmString mask;
```

```
    int        mask_length;
    XmString dir;
    int        dir_length;
    XmString pattern;
    int        pattern_length;
}XmFileSelectionBoxCallbackStruct;
```

reason: Konstante für die Callback-Liste
event: auslösendes Event, wenn vorhanden
value: voller Pfadname der ausgewählten Datei
length: Länge von *value*
mask: der aktuelle Filter-Text
mask_length: Länge von *mask*.

Die folgenden Felder gibt es erst ab der Motif-Version 1.1:

dir: Directory-Teil des Filter-Texts
dir_length: Länge von *dir*
pattern: Pattern-Teil des Filter-Texts
pattern_length: Länge von *pattern*.

XmFileSelectionDoSearch() ist eine wichtige Routine für die File-Selection-Box: Sie gleicht die Dateiliste mit dem File-System ab. Erzeugt zum Beispiel ein Programm ein neues File, sollte diese Routine aufgerufen werden, damit die Liste aktualisiert wird:

Widget XmFileSelectionDoSearch(Widget widget, String dirmask)
widget die File-Selection-Box, die auf den neuesten Stand gebracht werden soll
dirmask Hier kann ein neuer Filter-Text angegeben werden. Wenn *dirmask NULL*
     ist, bleibt der aktuelle Filter-Text in der File-Selection-Box erhalten.

Welche Files in die beiden Listen aufgenommen werden, bestimmt der Filter-Text. Wem das eingebaute Auswahlverfahren nicht gefällt, kann bei einer File-Selection-Box Routinen angeben, mit dem dieses Verfahren beeinflußt wird. Das ist aber ziemlich kompliziert, da viele Konventionen eingehalten werden müssen. Hier sollen nur einige Aspekte angedeutet werden: Mit der Ressource *XmNqualifySearchDataProc* kann man eine Routine angeben, die aus den Ressourcen *XmNdirMask*, *XmNdirectory* und *XmNpattern* den endgültigen Filter-Text macht. Mit den Ressourcen *XmNdirSearchProc* und *XmNfileSearchProc* werden Routinen festgelegt, die dann die Listen selbst aufbauen. So kann man die Auswahl von Dateien auf „Teilbäume" des File-Systems oder auf besonders gekennzeichnete Files beschränken. Man kann die File-Selection-Box aber auch für die Darstellung beliebiger hierarchischer Daten „mißbrauchen", zum Beispiel für eigene Datenbanken.

8.5.3   Eine File-Selection-Box für jedes Arbeitsformular

Im Programm *soft* soll die File-Selection-Box nun eingesetzt werden. Jedes Arbeitsformular erhält eine eigene File-Selection-Box, so daß die Arbeitsfor-

mulare weiterhin unabhängig voneinander sind. Die *Label*-Widgets in den
Eingabezeilen werden dazu in *PushButton*-Widgets umgewandelt. Klickt der
Benutzer einen der Push-Buttons an, so erscheint die File-Selection-Box, und
der Benutzer kann eine Datei auswählen. Die ausgewählte Datei wird dann
in das entsprechende *Text*-Widget kopiert und kann wie bisher behandelt
werden.

Die File-Selection-Box des Arbeitsformulars wird in der Formulardatenstruktur abgelegt. Dazu wird *FormData* um das Feld *file_box* vom Typ *Widget* erweitert. Außerdem wird in *FormData* das Feld *current_text_widget* eingefügt. Hier wird das *Text*-Widget eingetragen, dessen Button vom Benutzer
angeklickt wird. Die Ok-Callback der File-Selection-Box ist dann in der Lage,
den selektierten Dateinamen in das richtige *Text*-Widget einzutragen.

In der alten Routine *CreateInput()* (S. 236) verändert sich also einiges:

```
/*
 * "CreateInput" erzeugt ein Form-Widget mit einem Push-Button und
 * einem Text-Widget. Nach dem Druecken des Push-Buttons erscheint
 * eine File-Selection-Box.
 */

Widget CreateInput(parent, line_name, label_name, text_name,
                   top, new_top, form_data)
    Widget    parent;
    char      *line_name;
    char      *label_name;
    char      *text_name;
    Widget    top;
    Widget    *new_top;
    FormData  *form_data;
{
    Widget    line;
    Widget    button;
    Widget    text;
    Arg       arg[4];
    Cardinal  n;

    void DisplayFileBoxCB();

    /* Form-Widget in das Form-Widget "parent" einfuegen */

    n = 0;
    XtSetArg(arg[n], XmNtopAttachment, XmATTACH_WIDGET); n++;
    XtSetArg(arg[n], XmNtopWidget, top); n++;
    XtSetArg(arg[n], XmNleftAttachment, XmATTACH_FORM); n++;
    XtSetArg(arg[n], XmNrightAttachment, XmATTACH_FORM); n++;
    line = XmCreateForm(parent, line_name, arg, n);
    XtManageChild(line);
```

```
    /* "new_top" wird fuer das Attachment der
       naechsten Zeile benoetigt */

    *new_top = line;

    /* Der neue Button macht eine File-Selection-Box sichtbar */

    n = 0;
    XtSetArg(arg[n], XmNtopAttachment, XmATTACH_FORM); n++;
    XtSetArg(arg[n], XmNbottomAttachment, XmATTACH_FORM); n++;
    button = XmCreatePushButton(line, label_name, arg, n);
    XtAddCallback(button, XmNactivateCallback,
                    DisplayFileBoxCB, form_data);
    XtManageChild(button);

    n = 0;
    XtSetArg(arg[n], XmNleftAttachment, XmATTACH_WIDGET); n++;
    XtSetArg(arg[n], XmNleftWidget, button); n++;
    XtSetArg(arg[n], XmNrightAttachment, XmATTACH_FORM); n++;
    text = XmCreateText(line, text_name, arg, n);
    XtManageChild(text);

    /* Das "text"-Widget wird beim Push-Button abgelegt */

    n = 0;
    XtSetArg(arg[n], XmNuserData, text); n++;
    XtSetValues(button, arg, n);

    return (text);
}
```

Das frühere *Label*-Widget ist jetzt ein Push-Button, an den die Callback-Routine *DisplayFileBoxCB()* gehängt wird. Als *client_data* erhält *Display-FileBoxCB()* die Formularstruktur *form_data*, die dazu als zusätzlicher Parameter der Routine *CreateInput()* übergeben wird. Das erzeugte *Text*-Widget *text_widget* wird außerdem als *XmNuserData* beim Push-Button abgelegt. Man benötigt das Widget in der Routine *DisplayFileBoxCB()*, um das Feld *current_text_widget* in der Formulardatenstruktur zu besetzen:

```
/*
 * "DisplayFileBoxCB" zeigt die File-Box des Arbeitsformulars an.
 */

static void DisplayFileBoxCB(button, client_data, call_data)
    Widget  button;
    caddr_t client_data;
    caddr_t call_data;
{
    FormData *form_data = (FormData *) client_data;
    Widget   help_button;
```

```c
Widget    text;
Arg       arg[1];
Cardinal n;

n = 0;
XtSetArg(arg[n], XmNuserData, &text); n++;
XtGetValues(button, arg, n);
form_data->current_text_widget = text;

if (form_data->file_box == NULL) {
   form_data->file_box =
       XmCreateFileSelectionDialog(button, "fileBox", NULL, 0);
   XtAddCallback(form_data->file_box, XmNokCallback,
               UpdateTextCB, client_data);
   XtAddCallback(form_data->file_box, XmNcancelCallback,
               FileCancelCB, client_data);
   help_button = XmFileSelectionBoxGetChild(form_data->file_box,
                                       XmDIALOG_HELP_BUTTON);
   XtUnmanageChild(help_button);
}
XtManageChild(form_data->file_box);
}
```

In *DisplayFileBoxCB()* wird also als erstes das *Text*-Widget, das zum Button gehört, mit der Ressource *XmNuserData* ermittelt und in das Feld *cur-
rent_text_widget* eingetragen. Dann wird geprüft, ob die File-Selection-Box
bereits existiert, also das Feld *file_box* besetzt ist. Dieses Feld wurde in *Crea-
teForm()* mit *0* initialisiert. Existiert die File-Selection-Box bereits, so wird
sie nur mit *XtManageChild()* auf den Bildschirm gebracht, andernfalls muß
sie erst erzeugt werden. Die Routine *XmCreateFileSelectionDialog()* erzeugt
eine Dialog-Shell und eine File-Selektion-Box. Der Help-Button wird mit
XtUnmanageChild() ausgeblendet. Die beiden anderen Buttons erhalten jeweils eine Callback-Routine. Bei einer File-Selection-Box ist die Ressource
XmNautoUnmanage auf *False* gesetzt. Deshalb wird in der Routine *File-
CancelCB()* die File-Selection-Box unsichtbar gemacht, ansonsten passiert in
dieser Routine nichts:

```c
/*
 * "FileCancelCB" nimmt die File-Box vom Bildschirm.
 */

static void FileCancelCB(button, client_data, call_data)
   Widget  button;
   caddr_t client_data;
   caddr_t call_data;
{
   FormData *form_data = (FormData *) client_data;
   XtUnmanageChild(form_data->file_box);
}
```

Die Callback-Routine *UpdateTextCB()*, die am Ok-Button hängt, macht die
File-Selection-Box unsichtbar und sorgt außerdem dafür, daß die selektierte
Datei in das richtige *Text*-Widget eingetragen wird. Das *Text*-Widget steht
im Feld *current_text_widget*:

```
/*
 * "UpdateTextCB" kopiert den selektierten File-Namen in das aktuelle
 * Text-Widget.
 */

static void UpdateTextCB(button, client_data, call_data)
   Widget  button;
   caddr_t client_data;
   caddr_t call_data;
{
   XmFileSelectionBoxCallbackStruct *select_data =
      (XmFileSelectionBoxCallbackStruct *) call_data;
   FormData *form_data = (FormData *) client_data;

   char     *text;
   Arg      arg[1];
   Cardinal n;

   /* "XtUnmanageChild" nimmt die File-Box vom Bildschirm */

   XtUnmanageChild(form_data->file_box);

   /* Wandle den "XmString" "select_data->value" in
      einen C-String um */

   XmStringGetLtoR(select_data->value, XmSTRING_DEFAULT_CHARSET,
                   &text);

   /* Der C-String "text" wird in das Text-Widget kopiert */

   XmTextSetString(form_data->current_text_widget, text);

   /* Der Text-Cursor des Text-Widgets wird ans Ende des
      Textes gesetzt*/

   n = 0;
   XtSetArg(arg[n], XmNcursorPosition, strlen(text)); n++;
   XtSetValues(form_data->current_text_widget, arg, n);
   XtFree(text);
}
```

Es ist etwas umständlich, den Namen der selektierten Datei in das *Text*-
Widget zu kopieren. In der *call_data*-Struktur der Callback-Routine wird der
Dateiname im Feld *value* als Compound-String übergeben, das *Text*-Widget
verlangt dagegen einen C-String. Mit der Routine *XmStringGetLtoR()* wird

aus dem Compound-String ein C-String gemacht, der dann mit *XmText-SetString()* dem *Text*-Widget übergeben wird. Da der neue Dateiname mit vollem Pfad ziemlich lang sein kann und er deshalb eventuell nicht vollständig im *Text*-Widget angezeigt wird, setzt man den Text-Cursor des *Text*-Widgets an das Ende des Strings. Dann ist das Ende des File-Namens im *Text*-Widget auf jeden Fall sichtbar.

8.5.4   Toggle-Buttons zur Steuerung des Datenflusses

Im bisherigen Beispiel wird der selektierte File-Name an das Text-Widget weitergereicht, dessen Push-Button die File-Selection-Box zur Anzeige gebracht hat. Bei jeder Selektion muß die File-Selection-Box erneut angezeigt werden. Einfacher wäre es, wenn man alle File-Namen mit einem Aufruf der File-Selection-Box eingeben könnte. Dazu muß das Text-Widget, in das der selektierte File-Name geschrieben wird, irgendwie festgelegt werden. Im folgenden Beispiel geschieht dies mit Toggle-Buttons. Jedem Text-Widget wird ein Toggle-Button zugeordnet. Der selektierte File-Name wird in das Text-Widget geschrieben, dessen Toggle-Button gesetzt ist. Die Toggle-Buttons steuern so den Fluß der Daten, hier der selektierten File-Namen, von einem Formular in das andere. Anstelle der Push-Buttons werden also nun Toggle-Buttons eingesetzt:

```
...
XtSetArg(arg[n], XmNbottomAttachment, XmATTACH_FORM); n++;
button = XmCreateToggleButton(line, label_name, arg, n);
XtAddCallback(button, XmNvalueChangedCallback, SetTextCB, form_data);
XtManageChild(button);
...
```

Es darf immer nur ein Toggle-Button gesetzt sein, der in der Formulardatenstruktur abgespeichert wird. Wenn die Ok-Callback der File-Selektion-Box aufgerufen wird, kann der gesetzte Toggle-Button und damit das richtige *Text*-Widget ermittelt werden.

Die Toggle-Buttons haben nur noch die Aufgabe, das richtige *Text*-Widget zu kennzeichnen. Sie lassen die File-Selection-Box nicht erscheinen. Dazu wird der neue Button „Datei" ins Arbeitsformular aufgenommen, der die Aufgabe hat, die File-Selection-Box erscheinen zu lassen. Die File-Selection-Box bleibt solange sichtbar, bis der Cancel-Button gedrückt wird. Der Ok-Button bewirkt nur, daß die selektierte Datei in ein *Text*-Widget übertragen wird. Abbildung 8.12 zeigt das neue Arbeitsformular.

Die Texte in Abb. 8.12 ergeben sich aus der folgenden Ressourcenbelegung:

```
!
! Ressourcen des Arbeitsformulars
!

Soft.work.base.buttons.file.labelString:   Datei
```

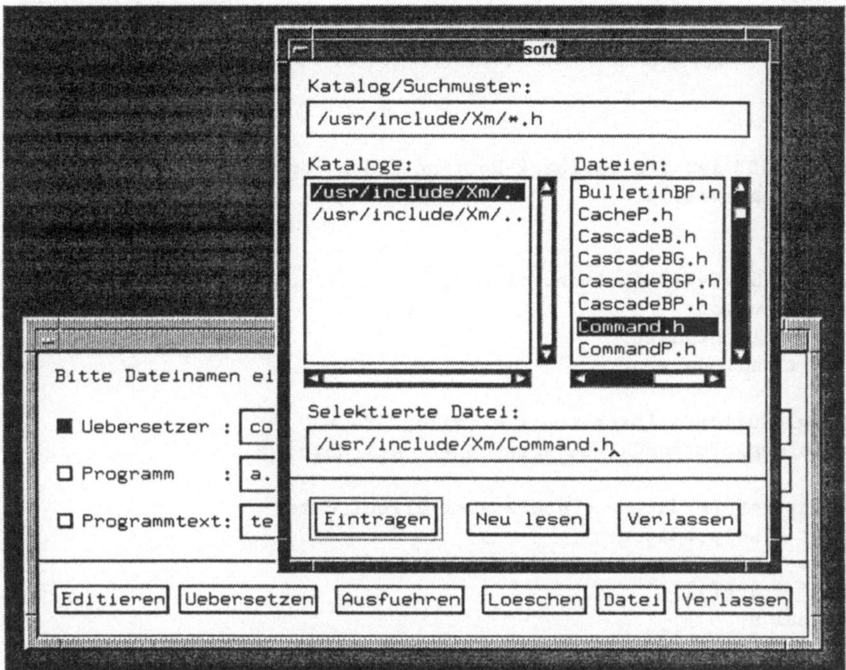

Abb. 8.12 Das neue Arbeitsformular mit File-Selection-Box

```
!
! Ressourcen der File-Selection-Box
!
Soft*fileBox.okLabelString: Eintragen
Soft*fileBox.cancelLabelString: Verlassen
Soft*fileBox.filterLabelString: Katalog/Suchmuster:
Soft*fileBox.listLabelString: Dateien:
Soft*fileBox.dirListLabelString: Kataloge:
Soft*fileBox.fileListLabelString: Dateien:
Soft*fileBox.selectionLabelString: Selektierte Datei:
Soft*fileBox.applyLabelString: Neu lesen
Soft*fileBox.dirMask: /usr/include/Xm/*.h
```

Eigentlich benötigt man einen Radio-Button für die Auswahl der *Text*-Widgets. Ein *RowColumn*-Widget würde aber das Layout des Formulars durcheinanderbringen. Das Verhalten eines Radio-Buttons läßt sich aber einfach selber herstellen: Die Formulardatenstruktur bekommt das neue Feld *current_toggle*. Selektiert der Benutzer einen Toggle-Button, dann wird das entsprechende Widget in die erweiterte *FormData*-Struktur eingetragen. Der vorher selektierte Button wird mit *XmToggleButtonSetState()* deselektiert.

Die Callback-Routine *SetTextCB()* „simuliert" den Radio-Button. In der
Routine *CreateInput()* wird sie an alle Toggle-Buttons gehängt. Außerdem
trägt *SetTextCB()* das aktuelle *Text*-Widget in die Formulardatenstrukur
ein:

```
/*
 * "SetTextCB" ist die Callback-Routine eines Toggle-Buttons in
 * einer Eingabezeile.
 */

static void SetTextCB(button, client_data, call_data)
   Widget  button;
   caddr_t client_data;
   caddr_t call_data;
{
   XmToggleButtonCallbackStruct *toggle_data =
      (XmToggleButtonCallbackStruct *) call_data;

   FormData *form_data = (FormData *) client_data;
   Widget   help_button;
   Widget   text;
   Arg      arg[1];
   Cardinal n;

   if (!toggle_data->set) {
      /* Der Button wurde deselektiert. Es gibt kein aktuelles
         Text-Widget mehr */

      form_data->current_toggle = NULL;
      form_data->current_text_widget = NULL;
   } else {
      if (form_data->current_toggle) {
         /* Deselektiere den alten Button */

         XmToggleButtonSetState(form_data->current_toggle,
                                False, False);
      }
      /* Hole das zugehoerige Text-Widget und speichere es bei den
         Formulardaten */

      n = 0;
      XtSetArg(arg[n], XmNuserData, &text); n++;
      XtGetValues(button, arg, n);

      form_data->current_toggle = button;
      form_data->current_text_widget = text;
   }
}
```

Die Callback-Routine *DisplayFileBoxCB()* aus der vorigen Version kann bis
auf den Teil, wo das Feld *current_text_widget* gesetzt wird, als Callback-
Routine des neuen Buttons „Datei" benutzt werden, der in *CreateCom-
mands()* zusätzlich erzeugt wird. Aus *UpdateTextCB()*, eine Callback-Routine
des Ok-Buttons, wird in der neuen Version der *XtUnmanageChild()*-Aufruf
herausgenommen und eine zusätzliche Abfrage eingefügt, die das Feld *cur-
rent_text_widget* auf *NULL* überprüft. Das Feld *current_text_widget* ist *NULL*,
wenn kein Toggle-Button gedrückt wurde. Dann wird auch keinem *Text*-
Widget die selektierte Datei zugewiesen.

Zum Schluß sei noch einmal daran erinnert, daß die Routine *CreateInput*
einen neuen Parameter bekommt:

```
/* ein Fragment aus CreateForm */
...
form_data->compile_text_widget =
    CreateInput(form, "compileLine", "compileLabel", "compileInput",
            title, &new_top, form_data);
```

8.6 Strings auswählen

Dieser Abschnitt stellt einige wichtige Widget-Klassen vor, die die Auswahl
beziehungsweise Selektion von Strings unterstützen. Die File-Selection-Box
aus dem letzten Abschnitt ist bereits eine spezielle Anwendung, in der File-
Namen als Strings auftreten.

Normalerweise werden Strings mit der Tastatur in ein *Text*-Widget eingetragen. Gibt es aber eine Liste von Strings, aus der man auswählen kann
oder muß, dann sollte man diese auch zur Verfügung stellen, damit der Benutzer die Strings nicht erst eintippen muß. In den Widgets der Klasse *Xm-
List* können Listen von Strings angezeigt werden. Durch Anklicken kann der
Benutzer einen oder mehrere Strings selektieren. In der File-Selection-Box
werden zwei *List*-Widgets zur Anzeige der Directories und der Files benutzt.

Eine Kombination von Listenauswahl und Tastatureingabe bietet eine Selection-Box. Wie bei der File-Selection-Box kann ein String aus einer Liste
ausgewählt werden, der dann in ein *Text*-Widget kopiert wird. Der Inhalt
dieses *Text*-Widgets ist der eigentlich ausgewählte Text. Dem Benutzer bleibt
es überlassen, ob er den String verändert oder ganz mit der Tastatur eingibt.

8.6.1 Die Widget-Klasse *XmSelectionBox*

Eine Selection-Box ist ein Widget der Klasse *XmSelectionBox*. Die Klasse
XmSelectionBox ist die Superklasse von *XmFileSelectionBox*. Eine File-Selection-Box ist auch aus der Sicht der Klassenhierarchie ein Spezialfall der
Selection-Box. Wie Abb. 8.13 zeigt, besteht eine Selection-Box unter anderem
aus einem *List*-Widget, einem *Text*-Widget und vier Buttons. Wieder sind
die Konstanten zur Ermittlung der Kinder in der Abbildung eingetragen.

Klassenname: *XmSelectionBox*
Klassenzeiger: *xmSelectionBoxWidgetClass*
Include-File: *Xm/SelectioB.h*
Superklassen: *Core, Composite, Constraint, XmManager, XmBulletinBoard*
Convenience: *XmCreateSelectionBox()*

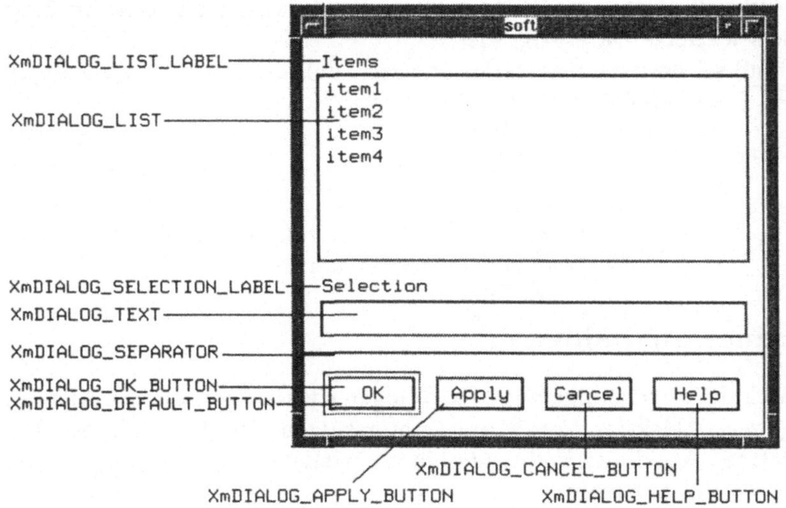

Abb. 8.13 Eine Selection-Box

Benötigt man ein Formular, das nur eine Selection-Box enthält, so kann man einfach die Routine *XmCreateSelectionDialog()* benutzen. Sie hat die gleiche Syntax wie *XmCreateFileSelectionDialog()* und erzeugt eine Dialog-Shell zusammen mit einer Selection-Box.

Klickt man einen String in der Liste der Selection-Box an, so wird er in das *Text*-Widget übernommen. In den Callback-Routinen der Ok- oder Apply-Buttons wird der selektierte String dann verarbeitet. Normalerweise wird der Apply-Button in einer Selection-Box dazu benutzt, um auf dem selektierten String irgendeine Operation durchzuführen. Das macht auch der Ok-Button, aber er bewirkt zusätzlich, daß das Formular mit der Selection-Box verschwindet. In der File-Selection-Box wurde der Apply-Button als Filter-Button eingesetzt.

Während man bei der File-Selection-Box das Formular in den Callback-Routinen der Buttons verschwinden lassen muß, indem man *XtUnmanageChild()* aufruft, geschieht das bei der Selection-Box mit der Betätigung des Ok- oder Cancel-Buttons automatisch. Dazu muß allerdings die Selection-Box das Kind einer Dialog-Shell sein, denn das automatische Verschwinden wird durch die Ressource *XmNautoUnmanage* bestimmt. Diese Ressource erbt die Selection-Box vom Bulletin-Board. Sowohl die Selection-Box als auch die File-Selection-Box sind aufgrund ihrer Stellung in der Klassenhierarchie spezielle Bulletin-Boards. Bei der Selection-Box ist der Default-Wert der Ressource *XmNautoUnmanage True* und bei der File-Selection-Box *False*. Wenn die Ressource *XmNautoUnmanage* auf *True* steht und das spezielle Bulletin-Board das Kind einer Dialog-Shell ist, verschwindet das Formular, wenn ein Button angeklickt wird. Die Ressource *XmNautoUnmanage* wurde bereits in Abschnitt 8.3.4 beschrieben.

Ist eine Selection-Box nicht das Kind einer Dialog-Shell, dann wird kein Apply-Button angezeigt. Das Motif-Toolkit geht dann davon aus, daß es keinen Unterschied zwischen dem Apply- und Ok-Button gibt. Will man trotzdem einen Apply-Button in der Selection-Box haben, muß man ihn explizit mit *XtManageChild()* sichtbar machen. Den Identifier des Apply-Buttons kann man mit *XmSelectionBoxGetChild()* ermitteln. Zur Identifizierung der Kinder muß eine Konstante angegeben werden. Abbildung 8.13 zeigt die erlaubten Konstanten, die alle mit „XmDIALOG" beginnen.

Widget XmSelectionBoxGetChild(Widget widget, unsigned char child)

widget die Selection-Box, von der der Identifier eines Kindes ermittelt werden soll

child Bezeichnung für ein Kind. Die erlaubten Werte sind in Abb. 8.13
       eingezeichnet.

8.6.2 String-Listen und Callbacks der Selection-Box

In Abb. 8.14 sind einige Ressourcen der Selection-Box eingetragen. Die meisten Werte werden an die Kinder der Selection-Box weitergereicht.

Im Unterschied zur File-Selection-Box muß bei einer Selection-Box die Applikation selbst für den Inhalt der Liste sorgen. Dazu gibt es die Ressourcen *XmNlistItems* und *XmNlistItemCount*. Im Ressourcen-File kann man die Liste wie folgt setzen:

```
*selectionBox.listItems: item1, item2, item3, item4
*selectionBox.listItemCount: 4
```

Soll die Liste im Programm festgelegt werden, so muß man ein Array mit Compound-Strings aufbauen. Die Ressource *XmNlistItems* nimmt das Array als Wert auf. In *XmNlistItemCount* muß die Länge des Arrays übergeben werden. Beim *List*-Widget gibt es außerdem spezielle Routinen, um die Liste der Strings aufzubauen. Diese Routinen werden später beim *List*-Widget besprochen. Das *List*-Widget einer Selection-Box erhält man mit *XmSelectionBoxGetChild()*.

Bei einer langen Liste ist es sinnvoll, die Zahl der sichtbaren Einträge zu begrenzen. Dazu dient die Ressource *XmNlistVisibleItemCount*. Wenn sie kleiner ist als *XmNlistItemCount*, dann wird ein Scrollbar an das *List*-Widget angebracht, mit dem man auch die gerade nicht sichtbaren Strings erreichen

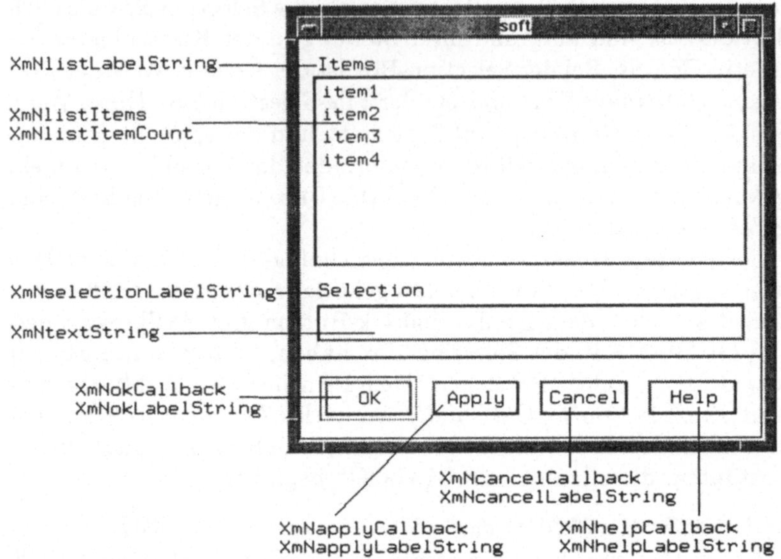

Abb. 8.14 Ressourcen einer Selection-Box

kann. Mit *XmNtextColumns* kann man auf die Breite des *Text*-Widgets in einer Selection-Box Einfluß nehmen. Sie gibt die minimale Zahl der sichtbaren Zeichen in dem *Text*-Widget an. Da sich das *Text*-Widget immer über die ganze Breite der Selection-Box ausdehnt, kann es auch breiter sein als es für die minimal sichtbaren Zeichen eigentlich nötig wäre.

An alle Buttons einer Selection-Box kann man Callback-Routinen hängen. Die Namen der Listen sind in Abb. 8.14 eingetragen. Damit die Callback-Routinen einfach an den selektierten String gelangen, ist er in der *call_data*-Struktur eingetragen. Alle Callback-Routinen bekommen einen Zeiger auf die folgende Struktur als *call_data* übergeben:

```
typedef struct
{
    int      reason;
    XEvent   *event;
    XmString value;
    int      length;
} XmSelectionBoxCallbackStruct;
```

Das Feld *value* enthält den selektierten String und *length* die Länge dieses Strings. Der Speicherplatz für den String wird intern verwaltet. Wenn man ihn weiter verwenden will, muß man eine Kopie anlegen. Ansonsten kann man den selektierten String aber auch mit der Ressource *XmNtextString* ermitteln.

Man kann den „selektierten" String auch direkt in das *Text*-Widget der Selection-Box eintragen. So kann man aber auch einen String eingeben, der gar nicht in der Liste vorhanden ist. Soll die Selection-Box überprüfen, ob der eingegebene Text mit einem String aus der Liste übereinstimmt, muß das Flag *XmNmustMatch* auf *True* gesetzt werden. Die Callback-Routinen der Listen *XmNokCallback* und *XmNapplyCallback* werden nur dann aufgerufen, wenn der String im *Text*-Widget mit einem String aus der Liste übereinstimmt. Ist das nicht so, werden stattdessen die Callback-Routinen der Liste *XmNnoMatchCallback* aufgerufen. Diese Callback-Routinen entscheiden, wie weiter verfahren wird. Man kann in einer solchen Callback zum Beispiel eine Fehlermeldung ausgeben.

8.6.3   Anwendungen einer Selection-Box

In Abb. 8.14 sind alle Kinder dargestellt, die eine Selection-Box haben kann. In bestimmten Fällen werden aber nicht alle Kinder angezeigt oder erzeugt. Die Ressource *XmNdialogType* bestimmt, welche Kinder zu Anfang erzeugt und sichtbar gemacht werden. Diese Ressource darf nur beim Erzeugen der Selection-Box gesetzt werden und kann später nicht mehr verändert werden. Die folgenden Konstanten sind als Werte erlaubt:

XmDIALOG_FILE_SELECTION: Alle Kinder werden erzeugt und sichtbar gemacht. Bei der File-Selection-Box ist das der Fall.

XmDIALOG_SELECTION: Alle Kinder werden erzeugt und sichtbar gemacht. Dies ist der Default-Wert von *XmNdialogType*, falls die Selection-Box das Kind einer Dialog-Shell ist.

XmDIALOG_WORK_AREA: Alle Kinder werden erzeugt, aber der Apply-Button wird nicht sichtbar gemacht. Dies ist der Default-Wert von *XmNdialogType*, falls die Selection-Box kein Kind einer Dialog-Shell ist.

XmDIALOG_PROMPT: Das *List*-Widget und das zugehörige *Label*-Widget werden nicht erzeugt. Außerdem wird der Apply-Button nicht sichtbar gemacht. Es bleibt ein Formular zur Texteingabe übrig, wie es in Abb. 8.15 dargestellt wird.

XmDIALOG_COMMAND: Die vier Buttons werden nicht erzeugt. Es bleibt nur die Liste und das *Text*-Widget übrig. Diese Konfiguration der Selection-Box sieht man in Abb. 8.16.

Soll in einem Formular ein einzelner String eingelesen werden, der nicht einer Liste entnommen werden kann, so bietet sich der Dialogtyp *XmDIALOG_PROMPT* an. Für diesen Fall gibt es die spezielle Routine *XmCreatePromptDialog()*, die eine Dialog-Shell und eine Selection-Box mit diesem Dialogtyp erzeugt. Abbildung 8.15 zeigt eine „Prompt-Dialog-Box". Die Routine *XmCreateSelectionDialog()* setzt dagegen den Dialogtyp immer auf *XmDIALOG_SELECTION*.

Der Dialogtyp *XmDIALOG_COMMAND* „unterdrückt" dagegen die Buttons in der Selection-Box. Will man eine Selection-Box in ein anderes For-

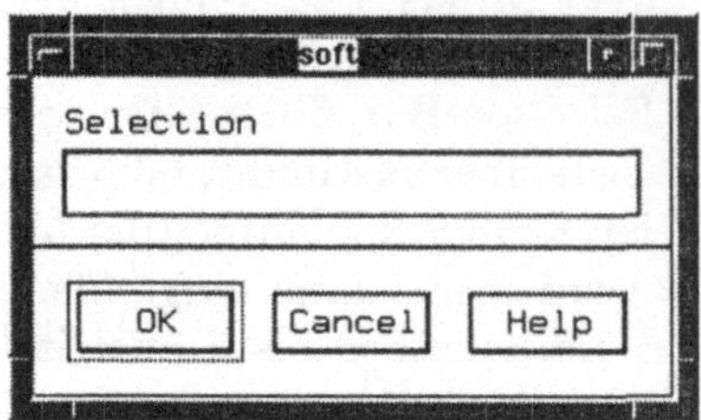

Abb. 8.15 Eine Selection-Box für einfache Textanfragen

mular integrieren, dann benötigt man die Buttons normalerweise nicht. Da
liegt es nahe, die Buttons erst gar nicht zu erzeugen, wie es bei *XmDIA-
LOG_COMMAND* der Fall ist. Der Name „COMMAND" kommt sicherlich
daher, daß die Widget-Klasse *XmCommand* diesen Dialogtyp benutzt.

Klassenname: *XmCommand*
Klassenzeiger: *xmCommandWidgetClass*
Include-File: *Xm/Command.h*
Superklassen: *Core, Composite, Constraint, XmManager, BulletinBoard,*
             XmSelectionBox
Convenience: *XmCreateCommand()*

Abb. 8.16 Eine Selection-Box für eine Kommando-History

Ein *Command*-Widget ist eine spezielle Selection-Box. Sie dient zur Verwaltung von Kommandotexten. Abbildung 8.16 zeigt ein *Command*-Widget. In
das *Text*-Widget werden die Kommandos eingegeben. Mit der Return-Taste
wird ein Kommando ausgeführt und gleichzeitig in die Liste der Selection-
Box aufgenommen. Die Liste der Strings ist damit die „History" der Kom-
mandoeingabe. Klickt man die Strings in der Liste an, so werden sie in das

Text-Widget übernommen und können nochmals ausgeführt oder verändert werden. Klickt man einen String zweimal schnell hintereinander an, dann wird er direkt als Kommando ausgeführt.

Ein Kommando wird in einer Callback-Routine ausgeführt. Dazu gibt es die Callback-Liste *XmNcommandEnteredCallback*. Als *call_data* bekommen die Callback-Routinen einen Zeiger auf den Typ *XmCommandCallbackStruct* übergeben. Das Feld *value* in der Struktur enthält den Kommando-String:

```
typedef struct
{
    int      reason;
    XEvent   *event;
    XmString value;
    int      length;
} XmCommandCallbackStruct;
```

Der Speicherplatz für *value* wird wieder intern verwaltet. Wenn man den String weiter verwenden will, muß man eine Kopie anlegen. Die History-Liste eines *Command*-Widgets kann mit einigen zusätzlichen Ressourcen konfiguriert werden:

XmNhistoryItems: die Liste der aktuellen Einträge
XmNhistoryItemCount: die Länge der Liste
XmNhistoryItemMaxItems: die maximale Länge der History-Liste. Wird die maximale Länge überschritten, dann geht das erste beziehungsweise älteste Listenelement verloren.
XmNhistoryItemVisibleItemCount: die Anzahl der sichtbaren Strings.

Der String im *Text*-Widget kann mit der Ressource *XmNcommand* ermittelt werden. Das ist nur ein anderer Name für *XmNtextString*, eine Ressource der Selection-Box. Ebenso wurde beim *Command*-Widget die Ressource *XmNselectionLabelString* in *XmNpromptString* umbenannt.

8.6.4   Die Work-Area einer Selection-Box

Bei jeder Selection-Box kann der Programmierer noch ein eigenes Widget hinzufügen: die sogenannte Work-Area. Als Work-Area kann ein beliebiges Widget verwendet werden. Die Work-Area wird wie ein normales Widget erzeugt, wobei die Selection-Box als Parent-Widget fungiert. Will man ein zusätzliches *Label*-Widget als Work-Area, so reichen folgende Aufrufe:

```
form = XmCreateSelectionDialog(parent, "selectionBox", NULL, 0);
work = XmCreateLabel(form, "workArea", NULL, 0 );
XtManageChild(work);
XtManageChild(form);
```

Abbildung 8.17 zeigt die Selection-Box mit dem *Label*-Widget als Work-Area. Man kann, statt eines einfachen Labels, auch komplizierte Fomularinhalte an

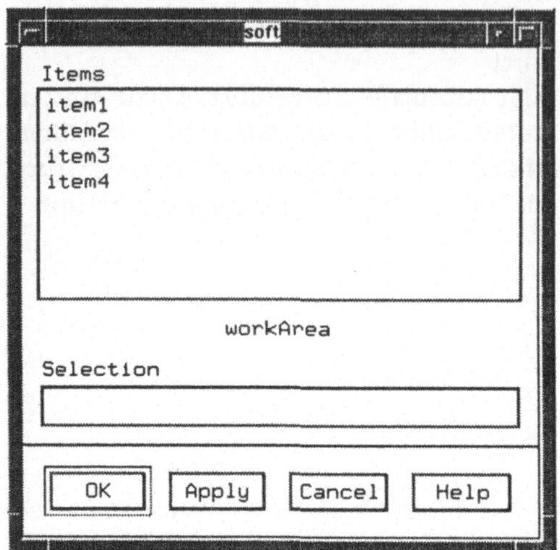

Abb. 8.17 Eine Selection-Box mit Work-Area

diese Stelle plazieren, indem man zum Beispiel ein *Form*-Widget einsetzt. Allerdings darf eine Selection-Box nur eine Work-Area haben. Auch die speziellen Selection-Boxen, zum Beispiel die File-Selection-Box, die Prompt-Dialog-Box oder das *Command*-Widget, können mit einer Work-Area versehen werden.

8.6.5 Prompt-Dialog-Box als leere Dialogbox

Die Prompt-Dialog-Box kann man als „universelle" oder „leere" Dialogbox einsetzen. Sehr viele Dialogboxen benötigen die Standard-Buttons Ok, Apply, Cancel und Help.

Wenn das *Text*- und das *Label*-Widget der Prompt-Dialog-Box unsichtbar gemacht werden, bleiben nur noch die Standard-Buttons am unteren Rand sichtbar. Als Work-Area kann man nun einen eigenen Formularteil einfügen. So erhält man eine Dialogbox mit den Standard-Buttons und mit einem eigenen Formularteil. Der Ok-Button bestätigt dann, daß der eigene Formularteil vom Benutzer bearbeitet wurde.

Abbildung 8.18 zeigt eine Dialogbox, bei der das Arbeitsformular des Programms *soft* in eine Prompt-Dialog-Box eingefügt worden ist. Dieses Beispiel ist sicherlich nicht besonders sinnvoll, da das Arbeitsformular ganz andere Buttons benötigt. Aber man kann daran sehen, wie man die leere Dialogbox mit einem eigenen Formularteil versieht:

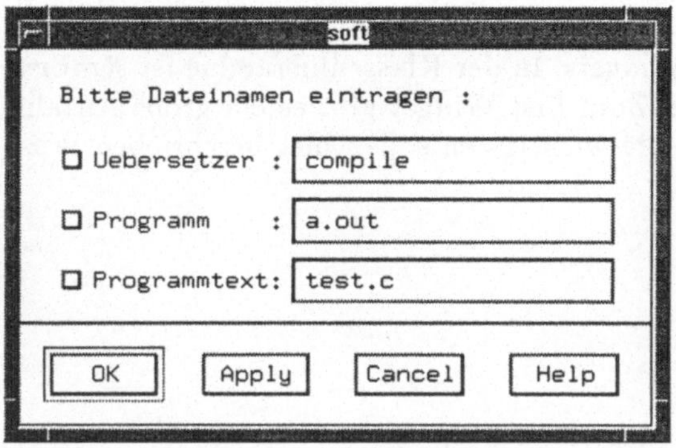

Abb. 8.18 Ein eigenes Formular mit den Standard-Buttons einer Dialogbox

```
...
    /* Prompt-Selection-Box mit Dialog-Shell erzeugen */

  n = 0;
  base = XmCreatePromptDialog(parent, "base", arg, n);

    /* Label- und Text-Widget unsichtbar machen */

  XtUnmanageChild(
     XmSelectionBoxGetChild(base, XmDIALOG_SELECTION_LABEL));
  XtUnmanageChild(
     XmSelectionBoxGetChild(base, XmDIALOG_TEXT));

    /* Apply-Button sichtbar machen */

  XtManageChild(
     XmSelectionBoxGetChild(base, XmDIALOG_APPLY_BUTTON));

    /* Form-Widget als Work-Area */

  n = 0;
  form = XmCreateForm(base, "base", arg, n);
  XtManageChild(form);

    /* altes Formular ohne Buttons in Work-Area "form" eintragen */
...
```

8.6.6 Die Widget-Klasse *XmList*

Der Rest dieses Abschnitts wird sich mit der Widget-Klasse *XmList* befassen.
In der Selection-Box wird die Liste der Strings mit Hilfe eines *List*-Widgets

dargestellt. Während die Selection-Box ein Layout-Widget ist, handelt es sich
bei dem *List*-Widget um ein einfaches Dialogobjekt. Die einzelnen Strings im
List-Widget sind keine eigenen Widgets. In der Klassenhierarchie ist *XmList*
eine Subklasse von *XmPrimitive*. Zum *List*-Widget gibt es ein große Anzahl
von zusätzlichen Routinen. Nur die wichtigsten sollen hier beschrieben werden.

Klassenname: *XmList*
Klassenzeiger: *xmListWidgetClass*
Include-File: *Xm/List.h*
Superklassen: *Core, XmPrimitive*
Convenience: *XmCreateList()*

Das Wesentliche am *List*-Widget ist die Liste der Strings. Dementsprechend
gibt es beim *List*-Widget die Ressourcen *XmNitems, XmNitemCount* und
XmNvisibleItemCount, mit denen man die Listeneinträge, die Anzahl der
Einträge und die Anzahl der sichtbaren Einträge festlegt. Abbildung 8.19
zeigt ein *List*-Widget mit 4 Einträgen in der Liste. Den Abstand der Einträge
zum Widget-Rand kann man mit *XmNlistMarginWidth* und *XmNlistMargin-
Height* bestimmen. Den Abstand zwischen zwei Einträgen bestimmt *XmNlist-
Spacing*. Im Programm zu Abb. 8.19 sind die folgenden Ressourcen gesetzt:

```
*list.items: item1, item2, item3, item4
*list.itemCount: 4
*list.visibleItemCount: 4
*list.listMarginWidth: 10
*list.listMarginHeight: 10
*list.listSpacing: 5
```

Abb. 8.19 Ein *List*-Widget mit vier Einträgen

In vielen Fällen wird man aber die Liste der Strings nicht im Ressourcen-File
festlegen, sondern im Programm. Dazu muß man ein Array von Compound-
Strings mit der Ressource *XmNitems* übergeben. Die Länge dieses Arrays
wird mit *XmNitemCount* angegeben. Das folgende Listing zeigt ein einfaches
Beispiel:

```
/*
 * "CreateMain" erzeugt ein List-Widget.
 */

void CreateMain(parent)
   Widget parent;
{
   Widget    list;
   Arg       arg[3];
   Cardinal n;
   XmString string_table[3];

   /* Erzeuge Compound-Strings */

   string_table[0] =
      XmStringCreateLtoR("eins", XmSTRING_DEFAULT_CHARSET);
   string_table[1] =
      XmStringCreateLtoR("zwei", XmSTRING_DEFAULT_CHARSET);
   string_table[2] =
      XmStringCreateLtoR("drei", XmSTRING_DEFAULT_CHARSET);

   /* Das Array wird dem List-Widget uebergeben. */

   n = 0;
   XtSetArg(arg[n], XmNitems, string_table); n++;
   XtSetArg(arg[n], XmNitemCount, 3); n++;
   XtSetArg(arg[n], XmNvisibleItemCount, 3); n++;
   list = XmCreateList(parent, "list", arg, n);
   XtManageChild(list);

   /* Da das List-Widget die Compound-Strings kopiert, koennen sie
      wieder freigegeben werden */

   XmStringFree(string_table[0]);
   XmStringFree(string_table[1]);
   XmStringFree(string_table[2]);
}
```

Mit Hilfe von *XmStringCreateLtoR* besetzt man das Array *string_table* mit Compound-Strings. Anschließend wird das Array dem *List*-Widget übergeben. Da die Liste vom Widget kopiert wird, können die Strings nach dem Erzeugen wieder freigegeben werden.

Es gibt mehrere Routinen, mit denen man eine bestehende Liste verändern kann. Mit *XmListAddItem()* wird ein neuer String in die Liste aufgenommen:

void XmListAddItem(Widget widget, XmString item, int position)

widget das *List*-Widget, in das ein zusätzlicher Listeneintrag eingefügt werden
      soll

item   der neue Listeneintrag

position Der String *item* wird an die Stelle *position* in die Liste eingefügt: Mit
          dem Wert 1 wird der neue Eintrag erstes Element in der Liste, mit dem
          Wert 2 zweites, und mit 0 wird der Eintrag ans Ende der Liste gehängt.

Mit *XmListAddItem()* kann man auch eine leere Liste füllen, wie das folgende
Beispiel zeigt:

```
/*
 * "CreateMain" erzeugt ein List-Widget und vergroessert anschliessend
 * die Liste der Strings.
 */

void CreateMain(parent)
   Widget parent;
{
   Widget    list;
   Arg       arg[1];
   Cardinal n;
   XmString string;

   n = 0;
   XtSetArg(arg[n], XmNvisibleItemCount, 3); n++;
   list = XmCreateScrolledList(parent, "longList", arg, n);
   XtManageChild(list);

   string = XmStringCreateLtoR("eins", XmSTRING_DEFAULT_CHARSET);
   XmListAddItem(list, string, 0);
   XmStringFree(string);

   string = XmStringCreateLtoR("zwei", XmSTRING_DEFAULT_CHARSET);
   XmListAddItem(list, string, 0);
   XmStringFree(string);

   string = XmStringCreateLtoR("drei", XmSTRING_DEFAULT_CHARSET);
   XmListAddItem(list, string, 0);
   XmStringFree(string);
}
```

Die Routine *XmListAddItems()* fügt eine Teilliste in ein *List*-Widget ein:

*void XmListAddItems(Widget widget, XmString *items, int item_count
                    int position)*

widget   das *List*-Widget

items   die neuen Listeneinträge

item_count Anzahl der neuen Listeneinträge

position   Die Teilliste wird an die Stelle *position* in die Liste eingefügt: Mit dem
             Wert 1 wird sie an den Anfang gehängt, mit 2 beginnt sie an der
             zweiten Position, und mit 0 wird sie ans Ende der Liste gehängt.

Man kann einzelne Strings auch wieder aus der Liste entfernen. Dabei kann der Listeneintrag durch den String selber oder durch seine Position bestimmt werden. Bei *XmListDeleteItem()* wird der Wert des Eintrags angegeben. *XmListDeletePos()* erwartet dagegen die Position des Eintrags in der Liste:

void XmListDeleteItem(Widget widget, XmString item)

widget das *List*-Widget, in dem ein Listeneintrag gelöscht wird

item   der zu löschende String. Existieren mehrere gleiche Strings in der Liste, wird der erste gelöscht.

void XmListDeletePos(Widget widget, int position)

widget das *List*-Widget, in dem ein Listeneintrag gelöscht wird

position die Position des zu löschenden Strings: 1 ist der erste Eintrag, 0 der letzte.

Eine Liste von Einträgen kann man mit *XmListDeleteItems()* löschen. Mit *XmListDeleteItemsPos()* wird eine zusammenhängende Teilliste gelöscht, und die gesamte Liste löscht man mit *XmListDeleteAllItems()*:

*void XmListDeleteItems(Widget widget, XmString *items, int item_count)*
void XmListDeleteItemsPos(Widget widget, int position, int item_count)
void XmListDeleteAllItems(Widget widget)

Neben Erzeugen und Löschen gibt es zwei Routinen zum Austauschen von Einträgen, deren Parameter hier nicht näher erläutert werden: *XmListReplaceItems()*, *XmListReplaceItemsPos()*. Mit *XmListItemExists()* kann ermittelt werden, ob ein bestimmter String in der Liste existiert:

Boolean XmListItemExists(Widget widget, XmString item)
widget das *List*-Widget
item   der String des Eintrags.

Die Position eines Strings in der Liste kann man mit *XmListItemPos()* feststellen. Sie liefert die 0, wenn der String nicht in der Liste vorhanden ist:

int XmListItemPos(Widget widget, XmString item)
widget das *List*-Widget
item   der String des Eintrags.

Taucht ein String in der aktuellen Liste des *List*-Widgets mehrmals auf, dann kann man mit *XmListGetMatchPos()* die verschiedenen Positionen ermitteln. Die Routine liefert *False*, wenn kein solcher String vorhanden ist:

Boolean XmListGetMatchPos(Widget widget, XmString item,
*int **position_list, int *position_count)*

widget   das *List*-Widget
item   der String des Eintrags
position_list   ein Array mit Positionen, in denen der String *item* in der Liste des Widgets *widget* auftaucht. Die Länge dieses Arrays wird mit dem Parameter *position_count* geliefert. Der Speicherplatz von *position_list* wird intern zur Verfügung gestellt und muß vom Aufrufer mit *XtFree()* wieder freigegeben werden.
position_count die Länge des Arrays *position_list*.

8.6.7   Verschiedene Selektionsarten

Eine wesentliche Eigenschaft des *List*-Widgets ist, daß die Strings vom Benutzer angeklickt und damit selektiert werden können. Ein selektierter String wird invers dargestellt, also mit vertauschter Vorder- und Hintergrundfarbe. Wie und wieviele Strings selektiert werden können, legt die Ressource *XmNselectionPolicy* fest. Sie kann die folgenden Werte annehmen:

XmSINGLE_SELECT: Nur ein String kann selektiert werden. Die Selektion erfolgt beim Drücken der Maustaste.

XmBROWSE_SELECT: Es kann nur maximal ein String selektiert werden. Die Selektion erfolgt beim Loslassen der Maustaste. Damit kann man durch die Liste „wandern".

XmMULTIPLE_SELECT: Es können mehrere Strings selektiert werden. Die Selektion erfolgt beim Drücken der Maustaste. Jeder einzelne String muß angeklickt werden.

XmEXTENDED_SELECT: Es können mehrere Strings selektiert werden. Die Selektion erfolgt beim „Überfahren" mit dem Maus-Cursor.

Im Modus *XmSINGLE_SELECT* selektiert der Benutzer einen String durch anklicken. Bei *XmBROWSE_SELECT* kann zusätzlich mit gedrückter Maustaste durch die Liste gewandert werden. Der String unter dem Cursor wird invers dargestellt. Man selektiert den String, über dem man die Maustaste losläßt. Bei *XmSINGLE_SELECT* und *XmBROWSE_SELECT* führt die Selektion eines neuen Strings dazu, daß alle anderen „deselektiert", d.h. aus der Selektion herausgenommen werden. Zu jeder Zeit kann höchstens ein String selektiert sein.

Gibt man für *XmNselectionPolicy* eine der beiden Konstanten *XmMULTIPLE_SELECT* oder *XmEXTENDED_SELECT* an, dann kann man mehrere Strings selektieren. Bei *XmMULTIPLE_SELECT* muß jeder einzelne String angeklickt werden. Im Modus *XmEXTENDED_SELECT* kann man dagegen mit gedrückter Maustaste über die Liste fahren und damit mehrere Strings selektieren. Allerdings werden in diesem Modus bei jedem neuen Anklicken erst einmal die alten Selektionen gelöscht. So kann man nur hintereinanderliegende Strings selektieren. Will man andere Strings hinzuselektieren oder einige Strings deselektieren, so muß man bei der Selektion zusätzlich die Control-Taste drücken.

Für die verschiedenen Arten der Selektion gibt es auch passende Callback-Listen, deren Routinen aufgerufen werden, wenn eine Selektion vom Benutzer vorgenommen oder rückgängig gemacht wird:

XmNsingleSelectionCallback: Die Callback-Routinen werden aufgerufen, wenn die Selektionsart *XmSINGLE_SELECT* eingestellt ist.

XmNbrowseSelectionCallback: Die Callback-Routinen werden aufgerufen, wenn die Selektionsart *XmBROWSE_SELECT* eingestellt ist.

XmNmultipleSelectionCallback: Die Callback-Routinen werden aufgerufen, wenn die Selektionsart *XmMULTIPLE_SELECT* eingestellt ist.

XmNextendedSelectionCallback: Die Callback-Routinen werden aufgerufen, wenn die Selektionsart *XmEXTENDED_SELECT* eingestellt ist.

Bei *XmBROWSE_SELECT* und *XmEXTENDED_SELECT* werden die Callback-Routinen normalerweise nur aufgerufen, wenn die Maustaste wieder losgelassen wird und damit die Selektion abgeschlossen ist. Man kann jedoch erreichen, daß die entsprechenden Callback-Routinen auch aufgerufen werden, wenn der Maus-Cursor bei gedrückter Maustaste einen neuen String erreicht. Dazu muß die Ressource *XmNautomaticSelection* auf *True* gesetzt werden.

Es gibt auch eine Callback-Liste, deren Routinen aufgerufen werden, wenn ein String zweimal schnell hintereinander angeklickt wird. Der Doppelklick wird normalerweise dazu benutzt, um eine unmittelbare Aktion mit dem String durchzuführen. In der File-Selection-Box wird beim Doppelklick in der File-Liste zusätzlich der Ok-Button ausgelöst und in der Directory-Liste der Abgleich mit dem File-System angestoßen. Für den Doppelklick gibt es die Callback-Liste *XmNdefaultActionCallback*.

Alle Callback-Routinen bekommen einen Zeiger auf die folgende Datenstruktur als *call_data* übergeben:

```
typedef struct {
    int      reason;
    XEvent   *event;
    XmString item;
    int      item_length;
    int      item_position;
    XmString *selected_items;
    int      selected_item_count;
    int      selected_item_positions;
    int      selection_type;
} XmListCallbackStruct;
```

reason: Je nach Liste ist hier eine der folgenden Konstanten eingetragen:

    – *XmCR_SINGLE_SELECT*

    – *XmCR_DEFAULT_ACTION_SELECT*

    – *XmCR_BROWSE_SELECT*

    – *XmCR_MULTIPLE_SELECT*

    – *XmCR_EXTENDED_SELECT.*

event: X-Event, das den Aufruf ausgelöst hat
item: der zuletzt selektierte String
item_length: Länge von *item*
item_position: Position von *item* in der String-Liste des Widgets
selected_items: die Liste aller selektierter Strings
selected_item_count: Listenlänge von *selected_items*
selected_item_positions: die Positionen von allen selektierten Strings

selected_type: Bei Callbacks aus der Liste *XmNextendedSelectionCallback* wird hier eingetragen, ob eine neue Liste von selektierten Strings aufgebaut oder eine bestehende Liste verändert wurde. Bei gedrückter Control-Taste kann ja eine Selektionsliste verändert werden. Für das Feld *selection_type* sind deshalb die Konstanten *XmINITAL*, *XmMODIFICATION* und *XmADDITION* möglich.

Einzelne Felder der Datenstruktur *XmListCallbackStruct* werden bei einigen Callback-Routinen nicht benutzt. Für die Fälle, in denen höchstens ein String selektiert wird – *XmCR_SINGLE_SELECT*, *XmCR_DEFAULT_ACTION_-SELECT*, *XmCR_BROWSE_SELECT* – sind nur die Felder *item*, *item_length* und *item_position* von Bedeutung. Das Feld *selection_type* wird nur bei der Liste *XmNextendedSelectionCallback* benutzt.

Der Speicherplatz der Felder *item*, *selected_items* und *selected_item_positions* wird vom *List*-Widget zur Verfügung gestellt und auch dort weiter verwendet. Nach Ablauf der Callback-Routine überschreibt das *List*-Widget den Speicherplatz mit anderen Daten. Wenn man die Daten weiter benutzen will, muß man eine eigene Kopie anlegen.

Die Liste der selektierten Strings kann außerdem mit der Ressource *XmNselectedItems* ermittelt werden. Sie liefert ein Array von Compound-Strings. *XmNselectedItemCount* gibt die Länge des Arrays an. In der Motif-Version 1.1 liefert *XtGetValues()* mit der Ressource *XmNselectedItems* einen Zeiger auf die interne Liste der selektierten Strings. Sie darf nicht verändert oder freigegeben werden – vergleiche dazu den Hinweis am Ende von 7.4.1.

Die Positionen der selektierten Strings erhält man mit der Routine *XmListGetSelectedPos()*. Sie liefert *False*, wenn kein String selektiert ist:

*Boolean XmListGetSelectedPos(Widget widget, int **position_list,*
                              *int *position_count)*

widget	das *List*-Widget
position_list	ein Array mit den Positionen der selektierten Strings. Die Länge des Arrays wird mit dem Parameter *position_count* geliefert. Der Speicherplatz von *position_list* wird intern zur Verfügung gestellt und muß vom Aufrufer mit *XtFree()* wieder freigegeben werden.
position_count	die Länge des Arrays *position_list*.

Mit dem Aufruf spezieller Routinen kann eine Applikation Strings selektieren oder deselektieren. *XmListSelectItem()* selektiert einen String:

void XmListSelectItem(Widget widget, XmString item, Boolean notify)
widget das *List*-Widget
item   der String, der selektiert werden soll
notify Wenn dieser Wert *True* ist, werden die Selection-Callbacks aufgerufen. Die Callback-Liste wird durch *XmNselectionPolicy* festgelegt.

Mit *XmListDeselectItem()* wird ein String deselektiert:

void XmListDeselectItem(Widget widget, XmString item)
widget das *List*-Widget
item   der String, der deselektiert werden soll.

Die Listeneinträge können auch über die Position in der Liste angesprochen werden. Dazu gibt es noch die folgenden Routinen, die sicherlich selbsterklärend sind:

Widget XmListSelectPos(Widget widget, int position, Boolean notify)
void   XmListDeselectPos(Widget widget, int position)
void   XmListDeselectAllItems(Widget widget)

8.6.8   Ein *List*-Widget mit Scrollbars

Wenn die Liste der Strings länger ist als die Anzahl der sichtbaren Strings, kann man Scrollbars an der Liste anbringen, mit denen der Inhalt des *List*-Widgets verschoben werden kann. Scrollbars werden im nächsten Abschnitt genauer beschrieben. Abbildung 8.20 zeigt bereits, wie sie aussehen.

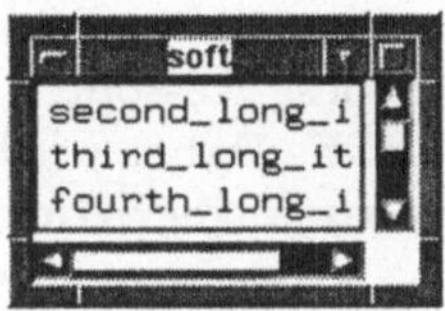

Abb. 8.20 Eine Liste mit Scrollbars

Ein Scrollbar hat an seinen beiden Enden zwei Pfeile und in der Mitte einen Balken, der verschoben werden kann. Die Größe des Balkens zeigt den sichtbaren Anteil der Liste an. Wenn die Hälfte aller Strings sichtbar ist, nimmt der Balken die Hälfte der Länge des Scrollbars ein.

Es ist ein Unterschied, ob man in die Pfeile, in den Balken oder ober- und unterhalb des Balkens klickt. Klickt man bei einem vertikalen Scrollbar mit der Maus in einen der beiden Pfeile, verschiebt sich der Inhalt des *List*-Widgets um eine Zeile noch oben oder unten. Verschiebt man dagegen bei gedrückter Maustaste den Balken, so verändert sich auch der angezeigte Inhalt kontinuierlich. Klickt man ober- oder unterhalb des Balkens in das Widget, so wird der Inhalt seitenweise verschoben. Die Anzahl der sichtbaren Zeilen legt die Größe einer Seite fest. Hält man für eine längere Zeit die Maustaste im Scrollbar gedrückt, dann wiederholt sich diese Funktion automatisch.

Um ein *List*-Widget mit Scrollbars zu versehen, kann die Routine *XmCreateScrolledList()* benutzt werden:

Widget XmCreateScrolledList(Widget parent, String name, ArgList arglist,
Cardinal argcount)

parent   das Parent-Widget
name   Name des *List*-Widgets
arglist   Ressourcen des *List*-Widgets
argcount Länge von *arglist*.

XmCreateScrolledList() erzeugt ein nicht gemanagtes *List*-Widget und zwei Scrollbars, die zusammen in einem gemeinsamen Layout-Widget liegen. Die Identifier der *Scrollbar*-Widgets kann man mit den Ressourcen *XmNhorizontalScrollBar* und *XmNverticalScrollBar* erfragen. Ob die Scrollbars sichtbar sind, wird mit den Ressourcen *XmNlistSizePolicy* und *XmNscrollBarDisplayPolicy* bestimmt.

XmNlistSizePolicy legt fest, wie sich das *List*-Widget verhalten soll, wenn ein String breiter als das Widget und damit nicht mehr ganz sichtbar ist. Hat *XmNlistSizePolicy* den Wert *XmCONSTANT*, so verändert sich die Breite des *List*-Widgets nicht, auch wenn ein String eingefügt wird, der breiter ist als das *List*-Widget. Allerdings wird dann ein horizontaler Scrollbar angezeigt, mit dem die Einträge nach rechts und links verschoben werden können. Setzt man *XmNlistSizePolicy* auf *XmVARIABLE*, dann wird das *List*-Widget dem breitesten Eintrag angepaßt. Dies ist der Default-Wert für diese Ressource. Als letztes gibt es noch den Wert *XmRESIZE_IF_POSSIBLE*. Dabei wird auch versucht, das *List*-Widget breiter zu machen, wenn ein zu langer String eingefügt wird. Geht dies aber aus irgendwelchen Gründen nicht, wird der horizontale Scrollbar angezeigt. *XmNlistSizePolicy* darf nur beim Erzeugen des Widgets gesetzt werden.

Die Ressource *XmNscrollBarDisplayPolicy* kann die Werte *XmAS_NEEDED* und *XmSTATIC* haben. *XmAS_NEEDED* ist der Default-Wert und bedeutet, daß der vertikale Scrollbar nur erscheint, wenn er gebraucht wird, also wenn Listeneinträge verdeckt sind. Bei *XmSTATIC* wird der vertikale Scrollbar immer angezeigt. Der horizontale Scrollbar hängt von der Ressource *XmNlistSizePolicy* ab. Er erscheint nicht, wenn *XmNlistSizePolicy* auf *XmVARIABLE* gesetzt ist, und das ist der Default-Wert!

Mit dem Aufruf bestimmter Routinen kann der sichtbare Teil der String-Liste vom Programm verschoben werden. Den ersten sichtbaren Eintrag kann man mit *XmListSetItem()* und *XmListSetPos()* bestimmen, den letzten mit *XmListSetBottomItem()* und *XmListSetBottomPos()*. Bei den Routinen *XmListSetItem()* und *XmListSetBottomItem()* gibt man jeweils den String selber an, bei den anderen die Position in der Liste. Mit der Routine *XmListSetHorizPos()* können die Einträge in horizontaler Richtung verschoben werden. Wenn das *List*-Widget Scrollbars besitzt, werden auch die Scrollbars angepaßt.

void XmListSetItem(Widget widget, XmString item)
void XmListSetPos(Widget widget, int position)
void XmListSetBottomItem(Widget widget, XmString item)

void XmListSetBottomPos(Widget widget, int position)
void XmListSetHorizPos(Widget widget, int position)

8.7 Das *Scrollbar*-Widget

Im letzten Abschnitt wurde die Aufgabe und Bedienung eines *Scrollbar*-Widgets anhand eines *List*-Widgets beschrieben. Dieses Beispiel zeigt schon, wie ein Scrollbar normalerweise eingesetzt wird: Mit einem Scrollbar kann man eine Datenmenge, die durch ein Fenster nur teilweise sichtbar ist, so verschieben, daß nach und nach alle Daten sichtbar gemacht werden. Bei dem vertikalen Scrollbar im *List*-Widget ist die Datenmenge die Liste der Strings, von denen nur einige sichtbar sind. Mit dem Scrollbar kann die Liste so verschoben werden, daß jeder beliebige unsichtbare Listeneintrag sichtbar gemacht werden kann. Genauso kann man eine Grafik oder einen Text mit Scrollbars verschieben.

Dieser Abschnitt zeigt, wie man mit einem Scrollbar ein Widget verschiebt. Dazu wird die Widget-Klasse *XmScrollBar* eingehend erläutert. Auch andere Klassen und Routinen, die mit Scrollbars zu tun haben, werden besprochen.

Klassenname: *XmScrollBar*
Klassenzeiger: *xmScrollBarWidgetClass*
Include-File: *Xm/ScrollBar.h*
Superklassen: *Core, XmPrimitive*
Convenience: *XmCreateScrollBar()*

8.7.1 Widgets mit dem Scrollbar verschieben

An einem Beispiel soll klar gemacht werden, wie ein Scrollbar im Programm einzusetzen ist: Ein *Label*-Widget wird mit Hilfe eines Scrollbars verschoben. Abbildung 8.21 zeigt die Situation. Unten befindet sich der Scrollbar, oben das *Label*-Widget, das mit dem Scrollbar verschoben wird.

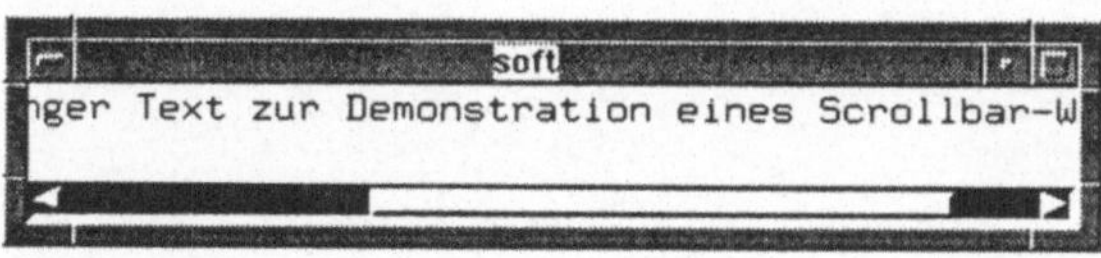

Abb. 8.21 Das *Label*-Widget kann mit dem Scrollbar verschoben werden.

Der Balken des Scrollbars soll immer der Größe des sichtbaren Ausschnitts entsprechen. Ist das *Label*-Widget vollständig zu sehen, so nimmt der Balken die volle Scrollbar-Fläche ein und ist nicht mehr zu verschieben. Ist das *Label*-Widget nur zur Hälfte zu sehen, so nimmt auch der Balken nur die Hälfte des Scrollbars ein. Gleichzeitig zeigt die Lage des Balkens, welcher Ausschnitt sichtbar ist. Ist der Balken ganz links, wird auch nur der linke Teil des *Label*-Widgets angezeigt. Steht er in der Mitte, so ist auch der mittlere Teil des *Label*-Widgets sichtbar.

Das Formular ist aus einem *Form*-Widget aufgebaut, das einen horizontalen Scrollbar und eine Drawing-Area enthält. Die Drawing-Area ist eine eigene Widget-Klasse und wird im nächsten Abschnitt kurz vorgestellt. Beide Kinder sind an den linken und rechten Rand des Formulars geheftet, so daß sie sich beim Vergrößern oder Verkleinern des Formulars entsprechend ändern. In der Drawing-Area wird ein *Label*-Widget plaziert, das vom Scrollbar verschoben werden soll.

Die Breite des *Form*-Widgets wird auf 400 Pixel festgelegt, und das *Label*-Widget bekommt über ein Ressourcen-File einen langen Text zugewiesen:

```
*.label.labelString: Dies ist ein ziemlich langer Text \
zur Demonstration eines Scrollbar-Widgets
```

Das ganze Beispiel kann man wieder in eine einzige Quelldatei schreiben. Das *Label*-Widget und der Scrollbar werden in eine Formulardatenstruktur eingetragen:

```
/*
 * "client_data" fuer die Callback-Routinen der Scrollbar.
 */


typedef struct _ScrollData {
   Widget label;
   Widget scrollbar;
} ScrollData;
```

Die Routine *CreateMain()* baut das oben beschriebene Formular auf:

```
/*
 * "CreateMain" erzeugt ein Formular mit einem Label-Widget und einem
 * Scrollbar.
 */


void CreateMain(parent)
   Widget parent;
{
   Widget     form;
   Widget     label;
   Widget     scroll;
   Widget     frame;
   Arg        arg[5];
   Cardinal   n;
   ScrollData *scroll_data;

   scroll_data = (ScrollData *) XtMalloc(sizeof(ScrollData));

   n = 0;
```

```
XtSetArg(arg[n], XmNwidth, 400); n++;
form = XtCreateManagedWidget("form", xmFormWidgetClass,
                             parent, arg, n);

/* Eine Drawing-Area dient als Parent-Widget fuer das zu
   verschiebende Label-Widget. Wenn das Formular seine Ausdehnung
   veraendert, so auch die Drawing-Area. Diese hat eine eigene
   Callback-Liste, "XmNresizeCallback", die in solchen Faellen
   aufgerufen wird. */

n = 0;
XtSetArg(arg[n], XmNtopAttachment, XmATTACH_FORM); n++;
XtSetArg(arg[n], XmNleftAttachment, XmATTACH_FORM); n++;
XtSetArg(arg[n], XmNrightAttachment, XmATTACH_FORM); n++;
frame = XtCreateManagedWidget("frame", xmDrawingAreaWidgetClass,
                              form, arg, n);
XtAddCallback(frame, XmNresizeCallback, BarWidthCB, scroll_data);

n = 0;
label = XtCreateManagedWidget("label", xmLabelWidgetClass,
                              frame, arg, n);

/* Scrollbar erzeugen */

n = 0;
XtSetArg(arg[n], XmNtopAttachment, XmATTACH_WIDGET); n++;
XtSetArg(arg[n], XmNtopWidget, frame); n++;
XtSetArg(arg[n], XmNleftAttachment, XmATTACH_FORM); n++;
XtSetArg(arg[n], XmNrightAttachment, XmATTACH_FORM); n++;
XtSetArg(arg[n], XmNorientation, XmHORIZONTAL); n++;
scroll = XtCreateManagedWidget("scroll", xmScrollBarWidgetClass,
                               form, arg, n);
XtAddCallback(scroll, XmNvalueChangedCallback, ScrollingCB,
              scroll_data);

scroll_data->label = label;
scroll_data->scrollbar = scroll;
}
```

8.7.2   Eine universelle Zeichenfläche

Die Drawing-Area muß hier noch kurz vorgestellt werden. Sie ist ein Widget der Klasse *XmDrawingArea* und ein sehr einfaches Layout-Widget. Die Kinder werden auf feste x-y-Positionen plaziert. Normalerweise wird eine Drawing-Area dazu eingesetzt, eigene Zeichnungen darzustellen. Die Drawing-Area stellt dazu Callback-Listen bereit, deren Routinen aufgerufen werden, wenn die Zeichnung in das Window des Widgets gebracht werden muß oder das Widget sich in der Größe verändert. Es sind dies die Callback-Listen *XmNexposeCallback* und *XmNresizeCallback*.

Im letzten Beispiel wird nur *XmNresizeCallback* gebraucht. Wenn man das Formular vergrößert oder verkleinert, wird die Drawing-Area verändert und damit auch der sichtbare Teil des *Label*-Widgets. Eine Callback-Routine der Liste *XmNresizeCallback* sollte dann dafür sorgen, daß die Länge des Balkens im Scrollbar immer den sichtbaren Anteil des *Label*-Widgets repräsentiert. Das Verhältnis zwischen dem ganzen Label und dem sichtbaren Teil soll ja dem Verhältnis zwischen der Länge der Schiebefläche und der Länge des Balkens entsprechen.

Routinen für die Liste *XmNexposeCallback* benötigt das Beispiel nicht, da das *Label*-Widget selbst für das Neuzeichnen sorgt. Im nächsten Kapitel wird auf die Zeichenroutinen eingegangen. Dort wird die Drawing-Area in einem weiteren Beispiel eingesetzt.

Klassenname: *XmDrawingArea*
Klassenzeiger: *xmDrawingAreaWidgetClass*
Include-File: *Xm/DrawingA.h*
Superklassen: *Core, Composite, Constraint, XmManager*
Convenience: *XmCreateDrawingArea()*

8.7.3 Die Länge des Balkens

Die Länge des Scrollbar-Balkens muß die Applikation mittels Ressourcen selbst festlegen. Sie kann dazu allerdings *Anwendereinheiten* benutzen: Mit den Ressourcen *XmNminimum* und *XmNmaximum* legt man die Ausdehnung der gesamten Anwenderdaten fest, mit *XmNsliderSize* den sichtbaren Teil. Dabei ist *XmNsliderSize* nicht die Größe in Pixel, sondern ein Bereich zwischen *XmNminimum* und *XmNmaximum*, der bei *XmNvalue* beginnt. Aus dem Verhältnis des sichtbaren zum gesamten Datenbereich berechnet der Scrollbar die Länge des Balkens in Pixel.

Die Ausdehnung der Anwenderdaten ist im Beispiel die Breite des *Label*-Widgets. Deshalb wird *XmNminimum* auf *0* und *XmNmaximum* auf die Breite des *Label*-Widgets gesetzt. Wenn das *Label*-Widget kleiner ist als die Drawing-Area, dann wird *XmNsliderSize* auf die Breite des *Label*-Widgets gesetzt und *XmNvalue* auf *0*. Das bedeutet, daß der Balken die gesamte Länge des Scrollbars einnimmt und nicht verschoben werden kann. Ist das *Label*-Widget dagegen größer als die Drawing-Area, dann bekommt *XmNsliderSize* die Breite der Drawing-Area zugewiesen und *XmNvalue* die momentane x-Position des Widgets.

Man muß sich also nicht um die Pixel-Position und -Länge des Balkens direkt kümmern, sondern gibt die Werte in Anwendereinheiten an, die je nach Anwendung beliebig skaliert sein können. Allerdings darf der sichtbare Teil der Daten nie außerhalb der Gesamtdaten liegen, das heißt, die beiden Werte *XmNvalue* und *XmNvalue* plus *XmNsliderSize* müssen immer zwischen *XmNminimum* und *XmNmaximum* liegen.

Die beiden Ressourcen *XmNincrement* und *XmNpageIncrement* nehmen ebenfalls Werte in Anwendereinheiten auf. Um den Wert *XmNincrement* wird

der Balken verschoben, wenn ein Pfeil im Scrollbar angeklickt wird, und um
XmNpageIncrement, wenn in die Schiebefläche des Scrollbars geklickt wird.
Die bisher besprochenen Ressourcen kann man auch mit der Routine *Xm-*
ScrollBarSetValues() setzen:

void XmScrollBarSetValues(Widget widget, int value, int slider_size,
*   int increment, int page_increment, Boolean notify)*

widget	der Scrollbar, dessen Werte geändert werden sollen
value	die neue Position des Balkens. Damit wird die Ressource *XmNvalue* gesetzt. Der Wert muß zwischen *XmNminimum* und *XmNmaximum* liegen.
slider_size	setzt die Länge des Balkens, also die Ressource *XmNsliderSize*. Die Summe von *value* und *slider_size* muß zwischen *XmNminimum* und *XmNmaximum* liegen.
increment	Dieser Parameter gibt die Einheit an, mit der der Balken bewegt wird, wenn der Benutzer auf die Pfeile des Scrollbars klickt. Dieser Wert überschreibt die Ressource *XmNincrement* nur, wenn er ungleich *0* ist.
page_increment	gibt die Länge an, um die der Balken bewegt wird, wenn der Benutzer in den Scrollbar außerhalb des Balkens klickt. Dieser Wert überschreibt die Ressource *XmNpageIncrement* nur, wenn er ungleich *0* ist.
notify	Wenn *notify* auf *True* gesetzt wird, werden die Callback-Routinen der Liste *XmNvalueChangedCallback* aufgerufen.

Zum Erfragen der aktuellen Werte des Balkens gibt es eine spezielle Routine:

*void XmScrollBarGetValues(Widget widget, int value, int *slider_size,*
*   int *increment, int *page_increment)*

Im Beispiel werden die angesprochenen Ressourcen in der Callback-Routine
BarWidthCB() gesetzt. Sie dient gleichzeitig zur Initialisierung des Scroll-
bars. *BarWidthCB()* wird an die Callback-Liste *XmNresizeCallback* der
Drawing-Area gehängt. Als Resize-Callback der Drawing-Area wird sie auch
beim Aufbau des Formulars aufgerufen, da dann die Drawing-Area auf ihre
Anfangsgröße „wächst".

```
/*
 * "BarWidthCB" berechnet die Breite des Scrollbar-Balkens.
 */

void BarWidthCB(frame, client_data, call_data)
   Widget  frame;
   caddr_t client_data;
   caddr_t call_data;
{
   ScrollData *scroll_data = (ScrollData *) client_data;
   Dimension  label_width;
   Dimension  frame_width;
```

```
int        slider_size;
Arg        arg[2];
Cardinal   n;

#define SCROLL_STEP 9 /* Breite eines Buchstabens beim Font 9x15 */

    n = 0;
    XtSetArg(arg[n], XmNwidth, &frame_width); n++;
    XtGetValues(frame, arg, n);

    n = 0;
    XtSetArg(arg[n], XmNwidth, &label_width); n++;
    XtGetValues(scroll_data->label, arg, n);


    /* Der Wertebereich des Scrollbars wird neu festgelegt. */


    n = 0;
    XtSetArg(arg[n], XmNminimum, 0); n++;
    XtSetArg(arg[n], XmNmaximum, label_width); n++;
    XtSetValues(scroll_data->scrollbar, arg, n);

    /* Die Balkengroesse entspricht dem sichtbaren Teil des
       Label-Widgets. Wenn der gesamte Text sichtbar ist, bekommt der
       Balken die Groesse der vollen Schiebeflaeche. */

    if (frame_width < label_width) {
        slider_size = frame_width;
    } else {
        slider_size = label_width;
    }

    /* Das Label-Widget kommt an den linken Rand. */

    XtMoveWidget(scroll_data->label, 0, 0);
    XmScrollBarSetValues(scroll_data->scrollbar, 0, slider_size,
                         SCROLL_STEP, frame_width, False);
}
```

8.7.4 Ein Widget verschieben

Die Callback-Routine *ScrollingCB()* wird aufgerufen, wenn der Benutzer den
Scrollbar betätigt. Sie ist in der Callback-Liste *XmNvalueChangedCallback*
eingetragen und bekommt als *call_data* die folgende Struktur übergeben:

```
typedef struct {
    int     reason;
    XEvent  *event;
    int     value;
    int     pixel;
} XmScrollBarCallbackStruct;
```

Das Feld *value* gibt die neue Position des Balkens an. Dies ist ein Wert
in Anwendereinheiten und liegt immer zwischen *XmNminimum* und *XmN-
maximum*. Wenn der zugehörige Scrollbar vertikal ausgerichtet ist, gibt *pixel*
die y-Position in Pixeln an, an der der Benutzer in den Scrollbar geklickt hat,
bei horizontalen Scrollbars die x-Position.

```
/*
 * Das Label-Widget wird auf die Position geschoben, die von dem
 * Scrollbar festgelegt wird.
 */

void ScrollingCB(scrollbar, client_data, call_data)
    Widget  scrollbar;
    caddr_t client_data;
    caddr_t call_data;
{
    ScrollData *scroll_data = (ScrollData *) client_data;
    XmScrollBarCallbackStruct *scroll_rec =
        (XmScrollBarCallbackStruct *) call_data;

    XtMoveWidget(scroll_data->label, -scroll_rec->value, 0);
}
```

In *ScrollingCB()* wird lediglich die Position des *Label*-Widgets mit der Routine *XtMoveWidget()* auf einen neuen Wert gesetzt. Für die neue Position
kann man direkt das Feld *value* benutzen. Als Wert in Anwendereinheiten
gibt *value* die Breite des Teils vom *Label*-Widget an, der an der linken Seite
unsichtbar ist. Also muß das *Label*-Widget eine negative x-Position erhalten. Mit *XtMoveWidget()* kann man die die x-y-Position eines Widgets neu
setzen:

void XtMoveWidget(Widget widget, Position x, Position y)
widget das zu verschiebene Widget
x   die neue x-Position
y   die neue y-Position.

8.7.5 Andere Widgets mit Scrollbars

Man kann sich leicht vorstellen, daß in der gleichen Art und Weise auch
andere Widgets verschoben werden können. Ganze Formulare können anstatt
des *Label*-Widgets eingesetzt werden. Motif stellt mit *XmScrolledWindow*
eine spezielle Widget-Klasse zur Verfügung, bei der die Scrollbars und die
zugehörigen Callback-Routinen bereits vorhanden sind. Das zu verschiebende
Widget kann als Kind des Scrolled-Windows erzeugt werden. Formulare oder
Tabellen können so einfach mit Scrollbars versehen werden.

Klassenname: *XmScrolledWindow*
Klassenzeiger: *xmScrolledWindowWidgetClass*

Include-File: *Xm/ScrolledW.h*
Superklassen: *Core, Composite, Constraint, XmManager*
Convenience: *XmCreateScrolledWindow()*

Auch ein *Text*-Widget mit mehreren Zeilen kann mit Scrollbars versehen werden. Dazu gibt es die Routine *XmCreateScrolledText()*. Sie erzeugt ein Scrolled-Window mit zwei Scrollbars und ein *Text*-Widget als Kind des Scrolled-Windows. *XmCreateScrolledText()* wurde bereits in Abschnitt 7.7.6 vorgestellt.

8.7.6   Weitere Ressourcen eines Scrollbars

Die Ressource *XmNorientation* bestimmt, ob der Scrollbar horizontal oder vertikal eingesetzt wird. Als Default-Wert ist die Konstante *XmVERTICAL* eingetragen. Im Beispiel wurde *XmHORIZONTAL* benutzt. Die Ressourcen, mit denen die Position des Scrollbar-Balkens bestimmt werden, wurden bereits oben besprochen: Mit *XmNminiumum* und *XmNmaximum* wird ein Wertebereich festgelegt, der die mögliche Größe der Ressourcen *XmNslider-Size, XmNvalue, XmNincrement* und *XmNpageIncrement* festlegt.

Drei der seltener benutzten Ressourcen sollen hier nicht unerwähnt bleiben. So kann man die Pfeile an den Enden des Scrollbars mit der Ressource *XmN-showArrows* verschwinden lassen. Dazu muß diese Ressource auf *False* gesetzt werden. Auch die Zeiten, nach denen bei festgehaltener Maustaste eine Aktion wiederholt wird, können eingestellt werden. Mit *XmNinitialDelay* gibt man die Zeit an, nach der die Operation zum ersten Mal wiederholt wird, und *XmNrepeatDelay* bestimmt die Zeit zwischen den Wiederholungen. Beide Zeiten werden in Millisekunden angegeben.

Nun nochmals zu den Callbacks eines Scrollbars. Im Beispiel wurde schon die Callback-Liste *XmNvalueChangedCallback* vorgestellt. Die Callbacks der folgenden Listen werden unter den angeführten Bedingungen aufgerufen:

XmNdragCallback: wenn der Balken mit gedrückter Maustaste verschoben wird. Die Callback-Routinen werden bei jeder Positionsänderung aufgerufen. Beim Loslassen der Maustaste werden die Routinen der Liste *XmN-valueChangedCallback* aufgerufen.

XmNincrementCallback: wenn der Benutzer einen Pfeil des Scrollbars anklickt und dadurch *XmNvalue* vergrößert wird

XmNdecrementCallback: wenn der Benutzer einen Pfeil des Scrollbars anklickt und dadurch *XmNvalue* verkleinert wird

XmNpageIncrementCallback: wenn der Benutzer den Scrollbar außerhalb des Balkens anklickt und *XmNvalue* vergrößert wird

XmNpageDecrementCallback: wenn der Scrollbar außerhalb des Balkens angeklickt und *XmNvalue* verkleinert wird

XmNtoTopCallback: wenn bei gedrückter Shift-Taste der obere, beziehungsweise linke, Pfeil angeklickt wird. In der *call_data*-Struktur wird als *value* der Minimalwert – *XmNminiumum* – eingetragen. In diesem Fall wird die

Position des Balkens nicht automatisch gesetzt. Er muß in der Callback-Routine neu gesetzt werden.

XmNtoBottomCallback: wenn der Benutzer bei gedrückter Shift-Taste den unteren, beziehungsweise rechten, Pfeil anklickt. In der *call_data*-Struktur wird als *value* der Maximalwert minus der Balkenbreite eingetragen. Wie bei *XmNtoTopCallback* wird die Position des Balkens nicht automatisch gesetzt.

Gibt man für die Listen *XmNincrementCallback*, *XmNdecrementCallback*, *XmNpageIncrementCallback*, *XmNpageDecrementCallback* keine Callback-Routine an, so wird stattdessen die Liste *XmNvalueChangedCallback* verwendet. Sind die Increment-Callbacks vorhanden, werden die Routinen aus der Liste *XmNvalueChangedCallback* nicht mehr aufgerufen.

Die ValueChanged-Callbacks ersetzen allerdings nicht die Routinen in der Liste *XmNdragCallback*. Im Beispiel mit dem Label wird nur eine Value-Changed-Callback gesetzt. Verschiebt der Benutzer den Balken mit gedrückter Maustaste, so wird das *Label*-Widget erst beim Loslassen neu positioniert. Eine einfache Ergänzung bestünde darin, die Routine *ScrollingCB()* auch in die Liste *XmNdragCallback* einzutragen. Dann würde die Label-Position laufend verändert, während der Benutzer mit gedrückter Maustaste den Balken verschiebt.

8.7.7 Zahlen auf einer Skala darstellen

Eine Widget-Klasse, die sehr viel Ähnlichkeit mit einem Scrollbar hat, soll hier kurz angesprochen werden. Es ist die Klasse *XmScale*. Der Balken hat beim *Scale*-Widget jedoch eine feste Länge und ist deshalb eher als Regler zu bezeichnen: Zweck des *Scale*-Widgets ist nämlich die Einstellung von Zahlenwerten. Sie können vom Benutzer auf einer Skala durch Verschieben des Reglers eingestellt werden. Die Position des Reglers entspricht der eingestellten Zahl.

Klassenname: *XmScale*
Klassenzeiger: *xmScaleWidgetClass*
Include-File: *Xm/Scale.h*
Superklassen: *Core, Composite, Constraint, XmManager*
Convenience: *XmCreateScale()*

Abbildung 8.22 zeigt das Scrollbar-Beispiel mit einem *Scale*-Widget. Normalerweise wird jedoch ein *Scale*-Widget nicht zum Scrollen eingesetzt, sondern um einen Wert zwischen *XmNminimum* und *XmNmaximum* vom Benutzer einstellen zu lassen. Dabei können auch gebrochene Zahlen dargestellt werden. Die Anzahl der Stellen hinter dem Komma wird mit der Ressource *XmNdecimalPoints* angegeben. In Abb. 8.22 hat diese Ressource den Wert *2*.

Die aktuelle Position wird oberhalb der Schiebefläche angezeigt. Sie wird durch *100* geteilt, da *XmNdecimalPoints* auf *2* steht. Allerdings muß man die

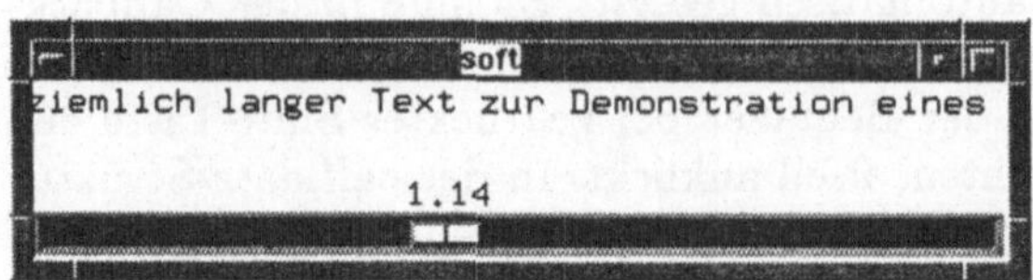

Abb. 8.22 Ein *Scale*-Widget zum Verschieben eines *Label*-Widgets

Ressource *XmNshowValue* auf *True* setzen, damit diese Zahlen auch erscheinen. Ansonsten hat ein *Scale*-Widget, wie ein Scrollbar, die Ressourcen *XmNorientation*, *XmNvalue*, *XmNdragCallback* und *XmNvalueChangedCallback*.

8.8   Aspekte der Fehlerbehandlung

Die Schnittstellen des X-Window-Systems und das Event-Konzept erfordern eine besondere Art der Fehlerbehandlung. In diesem Abschnitt werden einige grundsätzliche Methoden vorgestellt und anhand des Programms *soft* anschaulich gemacht. Fehler können hervorgerufen werden durch Fehlbedienung des Benutzers, durch Programmierfehler oder durch Systembeschränkungen.

Ein Programm sollte zwar so aussehen, daß der Benutzer keine Bedienungsfehler machen kann, vollständig ist das aber meist nicht möglich. Der anschließende Unterabschnitt zeigt an einfachen Beispielen, wie Bedienungsfehler von vornherein ausgeschlossen werden können.

Bedienungsfehler sollten möglichst früh erkannt werden, damit die Korrektur leicht fällt. Die Reparatur kann vom Programm oder vom Benutzer selber vorgenommen werden. Auf jeden Fall muß eine Meldung über den Fehler gemacht werden. An den folgenden Beispielen wird gezeigt, wie eine Texteingabe auf Fehler untersucht werden kann und wie Fehlermeldungen ausgegeben werden könnnen.

Treten im X-Window-System Fehler auf, so werden spezielle Routinen zur Fehlerbehandlung aufgerufen. Im X-Toolkit sind das die Routinen *XtWarning()* und *XtError()*. Wie man mit dieser Fehlerbehandlung umgeht, wird ebenfalls gezeigt.

8.8.1   Vorsorge gegen Fehlbedienung

Im Laufe eines Programms dürfen manchmal bestimmte Befehle nicht aufgerufen werden, da sie in eine Fehlersituation führen. Um diese zu vermeiden, kann man einfach die Widgets sperren, mit denen die Befehle aufgerufen werden können. In Abschnitt 7.5.3 wurde die Ressource *XmNsensitive* vorgestellt, mit der ein Widget „abgeschaltet" werden kann.

Im Programm *soft* macht der Befehl „Ausfuehren" keinen Sinn, wenn vorher die ausführbare Datei gelöscht wurde. Es ist deshalb angebracht, den But-

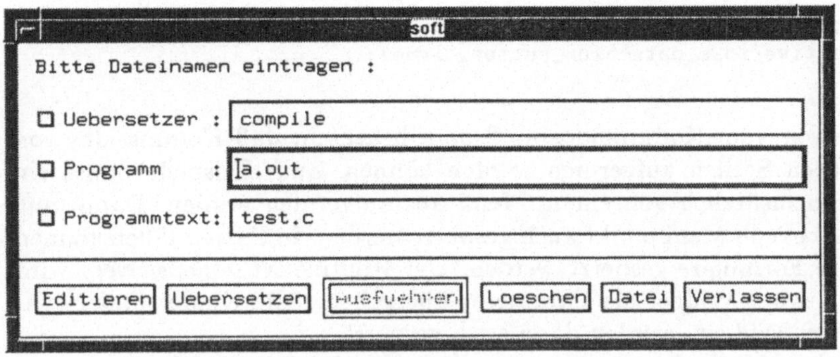

soft
Bitte Dateinamen eintragen :
Uebersetzer : compile
Programm   : a.out
Programmtext: test.c
Editieren Uebersetzen Ausfuehren Loeschen Datei Verlassen

Abb. 8.23 Das Arbeitsformular mit gesperrtem Button „Ausfuehren"

ton „Ausfuehren" nach dem Löschen der Datei zu sperren. Abbildung 8.23
zeigt den gesperrten Button. Sein Schriftzug erscheint etwas verschwommen.
In der Callback-Routine *RemoveCB()* wird er mit Hilfe von *XtSetSensitive()*
gesperrt. Dazu muß der Run-Button in die Formular-Datenstruktur eingetragen werden, damit er in *RemoveCB()* verfügbar ist. Dies geschieht in *Create-
Commands()*:

```
...
button = XmCreatePushButton(line, "run", arg, n);
XtAddCallback(button, XmNactivateCallback, RunCB, form_data);
XtManageChild(button);

form_data->run_button = button;
...
```

In *RemoveCB()* wird der Button gesperrt:

```
...
system(system_string);

/* Verriegele den Push-Button zum Ausfuehren des Programms */
XtSetSensitive(form_data->run_button, False);

XtFree(program);
...
```

Der Run-Button muß auch wieder freigegeben werden. Dies geschieht in der
Routine *MakeCB()*, denn dort wird ein neues ausführbares File erzeugt. *Xt-
SetSensitive()* wird dabei mit *True* als zweitem Parameter aufgerufen. Im
Unterschied zur letzten Version (S. 168) muß eine Zeile in *MakeCB()* ein-
gefügt werden:

```
...
system(system_string);
XtSetSensitive(form_data->run_button, True);
...
```

Beim Sperren vom Kommandos muß man beachten, daß Kommandos von
verschiedenen Stellen aufgerufen werden können. Zum Beispiel könnte ein
Kommando zusätzlich von einem Menü aus aufgerufen werden. Dann muß
der entsprechende Menüpunkt auch gesperrt werden. In Extremfällen können
auch ganze Formulare gesperrt werden. Der Routine *XtSetSensitive()* wird
dann ein Layout-Widget als Parameter übergeben. Alle Kinder und Nachfahren dieses Widgets werden dann auch gesperrt.

   Eine andere Methode, um vom Benutzer eine bestimmte Eingabe zu er-
zwingen, ist der Einsatz von modalen Formularen. In Abschnitt 8.3.3 über
Bulletin-Boards wurde die Ressource *XmNdialogStyle* vorgestellt. Wenn diese
Ressource einen der Werte

- *XmDIALOG_SYSTEM_MODAL,*
- *XmDIALOG_FULL_APPLICATION_MODAL* oder
- *XmDIALOG_PRIMARY_APPLICATION_MODAL*

hat, so werden die Eingaben für andere Formulare gesperrt. Welche Formulare das bei den unterschiedlichen Konstanten sind, wurde in Abschnitt 8.3.3
erklärt. Diese Methode schränkt aber die Möglichkeiten des Benutzers stark
ein, er wird dadurch gegängelt. Man sollte sich genau überlegen, wann modale
Formulare eingesetzt werden müssen.

8.8.2   Fehler im *Text*-Widget

Kommando-Buttons kann man einfach sperren, um zu erreichen, daß nur
bestimmte Buttons angeklickt werden. Schwieriger ist es, bei *Text*-Widgets
eine richtige Eingabe zu erzwingen. In einigen Fällen bleibt nichts anderes
übrig, als eine fertige Texteingabe zu überprüfen und diese dann abzulehnen.
   Eine Möglichkeit, wie Eingaben im *Text*-Widget auf Fehler überprüft werden können, soll bei den *Text*-Widgets im Programm *soft* gezeigt werden.
Zuerst ist die Frage zu klären, wann eine Texteingabe eigentlich „fertig" ist.
Das ist nicht leicht zu beantworten, da der Benutzer seine Eingaben unter-
brechen kann und eine beliebige Reihenfolge bei der Texteingabe erlaubt ist.
Eigentlich kann erst beim Ausführen der Kommandos geprüft werden, ob eine
Texteingabe richtig ist. Was „richtig" bedeutet, ist auch nicht so einfach zu
sagen. Zumindest muß die Eingabe ein Dateiname sein.
   Die Fehlererkennung und -behandlung muß in Callback-Routinen durchgeführt werden. Die Callback-Listen, die zum *Text*-Widget gehören, sind in
Abschnitt 7.7.4 beschrieben. Es gibt Callback-Listen, deren Callback-Routinen bei jeder Eingabe aufgerufen werden, im Extremfall bei jedem eingegebenen Zeichen. Im Programm *soft* kann nicht jeder eingegebene Teilstring ein

Dateiname sein, so daß es nicht sinnvoll ist, diese Callback-Routinen für die
Fehlererkennung zu benutzen. Im nächsten Abschnitt wird ein geeigneteres
Beispiel gezeigt, wo jedes einzelne Zeichen auf Fehlerfreiheit geprüft wird.
Bei Dateinamen ist es sinnvoller anzunehmen, daß eine Eingabe abgeschlossen ist, wenn ein *Text*-Widget verlassen wird: Bevor der Benutzer ein neues
Text-Widget anfährt oder ein Kommando ausführt, muß er das *Text*-Widget
verlassen. Nimmt der Benutzer den Tastaturfokus vom *Text*-Widget, dann
werden die Callback-Routinen der Liste *XmNlosingFocusCallback* aufgerufen.

Für alle drei *Text*-Widgets im Arbeitsformular wird die gleiche Fehlerbehandlung durchgeführt. Im Vergleich zur letzten Version vom *CreateInput()*
auf Seite 292 müssen zwei Callback-Routinen an die *Text*-Widgets gehängt
werden:

```
/* Callback Routinen zum Pruefen der Texteingaben */


XtAddCallback(text, XmNlosingFocusCallback, CheckFileCB, form_data);
XtAddCallback(text, XmNvalueChangedCallback, TextModifiedCB,
              form_data); ...
```

In *TextModifiedCB()* wird nur ein Flag gesetzt. Eine Überprüfung braucht
nämlich nur dann stattzufinden, wenn der Benutzer den Inhalt eines *Text*-
Widgets verändert hat. Das neue Flag *text_modified* in der Formulardatenstruktur ist immer dann *True*, wenn der Text eines *Text*-Widgets geändert
wurde und noch keine Prüfung stattgefunden hat:

```
/*
 * ClientData fuer die Callback Routinen des Formulars.
 */

typedef struct _FormData {
    Widget form;                   /* Form-Widget des Arbeitsformulars */
    Widget compile_text_widget;
    Widget program_text_widget;
    Widget source_text_widget;
    Widget quit_box;               /* Arbeitsformular verlassen */
    Widget file_box;               /* File-Liste */
    Widget current_text_widget;    /* fuer File-Liste */
    Widget current_toggle;         /* fuer File-Liste */
    Widget run_button;             /* zum Sperren */
    Boolean text_modified;         /* Fehlerbeh. bei Text-Widgets */
} FormData;
```

TextModifiedCB() ist also ziemlich simpel:

```
/*
 * "TextModifiedCB"  setzt ein Flag in der Formulardatenstruktur.
 */
```

```c
static void TextModifiedCB(text, client_data, call_data)
   Widget  text;
   caddr_t client_data;
   caddr_t call_data;
{
   FormData *form_data = (FormData *) client_data;

   form_data->text_modified = True;
}
```

Die Routine *CheckFileCB()* macht dagegen schon mehr. Wenn der Inhalt
des *Text*-Widgets verändert wurde, dann wird mit der Standard-C-Funktion
fopen() ermittelt, ob ein File mit dem Namen existiert und gelesen werden
kann.

```c
/*
 * "CheckFileCB" ueberprueft, ob die neue Eingabe einem Dateinamen
 * entspricht. Wenn das nicht der Fall ist, wird eine Fehlermeldung
 * generiert.
 */

static void CheckFileCB(text, client_data, call_data)
   Widget  text;
   caddr_t client_data;
   caddr_t call_data;

{
   FormData *form_data = (FormData *) client_data;
   char     *string;
   FILE     *file;

   if (form_data->text_modified) {
      string = XmTextGetString(text);
      if ((file = fopen(string, "r")) == NULL)
         XtWarning("Die Datei mit dem eingegebenen Namen\
                 kann nicht geoeffnet werden");
      else
         fclose(file);
      XtFree(string);
      form_data->text_modified = False;
   }
}
```

Mit *XmTextGetString()* wird der modifizierte Text ermittelt. Die Funktion
fopen() liefert *NULL*, wenn keine Datei mit dem Namen, der als erster Parameter angegeben wird, geöffnet werden kann. Der String „r" bedeutet, daß die
Datei lesbar sein muß. Wenn kein File geöffnet werden kann, gibt *XtWarning*
eine Fehlermeldung aus.

   In *CheckFileCB()* besteht die Fehlerbehandlung lediglich aus der Fehlermeldung. Eine komfortablere Behandlung bestände zum Beispiel darin, den

vorherigen, richtigen Dateinamen in das *Text*-Widget zurückzusetzen. Dazu
muß der Name zusätzlich abgespeichert werden. Diese Hinweise sollen hier
aber genügen.

8.8.3   Jede Änderung im Text prüfen

Die Routinen der Callback-Liste *XmNmodifyVerifyCallback* werden vor jeder Änderung im *Text*-Widget aufgerufen. Wenn der Benutzer einen falschen
Buchstaben eingibt, kann dieser verworfen werden, bevor er angezeigt wird.
Im Programm *soft* ist eine derartige Fehlerbehandlung nicht sinnvoll. Bei einem *Text*-Widget, in das zum Beispiel nur ganze Zahlen eingegeben werden
sollen, läßt sich mit einer ModifyVerify-Callback frühzeitig eine Fehlbedienung verhindern.

In der *call_data*-Struktur vom Typ *XmTextVerifyCallbackStruct* sind die
letzten Änderungen im *Text*-Widget eingetragen:

```
typedef struct {
    int             reason;
    XEvent          *event;
    Boolean         doit;
    XmTextPosition  curInsert, newInsert;
    XmTextPosition  startPos, endPos;
    XmTextBlock     text;
} XmTextVerifyCallbackStruct;

typedef struct {
    char           *ptr;
    int            length;
    XmTextFormat format;
} *XmTextBlock;
```

Die Strukturen wurden bereits in Abschnitt 7.7.4 vorgestellt. In *text->ptr* ist
die neue Eingabe abgelegt und das Feld *text->length* enthält deren Länge.

Sollen alle Zeichen im *Text*-Widget Ziffern sein, dann muß eine Änderung
abgelehnt werden, wenn in *text->ptr* ein anderes Zeichen enthalten ist. Dazu
setzt man in der *call_data*-Struktur das Feld *doit* auf *False*. Das *Text*-Widget
wertet *doit* aus, nachdem die Callback-Routine beendet wurde. Wenn es den
Wert *False* enthält, wird ein Piepton als Fehlermeldung ausgegeben, und es
findet keine Änderung im *Text*-Widget statt. Wenn *doit* auf *True* steht, wird
die Änderung im *Text*-Widget angezeigt. Die Routine *OnlyDigitsCB()* führt
die Prüfung durch:

```
/*
 * "OnlyDigitsCB" ist eine Callback-Routine, die eine Texteingabe
 * ueberprueft, die nur aus Ziffern bestehen soll.
 */
```

```
void OnlyDigitsCB(text_widget, client_data, call_data)
   Widget  text_widget;
   caddr_t client_data;
   caddr_t call_data;
{
   XmTextVerifyCallbackStruct *change_rec =
      (XmTextVerifyCallbackStruct *) call_data;
   int i;

   /* Pruefe, ob alle neuen Zeichen Ziffern sind */

   for (i = 0; i < change_rec->text->length; i++) {
      if ((change_rec->text->ptr[i] < '0') ||
          (change_rec->text->ptr[i] > '9')) {

         change_rec->doit = False;
         return;
      }
   }
}
```

Beim Aufruf von *OnlyDigitsCB()* wird angenommen, daß im *Text*-Widget ein
gültiger Ziffern-String vorhanden ist. Die Routine tritt nur in Aktion, wenn
der Text verändert wird. Darf der Benutzer den Text im Ressourcen-File
festlegen, dann muß der Text nach dem Erzeugen des *Text*-Widgets überprüft
und eventuell korrigiert werden. Die ModifyVerify-Callback wird aber auch
aufgerufen, wenn der Benutzer mit dem „cut and paste"-Mechanismus einen
Text in das *Text*-Widget einfügt. „cut and paste" ist in Abschnitt 7.7.1 beschrieben.

8.8.4   Fehlermeldungen aus dem Ressourcen-File

Bisher wurde eine Fehlermeldung mit *XtWarning()* ausgegeben. Dabei wird
die Meldung direkt im Programmtext eingetragen. Liest man dagegen die
Fehlertexte aus dem Ressourcen-File, dann kann jeder Benutzer seine eigenen Fehlermeldungen angeben. Dieser Abschnitt stellt eine neue Routine mit
dem Namen *ErrorMessage()* vor, die im Fehlerfall eine Meldung ausgibt. *Er-
rorMessage()* erzeugt eine Message-Box mit einem Fehlertext und einem einzelnen Button. Der Benutzer muß mit dem Button bestätigen, daß er die
Fehlermeldung wahrgenommen hat.

Die Routine *ErrorMessage()* hat drei Parameter: das Parent-Widget der
neuen Shell, einen String als Ressourcen-Name für den Fehlertext und einen Default-Text. Der Fehlertext wird im Ressourcen-File so angegeben, als
wäre der String – der zweite Parameter von *ErrorMessage()* – eine gewöhnliche Ressource des Parent-Widgets. Man kann zum Beispiel in der Callback-
Routine *CheckFileCB()* statt *XtWarning()* die Routine *ErrorMessage()* wie
folgt aufrufen:

```
ErrorMessage(text, "noFile", "Datei kann nicht geoeffnet werden");
```

Der Parameter *text* ist ein *Text*-Widget, das in *ErrorMessage()* als Popup-Parent benutzt wird. Für alle drei *Text*-Widgets im Arbeitsformular des Programms *soft* kann nun ein Fehlertext angegeben werden:

```
!
! Fehlermeldungen fuer falsche Dateinamen
!
Soft.work.base.compileLine.compileInput.noFile:\
Uebersetzer-Datei kann nicht geoeffnet werden
Soft.work.base.programLine.programInput.noFile:\
Programm-Datei kann nicht geoeffnet werden
Soft.work.base.sourceLine.sourceInput.noFile:\
Programmtext-Datei kann nicht geoeffnet werden
```

Die Routine *ErrorMessage()* muß mit Hilfe des angegebenen Ressourcen-Namens irgendwie an den Fehlertext kommen, der im Ressourcen-File angegeben ist. Die Ressourcen-Files werden am Anfang des Programms in eine Ressourcen-Datenbasis gelesen. Aus dieser Datenbasis muß der Fehlertext herausgeholt werden. Dazu gibt es eine spezielle Routine, die weiter unten beschrieben wird.

ErrorMessage() erzeugt bei jedem Aufruf eine neue Message-Box. Bestätigt der Benutzer die Meldung, dann wird die Message-Box wieder zerstört. Damit der Benutzer gezwungen ist, auf die Fehlermeldung zu reagieren, wird ein modales Formular benutzt. Solange die Message-Box sichtbar ist, sind Eingaben in anderen Formularen der Applikation nicht mehr möglich.

```
/*
 * "ErrorMessage" erzeugt ein Formular fuer eine Fehlermeldung.
 */

void ErrorMessage(parent, resource_name, message)
    Widget parent;
    char    *resource_name;
    char    *message;
{
    char     *string;
    Widget   message_box;
    Widget   button;
    XmString compound_string;
    Arg      arg[2];
    Cardinal n;

    /* Lies die Meldung und erzeuge einen Compound-String */

    string = ResourceText(parent, resource_name, message);
    compound_string =
        XmStringCreateLtoR(string, XmSTRING_DEFAULT_CHARSET);
```

```
    /* Erzeuge Fehlermeldungsformular mit "ok"-Button */

    n = 0;
    XtSetArg(arg[n], XmNmessageString, compound_string); n++;
    XtSetArg(arg[n], XmNdialogStyle, XmDIALOG_FULL_APPLICATION_MODAL);
    n++;
    message_box = XmCreateErrorDialog(parent, "errorMessage", arg, n);
    XmStringFree(compound_string);

    XtAddCallback(message_box, XmNokCallback, ErrorConfirmCB,
                  message_box);

    button = XmMessageBoxGetChild(message_box, XmDIALOG_CANCEL_BUTTON);
    XtUnmanageChild(button);
    button = XmMessageBoxGetChild(message_box, XmDIALOG_HELP_BUTTON);
    XtUnmanageChild(button);

    /* Wird das Formular vom Window-Manager geschlossen, dann soll das
       Formular zerstoert werden. */

    n = 0;
    XtSetArg(arg[n], XmNdeleteResponse, XmDESTROY); n++;
    XtSetValues(XtParent(message_box), arg, n);

    XtManageChild(message_box);
}
```

Mit der Routine *ResourceText()* wird die Fehlermeldung aus der Ressour-
cen-Datenbasis geholt. Wenn dies nicht gelingt, wird die Default-Meldung
zurückgeliefert. Der so ermittelte Text erscheint in der Message-Box. Mit
der Routine *XmCreateErrorDialog()* wird die Message-Box und eine *Dialog-
Shell* erzeugt. Am Ok-Button hängt die Callback-Routine *ErrorConfirmCB()*.
Die anderen beiden Buttons werden unsichtbar gemacht. Der Fehlertext vom
Typ *XmString* kann mit *XmStringFree()* wieder freigegeben werden, da die
Message-Box eine interne Kopie hält. Die Shell-Ressource *XmNdeleteRes-
ponse* bekommt den Wert *XmDESTROY* zugewiesen, damit die Shell zerstört
wird, wenn der Window-Manager sie schließt. Als letztes wird die Message-
Box mit *XtManageChild()* sichtbar gemacht.

Die Callback-Routine des Ok-Buttons, *ErrorConfirmCB()*, bekommt als
client_data die Message-Box mitgegeben, die nach Betätigung des Buttons
in *ErrorConfirmCB()* zerstört wird. Die nächste Fehlermeldung erzeugt eine
neue Shell und eine neue Message-Box.

```
/*
 * "ConfirmCallback" zerstoert das Formular, das mit "client_data"
 * uebergeben wird.
 */
```

```
static void ErrorConfirmCB(button, client_data, call_data)
   Widget  button;
   caddr_t client_data;
   caddr_t call_data;
{
   XtDestroyWidget(XtParent((Widget) client_data));
}
```

Die drei Parameter von *ErrorMessage()* werden an die Routine *Resource-Text()* weitergereicht. *ResourceText()* liest den Fehlertext aus der Ressourcen-Datenbasis. Eine Warnung vorweg: Der Zugriff auf die Ressourcen-Datenbasis ist im X-Toolkit sehr allgemein gehalten und deshalb recht kompliziert. Die Strings aus den Ressourcen-Files werden zum Teil automatisch in andere Datentypen umgewandelt und in beliebige C-Datenstrukturen eingetragen. Damit ergibt sich eine ziemlich komplexe Schnittstelle.

Mit der Routine *XtGetApplicationResources()* kann man mehrere Ressourcen-Werte für ein Widget aus der Ressourcen-Datenbasis herausholen. Dazu muß man das Widget als Parameter angeben, einen Speicherplatz, in den die angeforderten Ressourcen-Werte eingetragen werden sollen, und ein Array von Ressourcen-Beschreibungen. In den Ressourcen-Beschreibungen muß man, unter anderem, den Namen und den Typ der Ressource angeben. In *ResourceText()* wird nur ein Ressourcen-Wert aus der Ressourcen-Datenbasis herausgeholt:

```
/*
 * "ResourceText" liest einen String aus der Ressourcen-
 * Datenbasis.
 */

char* ResourceText(widget, resource_name, default_message)
   Widget widget;
   char   *resource_name;
   char   *default_message;
{
   char        *string;
   XtResource resource_description[1];

   string = default_message;
   if (resource_name) {

      /* Setze die Beschreibung der Resource */

      resource_description[0].resource_name = resource_name;
      resource_description[0].resource_class = XmCString;
      resource_description[0].resource_type = XmRString;
      resource_description[0].resource_size = sizeof(char *);
      resource_description[0].resource_offset = 0;
      resource_description[0].default_type = XmRString;
      resource_description[0].default_addr = default_message;
```

```
    XtGetApplicationResources(widget, &string, resource_description,
                              1, NULL, 0);
  }
  if (string == NULL)
      string == "No message";

  return (string);
}
```

Die Beschreibung einer Ressource erfolgt in Form einer Datenstrukur:

```
typedef struct {
    String   resource_name;
    String   resource_class;
    String   resource_type;
    Cardinal resource_size;
    Cardinal resource_offset;
    String   default_type;
    caddr_t  default_address;
} XtRessource, *XtRessourceList;
```

In *resource_name* und *resource_class* gibt man Strings an, nach denen in der
Ressourcen-Datenbasis gesucht wird. In Abschnitt 5.7 wurde der Unterschied
zwischen Ressourcen-Name und -Klasse erläutert. Das Feld *resource_type* gibt
den Datentyp der Ressource an. In der Ressourcen-Datenbasis sind eigentlich
nur Strings abgelegt. Diese Strings werden vom X-Toolkit automatisch in andere Datentypen umgewandelt, wenn in *resource_type* nicht *XmRString* angegeben ist. Für die Umwandlung sorgen spezielle Routinen, die *Ressourcen-
Konverter*. Das X-Toolkit kennt eine ganze Reihe von „eingebauten" Typen,
für die jeweils ein konstanter String festgelegt ist, der in *resource_type* eingetragen werden kann. Es gibt unter anderem die Konstanten *XmRString*,
XmRShort, *XmRInt* und *XmRBoolean*. Man kann auch eigene Typen definieren. Dann muß man allerdings auch dafür sorgen, daß die Strings aus
der Ressourcen-Datenbasis in den richtigen Typ umgewandelt werden und eigene Ressourcen-Konverter schreiben. Da man sehr selten eigene Ressourcen-
Konverter benötigt, wird hier nicht weiter auf das Thema eingegangen.

Beim Einlesen einer Ressource muß ein genügend großer Speicherplatz zur
Verfügung gestellt werden, in den die Ressourcen-Werte eingetragen werden.
Nicht jeder Ressourcen-Wert wird an den Anfang des Speicherplatzes abgelegt. Damit das X-Toolkit einen Wert an die richtige Stelle im Speicherplatz
einträgt, muß die Anfangsposition und Größe des Ressourcen-Wertes angegeben werden. Dies geschieht in den Feldern *resource_offset* und *resource_size*.
In *ResourceText()* wird ein Zeiger auf die lokale Variable *string* als Speicherplatz übergeben. Der Ressourcen-Wert soll an den Anfang dieser Variablen
eingetragen werden. Deshalb ist *resource_offset 0*. Der benötigte Speicherplatz für eine Ressource vom Typ *XmRString* ist *sizeof(char*)*. Bei anderen
Typen müßte man entsprechend andere Werte angeben: für *XmRShort* zum

Beispiel *sizeof(short)*. Die Variable *string* hat den Typ *char**. Damit ist also genau die richtige Speicherplatzgröße reserviert.

Als letztes kann man in der Ressourcen-Beschreibung noch einen Default-Wert angeben, der eingesetzt wird, wenn kein Wert gelesen werden konnte. Das Feld *default_address* nimmt einen Zeiger auf den Default-Wert auf. Den Typ des Default-Wertes setzt man in *default_type*. Gibt man als Typ *XmRImmediate* an, dann kann der Wert direkt anstelle des Zeigers eingesetzt werden. Wenn der Default-Typ nicht derselbe ist wie in *resource_type*, dann wandelt wieder ein Ressourcen-Konverter den Default-Wert in den richtige Typ um.

Die Routine *XtGetApplicationResources()* realisiert den eigentlichen Zugriff auf die Ressourcen-Datenbasis:

```
void XtGetApplicationResources(Widget w,  caddr_t base,
                    XtRessourceList resources,
                    Cardinal num_resources,  ArgList args,
                    Cardinal num_args)
```

w	Widget, zu dem die Ressourcen gehören. Im Ressourcen-File muß der gleiche Pfad angegeben werden, wie für die „Standard-Ressourcen" dieses Widgets.
base	Zeiger auf einen Speicherplatz, in den die Werte eingetragen werden
resources	Array mit der Beschreibung der einzelnen Ressourcen. Man muß unter anderem Namen und benötigten Speicherplatz angeben.
num_resources	Anzahl der Ressourcen
args	Hier kann ein Array von Argumenten angegeben werden, die die Werte aus der Ressourcen-Datenbasis überschreiben: Die Argumente werden statt der Werte aus der Ressourcen-Datenbasis in den Speicherplatz *base* eingesetzt. Damit verhält sich *XtGetApplicationResources()* wie die *Create*-Routinen: Die Argumente, die im Programm angegeben werden, überschreiben die Werte aus dem Ressourcen-File.
num_args	Anzahl der Argument in *args*.

Die Routine *ResourceText()* ist ein Spezialfall für das Lesen einer einzelnen Ressource. Die Ressourcen-Beschreibung *resource_description* enthält nur ein Array-Element, und die Datenstrukur, in die das Resultat geschrieben wird, ist ein einzelner String-Pointer. Zum besseren Verständnis soll noch eine weitere Anwendung von *XtGetApplicationResources()* gezeigt werden. Eine Datenstruktur vom folgenden Typ wird dabei mit Werten aus der Ressourcen-Datenbasis besetzt:

```
typedef struct {
   String name;
   short width;
   Boolean will_be_displayed;
} ExampleStruct;
```

Für das Beispiel ist es gleichgültig, welche Bedeutung die einzelnen Felder haben.

```c
/*
 * Die Routine "GetExampleResources" fuellt die Datenstruktur
 * "target_mem" mit Werten aus der Ressourcen-Datenbasis.
 */

void GetExampleResources(widget, target_mem)
   Widget       widget;
   ExampleStruct target_mem;
{
   static short default_val = 10; /* Default-Wert fuer "width" */

   /* "resource_description" beschreibt die Struktur "ExampleStruct"
      nach den Konventionen des X-Toolkits */

   static XtResource resource_description[] =
   {
      {   /* resource_name    */ "name",
          /* resource_class   */ XmCString,
          /* resource_type    */ XmRString,
          /* resource_size    */ sizeof(char*),
          /* resource_offset */ XtOffset(ExampleStruct*, name),
          /* default_type     */ XmRString,
          /* default_address */ "noName"},

      { "width",
        XmCWidth,
        XmRShort,
        sizeof(short),
        XtOffset(ExampleStruct*, width),
        XmRShort,
        (caddr_t) & default_val},

      { "displayed",
        XmCBoolean,
        XmRBoolean,
        sizeof(Boolean),
        XtOffset(ExampleStruct*, will_be_displayed),
        XmRString,
        "True"}
   };
   XtGetApplicationResources(widget, target_mem,
                             resource_description,
                             XtNumber(resource_description),
                             NULL, 0);
}
```

In *GetExampleRessources()* werden drei Ressourcen-Werte eingelesen. Das
Array *resource_description* nimmt die Beschreibung der Ressourcen auf. Die
Strings *name*, *width* und *displayed* sind die Namen der Ressourcen. Als Typ
ist ein String, ein short-Wert und ein Boolean-Wert angegeben. Wo die Werte

in die Datenstruktur *ExampleStruct* eingetragen werden sollen, wird mit dem Operator *sizeof()* und dem Makro *XtOffset()* festgelegt.

Mit dem Makro *XtOffset()* kann die Position eines Feldes in einer Struktur ermittelt werden: Bei einem char-Zeiger von 4 Byte Länge und einem short-Wert von 2 Byte ergibt sich für das Feld *width* ein Offset von 4 Byte und für *will_be_displayed* ein Offset von 6 Byte. *XtOffset()* erhält als Parameter einen Zeigertyp und einen Feldnamen. *XtOffset()* ist keine Routine, sondern ein Makro, bei dem intern der Operator *sizeof()* verwendet wird.

Als Default-Wert wird für die Ressource *name* der String *noName* eingetragen, für *width* der Zeiger auf den Wert 10 und für *displayed* der Wert *True*. Dabei wird *True* als String angegeben. Das X-Toolkit konvertiert diesen String automatisch in einen Wert vom Typ *Boolean*. Welche Typen und Klassen für die Ressourcen-Beschreibung bereits definiert sind, kann man dem Include-File *Xm/Xm.h* entnehmen.

Die Routine *XtGetApplicationResources()* bekommt die Beschreibung der Ressourcen als Parameter übergeben. Die Größe eines Arrays kann man mit dem Makro *XtNumber()* feststellen. Es liefert in diesem Fall den Wert 3. Wie beim Makro *XtOffset()* wird auch bei *XtNumber()* intern der Operator *sizeof()* verwendet.

Die gelesenen Ressourcen-Werte werden von *XtGetApplicationResources()* entsprechend der Beschreibung in den Speicherplatz geschrieben, der mit *target_mem* übergeben wird. Die Routine geht davon aus, daß der Speicherplatz genügend groß ist und der Beschreibung aus *resource_description* entspricht.

Das Ressourcen-Konzept ist sicherlich nicht einfach zu verstehen. In den meisten Fällen kommt man jedoch mit den angeführten Beispielen aus und kann sie für den Eigenbedarf leicht abwandeln.

8.8.5 X-Toolkit- und Xlib-Fehler

Wenn innerhalb des Toolkits ein Fehler auftritt, wird je nach Art des Fehlers *XtAppError()* oder *XtAppWarning()* aufgerufen. Auch eine Applikation kann diese Routinen aufrufen. Die beiden Routinen erhalten einen Application-Context und einen String als Parameter. Bei den Routinen *XtError()* und *XtWarning()* wird ein standardmäßiger Application-Context eingesetzt. Zur Thematik der Application-Contexte wurde in Abschnitt 6.1.3 einiges gesagt. Hier soll vereinfacht von *XtError()* und *XtWarning()* gesprochen werden, obwohl alles auch für *XtAppError()* und *XtAppWarning()* gilt.

Während *XtError()* nach Ausgabe einer Fehlermeldung normalerweise das Programm beendet, wird es bei *XtWarning()* weitergeführt. Eine Applikation kann diese Standardaktionen durch eigene Aktionen ersetzen. Mit den Routinen *XtSetWarningHandler()* und *XtSetErrorHandler()* können dem Toolkit *Error-Handler* übergeben werden, die dann anstelle der normalen Aktionen ausgeführt werden. Bei den Routinen *XtAppSetWarningHandler()* und *XtAppSetErrorHandler()* muß zusätzlich ein Application-Context als erster Parameter angegeben werden.

Etwas Ähnliches gibt es auch für die Xlib-Schnittstelle. Es werden zwei Arten von Fehlern unterschieden: *Protokollfehler* und *IO-Fehler*. Ein ungültiger Window-Identifier ist ein typisches Beispiel für einen Protokollfehler. Meistens deuten Protokollfehler auf einen Programmierfehler hin. Ein IO-Fehler wird zum Beispiel gemeldet, wenn der X-Server abgestürzt ist. In beiden Fällen kann man eigene Error-Handler einsetzen. Das geschieht mit *XSetErrorHandler()* und *XSetIOErrorHandler()*. Allerdings wird nach einem IO-Fehler das Programm stets abgebrochen, nachdem die Fehlerbehandlung aufgerufen worden ist. In allen anderen Fällen muß die Fehlerbehandlung das Programm selbst abbrechen, ansonsten wird es fortgeführt.

Handler installieren: Normalerweise werden die Fehlerbehandlungsroutinen am Anfang eines Programms gesetzt. Die folgende Routine *InstallHandlers()* installiert für alle vier Fehlertypen die Error-Handler.

```
/*
 * "InstallHandlers" setzt Fehlerbehandlungsroutinen.
 */

void InstallErrorHandlers()
{
    void ToolkitWarning();
    void ToolkitError();
    int  WindowError();
    int  FatalWindowError();

    XtSetWarningHandler(ToolkitWarning);
    XtSetErrorHandler(ToolkitError);
    XSetErrorHandler(WindowError);
    XSetIOErrorHandler(FatalWindowError);
}
```

Fehlerbehandlung im Toolkit: Als Parameter wird allen Installierungsroutinen ein Zeiger auf den Error-Handler übergeben. Die Error-Handler selber haben jedoch unterschiedliche Parameter. Die Routinen für die Toolkit-Fehler bekommen jeweils den Text der Fehlermeldung als Parameter:

```
/*
 * "ToolkitWarning" wird von "XtWarning" aufgerufen. Sie
 * zeigt den Text "message" in einem Fehlermeldungsformular.
 */

void ToolkitWarning(message)
    String message;
{
    ErrorMessage(GetMainShell(), NULL, message);
}
```

```
/*
 * "ToolkitError" wird von "XtError" aufgerufen. Sie
 * zeigt den Text "message" in einem Fehlermeldungsformular, das
 * allerdings noch die Option anbietet, das Programm zu verlassen.
 */

void ToolkitError(message)
    String message;
{
    FatalMessage(GetMainShell(), NULL, message);
}
```

In beiden Fällen wird die Fehlermeldung über ein Formular angezeigt. In
ToolkitWarning() übernimmt das die Routine *ErrorMessage()*. Allerdings
benötigt man für diese Routine ein Widget als Parameter. Die Application-
Shell im Hauptprogramm kann man dafür zum Beispiel als globale Variable
definieren. *GetMainShell()* liefert die Application-Shell aus dieser Variablen:

```
#define APPLCLASS "Soft"
static Widget app_shell;

void main(argc, argv)
...

/*
 * "GetMainShell" liefert die Widget-Id der Application-Shell.
 */

Widget
GetMainShell()
{
    return (app_shell);
}
```

Die Message-Box für die Fehlermeldung erscheint dann oberhalb des Hauptfensters. Der zweite Parameter von *ErrorMessage()* wird auf NULL gesetzt.
Damit wird immer der Default-String *message* im Formular angezeigt.

Für die „fatalen" Toolkit-Fehler, die normalerweise zum Abbruch eines
Programms führen, wird dagegen die Routine *FatalMessage()* benutzt. Diese
Routinen läßt eine Message-Box mit zwei Buttons erscheinen. Mit dem einen Button wird das Programm beendet und mit dem anderen das Programm
fortgeführt. Fehler in der Speicherverwaltung benutzen diesen Fehlerausgang,
zum Beispiel in *XtMalloc()*. Hier bleibt meist nichts anderes übrig, als das
Programm zu beenden.

FatalMessage() ist im Prinzip genauso aufgebaut wie *ErrorMessage()*. Allerdings wird der Cancel-Button benutzt, um das Programm verlassen zu
können. An diesen Button wird die vom Exit-Formular bekannte Callback-
Routine *ExitConfirmCB()* gehängt, die das Programm mit *exit()* beendet.

```
/*
 * "FatalMessage" erzeugt ein Formular, das eine Fehlermeldung
 * aufnimmt. Es gibt einen Button zur Fortfuehrung des Programms
 * und einen zum Verlassen des Programms.
 */

void FatalMessage(parent, resource_name, message)
   Widget parent;
   char   *resource_name;
   char   *message;
{
   char      *string;
   Widget    message_box;
   Widget    button;
   XmString compound_string;
   Arg       arg[1];
   Cardinal n;

   string = ResourceText(parent, resource_name, message);
   compound_string =
      XmStringCreateLtoR(string, XmSTRING_DEFAULT_CHARSET);

   n = 0;
   XtSetArg(arg[n], XmNmessageString, compound_string); n++;
   message_box = XmCreateErrorDialog(parent, "fatalMessage", arg, n);
   XmStringFree(compound_string);

   XtAddCallback(message_box, XmNokCallback, ErrorConfirmCB,
                 message_box);
   XtAddCallback(message_box, XmNcancelCallback, ExitConfirmCB, NULL);

   button = XmMessageBoxGetChild(message_box, XmDIALOG_HELP_BUTTON);
   XtUnmanageChild(button);

   /* Wird das Formular vom Window-Manager geschlossen, dann soll das
      Formular zerstoert werden. */

   n = 0;
   XtSetArg(arg[n], XmNdeleteResponse, XmDESTROY); n++;
   XtSetValues(XtParent(message_box), arg, n);

   XtManageChild(message_box);
}
```

In vielen Anwendungen wird man in *ErrorConfirmCB()* noch „Datensicherungen" durchführen, damit ein „geordneter Rückzug" aus dem Programm möglich ist. Dazu kann man weitere modale Message-Boxen einsetzen, die dem Benutzer die Entscheidung über die einzelnen Aktionen überlassen.

Fehlerbehandlung in der Xlib-Schnittstelle: Die Routinen zur Xlib-Fehlerbehandlung haben jeweils einen Zeiger auf das Display als Parameter. Für die Protokollfehler wird außerdem ein Fehler-Event mitgegeben. Auf Events wird im Verlauf dieses Buches noch genauer eingegangen. Hier kann man es einfach als Datum auffassen, das dazu benutzt wird, die Fehlerursache und die Fehlermeldung zu ermitteln.

```
/*
 * Fataler "Xlib"-Fehler. Das Programm muss abgebrochen werden.
 */


int FatalWindowError(display)
   Display *display;
{
   char *display_name;

   if (display)
        display_name = DisplayString(display);
   else display_name = XDisplayName(NULL);

   if (!display_name)
      display_name = "unknown";

   fprintf(stderr, "Fataler IO-Fehler auf Display: %s\n",
           display_name);
   exit(1);
}
```

Tritt ein fataler IO-Fehler auf, so wird *FatalWindowError()* als installierter Error-Handler aufgerufen. Da keine Verbindung zum X-Server existiert, ist es auch sinnlos, eine Meldung in einem Formular auszugeben. Man kann hier nur hoffen, daß die Standard-Fehlerausgabe noch funktioniert. In der Fehlermeldung wird der Display-Name mit ausgegeben. Den Namen liefert das Makro *DisplayString*. Ist der Parameter *display NULL*, dann wird mit *XDisplayName* der String aus der Shell-Umgebung gelesen – siehe dazu *XtOpenDisplay()* in Abschnitt 6.1.3. Je nach Anwendung wird man in *FatalWindowError()* noch „Rettungsaktionen" durchführen, die nichts mit Grafik zu tun haben. So könnten zum Beispiel wichtige Daten auf Files gesichert werden.

Bei einem Protokollfehler ist dagegen noch eine Fehlermeldung durch Widgets möglich. Diese wird wieder mit *FatalMessage()* ausgegeben.

```
/*
 * Protokollfehler an der "Xlib"-Schnittstelle. Es bleibt dem Benutzer
 * ueberlassen, ob das Programm abgebrochen wird.
 */


int WindowError(display, event)
   Display     *display;
   XErrorEvent *event;
```

```
{
#define XLIB_ERROR_BUFFER_LENGTH 256

    /* String-Buffer fuer Fehlermeldung aus der xlib
       Fehlerdatenbasis */
    char event_message[XLIB_ERROR_BUFFER_LENGTH];

    /* Buffer fuer zusammengesetzten String: Display-Name,
       Fehlermeldung */
    char full_message[XLIB_ERROR_BUFFER_LENGTH + 100];

    char *display_name;

    /* Ermittle den Display-Namen */

    if (display)
        display_name = DisplayString(display);
    else
        display_name = XDisplayName(NULL);
    if (!display_name)
        display_name = "unknown";

    /* Hole die passende Meldung */

    XGetErrorText(display, event->error_code, event_message,
                  XLIB_ERROR_BUFFER_LENGTH);

    /* Setze die Gesamtmeldung zusammen und gib sie auf
       "stderr" und in einem Formular aus */

    sprintf(full_message, "Protokoll-Fehler auf Display: %s\n\n%s",
            display_name, event_message);

    fprintf(stderr, "%s\n", full_message);
    FatalMessage(GetMainShell(), NULL, full_message);
}
```

Die Fehlermeldung wird im String *full_message* zusammengestellt. *XGetErrorText()* holt die eigentliche Fehlermeldung aus einer internen Datenbasis. Als Parameter bekommt diese Routine den Display-Zeiger, einen Fehler-Code aus dem Event, einen Text-Buffer und die Länge dieses Buffers. Im Beispiel ist *event_message* der Buffer. Er enthält nach Aufruf von *XGetErrorText()* die Fehlermeldung. Mit *sprintf()* wird dieses Text dann in die Gesamtmeldung eingefügt und auf *stderr* und in dem Formular ausgegeben.

8.8.6   Die lokale Event-Schleife – einfach, aber unsauber

Bisher wurden die Fehlermeldungen entweder in einem Formular oder mit *fprintf()* angezeigt. Die *fprintf*-Ausgaben könnte man genauso gut in ein *Text-*

Widget lenken. Meldungen, die nur als Hinweis zu sehen sind und keine Reaktionen vom Benutzer erfordern, können so in den normalen Programmablauf in der gewohnten *fprintf*-Manier eingefügt werden. Im Anhang ist ein kleines Beispiel aufgelistet, wo eine Callback-Routine Ausgaben in ein spezielles Formular macht.

Schwieriger ist es jedoch mit dem bekannten Programmierstil, der *fscanf()* benutzt: Dabei wird eine Anfrage an den Benutzer abgesetzt und solange gewartet, bis die Antwort vom Benutzter eingegeben wurde. Das folgende Programmstück soll deutlich machen, was gemeint ist:

```
char file_name[256];
FILE *file;

fprintf(stdout, "Bitte geben sie einen File-Namen an: ");
fscanf(stdin, "%s", file_name);
while ((file = fopen(file_name, "r")) == NULL) {
    fprintf(stdout, "File kann nicht geoeffnet werden!\n");
    fprintf(stdout, "Bitte geben sie einen File-Namen an: ");
    fscanf(stdin, "%s", file_name);
}
fprintf(stdout, "File %s ist geoeffnet!\n", file_name);


return(file_name);
```

Das obige Programmstück fordert solange einen File-Namen an, bis ein File erfolgreich geöffnet werden kann. Will man jetzt den Aufruf von *fscanf()* einfach durch eine Routine ersetzen, die den File-Namen mit Hilfe eines Formulars einliest, so wird man feststellen, daß das nicht geht. Die neue Routine kann zwar ein Formular, zum Beispiel eine Prompt-Dialog-Box mit einem *Text*-Widget und Buttons, auf den Bildschirm bringen, aber sie liefert keinen String als Ergebnis. Der eingegebene String kann nur in einer Callback-Routine ausgewertet werden.

In einem Toolkit-Programm ist die Kontrollstruktur des aufgelisteten Beispiels nicht möglich. Benutzt man eine Prompt-Dialog-Box, dann wird man die Abfrage, ob ein File geöffnet werden kann, in der Callback-Routine des Ok-Buttons durchführen. Wenn es geöffnet werden kann, wird das Formular wieder unsichtbar gemacht. Kann es nicht geöffnet werden, dann wird eine Fehlermeldung ausgegeben, und das Formular bleibt weiterhin sichtbar. Diese „Callback-Schleife" wird erst verlassen, wenn der Benutzer einen korrekten File-Namen eingibt oder den Cancel-Button drückt. Der korrekte File-Name wird in eine geeignete Formulardatenstruktur eingetragen und so anderen Programmteilen zugänglich gemacht.

Der Grund für die „Toolkit-Kontrollstruktur" liegt in der Philosophie des X-Toolkits: Die Aktionen des Benutzers haben Vorrang vor den „Bedürfnissen" des Programms. Der Benutzer übt eine *externe Dialogkontrolle* über den Fortgang des Programms aus. Die „Bedürfnisse" des Programms führen eher zu einer *internen Dialogkontrolle* , bei der die Eingaben vom Benutzer abgefragt werden. Die Philosophie der „externen Kontrolle" spiegelt sich in der Kontrollstruktur der Toolkit-Programme wider. In *XtMainLoop()* wartet das Programm auf Events vom Benutzer. Die Events stoßen wiederum Callback-Routinen an, die die gewünschte Aktion des Benutzers ausführen. Callback-Routinen können kein Resultat an den Aufrufer zurückliefern, denn sie werden von einem Teil im X-Toolkit aufgerufen, der für die Applikation nicht direkt zugänglich ist – irgendwo in der Hauptschleife. Alle Daten müssen über globale Variable oder *client_data*-Strukturen ausgetauscht werden.

Nun gibt es aber längere Programmstücke, die auch aus der Sicht des Benutzers eine zusammengehörige Aktion darstellen, in denen der Kontrollfluß immer wieder von möglichen Fehlermeldungen unterbrochen werden kann. Als Beispiel stelle man sich vor, daß eine Aktion daraus bestehe, eine Datei einzulesen, die in jeder Zeile eine Zahl und einen String enthält. Der Benutzer wird erwarten, daß er einen Dateinamen angeben und dann einen Read-Button drücken muß.

In der Callback-Routine des Read-Buttons wird die Datei eingelesen. Dabei können allerlei Fehler auftreten, zum Beispiel: In einer Zahl kommen unerlaubte Zeichen vor; nach einer Zahl folgt kein String, oder die Datei ist ganz leer. Man könnte natürlich nach einem Fehler das Einlesen abbrechen. Man kann aber auch versuchen, den Fehler zu reparieren. Wenn zum Beispiel nur eine Zahl in einer Zeile auftritt, könnte die Zeile überlesen werden. Vorher sollte jedoch der Benutzer befragt werden, ob und wie der Fehler repariert werden soll. Dazu muß ein Formular erscheinen. Das erscheint aber erst, wenn die Programmkontrolle wieder in der *XtMainLoop()* ist. Man muß also erst die Callback-Routine zum Einlesen der Datei verlassen.

Entscheidet sich der Benutzer für die Reparatur, dann wird die Datei weiter eingelesen. Man kommt aber nicht in die ursprüngliche Routine zum Einlesen der Datei zurück, da sie ja bereits verlassen wurde. Die Callback-Routine des Buttons, mit dem sich der Benutzer für die Reparatur entschieden hat, muß das Einlesen fortführen. Die Callback muß dazu die Datei kennen und die Stelle, an der neue Werte abgelegt werden sollen. Diese Informationen müssen über globale Variablen oder *client_data* zugänglich gemacht werden. Für jeden Fehler muß die Einleseroutine verlassen und später erneut richtig aufgenommen werden. Man kann sich leicht komplexere Fälle vorstellen, in denen es zu komplizierten Kontrollflüssen kommt, obwohl der Algorithmus an sich recht einfach ist.

Hier kann ein „schmutziger Trick" weiterhelfen: Man kann eine *lokale Event-Schleife* programmieren, die die Aufgaben von *XtMainLoop()* übernimmt. In einer Routine baut man ein Formular auf und ruft dann die eigene Event-Schleife auf, die nicht eher abbricht, bis der Benutzer das Formular bearbeitet hat. So kann man auf eine Antwort des Benutzers warten, ohne in die Hauptschleife zurückzukehren. Mit der lokalen Event-Schleife realisiert man im Grunde eine besondere Art von modalen Formularen. Es wurde bereits mehrmals festgestellt, daß modale Formulare die Freiheit des Benutzers stark einschränken und deshalb zu vermeiden sind. Insbesondere könnte man auf die Idee kommen, in der lokalen Event-Schleife weitere Event-Schleifen aufzurufen. Das ist zwar möglich, führt jedoch zu einem Dialog, der fest vom Programm vorgegeben ist und den Benutzer nur noch reagieren läßt.

Man sollte also „Warteschleifen" nur innerhalb von Aktionen einsetzen, die auch vom Benutzer als „natürlich" zusammenhängend betrachtet werden. Welche Aktionen das sind, kann sicherlich nicht einwandfrei bestimmt werden. Auf jeden Fall sollte man sich mit den lokalen Eventschleifen zurückhalten und sie nur sehr sparsam einsetzen.

In der im folgenden beschriebenen Routine *WaitForAnswerForm()* wird solange gewartet, bis der Benutzer einen von zwei Buttons gedrückt hat. *WaitForAnswerForm()* hat die gleichen Parameter wie *ErrorMessage()*. Sie haben auch die gleiche Bedeutung. *WaitForAnswerForm()* liefert aber zusätzlich einen Integer-Wert zurück, der angibt, welcher Button im Formular gedrückt wurde. Die Callback-Routinen der Buttons bekommen einen Zeiger auf eine gemeinsame Datenstruktur als *client_data* mitgegeben:

```
/*
 * "client_data" fuer Callback-Routinen, die den Abbruch einer eigenen
 * Event-Schleife bewirken.
 */


typedef struct _EventLoopData {
    Boolean running;
    int number;
} EventLoopData;
```

Solange das Feld *running* auf *True* steht, wird die lokale Event-Schleife abgearbeitet. Klickt der Benutzer einen Button an, dann wird eine Callback-Routine aufgerufen, die das Feld *running* auf *False* setzt und eine Identifikationsnummer für den angeklickten Button in das Feld *number* schreibt. Wenn die Callback-Routine beendet ist, kehrt die Kontrolle erst einmal in die lokale Event-Schleife zurück. Hier wird das Feld *running* überprüft, und die Schleife wird verlassen, wenn *running* auf *False* gesetzt ist.

Die Routine *WaitForAnswerForm()* erzeugt zuerst das Formular, ruft dann die Event-Schleife auf und liefert anschließend den Wert aus dem Feld *number* als Resultat zurück:

```
/*
 * "WaitForAnswerForm" erzeugt ein Formular mit einer Meldung
 * und einem "ok"- und "cancel"-Button. Sie liefert 0 zurueck,
 * wenn der "ok"-Button gedrueckt wird, sonst 1.
 */


int WaitForAnswerForm(parent, resource_name, message)
    Widget parent;
    char   *resource_name;
    char   *message;
```

```c
{
    char     *string;
    Widget    message_box;
    Widget    button;
    XmString compound_string;
    Arg       arg[2];
    Cardinal n;

    EventLoopData loop_data;

    /* Formular mit Meldung erzeugen */

    string = ResourceText(parent, resource_name, message);
    compound_string =
        XmStringCreateLtoR(string, XmSTRING_DEFAULT_CHARSET);

    n = 0;
    XtSetArg(arg[n], XmNmessageString, compound_string); n++;
    XtSetArg(arg[n], XmNdialogStyle, XmDIALOG_APPLICATION_MODAL); n++;
    message_box = XmCreateErrorDialog(parent, "waitExample", arg, n);
    XmStringFree(compound_string);

    n = 0;
    XtSetArg(arg[n], XmNdeleteResponse, XmDO_NOTHING); n++;
    XtSetValues(XtParent(message_box), arg, n);

    button = XmMessageBoxGetChild(message_box, XmDIALOG_HELP_BUTTON);
    XtUnmanageChild(button);

    /* Die Callback-Routine "BreakEventLoopCB" bewirkt das Ende der
       lokalen Event-Schleife. Jeder Button bekommt eine Nummer,
       die in der Ressource "XmNuserData" abgelegt wird */

    button = XmMessageBoxGetChild(message_box, XmDIALOG_OK_BUTTON);
    XtAddCallback(button, XmNactivateCallback, BreakEventLoopCB,
                  &loop_data);
    n = 0;
    XtSetArg(arg[n], XmNuserData, 0); n++;
    XtSetValues(button, arg, n);

    button = XmMessageBoxGetChild(message_box, XmDIALOG_CANCEL_BUTTON);
    XtAddCallback(button, XmNactivateCallback, BreakEventLoopCB,
                  &loop_data);
    n = 0;
    XtSetArg(arg[n], XmNuserData, 1); n++;
    XtSetValues(button, arg, n);

    XtManageChild(message_box);
```

```
    /* Aufruf der Event-Schleife */

    loop_data.running = True;
    EventLoop(&loop_data);

    /* Der Benutzer hat einen Button angeklickt */

    XtDestroyWidget(XtParent(message_box));

    return (loop_data.number);
}
```

In *WaitForAnswerForm()* wird eine Message-Box in der bewährten Art und
Weise erzeugt. Damit der Benutzer keine unvorhersehbaren Aktionen startet, wird die Eingabe mit *XmDIALOG_APPLICATION_MODAL* auf dieses Formular beschränkt. Die *Dialog*-Shell darf auch nicht vom Window-
Manager zerstört werden. Deshalb wird die Ressource *XmNdeleteResponse*
auf *XmDO_NOTHING* gesetzt. Der Benutzer muß nun eine Antwort auf die
gestellte Frage geben, wenn er das Programm fortsetzen will. Alle anderen
Eingaben sind für ihn gesperrt.

Der Help-Button der Message-Box wird unsichtbar gemacht. Die anderen
beiden Buttons bekommen die Callback-Routine *BreakEventLoopCB()* angehängt. Sie sorgt dafür, daß die lokale Event-Schleife abgebrochen wird.
Außerdem wird den Buttons als *XmNuserData* noch eine Zahl mitgegeben.
Der Ok-Button hat die Nummer 0 und der Cancel-Button die Nummer 1.
Die Routine *EventLoop()* ist die eigentliche Event-Schleife. Wenn diese Routine beendet ist, hat der Benutzer einen Button gedrückt, und das Formular
kann wieder zerstört werden. Vor dem Aufruf von *EventLoop()* wird das Feld
running auf *True* initialisiert. Die Callback-Routine *BreakEventLoopCB()*
setzt das Flag wieder auf *False*. Außerdem trägt *BreakEventLoopCB()* die
Nummer des Buttons in das Feld *number* ein.

```
/*
 * "BreakEventLoopCB" beendet die lokale Event-Schleife, indem ein
 * Flag umgesetzt wird. In "XmNuserData" des ausgeloesten Buttons
 * steht eine Kennziffer, die in die "client_data" Datenstruktur
 * eingetragen wird.
 */

void BreakEventLoopCB(button, client_data, call_data)
    Widget  button;
    caddr_t client_data;
    caddr_t call_data;
{
    EventLoopData *loop_data = (EventLoopData *) client_data;
    Cardinal      n;
    Arg           args[1];
```

```
    loop_data->running = False;
    n = 0;
    XtSetArg(args[n], XmNuserData, &(loop_data->number)); n++;
    XtGetValues(button, args, n);
}
```

EventLoop() erhält die *client_data*-Struktur der Buttons als Parameter. Solange das Flag *running* auf *True* gesetzt ist, regelt die lokale Event-Schleife
die Interaktion mit dem Benutzer.

```
/*
 * Die lokale Event-Schleife.
 */


void EventLoop(loop_data)
    EventLoopData *loop_data;
{
    XEvent event;

    /* Verarbeite solange Events, wie noch kein Button gedrueckt
       wurde */

    while (loop_data->running) {
       XtNextEvent(&event);
       XtDispatchEvent(&event);
    }

    /* Alle Events, die sich noch in der Warteschlange befinden,
       werden abgearbeitet */
    while (XtPending()) {
       XtNextEvent(&event);
       XtDispatchEvent(&event);
    }
}
```

XtNextEvent() wartet auf ein neues Event. Wenn ein Event da ist, kehrt die
Routine zurück. *XtDispatchEvent()* verarbeitet das Event: Es wird einem
Widget zugeordnet und das Widget bestimmt, ob eine Callback-Routine aufgerufen wird. Diese beiden Aktionen – auf ein Event warten, Event verarbeiten – werden solange ausgeführt, bis einer der beiden Buttons angeklickt
wird. Geschieht dies, dann wird in *XtDispatchEvent()* die Callback-Routine
BreakEventLoopCB() ausgelöst und damit das Flag *running* auf *False* gesetzt. Die Schleife wird daraufhin verlassen.

Nach Verlassen von *WaitForAnswerForm()* wird nicht gleich in *XtMain-
Loop()* zurückgekehrt. Im obigen Szenario wird die Datei weiter eingelesen.
Deshalb arbeitet eine weitere Schleife alle Events ab, die noch in der X-
Event-Schlange stehen. *XtPending()* liefert solange *True*, wie noch Events in
der Schlange vorhanden sind. Während der Dauer einer Callback-Routine
können Window-Inhalte von den Fenstern anderer Prozesse zerstört werden.

Zum Neuzeichnen stellt das Motif-Toolkit deshalb die Routine *XmUpdate-Display()* zur Verfügung, die alle Events verarbeitet, die zum Auffrischen des Bildschirms notwendig sind.

In der Hauptschleife *XtMainLoop()* geschieht im Prinzip das gleiche wie in der oben beschriebenen lokalen Schleife. Auch dort werden *XtNextEvent()* und *XtDispatchEvent()* aufgerufen. Allerdings endet die Hauptschleife nie. Das Programm wird ja mit einem Aufruf von *exit()* verlassen. Man sollte auch wissen, daß die beiden Routinen *XtNextEvent()* und *XtPending()* nur Abkürzungen für *XtAppNextEvent()* und *XtAppPending()* sind. Bei den letzten beiden muß zusätzlich ein Application-Context angegeben werden.

Nach *EventLoop()* hat das Formular in *WaitForAnswerForm()* seine Schuldigkeit getan, und es kann zerstört werden. Beim nächsten Aufruf von *WaitForAnswerForm()* wird ein neues Formular erzeugt.

Noch ein Hinweis zur Datenstruktur *loop_data*, die als *client_data* eingesetzt wird: *loop_data* ist eine lokale Variable. Normalerweise darf eine solche Variable nicht als *client_data* benutzt werden, da sie ja nach Verlassen der Routine nicht mehr existiert. In diesem Fall weiß man aber, daß das Formular und damit die Buttons nur solange existieren wie die Routine *WaitForAnswerForm()*. Damit existiert *loop_data* für die ganze Lebensdauer des Formulars. Man denke aber immer daran, daß dies nur ein Ausnahmefall ist, der durch den Bruch mit der Toolkit-Philosophie entstanden ist. Obwohl man die lokale Event-Schleife nicht unbedingt empfehlen kann, ist sie für einige Ausnahmesituationen gut geeignet. Da lohnt es sich, auch mal gegen die guten Programmiersitten zu verstoßen.

8.9   Die letzte Version des Programms *soft*

Das Beispiel „Software Entwicklung" ist im Laufe der Zeit zu einem ziemlich großen Programm geworden. An dieser Stelle ist es angebracht, die einzelnen Funktionen nochmals aufzulisten, da das Beispiel nicht weiter fortgeführt werden soll. Hinter den Routinen sind jeweils die Seiten angegeben, auf denen der Source-Code zu finden ist oder wo auf kleinere Änderungen hingewiesen wird.

Dateien: *soft.c soft.h*

Funktion	Quelltext	Ergänzungen
main()	S. 155	S. 276, S. 341
CreateInput()	S. 292	S. 296, S. 329
CreateCommands()	S. 238	S. 299, 327
MinShellDim()	S. 279	
CreateForm()	S. 277	S. 299
CreateMain()	S. 276	
RunCB()	S. 166	
MakeCB()	S. 168	S. 327

Funktion	Quelltext	Ergänzungen
RemoveCB()	S. 168	S. 327
EditCB()	S. 169	
ExitConfirmCB()	S. 251	
ExitCB()	S. 250	
QuitConfirmCB()	S. 282	
QuitCB()	S. 281	
NewCB()	S. 276	
DestroyCB()	S. 280	
SetTextCB()	S. 298	
FileCancelCB()	S. 294	
UpdateTextCB()	S. 295	
FileCB()	S. 293	
CheckFileCB()	S. 330	S. 332
TextModifiedCB()	S. 329	
ResourceText()	S. 335	
ErrorConfirmCB()	S. 334	
ErrorMessage()	S. 333	
GetMainShell()	S. 341	
FatalMessage()	S. 342	
FatalWindowError()	S. 343	
WindowError()	S. 343	
ToolkitWarning()	S. 340	
ToolkitError()	S. 341	
InstallHandlers()	S. 340	

Als Includes müssen die folgenden Files eingebunden werden:

```
#include <Xm/Xm.h>
#include <Xm/DialogS.h>
#include <Xm/Label.h>
#include <Xm/Text.h>
#include <Xm/PushB.h>
#include <Xm/ToggleB.h>
#include <Xm/RowColumn.h>
#include <Xm/Form.h>
#include <Xm/Separator.h>
#include <Xm/MessageB.h>
#include <Xm/FileSB.h>
#include "soft.h"
```

Das File *soft.h* enthält die Datenstruktur *FormData*, die auf Seite 329 abgedruckt ist. Hinweise zum Ressourcen-File findet man auf den Seiten 160, 234, 241, 283.

8.10   Auf der Suche nach Widgets und Ressourcen

Bis hierher sind in diesem Buch eine Unmenge von Widgets und Ressourcen
vorgestellt worden. Für einen Anwender stellt sich die Frage, welche Widgets
und Ressourcen für die Lösung seiner Probleme geeignet sind. Eine Zusam-
menfassung der wichtigsten Ergebnisse der letzten beiden Kapitel kann dabei
vielleicht eine nützliche Hilfestellung sein. Am Schluß dieses Abschnitts wird
außerdem kurz auf Gadgets eingegangen.

Aus der Analyse der Problemstellung muß der Anwender die benötigten
Formulare, beziehungsweise Formulartypen, ermitteln. Die Formulare müssen
in eine Dialoghierarchie eingeordnet werden, die letztendlich die Benutzungsoberfläche des Programms ausmacht. In der Dialoghierarchie kann man zwischen Hauptfenster und Dialogfenster unterscheiden. Auf Seite 277 wird gezeigt, wie man ein Dialogfenster mit eigenem Formular erzeugt. Auf Seite 285
wird nach dem gleichen Schema ein Hauptfenster erzeugt.

Leider ist es bei komplexen Problemstellungen gar nicht so einfach, eine
für den Benutzer vorteilhafte Dialoghierarchie zu realisieren. Es kommt oft
vor, daß eine Eingabe in einem Formular Änderungen in anderen Formularen
der Applikation erforderlich macht. Die in Abschnitt 8.4.2 vorgestellte Verwaltung mit Formulardatenstrukturen reicht für solche Fälle nicht mehr aus.
Daneben müssen andere Datenstrukturen die Abstimmung zwischen den Formularen regeln. Änderungen könnten zum Beispiel an einen übergeordneten
Modul gemeldet werden, der dann die anderen Formulare auf den neuesten
Stand bringt. Das Modularisierungskonzept der objektorientierten Programmierung kann dabei als Vorbild genommen werden. Die Problematik ist aber
zu vielfältig, als daß hier eine Patentlösung angegeben werden könnte. Die
Ausarbeitung der bisherigen „nebulösen" Hinweise könnte sicherlich ein eigenes Buch füllen.

8.10.1   Die richtige Widget-Klasse

Alle Fenster in der Dialoghierarchie benutzen Shell-Widgets als Grundlage.
Für Hauptfenster setzt man Application-Shells ein und für Dialogfenster
Dialog-Shells. In beiden Fällen besteht der Formularinhalt aus einer Hierarchie von Widgets. Die Problemstellung bestimmt, welche Widget-Klassen
zum Einsatz kommen. Grundsätzlich kann man im Motif-Toolkit Dialogobjekte, vorgefertigte „Boxen" und Layout-Widgets unterscheiden.

Tab. 8.1 Fertige Boxen im Motif-Toolkit

Box	Beschreibung	Abbildung	Beispiel
Message-Box	Abschn. 8.2	S. 250	S. 267
File-Selection-Box	Abschn. 8.5	S. 287	S. 293
Selection-Box	Abschn. 8.6.1	S. 300	–

Tab. 8.2 Einige Anwendungen bereits vorgestellter Klassen

Anwendung	Klasse	Beschreibung	Beispiel/ Hinweis
Kommandos auslösen	*XmPushButton*	Abschn. 7.5	S. 164
textuelle Kommandos	*XmCommand*	Abschn. 8.6.3	–
Alternative	*XmToggle*	Abschn. 7.6	S. 296
Auswahl 1 aus n	*XmToggle*	Abschn. 7.6.3	S. 298
Auswahl m aus n	*XmToggle*	Abschn. 7.6.3	–
einzeilige Texte eingeben	*XmText* *XmTextField*	Abschn. 7.7	S. 292
Strings auswählen	*XmList*	Abschn. 8.6.6	S. 309
mehrzeilige Texte eingeben	*XmText*	Abschn. 7.7	S. 207
Zahlen eingeben	*XmText* *XmScale*	Abschn. 7.7 Abschn. 8.7.7	S. 331
Grafik ausgeben	*XmDrawingArea* *XmDrawnButton*	Abschn. 8.7.2 Abschn. 7.5.4	–
Daten, Bilder verschieben	*XmScrollbar*	Abschn. 8.7	S. 318
Texte Bilder	*XmLabel* *XmText*	Abschn. 7.4 Abschn. 7.7	S. 231
Verschönerung Layout	*XmSeparator* *XmFrame*	Abschn. 7.4.4 Abschn. 7.11.3	S. 231

Als Layout-Widgets wurden das *Form-* und das *RowColumn*-Widget vorgestellt. In den meisten Fällen wird man mit dem *Form*-Widget arbeiten. Die Boxen sind auch Layout-Widgets, allerdings mit festem Inhalt. Sie bilden oft eigenständige Formulare in einem eigenen Dialogfenster. Sie können aber auch in größere Formulare eingebaut werden.

Mit einer Message-Box können Texte angezeigt werden. Die File-Selection-Box wird speziell zur Auswahl von Dateinamen eingesetzt. In einer Selection-Box können beliebige Strings ausgewählt werden. Die Tab. 8.1 gibt zu jeder Box an, wo man Erläuterungen, Beispiele und Abbildungen findet.

Alle Boxen haben am unteren Rand eine Zeile mit Buttons. Mit dem Ok-Button wird der Dialog abgeschlossen, und das Formular verschwindet. Der Apply-Button führt eine Operation aus, ohne daß das Formular verschwindet. Eine Message-Box besitzt allerdings keinen Apply-Button. Der Cancel-Button bricht den Dialog ab, ohne eine Aktion durchzuführen. Außerdem ist überall ein Help-Button vorhanden, mit dem Hilfestellungen angefordert werden können.

Sind einige Teile einer Box für eine konkrete Anwendung überflüssig, dann kann man sie unsichtbar machen. Auf Seite 250 ist dafür ein Beispiel zu finden. Die Selection- und die File-Selection-Box können darüber hinaus mit zusätzlichen Widgets versehen werden. Wie man das macht, wurde in Abschnitt 8.6.4 beschrieben. In Abschnitt 8.6.5 wird beschrieben, wie man einen eigenen Formularteil mit den Standard-Buttons der Selection-Box verbindet. Kommt man trotz all dieser Variationsmöglichkeiten nicht mit einer der vorgegebenen Boxen aus, dann können sie immer noch als Vorbild für eigene Formulare, beziehungsweise Dialogboxen, dienen. Eigene Formulare bestehen aus einer Anzahl von Dialogobjekten. Auf der Suche nach den richtigen Dialogobjekten mag Tab. 8.2 hilfreich sein. In der Tabelle sind zu einigen Anwendungen Widget-Klassen aufgeführt, mit denen die Anwendungen realisiert werden können.

8.10.2 Die Ressourcen für den gewünschten Effekt

Die Zahl der Ressourcen im Motif-Toolkit ist ungeheuer groß. Dabei muß man außerdem noch einiges beachten: Einige Ressourcen-Werte werden vom jeweiligen Parent-Widget neu gesetzt, wie es zum Beispiel in Abschnitt 7.8.5 beschrieben ist. Für manche Effekte müssen mehrere Flags gesetzt werden – siehe Tab-Groups in Abschnitt 8.1.7. Einige Ressourcen arbeiten nur im Zusammenspiel mit dem Window-Manager, vor allem die Ressourcen des Bulletin-Boards. Außerdem zeigen einige Ressourcen, insbesondere ererbte Ressourcen, nicht den erwarteten Effekt, wie man beim Shadow-Rahmen des *Label*-Widget sehen kann – siehe Abschnitt 7.4.3. Beim Ausprobieren der Ressourcen sollten diese Ausnahmen und Verwicklungen stets in Betracht gezogen werden.

8.10.3 Widgets ohne Window: Gadgets

Die Toolkit-Intrinsics bieten neben den Widgets noch eine zweite Art von Objekten, die sogenannten *Gadgets*, an. Bei den Gadgets handelt es sich im Prinzip um „abgespeckte" Widgets. Das Hauptmerkmal eines Gadgets ist, daß es kein eigenes Window besitzt. Da der Server für ein Gadget kein X-Window erzeugen muß, geht die Erzeugung eines Gadgets schneller als die eines Widgets vonstatten. Außerdem besitzen Gadgets nur die wichtigsten Ressourcen ihrer Widget-Geschwister. Dadurch wird im Server und in der Applikation Speicherplatz eingespart.

Zur Darstellung ihres Inhalts benutzen Gadgets das Window ihrer Parent-Widgets. Wenn also zum Beispiel ein *Label*-Gadget als Kind eines *Form*-Widgets erzeugt wird, wird der Inhalt des *Label*-Gadgets im Window des *Form*-Widgets ausgegeben.

Ohne eigenes Window bekommen Gadgets natürlich auch keine Events vom Server. Woher „weiß" ein Gadget dann aber zum Beispiel, wann es seinen Inhalt zu rekonstruieren hat? Nun, ein Gadget selbst kann dies tatsächlich nicht wissen. Aber für das Window des Parent-Widgets wird ja ein Event vom Server erzeugt, wenn ein Bereich neu gezeichnet werden muß. Und da das Parent-Widget weiß, an welchen Stellen seine Gadget-Kinder sitzen, kann es die entsprechende Funktion zum Neuzeichnen des Gadgets aufrufen. Auch alle anderen Arten von Events muß das Parent-Widget auf diese Art und Weise an seine Gadget-Kinder verteilen.

Nach dem eben Gesagten ist es auch leicht einzusehen, warum Motif nur für das *Label*-Widget, *Separator*-Widget und alle Button-Widgets – mit Ausnahme des *Drawn*-Buttons – entsprechende Gadgets zur Verfügung stellt: Layout-Widgets werden als Parent-Widgets für Gadgets verwendet und müssen deshalb ein eigenes Window besitzen.

Das folgende Stück Code zeigt, wie ein *PushButton*-Gadget erzeugt werden kann. Dazu wird am einfachsten die entsprechende Convenience-Function benutzt:

```
#include<Xm/Xm.h>
#include<Xm/PushBG.h>
     :
     :
Widget push;
     :
push = XmCreatePushButtonGadget(parent, "push", NULL, 0);
XtManageChild(push);
     :
```

Man kann ein Gadget aber auch mit *XtCreateManagedWidget()* erzeugen:

```
#include<Xm/Xm.h>
#include<Xm/PushBG.h>
     :
     :
Widget push;
     :
push = XtCreateManagedWidget("push", xmPushButtonGadgetClass,
                             parent, NULL, 0);
     :
```

Wie man sieht, heißt das Include-File für das *PushButton*-Gadget *PushBG.h* und die Convenience-Function *XmCreatePushButtonGadget()*. Für Gadgets existiert kein eigener Datentyp, der Typ *Widget* wird auch für Gadgets benutzt.

Ansonsten soll man ein Gadget genauso wie ein Widget behandeln können. Die Betonung liegt hierbei auf *soll*, denn dabei gibt es Ausnahmen: Zum Beispiel liefert die Funktion *XtDisplay()* bei einem Gadget einen undefinierten Rückgabewert. Dasselbe ist bei den Funktionen *XtWindow()* und *XtScreen()* der Fall. Für Gadgets muß man deshalb anstelle von

- *XtDisplay()*,
- *XtWindow()* und
- *XtScreen()*

die Funktionen

- *XtDisplayOfObject()*,
- *XtWindowOfObject()* und
- *XtScreenOfObject()*

benutzen. Diese Funktionen überprüfen zunächst, ob es sich bei dem übergebenen Objekt um ein Gadget handelt. Falls dies der Fall ist, wird über das Parent-Widget des Gadgets auf die gewünschten Informationen zugegriffen. Warum die Entwickler der Toolkit-Intrinsics dazu allerdings separate Funktionen implementieren mußten, ist nicht ganz einleuchtend.

In Abschnitt 15.1 wird noch einmal kurz auf die Einordnung der Gadgets in der Klassenhierarchie des Toolkits eingegangen. Ansonsten werden Gadgets in diesem Buch nicht weiter behandelt. Trotzdem soll der Leser an dieser Stelle dazu ermuntert werden, in den Beispielen dieses Buches ruhig einmal Gadgets zu verwenden.

9. Grafik

Bisher war die Ausgabe von Grafik kein Problem: Für Texte, Farben und
Zeichen haben die Widgets gesorgt. Das wird schlagartig anders, wenn eine
Applikation eigene Entwürfe ins Window bringen will. Dann muß sie sich in
die Tiefen der Xlib hinabbegeben und mit ihrer Hilfe die Bilder ins Raster
zwingen. Die Grundkonzepte der Rastergrafik und ihre Entsprechungen im
X-Window-System wurden in Teil A beschrieben. Dort wurden Begriffe wie
Pixel, Farbtabelle, Pixmap, Drawable und Font erklärt.

In Teil A ist deutlich geworden, daß sehr viel zu tun ist, bis mit dem
eigentlichen Zeichnen begonnen werden kann. Farben, Muster und Zeichensätze müssen eingerichtet, Attribute durch Grafikkontexte definiert werden.
Alle diese „Malmittel" werden auch *Grafikressourcen* genannt. Die Daten dieser Ressourcen liegen beim X-Server, die Applikation kann nicht direkt auf
sie zugreifen. Die Ressourcen werden wie Windows durch abstrakte *Identifier* identifiziert. Die Grafikressourcen dürfen nicht mit den Ressourcen der
Widgets verwechselt werden.

Die ersten Abschnitte dieses Kapitels drehen sich nur um die Vorbereitungen der Grafikressourcen: Zuerst wird erklärt, wie Farben gemischt werden. Danach werden Muster erzeugt und Zeichensätze eingerichtet. Schließlich
wird gezeigt, wie die Zeichen-Attribute in einem Grafikkontext festgelegt werden. Diese Vorbereitungen sind trockener Stoff. Beim ersten Lesen dürfte
es reichen, diese Abschnitte kurz zu überfliegen. Details sollten bei Bedarf
später nachgeschaut werden. Wichtig ist, eine Idee von den Möglichkeiten zu
bekommen.

Nachdem alles vorbereitet ist, kann es mit dem Zeichnen losgehen. Zuerst
werden Striche ausgegeben: Linien, Rechtecke, Kreise und ähnliches. Danach
werden Flächen mit Mustern gefüllt, und schließlich wird Text ausgegeben —
Schreiben als höchste Form der Ausgabe. Die Ausgabe selbst ist im übrigen
wesentlich einfacher als die Vorbereitung der Ausgabe — ein Xlib-Paradoxon?

Zum Schluß wird noch ein Thema angesprochen, das auf den ersten Blick nicht so recht in dieses Kapitel passt: die Form des Maus-Cursors. Die Gestalt des Cursors kann man mit Xlib-Funktionen selbst bestimmen. Dazu werden Pixel-Muster und Farben benötigt — womit das Thema hier nicht völlig fehl am Platze ist.

Als begleitendes Beispiel für die unterschiedlichen Xlib-Funktionen in diesem Kapitel dient der „Grafik-Testrahmen" *grtest*. Mit *grtest* werden fest programmierte Grafiken ausgegeben. Im folgenden Abschnitt wird zuerst einmal das „Gerüst" von *grtest* aufgebaut. Im nächsten Kapitel wird die Verwaltung von grafischen Daten durch geeignete Datenstrukturen beschrieben. Dabei wird *grtest* zum Programm *grview* erweitert. Mit *grview* können Grafikdaten von Files eingelesen und dargestellt werden. Später mausert sich *grview* dann zum Grafik-Editor *gredi*, wobei die Verarbeitung von Events im Mittelpunkt steht.

In diesem Kapitel wird oft das Display, der Screen oder das Window zu einem Widget benötigt. In der Xlib sind Informationen über Bildschirme in Datenstrukturen vom Typ *Screen* gespeichert. *Screen* ist ebenso wie wie *Display* eine private Struktur der Xlib, ihre Interna liegen nicht offen. Die Funktion *XtDisplay()* liefert einen Zeiger auf das *Display* eines Widgets, die Funktion *XtScreen()* einen Zeiger auf den *Screen* und die Funktion *XtWindow()* das Window eines Widgets:

*Display * XtDisplay(Widget widget)*
*Screen * XtScreen(Widget widget)*
Window XtWindow(Widget widget)
widget Widget, dessen Display, Screen oder Window gesucht ist.

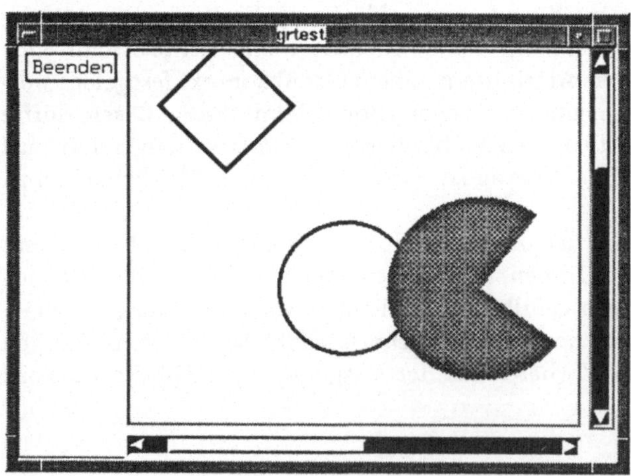

Abb. 9.1 So präsentiert sich *grtest* dem Benutzer.

9.1   Der Grafik-Testrahmen *grtest*

Das Programm *grtest* wird in diesem Kapitel die Erklärung der Xlib-Grafikroutinen begleiten. Daher wird hier zuerst einmal der Rahmen von *grtest* aufgebaut. In diesen Rahmen werden dann nach und nach unterschiedliche Routinen zur Initialisierung der Grafikressourcen und zur Ausgabe von Grafik eingebracht.

Den Aufbau von *grtest* zeigt Abb. 9.1. Es gibt nur ein Hauptfenster. Den größten Teil des Fensters nimmt ein Feld zur Ausgabe der Grafik ein. Zwei Scrollbars dienen wie gewohnt zum Verschieben der Grafik im Ausgabefeld. Ansonsten gibt es nur noch einen Button zum Beenden des Programms. Später werden hier bei *grview* und *gredi* zusätzliche Schalter eingebaut.

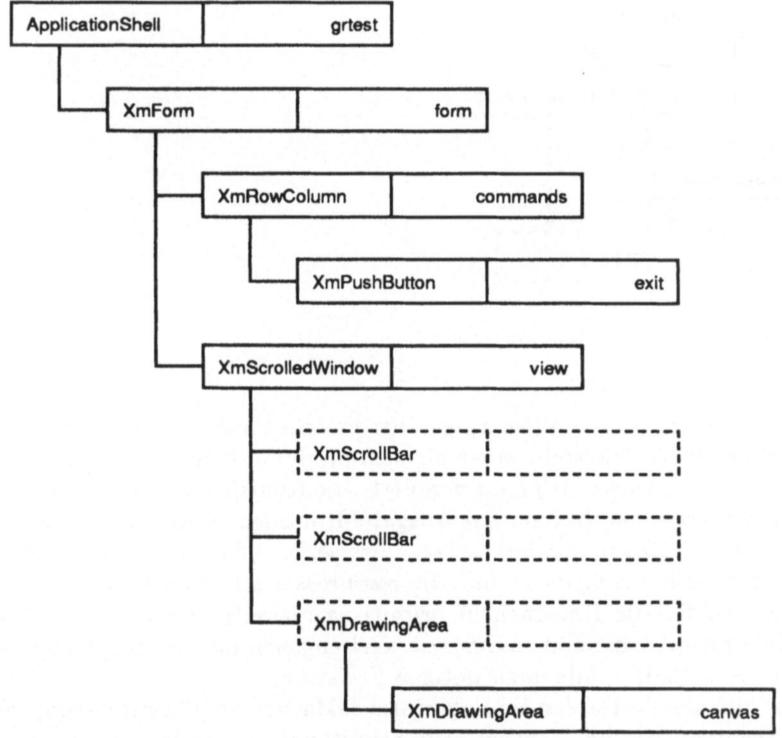

Abb. 9.2 Die Widget-Hierarchie von *grtest*

Unter dem einzigen Shell-Widget von *grtest* hängt als Kind ein *Form*-Widget. Das *Form*-Widget hat zwei Kinder: ein *RowColumn*-Widget, das den Kommando-Button enthält, und ein *ScrolledWindow*-Widget als Fenster auf die eigentliche Grafik. Das Scrolled-Window ist mit zwei Scrollbars ausgestattet, mit denen die Grafik im Fenster verschoben werden kann, sowie mit einem sogenannten Clip-Widget. Diese drei Kinder des *ScrolledWindow*-Widgets werden automatisch erzeugt. Die eigentliche Grafik wird in ein *DrawingArea*-Widget ausgegeben, das ein Kind des Clip-Widgets ist. Die Ausgabe wird dabei durch das Clip-Widget begrenzt. Man kann sich die Drawing-Area wie eine Zeichenfläche vorstellen, die durch das Fenster des Scrolled-Windows hindurch betrachtet wird. Abbildung 9.2 zeigt die Widget-Hierarchie von *grtest*.

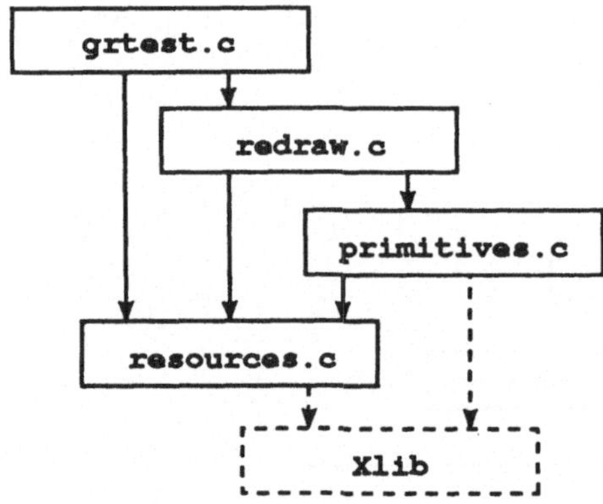

Abb. 9.3 Die Modul-Hierarchie von *grtest*

Das Programm ist in vier Files aufgeteilt: *grtest.c, redraw.c, primitives.c* und *resources.c.* Jedes File stellt einen eigenen Modul dar. In *grtest.c* werden die Widgets und Callbacks für *grtest* definiert. Die Routinen zur Ausgabe der Grafik sind in *redraw.c* enthalten. Die Ausgabe-Routinen in *redraw.c* verwenden nicht direkt die Xlib, sondern setzen ihrerseits auf primitive Ausgabe-Routinen im Modul *primitives.c* auf. In *resources.c* schließlich werden die Grafikressourcen für die Routinen in *primitives.c* bereitgestellt. Die beiden Basis-Module *primitives.c* und *resources.c* sind zugleich für *grview* und *gredi* vorgesehen, sie enthalten alle dazu nötigen Funktionen.

Sämtliche globalen Variablen sind als *static* deklariert und damit nur innerhalb des jeweiligen Moduls sichtbar. Die Schnittstelle eines Moduls besteht ausschließlich aus Funktionen. Die Schnittstellen der Untermodule *redraw.c, primitives.c* und *resources.c* werden durch die Include-Files *redraw.h, primitives.h* und *resources.h* deklariert. Abbildung 9.3 zeigt die Modul-Hierarchie von *grtest*.

Im folgenden wird zuerst der Modul *grtest.c* beschrieben, in dem die Widgets und Callbacks von *grtest* realisiert werden. Die Routinen in den Modulen *resources.c* und *primitives.c* werden dann nach und nach während der Beschreibung der Grafikressourcen und Ausgabe-Routinen der Xlib vorgestellt. Zum Schluß dieses Kapitels wird eine mögliche Version des Moduls *redraw.c* beschrieben.

Bei *grtest.c* sollte es keine großen Überraschungen geben. Das Hauptprogramm ist wie gewohnt „nach Schema F" aufgebaut:

```
/*
 *   grtest.c -- Testrahmen fuer Xlib-Grafikroutinen
 */


/* Include-Files und Funktionen */


#include <stdio.h>
#include <string.h>

#include <Xm/Xm.h>              /* globales fuer Motif-Widgets */
#include <Xm/DrawingA.h>        /* DrawingArea-Widget */
#include <Xm/ScrolledW.h>       /* ScrolledWindow-Widget */
#include <Xm/Form.h>            /* Form-Widget */
#include <Xm/PushB.h>           /* PushButton-Widget */
#include <Xm/RowColumn.h>       /* RowColumn-Widget */

#include "redraw.h"             /* Grafikdaten und Ausgaberoutinen */
#include "resources.h"          /* Verwaltung der Grafikressourcen */

static Widget CreateMainWindow();
static void   CreateCommandButtons();
static void   RedrawCB();
static void   ExitCB();

/*
 *   main -- das Hauptprogramm von grtest
 */

main(argc, argv)
   unsigned int argc;
   char **argv;
{
   Widget app_shell,    /* Shell-Widget */
          canvas;       /* Drawing-Area */

   /* Toolkit initialisieren, Widgets erzeugen. */

   app_shell = XtInitialize(NULL, "GraphicTool",
                            NULL, 0, &argc, argv);

   canvas = CreateMainWindow(app_shell);
   InitGraphic(canvas);
   XtRealizeWidget(app_shell);
```

```
    /* Events verarbeiten */

    XtMainLoop();
}
```

Die Funktion *CreateMainWindow()* erzeugt alle Widgets von *grtest* bis auf
das Shell-Widget. Die eigentlichen Grafikausgaben finden in einem Widget
der Klasse *XmDrawingArea* statt. Dieses Widget wird von *CreateMainWin-
dow()* als Funktionswert zurückgeliefert. Die Grafikressourcen für *grtest* werden mit der Funktion *InitGraphic()* aus *resources.c* initialisiert. *CreateMain-
Window()* birgt außer den beiden Widget-Klassen *XmScrolledWindow* und
XmDrawingArea keine großen Neuigkeiten:

```
/*
 *  CreateMainWindow -- Widgets fuer das Hauptfenster von grtest
 *       erzeugen. Liefert die Drawing-Area "canvas" zurueck.
 */

static Widget CreateMainWindow(shell)
    Widget shell;
{
    Widget    form, view, canvas, commands;
    Arg       args[5];
    int       n;

    /* Form-Widget als Rahmen des Hauptfensters erzeugen */

    form = XmCreateForm(shell, "form", NULL, 0);
    XtManageChild(form);


    /* RowColumn-Widget fuer die Kommando-Buttons und zugehoerige
       Buttons erzeugen */

    n = 0;
    XtSetArg(args[n], XmNtopAttachment,  XmATTACH_FORM); n++;
    XtSetArg(args[n], XmNleftAttachment, XmATTACH_FORM); n++;
    commands = XmCreateRowColumn(form, "commands", args, n);
    XtManageChild(commands);

    CreateCommandButtons(commands);

    /* ScrolledWindow als Fenster fuer die Zeichenflaeche erzeugen */

    n = 0;
    XtSetArg(args[n], XmNtopAttachment,    XmATTACH_FORM); n++;
    XtSetArg(args[n], XmNbottomAttachment, XmATTACH_FORM); n++;
    XtSetArg(args[n], XmNleftAttachment,   XmATTACH_WIDGET); n++;
    XtSetArg(args[n], XmNleftWidget,       commands); n++;
    XtSetArg(args[n], XmNrightAttachment,  XmATTACH_FORM); n++;
```

```
    view = XmCreateScrolledWindow(form, "view", args, n);
    XtManageChild(view);

    /* DrawingArea als Zeichenflaeche erzeugen */

    canvas = XmCreateDrawingArea(view, "canvas", NULL, 0);
    XtAddCallback(canvas, XmNexposeCallback, RedrawCB, NULL);
    XtManageChild(canvas);

    return canvas;
}
```

Die Grafik wird in der Drawing-Area *canvas* ausgegeben. Die Drawing-Area
wird dabei durch das *ScrolledWindow*-Widget *view* begrenzt, das Scrolled-
Window dient praktisch als Ausschnitt für die Ausgaben in der Drawing-
Area. Abbildung 9.4 zeigt das Zusammenspiel der beiden Widgets. Der Aufbau eines *ScrolledWindow*-Widgets ist recht komplex; zusammen mit dem
eigentlichen Scrolled-Window werden automatisch bis zu drei Kinder erzeugt:

−ein *Clip-Widget* zur Begrenzung der Ausgaben in der Drawing-Area. Die
 Drawing-Area ist das einzige Kind des Clip-Widgets. Beim Erzeugen der
 Drawing-Area wird als Parent-Widget zwar das *ScrolledWindow*-Widget
 angegeben, die Drawing-Area wird aber automatisch als Kind unter das
 Clip-Widget gehängt. Das Clip-Widget selbst ist übrigens auch ein *Draw-
 ingArea*-Widget.

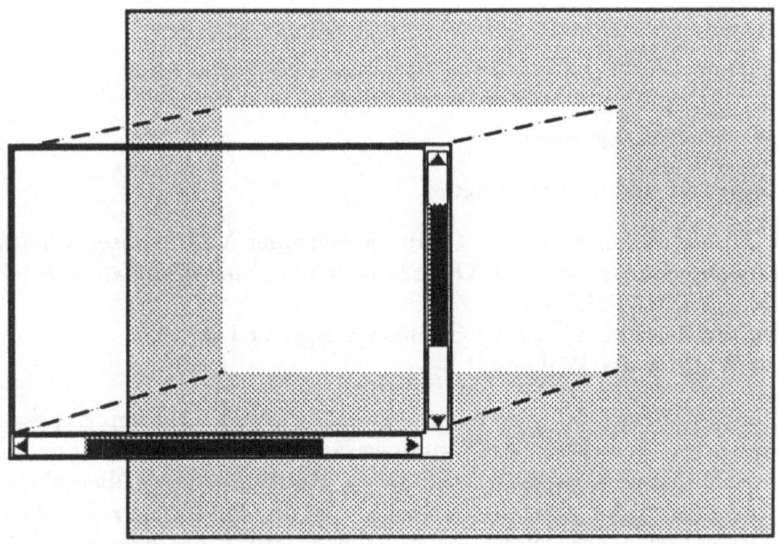

Abb. 9.4 Ein Scrolled-Window als Fenster für eine Drawing-Area

– ein horizontaler Scrollbar zum Verschieben der Grafik in der Drawing-Area
  in horizontaler Richtung
– ein vertikaler Scrollbar zum Verschieben der Grafik in der Vertikalen.

Das automatische Umhängen eines Widgets — wie hier bei der Drawing-Area
— wird auch „reparenting" genannt. Es kann leicht zu undurchsichtigen
Fehlern kommen, wenn man vergißt, daß die Drawing-Area ein Kind des
Clip-Widgets und nicht des Scrolled-Windows ist.

Durch Ressourcen kann festgelegt werden, ob die Scrollbars immer zu sehen sind oder nur bei Bedarf — wenn die Drawing-Area größer als das Clip-
Widget ist. Wird das Scrolled-Window wie hier eingesetzt, so erhalten die
Scrollbars automatisch spezielle Callbacks. Werden die Scrollbars vom Benutzer betätigt, so ändern diese Callbacks die Position des *DrawingArea*-
Widgets. Eine Grafik in der Drawing-Area wird also einfach dadurch verschoben, daß die Position des Widgets verändert wird.

Das Auffrischen der Grafik in der Drawing-Area wird durch Expose-Events
ausgelöst. Hierzu dient die Callback-Routine *RedrawCB()* des *DrawingArea*-
Widgets. *RedrawCB()* wird aufgerufen, sobald ein Expose-Event im Window
der Drawing-Area auftritt. Daher auch der Name der Callback-Liste: *XmN-
exposeCallback*. Daneben besitzt eine Drawing-Area noch die Callback-Liste
XmNinputCallback für Benutzereingaben mit Tastatur oder Maus. Diese
kann zur Verarbeitung von Eingaben bei Editoren oder ähnlichen Anwendungen verwendet werden. Bei diesen beiden Callback-Listen wird die Struktur *XmDrawingAreaCallbackStruct* als *call_data* an die Callbacks übergeben.
Die Struktur sieht wie folgt aus:

```
typedef struct {
    int reason;
    XEvent *event;
    Window window;
} XmDrawingAreaCallbackStruct;
```

Die Felder haben folgende Bedeutung:

reason: der Grund für den Aufruf der Callback. Bei einer *XmNexposeCallback*
  steht hier die Konstante *XmCR_EXPOSE*, bei einer *XmNinputCallback* die
  Konstante *XmCR_INPUT*.
event: Zeiger auf das Event, das die Callback ausgelöst hat
window: das Window des Widgets.

Für die Callback *RedrawCB()* wird nur das Event benötigt. In jedem Expose-
Event ist derjenige Ausschnitt des Windows angegeben, der neu gezeichnet werden muß. Dieser Ausschnitt wird an die Routine *Draw()* übergeben.
Draw() ist die eigentliche Ausgaberoutine, sie ist im Modul *redraw.c* enthalten. In *Draw()* wird der Ausschnitt zur Optimierung des Neuzeichnens
verwendet, damit bei einem Expose-Event nicht immer die gesamte Drawing-
Area ausgegeben zu werden braucht. Events und speziell auch Expose-Events

werden erst im übernächsten Kapitel besprochen – also bitte etwas Geduld,
wenn noch nicht alles verständlich ist:

```c
/*
 *  RedrawCB -- Redraw-Callback fuer die Zeichenflaeche
 */

static void RedrawCB(canvas, client_data, call_data)
   Widget  canvas;          /* DrawingArea-Widget */
   caddr_t client_data;     /* unbenutzt */
   caddr_t call_data;       /* Callback-Struktur der Drawing-Area */
{
   XRectangle clip_rect;
   XmDrawingAreaCallbackStruct *drawing_cb_data =
      (XmDrawingAreaCallbackStruct *) call_data;

   /* Grafik bei Expose-Event ausgeben */

   if (drawing_cb_data->event->type == Expose) {
      clip_rect.x      = drawing_cb_data->event->xexpose.x;
      clip_rect.y      = drawing_cb_data->event->xexpose.y;
      clip_rect.width  = drawing_cb_data->event->xexpose.width;
      clip_rect.height = drawing_cb_data->event->xexpose.height;
      Draw(&clip_rect);
   }
}
```

Hier wird nur die einfachste Verwendung des *ScrolledWindow*-Widgets gezeigt. Alles passiert automatisch, man braucht sich um die Scrollbars keine
Gedanken zu machen. Leider geht es nicht immer so einfach: Oft weiß man
nicht im voraus, wie groß das Window für die Ausgabe sein muß. Oder das
Ausgabe-Window müßte viel zu groß sein, zum Beispiel bei einem Text-
Editor. In solchen Fällen muß man dann die Callbacks für die Scrollbars
selbst schreiben und sich auch über die Positionierung der Grafik beim Verschieben Gedanken machen. Meist wird das Koordinatensystem der Grafikdaten dann nicht mehr mit dem Koordinatensystem des Ausgabe-Windows
übereinstimmen.

Die Funktion *CreateCommandButtons()* erzeugt hier nur einen Push-Button zum Beenden des Programms. Später werden zusätzliche Buttons benötigt; dazu wird die Funktion dann einfach erweitert:

```c
/*
 *  CreateCommandButtons -- Kommando-Buttons fuer grtest als
 *     Kinder des Widgets commands erzeugen.
 */

static void CreateCommandButtons(commands)
   Widget commands;
{
```

```
    Widget button;

    /* Exit-Button erzeugen */

    button = XmCreatePushButton(commands, "exit", NULL, 0);
    XtAddCallback(button, XmNactivateCallback, ExitCB, NULL);
    XtManageChild(button);
}
```

Die Callback *ExitCB()* bricht das Programm einfach mit *exit()* ab. Sie wurde
bereits in Abschnitt 8.1.1 vorgestellt. Zum Schluß werden noch einige Ressourcen für *grtest* definiert:

```
!
! GraphicTool: Ressourcen fuer grtest
!

*form.width: 550
*form.height: 400
*view.scrollingPolicy: automatic
*canvas.width: 700
*canvas.height: 1000

*exit.labelString: Beenden
```

Mit diesem Gerüst sind jetzt alle Vorbereitungen getroffen, es kann mit der
Grafik losgehen.

9.2 Farben

Farben werden im X-Window-System durch RGB-Werte definiert. Zur Erinnerung: Der RGB-Wert einer Farbe gibt jeweils den Rot-, Grün- und Blauanteil der Farbe an. Sind die drei Anteile gleich hell, so hat man ein Grau
„gemischt". Bei Weiß sind alle drei Anteile in voller Intensität vorhanden.
(Weißer als Weiß gibt es leider nicht.)

Die direkte Verwendung von RGB-Werten ist manchmal etwas mühselig.
Wer weiß schon, welchen RGB-Wert die Farbe Lila hat? Das X-Window-
System stellt daher eine *Farb-Datenbasis* mit Farbnamen zur Verfügung. Den
einzelnen Namen sind passende RGB-Werte zugeordnet, die mit Hilfe der
Namen abgefragt werden können.

Ausgegeben werden bei den Zeichenroutinen keine RGB-Werte, sondern
Pixel-Werte. Die Pixel-Werte werden vom X-Server mit Hilfe einer Farbtabelle in RGB-Werte umgewandelt. Im X-Server kann es gleichzeitig mehrere
Farbtabellen geben, jede Applikation kann eigene Tabellen erzeugen. Von
diesen Farbtabellen ist aber immer nur eine aktuell. Diese *aktuelle Farbtabelle* wird dann letztlich für die Ausgaben verwendet. Man kann zwar jedem
Window eine eigene Farbtabelle zuordnen, die Ausgaben im Window erscheinen aber immer in den Farben der aktuellen Tabelle. Dabei kommen leicht

„falsche" Farben zustande. Diese werden automatisch zu den richtigen, sobald die Farbtabelle des Windows als aktuelle Tabelle installiert wird. Es gibt spezielle Events, die einer Applikation die Änderung der aktuellen Farbtabelle melden.

Die aktuelle Farbtabelle wird normalerweise vom Window-Manager installiert. Beim Motif-Window-Manager *mwm* kann die Verwaltung der aktuellen Tabelle mit der Ressource *XmNcolormapFocusPolicy* beeinflußt werden. Bei *keyboard* zum Beispiel wird immer die Farbtabelle des Windows installiert, dessen zugehöriges Widget gerade den Tastatur-Fokus hat.

Wird ein Window neu erzeugt, so erbt es meist die Farbtabelle seines Parent-Windows. Da die Motif-Widgets keine eigenen Farbtabellen erzeugen, ist den Windows der Widgets immer die Farbtabelle des Root-Windows zugeordnet. Dem Root-Window wiederum ist normalerweise die *Default-Farbtabelle* des zugehörigen Screens zugeordnet. Für die meisten Anwendungen reicht diese Default-Farbtabelle aus. Sie enthält entweder schon die passenden Farben oder hat noch freien Platz für neue Einträge. Nur bei speziellen Anforderungen muß eine eigene Farbtabelle erzeugt und einem Window zugeordnet werden.

Leider gibt es eine ganze Reihe von Möglichkeiten, eine Farbtabelle abhängig von der jeweiligen Bildschirm-Hardware zu organisieren. Beim X-Window-System wurde sogar die Möglichkeit berücksichtigt, daß ein Bildschirm mehrere Arten von Farbtabellen unterstützt. Statt von „Arten von Farbtabellen" soll im folgenden auch von *Visual Types* oder kurz *Visuals* die Rede sein. Was ist an verschiedenen Visuals überhaupt möglich? Es gibt 6 grundsätzliche Typen von Farbtabellen in der Xlib:

PseudoColor: Diese Farbtabelle ist ein Array von RGB-Werten, Pixel-Werte sind nichts anderes als Array-Indizes. Die Farben in der Farbtabelle können geändert werden.

StaticColor: genau wie *PseudoColor*, nur daß die Farben in der Farbtabelle fest vorgegeben sind

GrayScale: genau wie *PseudoColor*, nur daß Helligkeitswerte statt Farben in der Farbtabelle stehen. Zur Definition eines Grauwertes muß der korrekte RGB-Wert verwendet werden, bei dem Rot-, Grün- und Blauwert identisch sind.

StaticGray: genau wie *GrayScale*, nur daß die Graustufen fest vorgegeben sind

DirectColor: Für jede der drei Grundfarben Rot, Grün und Blau gibt es ein eigenes Array mit Helligkeitswerten. Pixel-Werte enthalten drei (Bit-) Felder; jedes Feld ist ein Array-Index für einen Helligkeitswert. Bei 24 Ebenen im Frame-Buffer können zum Beispiel je 8 Bit als Index für die drei Arrays genutzt werden. Die drei Helligkeitswerte bilden direkt den RGB-Wert zum Pixel-Wert. Die Farben in der Tabelle können wie bei *PseudoColor* geändert werden.

TrueColor: genau wie *DirectColor*, nur daß die Tabellen nicht änderbar sind.

Bei *DirectColor* und *TrueColor* hat man meistens einen „tiefen" Frame-Buffer mit 24 oder mehr Ebenen. Solche Frame-Buffer sind wegen des nötigen Speichers noch recht teuer. Dafür kann man praktisch aber auch beliebig viele Farben gleichzeitig auf dem Bildschirm darstellen. Oft hat man es mit *PseudoColor* und 4 oder 8 Ebenen bei Farbbildschirmen und *StaticGray* bei Schwarz-Weiß zu tun. Es ist sehr aufwendig, eine wirklich portable Applikation für alle denkbaren Visuals zu entwickeln. Farbe ist immer noch, trotz der Xlib, eine sehr Hardware-abhängige Geschichte. Meist wird man in einer Applikation nur wenige Arten Farbtabellen unterstützen können.

Nur die Pixel-Werte für Schwarz und Weiß sind festgelegt. Will man eine andere Farbe verwenden, so muß man dafür einen Eintrag in die Farbtabelle machen. Im Xlib-Manual wird solch ein Eintrag *„color cell"* genannt. Es gibt zwei Arten von Einträgen in die Farbtabelle:

- *Öffentliche Einträge:* Bei einem öffentlichen Eintrag wird der Farbwert nur einmal festgelegt. Die Farbe für den Eintrag kann nicht geändert werden. Mehrere Applikationen können sich einen öffentlichen Eintrag teilen, dadurch wird wertvoller Platz in der Farbtabelle eingespart. Solche Einträge sind für alle Typen von Farbtabellen möglich.
- *Private Einträge:* Bei einem privaten Eintrag in die Farbtabelle kann der Farbwert jederzeit wieder geändert werden. Solche Einträge können natürlich nur in Farbtabellen der Typen *PseudoColor*, *GrayScale* oder *Direct-Color* gemacht werden, die anderen Typen lassen ja keine Änderung der Farbtabelle zu.

Es gibt unterschiedliche Routinen für öffentliche und private Einträge in die Farbtabelle. Ein öffentlicher Eintrag wird nur dann gemacht, wenn eine neue Farbe angegeben wird. Ist die gewünschte Farbe bereits öffentlich in der Farbtabelle zugänglich, so wird der Pixel-Wert des vorhandenen Eintrags zurückgeliefert. Ein privater Eintrag wird auf jeden Fall gemacht, damit die Applikation den Farbwert des Eintrags jederzeit ändern kann. Wird eine feste Farbe gebraucht, so sollte sie öffentlich in die Farbtabelle eingetragen werden. Dadurch kann dieser Eintrag auch anderweitig noch genutzt werden. Nur wenn ein Eintrag in der Farbtabelle ständig geändert werden muß, sollte er als privat eingetragen werden. Wird ein Eintrag nicht mehr gebraucht, so kann er wieder gelöscht werden. Hierbei wird ein öffentlicher Eintrag natürlich nur dann wirklich gelöscht, wenn er von keiner anderen Applikation mehr verwendet wird.

Welche Xlib-Routinen werden für die Farbgebung benötigt? Zuerst einmal muß man herausfinden, was der Bildschirm überhaupt leistet, auf dem ausgegeben werden soll. Das ist das Thema des folgenden Abschnitts. Danach kann der RGB-Wert zu einem Farbnamen oder einem Pixel-Wert erfragt werden. Sollen eigene Farben definiert werden, so müssen Einträge in die Farbtabelle gemacht werden. Eventuell muß vorher eine eigene Farbtabelle erzeugt und einem Window zugeordnet werden.

Bevor es losgeht, sollen noch einige wichtige Datentypen vorgestellt werden, die im folgenden immer wieder auftauchen: Pixel-Werte haben in der Xlib den Typ *unsigned long*. Im Include-File *Intrinsic.h* der Toolkit-Intrinsics wird für Pixel-Werte der Datentyp *Pixel* definiert. Farbtabellen werden durch X-Identifier vom Typ *Colormap* identifiziert. RGB-Werte werden mit Hilfe des Xlib-Datentyps *XColor* angegeben. Dieser Typ enthält im wesentlichen einen Pixel-Wert und den zugehörigen RGB-Wert:

```
typedef struct {
    unsigned long pixel;
    unsigned short red, green, blue;
    char flags;
    char pad;
} XColor;
```

Die Bedeutung der Felder im einzelnen:

pixel: Pixel-Wert der Farbe

red, green, blue: die Rot-, Grün- und Blauanteile der Farbe. Diese Werte sind skaliert, so daß sie unabhängig von der Bildschirm-Hardware sind. Sie liegen zwischen 0 und 65535. Bei einem Wert von 65535 wird der jeweilige Farbanteil so hell wie möglich ausgegeben, bei einem Wert von 0 ist er völlig dunkel. Bei Weiß sind also alle drei Felder auf 65535 gesetzt, bei Schwarz sind alle Felder 0. Bei Graustufen-Monitoren müssen diese drei Werte immer gleich sein.

flags: Manchmal werden nicht alle drei Farbanteile benötigt. Dann gibt *flags* an, welche der drei Werte relevant sind. Hierzu enthält das Feld dann eine Kombination der Bit-Masken *DoRed*, *DoGreen* und *DoBlue*.

pad: zum Auffüllen der Struktur, hat sonst keine Bedeutung.

Der Datentyp *XColor* wird zur Abfrage von RGB-Werten und für Einträge in die Farbtabelle gebraucht.

9.2.1 Was kann der Bildschirm?

Bei vielen Applikationen reicht es, wenn man einen Farb- von einem Schwarz-Weiß-Bildschirm unterscheiden kann und die Default-Farbtabelle verwendet, die jeder Bildschirm zur Verfügung stellt. Hierzu gibt es einige Makros, mit denen grundlegende Dinge wie die Tiefe des Bildwiederholspeichers oder die Anzahl der Farben in der Default-Farbtabelle erfragt werden können. Sollen eigene Farbtabellen erzeugt werden, so muß man wissen, welche Typen von Farbtabellen der Bildschirm unterstützt — also welche Visuals der Bildschirm zur Verfügung stellt.

Im Zusammenhang mit Visuals gibt es allein drei verschiedene Datentypen in der Xlib: Zuerst einmal sind Informationen über Visuals auf dem X-Server gespeichert. Diese Daten werden durch X-Identifier vom Typ *VisualID* identifiziert. Weitere Informationen über Visuals werden in den Clients in Datenstrukturen vom Typ *Visual* gespeichert. Diese Strukturen sind Xlib-privat, man sollte nicht in sie hineingreifen. Um Informationen über Visuals abzufragen, wird die Funktion *XGetVisualInfo()* und der Datentyp *XVisualInfo* verwendet.

Bei den Makros muß als Parameter immer ein Zeiger auf eine Struktur vom Typ *Screen* angegeben werden. Die Pixel-Werte für die Farben Schwarz und Weiß werden von den Makros *BlackPixelOfScreen()* und *WhitePixelOf-Screen()* geliefert:

```
unsigned long BlackPixelOfScreen(Screen *screen)
unsigned long WhitePixelOfScreen(Screen *screen)
```

Das Makro *DefaultDepthOfScreen()* liefert die üblicherweise verwendete Tiefe des Frame-Buffers eines Bildschirms. Es ist möglich, daß ein Bildschirm mehrere Tiefen unterstützt, das kommt aber eher selten vor:

```
int DefaultDepthOfScreen(Screen *screen)
```

Die Default-Farbtabelle eines Bildschirms kann mit dem Makro *DefaultColormapOfScreen()* erfragt werden:

```
Colormap DefaultColormapOfScreen(Screen *screen)
```

Die Anzahl der Farben in der Default-Farbtabelle bekommt man mit dem Makro *CellsOfScreen()* heraus:

```
int CellsOfScreen(Screen *screen)
```

Zu jedem Bildschirm gibt es einen *Default-Visual*, das mit dem Makro *DefaultVisualOfScreen()* erfragt werden kann. Wie gesagt sollte auf die *Visual*-Struktur nicht direkt zugegriffen werden. Mit der Funktion *XGetVisualInfo()* können die relevanten Teile der Struktur erfragt werden:

```
Visual *DefaultVisualOfScreen(Screen *screen)
```

Der folgende Ausdruck liefert zum Beispiel für ein Widget die Default-Tiefe des zugehörigen Bildschirms:

```
depth = DefaultDepthOfScreen(XtScreen(widget));
```

Soweit zu den Makros. Der Typ eines Visuals und andere Informationen werden in den oben erwähnten Strukturen vom Typ *XVisualInfo* von der Xlib geliefert:

```
typedef struct {
    Visual *visual;
    VisualID visualid;
    int screen;
    unsigned int depth;
    int class;
    unsigned long red_mask;
    unsigned long green_mask;
```

```
        unsigned long blue_mask;
        int colormap_size;
        int bits_per_rgb;
} XVisualInfo;
```

Die einzelnen Felder haben dabei folgende Bedeutung:

visual: Zeiger auf die interne Darstellung des Visuals
visualid: Identifier des Visuals auf dem Server
screen: Nummer des Bildschirms, dem das Visual gehört. Diese Nummer sollte nicht mit der *Screen*-Struktur für den Bildschirm verwechselt werden.
depth: Tiefe des Frame-Buffers
class: Typ des Visuals. Hier kann eine der Konstanten *PseudoColor, StaticColor, GrayScale, StaticGray, DirectColor* oder *TrueColor* stehen.
red_mask, green_mask, blue_mask: Bei *DirectColor* und *TrueColor* maskieren diese Bit-Masken jeweils die Indizes für die Grundfarben im Pixel-Wert. Bei den restlichen Typen haben diese Felder keine Bedeutung.
colormap_size: die Anzahl der möglichen Einträge in der Farbtabelle
bits_per_rgb: Bei *DirectColor* und *TrueColor* gibt diese Zahl an, wieviel Bits eines Pixel-Wertes jeweils als Index für eine der Grundfarben verwendet werden. Bei den restlichen Klassen hat dieses Feld keine Bedeutung.

Die Routine *XGetVisualInfo()* liefert Informationen über die Visuals eines Displays. Dabei kann ganz gezielt nach Visuals mit bestimmten Eigenschaften gesucht werden:

*XVisualInfo * XGetVisualInfo(Display *display, long mask,*
                    *XVisualInfo *template, int *nitems_return)*

display   Verbindung zum Server
mask   bestimmt die Felder der Struktur *template*, die zur Suche nach passenden Visuals verwendet werden
template   Muster für ein Visual
nitems_return   Anzahl der gefundenen Visuals.

Mit *template* wird ein Muster für ein Visual angegeben. Mit *mask* wird angegeben, welche Felder des Musters bei der Suche nach passenden Visuals verwendet werden sollen. Das Feld *visual* kann dabei allerdings nicht verwendet werden. Die folgenden Konstanten dienen zur Auswahl der Felder, sie können bitweise durch die Oder-Operation verknüpft werden:

VisualNoMask	*VisualIDMask*	*VisualScreenMask*
VisualDepthMask	*VisualClassMask*	*VisualRedMaskMask*
VisualGreenMaskMask	*VisualBlueMaskMask*	*VisualColormapSizeMask*
VisualBitsPerRGBMask	*VisualAllMask*	

Als Funktionswert wird ein Array mit Strukturen vom Typ *XVisualInfo* zurückgeliefert. Die Visuals im Array passen zum Suchmuster: Die durch *mask* gegebenen Felder haben dieselben Werte wie in *template*. Die Anzahl der gefundenen Visuals wird durch *nitems_return* zurückgeliefert. Wurde kein passendes Visual gefunden, so liefert die Routine *NULL*. Der folgende Code-Splitter liefert zu einem Widget alle Visuals, die vom Typ *PseudoColor* sind:

```
Widget widget;
XVisualInfo *vinfo, template;
int nitems;


template.class = PseudoColor;
vinfo = XGetVisualInfo(XtDisplay(widget), VisualClassMask,
                       &template, &nitems);
```

Der Speicher für das Array *vinfo* wird von der Funktion reserviert und sollte nach Gebrauch von der Applikation mit der Routine *XFree()* wieder freigegeben werden:

```
XFree((char *) vinfo);
```

Die Funktion *XVisualIDFromVisual()* liefert zu einer *Visual*-Struktur den zugehörigen X-Identifier des Visuals auf dem Server. Sie kann zum Beispiel verwendet werden, um den Identifier des Default-Visuals herauszufinden:

*VisualID XVisualIDFromVisual(Visual *visual)*

visual Zeiger auf die *Visual*-Struktur, für die der Identifier auf dem X-Server
gesucht wird.

Zum Abschluß dieses Abschnittes wird eine kleine Funktion für *resources.c* vorgestellt, die zu einem Widget die Klasse und Tiefe des zugehörigen Default-Visuals liefert. Im Suchmuster *template* wird dabei der X-Identifier des Default-Visuals verwendet:

```
/*
 * DefaultVisualInfo -- liefert zu einem Widget die Klasse und Tiefe
 *     des zugehoerigen Default-Visuals.
 */

Status DefaultVisualInfo(widget, class_return, depth_return)
   Widget widget;
   int *class_return;
   unsigned int *depth_return;
{
   XVisualInfo *info_ptr,   /* Array mit gefundenen Visuals */
               template;    /* Suchmuster fuer Visuals */
   int         num_infos;   /* Anzahl gefundener Visuals */

   template.screen   = XDefaultScreen(XtDisplay(widget));
   template.visualid = XVisualIDFromVisual(
                       DefaultVisualOfScreen(XtScreen(widget)));
```

```
info_ptr = XGetVisualInfo(XtDisplay(widget),
             VisualIDMask | VisualScreenMask,
             &template, &num_infos);

if (num_infos == 0)
   return 0;


*class_return = info_ptr->class;
*depth_return = info_ptr->depth;
XFree((char *) info_ptr);
return 1;
}
```

Der Datentyp *Status* wird in der Xlib deklariert und liefert bei einigen Xlib-Funktionen den Statuswert der Funktion zurück. Der Statuswert *0* zeigt dabei grundsätzlich einen Fehler an. Ein Wert ungleich *0* signalisiert einen fehlerfreien Ablauf der Funktion. Die Funktion *DefaultVisualInfo()* verwendet den Statuswert genauso: *0* zeigt einen Fehler an, bei einem Wert ungleich *0* lief alles korrekt ab.

9.2.2 Farben erfragen

In diesem Abschnitt wird gezeigt, wie der RGB-Wert zu einem Farbnamen oder einem Pixelwert erfragt wird. Die Farbnamen sind dabei in der bereits erwähnten Farb-Datenbasis enthalten. Die Farbnamen in der vorhandenen Datenbasis sind englisch. Eine neue Farb-Datenbasis mit anderen Namen kann relativ leicht erstellt werden, siehe auch Abschnitt 5.5. Die neue Datenbasis muß dann beim Starten des Servers angegeben werden. Ob das allerdings sinvoll ist, ist eine andere Frage — schließlich „verlassen" sich viele Ressourcen-Files auf die bekannten Namen. Die Routine *XLookupColor()* liefert zu einem Farbnamen den zugehörigen RGB-Wert:

*Status XLookupColor(Display *display, Colormap colormap, char *color_name,*
              *XColor *exact_return, XColor *screen_return)*

display   Verbindung zum X-Server

colormap   Farbtabelle, in der die Farbe später eingetragen werden soll

color_name   Name der gesuchten Farbe

exact_return genauer RGB-Wert der Farbe, so wie er in der Farb-Datenbasis steht

screen_return der bestmögliche RGB-Wert, den die Farbtabelle liefern kann.

Diese Funktion liefert nur den Farbwert. Sie liefert keine Information darüber, ob die gesuchte Farbe schon in der Farbtabelle eingetragen ist oder nicht. Ist der gesuchte Farbname nicht in der Farb-Datenbasis enthalten, so liefert *XLookupColor()* den Rückgabewert *0*.

Mit der Routine *XQueryColors()* können die RGB-Werte einer Anzahl von Pixel-Werten erfragt werden:

*XQueryColors(Display *display, Colormap colormap, XColor defs_in_out[ ],
        int ncolors)*

display   Verbindung zum X-Server

colormap   Farbtabelle, in der die Farbwerte enthalten sind

defs_in_out Vor dem Aufruf werden in die Felder *defs_in_out[ ].pixel* die
        Pixel-Werte eingetragen. Die gesuchten RGB-Werte liefert die Routine
        dann in den Feldern *red*, *green* und *blue*.

ncolors   Länge des Arrays.

9.2.3 Öffentliche Einträge in der Farbtabelle

Öffentliche Einträge in die Farbtabelle können von allen Applikationen benutzt werden. Die Farbwerte solcher Einträge sind nicht änderbar, im Xlib-Manual werden sie daher auch *„read-only color cells"* genannt. Mit *XAllocColor()* wird ein öffentlicher Eintrag gemacht, dabei wird zugleich der Farbwert des Eintrags festgelegt:

*Status XAllocColor(Display *display, Colormap colormap, XColor *screen_in_out)*

display   Verbindung zum Server

colormap   Farbtabelle, in der die Farbe eingetragen wird

screen_in_out der gewünschte RGB-Wert des Eintrags. Nach dem Aufruf enthält
        diese Struktur den Pixel-Wert und den wirklichen RGB-Wert des
        Eintrags.

Der gewünschte RGB-Wert, der in *screen_in_out* angegeben wird, wird so gut wie möglich erfüllt. Der wirkliche RGB-Wert hängt dabei von der Bildschirm-Hardware ab, er wird in *screen_in_out* zurückgeliefert — inklusive des zugehörigen Pixel-Wertes. Kann der Eintrag in die Farbtabelle nicht gemacht werden, so liefert die Funktion *0* als Statuswert zurück.

Die folgende Funktion *AllocPublicCells()* macht passend zu einem Widget öffentliche Einträge in die Default-Farbtabelle. Die Farben werden per Namen angegeben, die Pixelwerte werden in einem Array zurückgeliefert. Bei einem Schwarz-Weiß-Monitor werden alle Pixel-Werte auf die Vordergrundfarbe des Widgets gesetzt:

```
/*
 * AllocPublicCells -- oeffentliche Eintraege in die Default-
 *     Farbtabelle eines Screens machen. Bei Schwarz-Weiss-Monitoren
 *     werden die entsprechenden Pixel-Werte auf die Vordergrundfarbe
 *     des Widgets gesetzt.
 */

Status AllocPublicCells(widget, ncolors, names, pixels_return)
    Widget widget;
    int ncolors;                    /* Anzahl Farben */
    char *names[ ];                 /* Farbnamen */
    unsigned long pixels_return[ ]; /* Pixel-Werte */
{
```

```c
Display         *display = XtDisplay(widget);
Colormap         colormap = DefaultColormapOfScreen(XtScreen(widget));

int              i, class;
unsigned int     depth;
unsigned long    foreground;
Arg              arg;
XColor           exact_color, screen_color;

/* Vordergrundfarbe des Widgets erfragen. */

XtSetArg(arg, XmNforeground, &foreground);
XtGetValues(widget, &arg, 1);

/* Klasse und Tiefe des Visuals zum Widget erfragen. Bei
   Schwarz-Weiss alle Pixel-Werte auf die Vordergrundfarbe
   setzen. */

if (! DefaultVisualInfo(widget, &class, &depth))
   return 0;
if (depth == 1) {
   for (i = 0; i < ncolors; i++)
      pixels_return[i] = foreground;
   return 1;
}

for (i = 0; i < ncolors; i++) {

   /* RGB-Wert zum Farbnamen erfragen. */

   if (! XLookupColor(display, colormap, names[i],
          &exact_color, &screen_color)) {
      pixels_return[i] = foreground;
   } else {

      /* Eintrag in Farbtabelle machen. */

      if (! XAllocColor(display, colormap, &screen_color))
         pixels_return[i] = foreground;
      else
         pixels_return[i] = screen_color.pixel;
   }
}
   return 1;
}
```

Die Klasse und Tiefe des Default-Visuals zum Widget wird mit der oben beschriebenen Funktion *DefaultVisualInfo()* bestimmt. *XLookupColor()* liefert
dann die RGB-Werte zu den Farbnamen.

9.2.4   Private Einträge in der Farbtabelle

Private Einträge in die Farbtabelle können nur von der Applikation genutzt
werden, die den Eintrag vornimmt. Der Farbwert eines privaten Eintrags ist
von der Applikation jederzeit änderbar, daher wird ein solcher Eintrag im
Xlib-Manual auch *„read/write color cell"* genannt. Private Einträge in die
Farbtabelle erfolgen in zwei Schritten:

- Zuerst müssen die Einträge mit *XAllocColorCells()* reserviert werden.
- Danach können mit *XStoreColors()* Farbwerte für die Einträge festgelegt
  werden.

Will man nur eine Reihe von Farben in die Farbtabelle eintragen, so geht das
fast genauso einfach wie mit *XAllocColor()*. Kompliziert wird es aber, wenn
man zusätzlich noch einen Einfluß auf die Pixel-Werte der Einträge nehmen
will. Das ist notwendig, wenn bei der Ausgabe von Grafik Bit-Operationen
zwischen Pixeln durchgeführt werden sollen. Dabei werden die Pixel nicht
einfach in das Window kopiert, sondern zum Beispiel bitweise „geodert".
Damit bei diesen logischen Verknüpfungen von Pixeln noch sinnvolle Farben
herauskommen, muß man auch die Farben für die Pixel-Werte der Ergebnisse
unter Kontrolle haben. Man muß also für alle möglichen Pixel-Werte, die bei
der Ausgabe entstehen können, Einträge in der Farbtabelle haben.

Auf Bit-Operationen mit Pixeln wird im Abschnitt 9.5.2 noch genauer eingegangen. Soviel nur schon vorweg: Bei der Ausgabe wird mit einer Bitmaske
angegeben, welche Bits der Pixel logisch miteinander verknüpft werden. Die
anderen Ebenen des Frame-Buffers werden nicht verändert. Bei der Maske
00100010 werden nur die Ebenen mit einer *1* verändert. Eine Bit-Operation
kann mit dieser Maske vier Ergebnisse liefern:

```
--0---0-
--0---1-
--1---0-
--1---1-
```

Die mit - markierten Bits werden bei der Ausgabe nicht verändert. Mit *XAl-
locColorCells()* können private Einträge in der Farbtabelle so reserviert werden, daß die zugehörigen Pixel-Werte auf einer bestimmten Zahl von Ebenen beliebig miteinander verknüpft werden können und trotzdem wieder reservierte Pixel-Werte ergeben. Beim Beispiel oben würde man zum Beispiel
Einträge für zwei Ebenen reservieren. Für jede der möglichen Bit-Kombinationen innerhalb der reservierten Ebenen können zugleich mehrere Einträge
in der Farbtabelle reserviert werden:

*Status XAllocColorCells(Display *display, Colormap colormap, Bool contig,*
unsigned long plane_masks_return[ ],
unsigned int nplanes, unsigned long pixels_return[ ],
unsigned int npixels)

display   Verbindung zum Server

colormap	Farbtabelle, in der die Einträge reserviert werden
contig	Sollen die Ebenen physikalisch nebeneinander liegen?
plane_masks_return	liefert eine Bit-Maske für jede der Ebenen. Das Array muß Platz für *nplanes* Masken haben.
nplanes	Anzahl der Ebenen, für die Einträge reserviert werden sollen
pixels_return	liefert die Pixel-Werte der reservierten Einträge ohne den Anteil der Ebenen. Das Array muß Platz für *npixels* Elemente haben.
npixels	Anzahl der für jede der möglichen Bit-Kombinationen innerhalb der Ebenen zu reservierenden Einträge.

Das sieht kompliziert aus — und ist es auch. Am einfachsten liegt der Fall, wenn nur eine bestimmte Zahl von Einträgen reserviert werden soll. Dann gibt man für *nplanes 0* und für *npixels* die gewünschte Anzahl an. Können die Einträge in die Farbtabelle nicht gemacht werden, so liefert die Funktion *0* als Statuswert zurück.

Durch einen Aufruf von *XAllocColorCells()* werden *ncolors* Einträge pro Bit-Kombination reserviert, also insgesamt $ncolors \times 2^{nplanes}$ Einträge. Den Pixel-Wert eines Eintrags erhält man durch bitweise Oder-Verknüpfung der Pixel-Werte aus *pixels_return* und einer beliebigen Zahl von Masken aus *plane_masks_return*. Reserviert man zum Beispiel Einträge für zwei Ebenen und drei Einträge pro Bit-Kombination, so erhält man zwei Bitmasken in *plane_masks_return* und drei Pixel-Werte in *pixels_return*. Damit kann man die 12 Pixelwerte der Einträge bilden. Werden zum Beispiel die beiden Masken *00010000* und *00000100* sowie die Pixel-Werte *01100001*, *10100011* und *11001010* geliefert, so haben die Einträge in der Farbtabelle folgende Pixel-Werte:

Bit-Kom-binationen	Pixel-Werte		
	01100001	10100011	11001010
00000000	01100001	10100011	11001010
00000100	01100101	10100111	11001110
00010000	01110001	10110011	11011010
00010100	01110101	10110111	11011110

Die Pixel-Werte haben also die Form *011x0x01*, *101x0x11* und *110x1x10*, wobei *x* für eine *1* oder eine *0* stehen kann. Bei der Ausgabe kann der Wert *00010100* zur Maskierung der Ebenen verwendet werden.

Sobald private Einträge in der Farbtabelle reserviert sind, können Farbwerte für sie eingetragen werden. Dazu dient *XStoreColors()*:

*XStoreColors(Display *display, Colormap colormap, XColor color[ ], int ncolors)*
display   Verbindung zum Server
colormap Farbtabelle, in die die Farben eingetragen werden
color   Array mit Pixel-Werten und zugehörigen Farbwerten
ncolors   Länge des Arrays.

Natürlich dürfen nur private Einträge in der Farbtabelle hiermit gesetzt werden.

Als Beispiel für die Verwendung von privaten Einträgen in die Farbtabelle soll die Funktion *AllocRubberCells()* dienen. Diese Funktion wird zur Vorbereitung der Farbtabelle für den Grafik-Editor *gredi* verwendet. *AllocRubberCells()* reserviert Einträge für eine Ebene und jeweils *ncolors* Farben für die beiden möglichen Bit-Kombinationen innerhalb dieser Ebene — also werden 2 * *ncolors* Einträge reserviert. Für die Pixel-Werte mit einer *0* in der reservierten Ebene werden die angegebenen Farben in die Farbtabelle eingetragen. Für die Pixel-Werte mit einer *1* in der reservierten Ebene werden erst einmal keine Farben eingetragen. Durch *plane_return* wird die reservierte Ebene zurückgeliefert. In Abschnitt 9.5.2 wird klar werden, wozu die Pixel-Werte der reservierten Einträge dienen:

```
/*
 *  AllocRubberCells --  private Eintraege in die Default-
 *     Farbtabelle eines Screens machen. Zugleich wird eine
 *     Ebene der Farbtabelle fuers "rubberbanding" reserviert.
 */

Status AllocRubberCells(widget, ncolors, color_names,
                        pixels_return, plane_return)
    Widget          widget;
    int             ncolors;            /* Anzahl Farben */
    char            *color_names[ ];    /* Farbnamen */
    unsigned long   pixels_return[ ];   /* Pixel-Werte */
    unsigned long   *plane_return;      /* Ebene fuers "rubberbanding" */
{
    Display         *display = XtDisplay(widget);
    Colormap        colormap = DefaultColormapOfScreen(XtScreen(widget));
    int             i, class;
    unsigned int    depth;
    Arg             arg;
    XColor          foreground, exact_color, screen_color;

    /* Koennen private Eintraege gemacht werden? */

    if (! DefaultVisualInfo(widget, &class, &depth) ||
        (class == StaticColor) ||
        (class == StaticGray)  ||
        (class == TrueColor))
        return 0;

    /* Eintraege in der Farbtabelle reservieren. Eine Ebene
       reservieren und ncolors Farben. */

    if (! XAllocColorCells(display, colormap, FALSE,
            plane_return, 1, pixels_return, ncolors))
        return 0;
```

```c
/* RGB-Wert der Vordergrundfarbe des Widgets erfragen. */

XtSetArg(arg, XmNforeground, &(foreground.pixel));
XtGetValues(widget, &arg, 1);
XQueryColors(display, colormap, &foreground, 1);

for (i = 0; i < ncolors; i++) {

    /* RGB-Wert fuer Ausgabe-Farbe erfragen. */

    if (! XLookupColor(display, colormap, color_names[i],
            &exact_color, &screen_color))
        screen_color = foreground;

    /* RGB-Wert der Farbe in Farbtabelle eintragen. */
    screen_color.pixel = pixels_return[i];
    screen_color.flags = DoRed | DoGreen | DoBlue;
    XStoreColors(display, colormap, &screen_color, 1);
}
    return 1;
}
```

Zuerst werden die Einträge mit *XAllocColorCells()* reserviert. Danach wird mit *XQueryColors()* der RGB-Wert der Vordergrund-Farbe des Widgets besorgt. Dieser RGB-Wert wird später als Farbwert verwendet, wenn ein Farbname nicht in der Farb-Datenbasis enthalten ist. *XAllocColorCells()* liefert im Array *pixels_return* genau die Pixel-Werte mit einer *0* in der reservierten Ebene zurück. Nur für diese Pixel-Werte werden RGB-Werte in die Farbtabelle eingetragen: In der Schleife wird dazu mit *XLookupColor()* zuerst der RGB-Wert zum jeweiligen Farbnamen erfragt. Dieser wird dann mit *XStoreColors()* in die Farbtabelle eingetragen. Der Aufruf von *XStoreColors()* für nur eine Farbe ist natürlich nicht besonders effizient: Besser wäre es, wenn alle Farben auf einmal eingetragen würden, was mit *XStoreColors()* ja durchaus möglich ist. Hierzu müßte allerdings erst ein passendes Array für die Farben erzeugt werden.

9.2.5   Einträge in der Farbtabelle freigeben

Werden Einträge in der Farbtabelle nicht mehr benötigt, so sollten sie mit der Funktion *XFreeColors()* wieder freigegeben werden:

*XFreeColors(Display *display, Colormap colormap, unsigned long pixels[ ],*
           int npixels, unsigned long planes)

display   Verbindung zum Server

colormap Farbtabelle, aus der die Einträge gelöscht werden

pixels   Array mit Pixel-Werten

ncolors   Länge des Arrays
planes   Bit-Maske für die Ebenen, deren Einträge gelöscht werden.

Diese Routine funktioniert invers zu *XAllocColor()* und *XAllocColorCells()*:

- Bei öffentlichen Einträgen in der Farbtabelle werden die Pixel-Werte durch
  pixels angegeben, bei *planes* wird 0 angegeben.
- Bei privaten Einträgen werden die beiden Parameter *pixels_return* sowie
  plane_masks_return aus dem ursprünglichen Aufruf der Routine *XAllocColorCells()* benötigt. Bei *pixels* wird das Array *pixels_return* und bei *planes*
  die Oder-Verknüpfung sämtlicher Bit-Masken des Arrays *plane_masks_return* angegeben. So werden alle Pixel-Werte wieder freigegeben, die durch
  XAllocColorCells() reserviert wurden.

9.2.6 Farbtabellen einrichten

Mit den Routinen aus dem vorherigen Abschnitt können die Einträge in einer
Farbtabelle souverän verwaltet werden. Fragt sich nur: welcher Farbtabelle?
Meist ist die Antwort auf diese Frage einfach zu beantworten: der Default-
Farbtabelle. Ein Makro, um diese zu erfragen, wurde bereits vorgestellt:

```
Colormap DefaultColormapOfScreen(Screen *screen)
```

Nur bei speziellen Anforderungen benötigt eine Applikation eine eigene Farbtabelle, zum Beispiel wenn die Default-Farbtabelle mit den falschen Farben
vordefiniert ist oder nicht genug eigene Einträge gemacht werden können. Es
gibt je eine Routine zur Erzeugung und zur Vernichtung von Farbtabellen.
Zuerst die konstruktive Routine:

*Colormap XCreateColormap(Display *display, Window win, Visual *visual,
                  int alloc)*

display Verbindung zum Server

win   Dieses Window legt indirekt den Bildschirm fest, für den die Farbtabelle
          erzeugt wird.

visual Hiermit wird die Art der Farbtabelle festgelegt. Mögliche Visuals können
          mit *XGetVisualInfo()* erfragt werden. Meist wird aber einfach das
          Default-Visual mit Hilfe des Makros *DefaultVisual()* verwendet.

alloc   Hier sind die Konstanten *AllocAll* und *AllocNone* möglich. Bei *AllocAll*
          werden von vornherein alle Einträge der Farbtabelle als privat reserviert.
          Bei *AllocNone* werden keine Einträge reserviert.

Das Vernichten einer Farbtabelle ist wie üblich einfacher:

*XFreeColormap(Display *display, Colormap colormap)*
display   Verbindung zum Server
colormap Diese Farbtabelle wird vernichtet.

Um in einem Window Farben aus einer eigenen Farbtabelle auszugeben, muß
diese dem Window vorher zugeordnet werden. Hierzu dient die Routine *XSet-
WindowColormap()*. Eine Farbtabelle kann dabei für mehrere Windows verwendet werden:

*XSetWindowColormap(Display *display, Window win, Colormap colormap)*
display   Verbindung zum Server
win   In diesem Window soll die Farbtabelle verwendet werden.
colormap die neue Farbtabelle für's Window.

9.3   Muster

Pixel-Muster — oder kurz *Pixmaps* — sind zweidimensionale Arrays mit
Pixel-Werten. Pixmaps werden als Muster zum Füllen von Flächen oder
als Hintergrund von Windows verwendet. Weiter können sie wie Schablo-
nen zum Maskieren von Ausgaben verwendet werden. Auch wenn Icons oder
„gescannte" Photos ausgegeben werden sollen, werden diese zuerst als Pixmaps erzeugt. Auch wenn Abb. 9.5 etwas anderes suggeriert: Pixmaps können
durchaus farbig sein.

Abb. 9.5 Einige Beispiele für Pixmaps

Genau wie bei einem Frame-Buffer spricht man bei Pixmaps von Ebenen. Die Anzahl der Ebenen eines Pixmaps ist gleich der Anzahl der Bits pro Pixel-Wert. Ein Pixmap mit 8 Ebenen hat jeweils ein Byte als Pixel-Wert. Spezielle Pixmaps sind die *Bitmaps*. Das sind Pixmaps, die nur eine Ebene haben — die Pixel-Werte eines Bitmaps sind einzelne Bits.

Die Daten eines Pixmaps liegen beim X-Server. Ein Pixmap wird durch den Xlib-Datentyp *Pixmap* identifiziert. Pixmaps können bei der Ausgabe von Grafik genau wie Windows verwendet werden — man kann in Pixmaps Linien malen oder Texte schreiben. Es können auch Ausschnitte zwischen Windows und Pixmaps kopiert werden. Da Windows und Pixmaps oft an gleicher Stelle verwendet werden, gibt es in der Xlib den Datentyp *Drawable*, mit dem sowohl Windows als auch Pixmaps identifiziert werden können. Für ein Drawable kann ein Window-Identifier oder ein Pixmap-Identifier eingesetzt werden. Die Pixel-Werte eines Pixmaps können bei Bedarf vom Server zur Applikation übertragen werden. Umgekehrt können Pixel-Werte von der Applikation zusammengestellt und zum Server übertragen werden, um damit ein Pixmap oder Window zu füllen.

Durch die Xlib wird weiter ein File-Format für Bitmap-Daten definiert. Dazu gibt es passende Routinen, um Daten für Bitmaps von Files zu lesen oder auf Files zu schreiben. Bitmap-Files können direkt in Programmtexte eingesetzt werden — es sind Text-Files mit demselben Inhalt wie ein Stück C-Code zur Definition der Pixel-Daten des Bitmaps. In Abschnitt 7.4.2 wurde bereits das Programm *bitmap* vorgestellt, mit dem Bitmaps erstellt und als Bitmap-Files gespeichert werden können. Außerdem gibt es eine fertige Sammlung mit Bitmap-Files für häufig benötigte Muster und ähnliches.

Der Lebenszyklus eines Pixmaps ist recht einfach: Zuerst muß es erzeugt und mit Inhalt gefüllt werden, bevor es für Ausgaben Verwendung finden kann. Das Pixmap sollte wieder zerstört werden, sobald es seinen Zweck erfüllt hat.

9.3.1 Pixmaps erzeugen und zerstören

Hier gibt es nur zwei Routinen zu beschreiben. *XCreatePixmap()* erzeugt ein Pixmap und liefert den Identifier des Pixmaps zurück:

*Pixmap XCreatePixmap(Display *display, Drawable d, unsigned int width,*
*   unsigned int height, unsigned int depth)*

display   Verbindung zum Server

d   Das Drawable legt indirekt den Bildschirm fest, für den das Pixmap
              erzeugt wird.

width, height Größe des Pixmaps, in Pixeln natürlich

depth   Anzahl der Ebenen des Pixmaps.

Ein Pixmap wird immer für einen bestimmten Bildschirm erzeugt, es kann auf keinem anderen Screen verwendet werden. Dieser Bildschirm wird durch das

Drawable *d* indirekt angegeben — man kann für *d* zum Beispiel das Root-Window des Bildschirms verwenden. Das Root-Window eines Bildschirms kann mit dem Makro *RootWindowOfScreen()* erfragt werden:

```
Window RootWindowOfScreen(Screen *screen)
```

Soll das Pixmap direkt ausgegeben werden, so muß die Anzahl der Ebenen bei *depth* auch durch den Bildschirm unterstützt werden. Meist wird hier der Default-Wert des Bildschirms verwendet, der vom Makro *DefaultDepthOfScreen()* geliefert wird. Andere mögliche Werte müssen mit der Routine *XGetVisualInfo()* ermittelt werden (siehe Abschnitt 9.2.1). Bei Bitmaps wird für *depth* der Wert *1* angegeben.

Das Pixmap kann später mit *XFreePixmap()* wieder zerstört werden:

*XFreePixmap(Display *display, Pixmap pixmap)*
display Verbindung zum Server
pixmap Dieses Pixmap wird zerstört.

9.3.2 Pixel-Daten in der Applikation bearbeiten

Manchmal sollen alle Pixel eines Pixel-Musters einzeln bearbeitet werden, zum Beispiel bei der digitalen Bildverarbeitung. Würde man das mit einem Pixmap machen, so müßten die Daten für jedes einzelne Pixel zwischen Server und Applikation übertragen werden. Für solche Anwendungen ist es sinnvoller, die Pixel-Daten direkt in der Applikation zu speichern und zu bearbeiten. Um solche Pixel-Muster dann auszugeben, müssen die Daten erst zum Server übertragen werden. Auf dem Server wird mit den Pixel-Daten ein Pixmap gefüllt. Umgekehrt können auch Pixmaps oder Ausschnitte aus Windows zur Applikation übertragen werden.

Auf die Xlib-Routinen zur Bearbeitung von Pixel-Daten soll hier nicht im Detail eingegangen werden. Die Anwendungen für diese Routinen sind zu speziell. Es soll nur eine Übersicht der Möglichkeiten der Xlib gegeben werden:

- Zur Speicherung von Pixel-Daten in der Applikation dient die Xlib-Datenstruktur *XImage*.
- Mit *XGetImage()* wird ein Ausschnitt aus einem Drawable zur Applikation übertragen, dort wird daraus dann ein *XImage* erzeugt.
- Mit *XCreateImage()* wird ein leeres *XImage* ohne Inhalt erzeugt.
- Mit *XGetPixel()* und *XPutPixel()* kann man einzelne Pixel eines *XImage*-Pixel-Musters manipulieren.
- Mit der Routine *XPutImage()* wird ein *XImage* in ein Drawable auf dem Server kopiert.
- Mit *XDestroyImage()* schließlich kann man ein *XImage* wieder zerstören.

Man sollte hierbei immer vor Augen haben, daß ein *XImage* kein Drawable ist. Man kann ein *XImage* nicht wie ein Window oder Pixmap direkt zur Ausgabe verwenden. Das geht nur indirekt, indem mit dem Pixel-Muster ein Pixmap gefüllt wird.

9.3.3 Bitmap-Files

Eine einfache und bequeme Möglichkeit, Pixmaps mit Inhalt zu füllen, bieten Bitmap-Files. Das sind Files, die Pixel-Daten für ein Bitmap enthalten. Diese Files können mit einem Funktionsaufruf eingelesen und zum Server übertragen werden, dort wird dann ein Bitmap mit den Daten erzeugt. Die einfachste Möglichkeit, Bitmap-Files selbst zu malen, bietet der *bitmap*-Editor. Mit dieser Applikation können Bitmap-Files interaktiv am Bildschirm erstellt werden. Der *bitmap*-Editor ist in jeder normalen Installation des X-Window-Systems enthalten.

Für oft benötigte Muster stellt die Xlib bereits fertige Bitmap-Files zur Verfügung. Die sind unter anderem in den Directories

```
/usr/include/X11/bitmaps
/usr/lib/X11/bitmaps
```

enthalten. Das File *xlogo64* enthält zum Beispiel das X-Window-Logo. Öfter benötigt werden wahrscheinlich die Bitmap-Files, mit denen Graustufen auf Schwarz-Weiß-Bildschirmen imitiert werden können. Das Bitmap-File *star* hat beispielsweise folgendes Format:

```
#define star_width 16
#define star_heigth 16
#define star_x_hot 7
#define star_y_hot 7
static char star_bits[ ] = {
   0x00, 0x00, 0x80, ... };
```

Die Konstanten *star_width* und *star_height* geben die Größe des Bitmaps an, in *star_bits* sind die eigentlichen Pixel-Daten enthalten. Die Werte *star_x_hot* und *star_y_hot* werden nur für einen Cursor benötigt, sie legen den „Hot Spot" des Cursors fest. Genaueres dazu folgt in Abschnitt 9.9. Die letzten beiden Konstanten können im Bitmap-File fehlen.

Wie man sieht, ist ein Bitmap-File ein Stück C-Code. Mit der Routine *XCreateBitmapFromData()* kann daraus direkt ein Bitmap erzeugt werden, das Bitmap-File wird dazu mit *#include* in die Applikation eingebunden. Mit *XCreatePixmapFromBitmapData()* kann aus dem Code auch sofort ein Pixmap erzeugt werden. Diese beiden Routinen sollen hier aber nicht näher beschrieben werden.

Mit der Routine *XReadBitmapFile()* wird ein Bitmap-File eingelesen und aus den Daten ein Bitmap erzeugt:

*int XReadBitmapFile(Display *display, Drawable d, char *filename,*
                     *unsigned int *width_return, unsigned int *height_return,*
                     *Pixmap *bitmap_return, int *x_hot_return,*
                     *int *y_hot_return)*

display	Verbindung zum Server
d	Das Drawable legt indirekt den Bildschirm fest, für den das Bitmap erzeugt wird.

filename   Name des Bitmap-Files
width_return, *height_return* liefern die Größe des Bitmaps
bitmap_return   liefert das neue Bitmap
x_hot_return, *y_hot_return* liefern die Position des „hot spots". Fehlen diese
                                Werte im File, so wird jeweils *-1* zurückgeliefert.

Die Funktion liefert den Wert *BitmapSuccess*, falls das Bitmap-File erfolgreich eingelesen wurde. Mit der Routine *XWriteBitmapFile()* kann übrigens umgekehrt auch ein Bitmap-File erzeugt werden, diese Routine soll hier aber nicht näher beschrieben werden.

Die Routine *GetBitmapList* erzeugt aus Bitmap-Files eine Reihe von Bitmaps, passend zu einem Widget:

```
/*
 *  GetBitmapList -- erzeugt Bitmaps aus Bitmap-Files passend
 *      zu einem Widget
 */

Status GetBitmapList(widget, nfiles, fnames, bitmaps_return)
   Widget widget;
   int    nfiles;            /* Anzahl der Bitmap-Files */
   char   *fnames[ ];        /* Array mit Namen der Files */
   Pixmap bitmaps_return[ ]; /* Array mit erzeugten Bitmaps */
{
   Status       status = 1;
   int          i, rdstat;
   int          x_hot, y_hot;
   unsigned int width, height;

   for (i = 0; i < nfiles, i++) {

      rdstat = XReadBitmapFile(XtDisplay(widget),
              RootWindowOfScreen(XtScreen(widget)), fnames[i],
              &width, &height, &(bitmaps_return[i]),
              &x_hot, &y_hot);

      if (rdstat != BitmapSuccess) {
         bitmaps_return[i] = (Pixmap) None;
         status = 0;
      }
   }
   return status;
}
```

Als Drawable wird das Root-Window des Widgets verwendet, damit das Widget nicht vorher realisiert werden muß. Die Routine liefert bei einem Fehler wie gewohnt den Statuswert *0* zurück.

Die letzten beiden Routinen dieses Abschnittes gehören zum Motif-Toolkit und erleichtern die Verwendung von Bitmap-Files für Füllmuster. Mit der

Routine *XmGetPixmap()* wird ein Bitmap-File eingelesen und daraus ein *„read-only pixmap"* erzeugt. Das Pixmap wird nur dann wirklich neu erzeugt, wenn es nicht bereits existiert. Gibt es das Pixmap bereits, so wird der Identifier des vorhandenen Pixmaps geliefert. Dadurch spart man wertvollen Speicherplatz auf dem Server. Das so erhaltene Pixmap darf natürlich nicht verändert werden, insbesondere darf es nicht mit *XFreePixmap()* vernichtet werden — daher der Begriff „read-only pixmap":

*Pixmap XmGetPixmap(Screen *screen, char *filename, Pixel foreground,*
               Pixel background)

screen   Bildschirm, auf dem das Pixmap verwendet werden soll
filename   Name des Bitmap-Files
foreground Pixel-Wert für die Vordergrundfarbe des Pixmaps. Bei einer *1* in den Bitmap-Daten wird die Vordergrundfarbe verwendet, bei einer *0* die Hintergrundfarbe.
background Pixel-Werte für die Hintergrundfarbe des Pixmaps.

Anders als bei der Funktion *XReadBitmapFile()* wird das File nicht im aktuellen Directory, sondern in den Directories

```
/usr/lib/X11/%L/bitmaps/%N
/usr/lib/X11/%L/bitmaps
/usr/lib/X11/bitmaps
/usr/include/X11/bitmaps
```

gesucht. Hierbei steht *%L* für den Inhalt der Environment-Variablen *LANG* und *%N* für den Klassennamen der Applikation. Ist *LANG* nicht definiert, so wird das entsprechende Directory im Pfadnamen weggelassen. Mit der Environment-Variablen *XBMLANGPATH* kann der Suchpfad noch zusätzlich beeinflußt werden. Bei *grtest* zum Beispiel werden Bitmap-Files in folgenden Directories gesucht, falls *LANG* und *XBMLANGPATH* undefiniert sind:

```
/usr/lib/X11/bitmaps/GraphicTool
/usr/lib/X11/bitmaps
/usr/include/X11/bitmaps
```

Wird ein „read-only pixmap" nicht mehr benötigt, so sollte es mit *XmDestroyPixmap()* wieder freigegeben werden:

*Boolean XmDestroyPixmap(Screen *screen, Pixmap pixmap)*
screen Bildschirm, für den das Pixmap erzeugt wurde
pixmap freizugebendes Pixmap.

Die Funktion liefert *False*, wenn das Pixmap nicht mit *XmGetPixmap()* erzeugt wurde. Das Pixmap wird natürlich nur dann wirklich vernichtet, wenn es nicht noch anderweitig verwendet wird.

9.4   Buchstaben

Vor der Ausgabe von Text muß zuerst ein passender Zeichensatz — auch *Font* genannt — geladen werden. Der Font legt die Form jedes einzelnen Buchstabens fest. Im Prinzip ist ein Font nichts anderes als ein Bitmap, in dem die Muster aller Buchstaben abgespeichert sind. Fonts sind Grafikressourcen des X-Servers, die Identifier für Fonts sind vom Typ *Font*. Zusätzlich zum Bitmap sind in einem Font noch Informationen über die Geometrie der Buchstaben enthalten. Mit Hilfe der Xlib-Datenstruktur *XFontStruct* kann man neben dem Font-Identifier auch diese Informationen erfragen. Der Datentyp *XFontStruct* wird zusammen mit den Ausgaberoutinen in Abschnitt 9.7.3 beschrieben. In diesem Abschnitt wird nur gezeigt, wie Fonts verwaltet werden. Wichtig ist hier nur das Feld *fid*. Es enthält den Identifier des betreffenden Fonts. Erinnert sei noch an den Abschnitt 5.6, in dem die Konventionen für die Namen von Fonts beschrieben wurden.

9.4.1   Fonts suchen

Bevor ein Font geladen werden kann, muß zuerst einmal das zugehörige Font-File gefunden werden. Dieses File wird dabei im *aktuellen Font-Directory* gesucht. Das aktuelle Font-Directory wird für den Server festgelegt, nicht für eine einzelne Applikation. Es gibt zwar Routinen, um dieses Directory zu ändern, das sollte aber dem Window-Manager überlassen bleiben.

Mit der Routine *XListFontsWithInfo()* kann man nach bestimmten Fonts suchen, wobei ein Suchmuster für die Namen der Fonts angegeben wird. Die Routine liefert ein Array mit passenden Namen zurück. Die Fonts werden nicht geladen, es werden nur die gewünschten Informationen geliefert:

```
char ** XListFontsWithInfo(Display *display, char *pattern, int maxnames,
                        int *count_return, XFontStruct **info_return)
```

display	Verbindung zum X-Server
pattern	Suchmuster für Font-Namen. Das Muster kann die Platzhalter ? und * enthalten. Ein ? steht dabei für ein beliebiges einzelnes Zeichen, ein * für eine beliebige Folge von Zeichen.
maxnames	maximale Anzahl von Namen, die geliefert werden sollen
count_return	liefert die Anzahl der gefundenen Font-Namen
info_return	liefert ein Array mit Font-Informationen.

Es werden nur Namen zurückgeliefert, die zum Suchmuster *pattern* passen. Mit dem Muster *helvetica** wird zum Beispiel nach allen Fonts gesucht, die mit *helvetica* beginnen. Die Felder *fid* der Array-Elemente in *info_return* enthalten keine gültigen Identifier, da die Fonts ja nicht geladen werden.

Arrays mit Font-Informationen sollten nach Gebrauch wieder vernichtet werden. Dazu dient *XFreeFontInfos()*:

```
XFreeFontInfos(char **font_names, XFontStruct *infos, int count)
```
font_names Array mit Namen von Fonts

infos   Array mit Font-Informationen
count   Anzahl der Array-Elemente.

9.4.2   Fonts laden und wieder freigeben

Bevor ein Font benutzt werden kann, muß er erst mit *XLoadQueryFont()* geladen werden. Hierbei wird als Rückgabewert sofort ein Zeiger auf die zugehörige *XFontStruct* geliefert:

*XFontStruct * XLoadQueryFont(Display *display, char *font_name)*
display   Verbindung zum X-Server
font_name Name des Fonts.

Die folgende Routine *LoadQueryFontList* lädt eine Reihe von Fonts passend zu einem Widget. In einem Array werden Zeiger auf die zugehörigen *XFontStruct*'s zurückgeliefert:

```
/*
 *  LoadQueryFontList -- laedt Fonts passend zu einem Widget
 */


Status LoadQueryFontList(widget, nfonts, font_names, fontstruct_return)
   Widget      widget;
   int         nfonts;
   char        *font_names[ ];
   XFontStruct *fontstruct_return[ ];
{
   Status  status = 1;
   int     i;

   for (i = 0; i < nfonts; i++) {

      /* Font inclusive XFontStruct laden */

      fontstruct_return[i] = XLoadQueryFont(XtDisplay(widget),
                                      font_names[i]);
      if (fontstruct_return[i] == NULL) {
         fontstruct_return[i] = LoadQueryDefaultFont(widget);
         status = 0;
      }
   }
   return status;
}
```

Letztlich wird nur die Routine *XLoadQueryFont()* aufgerufen. Kann ein Font nicht geladen werden, etwa weil sein Name nicht bekannt ist, so wird ein Default-Font verwendet. Dieser wird von der Funktion *LoadQueryDefault-Font()* geliefert. Der Default-Font wird dabei mit Hilfe eines Grafikkontextes ermittelt. Daher wird *LoadQueryDefaultFont()* erst später im Abschnitt über Grafikkontexte beschrieben.

Ein nicht mehr benötigter Font sollte wieder freigegeben werden. Mit *XFree-Font()* wird eine *XFontStruct* zerstört und gleichzeitig der zugehörige Font auf dem Server wieder freigegeben:

*XFreeFont(Display *display, XFontStruct *font_struct)*
display   Verbindung zum X-Server
font_struct Struktur mit Font-Informationen, enthält unter anderem den Identifier
             des freizugebenden Fonts.

9.4.3 Informationen über Fonts einholen

Die wichtigste Routine, um Informationen über einen Font einzuholen, wurde schon im letzten Abschnitt vorgestellt: *XLoadQueryFont()*. Hierbei wird die Information bequemerweise schon beim Laden des Fonts geliefert. Eine weitere „Informations-Routine" wurde auch schon mit *XListFontsWithInfo()* vorgestellt.

Bleibt nur die Routine *XQueryFont()*. Mit ihr kann eine Information zum einen durch den Font-Identifier eingeholt werden. Es gibt bei *XQueryFont()* aber außerdem noch eine zweite Möglichkeit, einen Font zu identifizieren, die bisher unterschlagen wurde — sie kann auch nur bei *XQueryFont()* verwendet werden. Und zwar kann hierbei auch der Identifier eines Grafikkontextes angegeben werden. Grafikkontexte werden erst im nächsten Abschnitt beschrieben. Hier nur soviel vorweg: Ein Grafikkontext legt die Attribute fest, die bei der Ausgabe verwendet werden. Unter anderem wird im Grafikkontext der Font angegeben, mit dem Text ausgegeben wird. Also gibt es zu jedem Grafikkontext genau einen zugehörigen Font. Und *XQueryFont()* liefert Informationen über diesen Font:

*XFontStruct * XQueryFont(Display *display, XID font_id)*
display Verbindung zum X-Server
font_id X-Identifier eines Fonts oder eines Grafikkontextes.

Der Datentyp *XID* steht für einen „generischen Identifier" des X-Window-Systems. Bei *XQueryFont()* können Variablen vom Typ *Font* und *GContext* als *font_id* verwendet werden. Der Typ *XID* wird nur hier benötigt und sollte ansonsten schnell wieder vergessen werden. Nach Gebrauch kann die *XFont-Struct* zusammen mit dem Font durch *XFreeFont()* wieder freigegeben werden.

Die Routine *LoadQueryDefaultFont()* aus dem obigen Beispiel holt die Informationen über den Default-Font mit *XQueryFont()* ein. Um die Funktion vollständig zu erklären, muß man aber erst noch wissen, wie man mit Hilfe eines Grafikkontextes an den Default-Font herankommt.

9.5 Grafikkontexte

Grafikkontexte enthalten die Attribute zur Ausgabe von Grafik. Sie legen zum Beispiel die Breite von Linien, das Muster von Flächen oder den Zei-

Tab. 9.1 Die Attribute eines Grafikkontextes

Feld	Bitmaske	Default-Wert	mögliche Werte
function	GCFunction	GXCopy	siehe Text
plane_mask	GCPlaneMask	alles Eins	
foreground	GCForeground	0	
background	GCBackground	1	
line_width	GCLineWidth	0	
line_style	GCLineStyle	LineSolid	LineSolid
			LineOnOffDash
			LineDoubleDash
cap_style	GCCapStyle	CapButt	CapNotLast
			CapButt
			CapRound
			CapProjecting
join_style	GCJoinStyle	JoinMiter	JoinMiter
			JoinRound
			JoinBevel
fill_style	GCFillStyle	FillSolid	FillSolid
			FillTiled
			FillStippled
			FillOpaqueStippled
fill_rule	GCFillRule	EvenOddRule	EvenOddRule
			WindingRule
arc_mode	GCArcMode	ArcPieSlice	ArcChord
			ArcPieSlice
tile	GCTile	?	
stipple	GCStipple	?	
ts_x_origin	GCTileStipXOrigin	0	
ts_y_origin	GCTileStipYOrigin	0	
font	GCFont	?	
subwindow_mode	GCSubwindowMode	ClipByChildren	ClipByChildren
			IncludeInferiors
graphics_exposures	GCGraphicsExposures	True	
clip_x_origin	GCClipXOrigin	0	
clip_y_origin	GCClipYOrigin	0	
clip_mask	GCClipMask	keine Maske	
dash_offset	GCDashOffset	0	
dashes	GCDashList	4	

chensatz von Texten fest. Bei jeder Zeichenoperation muß ein Grafikkontext mit angegeben werden. Genau wie Fonts oder Pixmaps sind Grafikkontexte Ressourcen, die auf dem X-Server gehalten werden.

Durch einen Grafikkontext werden 23 Attribute festgelegt – eine schon
etwas schwer überschaubare Menge. Diese gliedern sich auf in solche, die
für alle Grafikausgaben relevant sind, sowie in spezielle Attribute für Linien,
Texte oder Flächen. Die speziellen Attribute werden dort beschrieben, wo sie
gebraucht werden. In diesem Kapitel kommen nur die allgemein verwendeten
Attribute zur Geltung. Diese können in drei Gruppen eingeteilt werden:

– Attribute, die Farben und Muster festlegen
– Attribute, die Bit-Operationen mit Pixeln erlauben
– Attribute, mit denen die Ausgabe begrenzt wird.

Die Begrenzung der Ausgabe wird auch *Clipping* genannt.

Ähnlich wie bei Visuals gibt es drei verschiedene Datentypen in Zusammenhang mit Grafikkontexten: Die X-Identifier von Grafikkontexten sind vom
Typ *GContext*. Für jeden Grafikkontext gibt es zusätzlich noch eine Datenstruktur in der Applikation. Zeiger auf diese Datenstrukturen sind vom
Typ *GC*. Die Strukturen selbst liegen nicht offen, sie sind für die Applikation tabu. Bei fast allen Xlib-Routinen werden Parameter vom Typ *GC*
verwendet. Die Funktion *XQueryFont()* aus dem letzten Abschnitt ist die
einzige Xlib-Funktion in diesem Buch, die den X-Identifier verwendet. Beim
Erzeugen oder Ändern eines Grafikkontextes werden seine Attribute durch
Strukturen vom Typ *XGCValues* angegeben:

```c
typedef struct {
    int function;
    unsigned long plane_mask;
    unsigned long foreground;
    unsigned long background;
    int line_width;
    int line_style;
    int cap_style;
    int join_style;
    int fill_style;
    int fill_rule;
    int arc_mode;
    Pixmap tile;
    Pixmap stipple;
    int ts_x_origin;
    int ts_y_origin;
    Font font;
    int subwindow_mode;
    Bool graphics_exposures;
    int clip_x_origin;
    int clip_y_origin;
    Pixmap clip_mask;
    int dash_offset;
    char dashes;
} XGCValues;
```

Dabei müssen zum Glück nicht alle 23 Felder der Struktur ausgefüllt werden — das wäre eine undankbare Aufgabe. Es gibt Bitmasken, mit denen angegeben wird, welche Felder übernommen werden sollen. Die restlichen Attribute erhalten Default-Werte oder werden nicht verändert. Die Tab. 9.1 zeigt die Bitmasken und Default-Werte zu den Attributen. Die mit ? gekennzeichneten Default-Werte sind von der jeweiligen Implementation des Servers abhängig. Bei einigen Attributen sind nur bestimmte Konstanten erlaubt, diese sind in der Tabelle ebenfalls angegeben. Bevor die Attribute aber im Detail vorgestellt werden, soll erst noch die Verwaltung der Grafikkontexte beschrieben werden.

9.5.1   Grafikkontexte verwalten

Mit der Xlib-Routine *XCreateGC()* wird ein Grafikkontext erzeugt:

*GC XCreateGC(Display *display, Drawable d, unsigned long value_mask,*
          *XGCValues *values)*

display   Verbindung zum Server

d   Dieses Drawable legt indirekt den Bildschirm fest, für den der Grafikkontext verwendet werden kann.

value_mask Diese Bitmaske legt die Felder der Struktur *values* fest, deren Werte in den Grafikkontext übernommen werden. Für die anderen Felder werden die Default-Werte verwendet.

values   Mit dieser Struktur werden die Attribute des Kontextes festgelegt.

Ein Grafikkontext kann nur für einen Bildschirm und für Drawables einer bestimmten Tiefe verwendet werden. Bildschirm und Tiefe werden indirekt mit dem Drawable *d* angegeben. Das folgende Code-Stück zeigt, wie die Attribute übergeben werden:

```
Widget     widget;
GC         context;
XGCValues  values;

values.line_width = 3;
values.line_style = LineOnOffDash;
values.fill_style = FillTiled;

context = XCreateGC(XtDisplay(widget), XtWindow(widget),
                GCLineWidth | GCLineStyle | GCFillStyle,
                &values);
```

Hierbei werden nur *line_width*, *line_style* und *fill_style* abweichend von den Default-Werten angegeben.

Existierende Grafikkontexte können mit *XChangeGC()* verändert werden:

*XChangeGC(Display *display, GC gc, unsigned long value_mask,*
          *XGCValues *values)*

display   Verbindung zum Server

gc   Dieser Grafikkontext wird verändert.

value_mask Diese Bitmaske legt die Attribute fest, die in den Grafikkontext
            übernommen werden.

values   Mit dieser Struktur werden die neuen Attribute des Kontextes
            angegeben.

Bei dieser Funktion werden die Parameter *value_mask* und *values* genau wie
bei *XCreateGC()* verwendet. Zur Änderung einzelner Attribute eines Grafikkontextes gibt es neben *XChangeGC()* noch spezielle Xlib-Routinen wie
XSetForeground() oder *XSetFunction()*. Diese können hier aus Platzgründen
nicht beschrieben werden. Im Xlib-Manual werden diese Hilfsroutinen „GC
convenience routines" genannt.

Mit *XGContextFromGC()* kann der X-Identifier eines Kontextes erfragt
werden:

*GContext XGContextFromGC(Display *display, GC gc)*
display Verbindung zum X-Server
gc   Grafikkontext, dessen X-Identifier gefragt ist.

Ein mit *XCreateGC()* erzeugter Grafikkontext sollte nach Gebrauch wieder
vernichtet werden:

 *XFreeGC(Display *display, GC gc)*
display Verbindung zum Server
gc   zu vernichtender Grafikkontext.

Neben *XCreateGC()* gibt es noch die Routine *XtGetGC()* aus den Toolkit-
Intrinsics, mit der ebenfalls ein Grafikkontext erzeugt werden kann. Dieser
darf dann anschließend aber nicht mehr verändert werden – der Kontext wird
nämlich eventuell mehrfach verwendet. Mit *XtGetGC()* wird ein Kontext
nur dann neu erzeugt, wenn kein anderer Kontext mit denselben Attributen
existiert. Bei vielen gleichen Grafikkontexten spart das Speicherplatz:

GC XtGetGC(Widget widget, XtGCMask value_mask, XGCValues values)
widget   Dieses Widget legt indirekt den Bildschirm und die Drawables fest, für
            die der Grafikkontext verwendet werden kann.
value_mask Diese Bitmaske legt die Felder der Struktur *values* fest, deren Werte in
            den Grafikkontext übernommen werden.
values   Mit dieser Struktur werden die Attribute des Kontextes festgelegt.

Ein mit *XtGetGC()* erzeugter Grafikkontext darf nach Gebrauch nicht einfach mit *XFreeGC()* wieder zerstört werden. Es könnte ja sein, daß der Kontext noch anderweitig verwendet wird. Daher muß stattdessen die Routine
XtReleaseGC() verwendet werden:

XtReleaseGC(Widget widget, GC gc)
widget legt indirekt den Bildschirm fest, auf dem der Grafikkontext erzeugt wurde
gc   freizugebender Grafikkontext.

Mit diesen Routinen kann jetzt endlich die Funktion *LoadQueryDefaultFont()* aus dem vorherigen Abschnitt realisiert werden:

```
/*
 *  LoadQueryDefaultFont -- Default-Font zu einem Widget laden.
 */

XFontStruct *LoadQueryDefaultFont(widget)
   Widget widget;
{
   Display    *display;
   GC         default_gc;
   XFontStruct *default_font;

   display = XtDisplay(widget);

   /* Default-Grafikkontext erzeugen und damit Font erfragen.
      Der Grafikkontext wird dann wieder zerstoert. */

   default_gc = XCreateGC(display, (Drawable)XtWindow(widget),
                 OL, NULL);
   default_font = XQueryFont(display,
                    (XID) XGContextFromGC(default_gc));

   XFreeGC(display, default_gc);

   return(default_font);
}
```

Zuerst wird ein Grafikkontext erzeugt, der nur Default-Werte enthält. Mit *XQueryFont()* wird dann die Information über den Font in diesem Kontext erfragt. Der Grafikkontext wird anschließend nicht mehr benötigt.

9.5.2   Attribute von allgemeinem Interesse

Es wurde schon erwähnt, daß einige Attribute von Grafikkontexten für alle Ausgaben relevant sind, diese werden hier erläutert. Spezielle Attribute für Linien, Flächen oder Texte werden später an passender Stelle beschrieben.

Farben und Muster: Die Attribute für Farben und Muster legen fest, welche Pixel-Werte als Quelle bei der Ausgabe verwendet werden. Sie sind nicht nur beim Füllen von Flächen wichtig, sondern gelten auch bei der Ausgabe von Linien und Texten. In Abb. 9.6 sind die vier Möglichkeiten zum Füllen dargestellt. Der Füllmodus wird im Feld *fill_style* von *XGCValues* angegeben:

FillSolid: Der Pixel-Wert *foreground* wird verwendet.
FillTiled: Das Pixmap *tile* wird verwendet.

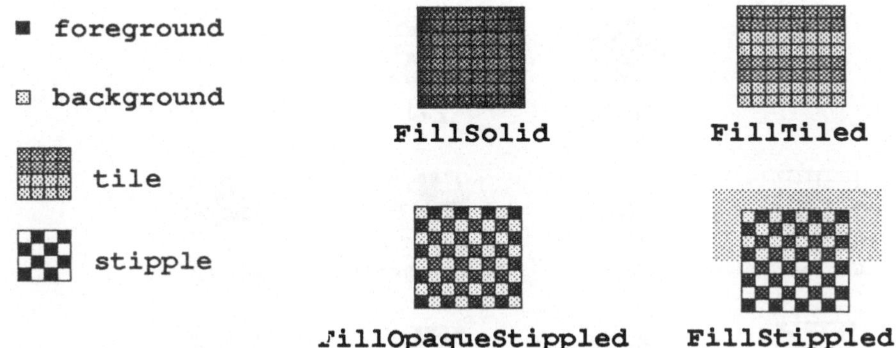

Abb. 9.6 Die Festlegung der Pixel-Werte für die Ausgaben

FillOpaqueStippled: Aus dem Bitmap *stipple* wird ein Pixmap erzeugt und
ausgegeben. Bei einer *1* in *stipple* wird der Pixel-Wert *foreground* verwendet, bei einer *0* wird *background* verwendet.
FillStippled: Der Pixel-Wert *foreground* wird mit dem Bitmap *stipple* maskiert.

Aus der Beschreibung geht schon hervor, daß *stipple* ein Bitmap sein muß.
Das Pixmap *tile* muß dagegen dieselbe Tiefe haben wie das Drawable, in
das es ausgegeben wird. Mit den Attributen *ts_x_origin* und *ts_y_origin* wird
eine Position als Ursprung für die Muster *tile* und *stipple* angegeben. Bei
den Pixel-Werten *foreground* und *background* sind die Default-Werte *0* und
1 nicht unbedingt sinnvoll. Besser ist es, selbst Pixel-Werte einzutragen, deren Farbwerte man kennt. Für Schwarz zum Beispiel gibt es ja das Makro
BlackPixelOfScreen().

Bit-Operationen mit Pixeln: Mit den Xlib-Grafikroutinen können nicht
nur einfach Pixel-Werte in ein Drawable kopiert werden. Vielmehr kann eine
beliebige Bit-Operation zwischen den Pixel-Werten der „Quelle" und des
Ziel-Drawables ausgeführt werden. Zusätzlich kann durch eine Bitmaske noch
festgelegt werden, welche Ebenen des Ziel-Drawables überhaupt verändert
werden sollen. Die Bit-Operation und die Bitmaske werden in einem Grafikkontext durch die Attribute *function* und *plane_mask* angegeben.
   Normalerweise werden die Pixel-Werte der Quelle in das Ziel-Drawable kopiert, und zwar in allen Ebenen. Das ist die Default-Einstellung eines Grafikkontextes. Bit-Operationen und Masken sind eher speziellen Anwendungen vorbehalten, meist im CAD-Bereich. Dort hat man in Zeichnungen oft
verschiedene „layer", die durch eigene Ebenen im Frame-Buffer dargestellt
werden können.

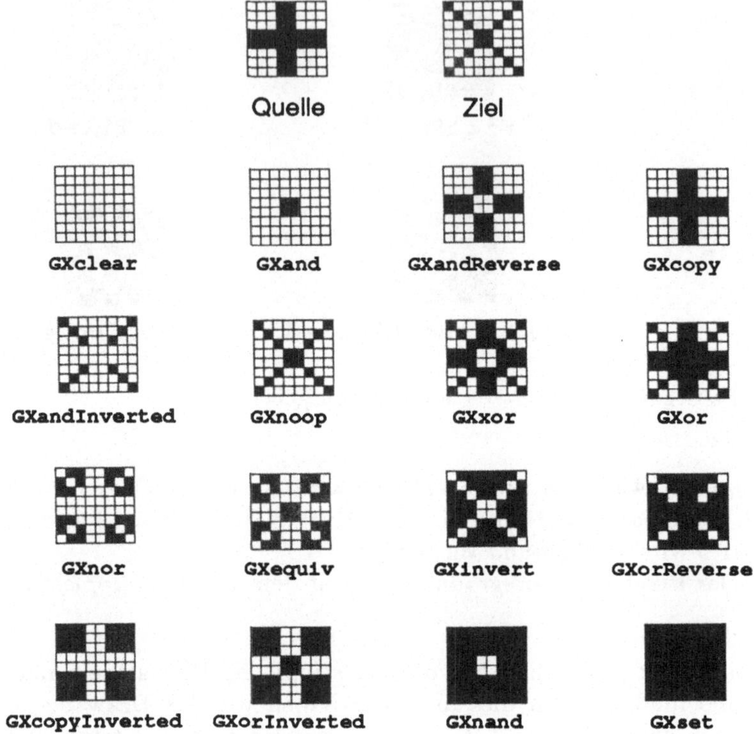

Abb. 9.7 Die Bit-Operationen in Schwarz-Weiß

Bei einer Bit-Operation wird ein Bit aus dem Pixel der Quelle mit dem entsprechenden Bit aus dem Pixel des Ziels verknüpft. Bei 4 Ebenen und *GXand* als *function* ergibt sich zum Beispiel mit den Pixel-Werten *0011* als Quelle und *0101* als Ziel der Wert *0001* als Ergebnis. Bei *GXand* findet also eine Und-Verknüpfung der Bits statt. In der Programmiersprache C könnte man das auch als Bit-Operation & schreiben. Tabelle 9.2 gibt die möglichen Bit-Operationen und ihre Bedeutung an. Hierbei soll *src* der Pixel-Wert der Quelle und *dst* der Pixel-Wert des Ziels sein. Abbildung 9.7 zeigt die Auswirkungen der Bit-Operationen bei einem Schwarz-Weiß-Monitor.

Bei der Ausgabe wird das Ergebnis der Bit-Operation noch zusätzlich mit dem Attribut *plane_mask* verknüpft. Genauer gesagt werden nur diejenigen Bits des Ergebnisses in das Ziel-Drawable kopiert, bei denen diese Maske den Wert *1* hat. Hat ein Bit der Maske den Wert *0*, so bleibt das entsprechende Bit des Ziel-Pixels unverändert. In C kann diese Operation wie folgt ausgedrückt werden:

```
((src ⊕ dst) & plane_mask) | (dst & ~plane_mask)
```

Tab. 9.2 Mögliche Bit-Operationen auf Pixeln. Angegeben ist das Ergebnis einer Verknüpfung von *0011* als *src* und *0101* als *dst*.

Operation	Bedeutung	Ergebnis
GXclear	0	0000
GXand	src & dst	0001
GXandReverse	src & ~dst	0010
GXcopy	src	0011
GXandInverted	~src & dst	0100
GXnoop	dst	0101
GXxor	src ^ dst	0110
GXor	src | dst	0111
GXnor	~(src | dst)	1000
GXequiv	~src ^ dst	1001
GXinvert	~dst	1010
GXorReverse	src | ~dst	1011
GXcopyInverted	~src	1100
GXorInverted	~src | dst	1101
GXnand	~(src & dst)	1110
GXset	1	1111

Hierbei sollen $\oplus$ die Bit-Operation, *src* der Pixel-Wert der Quelle, *dst* das Ziel und *mask* die Maske sein. Die folgende Tabelle zeigt das Ergebnis einer solchen Maskierung:

Ursprünglicher Pixel-Wert des Ziels:	00110011
Ergebnis der Bit-Operation:	01010101
Bitmaske *plane_mask*:	00001111
Ergebnis der Ausgabe:	00110101

Man wird sich jetzt vielleicht fragen, welche Auswirkungen wohl *GXorReverse* und ein Wert von *00100111* als Bitmaske auf die Ausgabe haben werden. Welche Farbe mag da wohl herauskommen? Eigentlich hat man ja keine Kontrolle über die Pixel-Werte – eine Applikation bekommt ihre Pixel-Werte ja nur „zugeteilt". Vielleicht wird sich der Leser aber noch an die Funktion *XAllocColorCells()* erinnern, mit der man private Einträge in der Farbtabelle reservieren kann. Wenn man sich mit *XAllocColorCells()* Einträge für Ebenen reserviert, so kann man die Farben für diese Einträge selbst festlegen. Dabei hat man dann in der Hand, die Farben so einzutragen, daß die Bit-Operationen innerhalb der reservierten Ebenen sinnvolle Farben ergeben. Diejenigen Ebenen, die man nicht reserviert hat, kann man bei der Ausgabe mit der *plane_mask* ausmaskieren.

Abstecher über Gummibänder und bewegte Bilder: Eine typische Anwendung für Bit-Operationen ist das *Dragging* bei einem Grafik-Editor: Der Benutzer soll ein grafisches Objekt mit der Maus verschieben können. Hierzu muß das Objekt sehr oft gezeichnet und wieder gelöscht werden. Ähnlich funktioniert das *Rubberbanding*, bei dem der Benutzer ein grafisches Objekt wie ein Gummiband „dehnen" kann. So etwas geht meist nur mit etwas Bit-Bastelei schnell genug.

Verwendet wird dazu die Bit-Operation *GXxor*, was für „Exklusiv-Oder" steht. Diese Operation hat die schöne Eigenschaft, daß sie zweimal angewandt wieder den Originalzustand herstellt. Ist *0011* die Quelle und *0101* das Ziel, so ergibt die erste Ausgabe *0110*. Die zweite Ausgabe mit derselben Quelle ergibt wieder das ursprüngliche Ziel *0101* (immer unter der Annahme, daß die Ausgabe nicht zusätzlich maskiert wird). Mit der ersten Ausgabe wird das Objekt gezeichnet, mit der zweiten wird es wieder gelöscht.

Bei Schwarz-Weiß macht diese Operation auch weiter kein Problem. Anders sieht es da bei Farbe aus: Verknüpft man einfach alle Bits des Ziels mit den Bits der Quelle, so kommt bei der ersten Ausgabe meist ein Pixel-Wert heraus, für den man in der Farbtabelle keine Farbe reserviert hat. Im Beispiel oben war *0110* das Ergebnis der ersten Ausgabe, aber es ist ja nicht gesagt, daß für diesen Pixel-Wert eine sinnvolle Farbe in der Farbtabelle eingetragen ist. Wendet man also einfach naiv die Bit-Operation *GXxor* an, so schillern die bewegten Bilder in allen möglichen Farben, abhängig von der jeweiligen Belegung der Farbtabelle.

Wie kann man sich behelfen? Eine oft angewandte Methode ist, bei den Einträgen in der Farbtabelle eine Ebene für das Rubberbanding zu reservieren. Die Farbtabelle wird dabei so eingerichtet, daß eine *0* in der reservierten Ebene eine der „normalen" Farben ergibt und eine *1* immer dieselbe „highlight"-Farbe. Beim Rubberbanding wird in der reservierten Ebene die Funktion *GXxor* angewandt. Das bewegte Objekt erscheint dann in der „highlight"-Farbe.

Braucht man zum Beispiel 12 verschiedene Farben für die Grafik, so werden mit *XAllocColorCells()* Einträge für eine Ebene in der Farbtabelle reserviert. Für die beiden möglichen Bit-Kombinationen innerhalb dieser Ebene werden 12 Einträge reserviert — insgesamt also 24 Pixel-Werte. Für die Pixel-Werte mit einer *0* in der reservierten Ebene werden die 12 Farben für die normalen Ausgaben eingetragen. Die Funktion *AllocRubberCells()* macht genau dies. Für die restlichen 12 Pixel-Werte mit einer *1* in der reservierten Ebene wird eine „highlight"-Farbe in der Farbtabelle eingetragen. Mit Hilfe der reservierten Ebene wird weiter ein eigener Grafikkontext für das Rubberbanding zusammengestellt. Die Bitmaske der reservierten Ebene wird dabei als Pixel-Wert für *foreground* und zugleich als *plane_mask* verwendet. Als *function* wird *GXxor* eingetragen.

Wie funktioniert nun die Ausgabe beim Rubberbanding? Für normale Grafikausgaben werden nur die 12 Pixel-Werte mit einer *0* in der reservierten

Ebene verwendet. Die Bit-Operation ist *GXcopy*, die Ausgaben werden nicht maskiert. Im Ziel-Drawable haben daher alle Pixel eine *0* in der reservierten Ebene. Gibt man jetzt mit dem Rubberbanding-Kontext eine Linie aus, so erhalten alle Pixel der Linie eine *1* in der reservierten Ebene (*0* und *1* ergibt mit *GXxor* ja *1*). Die anderen Bits werden wegen der *plane_mask* nicht verändert. Die Pixel der Linie erscheinen dadurch in der „highlight"-Farbe. Gibt man die Linie dann nochmals mit dem Rubberbanding-Kontext aus, so steht wieder eine *0* in der reservierten Ebene, da *1* und *1* mit *GXxor* wieder *0* ergibt. Somit haben die Pixel der Linie wieder ihre ursprünglichen Werte — die Linie ist verschwunden.

Diese Methode für das Rubberbanding wird auch beim Grafik-Editor *gredi* verwendet. Dort ist dann der Source-Code dafür zu sehen. Ein Nachteil der Methode ist, daß dabei viele Einträge in der Farbtabelle verschwendet werden. Man braucht schließlich doppelt so viele Einträge wie Farben.

Begrenzung der Ausgaben: Normalerweise werden die Subwindows des Ausgabe-Windows nicht „übermalt". Mit dem Attribut *subwindow_mode* kann man das ändern. Hat *subwindow_mode* den Wert *IncludeInferiors*, so finden Ausgaben auch innerhalb der Subwindows statt. Der Default-Wert ist *ClipByChildren*, in diesem Fall wird nicht in die Subwindows ausgegeben.

Manchmal soll eine Ausgabe nicht nur durch Windows begrenzt werden, sondern zusätzlich noch durch eine „Schablone" — die *Clip-Maske*. Mit der Clip-Maske kann festgelegt werden, welche Pixel des Ziel-Drawables bei der Ausgabe verändert werden. (Die Bitmaske *plane_mask* begrenzt die Ausgabe dagegen auf bestimmte Ebenen — die beiden Attribute wirken sozusagen „orthogonal" zueinander.) Als Clip-Maske wird ein Bitmap verwendet, das als Attribut *clip_mask* im Grafikkontext eingetragen wird. Bei einer *1* im Bitmap wird der Pixel-Wert der Quelle ausgegeben, bei einer *0* erfolgt keine Ausgabe. Abbildung 9.8 zeigt die Auswirkung einer Clip-Maske bei einem Schwarz-Weiß-Monitor. Mit den Attributen *clip_x_origin* und *clip_y_origin* wird der Ursprung der Clip-Maske festgelegt. Wird als *clip_mask* die Konstante *None* angegeben, so wird die Ausgabe nicht begrenzt.

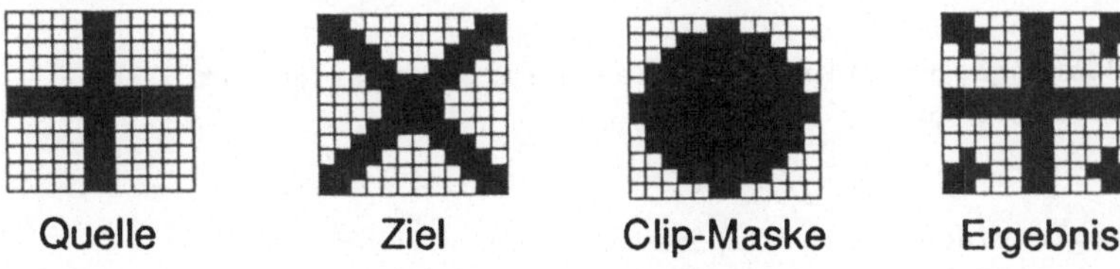

Abb. 9.8 Eine Clip-Maske wirkt wie eine Schablone.

Oft wird einfach nur eine Reihe von Rechtecken als Clip-Maske benötigt. In diesem Fall muß man kein Bitmap angeben, stattdessen wird die Routine

XSetClipRectangles() verwendet. Die Rechtecke werden dabei als Array vom Typ *XRectangle* übergeben:

```
typedef struct {
    short x, y;
    unsigned short width, height;
} XRectangle;
```

Die Koordinaten *x* und *y* geben wie üblich die Position der linken oberen Ecke des Rechtecks an, *width* und *height* geben die Größe des Rechtecks an.

*XSetClipRectangles(Display *display, GC gc, int clip_x_origin, int clip_y_origin,*
            XRectangle rectangles[ ], int n, int ordering)

display   Verbindung zum X-Server

gc   In diesem Grafikkontext wird die Clip-Maske eingetragen.

clip_x_origin, clip_y_origin der Ursprung der Clip-Maske

rectangles Die Vereinigung dieser Rechtecke bildet die Clip-Maske. Die
        Koordinaten der Rechtecke werden dabei relativ zum Ursprung der
        Clip-Maske angegeben. Die Rechtecke dürfen sich nicht überlappen. Ist
        das Array leer, so findet mit dem Grafikkontext *gc* keine Ausgabe mehr
        statt.

n   Anzahl der Rechtecke

ordering Anordnung der Rechtecke im Array *rectangles*. Möglich sind die
        Konstanten *Unsorted*, *YSorted*, *YXSorted* und *YXBanded*. Bei
        Unsorted dürfen die Rechtecke beliebig angeordnet sein. Bei *YSorted*
        müssen ihre Ursprungs-Koordinaten in y-Richtung aufsteigend sortiert
        sein. Bei *YXSorted* müssen sie zusätzlich bei gleicher y-Position noch in
        x-Richtung sortiert sein. Bei *YXBanded* schließlich gilt zusätzlich noch,
        daß alle Rechtecke, die gemeinsam eine beliebige horizontale Linie
        schneiden, eine identische y-Position und Höhe haben müssen. Dabei
        müssen die Rechtecke also zeilenweise angeordnet sein.

Je strenger die Anordnung der Rechtecke ist, desto schneller ist später die Ausgabe. Die Funktion *SetClipRectangle()* besetzt die Clip-Maske eines Grafikkontextes mit einem einzelnen Rechteck. Wird als Clip-Rechteck *NULL* angegeben, so wird nicht weiter „geclippt":

```
/*
 * SetClipRectangle -- Clip-Maske eines Grafikkontextes mit
 *     Rechteck belegen
 */

SetClipRectangle(widget, gc, clip_rect)
    Widget     widget;
    GC         gc;
    XRectangle *clip_rect;
{
    XGCValues attributes;
```

```
    if (clip_rect != NULL) {
       XSetClipRectangles(XtDisplay(widget), gc, 0, 0,
                          clip_rect, 1, Unsorted);
    } else {
       attributes.clip_mask = None;
       XChangeGC(XtDisplay(widget), gc, GCClipMask, &attributes);
    }
}
```

9.6 Die Grafikressourcen für *grtest*

Es ist jetzt alles vorhanden, um den Modul *resources.c* zu realisieren. Bevor ins Detail gegangen wird, soll aber erst noch beschrieben werden, wie die Grafikdaten überhaupt aussehen, die mit *grtest* dargestellt werden sollen. Hiervon hängt die Verwaltung der Grafikressourcen ganz entscheidend ab. Mit *grtest* — und später auch mit *grview* und *gredi* — sollen nur einfache Objekte dargestellt werden: Linien, Rechtecke und Texte. Die Rechtecke haben ein Füllmuster und einen Rand. Diese grafischen Objekte haben unterschiedliche Attribute:

– *Linien:* Farbe, Breite und Typ der Linie
– *Rechtecke:* Farbe, Breite und Typ des Randes sowie Füllmuster
– *Texte:* Font und Farbe des Textes.

Für *grview* und *gredi* müssen grafische Objekte mit ihren Attributen auf Files gespeichert werden. Ein Problem ist dabei die Angabe der Farben, Füllmuster und Fonts in den Files. Pixel-Werte und X-Identifier können natürlich nicht direkt verwendet werden, da sie erst zur Laufzeit des Programms bekannt sind und nur für einen Programmlauf gelten. Farben könnte man zum Beispiel per Namen oder per RGB-Wert abspeichern. Bei *grview* wurde eine einfachere Lösung gewählt: Es wird ein Farb-Index verwendet, dem eine feste Farbe zugeordnet ist. Die Zuordnung ist im Programm festgelegt. Grün hat zum Beispiel den Index 3. Auch Füllmuster und Fonts werden in den Grafik-Files per Index angegeben. Bei den Farb-Indizes wird noch eine besondere Vereinbarung getroffen: Die Farbe mit dem Index *0* wird zugleich als Hintergrundfarbe für das *DrawingArea*-Widget *canvas* verwendet.

Die Attribute der grafischen Objekte werden in Strukturen vom Typ *Attributes* gespeichert:

```
typedef struct {
   unsigned long value_mask;
   int           color_index;
   int           line_width;
   int           line_style;
   int           pattern_index;
   int           font_index;
} Attributes;
```

Nicht alle Felder müssen dabei sinnvolle Werte enthalten. Das Feld *value_mask* gibt an, welche der Attribute durch die Struktur definiert werden. Hierzu wird, ähnlich wie bei den Grafikkontexten, eine Bitmaske aus den Xlib-Konstanten *GCForeground*, *GCLineWidth*, *GCLineStyle*, *GCTile* und *GCFont* verwendet. Hat *value_mask* zum Beispiel den Wert

```
(GCForeground | GCTile)
```

so enthalten nur die Felder *color_index* und *pattern_index* sinnvolle Werte. Im Feld *line_style* werden die Xlib-Konstanten *LineSolid* und *LineOnOff-Dash* verwendet — deren Bedeutung wird im nächsten Abschnitt beschrieben. Die restlichen Felder dürften einigermaßen selbsterklärend sein: *color_index* enthält zum Beispiel den Farb-Index, *line_width* die Linienbreite.

Nachdem die grafischen Objekte mit den zugehörigen Attributen — sprich Indizes — von einer Datei eingelesen worden sind, müssen bei der Ausgabe der Objekte passende Grafikkontexte bereitgestellt werden. Nun macht es in *grview* keinen Sinn, für jede mögliche Kombination von Attributen einen eigenen Grafikkontext zu erzeugen. In *grview* sind immerhin 8 Farben, 8 Füllmuster und 4 Fonts möglich — und zusätzlich noch 3 Linientypen und beliebige Linienbreiten. Hierzu kommt dann eventuell noch ein Clip-Rechteck, wenn nur ein Teil eines Windows neu gezeichnet werden soll. Bei solch einer Vielzahl von möglichen Kombinationen kann man nur einige wenige Grafikkontexte erzeugen. Diese müssen dann vor jeder Zeichenoperation geändert werden.

In *resources.c* gibt es drei Kontexte: einen für Linien und Texte, einen zum Füllen von Flächen und einen dritten, der erst in *gredi* für das Rubberbanding benötigt wird. Wozu zwei verschiedene Grafikkontexte für Linien und Füllmuster? Der Grund ist das Attribut *fill_style* bei den Kontexten. Die Linien und Texte werden mit *FillSolid* ausgegeben, die Flächen werden dagegen mit *FillTiled* gefüllt. Verwendet man nur einen Kontext, so muß man dieses Attribut immer wieder ändern — je nachdem, ob eine Linie ausgegeben oder eine Fläche gefüllt wird. Für jeden Kontext gibt es eine Routine, die den zugehörigen X-Identifier liefert:

```
GC GetLineGC()
GC GetFillGC()
GC GetRubberGC()
```

Um mit Hilfe der eingelesenen Indizes passende Pixel-Werte und X-Identifier für die Grafikkontexte zu erhalten, braucht es in *resources.c* jetzt noch Tabellen, in denen zum Beispiel die Zuordnung der Farb-Indizes zu Pixel-Werten gespeichert ist. In *resources.c* gibt es je eine Tabelle für Pixel-Werte, Pixmap-Identifier und Zeiger auf *XFontStruct*'s. Auf diese Tabellen braucht nicht direkt zugegriffen zu werden, denn die Grafikkontexte werden mit der Routine *ChangeGCs()* verändert. Hierbei wird ein Satz von grafischen Attributwerten und ein Clip-Rechteck angegeben. Wird als *clip_rect NULL* angegeben, so wird nicht „geclippt":

```
void ChangeGCs(Attributes *attributes, XRectangle *clip_rect)
```

Die aktuell eingestellten Attributwerte können mit *GetAttributes()* erfragt werden:

```
void GetAttributes(Attributes *attributes_return)
```

Der Grafikkontext für das Rubberbanding wird wie gesagt erst für *gredi* benötigt. Das gilt auch für die Funktion *ChangeRubberColor()*, mit der die Farbe für die Ausgaben beim Rubberbanding geändert werden kann:

```
void ChangeRubberColor(int color_index)
```

Die Pixel-Werte, Pixmaps und *XFontStruct*'s in den Tabellen werden auch außerhalb von *resources.c* benötigt, da zum Beispiel die Geometrie der Fonts durch ein *XFontStruct* beschrieben wird. Die drei folgenden Routinen liefern zu einem Index den passenden Tabellen-Eintrag:

```
unsigned long GetColor(int color_index)
Pixmap        GetPattern(int pattern_index)
XFontStruct  *GetFont(int font_index)
```

Das *DrawingArea*-Widget *canvas* wird ebenfalls in *resources.c* gespeichert. Es wird für fast alle Grafikroutinen benötigt, mit Hilfe dieses Widgets werden unter anderem Display und Window für die Ausgaben festgestellt. Bei einer Applikation mit mehreren Drawing-Areas könnte man hier eine Liste verwenden. *GetCanvas()* liefert das Widget als Funktionswert:

```
Widget GetCanvas()
```

Die letzte externe Routine in *resources.c* ist *InitGraphic()*. In *InitGraphic()* werden die Grafikressourcen erzeugt, also unter anderem auch sämtliche Grafikkontexte:

```
void InitGraphic(Widget canvas)
```

Mit *InitGraphic()* ist die Schnittstelle zum Modul *resources.c* fast vollständig. Es fehlen nur noch Konstanten für die Länge der Tabellen:

```
/*
 * resources.h -- die Schnittstelle zu resources.c
 */

#ifndef _resources_h_
#define _resources_h_

/* Laengen der Tabellen fuer Farben/Muster/Fonts */

#define COLOR_TABLE_SIZE   8
#define PATTERN_TABLE_SIZE 8
#define FONT_TABLE_SIZE    4
```

```
/* Attribute fuer Grafik */

typedef struct {
   unsigned long value_mask;
   int       color_index;
   int       line_width;
   int       line_style;
   int       pattern_index;
   int       font_index;
} Attributes;

/* externe Funktionen */
void          InitGraphic();
Widget        GetCanvas();
unsigned long GetColor();
Pixmap        GetPattern();
XFontStruct  *GetFont();
GC            GetLineGC();
GC            GetFillGC();
GC            GetRubberGC();
void          GetAttributes();
void          ChangeGCs();
void          ChangeRubberColor();

#endif
```

Einige Worte zur Implementierung von *resources.c*: Die Grafikressourcen werden in *resources.c* als globale Variablen gespeichert — oben wurden ja schon die drei Tabellen für Pixel-Werte, Pixmap-Identifier und Zeiger auf *XFontStruct*'s erwähnt. Zur Initialisierung dieser Tabellen gibt es andere Tabellen mit den Namen der entsprechenden Ressourcen. Diese Tabellen ordnen letztlich jedem Index einen Farbnamen oder den Namen eines Fonts zu. Bei einer komfortableren Version von *grtest* wären diese Tabellen vielleicht vom Benutzer konfigurierbar, oder sie würden zusammen mit den Grafikdaten in Files gespeichert — hier sollen die festen Namen ausreichen.

Neben den Tabellen und Grafikkontexten werden noch die aktuellen Attributwerte für die Grafikkontexte, das *DrawingArea*-Widget und eine Bitmaske für das Rubberbanding gespeichert. All diese globalen Variablen werden als *static* deklariert, so bleiben sie außerhalb von *resources.c* unsichtbar — das ist ja wohl auch das mindeste, was man verlangen kann:

```
/*
 * resources.c -- Verwaltung der Grafikressourcen von grtest,
 *    grview und gredi
 */

#include <stdio.h>
#include <Xm/Xm.h>
```

```
#include "resources.h"

/*
 *   Globale Variablen fuer Grafikressourcen
 */

/* Namen der Tabellen-Eintraege fuer Farben/Muster/Fonts */

static char *Color_Names[COLOR_TABLE_SIZE] =
   {"white", "black", "red", "green", "blue", "yellow", "pink",
    "purple"};
static char *Pattern_Names[PATTERN_TABLE_SIZE] =
   {"gray3", "stipple", "dot", "dimple3", "star", "black", "woman",
    "wingdogs"};
static char *Font_Names[FONT_TABLE_SIZE] =
   {"9x15", "*bold-r*25*p*157*", "*medium*14*", "*times*8-80*"};

/* Tabellen fuer Farben/Muster/Fonts */

static unsigned long Color_Table[COLOR_TABLE_SIZE];
static Pixmap         Pattern_Table[PATTERN_TABLE_SIZE];
static XFontStruct   *Font_Table[FONT_TABLE_SIZE];

/* Bitmaske fuer "rubberbanding"-Ebene */

static unsigned long Rubber_Plane;

/* aktuelle Attriute fuer Grafik */

static Attributes Actual_Attributes;

/* Grafikkontexte fuer Linien&Texte/Fuellen/"rubberbanding" */

static GC Line_GC,
          Fill_GC,
          Rubber_GC;

/* Zeichenflaeche */

static Widget Canvas;
```

Alle *Get...*-Routinen — also *GetCanvas()*, *GetAttributes()*, *GetColor()*, *Get-Pattern()*, *GetFont()*, *GetLineGC()*, *GetFillGC()* und *GetRubberGC()* — liefern einfach die Werte der jeweiligen Variablen. Sie sind völlig langweilig und werden nicht extra aufgelistet. Bleiben nur die Routinen *InitGraphic()*, *ChangeGCs()* und *ChangeRubberColor()*. Dank der Hilfsroutinen aus den vorangegangenen Abschnitten bleibt *InitGraphic()* relativ übersichtlich:

```c
/*
 *  InitGraphic -- die Grafikressourcen initialisieren
 */

void InitGraphic(canvas)
   Widget canvas;
{
   Display  *display = XtDisplay(canvas);
   Screen   *screen = XtScreen(canvas);
   Window    root_window = RootWindowOfScreen(screen);

   Arg        arg;
   XGCValues  xgc_values;
   Attributes attributes;
   int        i;

   Canvas = canvas;

   /* Tabellen fuer Farben/Muster/Fonts initialisieren */

   if (DefaultDepthOfScreen(screen) == 1) {
      Rubber_Plane = 1L;
      Color_Table[0] = WhitePixelOfScreen(screen);
      for (i = 1; i < COLOR_TABLE_SIZE; i++)
         Color_Table[i] = BlackPixelOfScreen(screen);
   } else {
      if (! AllocRubberCells(canvas, COLOR_TABLE_SIZE, Color_Names,
                        Color_Table, &Rubber_Plane))
         XtError("Farben koennen nicht eingetragen werden");
      ChangeRubberColor(1);
   }

   if (! LoadQueryFontList(canvas, FONT_TABLE_SIZE, Font_Names,
                        Font_Table))
      XtError("Fonts koennen nicht geladen werden");

   for (i = 0; i < PATTERN_TABLE_SIZE; i++) {
      Pattern_Table[i] = XmGetPixmap(XtScreen(canvas),
                        Pattern_Names[i],
                        Color_Table[(i%(COLOR_TABLE_SIZE-1))+1],
                        Color_Table[0]);
      if (Pattern_Table[i] == None)
         XtError("Pixmaps koennen nicht erzeugt werden");
   }

   /* Grafikkontexte fuer Linien&Texte/Fuellen/Rubberbanding
      erzeugen */

   Line_GC = XCreateGC(display, root_window, 0L, NULL);
```

```
xgc_values.fill_style = FillTiled;
Fill_GC = XCreateGC(display, root_window, GCFillStyle,
                    &xgc_values);

xgc_values.function   = GXxor;
xgc_values.plane_mask = Rubber_Plane;
xgc_values.foreground = Rubber_Plane;
Rubber_GC = XCreateGC(display, root_window,
                      GCFunction | GCForeground | GCPlaneMask,
                      &xgc_values);

/* Hintergrundfarbe von canvas aendern */

XtSetArg(arg, XmNbackground, Color_Table[0]);
XtSetValues(canvas, &arg, 1);

/* Grafikkontexte initialisieren */

attributes.value_mask    =
    GCForeground | GCLineWidth | GCLineStyle | GCTile | GCFont;
attributes.color_index   = 1;
attributes.line_width    = 1;
attributes.line_style    = LineSolid;
attributes.pattern_index = 0;
attributes.font_index    = 0;
ChangeGCs(&attributes, NULL);
}
```

Bei Schwarz-Weiß werden direkt Schwarz und Weiß in die Tabelle der Pixel-Werte eingetragen. Bei einem Farb-Monitor werden mit *AllocRubberCells()* private Einträge und eine Ebene für das Rubberbanding in der Farbtabelle reserviert. In der Tabelle werden dabei nur diejenigen Pixel-Werte eingetragen, die bei den normalen Ausgaben verwendet werden. Mit *ChangeRubberColor()* wird Schwarz als Farbe für das Rubberbanding eingetragen. Eigentlich werden nur für *gredi* private Einträge in der Farbtabelle benötigt, für *grtest* und *grview* würden öffentliche Einträge in der Farbtabelle reichen. Die Pixmaps werden durch *XmGetPixmap()* aus Bitmap-Files plus Vorder- und Hintergrundfarbe erzeugt. Als Hintergrundfarbe wird dabei die Farbe mit dem Index *0* verwendet, die ja zugleich auch die Hintergrundfarbe von *canvas* ist.

Die Erzeugung der Grafikkontexte dürfte wenig Neues bieten. Die Einrichtung eines Rubberbanding-Kontextes wurde ja schon in Abschnitt 9.5.2 beschrieben. Die Farbe mit dem Index *0* wird als Hintergrundfarbe von *canvas* eingetragen. Die veränderbaren Attributwerte der Grafikkontexte werden mit Hilfe von *ChangeGCs()* initialisiert.

Mit der Routine *ChangeGCs()* werden diejenigen Attributwerte geändert, die sich von den aktuellen Werten unterscheiden. Die Prüfung der Parameter ist aus Platzgründen etwas dürftig geraten:

```
/*
 *  ChangeGCs -- die Grafikkontexte aendern
 */

void ChangeGCs(attributes, clip_rect)
   Attributes *attributes;   /* neue Attribute fuer Grafik */
   XRectangle *clip_rect;    /* Clip-Rechteck */
{
   int        mask = attributes->value_mask;
   XGCValues values;

   /* Nur Attribute, die in der Bitmaske von "attributes" enthalten
    * sind und deren Werte neu sind oder bisher noch nicht definiert
    * wurden, werden veraendert. */

   if (mask & GCForeground) {
      if ((Actual_Attributes.value_mask & GCForeground) &&
          (Actual_Attributes.color_index == attributes->color_index))
        mask &= ~GCForeground;
      else
        Actual_Attributes.color_index =
           attributes->color_index % COLOR_TABLE_SIZE;
   }
   if (mask & GCLineWidth) {
      if ((Actual_Attributes.value_mask & GCLineWidth) &&
          (Actual_Attributes.line_width == attributes->line_width))
        mask &= ~GCLineWidth;
      else
        Actual_Attributes.line_width = abs(attributes->line_width);
   }
   if (mask & GCLineStyle) {
      if ((Actual_Attributes.value_mask & GCLineStyle) &&
          (Actual_Attributes.line_style == attributes->line_style))
        mask &= ~GCLineStyle;
      else {
        if ((attributes->line_style == LineSolid) ||
            (attributes->line_style == LineDoubleDash) ||
            (attributes->line_style == LineOnOffDash))
          Actual_Attributes.line_style = attributes->line_style;
        else
          Actual_Attributes.line_style = LineSolid;
      }
   }
   if (mask & GCTile) {
      if ((Actual_Attributes.value_mask & GCTile) &&
          (Actual_Attributes.pattern_index ==
             attributes->pattern_index))
        mask &= ~GCTile;
      else
```

```
         Actual_Attributes.pattern_index =
            attributes->pattern_index % PATTERN_TABLE_SIZE;
   }
   if (mask & GCFont) {
      if ((Actual_Attributes.value_mask & GCFont) &&
         (Actual_Attributes.font_index == attributes->font_index))
         mask &= ~GCFont;
      else
         Actual_Attributes.font_index =
            attributes->font_index % FONT_TABLE_SIZE;
   }
   Actual_Attributes.value_mask |= mask;

   /* Kontext fuer Fuellmuster aendern */

   if (mask & GCTile) {
      values.tile = Pattern_Table[Actual_Attributes.pattern_index];
      XChangeGC(XtDisplay(Canvas), Fill_GC, GCTile, &values);
   }

   /* Kontext fuer Linien und Texte aendern */

   mask &= (GCForeground | GCLineWidth | GCLineStyle | GCFont);
   if (mask) {
      values.foreground = Color_Table[Actual_Attributes.color_index];
      values.line_width = Actual_Attributes.line_width;
      values.line_style = Actual_Attributes.line_style;
      values.font = Font_Table[Actual_Attributes.font_index]->fid;
      XChangeGC(XtDisplay(Canvas), Line_GC, mask, &values);
   }

   /* Kontext fuers Rubberbanding aendern */

   mask &= (GCLineWidth | GCLineStyle);
   if (mask)
      XChangeGC(XtDisplay(Canvas), Rubber_GC, mask, &values);

   /* Clip-Rechtecke setzen */

   SetClipRectangle(Canvas, Line_GC, clip_rect);
   SetClipRectangle(Canvas, Fill_GC, clip_rect);
}
```

Zum Setzen des Clip-Rechtecks wird die Routine *SetClipRectangle()* aus dem vorherigen Abschnitt verwendet. Beim Rubberbanding-Kontext werden die Linienattribute geändert, da beim Rubberbanding nur die Umrisse der Objekte ausgegeben werden. Die Funktion *ChangeRubberColor()* trägt eine neue Farbe für das Rubberbanding in die Farbtabelle ein:

```c
/*
 *  ChangeRubberColor -- Farbtabellen-Eintraege fuers
 *      Rubberbanding aendern
 */

void ChangeRubberColor(index)
   int index;     /* Farb-Index */
{
   Display  *display;
   Colormap colormap;
   XColor    rubber_color, color[COLOR_TABLE_SIZE];
   int       i;

   if (DefaultDepthOfScreen(XtScreen(Canvas)) == 1)
      return;

   display = XtDisplay(Canvas);
   colormap = DefaultColormapOfScreen(XtScreen(Canvas));

   /* RGB-Wert zum Farb-Index erfragen */

   rubber_color.pixel = Color_Table[index % COLOR_TABLE_SIZE];
   XQueryColors(display, colormap, &rubber_color, 1);

   /* RGB-Wert fuer Rubberbanding in Farbtabelle eintragen */

   for (i = 0; i < COLOR_TABLE_SIZE; i++) {
      color[i] = rubber_color;
      color[i].pixel = Color_Table[i] | Rubber_Plane;
      color[i].flags = DoRed | DoGreen | DoBlue;
   }
   XStoreColors(display, colormap, color, COLOR_TABLE_SIZE);
}
```

Betroffen sind die 8 reservierten Pixel-Werte mit einer *1* in der Ebene *Rubber_Plane*. Diese Pixel-Werte ergeben sich durch die Oder-Verknüpfung von *Rubber_Plane* mit den Pixel-Werten in der Tabelle.

9.7   Grafik ausgeben

Nach der doch etwas mühseligen Vorbereitung der Malmittel geht es jetzt zur eigentlichen Ausgabe. Es werden Linien gezeichnet, Flächen mit Mustern gefüllt und Texte ausgegeben. Zum Schluß dieses Abschnittes werden dann noch Pixmaps ausgegeben und Bereiche von Windows gelöscht. Die meisten Ausgaberoutinen haben eine einheitliche Form:

*XDraw...(Display *display, Drawable d, GC gc, ...)*
display Verbindung zum Server

d   Drawable, in das ausgegeben wird
gc   Grafikkontext mit den Attributen für die Ausgabe
...   Sonstige Parameter.

Beim Füllen von Flächen heißt es nur *XFill...()* statt *XDraw...()*. Im folgenden werden die Parameter *display*, *d* und *gc* nicht mehr einzeln beschrieben, ihre Verwendung dürfte klar sein.

9.7.1   Linien zeichnen

In diesem Abschnitt wird die Ausgabe von Linien beschrieben. Dabei geht es nicht nur um einfache Striche, sondern auch um Punkte, Rechtecke, Polygonzüge und Ellipsen. Alle diese „Linien" habe einige Attribute gemeinsam, die durch einen Grafikkontext beschrieben werden. Ein Teil dieser Attribute wurde schon vorgestellt: zum Beispiel *function* und *fill_style*, um nur zwei zu nennen. Besonders wichtig sind dabei diejenigen Attribute, die festlegen, mit welcher Farbe oder welchem Muster die Linien gezeichnet werden.

Es gibt aber zusätzlich noch einige spezielle Attribute für Linien. Das Nächstliegende dabei ist sicher *line_width* für die Linienbreite. Die Breite wird in Pixeln angegeben. Eine spezielle Bewandtnis hat es mit der Linienbreite *0*: Linien der Breite *0* sind zwar auch einen Pixel breit, zur Ausgabe verwendet der X-Server aber seinen eigenen Algorithmus. Dabei müssen die Linien dann nicht unbedingt der „Xlib-Norm" entsprechen. Linien der Breite *0* werden daher meist um einiges schneller ausgegeben als Linien, deren *line_width* *1* ist.

Abb. 9.9 Die drei möglichen Linientypen

Mit dem Attribut *line_style* wird festgelegt, ob die Linien durchgehend oder gestrichelt gezeichnet werden sollen, siehe auch Abb. 9.9. Die folgenden Konstanten können bei *line_style* angegeben werden:

LineSolid: Durchgehende Linien werden ausgegeben.
LineOnOffDash: Gestrichelte Linien werden ausgegeben. Die Zwischenräume der Linien werden nicht ausgefüllt.
LineDoubleDash: wie *LineOnOffDash*, nur daß die Zwischenräume der Linien ebenfalls ausgefüllt werden. Als Farbe für die Zwischenräume wird dabei die Hintergrundfarbe *background* verwendet.

Bei gestrichelten Linien kann außerdem noch die Art der Striche angegeben werden. Hierzu dienen die Attribute *dash_offset* und *dashes*. Mit *dashes* wird die Länge der Striche in Pixeln angegeben, die Zwischenräume sind dann genauso lang. Mit *dash_offset* kann genau festgelegt werden, bei welchem Pixel der erste Strich anfangen soll. Es können auch kompliziertere Dinge wie strichpunktierte Linien ausgegeben werden. Dabei muß dann die Routine *XSetDashes()* zur Angabe der Striche und Zwischenräume verwendet werden. Eine genaue Beschreibung würde hier zu weit führen.

Die letzten beiden Linienattribute betreffen die Enden der Linien und die Ecken von Polygonzügen und Rechtecken. Die Form der Enden wird mit dem Attribut *cap_style* angegeben. Möglich sind die Konstanten *CapButt*, *CapNotLast*, *CapProjecting* und *CapRound*. Mit dem Attribut *join_style* wird die Form der Ecken bei Polygonzügen und Rechtecken festgelegt, hier sind die Konstanten *JoinMiter*, *JoinRound* und *JoinBevel* erlaubt. Abbildung 9.10 zeigt die Auswirkungen der unterschiedlichen Konstanten.

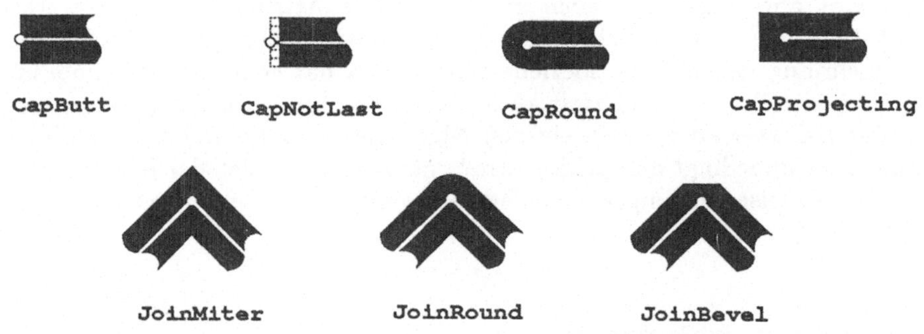

Abb. 9.10 Die möglichen Formen von Ecken und Enden

Damit sind alle Attribute für Linien beisammen, die Ausgabe kann beginnen. Mit *XDrawPoint()* wird ein einzelner Punkt gezeichnet:

*XDrawPoint(Display *display, Drawable d, GC gc, int x, int y)*
x, y Position des Punktes relativ zum Drawable.

Die Koordinaten des Punktes in x und y werden wie üblich relativ zum Ursprung des Drawables angegeben. Es gibt übrigens auch eine Xlib-Routine, um mit einem Aufruf gleich mehrere Punkte auszugeben: *XDrawPoints()*. Überhaupt gibt es zu vielen der hier beschriebenen Ausgaberoutinen ähnliche Xlib-Routinen, bei denen ein Aufruf mehrere Ausgaben bewirkt (darauf wird hier aber nicht näher eingegangen).

Mit *XDrawLine()* wird eine Linie gezeichnet:

*XDrawLine(Display *display, Drawable d, GC gc, int x1, int y1, int x2, int y2)*
x1, y1 Anfangspunkt der Linie
x2, y2 Endpunkt der Linie.

Die folgende Funktion *DrawLine()* aus dem Modul *primitives.c* gibt eine Linie aus. Hierbei werden die Grafikressourcen aus dem Modul *resources.c* verwendet. Die Linie wird durch eine Struktur vom Typ *XSegment* angegeben:

```
typedef struct {
    short x1, y1, x2, y2;
} XSegment;
```

Der Anfang der Linie ist durch *x1* und *y1* gegeben, das Ende durch *x2* und *y2*. In *DrawLine()* wird zuerst das umgebende Rechteck der Linie berechnet. Die Linie wird nur ausgegeben, wenn ihr umgebendes Rechteck das Clip-Rechteck schneidet:

```
/*
 *   DrawLine -- gibt eine Linie aus.
 */

void DrawLine(attributes, line, clip_rect)
   Attributes *attributes;  /* Attribute fuer Grafik */
   XSegment   *line;        /* Linie */
   XRectangle *clip_rect;   /* Clip-Rechteck */
{
   Widget     canvas = GetCanvas();
   XRectangle bounding_box;
   short      line_width;

   /* Liegt die Linie ausserhalb des Clip-Rechtecks? */

   if (clip_rect != NULL) {
      line_width = attributes->line_width;
      bounding_box.x = MIN(line->x1, line->x2) - line_width/2;
      bounding_box.y = MIN(line->y1, line->y2) - line_width/2;
      bounding_box.width  = abs(line->x1 - line->x2) + line_width;
      bounding_box.height = abs(line->y1 - line->y2) + line_width;

      if (DISJOINED(&bounding_box, clip_rect))
         return;
   }
   ChangeGCs(attributes, clip_rect);
   XDrawLine(XtDisplay(canvas), XtWindow(canvas), GetLineGC(),
           (int) line->x1, (int) line->y1,
           (int) line->x2, (int) line->y2);
}
```

Das Komplizierteste ist die Berechnung des umgebenden Rechtecks, hierbei muß auch die Breite der Linie berücksichtigt werden. Das Makro *DIS-*

JOINED() liefert *TRUE*, wenn sich die beiden Rechtecke nicht schneiden. Die Makros *MIN()* und *DISJOINED()* sind wie folgt implementiert:

```
#define MIN(a,b) (((a) < (b)) ? (a) : (b))

#define DISJOINED(rect1, rect2) \
   (((short)(((rect2)->x)+((rect2)->width)) < ((rect1)->x)) || \
    ((short)(((rect1)->x)+((rect1)->width)) < ((rect2)->x)) || \
    ((short)(((rect2)->y)+((rect2)->height)) < ((rect1)->y)) || \
    ((short)(((rect1)->y)+((rect1)->height)) < ((rect2)->y)))
```

Der Test mit dem umgebenden Rechteck ist noch nicht optimal, soll aber für das Beispiel genügen. Es ist nicht allzu schwierig, eine Abfrage zu schreiben, die prüft, ob die Linie auch wirklich das Clip-Rechteck schneidet.

Ein Polygonzug, also eine Reihe miteinander verbundener Punkte, wird mit der Routine *XDrawLines()* ausgegeben. Die Punkte werden dabei durch ein Array von *XPoint*-Strukturen angegeben. Ein *XPoint* enthält einfach nur die Koordinaten eines Punktes:

```
typedef struct {
   short x, y;
} XPoint;
```

XDrawLines() ist damit wie folgt definiert:

*XDrawLines(Display *display, Drawable d, GC gc, XPoint *points, int npoints,*
           int mode)

points Array mit den Punkten des Polygonzuges

npoints Anzahl der Punkte im Array

mode   gibt an, wie die Koordinaten der Punkte angegeben werden. Bei
         CoordModeOrigin werden alle Koordinaten relativ zum Ursprung des
         Drawables genommen. Bei *CoordModePrevious* werden die Koordinaten
         relativ zum vorherigen Punkt angegeben. Der erste Punkt ist dabei
         natürlich ausgenommen.

Die Möglichkeit, Koordinaten relativ anzugeben, ist oft bequem. In der Routine *DrawDiamond()* wird sie benutzt, um eine Raute auszugeben:

```
/*
 * DrawDiamond -- gibt eine Raute aus.
 */

void DrawDiamond(attributes, x, y, size, clip_rect)
   Attributes *attributes;    /* Attribute fuer Grafik */
   short      x, y, size;     /* Position und Groesse der Raute */
   XRectangle *clip_rect;     /* Clip-Rechteck */
{
   Widget     canvas = GetCanvas();
   XRectangle bounding_box;
   XPoint     point[5];
```

```
    short       line_width;

    /* Liegt die Raute ausserhalb des Clip-Rechtecks? */

    if (clip_rect != NULL) {
       line_width = attributes->line_width;
       bounding_box.x = x - size - line_width/2;
       bounding_box.y = y - line_width/2;
       bounding_box.width  = 2 * size + line_width;
       bounding_box.height = 2 * size + line_width;

       if (DISJOINED(&bounding_box, clip_rect))
          return;
    }
    point[0].x =  x;    point[0].y =  y;
    point[1].x =  size; point[1].y =  size;
    point[2].x = -size; point[2].y =  size;
    point[3].x = -size; point[3].y = -size;
    point[4].x =  size; point[4].y = -size;

    ChangeGCs(attributes, clip_rect);
    XDrawLines(XtDisplay(canvas), XtWindow(canvas), GetLineGC(),
            point, 5, CoordModePrevious);
}
```

Die obere Ecke der Raute wird durch x und y angegeben, *size* ist die halbe
Breite der Raute. Im ersten Augenblick ist es etwas verwirrend, daß die y-
Koordinaten „umgekehrt laufen"; daran muß man sich erst gewöhnen. Wie
bei *DrawLine()* wird die Raute nur ausgegeben, wenn ihr umgebendes Rechteck das Clip-Rechteck schneidet.

Mit der Routine *XDrawRectangle()* wird ein Rechteck ausgegeben:

*XDrawRectangle(Display *display, Drawable d, GC gc, int x, int y,*
*   unsigned int width, unsigned int height)*

x, y   die Position der linken oberen Ecke des Rechtecks

width die Breite des Rechtecks in Pixeln

height die Höhe des Rechtecks.

Die Funktion *RubberRectangle()* aus *primitives.c* gibt für das Rubberbanding
in *gredi* ein Rechteck mit der Bit-Operation „Exklusiv-Oder" aus. Ein zweiter
Aufruf mit denselben Parametern löscht das Rechteck wieder:

```
/*
 *  RubberRectangle -- zeichnet ein Rechteck fuers Rubberbanding.
 */

void RubberRectangle(rectangle)
    XRectangle *rectangle;
{
    Widget canvas = GetCanvas();
```

```
XDrawRectangle(XtDisplay(canvas), XtWindow(canvas), GetRubberGC(),
            (int) rectangle->x, (int) rectangle->y,
            (unsigned int) rectangle->width,
            (unsigned int) rectangle->height);
}
```

Es wird einfach nur das Widget für die Ausgabe und der Grafikkontext für
das Rubberbanding besorgt und damit dann *XDrawRectangle()* aufgerufen.
  Ein Ellipsenbogen wird mit *XDrawArc()* ausgegeben:

*XDrawArc(Display *display, Drawable d, GC gc, int x, int y, unsigned int width,*
     unsigned int height, int start_angle, int path_angle)

x, y	die Position der linken oberen Ecke des umgebenden Rechtecks der Ellipse
width, height	die Breite und Höhe des umgebenden Rechtecks der Ellipse
start_angle	Diese Zahl gibt den Anfang des Ellipsenbogens als Winkel an. Der Winkel wird dabei relativ zur 3-Uhr-Position in 1/64 Grad angegeben.
path_angle	Diese Zahl gibt die Öffnung des Bogens als Winkel an. Der Winkel wird dabei relativ zum Anfangswinkel *start_angle* in 1/64 Grad angegeben.

Der Bogen wird durch das umgebende Rechteck der Ellipse und zwei Winkel definiert. Die Winkel bestimmen den Anfangspunkt und die Öffnung des
Bogens, sie werden in 1/64 Grad angegeben. Abbildung 9.11 zeigt das Zusammenspiel der einzelnen Parameter.

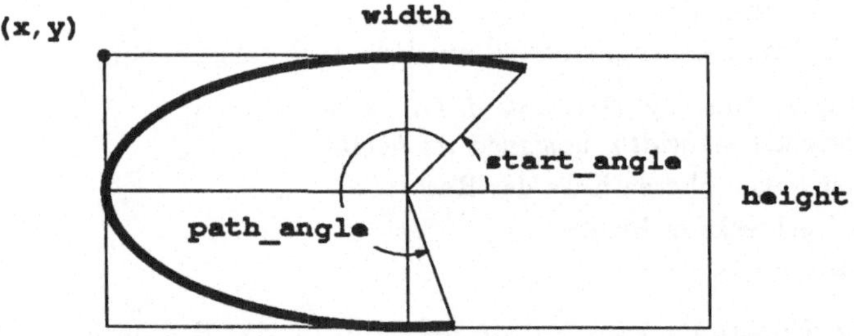

Abb. 9.11 Die Parameter zur Beschreibung eines Ellipsenbogens

Die Routine *DrawCircle()* gibt einen Kreis aus. Als Parameter werden Mittelpunkt und Radius angegeben:

```
/*
 * DrawCircle -- gibt einen Kreis aus
 */
```

```
void DrawCircle(attributes, x, y, radius, clip_rect)
   Attributes *attributes;    /* Attribute fuer Grafik */
   short       x, y, radius;  /* Mittelpunkt und Radius */
   XRectangle *clip_rect;     /* Clip-Rechteck */
{
   Widget      canvas = GetCanvas();
   XRectangle bounding_box;
   short       line_width;

   /* Liegt der Kreis ausserhalb des Clip-Rechtecks? */

   if (clip_rect != NULL) {
      line_width = attributes->line_width;
      bounding_box.x = x - radius - line_width/2;
      bounding_box.y = y - radius - line_width/2;
      bounding_box.width  = 2 * radius + line_width;
      bounding_box.height = 2 * radius + line_width;

      if (DISJOINED(&bounding_box, clip_rect))
         return;
   }
   ChangeGCs(attributes, clip_rect);
   XDrawArc(XtDisplay(canvas), XtWindow(canvas), GetLineGC(),
           (int)(x - radius), (int)(y - radius),
           (unsigned int)(2*radius), (unsigned int)(2*radius),
           0, 23040);
}
```

Der Öffnungswinkel des Kreises beträgt 360 Grad, also wird als *path_angle*
der Wert *360 * 64 = 23040* angegeben. Wenn der Kreis nicht rund aussieht, so
liegt das daran, daß die Pixel auf dem Bildschirm nicht unbedingt quadratisch
sind. Oft ist ein Pixel weniger breit als hoch. Das Seitenverhältnis eines Pixels
muß in die Berechnung von Breite und Höhe des umgebenden Rechtecks
eingehen, wenn der Kreis wirklich rund aussehen soll.

9.7.2   Flächen füllen

Mit den Xlib-Routinen können Rechtecke, Polygonzüge und Ellipsenbögen
mit Farben oder Mustern gefüllt werden. Die meisten Attribute zum Füllen
wurden schon im Abschnitt über Grafikkontexte beschrieben, da sie auch
zum Zeichnen von Linien und zur Ausgabe von Text verwendet werden. Die
wichtigsten Attribute sind dabei *fill_style*, *foreground*, *background*, *tile* und
stipple. Diese Attribute definieren das Aussehen einer gefüllten Fläche.
   Ein Rechteck wird mit *XFillRectangle()* gefüllt:

*XFillRectangle(Display *display, Drawable d, GC gc, int x, int y,*
              unsigned int width, unsigned int height)
x, y   Position der linken oberen Ecke des Rechtecks
width, height Breite und Höhe des Rechtecks.

Die ersten drei Parameter haben beim Füllen dieselbe Bedeutung wie beim
Ausgeben von Linien.

Die Funktion *DrawFilledRectangle()* aus *primitives.c* füllt ein Rechteck und
zeichnet anschließend noch einen Rand um das Rechteck:

```
/*
 *  DrawFilledRectangle -- gibt ein gefuelltes Rechteck aus
 */

void DrawFilledRectangle(attributes, rectangle, clip_rect)
   Attributes *attributes;    /* Attribute fuer Grafik */
   XRectangle *rectangle;     /* Rechteck */
   XRectangle *clip_rect;     /* Clip-Rechteck */
{
   Widget     canvas = GetCanvas();
   XRectangle bounding_box;
   short      line_width;

   /* Liegt das Rechteck ausserhalb des Clip-Rechtecks? */

   if (clip_rect != NULL) {
      line_width = attributes->line_width;
      bounding_box.x = rectangle->x - line_width/2;
      bounding_box.y = rectangle->y - line_width/2;
      bounding_box.width  = rectangle->width  + line_width;
      bounding_box.height = rectangle->height + line_width;

      if (DISJOINED(&bounding_box, clip_rect))
         return;
   }
   ChangeGCs(attributes, clip_rect);

   XFillRectangle(XtDisplay(canvas), XtWindow(canvas), GetFillGC(),
               (int) rectangle->x, (int) rectangle->y,
               (unsigned int) rectangle->width,
               (unsigned int) rectangle->height);

   XDrawRectangle(XtDisplay(canvas), XtWindow(canvas), GetLineGC(),
               (int) rectangle->x, (int) rectangle->y,
               (unsigned int) rectangle->width,
               (unsigned int) rectangle->height);
}
```

Mit *XFillPolygon()* wird ein Polygonzug gefüllt. Hierbei ist allerdings bei
Linienzügen, die sich selbst überlappen, eine Besonderheit zu beachten. Muß
in Abb. 9.12 die Fläche A gefüllt werden oder nicht – ist A „innen" oder
„außen"? Beides kann sinnvoll sein — daher gibt es für Grafikkontexte auch
das Attribut *fill_rule*, mit dem zwischen den beiden Möglichkeiten ausgewählt
werden kann. Wird als *fill_rule* die Konstante *WindingRule* angegeben, so

Abb. 9.12 Ein sich selbst überlappender Polygonzug

wird die Fläche A gefüllt. Bei *EvenOddRule* wird A nicht gefüllt. Lax ausgedrückt ist bei *WindingRule* jeder Punkt „innen", der mindestens einmal
vom Linienzug umrundet wird. Dagegen sind bei *EvenOddRule* nur solche
Punkte „innen", bei denen die Anzahl der Umrundungen ungerade ist.

Die Ausgaberoutine selbst ist weniger geheimnisvoll. Die Punkte des Polygonzuges werden in Strukturen vom Typ *XPoint* angegeben, ähnlich wie bei
XDrawLines():

*XFillPolygon(Display *display, Drawable d, GC gc, XPoint *points, int npoints,*
        int shape, int mode)

points Array mit den Punkten des Polygonzuges

npoints Anzahl der Punkte im Array

shape   gibt die Form des Polygonzuges an, damit der X-Server eventuell die
Ausgabe optimieren kann. Bei *Complex* kann der Polygonzug jede
beliebige Form haben. Bei *Convex* muß der Polygonzug konvex sein. Bei
Noconvex darf sich der Polygonzug nicht selbst überlappen, er muß aber
nicht unbedingt konvex sein.

mode   wie bei *XDrawLines()*: Bei *CoordModeOrigin* werden alle Koordinaten
relativ zum Ursprung des Drawables genommen. Bei *CoordModePrevious*
werden die Koordinaten relativ zum vorherigen Punkt angegeben.

Ein konvexer Polygonzug ist nirgendwo „eingedellt" – zwei Punkte innerhalb des Polygonzuges lassen sich immer durch eine Gerade verbinden, die
ganz im Polygonzug verläuft. Ein konvexer Polygonzug kann sich nicht selbst
überlappen. Das Attribut *fill_rule* wird also nur bei *Complex* benötigt.

Die Routine *DrawDiamond()* aus dem vorherigen Abschnitt kann leicht zu
einer Routine *FillDiamond()* gemacht werden. Hierzu muß nur der Aufruf
von *XDrawLines()* ersetzt werden durch

```
XFillPolygon(XtDisplay(canvas), XtWindow(canvas), GetFillGC(),
        point, 5, Convex, CoordModePrevious);
```

Bleibt nur noch, Ellipsenbögen zu füllen; dabei fragt sich, wie ein Bogen
gefüllt werden soll. Soll ein Sektor ausgefüllt werden, bei dem die Endpunkte
des Bogens mit dem Mittelpunkt der Ellipse verbunden sind, oder sollen
zum Füllen einfach die beiden Endpunkte des Bogens verbunden werden?

Im ersten Fall entstehen die für Geschäftsgrafiken so beliebten „Tortenstükke", im zweiten Fall Ellipsensegmente. Die beiden Formen sind in Abb. 9.13
dargestellt.

 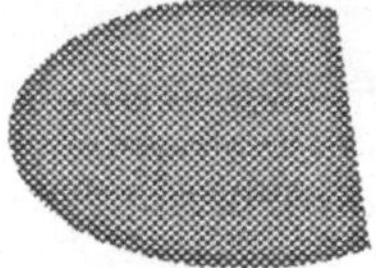

ArcPieSlice   **ArcChord**

Abb. 9.13 Es gibt zwei Möglichkeiten, einen Ellipsenbogen zu füllen.

Die Füllmethode für einen Ellipsenbogen wird mit dem Attribut *arc_mode*
im Grafikkontext ausgewählt. Bei *ArcPieSlice* entsteht ein Tortenstück, bei
ArcChord ein Segment. Die Routine *XFillArc()* besorgt dann die Ausgabe:

*XFillArc(Display *display, Drawable d, GC gc, int x, int y, unsigned int width,*
        unsigned int height, int start_angle, int path_angle)

x, y   die Position der linken oberen Ecke des umgebenden Rechtecks der
               Ellipse

width, height die Breite und Höhe des umgebenden Rechtecks der Ellipse

start_angle   der Anfang des Ellipsenbogens als Winkel relativ zur 3-Uhr-Position
               in 1/64 Grad

path_angle   die Öffnung des Bogens als Winkel relativ zum Anfang in 1/64 Grad.

Den Ellipsenbogen selbst gibt man genau wie bei *XDrawArc()* an. In der
folgenden Routine *DrawPieSlice()* wird *XFillArc()* zur Ausgabe von Prozenten in Form von Tortenstücken verwendet. Damit lassen sich zum Beispiel
Marktanteile darstellen, solange sie größer als ein Prozent sind:

```
/*
 * DrawPieSlice -- gibt eine Prozentzahl als Tortenstueck aus.
 */

void DrawPieSlice(attributes, x, y, radius, percent, offset, clip_rect)
   Attributes *attributes;      /* Attribute fuer Grafik */
   short      x, y, radius;     /* Mittelpunkt und Radius */
   int        percent;          /* Prozentzahl */
   int        offset;           /* Start-Prozente */
   XRectangle *clip_rect;       /* Clip-Rechteck */
{
   Widget     canvas = GetCanvas();
   XRectangle bounding_box;
   short      line_width;
```

```
      if (radius < 0)
         radius = -radius;
      x -= radius;
      y -= radius;
      radius *= 2;

      /* Liegt die Ellipse ausserhalb des Clip-Rechtecks? */

      if (clip_rect != NULL) {
         line_width = attributes->line_width;
         bounding_box.x = x - line_width/2;
         bounding_box.y = y - line_width/2;
         bounding_box.width  = radius + line_width;
         bounding_box.height = radius + line_width;

         if (DISJOINED(&bounding_box, clip_rect))
            return;
      }

      /* Prozente in Winkel umrechnen: 360 * 64 / 100 = 230.4 */

      offset  = (int)(230.4 * (float)offset);
      percent = (int)(230.4 * (float)percent);

      /* Tortenstueck fuellen. */

      ChangeGCs(attributes, clip_rect);
      XFillArc(XtDisplay(canvas), XtWindow(canvas), GetFillGC(),
            (int) x, (int) y,
            (unsigned int) radius, (unsigned int) radius,
            offset, percent);
   }
```

Der Parameter *offset* gibt dabei die Prozentzahl an, bei der das Tortenstück anfangen soll, *0* Prozent liegt bei 3 Uhr. Wie bei *DrawCircle()* muß das Seitenverhältnis des umgebenden Rechtecks eventuell verändert werden, damit die Torte auch schön rund wird.

9.7.3   Text schreiben

Mit der Xlib ist die Ausgabe von Texten leider nicht so einfach wie mit *printf()*. Jeder Buchstabe kann eine andere Größe haben und muß auf das Pixel genau positioniert werden. Zudem sind im X-Window-System nicht nur einfache ASCII-Zeichensätze mit maximal 8 Bit pro Zeichen vorgesehen, sondern auch komplexere Zeichensätze mit 16 Bit pro Zeichen. Für 16-Bit-Zeichensätze gibt es dann auch noch zwei verschiedene Möglichkeiten, die einzelnen Zeichen zu kodieren. Um die ganze Sache aber nicht zu unübersichtlich werden zu lassen, sollen hier nur 8-Bit-Zeichensätze verwendet werden (auf 16-Bit-Zeichensätze wird nicht eingegangen).

In Abschnitt 9.4 wurde schon gezeigt, wie Fonts geladen und Informationen über Fonts eingeholt werden. Dazu werden Strukturen vom Typ *XFontStruct* verwendet. Wie wird nun die Geometrie der einzelnen Zeichen eines Fonts in einer solchen Struktur beschrieben? Dazu gibt es in jeder *XFontStruct* ein Array mit Informationen über die Zeichen des Fonts. Das Array enthält für jedes einzelne Zeichen eine Struktur vom Typ *XCharStruct*:

```
typedef struct {
    short lbearing;
    short rbearing;
    short width;
    short ascent;
    short descent;
    unsigned short attributes;
} XCharStruct;
```

Das Feld *attributes* wird nur Xlib-intern verwendet. Die Bedeutung der restlichen Felder ist in Abb. 9.14 dargestellt. Wichtig ist die *Basislinie*, auf dieser Linie werden die Buchstaben später ausgegeben. Die Breite *width* kann übrigens auch negativ sein, in diesem Fall werden die Zeichen von rechts nach links ausgegeben.

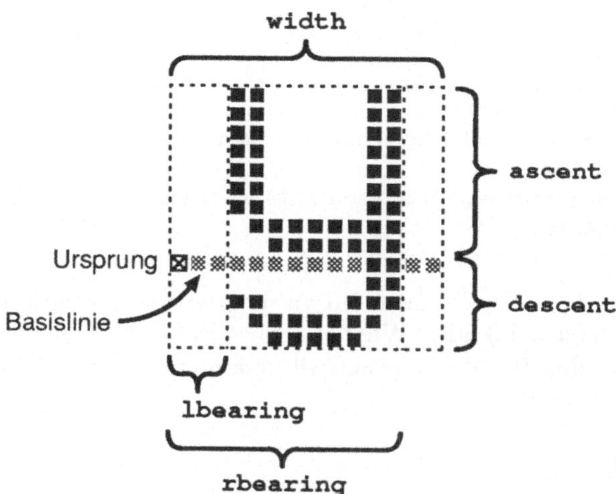

Abb. 9.14 Die Geometrie der einzelnen Zeichen eines Fonts

Bei der Ausgabe eines Textes wird die Position des ersten Zeichens angegeben. Auf diese Position wird der *Ursprung* des Zeichens gelegt. Ein Zeichen wird also nicht etwa durch das umgebende Rechteck positioniert. Wie Abb. 9.14 zeigt, liegt der Ursprung auf der Basislinie des Zeichens, es muß aber nicht unbedingt das erste Pixel sein.

Der Datentyp *XFontStruct* ist folgendermaßen definiert:

```c
typedef struct {
   XExtData *ext_data;
   Font fid;
   unsigned int direction;
   unsigned int min_char_or_byte2;
   unsigned int max_char_or_byte2;
   unsigned int min_byte1;
   unsigned int max_byte1;
   Bool all_chars_exists;
   unsigned int default_char;
   int n_properties;
   XFontProp *properties;
   XCharStruct min_bounds;
   XCharStruct max_bounds;
   XCharStruct *per_char;
   int ascent;
   int descent;
} XFontStruct;
```

Die Felder *ext_data*, *properties* und *n_properties* können zusätzliche Informationen zum Zeichensatz enthalten, die hier nicht weiter interessieren sollen. Die Felder *min_byte1* und *max_byte1* haben nur im Zusammenhang mit 16-Bit-Zeichensätzen eine Bedeutung, bei 8-Bit-Zeichensätzen sind beide Felder *0*. Man kann 16-Bit-Zeichensätze daran erkennen, daß hier Werte ungleich *0* stehen. Die restlichen Felder sind:

fid: der X-Identifier des Fonts

direction: die Richtung, in der der Font ausgegeben wird: Bei *FontLeftTo-Right* wird wie gewohnt von links nach rechts ausgegeben, bei *FontRight-ToLeft* wird umgekehrt geschrieben.

min_char_or_byte2: der Index des ersten Zeichens, für das im Array *per_char* Informationen stehen. Ist das erste Zeichen in *per_char* zum Beispiel das Blank, so steht hier `((int)' ')`, also 32.

max_char_or_byte2: der Index des letzten Zeichens, für das im Array *per_char* Informationen stehen. Ist das letzte Zeichen in *per_char* die Tilde, so steht hier `((int)'~')`, also 126.

all_chars_exists: Dieser Wert ist *False*, wenn das umgebende Rechteck eines der Zeichen in *per_char* leer ist.

default_char: Dieses Zeichen wird als Platzhalter anstelle eines im Zeichensatz nicht definierten Zeichens ausgegeben. Ist *default_char* selbst nicht definiert, so wird nichts ausgegeben.

min_bounds: In dieser *XCharStruct* sind in den einzelnen Feldern jeweils die kleinsten Werte aus dem gesamten Zeichensatz eingetragen.

max_bounds: wie bei *min_bounds*, nur daß hier jeweils die größten Werte eingetragen sind *per_char:* Zeiger auf ein Array mit *XFontStruct*'s, das die Geometrie-Informationen über alle Zeichen von *min_char_or_byte2* bis *max_char_or_byte2* enthält. Der Zeiger kann auch *NULL* sein, in diesem Fall sind alle Zeichen gleich groß; ihre Geometrie wird dann sowohl durch *min_bounds* als auch durch *max_bounds* beschrieben.

ascent: die logische Höhe des Fonts oberhalb der Basislinie. Einzelne Zeichen können auch höher sein.

descent: die logische Tiefe des Fonts unterhalb der Basislinie.

Will man jetzt zum Beispiel die Gesamthöhe des Zeichens *y* wissen, so kann diese wie folgt erfragt werden:

```
unsigned int  index;
XFontStruct  *finfo;
short         height;

if (finfo->per_char == NULL) {
   height = finfo->min_bounds.ascent +
            finfo->min_bounds.descent;
} else {
   index  = (int)'y' - finfo->min_char_or_byte2;
   height = finfo->per_char[index].ascent +
            finfo->per_char[index].descent;
}
```

Nun wäre es natürlich etwas mühselig, wollte man die Geometrie eines Textes jedesmal aus den einzelnen Zeichen berechnen. Dazu gibt es zum Glück zwei Xlib-Routinen. Die Funktion *XTextWidth* liefert die Breite eines Textes als Funktionswert zurück:

*int XTextWidth(XFontStruct *font_struct, char *string, int nchars)*

font_struct Hiermit wird der Font angegeben.

string   der Text, dessen Breite berechnet wird

nchars   die Anzahl der Zeichen im Text.

Die Routine *XTextExtents()* liefert neben der Breite noch weitere Informationen über die Ausdehnung eines Textes:

*int XTextExtents(XFontStruct *font_struct, char *string, int nchars,*
           *int *direction_return, int *ascent_return, int *descent_return,*
           *XCharStruct *overall_return)*

font_struct   Hiermit wird der Font angegeben.

string   der Text, dessen Ausdehnung berechnet wird

nchars   die Anzahl der Zeichen im Text

direction_return liefert das Feld *direction* aus *font_struct*

ascent_return   liefert das Feld *ascent* aus *font_struct*

descent_return   liefert das Feld *descent* aus *font_struct*

overall_return   liefert die Gesamt-Ausdehnung des Textes zurück.

Damit sind alle nötigen Geometrie-Informationen für Texte beisammen, die
Ausgabe kann beginnen. Die einzelnen Zeichen des Fonts kann man sich dabei
als Bitmaps vorstellen, die wie Clip-Masken verwendet werden: Bei einer *1*
wird gefüllt, bei einer *0* wird nichts ausgegeben. Wie die Zeichen ausgefüllt
werden, richtet sich nach den Attributen im benutzten Grafikkontext. Je
nach *fill_style* werden unter anderem die Attribute *foreground*, *background*,
tile und *stipple* verwendet. Der Font selber wird mit dem Attribut *font* des
Grafikkontextes angegeben. *XDrawString()* zeichnet auf diese Weise einen
Text:

*XDrawString(Display *display, Drawable d, GC gc, int x, int y, char *string,*
*   int nchars)*

x, y   An dieser Position wird das erste Zeichen des Textes ausgegeben.

string Dieser Text wird ausgegeben.

nchars Anzahl der Zeichen im Text.

Die Parameter *display*, *d* und *gc* haben dieselbe Bedeutung wie bei allen
anderen Ausgaberoutinen auch. Die Position in *x* und *y* gibt den Ursprung
des ersten Zeichens an. Der Text wird dann auf der Basislinie ausgegeben.

  Bei der folgenden Routine *DrawString()* aus *primitives.c* wird *XTextEx-
tents()* benutzt, um das umgebende Rechteck des Textes zu berechnen. Der
Text wird nur ausgegeben, wenn er das Clip-Rechteck schneidet:

```
/*
 *  DrawString -- gibt einen Text aus
 */

void DrawString(attributes, x, y, text, clip_rect)
   Attributes  *attributes;    /* Attribute fuer Grafik */
   short       x, y;           /* Position des Textes */
   char        *text;          /* Text */
   XRectangle  *clip_rect;     /* Clip-Rechteck */
{
   Widget       canvas = GetCanvas();
   XCharStruct  text_extents;
   XRectangle   bounding_box;
   int          direction, ascent, descent;

   /* Liegt der Text ausserhalb des Clip-Rechtecks? */

   if (clip_rect != NULL) {
      XTextExtents(GetFont(attributes->font_index), text, strlen(text),
               &direction, &ascent, &descent, &text_extents);
      bounding_box.x = x;
      bounding_box.y = y - text_extents.ascent;
      bounding_box.width  = text_extents.width;
      bounding_box.height = text_extents.ascent + text_extents.descent;

      if (DISJOINED(&bounding_box, clip_rect))
```

```
        return;
    }
    ChangeGCs(attributes, clip_rect);
    XDrawString(XtDisplay(canvas), XtWindow(canvas), GetLineGC(),
            (int) x, (int) y, text, (int) strlen(text));
}
```

Manchmal kann es sinnvoll sein, auch den Hintergrund eines Zeichens mit auszugeben. Dann braucht man zum Beispiel beim Verschieben von Text nicht
extra den alten Text zu löschen. Die Routine *XDrawImageString()* tut genau das, sie benutzt dazu die Attribute *foreground* und *background* aus dem
Grafikkontext. Das Attribut *fill_style* wird in diesem Fall nicht verwendet.
XDrawImageString() hat ansonsten genau dieselben Parameter wie *XDraw-*
String().

9.7.4 Pixmaps ausgeben

Pixmaps und Bitmaps wurden bisher nur für Füllmuster und als Schablo-
nen verwendet. Sie können aber auch direkt ausgegeben werden, indem sie
als Drawables in ein Window kopiert werden. Dieser Mechanismus ist ganz
allgemein gehalten, so daß zum Beispiel auch umgekehrt Ausschnitte aus
Windows in Pixmaps kopiert werden können.

Die Routine *XCopyArea()* kopiert ein Rechteck aus einem Drawable in ein
anderes Drawable. Die beiden Drawables müssen dabei zueinander passen —
sie müssen auf demselben Bildschirm erzeugt worden sein und dieselbe Tiefe
haben:

*XCopyArea(Display *display, Drawable src, Drawable dest, GC gc, int src_x,*
        int src_y, unsigned int width, unsigned int height, int dest_x,
        int dest_y)

display   Verbindung zum X-Server

src   Aus diesem Drawable wird das Rechteck herauskopiert.

dest   In dieses Drawable wird das Rechteck hineinkopiert.

gc   Grafikkontext mit den Attributen zur Ausgabe

src_x, src_y   Position der linken oberen Ecke des Rechtecks in *src*

width, height Größe des Rechtecks

dest_x, dest_y Position der linken oberen Ecke des Rechtecks in *dest*.

Aus dem Grafikkontext werden Attribute wie *function* und *plane_mask* verwendet.

Mit der Routine *XCopyPlane()* kann eine einzelne Ebene aus einem Drawable in ein anderes Drawable kopiert werden. Die kopierte Ebene wird im
Ziel-Drawable wie eine Schablone benutzt – bei einer *1* wird der Pixel-Wert
foreground aus dem Grafikkontext ausgegeben, bei einer *0* wird *background*
verwendet:

*XCopyPlane(Display *display, Drawable src, Drawable dest, GC gc, int src_x,*
*   int src_y, unsigned int width, unsigned int height, int dest_x,*
*   int dest_y, unsigned long plane)*

display	Verbindung zum X-Server
src	Aus einer Ebenen dieses Drawables wird ein Rechteck herauskopiert.
dest	In dieses Drawable wird das Rechteck hineinkopiert.
gc	Grafikkontext mit den Attributen zur Ausgabe
src_x, src_y	Position der linken oberen Ecke des Rechtecks in *src*
width, height	Größe des Rechtecks
dest_x, dest_y	Position der linken oberen Ecke des Rechtecks in *dest*
plane	Diese Bitmaske legt die Ebene in *src* fest. In der Maske darf nur ein Bit *1* sein, die restlichen Bits müssen *0* sein. Die *1* markiert die zu kopierende Ebene.

Die beiden Drawables brauchen zwar nicht dieselbe Tiefe haben, müssen aber
für denselben Bildschirm erzeugt worden sein. Die Routine *CreatePixmap-
FromBitmap()* zeigt, wie aus einem Bitmap ein Pixmap erzeugt werden kann:

```
/*
 *  CreatePixmapFromBitmap -- erzeugt ein Pixmap aus einem Bitmap
 */

Pixmap CreatePixmapFromBitmap(widget, gc, bitmap, width, height)
    Widget          widget;
    GC              gc;
    Pixmap          bitmap;
    unsigned int width, height;    /* Groesse des Bitmaps */
{
    Pixmap pixmap;

    /* Pixmap erzeugen. */

    pixmap = XCreatePixmap(XtDisplay(widget),
            RootWindowOfScreen(XtScreen(widget)),
            width, height, PlanesOfScreen(XtScreen(widget)));

    /* Bitmap in Pixmap kopieren. */

    if (pixmap != None)
        XCopyPlane(XtDisplay(widget), bitmap, pixmap, gc,
                0, 0, width, height, 0, 0, 1L);

    return pixmap;
}
```

Vorder- und Hintergrundfarbe des Pixmaps werden durch den Grafikkontext
bestimmt. Es gibt noch einige andere Möglichkeiten, das Pixmap zu füllen.

Man könnte zum Beispiel das Bitmap als *stipple* im Grafikkontext verwenden und als *fill_style FillOpaqueStippled* angeben. Wird dann mit *XFillRectangle()* das Pixmap ausgemalt, so erscheint wunderbarerweise das Bitmap.

9.7.5   Flächen löschen

Meist werden Windows vom X-Server gelöscht. Wird zum Beispiel ein Window verschoben, so füllt der Server die bis dahin verdeckten Flächen mit den Hintergrundmustern der jeweiligen Windows. Manchmal kann es aber auch notwendig sein, daß Flächen in einem Window von der Applikation gelöscht werden, zum Beispiel wenn eine Grafik geändert werden muß. Dazu kann die Routine *XClearArea()* verwendet werden:

*XClearArea(Display *display, Window window, int x, int y, unsigned int width,*
           unsigned int height, Bool exposures)

display	Verbindung zum X-Server
window	In diesem Window wird ein Rechteck gelöscht.
x, y	die Position der linken oberen Ecke des Rechtecks
width, height	die Größe des Rechtecks. Hier kann auch jeweils *0* angegeben werden: Ist *width 0*, so wird die Breite des Windows minus *x* als Breite des Rechtecks verwendet. Für *height* gilt Entsprechendes.
exposures	Bei *True* werden durch das Löschen Expose-Events für das Rechteck erzeugt.

Expose-Events werden im nächsten Kapitel beschrieben. Sie teilen der Applikation mit, ob ein Teil eines Windows neu gezeichnet werden muß. Mit *XClearArea()* können übrigens keine Pixmaps gelöscht werden — Pixmaps haben ja kein Hintergrundmuster. Das gesamte Window eines Widgets wird mit *XClearArea()* wie folgt gelöscht:

```
Widget w;
```

```
XClearArea(XtDisplay(w), XtWindow(w), 0, 0, 0, 0, False);
```

Für solch einen Aufruf gibt es aber auch eine Kurzform. Die Routine *XClearWindow()* löscht ein gesamtes Window:

*XClearWindow(Display *display, Window window)*
display Verbindung zum X-Server
window Dieses Window wird gelöscht.

Ein Expose-Event wird nicht erzeugt.

9.8   Die Grafikprimitiven für *grtest*

In *primitives.c* sind die primitiven Grafik-Ausgaberoutinen für *grtest*, *grview* und den Grafik-Editor *gredi* enthalten. Die Schnittstelle des Moduls ist in *primitives.h* deklariert:

```
/*
 *   primitives.h -- Schnittstelle zu primitives.c
 */

/* Ausgaberoutinen */

void DrawLine();
void DrawFilledRectangle();
void DrawString();

/* Ausgaberoutinen fuers Rubberbanding */

void RubberLine();
void RubberRectangle();
```

Die beiden Makros *MIN()* und *DISJOINED()* sowie die meisten Routinen aus *primitives.c* wurden schon im vorherigen Abschnitt vorgestellt. Der Anfang von *primitives.c* besteht ansonsten nur aus Includes:

```
/*
 *   primitives.c -- Die primitiven Grafikroutinen fuer grtest,
 *      grview und gredi
 */

#include <stdio.h>
#include <Xm/Xm.h>
#include <resources.h>
```

Nur die Routine *RubberLine()* fehlt noch. Sie ist genauso einfach wie *RubberRectangle()*:

```
/*
 *   RubberLine -- zeichnet eine Linie fuers Rubberbanding
 */

void RubberLine(line)
   XSegment *line;
{
   Widget canvas = GetCanvas();

   XDrawLine(XtDisplay(canvas), XtWindow(canvas), GetRubberGC(),
            (int) line->x1, (int) line->y1,
            (int) line->x2, (int) line->y2);
}
```

Mit dem Modul *primitives.c* ist es nun einfach, eine erste Version von *redraw.c* mit fest programmierten Grafikausgaben zu realisieren. Hierzu braucht in *redraw.c* ja nur die Routine *Draw()* enthalten sein. Das Include-File *redraw.h* ist entsprechend einfach:

```
/*
 *  redraw.h -- Schnittstelle zu redraw.c
 */

void Draw();
```

Draw() wird von der Callback-Routine *RedrawCB()* aufgerufen, sobald ein
Teil der Drawing-Area von *grtest* neu gezeichnet werden muß. *Draw()* könnte
zum Beispiel wie folgt aussehen:

```
/*
 *  Draw -- Grafik im Zeichenfeld canvas ausgeben.
 */

void Draw(clip_rect)
   XRectangle *clip_rect;
{
   Attributes attributes;     /* Attribute fuer Grafik */
   XRectangle rectangle;

   attributes.value_mask    =
       GCForeground | GCLineWidth | GCLineStyle | GCTile;
   attributes.color_index   = 2;
   attributes.line_width    = 3;
   attributes.line_style    = LineSolid;
   attributes.pattern_index = 3;

   rectangle.x = rectangle.y = 20;
   rectangle.width = rectangle.height = 100;

   DrawFilledRectangle(&attributes, &rectangle, clip_rect);
}
```

Mit *attributes* werden die Werte für den Grafikkontext bei der Ausgabe festgelegt. Die Farbe des Randes wird mit dem Index *2* auf Rot festgelegt, seine
Breite wird auf *3* Pixel gesetzt. Mit *LineSolid* werden durchgehende Linien
als Rand ausgegeben. Hinter dem Füllmuster mit Index *3* verbirgt sich das
Bitmap-File *dimple3*. Genauso einfach lassen sich auch die anderen Routinen aus *primitives.c* oder auch eine der anderen Ausgaberoutinen aus dem
vorherigen Abschnitt ausprobieren.

   Zur Übersicht werden abschließend noch einmal die Funktionen der vier
Module *grtest.c*, *redraw.c*, *primitives.c* und *resources.c* aufgezählt. Weiter sei
noch an die Ressourcen für *grtest* auf S. 368 erinnert.

Modul: *grtest.c*

Funktion	Quelltext	Ergänzungen
main()	S. 363	
CreateMainWindow()	S. 364	
RedrawCB()	S. 367	
CreateCommandButtons()	S. 367	
ExitCB()	S. 250	

Die Schnittstelle von *resources.c* wird im Include-File *resources.h* definiert, das auf S. 405 aufgelistet ist. Die für *resources.c* notwendigen Includes und Variablen sind auf S. 406 aufgelistet.

Modul: *resources.c*

Funktion	Quelltext	Ergänzungen
DefaultVisualInfo()	S. 374	
AllocRubberCells()	S. 380	
LoadQueryFontList()	S. 390	
LoadQueryDefaultFont()	S. 396	
SetClipRectangle()	S. 402	
InitGraphic()	S. 407	
ChangeGCs()	S. 409	
ChangeRubberColor()	S. 411	
GetAttributes()	—	S. 407
GetColor()	—	S. 407
GetPattern()	—	S. 407
GetFont()	—	S. 407
GetCanvas()	—	S. 407
GetLineGC()	—	S. 407
GetFillGC()	—	S. 407
GetRubberGC()	—	S. 407

Das Include-File *primitives.h* mit der Schnittstelle des Moduls *primitives.c* ist auf S. 430 aufgelistet. Die nötigen Includes für *primitives.c* stehen auf S. 431.

Modul: *primitives.c*

Funktion	Quelltext	Ergänzungen
DrawLine()	S. 415	
DrawFilledRectangle()	S. 420	
DrawString()	S. 427	
RubberLine()	S. 431	
RubberRectangle()	S. 417	
MIN()	S. 416	
DISJOINED()	S. 416	

Der Modul *redraw.c* besteht bei *grtest* nur aus einer Funktion, das Include-File dazu ist auf S. 431 zu sehen.

Modul: *redraw.c*

Funktion	Quelltext	Ergänzungen
Draw()	S. 432	

9.9   Der Cursor

Eine Applikation kann die Gestalt des Maus-Cursors selbst festlegen. Dazu
kann sie jedem Window eine Cursor-Form zuordnen. Der Maus-Cursor nimmt
dann diese Form an, sobald er sich über dem Window befindet. Die Form des
Maus-Cursors ist oft für Echos nützlich. Eine Uhr als Cursor kann zum Beispiel signalisieren, daß die Applikation gerade mit sich selbst beschäftigt ist.
Bei *gredi* könnte ein Fadenkreuz in der Drawing-Area angezeigt werden. Dadurch würde dem Benutzer angezeigt, daß er dort zeichnen kann. Ist einem
Window kein eigener Cursor zugeordnet, so wird im Window der Cursor des
Parent-Windows angezeigt.

Für Cursor-Formen gibt es die Grafikressource *Cursor* des X-Servers. Ein
Cursor wird durch einen Identifier vom Typ *Cursor* angegeben. Im wesentlichen besteht ein Cursor aus zwei Bitmaps. Das erste Bitmap zeigt den eigentlichen Cursor, das zweite dient als Maske für den Umriß des Cursors.
Der Cursor hat weiter eine Vorder- und Hintergrundfarbe. Wie gewohnt wird
eine *1* im Cursor-Bitmap mit der Vordergrundfarbe und eine *0* mit der Hintergrundfarbe ausgegeben. Das Cursor-Bitmap definiert außerdem noch den
sogenannten *Hot Spot*: Das ist ein Pixel, das die Cursor-Position festlegt.
Bei einem Pfeil ist der Hot Spot die Pfeilspitze, bei einem Fadenkreuz der
Mittelpunkt des Kreuzes (siehe Abb. 9.15). In Abschnitt 9.3 wurde gezeigt,
wie der Hot Spot in einem Bitmap-File angegeben wird.

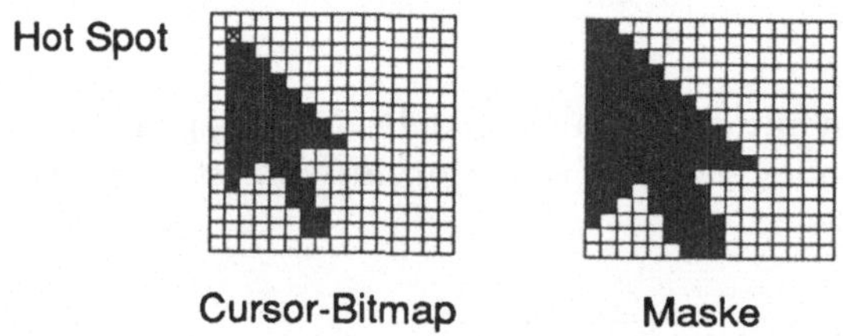

Abb. 9.15 Die beiden Bitmaps für einen Cursor

Es gibt einen speziellen *Cursor-Font*, in dem eine Vielzahl von Cursor-
Bitmaps inklusive der zugehörigen Masken enthalten ist. Am bequemsten
kann ein Cursor mit Hilfe dieses Fonts und der Xlib-Funktion *XCreateFont-
Cursor()* erzeugt werden. Das hat zudem den Vorteil, daß die genaue Form des
Cursors auf den jeweiligen Server angepaßt ist und damit zur Auflösung des
Bildschirms paßt. Das Include-File <*X11/cursorfont.h*> enthält Konstanten

für die einzelnen Cursor-Formen im Font. Ein Cursor kann mit der Funktion *XCreatePixmapCursor()* auch direkt aus zwei Bitmaps erzeugt werden. Das kann aus den oben genannten Gründen aber nicht empfohlen werden:

*Cursor XCreateFontCursor(Display *display, unsigned int shape)*

display Verbindung zum X-Server

shape Nummer des Cursors im Font. Passende Konstanten sind im Include-File *<X11/cursorfont.h>* enthalten.

Als Vorder- und Hintergrundfarbe des Cursors werden Schwarz und Weiß verwendet. Mit *XRecolorCursor()* können die Farben aber nachträglich noch geändert werden:

*XRecolorCursor(Display *display, Cursor cursor, XColor *foregnd,*
                *XColor *backgnd)*

display   Verbindung zum X-Server

cursor   der Cursor, dessen Farben geändert werden

foregnd, backgnd die neuen Farben des Cursors. Sie werden direkt als RGB-Werte angegeben.

Ein nicht mehr benötigter Cursor sollte mit *XFreeCursor()* wieder freigegeben werden:

*XFreeCursor(Display *display, Cursor cursor)*

display Verbindung zum X-Server

cursor der freizugebende Cursor.

Mit *XDefineCursor()* wird einem Window ein neuer Cursor zugeordnet. Ein Cursor kann dabei für mehrere Windows gleichzeitig verwendet werden:

*XDefineCursor(Display *display, Window window, Cursor cursor)*

display Verbindung zum X-Server

window Diesem Window wird der Cursor zugeordnet.

cursor der neue Cursor für das Window. Es kann auch die Konstante *None* angegeben werden, dabei wird dem Window dann kein eigener Cursor mehr zugeordnet.

Wird als Cursor *None* angegeben, so wird im Window der Cursor des Parent-Windows angezeigt. Damit wird der Cursor also nicht unsichtbar gemacht.

Die folgende Funktion *SetCursor()* legt den Cursor für das Window eines Widgets fest. Der Cursor wird dabei durch seine Nummer im Cursor-Font angegeben. *SetCursor* darf erst aufgerufen werden, wenn das Widget bereits realisiert ist:

```
/*
 *  SetCursor -- Cursor fuer ein Widget mit dem Cursor-Font
 *      festlegen. "shape" ist die Nummer des Cursors im Font.
 */
```

```
Status SetCursor(widget, shape)
   Widget        widget;
   unsigned int shape;
{
   Display *display = XtDisplay(widget);
   Cursor   cursor;

   cursor = XCreateFontCursor(display, shape);
   if (cursor) {
      XDefineCursor(display, XtWindow(widget), cursor);
      return 1;
   }
   return 0;
}
```

Mit Hilfe von *SetCursor()* kann ein Fadenkreuz als Cursor in der Drawing-Area von *grtest* angebracht werden:

```
SetCursor(canvas, XC_crosshair);
```

Die Konstante *XC_crosshair* wird in *cursorfont.h* definiert.

10. Grafikdaten verwalten

Auf die Dauer wird die Ausgabe von fest programmierten Grafiken natürlich
etwas langweilig. Aber da ist Abhilfe in Sicht: Mit *grview* können Grafikdaten
von Files eingelesen und am Bildschirm dargestellt werden.

Von außen präsentiert sich *grview* fast genau wie *grtest*. Es kommt nur
der neue Schalter *read* hinzu, mit dem das Einlesen der Grafikdaten vom
Benutzer gestartet wird. Das Grafik-File hat den festen Namen *graphic.dat*.
Schöner wäre es natürlich, wenn der Benutzer den Filenamen durch ein Formular angeben könnte. Das Formular würde beim Drücken des Schalters *read*
erscheinen — eine leichte Übung.

Über die grafischen Objekte in den Files — Linien, Rechtecke und Texte —
sowie deren Attribute wurde schon im Abschnitt 9.6 gesprochen. Das File-
Format für die Grafikdaten ist so simpel wie möglich: Für jedes grafische
Objekt gibt es eine Zeile im File. Zuerst kommt der Typ des Objekts, dann
die Attributwerte und schließlich die Geometrie. Die Grafikdateien sind lesbar
und können leicht mit einem Text-Editor erstellt werden. Ein kurzes Beispiel:

```
Line 1 3 0 140 49 66 123
Rectangle 3 2 0 0 120 105 166 163
Line 1 3 0 139 21 36 124
String 5 1 165 311 "Hello World"
```

Die grafischen Objekte haben dabei folgende Darstellung:

Line *Farbe Linienbreite Linientyp Anfangspunkt Endpunkt*
Rectangle *Farbe Linienbreite Linientyp Füllmuster Position Breite Höhe*
String *Farbe Font Position Text*

Die Geometrie wird wie bei den Xlib-Routinen angegeben: Bei Linien werden
Anfangs- und Endpunkte wie gewohnt durch ihre x- und y-Koordinaten angegeben. Die erste Linie oben hat zum Beispiel den Anfangspunkt (140, 49).

Die Position eines Rechtecks wird durch die linke obere Ecke des Rechtecks angegeben. Die Position eines Textes legt den Ursprung des ersten Zeichens fest. Der Text selbst wird wie ein String in C angegeben.

Es werden zwei Versionen von *grview* vorgestellt, die sich in erster Linie durch die Datenstruktur unterscheiden, in der die Grafikdaten gespeichert werden. In der ersten Version werden die eingelesenen Daten in einer Liste gespeichert, in der zweiten in einer objektorientierten Datenstruktur. Die objektorientierte Datenstruktur ist zwar aufwendiger zu programmieren als eine einfache Liste, dafür aber besser zu warten und vor allem leicht erweiterbar. Bei der objektorientierten Datenstruktur werden ähnliche Methoden wie bei der Programmierung von Widget-Klassen verwendet — ein guter Einstieg, wenn man eigene Widget-Klassen implementieren möchte.

Wie bei *grtest* werden die Widgets und Callbacks von *grview* in einem eigenen Modul mit Namen *grview.c* implementiert. Dabei kann das allermeiste aus *grtest.c* übernommen werden. Der neue Schalter *read* wird in *CreateCommandButtons()* erzeugt. Dazu wird die Routine um drei Zeilen erweitert:

```
/* Read-Button erzeugen */

button = XmCreatePushButton(commands, "read", NULL, 0);
XtAddCallback(button, XmNactivateCallback, ReadCB, NULL);
XtManageChild(button);
```

Die Callback-Routine *ReadCB()* startet das Einlesen des Files und anschließend auch die Ausgabe. Für die erste Version von *grview* sieht sie folgendermaßen aus:

```
/*
 * ReadCB -- Callback des Buttons "read". Grafikdaten werden vom
 *       File "graphic.dat" eingelesen und ausgegeben.
 */

static void ReadCB(widget, client_data, call_data)
   Widget  widget;          /* PushButton-Widget "read" */
   caddr_t client_data;  /* nicht benutzt */
   caddr_t call_data;    /* nicht benutzt */
{
   FILE *file;

   file = fopen("graphic.dat", "r");
   if (file == NULL) {
      fprintf(stderr, "graphic.dat kann nicht geoeffnet werden\n");
      return;
   }

   Load(file);
   Draw(NULL);
}
```

In der ersten Version von *grview* sind die Funktionen *Draw()* und *Load()* in einem Modul mit Namen *redraw.c* enthalten. Da die Module *resources.c* und *primitives.c* direkt von *grtest* übernommen werden, hat man also fast die gleichen Module wie bei *grtest*. Auch die Ressourcen von *grview* sind dieselben wie für *grtest*, nur für den Button *read* wird noch eine Beschriftung benötigt:

```
*read.labelString: Oeffnen
```

Für die zweite Version von *grview* wird der Modul *redraw.c* durch fünf neue Module ersetzt, die später auch für *gredi* verwendet werden. Außerdem müssen einige kleine Änderungen in *grview.c* gemacht werden.

10.1   Grafikdaten in Listenform

In der ersten Version von *grview* werden die Grafikdaten in einer Liste gespeichert. Die Funktion *Draw()* besorgt dann die Ausgabe der grafischen Objekte in der Liste. Der größte Aufwand steckt im Einlesen des Files und im Aufbau der Liste. Die Routinen zur Listenverwaltung und die Funktion *Draw()* sind im Modul *redraw.c* realisiert. Zusätzlich zu *Draw()* wird noch die Funktion *Load()* in die Schnittstelle von *redraw.c* übernommen:

```
/*
 *  redraw.h -- Schnittstelle des Moduls redraw.c
 */

void Draw();
void Load();
```

Die Liste für die grafischen Objekte wird dynamisch beim Lesen eines Daten-Files aufgebaut. Sie besteht aus einfach verketteten Strukturen vom Typ *GraphicObject*, siehe Abb. 10.1. In *redraw.c* zeigt die Variable *Object_List* auf das erste Element der Liste:

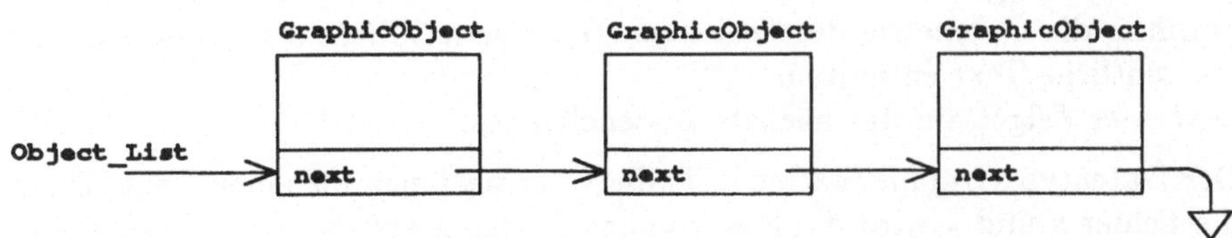

Abb. 10.1 Die Liste der grafischen Objekte

```c
/*
 *  redraw.c -- Verwaltung und Ausgabe der grafischen Daten
 */

#include <stdio.h>
#include <string.h>
#include <Xm/Xm.h>
#include <resources.h>

/* Konstanten und Datenstrukturen */

#define LINE      0
#define RECTANGLE 1
#define STRING    2

typedef struct {
   short x, y;
   char  *text;
} GraphicText;

typedef struct _GraphicObject {
   int        type;
   Attributes attributes;
   union {
      XSegment    line;
      XRectangle  rect;
      GraphicText string;
   } graphic;
   struct _GraphicObject *next;
} GraphicObject;

/* Zeiger auf das erste Element der Liste */

static GraphicObject *Object_List = NULL;
```

Die Felder des Datentyps *GraphicObject* haben im einzelnen die folgende
Bedeutung:

type: der Typ des grafischen Objektes. Der Typ wird durch eine der Konstanten *LINE, RECTANGLE* oder *STRING* angegeben.
gc_values: die grafischen Attribute des Objektes
graphic: die Geometrie des Objektes. Bei einem *STRING* ist hier auch der
eigentliche Text enthalten.
next: der Zeiger auf das nächste Listenelement.

Der Datentyp *GraphicText* enthält die Informationen für einen Text. Durch
die Felder *x* und *y* wird die Position des Textes gegeben, *text* ist der eigentliche String.

Die schon erwähnte Funktion *Load()* liest ein File mit Grafikdaten ein und
erzeugt dabei die Liste der grafischen Objekte:

```c
/*
 *  Load -- grafische Objekte einlesen und Liste aufbauen
 */

void Load(file)
   FILE *file;
{
   GraphicObject  object;
   GraphicObject *last_ptr, *new_ptr;
   char          buff[256];
   char          *line;
   int           line_no = 0;

   /* vorhandene Liste loeschen */

   while (Object_List != NULL) {
      new_ptr = Object_List;
      Object_List = Object_List->next;
      if (new_ptr->type == STRING)
         XtFree(new_ptr->graphic.string.text);
      XtFree((char *) new_ptr);
   }

   /* File einlesen und Liste aufbauen */

   while (fgets(buff, 256, file) != NULL) {
      line = buff;
      line_no++;

      /* Leerzeilen ueberlesen */

      while ((*line == ' ') || (*line == '\t'))
         line++;

      if (*line != '\n') {

         if (! LoadObject(line, &object))
            fprintf(stderr, "Fehler in Grafikdatei, Zeile %d\n",
                    line_no);
         else {

            /* neues Listenelement erzeugen */

            new_ptr = (GraphicObject *)
                        XtMalloc(sizeof(GraphicObject));
            *new_ptr = object;
            new_ptr->next = NULL;

            /* Element am Ende der Liste anhaengen */
```

```
                if (Object_List == NULL)
                    Object_List = new_ptr;
                else
                    last_ptr->next = new_ptr;
                last_ptr = new_ptr;
            }
        }
    }
}
```

Die Funktion *LoadObject()* untersucht eine Zeile des Files und liefert via
object das grafische Objekt in dieser Zeile zurück. Kann das Objekt fehlerfrei
gelesen werden, so wird ein neues Listenelement erzeugt und am Ende der
Liste angehängt. *LoadObject()* liefert *0*, wenn die Zeile fehlerhaft ist:

```
/*
 * LoadObject -- ein grafisches Objekt einlesen
 */

static Status LoadObject(input, object)
    char          *input;
    GraphicObject *object;
{
    /* Objekt-Typ erkennen, Objekt-Daten einlesen */

    if (strncmp(input, "Line", 4) == 0) {
        object->type = LINE;
        return LoadLine(input + 4, object);
    } else if (strncmp(input, "Rectangle", 9) == 0) {
        object->type = RECTANGLE;
        return LoadRectangle(input + 9, object);
    } else if (strncmp(input, "String", 6) == 0) {
        object->type = STRING;
        return LoadString(input + 6, object);
    }

    return 0;
}
```

Es wird nur der Typ des Objektes erkannt, die eigentlichen Daten werden
von den Funktionen *LoadLine()*, *LoadRectangle()* und *LoadString()* gelesen.
Diese Funktionen liefern wie *LoadObject()* *0*, wenn die eingelesene Zeile fehlerhaft ist. Am kompliziertesten ist dabei noch *LoadString()*:

```
/*
 * LoadString -- Daten fuer einen Text einlesen
 */
```

```c
static Status LoadString(input, string)
   char           *input;
   GraphicObject *string;
{
   int  match;
   char *first, *last;

   /* Attribute und Position einlesen */

   string->attributes.value_mask = GCForeground | GCFont;
   match = sscanf(input, "%d %d %hd %hd",
      &string->attributes.color_index, &string->attributes.font_index,
      &string->graphic.string.x, &string->graphic.string.y);
   if (match != 4)
      return 0;

   /* Text suchen */

   if ((first = strchr(input, '"')) == NULL)
      return 0;
   first++;
   if (((last = strchr(first, '"')) == NULL) || (last-1 == first))
      return 0;
   *last = '\0';

   /* String erzeugen */

   string->graphic.string.text = XtMalloc(strlen(first) + 1);
   strcpy(string->graphic.string.text, first);
   return 1;
}
```

Die Funktionen *LoadLine()* und *LoadRectangle()* bestehen eigentlich nur aus
einem Aufruf von *sscanf()*, daher werden sie hier nicht gezeigt. Bleibt nur
noch die Funktion *Draw()*, die von der Redraw-Callback der Drawing-Area
aufgerufen wird. In *Draw()* werden die grafischen Objekte in der Liste der
Reihe nach ausgegeben:

```c
/*
 * Draw -- die Liste der grafischen Objekte ausgeben
 */

void Draw(clip_rect)
   XRectangle *clip_rect;
{
   GraphicObject *object;

   for (object = Object_List; object != NULL; object = object->next) {
      switch (object->type) {
         case LINE:
```

```
            DrawLine(&object->attributes,
                &object->graphic.line, clip_rect);
            break;
        case RECTANGLE:
            DrawFilledRectangle(&object->attributes,
                &object->graphic.rect, clip_rect);
            break;
        case STRING:
            DrawString(&object->attributes,
                object->graphic.string.x, object->graphic.string.y,
                object->graphic.string.text, clip_rect);
            break;
        }
    }
}
```

Damit ist die Listen-Version von *grview* auch schon fertig. Abschließend folgt
noch eine Übersicht der Funktionen in den Modulen *grview.c* und *redraw.c*.
Die Module *resources.c* und *primitives.c* werden direkt von *grtest* übernommen (siehe auch S. 433). Die Ressourcen zu *grview* sind auf S. 368 und 439
aufgelistet.

   Der Modul *grview.c* ist fast mit *grtest.c* identisch. Die Includes für *grtest.c*
auf S. 363 können auch weiterhin verwendet werden.

Modul: *grview.c*

Funktion	Quelltext	Ergänzungen
main()	S. 363	
CreateMainWindow()	S. 364	
RedrawCB()	S. 367	
CreateCommandButtons()	S. 367	S. 438
ReadCB()	S. 438	
ExitCB()	S. 250	

   Die Schnittstelle des Moduls *redraw.c* ist gegenüber *grtest* um eine Funktion
erweitert worden. Das zugehörige Include-File *redraw.h* steht auf S. 439. Die
Includes und Definitionen für *redraw.c* sind ebenfalls auf S. 440 aufgelistet.

Modul: *redraw.c*

Funktion	Quelltext	Ergänzungen
Load()	S. 440	
LoadObject()	S. 442	
LoadString()	S. 442	
LoadLine()	—	S. 443
LoadRectangle()	—	S. 443
Draw()	S. 443	

10.2   Grafikdaten als Objekte

Im vorherigen Abschnitt wurde gezeigt, wie man Grafikdaten mit Listen verwalten kann. An sich ist das eine einfache und kompakte Lösung. Sie hat aber leider auch ihre Schwächen, und zwar bezüglich der Erweiterbarkeit: Zum einen können keine neuen Typen von grafischen Objekten in *grview* implementiert werden, ohne daß die vorhandenen Datenstrukturen und Routinen in *redraw.c* verändert werden. Zum anderen muß jeder neue Typ von Grund auf neu implementiert werden.

Man stelle sich nur einmal vor, daß man eines Tages das dringende Bedürfnis verspürt, in *grview* auch Pfeile darzustellen. In diesem Fall muß man in *redraw.c* einiges ändern: Der Datentyp *GraphicObject* muß erweitert werden, ebenso die Routinen *LoadObject()* und *Draw()*. Weiter muß eine neue Routine *LoadArrow()* geschrieben werden. Von den Routinen für Linien kann fast nichts verwendet werden, obwohl Linien und Pfeile doch einiges gemein haben.

Das alles mag bei *grview* noch einigermaßen übersichtlich sein, führt bei einer komplexeren grafischen Datenstruktur mit sehr vielen Typen und Operationen aber schnell ins Chaos. Es kann auch sein, daß man bei einer Erweiterung der Datenstruktur den vorhandenen Source-Code gar nicht ändern kann, weil man ihn nicht zur Verfügung hat. Genau diese Situation liegt beim Motif-Toolkit vor: Auf der einen Seite soll man neue Widget-Klassen selbst programmieren können, auf der anderen Seite darf der Source-Code für die vorhandenen Klassen natürlich nicht verändert werden — sonst wäre es nicht mehr möglich, den Code zu warten. Außerdem soll auch nicht jede Widget-Klasse völlig neu „hochgezogen" werden. Wird zum Beispiel eine neue Widget-Klasse mit ähnlichen Eigenschaften wie bei Push-Buttons gebraucht, so soll man dafür soviel wie möglich von der Klasse *XmPushButton* übernehmen können.

Nun gibt es zum Glück seit einiger Zeit eine Programmiermethode, die aus diesem Dilemma heraushilft: die *objektorientierte Programmierung.* In diesem Abschnitt wird eine objektorientierte grafische Datenstruktur für *grview* vorgestellt, die im nächsten Kapitel auch für den Grafik-Editor *gredi* verwendet wird. Bei der Implementierung der Datenstruktur werden ähnliche Kniffe wie bei der Programmierung von Widget-Klassen verwendet. Es wird also auch für all diejenigen interessant werden, die in die Geheimnisse der Programmierung neuer Widget-Klassen eingeführt werden möchten.

10.2.1   Objektorientierte Programmierung

Zuerst werden einige Grundideen und Begriffe der objektorientierten Programmierung vorgestellt. Das meiste kann hier nur angedeutet werden; denjenigen, die es genauer wissen möchten, sei das Buch von Cox (1986) empfohlen. Viele der Begriffe tauchten in ähnlichem Zusammenhang schon bei den Widgets auf. Falls sie dennoch zu abstrakt erscheinen: Bei der praktischen

Implementierung füllt sich das Ganze mit Leben. Und wer sich sowieso schon in der Welt der Objekte, Klassen und Methoden zu Hause fühlt, kann gleich zur Sache gehen.

Im Mittelpunkt der objektorientierten Programmierung steht der Begriff des Objekts: Ein *Objekt* besteht aus einer Datenstruktur und zugehörigen Routinen, um die Datenstruktur zu verwalten. Diese Routinen werden *Methoden* genannt. Eine Methode „bearbeitet" immer gezielt ein Objekt, das Objekt wird dazu als Parameter der Methode angegeben. Eine Methode kann aber auch noch zusätzliche Parameter haben. Jedes Objekt gehört einer *Klasse* an, genau wie jede Variable einen Typ hat. Die Klasse definiert, wie die Datenstruktur der Objekte der Klasse aussieht und welche Methoden für die Objekte zur Verfügung stehen. Klassen sind also so etwas wie Typen plus Routinen für die Variablen dieser Typen. Nur wäre das ganze nicht weiter witzig, wenn nicht noch zwei weitere Begriffe ins Spiel kommen würden: Vererbung und dynamisches Binden. Ohne diese beiden Mechanismen wären Klassen wenig mehr als Module oder abstrakte Datentypen.

Vererbung bedeutet, daß eine neue Klasse mit Hilfe einer bereits vorhandenen Klasse definiert wird: Man erweitert die Datenstrukturen für die Objekte der alten Klasse, fügt neue Methoden hinzu und verändert einige der alten Methoden. Alte Methoden können aber auch direkt in die neue Klasse übernommen werden. Das Ergebnis ist eine neue Klasse, die wesentliche Teile der alten geerbt hat. Die alte Klasse wird dabei *Superklasse* der neuen Klasse genannt. Entsprechend heißt die neue Klasse *Subklasse*. Vererbung bedeutet meist, daß eine Klasse spezieller gemacht wird: Aus einer Klasse für Linien wird eine Klasse für Pfeile gemacht, aus einer Klasse für Listen eine für doppelt verkettete Listen.

Da eine Subklasse praktisch nur eine Erweiterung ihrer Superklasse ist, können ihre Objekte meist auch anstelle der Objekte der Superklasse verwendet werden. Überall, wo eine Linie verwendet wird, kann auch ein Pfeil benutzt werden, da der Pfeil dieselben Methoden „kennt" wie die Linie. Objekte einer Subklasse können sogar erst zur Laufzeit anstelle von Objekten der Superklasse eingesetzt werden. Einer Routine, die eine Linie als Parameter bekommt, kann stattdessen auch ein Pfeil übergeben werden.

Das führt direkt zum *dynamischen Binden* von Methoden: Dynamisches Binden bedeutet, daß erst zur Laufzeit festgelegt wird, welche Methode genau für ein Objekt aufgerufen wird, die Methode hängt dabei von der Klasse des Objekts ab. Wenn ein Pfeil anstelle einer Linie verwendet wird, muß für die Methode „ausgeben" natürlich die Methode des Pfeils verwendet werden und nicht die Methode der Linie — die Klasse für Pfeile wird eine andere Methode für „ausgeben" definieren als die Klasse für Linien. Wenn aber die Klasse eines Objektes erst zur Laufzeit feststeht, kann auch die richtige Methode für das Objekt erst zur Laufzeit bestimmt werden — dazu muß die Methode dynamisch an das Objekt gebunden werden.

Methoden, die von einer Subklasse geändert werden können, werden auch *virtuelle Methoden* genannt. Nur virtuelle Methoden müssen dynamisch gebunden werden, für die anderen geerbten Methoden wird weiter die alte Methode der Superklasse verwendet.

10.2.2 Objekte und Klassen in C

Sprachen wie Smalltalk oder C++ besitzen spezielle Mechanismen für die Definition von Klassen, für Vererbung und dynamisches Binden. Die Programmiersprache C ist da recht stiefmütterlich ausgestattet worden, aber mit etwas Phantasie kann man sich behelfen. Die Toolkit-Intrinsics geben ein elegantes Schema vor, nach dem diese Konzepte auch in C realisiert werden können. Dasselbe Schema wird hier für die objektorientierte grafische Datenstruktur verwendet.

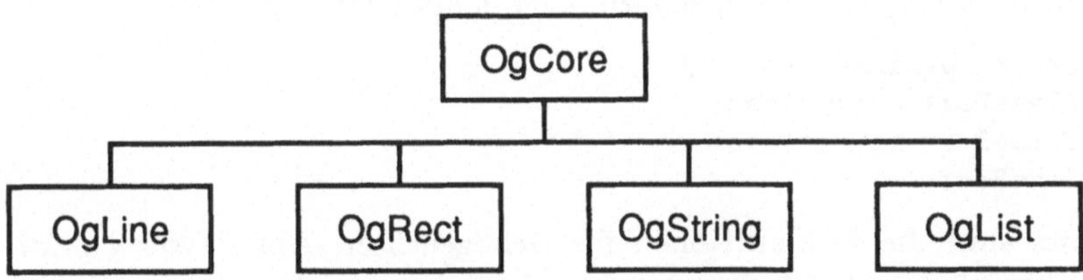

Abb. 10.2 Die Klassenhierarchie der objektorientierten Datenstruktur

Die grafische Datenstruktur wird mit fünf Klassen realisiert: *OgCore*, *OgLine*, *OgRect*, *OgString* und *OgList*. *OgCore* ist die Superklasse für die anderen vier Klassen, die somit Subklassen von *OgCore* sind. Abbildung 10.2 zeigt diese Klassen. Die Methoden von *OgCore* werden an die Subklassen vererbt, die virtuellen Methoden werden dabei in den einzelnen Subklassen geändert.

OgCore dient nur dazu, den anderen Klassen bestimmte Basisfunktionen zur Verfügung zu stellen, normalerweise gibt es keine Objekte der Klasse *OgCore*. Solch eine Klasse wird auch *Metaklasse* genannt — wie man sieht, kommen hier viele der Begriffe für Widgets her. Die Objekte der Klasse *OgLine* sind Linien. Bei *OgRect* hat man es mit Rechtecken zu tun und bei *OgString* mit Texten. Alle grafischen Objekte sind in Listen organisiert, diese Listen werden durch die Klasse *OgList* realisiert.

Für jede Klasse gibt es drei Files: Für die Klasse *OgLine* zum Beispiel sind das die Files *OgLine.h*, *OgLineP.h* und *OgLine.c*. *OgLine.h* enthält die öffentlichen Deklarationen für die Klasse, die nach außen sichtbar sind. Hier wird die Klasse bekanntgegeben, es wird ein Typ für die Objekte definiert, und die neuen Methoden der Klasse werden deklariert. *OgLineP.h* enthält die privaten Deklarationen der Klasse, die nur innerhalb der Klasse und der

Subklassen benötigt werden. Hier werden Typen deklariert, die intern für die Klasse und deren Objekte verwendet werden. In *OgLine.c* schließlich wird dann die Klasse implementiert. Ein Programm, das Objekte der Klasse *Og-Line* verwendet, muß *OgLine.h* einbinden. Nur wenn eine Subklasse von *Og-Line* implementiert wird, muß zusätzlich auch *OgLineP.h* verwendet werden — ansonsten ist *OgLineP.h* tabu.

Eine Klasse wird als Zeiger auf eine interne Datenstruktur implementiert, den *Klassen-Record*. Ein Objekt ist ebenfalls als Zeiger implementiert, und zwar als Zeiger auf einen *Objekt-Record*. Für jede Klasse gibt es genau einen Klassen-Record, bei *OgLine* ist dieser zum Beispiel in *OgLine.c* enthalten. Für jedes Objekt gibt es einen Objekt-Record, der Speicher für die Objekt-Records wird dynamisch reserviert. Die Typen für diese beiden Arten von Records werden in *OgLineP.h* deklariert. In *OgLine.h* werden nur die Zeiger vereinbart.

Wie sind nun Klassen- und Objekt-Records aufgebaut? Bei *OgLine* ist der Typ für den Klassen-Record folgendermaßen deklariert:

```
typedef struct _OgLineClassRec {
   OgCoreClassPart core_class;
   OgLineClassPart line_class;
} OgLineClassRec;
```

In *core_class* sind die Deklarationen für den geerbten Anteil von *OgCore* enthalten, *line_class* enthält die neu dazugekommenen Anteile der Klasse. Der Typ *OgCoreClassPart* wird in *OgCoreP.h* deklariert, *OgLineClassPart* wird in *OgLineP.h* vereinbart. Bei *OgLine* kommt im Klassen-Record nichts Neues dazu, daher ist der Typ *OgLineClassPart* eigentlich überflüssig:

```
typedef struct _OgLineClassPart {
   int dummy;
} OgLineClassPart;
```

Das Feld *dummy* wird nur für den C-Compiler benötigt, weil der keine leeren Strukturen mag. Das Feld *line_class* ist aus Gründen der Einheitlichkeit und Wartbarkeit im Klassen-Record enthalten: Sollte man sich eines Tages entscheiden, doch etwas in den *OgLineClassPart* einzufügen, so muß man nicht nachträglich die Deklarationen für alle Subklassen von *OgLine* ändern.

Der Typ für den Objekt-Record sieht ganz ähnlich aus:

```
typedef struct _OgLineRec {
   OgCorePart core;
   OgLinePart line;
} OgLineRec;
```

In *core* sind die geerbten Anteile aus *OgCore* enthalten, in *line* die neu dazugekommenen Daten für eine Linie:

```
typedef struct _OgLinePart {
   XSegment line;
} OgLinePart;
```

In *line* werden die Endpunkte der Linie gespeichert. Ein Objekt der Klasse
OgLine ist nun einfach ein Zeiger auf einen Record vom Typ *OgLineRec*.

Wenn man eine Klasse *OgArrow* für Pfeile als Subklasse von *OgLine* implementieren würde, so müßten die Typen für Klassen- und Objekt-Record
wie folgt deklariert werden:

```
typedef struct _OgArrowClassRec {
   OgCoreClassPart  core_class;
   OgLineClassPart  line_class;
   OgArrowClassPart arrow_class;
} OgArrowClassRec;

typedef struct _OgArrowRec {
   OgCorePart  core;
   OgLinePart  line;
   OgArrowPart arrow;
} OgArrowRec;
```

In *arrow* würde man zum Beispiel die Länge der Pfeilspitze speichern.

Durch dieses Schema für die Klassen- und Objekt-Records wird die Vererbung von Daten ermöglicht. Außerdem kann auf eine *OgArrowRec*-Struktur
zur Laufzeit wie auf eine *OgLineRec*-Struktur zugegriffen werden, weil die
gemeinsamen Felder *core* und *line* gleich angeordnet sind. Man kann also zur
Laufzeit ein *OgArrow*-Objekt wie ein *OgLine*-Objekt verwenden. Dazu muß
man allerdings die Typprüfung des C-Compilers mit dem „cast"-Operator
austricksen — das läßt sich in C leider nicht umgehen. Solche Zugeständnisse
sind unvermeidbar, wenn in C objektorientiert programmiert werden soll.

Die Typen *OgObject* und *OgClass* können für beliebige Objekte bzw. Klassen verwendet werden. Sie werden in *OgCore.h* deklariert:

```
typedef struct _OgCoreClassRec *OgClass;
typedef struct _OgCoreRec      *OgObject;
```

Letztlich sind dies also Zeiger auf Objekt- bzw. Klassen-Records für *OgCore*,
zur Laufzeit werden dafür aber meist Zeiger auf Records von Subklassen
eingesetzt. Dabei muß wie gesagt die Typprüfung des Compilers umgangen
werden.

Mit Klassen- und Objekt-Records hat man eine Seite der Medaille — die
Vererbung. Wie wird nun das dynamische Binden realisiert? Als Beispiel soll
die virtuelle Methode *OgDraw()* dienen, die schon in *OgCore* deklariert wird.
OgDraw() gibt das Objekt *object* im Clip-Rechteck *clip_rect* aus:

```
void OgDraw(OgObject object, XRectangle *clip_rect)
```

Als *object* soll dabei jedes Objekt dienen können, das von der Klasse *OgCore*
abgeleitet wurde, also zum Beispiel auch ein *OgLine-* oder *OgRect*-Objekt.
Je nach der Klasse von *object* muß also eine andere Funktion für die Ausgabe
verwendet werden, wobei die Funktion in der jeweiligen Klasse implementiert
werden soll.

Dies wird dadurch erreicht, daß jedes Objekt einen Zeiger auf seinen Klassen-Record enthält. Der Klassen-Record wiederum enthält einen Zeiger auf die Funktion, die die eigentliche Ausgabe macht. In *OgDraw()* selbst wird nichts ausgegeben, es wird nur die Ausgabe-Funktion der Klasse von *object* aufgerufen. Die Parameter *object* und *clip_rect* werden einfach an diese Funktion durchgereicht. So braucht *OgDraw()* nur den Zeiger auf die Klasse, die restlichen Interna des Objekts können beliebig aussehen.

Wie ist diese Verzeigerung nun konkret realisiert? Der Typ *OgCorePart* definiert die Anteile aus *OgCore* im Objekt-Record, ein *OgCorePart* ist in jedem Objekt-Record enthalten:

```
typedef struct _OgCorePart {
   OgClass    class;
   OgObject   pred, next;
   Attributes attributes;
} OgCorePart;
```

In *class* steht der oben erwähnte Zeiger auf den Klassen-Record, dieses Feld enthält also die Klasse des Objekts. Der Typ *OgCoreClassPart* definiert die Anteile aus *OgCore* im Klassen-Record:

```
typedef struct _OgCoreClassPart {
   char       *class_name;
   OgClass    superclass;
   Cardinal   size;
   OgClass    next_class;
   Status     (*initialize)();
   Status     (*load)();
   void       (*save)();
   void       (*draw)();
   void       (*rubber)();
   void       (*destroy)();
} OgCoreClassPart;
```

Die Felder *initialize* bis *destroy* enthalten Zeiger auf diejenigen Funktionen, die letztlich die virtuellen Methoden der Klasse realisieren. Bei *OgDraw()* gibt die Funktion im Feld *draw* das Objekt aus. Ist *r* ein *OgRect*-Objekt, so wird *r* letztlich mit der Funktion

```
r->core.class->core_class.draw
```

ausgegeben. Die restlichen Felder werden später noch genauer beschrieben. Im Feld *superclass* ist übrigens die Superklasse der jeweiligen Klasse enthalten. Abbildung 10.3 zeigt nochmals die Verzeigerung zwischen Objekten und Klassen-Records. Dargestellt sind zwei Objekte der Klasse *OgArrow* und ein Objekt der Klasse *OgLine*.

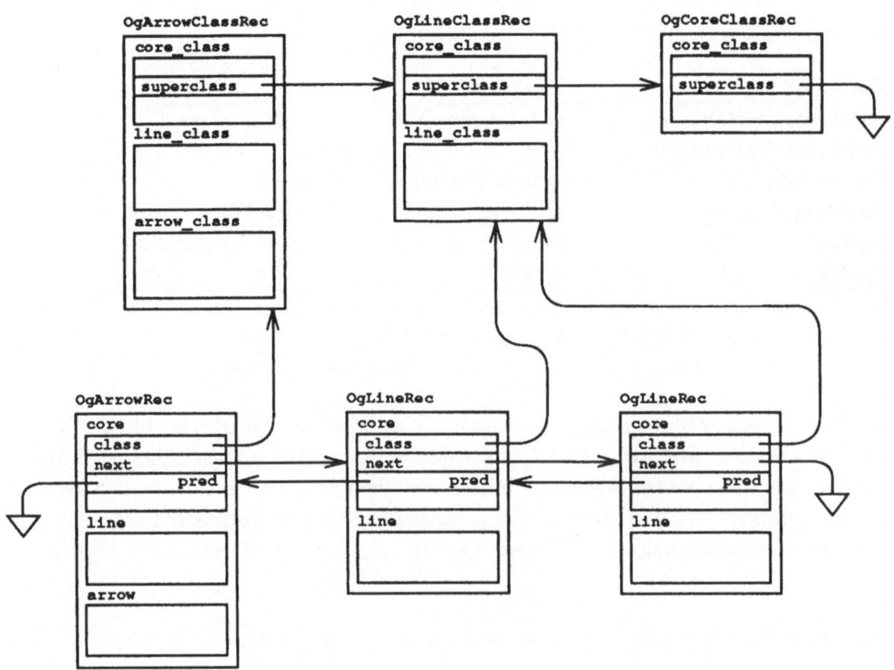

Abb. 10.3 Ein Beispiel für die Verzeigerung von Objekten und Klassen

10.2.3   Die grafische Datenstruktur

Die fünf Klassen der objektorientierten Datenstruktur für *grview* wurden
bereits im vorherigen Abschnitt erwähnt. Auch die Datentypen *OgObject* und
OgClass für beliebige Objekte bzw. Klassen wurden schon vorgestellt. Für
jede Klasse wird außerdem ein Typ für die Objekte der Klasse deklariert. Die
Klassen selbst werden durch globale Variablen vom Typ *OgClass* identifiziert,
die einen Zeiger auf den jeweiligen Klassen-Record enthalten. Weiter gibt es
zu jeder Klasse noch einen String mit einem Klassennamen, der zum Beispiel
bei der Speicherung von Objekten in Files verwendet wird:

Klasse	Klassenname	Objekt-Typ	Klassenvariable	Art der Objekte
OgCore	*Core*	*OgCore*	*OgCoreClass*	Basisklasse
OgLine	*Line*	*OgLine*	*OgLineClass*	Linien
OgRect	*Rectangle*	*OgRect*	*OgRectClass*	Rechtecke
OgString	*String*	*OgString*	*OgStringClass*	Texte
OgList	*List*	*OgList*	*OgListClass*	Listen

Die Methoden der Basisklasse *OgCore* sind in der folgenden Tabelle aufgelistet. Diese Methoden werden alle an die Subklassen vererbt. Die ersten

Methoden von *OgNew()* bis *OgDestroy()* sind virtuelle Methoden, hier müssen die Subklassen noch eigene Funktionen beisteuern:

Methode	Funktion
OgObject OgNew(class)	erzeugt ein Objekt der Klasse *class*
OgObject OgLoad(file)	lädt ein Objekt vom File
OgSave(obj,file)	sichert das Objekt auf File
OgDraw(obj,clip)	gibt das Objekt im Clip-Rechteck *clip* aus
OgRubber(obj)	gibt das Objekt für's Rubberbanding aus
OgDestroy(obj)	zerstört das Objekt
OgClassInitialize(class)	initialisiert die Klasse *class*
OgObject OgGetNext(obj)	liefert das nachfolgende Objekt
OgObject OgGetPred(obj)	liefert das vorhergehende Objekt.

In den Subklassen von *OgCore* werden keine virtuellen Methoden mehr deklariert. Das könnte aber durchaus anders sein: Die Klasse *OgList* könnte zum Beispiel als Metaklasse implementiert werden, die erst durch Subklassen „brauchbar" wird. Dann müßten einige der Methoden von *OgList* sicher virtuelle Methoden sein. Die Klasse *OgLine* definiert nur eine neue Methode:

Methode	Funktion
OgLineSetPoints(obj,line)	setzt die Endpunkte der Linie.

Auch *OgRect* hat nur eine neue Methode:

Methode	Funktion
OgRectSetPoints(obj,rect)	setzt die Position und Größe des Rechtecks.

Für *OgString* gibt es zwei neue Methoden:

Methode	Funktion
OgStringSetPos(obj,x,y)	setzt die Position des Textes
OgStringAddChar(obj,c)	fügt das Zeichen *c* am Ende des Textes ein.

Auch die Klasse *OgList* für die Verwaltung von Listen benötigt zwei neue Methoden:

Methode	Funktion
OgListAddElement(obj,elem)	fügt ein Objekt am Ende der Liste ein
int OgListGetSize(obj)	liefert die Anzahl der Elemente.

Viele der Methoden werden für *grview* noch nicht benötigt, zum Beispiel *OgSave()*. Diese Methoden kommen erst im Grafik-Editor *gredi* zum Zuge. In *grview.c* werden insgesamt vier Methoden aufgerufen: *OgClassInitialize()*, *OgLoad()*, *OgDraw()* und *OgDestroy()*. Zuerst werden mit *OgClassInitialize()* die fünf Klassen initialisiert. Mit *OgLoad()* wird ein Objekt vom File eingelesen — in diesem Fall immer ein Listen-Objekt. Bei *grview* und *gredi* sind alle anderen Objekte in dieser Liste enthalten und werden durch das Einlesen der Liste ebenfalls gelesen. Durch *OgDraw()* wird das Listen-Objekt ausgegeben. Genau wie beim Einlesen werden dabei auch alle Elemente in der Liste ausgegeben. Durch *OgDestroy()* schließlich wird die Liste zusammen mit ihren Elementen zerstört.

Die Grafik-Files für die zweite Version von *grview* sehen fast genauso aus wie für die erste Version. Die Linien, Rechtecke und Texte haben dieselbe Darstellung. Es gibt nur eine zusätzliche Zeile für das Listen-Objekt. Diese Zeile enthält die Anzahl der Elemente in der Liste. Ein Grafik-File für die zweite Version sieht damit folgendermaßen aus:

> **List** *Anzahl*
> *„Anzahl" Zeilen mit grafischen Objekten...*

Noch einige Hinweise zur Realisierung der Liste: Sie ist doppelt verkettet, d.h. jedes Objekt enthält Zeiger auf die nachfolgenden und vorhergehenden Objekte in der Liste. Die nötigen Zeiger sind schon im Objekt-Record von *OgCore* enthalten. Die Verwaltung der Liste geschieht aber nicht durch Methoden in *OgCore*, sondern durch ein Listen-Objekt der Klasse *OgList*. Was sollten die Objekte der Klasse *OgLine* auch mit Methoden zur Verwaltung von Listen anfangen? Abbildung 10.4 zeigt die Verzeigerung der Liste.

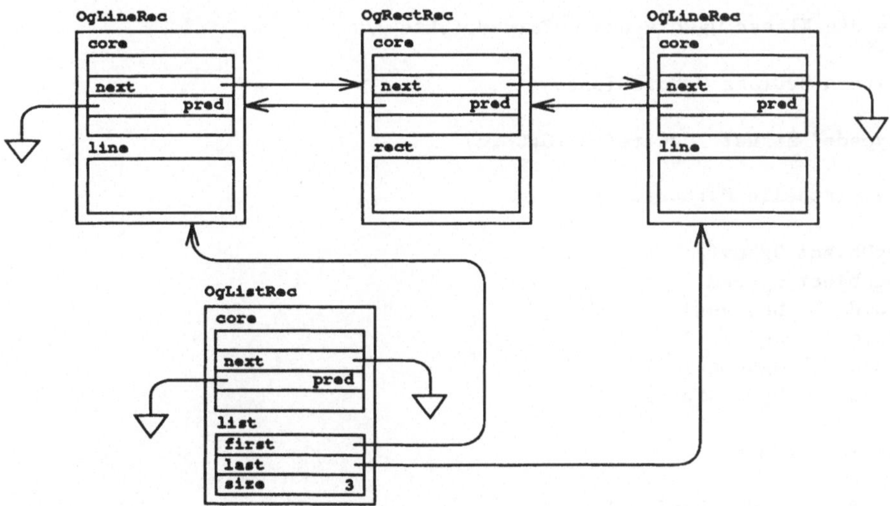

Abb. 10.4 Die Organisation der grafischen Objekte in einer Liste

Listen-Objekte können übrigens genau wie andere Objekte in Listen eingetragen werden. Viele Grafik-Editoren kennen zum Beispiel das Konzept der Gruppe: Mehrere grafische Objekte können zu einer Gruppe zusammengefaßt

werden. Diese Gruppe wird dann wie jedes andere Objekt behandelt. Solche
Gruppen können sehr elegant durch Listen-Objekte organisiert werden.

Mit diesen Informationen können jetzt die einzelnen Klassen der grafischen
Datenstruktur von *grview* beschrieben werden.

Die Basisklasse *OgCore***:**   Das öffentliche Include-File *OgCore.h* wurde ja
schon teilweise vorgestellt. Es enthält neben den Typen für Klassen und Objekte auch noch die Deklaration der Methoden von *OgCore*:

```
/*
 *   OgCore.h -- Typen fuer "generische" Objekte und Klassen
 *      Deklarationen der Klasse OgCore
 */


#ifndef _OgCore_h
#define _OgCore_h

#include <resources.h>

/* "generische" Objekte und Klassen */

typedef struct _OgCoreClassRec *OgClass;
typedef struct _OgCoreRec       *OgObject;

/* die Klasse OgCore und OgCore-Objekte */

extern OgClass OgCoreClass;

typedef struct _OgCoreRec *OgCore;

/* virtuelle Methoden */

OgObject OgNew();
OgObject OgLoad();
void     OgSave();
void     OgDraw();
void     OgRubber();
void     OgDestroy();

/* Methoden */

void     OgClassInitialize();
OgObject OgGetNext();
OgObject OgGetPred();

#endif _OgCore_h
```

Die Klasse *OgCoreClass* ist ein Zeiger auf den Klassen-Record von *OgCore*.
Die Objekte sind Zeiger auf Objekt-Records vom Typ *struct _OgCoreRec*,

dieser Typ wird in *OgCoreP.h* deklariert. Die Methoden von *OgCore* werden
später vorgestellt. Zuerst werden die intern verwendeten Deklarationen in
OgCoreP.h benötigt:

```
/*
 *   OgCoreP.h -- private Deklarationen fuer OgCore.c
 */

#ifndef _OgCoreP_h
#define _OgCoreP_h

#include <OgCore.h>

/* Deklaration der Klasse */

typedef struct _OgCoreClassPart {
   char     *class_name;
   OgClass  superclass;
   Cardinal size;
   OgClass  next_class;
   Status   (*initialize)();
   Status   (*load)();
   void     (*save)();
   void     (*draw)();
   void     (*rubber)();
   void     (*destroy)();
} OgCoreClassPart;

typedef struct _OgCoreClassRec {
   OgCoreClassPart core_class;
} OgCoreClassRec;

extern OgCoreClassRec OgCoreClassDef;

/* Deklaration der Objekte */

typedef struct _OgCorePart {
   OgClass    class;
   OgObject   pred, next;
   Attributes attributes;
} OgCorePart;

typedef struct _OgCoreRec {
   OgCorePart core;
} OgCoreRec;

#endif _OgCoreP_h
```

Die Felder in *OgCoreClassPart* haben die folgende Bedeutung:

class_name: String mit dem Namen der Klasse
superclass: Zeiger auf den Klassen-Record der Superklasse
size: Größe des Objekt-Records in Byte, wird beim Erzeugen eines Objekts
benötigt
next_class: Alle Klassen-Records werden in eine Liste eingetragen. Dies ist
ein Zeiger auf das nächste Element der Liste.
initialize ... destroy: Zeiger auf die Funktionen, die von den virtuellen Methoden aufgerufen werden.

Ein *OgCoreClassPart* ist in jedem Klassen-Record enthalten. Weiter unten
wird beschrieben, wie sie bei *OgCore* belegt ist. Erst aber noch Hinweise zu
den Feldern im *OgCorePart* des Objekt-Records:

class: Zeiger auf die Klasse des Objekts
pred, next: Alle grafischen Objekte werden in eine doppelt verketteten Liste
eingetragen, *next* und *pred* zeigen auf den Nachfolger bzw. Vorgänger in
der Liste.
attributes: Jedes grafische Objekt enthält die zur Ausgabe nötigen Attributwerte für die Grafikkontexte in *resources.c*.

Die Verwaltung der Zeiger *next* und *pred* wird wie gesagt durch die Klasse
OgList übernommen. Das File *OgCore.c* enthält folgende Includes und Deklarationen:

```
/*
 *   OgCore.c -- die Basisklasse OgCore
 */

#include <stdio.h>
#include <string.h>
#include <Xm/Xm.h>
#include <OgCoreP.h>
```

Die Funktion *Initialize()* wird im Klassen-Record eingetragen und von der
virtuellen Methode *OgNew()* aufgerufen. Der Klassen-Record von *OgCore*
ist in *OgCore.c* enthalten und wird zum größten Teil statisch initialisiert:

```
/*
 *   Klassen-Record fuer OgCore
 */

static Status Initialize();

OgCoreClassRec OgCoreClassDef =
   {
      /* core_class */
      {
```

```
        /* class_name */ "Core",
        /* superclass */ NULL,
        /* size        */ sizeof(OgCoreRec),
        /* next_class */ NULL,
        /* initialize */ Initialize,
        /* load       */ NULL,
        /* save       */ NULL,
        /* draw       */ NULL,
        /* rubber     */ NULL,
        /* destroy    */ NULL,
    }
  };

OgClass OgCoreClass = (OgClass) &OgCoreClassDef;
```

Der Klassenname ist *Core*, eine Superklasse gibt es nicht. In *size* wird die Größe des Objekt-Records von *OgCore* eingetragen. Das Feld *next_class* wird später von der Methode *OgClassInitialize()* besetzt. Die meisten virtuellen Methoden machen mit *OgCore*-Objekten keinen Sinn, daher sind in den Feldern *load* bis *destroy* keine Funktionen eingetragen. Normalerweise werden ja auch keine Objekte der Klasse *OgCore* erzeugt. Die Funktion *Initialize()* initialisiert die Felder im *OgCorePart* eines Objekt-Records, sie wird auch für Subklassen von *OgCore* verwendet.

Die Methode *OgClassInitialize()* führt zusätzliche Initialisierungen für eine Klasse durch. Hier wird die Klasse in eine Liste eingefügt, die von der virtuellen Methode *OgLoad()* benötigt wird. *OgClassInitialize()* muß für jede Klasse einmal aufgerufen werden, bevor die Klasse verwendet wird:

```
/*
 *  OgClassInitialize -- Klasse in Klassenliste einfuegen
 */

void OgClassInitialize(class)
   OgClass class;
{
   if (class != OgCoreClass) {
      class->core_class.next_class =
         OgCoreClassDef.core_class.next_class;
      OgCoreClassDef.core_class.next_class = class;
   }
}
```

OgCoreClass bildet den Anfang der Klassenliste, jede neue Klasse wird hinter *OgCoreClass* eingefügt. Die Reihenfolge der Klassen in der Liste spielt keine Rolle. Würde man *OgClassInitialize()* als virtuelle Methode implementieren, so könnte man zur Laufzeit auch noch zusätzliche Initialisierungen für die Klasse durchführen. Hierzu müßte in *OgCoreClassPart* ein zusätzliches Feld wie etwa *class_initialize* für einen Zeiger auf eine entsprechende Routine eingetragen werden.

Die virtuelle Methode *OgNew()* erzeugt ein Objekt und initialisiert es. Das Objekt wird als Funktionswert geliefert:

```
/*
 *  OgNew -- Speicher fuer ein Objekt reservieren und die Funktion
 *     "initialize" im Klassen-Record aufrufen
 */


OgObject OgNew(class)
   OgClass class;
{
   OgObject new;

   if (class == NULL)
      return(NULL);

   new = (OgCore) XtMalloc(class->core_class.size);
   new->core.class = class;
   if (class->core_class.initialize(new))
       return(new);

   XtFree(new);
   return NULL;
}
```

Die Initialisierungs-Routine *class->core_class.initialize* liefert *0*, wenn etwas schiefgegangen ist. In diesem Fall liefert *OgNew()* den Wert *NULL*. Bei *Og-Core* sieht die Initialisierungs-Routine *Initialize()* wie folgt aus:

```
/*
 *  Initialize -- ein Objekt der Klasse OgCore initialisieren
 */

static Status Initialize(object)
   OgCore object;
{
   object->core.pred = NULL;
   object->core.next = NULL;
   GetAttributes(&(object->core.attributes));
   return 1;
}
```

Mit *GetAttributes()* werden in das Feld *core.attributes* die aktuellen Werte der Grafikkontexte aus *resources.c* eingetragen (siehe auch S. 405). Die Routine wird nicht nur für *OgCore*, sondern auch für die Subklassen benötigt. Dort initialisiert sie den *OgCorePart* der Objekt-Records. Alle neuen Objekte erhalten als grafische Attributwerte also die jeweils aktuellen Werte aus *resources.c.*

Die virtuelle Methode *OgLoad()* liest die Daten für ein Objekt vom File ein und erzeugt daraus das Objekt. Für die Speicherung von Objekten auf

Files gibt es erst einmal nur eine Konvention — jedes Objekt beginnt mit
dem Klassennamen des Objekts, gefolgt von den restlichen Daten:

Klassenname Objekt-Daten

OgLoad() ermittelt mit Hilfe des Klassennamens die Klasse des Objekts im
File. Ein Objekt dieser Klasse wird erzeugt, danach werden die Objekt-Daten
mit einer Funktion der Klasse eingelesen. So muß man in *OgLoad()* nicht
wissen, wie die Daten im File abgespeichert werden:

```
/*
 *  OgLoad -- Objekt mit Hilfe der Funktion "load" im Klassen-Record
 *      vom File einlesen
 */

OgObject OgLoad(file)
    FILE *file;
{
    char     class_name[40];
    OgClass  class;
    OgObject new_object;
    int      c;

    /* Klasse des Objektes ermitteln. Bei Fehler Zeile ueberlesen. */

    fscanf(file, "%s", class_name);

    for (class = OgCoreClass; class != NULL;
        class = class->core_class.next_class)
      if (strcmp(class->core_class.class_name, class_name) == 0)
        break;

    if (class == NULL) {
        fprintf(stderr, "Klasse %s unbekannt\n", class_name);
        while (((c = getc(file)) != EOF) && (c != '\n'))
          /* nix */;
        return(NULL);
    }

    /* Objekt erzeugen und einlesen */

    new_object = OgNew(class);
    if (new_object == NULL)
        return(NULL);

    if ((class->core_class.load == NULL) ||
        (class->core_class.load(new_object, file)))
        return(new_object);
```

```
    OgDestroy(new_object);
    return(NULL);
}
```

Hier sieht man auch, wozu die Liste der Klassen-Records benötigt wird: Mit
ihrer Hilfe wird zu einem Klassennamen die passende Klasse gefunden. Die
Klassen können in *OgLoad()* nicht fest einprogrammiert werden, da man ja
nicht weiß, welche Subklassen später noch implementiert werden. Die Funktion *class->core_class.load* liefert *0*, wenn die Objekt-Daten nicht fehlerfrei
eingelesen werden konnten. In diesem Fall liefert *OgLoad() NULL* zurück.

Die virtuelle Methode *OgSave()* sichert ein Objekt in ein File. Zuerst wird
der Klassenname ausgegeben, die eigentlichen Objekt-Daten werden dann
von einer Routine der jeweiligen Klasse gesichert:

```
/*
 *  OgSave -- Klassenname des Objekts in File schreiben und die
 *      Funktion "save" im Klassen-Record aufrufen
 */

void OgSave(object, file)
    OgObject object;
    FILE     *file;
{
    OgClass class;

    if (object != NULL) {
        class = object->core.class;
        if (class->core_class.save != NULL) {
            fprintf(file, "%s ", class->core_class.class_name);
            class->core_class.save(object, file);
        }
    }
}
```

Die virtuelle Methode *OgDraw()* wurde oben schon vorgestellt. Sie gibt ein
grafisches Objekt aus:

```
/*
 * OgDraw -- die Funktion "draw" im Klassen-Record aufrufen
 */

void OgDraw(object, clip_rect)
    OgObject     object;
    XRectangle  *clip_rect;
{
    OgClass class;

    if (object != NULL) {
        class = object->core.class;
```

```
      if (class->core_class.draw != NULL)
         class->core_class.draw(object, clip_rect);
   }
}
```

Letztlich wird nur die Funktion *class->core_class.draw* aufgerufen. Die Methode *OgRubber()* gibt ein Objekt für's Rubberbanding aus. Sie ist identisch mit *OgDraw()*, nur daß die Funktion *class->core_class.rubber* aufgerufen wird.

Die virtuelle Methode *OgDestroy()* vernichtet ein Objekt. Es wurde bereits erwähnt, daß jedes Objekt in eine doppelt verkettete Liste eingetragen wird. *OgDestroy()* darf nur dann aufgerufen werden, wenn das Objekt vorher aus der Liste entfernt wurde. Andernfalls stimmen die Zeiger in der Liste nicht mehr, und es kommt zu üblen Laufzeitfehlern. Das könnte etwas eleganter gelöst werden:

```
/*
 *  OgDestroy -- alle Funktionen "destroy" der Klasse und der
 *      Superklassen aufrufen, Speicher des Objekts freigeben
 */

void OgDestroy(object)
   OgObject object;
{
   OgClass class;

   if (object != NULL) {
      for (class = object->core.class;
           class != NULL;
           class = class->core_class.superclass)
         if (class->core_class.destroy != NULL)
           class->core_class.destroy(object);

      XtFree(object);
   }
}
```

Iterativ wird für die Klasse des Objekts und für jede Superklasse bis hin zu *OgCore* die Funktion *class->core_class.destroy* aufgerufen. Diese Funktionen machen nur mit denjenigen Daten des Objekts Schluß, die für die jeweilige Klasse eingeführt wurden. Erst danach wird der Speicherplatz des Objekts wieder freigegeben.

Die Methode *OgGetNext()* liefert den Nachfolger in der Objekt-Liste:

```
/*
 *  OgGetNext -- liefert das nachfolgende Objekt in der Liste
 */

OgObject OgGetNext(object)
```

```
   OgObject object;
{
   if (object != NULL)
      return object->core.next;

   return NULL;
}
```

Die Methode *OgGetPred()* liefert den Vorgänger eines Objekts in der Liste.
Sie ist fast identisch mit *OgGetNext()* und wird deshalb nicht extra aufgelistet.

Die Klassen *OgLine*, *OgRect* **und** *OgString*:   Diese drei Klassen realisieren
die eigentlichen grafischen Objekte. Sie sind alle sehr ähnlich aufgebaut, daher
wird hier nur *OgLine* beschrieben. Das Include-File *OgLine.h* enthält wie
gewohnt die öffentlichen Deklarationen der Klasse *OgLine*:

```
/*
 *    OgLine.h -- Deklaration der Klasse OgLine
 */

#ifndef _OgLine_h
#define _OgLine_h

#include<OgCore.h>

extern OgClass OgLineClass;

typedef struct _OgLineRec *OgLine;

/* Methoden */

void OgLineSetPoints();

#endif _OgLine_h
```

OgLine definiert nur eine neue Methode, *OgLineSetPoints()*. Mit dieser Methode werden die Endpunkte einer Linie geändert. Die privaten Deklarationen
in *OgLineP.h* wurden schon vorgestellt:

```
/*
 *    OgLineP.h -- private Deklarationen der Klasse OgLine
 */

#ifndef _OgLineP_h
#define _OgLineP_h

#include <OgCoreP.h>
#include <OgLine.h>
```

```
/* Deklaration der Klasse */

typedef struct _OgLineClassPart {
   int dummy;
} OgLineClassPart;

typedef struct _OgLineClassRec {
   OgCoreClassPart core_class;
   OgLineClassPart line_class;
} OgLineClassRec;

extern OgLineClassRec OgLineClassDef;

/* Deklaration der Objekte */

typedef struct _OgLinePart {
   XSegment line;
} OgLinePart;

typedef struct _OgLineRec {
   OgCorePart core;
   OgLinePart line;
} OgLineRec;

#endif _OgLineP_h
```

Weiter oben wurden schon die Felder *dummy* und *line* erwähnt: Das Feld
dummy in *OgLineClassPart* ist nur für den C-Compiler da, an sich braucht
der Klassen-Record keine neuen Felder. Das Feld *line* in *OgLinePart* enthält
die Endpunkte der Linie.

OgLine.c bietet ebenfalls nicht viel Überaschungen. Im Klassen-Record werden fast alle Funktionen für die virtuellen Methoden besetzt. Schließlich werden mit *OgLineClass* ja auch Objekte erzeugt, im Gegensatz zur Metaklasse
OgCore:

```
/*
 *    OgLine.c -- die Klasse OgLine
 */

#include <stdio.h>
#include <string.h>
#include <Xm/Xm.h>
#include <OgLineP.h>

static Status Initialize();
static Status Load();
static void   Save();
static void   Draw();
static void   Rubber();
```

```
static OgLineClassRec OgLineClassDef =
   {
      /* core_class */
      {
         /* class_name */ "Line",
         /* superclass */ (OgClass) &OgCoreClassDef,
         /* size       */ sizeof(OgLineRec),
         /* next_class */ NULL,
         /* initialize */ Initialize,
         /* load       */ Load,
         /* save       */ Save,
         /* draw       */ Draw,
         /* rubber     */ Rubber,
         /* destroy    */ NULL,
      },
      /* line_class */
      {
         /* dummy      */ 0,
      }
   };
```

```
OgClass OgLineClass = (OgClass) &OgLineClassDef;
```

Die Funktionen für die virtuellen Methoden sind alle recht einfach. *Initialize()*
initialisiert ein *OgLine*-Objekt:

```
/*
 *  Initialize -- eine Linie initialisieren
 */

static Status Initialize(object)
   OgLine object;
{
   if (! OgCoreClass->core_class.initialize((OgObject) object))
      return 0;
   object->core.attributes.value_mask =
      GCForeground | GCLineWidth | GCLineStyle;
   object->line.line.x1 = 0;
   object->line.line.y1 = 0;
   object->line.line.x2 = 10;
   object->line.line.y2 = 10;
   return 1;
}
```

Zuerst wird mit der Funktion *OgCoreClass->core_class.initialize* der *OgCore-
Part* des Objekt-Records initialisiert. Danach werden in die restlichen Felder
sinnvolle Werte eingetragen.

Die Funktion *Load()* liest die Daten einer Linie von einem File ein:

```c
/*
 * Load -- eine Linie vom File einlesen
 */

static Status Load(object, file)
   OgLine object;
   FILE    *file;
{
   int match;

   match = fscanf(file, "%d %d %d %hd %hd %hd %hd ",
                  &object->core.attributes.color_index,
                  &object->core.attributes.line_width,
                  &object->core.attributes.line_style,
                  &object->line.line.x1, &object->line.line.y1,
                  &object->line.line.x2, &object->line.line.y2);
   return (match == 7);
}
```

Save() sichert die Daten eines Objekts in ein File:

```c
/*
 * Save -- eine Line in File speichern
 */

static void Save(object, file)
   OgLine object;
   FILE    *file;
{
   fprintf(file, "%d %d %d %d %d %d %d\n",
           object->core.attributes.color_index,
           object->core.attributes.line_width,
           object->core.attributes.line_style,
           (int) object->line.line.x1, (int) object->line.line.y1,
           (int) object->line.line.x2, (int) object->line.line.y2);
}
```

Draw() gibt ein Linien-Objekt aus:

```c
/*
 * Draw -- eine Linie normal ausgeben
 */

static void Draw(object, clip_rect)
   OgLine     object;
   XRectangle *clip_rect;
{
   DrawLine(&object->core.attributes, &object->line.line, clip_rect);
}
```

Rubber() gibt eine Linie für's Rubberbanding aus:

```
/*
 *  Rubber -- Linie fuers Rubberbanding ausgeben
 */

static void Rubber(object)
   OgLine object;
{
   RubberLine(&object->line.line);
}
```

Die einzige neue Methode *OgLineSetPoints()* ändert die Endpunkte einer Linie:

```
/*
 *  OgLineSetPoints -- die Endpunkte einer Linie setzen
 */

void OgLineSetPoints(object, line)
   OgLine    object;
   XSegment *line;
{
   object->line.line = *line;
}
```

Wie man sieht, ist die Implementierung von *OgLine* nicht allzu schwierig. Die beiden anderen Klassen *OgRect* und *OgString* folgen genau demselben Schema. Den meisten Aufwand macht noch das Einlesen der Strings für *OgString*. Dabei kann man sich aber an die Funktion *LoadString* von S. 442 halten.

Listen von Objekten mit *OgList* verwalten: Objekte der Klasse *OgList* dienen zur Verwaltung von Listen. In *grview* wird nur ein solches Listen-Objekt erzeugt. In *OgList.h* werden zwei neue Methoden deklariert:

```
/*
 *   OgList.h -- Deklaration der Klasse OgList
 */

#ifndef _OgList_h
#define _OgList_h

extern OgClass OgListClass;

typedef struct _OgListRec *OgList;

/* Methoden */

void OgListAddElement();
```

```
int  OgListGetSize();

#endif _OgList_h
```

Mit *OgListAddElement()* wird ein neues Element in eine Liste eingefügt, *OgListGetSize()* liefert die Länge der Liste. Die privaten Deklarationen sind wie üblich in *OgListP.h* enthalten:

```
/*
 *   OgListP.h -- private Deklarationen fuer die Klasse OgList
 */

#ifndef _OgListP_h
#define _OgListP_h

#include <OgCoreP.h>
#include <OgList.h>

/* Deklaration der Klasse */

typedef struct _OgListClassPart {
   int dummy;
} OgListClassPart;

typedef struct _OgListClassRec {
   OgCoreClassPart core_class;
   OgListClassPart list_class;
} OgListClassRec;

extern OgListClassRec OgListClassDef;

/* Deklaration der Instanzen */

typedef struct _OgListPart {
   OgObject first, last;
   int      size;
} OgListPart;

typedef struct _OgListRec {
   OgCorePart core;
   OgListPart list;
} OgListRec;

#endif _OgListP_h
```

Das Feld *dummy* in *OgListClassPart* ist wieder nur dazu da, um den Compiler zu beruhigen. Die Felder in *OgListPart* sind da schon interessanter: In *first* und *last* sind Zeiger auf das erste bzw. letzte Listenelement enthalten, *size* gibt die Länge der Liste an.

Im Klassen-Record von *OgList* sind wieder fast alle Funktionen eingesetzt:

```
/*
 *   OgList.c -- die Klasse OgList
 */

#include <stdio.h>
#include <string.h>
#include <Xm/Xm.h>
#include <OgListP.h>

static Status Initialize();
static Status Load();
static void   Save();
static void   Draw();
static void   Destroy();

static OgListClassRec OgListClassDef =
   {
      /* core_class */
      {
         /* class_name */ "List",
         /* superclass */ (OgClass) &OgCoreClassDef,
         /* size       */ sizeof(OgListRec),
         /* next_class */ NULL,
         /* initialize */ Initialize,
         /* load       */ Load,
         /* save       */ Save,
         /* draw       */ Draw,
         /* rubber     */ NULL,
         /* destroy    */ Destroy,
      },
      /* list_class */
      {
         /* dummy      */ 0,
      }
   };

OgClass OgListClass = (OgClass) &OgListClassDef;
```

Die Funktion *Initialize()* ruft zuerst wieder die Initialisierungs-Routine von
OgCore auf, bevor die eigenen Felder des Objekt-Records besetzt werden:

```
/*
 *  Initialize -- eine Liste initialisieren
 */

static Status Initialize(object)
   OgList object;
```

```c
{
   if (! OgCoreClass->core_class.initialize((OgObject) object))
      return 0;
   object->core.attributes.value_mask = 0;
   object->list.size  = 0;
   object->list.first = NULL;
   object->list.last  = NULL;
   return 1;
}
```

Die Funktion *Load()* ist etwas aufwendiger. Zuerst wird die Länge der Liste
eingelesen. Danach werden die einzelnen Elemente der Liste mit der Methode
OgLoad() eingelesen und mit *OgListAddElement()* in die Liste eingetragen:

```c
/*
 * Load -- liest eine Liste elementweise vom File ein
 */

static Status Load(object, file)
   OgList object;
   FILE   *file;
{
   OgObject new;
   int      i, length;

   /* Anzahl der Listenelemente einlesen */

   if (fscanf(file, "%d ", &length) != 1)
      return 0;

   /* Elemente einlesen und in Liste einfuegen */

   for (i = 0; i < length; i++) {
      new = OgLoad(file);
      if (new != NULL)
         OgListAddElement(object, new);
   }
   return 1;
}
```

Save() sichert eine Liste und alle ihre Elemente in ein File:

```c
/*
 * Save -- Liste mit allen Elementen in File speichern
 */

static void Save(object, file)
   OgList  object;
   FILE    *file;
{
   OgObject act;
```

```
    fprintf(file, "%d\n", object->list.size);

    for (act = object->list.first; act != NULL; act = OgGetNext(act))
      OgSave(act, file);
}
```

Draw() gibt alle Elemente einer Liste aus:

```
/*
 *  Draw -- zeichnet alle Listenelemente
 */

static void Draw(object, clip_rect)
   OgList      object;
   XRectangle *clip_rect;
{
   OgObject act;

   for (act = object->list.first; act != NULL; act = OgGetNext(act))
      OgDraw(act, clip_rect);
}
```

Die Funktion *Rubber()* gibt die Elemente der Liste beim Rubberbanding
aus. Sie ist identisch mit *Draw()*, außer daß die Methode *OgRubber()* statt
OgDraw() aufgerufen wird. Die Funktion *Destroy()* zerstört die Elemente
einer Liste. Der Speicher für das Listenobjekt selbst braucht nicht freigegeben
zu werden, das geschieht ja durch die Methode *OgDestroy()*:

```
/*
 *  Destroy -- Liste und ihre Elemente zerstoeren
 */

static void Destroy(object)
   OgList object;
{
   OgObject next, act;

   for (act = object->list.first; act != NULL; act = next) {
      next = OgGetNext(act);
      OgDestroy(act);
   }
}
```

Die neue Methode *OgListAddElement()* fügt ein Objekt in eine Liste ein:

```
/*
 *  OgListAddElement -- ein neues Element an die Liste anhaengen
 */

void OgListAddElement(object, element)
```

```
    OgList   object;
    OgObject element;
{

    if ((object == NULL) || (element == NULL))
       return;

    if (object->list.size == 0) {
       object->list.first = element;
    } else {
       element->core.pred = object->list.last;
       object->list.last->core.next = element;
    }
    object->list.last = element;
    object->list.size++;
}
```

Die Länge einer Liste wird mit *OgListGetSize()* erfragt. Die Methode liefert
einfach das Feld *size* des Listen-Objekts zurück.

Für eine vollständige Listenklasse braucht man sicher noch einige zusätzliche Methoden, zum Beispiel um ein Element wieder aus einer Liste zu entfernen. Für *grview* reichen aber die vorhandenen Methoden aus.

Verwendung der Klassen in *grview*:   Wie wird die neue Datenstruktur
nun in *grview* eingebaut? Dazu sind nicht viele Änderungen notwendig. In
grview.c werden die öffentlichen Include-Files der Klassen eingebunden, und
es wird die globale Variable *Object_List* eingeführt:

```
static OgObject Object_List = NULL;
```

Object_List wird später ein Listen-Objekt enthalten, das vom File eingelesen
wird. In dieser Liste sind dann alle anderen grafischen Objekte enthalten.
Weiter werden in *main()* die einzelnen Klassen initialisiert:

```
OgClassInitialize(OgCoreClass);
OgClassInitialize(OgLineClass);
OgClassInitialize(OgRectClass);
OgClassInitialize(OgStringClass);
OgClassInitialize(OgListClass);
```

Die restlichen Änderungen betreffen nur die beiden Callbacks *RedrawCB()*
und *ReadCB()*. In *RedrawCB()* wird die Methode *OgDraw()* mit der Variablen *Object_List* statt der Funktion *Draw()* aufgerufen:

```
OgDraw(Object_List, &clip_rect);
```

In der Callback *ReadCB()* wird zuerst eine eventuell schon vorhandene Liste
zerstört. Danach wird eine neue Liste mit *OgLoad()* vom File eingelesen und
mit *OgDraw()* ausgegeben:

```
OgDestroy(Object_List);
Object_List = OgLoad(file);
OgDraw(Object_List, NULL);
```

Damit ist die zweite Version von *grview* fertig. Es dürfte nicht schwierig
sein, eine neue Klasse *OgArrow* als Subklasse von *OgLine* zu implementieren.
Die einzige Änderung am vorhandenen Code würde dabei *grview.c* betreffen:
Es müßte das neue Include-File *OgArrow.h* eingebunden und im Hauptprogramm die Klasse mit *OgClassInitialize()* initialisiert werden.

Wie gewohnt folgt noch eine Übersicht der Quelltexte. Diese zweite Version
von *grview* besteht aus den Modulen *grview.c*, *resources.c* und *primitives.c*
sowie aus den Klassen *OgCore*, *OgLine*, *OgRect*, *OgString* und *OgList*. Die
beiden Module *resources.c* und *primitives.c* werden wieder von *grtest* übernommen (siehe auch S. 433).

Die Includes für *grview.c* sind die gleichen wie für *grtest.c* (siehe S. 363).
Zusätzlich wird auf S. 471 die neue Variable *Object_List* eingeführt.

Modul: *grview.c*

Funktion	Quelltext	Ergänzungen
main()	S. 363	S. 471
CreateMainWindow()	S. 364	
RedrawCB()	S. 367	S. 471
CreateCommandButtons()	S. 367	S. 438
ReadCB()	S. 438	S. 471
ExitCB()	S. 250	

Die Implementierung der Klassen *OgRect* und *OgString* wurde nicht ausgeführt, sie lehnt sich aber stark an die Klasse *OgLine* an. Die nötigen Zutaten
für die restlichen Klassen sind im folgenden aufgelistet.

Klasse: *OgCore*

öffentliche Deklarationen:	*OgCore.h*	S. 454
private Deklarationen:	*OgCoreP.h*	S. 455
Implementation:	*OgCore.c*	S. 456

Funktion	Quelltext	Ergänzungen
OgClassInitialize()	S. 457	
OgNew()	S. 458	
OgLoad()	S. 459	
OgSave()	S. 460	
OgDraw()	S. 460	
OgRubber()	—	S. 461
OgGetNext()	S. 461	
OgGetPred()	—	S. 462
OgDestroy()	S. 461	
Initialize()	S. 458	

Klasse: *OgLine*

öffentliche Deklarationen:	*OgLine.h*	S. 462
private Deklarationen:	*OgLineP.h*	S. 462
Implementation:	*OgLine.c*	S. 463

Funktion	Quelltext	Ergänzungen
OgLineSetPoints()	S. 466	
Initialize()	S. 464	
Load()	S. 465	
Save()	S. 465	
Draw()	S. 465	
Rubber()	S. 466	

Klasse: *OgList*

öffentliche Deklarationen:	*OgList.h*	S. 466
private Deklarationen:	*OgListP.h*	S. 467
Implementation:	*OgList.c*	S. 468

Funktion	Quelltext	Ergänzungen
OgListAddElement()	S. 470	
Initialize()	S. 468	
Load()	S. 469	
Save()	S. 469	
Draw()	S. 470	
Rubber()	—	S. 470
Destroy()	S. 470	

11. Ereignisse intim

Mit den Callbacks wurden bereits die Höhen der Dialogverarbeitung des
Motif-Toolkits erreicht. Hier geht es mit den Events jetzt gleich in die Niede-
rungen. Callbacks sind recht abstrakte Hilfsmittel, bei denen man eigentlich
nur wissen muß, daß sie „irgendwie" von Events ausgelöst werden. Demge-
genüber sind Events „Ereignisse", die auf der niedrigsten Stufe der Verarbeitung von Eingaben stehen. Jede einzelne Eingabe des Benutzers, wie das
Drücken einer Taste, wird als Event vom X-Server an die Applikation gesandt. Events sind quasi die Atome eines Dialogs.

Wozu soll man sich mit Atomen beschäftigen, wenn man nicht gerade ein
etwas spinöser Teilchenforscher ist? Wie schon in Teil A beschrieben wurde,
wird jede Callback-Routine von einer zugehörigen Action-Routine aufgerufen. Die Action-Routinen wiederum werden von speziellen Event-Handlern
aufgerufen. In einigen Fällen kann es notwendig sein, eigene Action-Routinen
zu schreiben, zum Beispiel wenn man auf Ereignisse reagieren will, die in einer
Widget-Klasse nicht vorgesehen sind. Dabei kommt man dann schon etwas
näher mit Events in Berührung. Leider sind selbst Action-Routinen manchmal nicht flexibel genug, um auf alle Ereignisse angemessen zu reagieren.
Dann muß man in den sauren Apfel beißen und direkt mit Events jonglieren.
Ein immer wieder auftretendes Problem ist zum Beispiel das „Aufpoppen"
eines Menüs, das beim Drücken einer Maustaste erscheinen soll. Bei einem
Grafik-Editor kann das Zeichnen mit der Maus spezielle Handhabung erfordern. In diesen Abgründen wird mit Event-Handlern gearbeitet.

Daher ist es schon notwendig, das Event-Konzept zu verstehen und die
wichtigsten Event-Typen zu kennen, auch wenn die trockene Aufzählung der
verschiedenen Typen etwas langweilig sein mag. Die Details muß man sich
dabei nicht merken. Wichtiger ist es, eine Vorstellung von den Konzepten
und Möglichkeiten zu bekommen. Der erste Teil dieses Kapitels ist diesen

Grundlagen gewidmet. Zu den Grundlagen gehört auch die Verteilung der Events an die Widgets. Dafür gibt es zwar nur eine Grundregel, aber leider auch einige Ausnahmen.

Danach wird es konkreter. In bewährter „bottom up"-Manier werden Event-Handler und Action-Routinen beschrieben. Als Beispiel dient dabei der schon so oft angekündigte Grafik-Editor *gredi*. Nach den Vorarbeiten im letzten Kapitel muß nur noch die Event-Verarbeitung von *gredi* realisiert werden. Zum Schluß wird noch gezeigt, wie Eingaben beschleunigt werden, indem in einem Widget die Actions eines anderen Widgets ausgelöst werden.

11.1   Datentypen für Events

Ein *Event* ist zuerst einmal nichts anderes als eine Xlib-Datenstruktur, die vom X-Server an einen Client geschickt wird. Wie der Name Event schon andeutet, meldet der Server damit ein Ereignis an den Client. Das kann eine Eingabe des Benutzers wie das Drücken einer Taste oder die Bewegung der Maus sein. Ein *Expose*-Event wird vom Server erzeugt, wenn ein Client Teile eines Windows neu zeichnen muß, zum Beispiel weil der Benutzer ein Window verschoben hat. Wird ein Window verändert, so wird ein *ConfigureNotify*-Event an die betroffene Applikation verschickt. Es gibt noch andere Arten von Events, unter anderem werden auch Fehlermeldungen des Servers als Events verschickt. In Tab. 11.1 sind diejenigen Event-Typen aufgelistet, die im folgenden genauer beschrieben werden. Dabei werden nur die wichtigsten Events behandelt, die direkt oder indirekt mit Benutzereingaben zu tun haben.

Tab. 11.1 Die wichtigsten Event-Typen

Klasse	Event-Typ
Tastatur-Events	*KeyPress, KeyRelease*
Maus-Events	*ButtonPress, ButtonRelease, MotionNotify*
Window-Ein/Austritt	*EnterNotify, LeaveNotify*
Expose-Events	*Expose*

Für jeden Event-Typ gibt es in der Xlib eine Konstante vom Typ *int* und einen eigenen Datentyp. Die Konstante *MotionNotify* zum Beispiel steht für eine Maus-Bewegung, nähere Informationen über das Ereignis werden in einer Struktur vom Typ *XMotionEvent* an die Applikation gesandt. Damit das nicht zu einfach wird, gibt es außerdem noch „generische" Datentypen, die für verschiedene Event-Typen gleichzeitig benutzt werden können. Beim Drücken einer Maustaste wird zum Beispiel ein *ButtonPress*-Event erzeugt. Das Pendant dazu ist das *ButtonRelease*-Event, das beim Loslassen der Maustaste entsteht. Für diese Event-Typen gibt es die Datentypen *XButtonPressed-*

Event und *XButtonReleasedEvent*. Die Strukturen dieser beiden Typen sind aber identisch. Daher gibt es zusätzlich noch den generischen Datentyp *XButtonEvent*, der genau den beiden anderen Typen entspricht. Man sollte sich dadurch aber nicht verwirren lassen, für viele Event-Typen gibt es nur einen passenden Datentyp.

Alle Event-Datentypen haben einige Felder gemein. Der Typ *XAnyEvent* enthält diese gemeinsamen Felder. Er ist wie folgt definiert:

```
typedef struct {
    int type;
    unsigned long serial;
    Bool send_event;
    Display *display;
    Window window;
} XAnyEvent;
```

Hierbei gibt *type* den Event-Typ an und *window* das Window, auf das sich das Event bezieht. Jedes Event „passiert" in einem Window oder gilt für ein bestimmtes Window. *Display* gibt den X-Server an, der das Event geschickt hat.

Die Felder *serial* und *send_event* werden meist nicht benötigt: *Serial* ist die laufende Nummer des Events im Protokoll mit dem Server. Um *send_event* zu erklären, muß man etwas ausholen: Ein Client kann Events über den Server zu anderen Clients schicken. Man kann mit Events regelrechte Prozeßkommunikation zwischen den Clients betreiben. *Send_event* ist *TRUE*, falls ein Event nicht vom Server, sondern von einem anderen Client kommt. Die Prozeßkommunikation kommt in Kapitel 13 noch zur Sprache.

Die Datentypen für die verschiedenen Event-Typen enthalten neben diesen gemeinsamen Feldern noch zusätzliche Informationen. Ein *XButtonEvent* für ein *ButtonPress*-Event enthält zum Beispiel neben den Feldern *type*, *window* etc. noch Felder wie *x* und *y* für die Position des Maus-Cursors. Ein weiteres Feld ist *state*. Durch *state* wird mitgeteilt, welche Maustaste gedrückt wurde.

Wie greift man jetzt auf die verschiedenen Event-Datentypen zu? Oft weiß man im vornherein ja nicht, welchen Event-Typ man vor sich hat. Hierzu gibt es den Datentyp *XEvent*. Ein *XEvent* ist einfach ein „union" über alle Event-Datentypen. Felder von *XEvent* sind zum Beispiel *xany* oder *xbutton*, wobei *xany* vom Typ *XAnyEvent* und *xbutton* vom Typ *XButtonEvent* ist. Ein spezielles Feld ist *type*, das wie bei *XAnyEvent* den Event-Typ angibt:

```
typedef union {
    int type;
    XAnyEvent xany;
    XKeyEvent xkey;
    XButtonEvent xbutton;
    XMotionEvent xmotion;
    XCrossingEvent xcrossing;
    XExposeEvent xexpose;
```

```
    ...
} XEvent;
```

Alle Routinen, die mit Events hantieren, haben Zeiger auf *XEvent*'s als Parameter. Will man herausfinden, welcher Event-Typ vorliegt, so kann die Abfrage zum Beispiel lauten:

```
XEvent *event;

switch (event->type) {
    case ButtonEvent:...
```

Wenn man dagegen das Window unabhängig vom Event-Typ benötigt, so kann der Zugriff wie folgt lauten:

```
XEvent *event;
Window win;

win = event->xany.window;
```

Weiß man, daß ein *ButtonPress*-Event vorliegt, so kann die Cursorposition wie folgt erfragt werden:

```
XEvent *event;
int xpos;

xpos = event->xbutton.x;
```

Ist das Event im oberen Beispiel allerdings kein *ButtonPress*- oder *ButtonRelease*-Event, so ist der Wert von *xpos* völlig unsinnig. Solche Fehler können zur Laufzeit nicht festgestellt werden.

11.2   Events auswählen

Jetzt sollte klar sein, wie auf die Informationen eines Events zugegriffen werden kann. Wie aber werden Events ausgewählt? Schließlich ist man ja meist nicht an allen denkbaren, sondern nur an einigen speziellen Event-Typen interessiert. Gehen die Events über ein Netzwerk, so wäre es zudem eine unnötige Belastung, wenn immer alle Events an die Clients gesandt würden. Man denke nur an die Unzahl von Events, die beim Bewegen der Maus erzeugt werden!

Zur Auswahl bestimmter Event-Typen kann man bei vielen Funktionen eine *Event-Maske* angeben. Das ist eine Bit-Maske, mit der Event-Typen selektiert werden können. Event-Masken können durch die Bit-Operation „oder" miteinander verknüpft werden. Ein Beispiel: Ist man nur an *ButtonPress*-Events interessiert, so wählt man die Event-Maske *ButtonPressMask*. *ButtonRelease*-Events werden durch die Event-Maske *ButtonReleaseMask* ausgewählt. Wird jetzt die Oder-Verknüpfung

ButtonPressMask | ButtonReleaseMask

als Event-Maske verwendet, so werden damit sowohl *ButtonPress-* als auch *ButtonRelease*-Events ausgewählt.

Leider verhält es sich nicht so einfach, daß es für jeden Event-Typ genau eine Event-Maske gibt. Für einige wenige Event-Typen gibt es überhaupt keine Event-Masken, diese werden sinnigerweise *nicht maskierbare Events* genannt. Zum Teil gilt eine Maske auch für mehrere Event-Typen, dabei kann der Event-Typ dann nicht genauer ausgewählt werden. Für *MotionNotify*-Events schließlich gibt es sogar mehrere Masken. *MotionNotify*-Events werden beim Bewegen der Maus erzeugt. Durch die Maske *Button2MotionMask* kann zum Beispiel festgelegt werden, daß Bewegungen nur dann gemeldet werden, wenn zusätzlich die zweite Maustaste gedrückt ist. In Tab. 11.2 sind die Event-Masken und Datentypen der wichtigsten Event-Typen aufgelistet.

Tab. 11.2 Die Event-Masken und Datentypen der wichtigsten Event-Typen

Event-Maske	Event-Typ	Datentyp	generischer Datentyp
KeyPressMask *KeyReleaseMask*	*KeyPress* *KeyRelease*	*XKeyPressedEvent* *XKeyReleasedEvent*	*XKeyEvent*
ButtonPressMask *ButtonReleaseMask*	*ButtonPress* *ButtonRelease*	*XButtonPressedEvent* *XButtonReleasedEvent*	*XButtonEvent*
PointerMotionMask *ButtonMotionMask* *Button1MotionMask* *Button2MotionMask* *Button3MotionMask* *Button4MotionMask* *Button5MotionMask*	*MotionNotify*	*XPointerMovedEvent*	*XMotionEvent*
EnterWindowMask *LeaveWindowMask*	*EnterNotify* *LeaveNotify*	*XEnterWindowEvent* *XLeaveWindowEvent*	*XCrossingEvent*
ExposureMask	*Expose*	*XExposeEvent*	—

11.3   Event-Typen im Detail

Soweit das Generelle über Events. Nachdem die Auswahl geklärt ist, soll es jetzt ins Detail gehen: Die unterschiedlichen Event-Typen werden beschrieben; dazu kann man sie grob in folgende Gruppen einteilen:

– *Tastatur- und Maus-Events:* Beim Drücken oder Loslassen einer Maustaste werden *ButtonPress-* bzw. *ButtonRelease*-Events erzeugt. Bewegen der

Maus erzeugt *MotionNotify*-Events. Drücken oder Loslassen einer Taste
der Tastatur führt zu *KeyPress-* bzw. *KeyRelease*-Events.
- *Window-Eintritt und -Austritt:* Fährt der Benutzer mit dem Maus-Cursor
in ein Window hinein, so wird ein *EnterNotify*-Event erzeugt. Beim Verlassen eines Windows wird entsprechend ein *LeaveNotify*-Event erzeugt.
Diese Events bewirken zum Beispiel beim *PushButton*-Widget, daß der
Rand hervorgehoben wird, wenn der Cursor über das Widget fährt.
- *Expose-Events:* Müssen Teile eines Windows neu gezeichnet werden, so
liefert der Server ein oder mehrere *Expose*-Events.
- *Tastaturfokus:* Die Eingaben der Tastatur gehen immer an ein Window, das
Fokus-Window. Werden jetzt die Tastatureingaben auf ein neues Window
„fokussiert", so wird für das alte Fokus-Window ein *FocusOut-* und für das
neue Fokus-Window ein *FocusIn*-Event erzeugt.
- *Window-Änderungen:* Die Windows einer Applikation können von anderen Applikationen verändert werden, zum Beispiel vom Window-Manager.
Über diese Änderungen wird die Applikation durch Events benachrichtigt.
- *Sonstige:* Es gibt noch eine ganze Reihe anderer Event-Typen, die meist
aber nur für spezielle Anwendungen interessant sind. Events werden unter anderem auch erzeugt, wenn eine neue Tastaturtabelle oder eine neue
Farbtabelle installiert wird. Weiter gibt es Events zur Kommunikation zwischen Clients. Damit kann zum Beispiel mitgeteilt werden, daß der Benutzer einen Text von einer Applikation in eine andere kopieren möchte. (Auf
neudeutsch heißt das „cut and paste".)

Viele dieser Event-Typen werden durch die Intrinsics verarbeitet. Für die
meisten Applikationen sind nur die ersten 3 Gruppen interessant. Darum
sollen auch nur diese Event-Typen näher vorgestellt werden, die anderen
Typen werden nur angerissen.

11.3.1 Tastatur- und Maus-Events

Drückt der Benutzer eine Taste der Tastatur, so wird ein *KeyPress*-Event erzeugt und beim Loslassen der Taste ein *KeyRelease*-Event. Hierbei wird wirklich für jede einzelne Taste ein Event erzeugt, auch für die *Shift-* und *Control*-Tasten. Wenn der Benutzer also *Control-C* eingibt, werden zwei Events erzeugt.

Ein *KeyPress*-Event wird als *XKeyPressedEvent* geliefert, ein *KeyRelease*-Event als *XKeyReleasedEvent*. Beide Datentypen sind identisch zum *XKey-Event* ihre Deklaration lautet:

```
typedef struct {
    int type;
    unsigned long serial;
    Bool send_event;
    Display *display;
```

```
        Window window;
        Window root;
        Window subwindow;
        Time time;
        int x, y;
        int x_root, y_root;
        unsigned int state;
        unsigned int keycode;
        Bool same_screen;
} XKeyEvent;
typedef XKeyEvent XKeyPressedEvent;
typedef XKeyEvent XKeyReleasedEvent;
```

Die Felder *type, serial, send_event, display* und *window* haben dieselbe Bedeutung wie bei *XAnyEvent*. Zur Erinnerung: *type* gibt den Event-Typ an,
display ist der X-Server, von dem das Event stammt und *window* das Window, welches das Event „aufgefangen" hat. Die restlichen Felder haben im
einzelnen die folgende Bedeutung:

root: Root-Window, in dem das Event auftrat

subwindow: Es kann sein, daß das Event nicht direkt im Window *window*
  aufgetreten ist, sondern in einem Window, das in der Hierarchie unterhalb
  von *window* steht — zum Beispiel in einem Subwindow. Das Feld *subwindow* gibt in diesem Fall an, in welchem Window das Event aufgetreten ist.
  Wurde das Event direkt in *window* ausgelöst, so enthält dieses Feld die
  Konstante *None*.

time: Zeit, zu der das Event aufgetreten ist. Die Angabe erfolgt in Millisekunden, wobei vom Start des X-Servers an gerechnet wird.

x, y: Position des Maus-Cursors beim Auftreten des Events. Die Koordinaten
  werden relativ zum Event-Window *window* angegeben.

x_root, y_root: Position des Maus-Cursors relativ zum Root-Window

state: Zustand der Maustasten und „modifier keys" (s.u.) zum Zeitpunkt des
  Events

keycode: Code der betätigten Taste (s.u.)

same_screen: Gibt an, ob das Root-Window auf demselben Bildschirm wie
  das Event-Window liegt.

Die Felder *state* und *keycode* verlangen eine etwas ausführlichere Erklärung:
Durch *state* wird der Zustand der Maustasten und Modifier zum Zeitpunkt
des Events angegeben. Hierbei sind *Modifier* Tasten wie *Control* oder *Shift*,
die man bei einem „normalen" Terminal nicht einzeln abfragen kann. Bei
vielen Tastaturen gibt es noch zusätzliche Tasten wie „Meta links" oder „Meta
rechts" — mystische Erscheinungen, die oft links und rechts neben der *Space*-
Taste liegen.

Durch eine Bitmaske wird angegeben, welche Maustasten und „modifier
keys" gedrückt waren, als das Event auftrat. Die Maske besteht dabei aus
folgenden Konstanten:

Button1Mask – Button5Mask: für die Maustasten Nummer eins bis fünf. Die meisten Mäuse haben allerdings nur drei Tasten.

ShiftMask: für die *Shift*-Taste

LockMask: für die *Shift-Lock*-Taste. Diese Taste wird normalerweise zum Feststellen der *Shift*-Taste verwendet.

ControlMask: für die *Control*-Taste

Mod1Mask – Mod5Mask: für geheimnisvolle Spezialtasten wie „Meta links".

Neben dem Zustand der „modifier keys" interessiert natürlich am meisten der eigentliche Grund des Events: Welche Taste wurde denn nun gedrückt? Durch das Feld *keycode* wird der Tastatur-Code der Taste angegeben. Das ist ein Hardware-Code, der von der jeweiligen Tastatur abhängt. Dieser Hardware-Code kann in einen Hardware-unabhängigen Zwischen-Code und in einen ASCII-String übersetzt werden. Der Zwischen-Code heißt im Xlib-Sprachgebrauch *KeySym* (für „key symbol"). Mit KeySym's kann man alle Tasten-Codes flexibel handhaben. Man kann sogar die einzelnen Tasten umcodieren.

Für die meisten Anwendungen ist ein ASCII-String der gedrückten Taste völlig ausreichend. Es gibt in der Xlib eine Routine, um ein Tastatur-Event in den entsprechenden String zu übersetzen. Ein String ist notwendig, weil an eine Taste mehrere Zeichen gebunden werden können:

*int XLookupString(XKeyEvent *event, char *string_return, int str_len,*
            *KeySym *keysym_return, XComposeStatus *status_return)*

event   das Tastatur-Event, für welches der ASCII-String der betätigten Tasten gesucht ist

string_return Puffer, in den der String geschrieben wird. Diesen Puffer muß die Applikation zur Verfügung stellen.

str_len   die Länge des Puffers *string*

keysym_return liefert das KeySym zum Event. Darf auch *NULL* sein, wenn man nicht am KeySym interessiert ist.

status_return wird als Xlib-interner Status zwischen mehreren Aufrufen von *XLookupString()* verwendet. Darf auch *NULL* sein.

Durch diese Routine wird das Event *event* zugleich in den String *string* und das KeySym *keysym* übersetzt. Bei der Übersetzung wird das Feld *state* des Tastatur-Events berücksichtigt. Ist also die *Shift*-Taste gedrückt, so werden Großbuchstaben geliefert, ganz wie man es erwartet. Als Rückgabewert der Funktion wird die Länge des Strings im Puffer *string* geliefert.

Neben den Tasten der Tastatur gibt es jetzt noch die auf der Maus. Wie schon öfter erwähnt wurde, wird beim Drücken einer Maustaste ein *ButtonPress*-Event und beim Loslassen ein *ButtonRelease*-Event erzeugt. Die Datentypen für diese Events sind *XButtonPressedEvent*, *XButtonReleasedEvent* und *XButtonEvent*. Sie sind wieder völlig identisch:

```
typedef struct {
    int type;
    unsigned long serial;
```

```
    Bool send_event;
    Display *display;
    Window window;
    Window root;
    Window subwindow;
    Time time;
    int x, y;
    int x_root, y_root;
    unsigned int state;
    unsigned int button;
    Bool same_screen;
} XButtonEvent;
typedef XButtonEvent XButtonPressedEvent;
typedef XButtonEvent XButtonReleasedEvent;
```

Die Felder sind fast dieselben wie beim *XKeyEvent*. Die Werte in *x* und *y*
sind meist wichtiger als bei den Tastatur-Events. Oft will man wissen, wo das
Event genau passiert ist. Das Feld *button* ist neu:

button: Maustaste, die das Event ausgelöst hat. Die Taste wird durch eine
der fünf Konstanten *Button1* bis *Button5* angegeben.

Diese Konstanten dürfen nicht mit den Werten *Button1Mask* bis *Button5-
Mask* verwechselt werden, die im Feld *state* stehen können.

Der letzte Event-Typ in dieser Gruppe ist das *MotionNotify*-Event, das
beim Bewegen der Maus entsteht. Wenn man alle Mausbewegungen vom Server zum Client schicken wollte, so wäre das eine Unmenge von Daten. Das
mag manchmal notwendig sein, aber meist ist eine Applikation nur an Mausbewegungen interessiert, wenn zugleich bestimmte Maustasten gedrückt sind.
Daher gibt es als Spezialität für diesen Event-Typ mehrere Event-Masken,
die den Zustand der Maustasten berücksichtigen:

Button1MotionMask – Button5MotionMask: Mausbewegungen werden nur
registriert, wenn zugleich die jeweilige Maustaste gedrückt ist.
ButtonMotionMask: Mausbewegungen werden registriert, wenn eine belie-
bige Maustaste gedrückt ist.
PointerMotionMask: Sämtliche Mausbewegungen werden registriert, unab-
hängig vom Zustand der Tasten.
PointerMotionHintMask: Mausbewegungen werden nur unter besonderen
Umständen registriert: Eine Taste der Tastatur oder eine Maustaste wird
betätigt, der Maus-Cursor verläßt das Window, oder eine der Xlib-Routinen
XQueryPointer() oder *XGetMotionEvents()* wird aufgerufen.

Für *MotionNotify*-Events gibt es zwei Datentypen, die wieder identische Felder haben: *XMotionEvent* und *XPointerMovedEvent*.

```
typedef struct {
    int type;
    unsigned long serial;
```

```
    Bool send_event;
    Display *display;
    Window window;
    Window root;
    Window subwindow;
    Time time;
    int x, y;
    int x_root, y_root;
    unsigned int state;
    char is_hint;
    Bool same_screen;
} XMotionEvent;
typedef XMotionEvent XPointerMovedEvent;
```

Ein *XMotionEvent* ist die generische Datenstruktur für ein *XPointerMoved-Event* — eigentlich etwas übertrieben, wo es doch nichts zu verallgemeinern gibt. Auch hier sind die Felder fast dieselben wie bei den Tastatur-Events. Besonders wichtig sind jetzt natürlich die Position des Cursors in *x* und *y* und der Zustand der Maustasten in *state*. Neu ist nur das Feld *is_hint*:

is_hint: Ist in der Event-Maske *PointerMotionHintMask* verwendet worden, so markiert *is_hint* diejenigen Events, die durch die oben aufgezählten „speziellen Umstände" entstehen, wie zum Beispiel das Verlassen des Windows. Bei diesen Events ist *is_hint* mit der Konstanten *NotifyHint* belegt.

Hierbei sei daran erinnert, daß Event-Masken mit logischen Bit-Operationen „geodert" werden können. Wenn zum Beispiel die Maske

```
PointerMotionMask | PointerMotionHintMask
```

verwendet wird, so führt das zu *MotionNotify*-Events bei jeder Mausbewegung und zusätzlich bei den genannten „speziellen Umständen". Durch das Feld *is_hint* können diese Fälle unterschieden werden.

11.3.2 Window-Eintritt und -Austritt

Was kann es an Benutzereingaben außer Tastatur und Maus noch geben? Eigentlich nichts — jedenfalls ist in der Xlib keine Spracheingabe vorgesehen. Aber es gibt beim Bewegen der Maus noch eine abstrakte Art von Events: wenn der Maus-Cursor in ein Window hinein- oder aus einem Window herausfährt. Diese Art von Information wird meist für ein Echo gebraucht: Ein *PushButton*-Widget, über das gerade der Cursor fährt, soll zum Beispiel eine andere Farbe bekommen. Dadurch sieht der Benutzer, welcher Button auf sein Klicken reagieren würde.

Mit den bisher vorgestellten Event-Typen kann man den Eintritt in ein Window nur dann feststellen, wenn prinzipiell alle Mausbewegungen registriert werden, auch wenn sie anderweitig nicht gebraucht werden. Eine schöne Verschwendung! Aber zum Glück gibt es die Event-Typen *EnterNotify* und

LeaveNotify als Ausweg aus diesem Dilemma. Wie der Name schon sagt, wird *EnterNotify* beim Eintritt des Cursors in ein Window und *LeaveNotify* beim Austritt erzeugt. Als Datentypen für diese Events dienen *XEnterWindowEvent*, *XLeaveWindowEvent* und *XCrossingEvent*. Diese drei Typen sind wieder identisch:

```
typedef struct {
    int type;
    unsigned long serial;
    Bool send_event;
    Display *display;
    Window window;
    Window root;
    Window subwindow;
    Time time;
    int x, y;
    int x_root, y_root;
    int mode;
    int detail;
    Bool same_screen;
    Bool focus;
    unsigned int state;
} XCrossingEvent;
typedef XCrossingEvent XEnterWindowEvent;
typedef XCrossingEvent XLeaveWindowEvent;
```

Die ersten Felder bis *x_root* und *y_root* und die Felder *same_screen* und *state* haben dieselbe Bedeutung wie bei *XKeyEvent*. Die beiden Felder *mode* und *focus* haben nur eine Bedeutung im Zusammenhang mit „grabbing" und Eingabe-Fokussierung. Diese Konzepte der Xlib regeln die Verteilung von Events, die nicht in ein Window unter dem Cursor gehen sollen. Im folgenden Abschnitt wird auf das „grabbing" noch genauer eingegangen. Die „Umverteilung" der Events wird im allgemeinen aber bereits vom Toolkit arrangiert. Bleibt das Feld *detail*:

detail: Durch *detail* wird angegeben, wie das Window genau betreten oder verlassen wurde.

Hier gibt es diffizile Unterschiede, die einem erst beim zweiten Draufschauen klarwerden. Abbildung 11.1 zeigt als Beispiel die Windows A und B. Hierbei soll A Parent-Window von B sein. Der Maus-Cursor kann jetzt von B in das Root-Window wechseln, ohne A zu betreten. Trotzdem sollte für A ein LeaveNotify-Event erzeugt werden. Das Feld *detail* hat beim Event für A dann den Wert *NotifyVirtual* — der Cursor verläßt A nicht „wirklich", sondern nur „scheinbar". Ähnlich kompliziert ist die Situation, wenn der Cursor nicht nur zwischen Parent- und Subwindows, sondern zwischen verschiedenen Subwindows bewegt wird.

Beim Wechsel des Maus-Cursors zwischen einem Window A und einem Window B werden zwei verschiedene Fälle unterschieden:

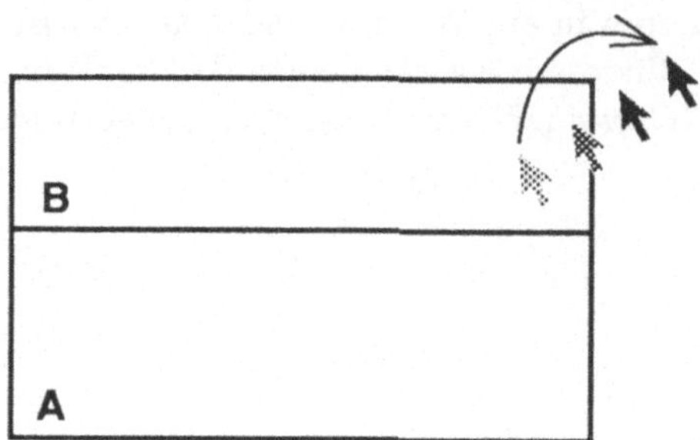

Abb. 11.1 Events beim Verlassen der Windows A und B

– Window A steht in der Window-Hierarchie über B — die beiden Windows
 sind „in gerader Linie verwandt".
– Window A und B stehen in der Window-Hierarchie unterhalb eines gemeinsamen Windows C, sind aber nicht in gerader Linie verwandt.

Im ersten Fall kann das Feld *detail* folgende Xlib-Konstanten als Wert haben:

NotifyAncestor: Das Event trat im Subwindow B auf.
NotifyInferior: Das Event trat im Parent-Window A auf.
NotifyVirtual: Das Event trat in einem Window in der Hierarchie zwischen
 A und B auf.

Im zweiten Fall sind folgende Werte möglich:

NotifyNonlinear: Das Event trat in einem der Windows A oder B auf.
NotifyNonlinearVirtual: Das Event trat in einem Window zwischen A und
 C oder zwischen B und C auf.

Im zweiten Fall wird für das Window C kein Event erzeugt, da C ja nicht
verlassen wird.

11.3.3 Expose-Events

Es gibt eine Vielzahl von Umständen, unter denen der Inhalt eines Windows
neu gezeichnet werden muß, beispielsweise wenn der Benutzer ein Window
verschiebt und dadurch andere Windows „aufdeckt". Wodurch erfährt eine
Applikation nun eigentlich, wann der Inhalt eines Windows neu ausgegeben
werden muß? Durch Events natürlich, genauer gesagt durch *Expose*-Events.
Ein *Expose*-Event wird auch erzeugt, wenn ein Window sichtbar gemacht —
also „gemappt" — wird.
 Oft muß nicht ein ganzes Window, sondern nur ein Teil des Windows neu gezeichnet werden. Wenn in Abb. 11.2 zum Beispiel das Window W nach vorne
geholt wird, so müssen die Rechtecke R1, R2 und R3 ausgegeben werden.

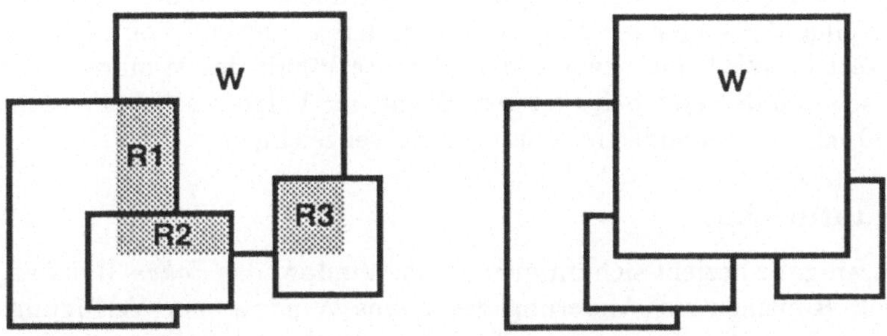

Abb. 11.2 Expose-Events beim Hervorholen von Window W

Für jedes dieser Rechtecke wird ein *Expose*-Event erzeugt. Die Applikation kann dann entscheiden, ob es besser ist, das gesamte Window oder nur die einzelnen Rechtecke auszugeben. Bei einer komplizierten Grafik wird man nur soviel wie unbedingt nötig ausgeben. Besteht der Window-Inhalt dagegen nur aus einem kurzen Text, so reicht es, wenn einfach der ganze Text neu gezeichnet wird.

Expose-Events werden als Datenstrukturen vom Typ *XExposeEvent* an die Applikation geliefert:

```
typedef struct {
    int type;
    unsigned long serial;
    Bool send_event;
    Display *display;
    Window window;
    int x, y;
    int width, height;
    int count;
} XExposeEvent;
```

Die Felder *type, serial, send_event, display* und *window* wurden schon beim „generischen" Event-Typ *XAnyEvent* erläutert. Das wichtigste Feld ist hierbei *window*. Es gibt an, in welchem Window das Event aufgetreten ist. Die restlichen Felder geben an, welcher Teil des Windows neu ausgegeben werden muß, und blicken ein wenig in die Zukunft:

x, y: Dies ist die Position der linken oberen Ecke des neu zu zeichnenden Rechtecks. Die Koordinaten werden dabei wie gewohnt in Pixeln relativ zum Event-Window *window* angegeben.

width, height: Breite und Höhe des Rechtecks in Pixeln

count: Oft müssen mehrere Rechtecke des Event-Windows neu ausgegeben werden. Das Feld *count* gibt an, wie viele Expose-Events für *window* noch direkt nach diesem Event folgen.

Das Feld *count* kann zur Optimierung des Neuzeichnens verwendet werden: Bei direkt aufeinander folgenden *Expose*-Events hat *count* erst beim letzten Event den Wert 0. Wird nun sowieso der gesamte Inhalt des Windows neu ausgegeben, so muß das erst beim letzten Event der Folge geschehen, wenn *count* gleich 0 ist. So vermeidet man unnötiges Neuzeichnen.

11.3.4 Tastaturfokus

Eine Tastatureingabe bezieht sich immer auf ein Window, das *Fokus-Window*. Die Xlib stellt Routinen zur Änderung des Fokus-Windows zur Verfügung. Bei Motif wird die Fokussierung vom Toolkit in Zusammenarbeit mit dem Window-Manager organisiert. Dabei ist es unter anderem möglich, daß der Benutzer das Fokus-Window per Tastatur umschalten kann. Hierzu gibt es die sogenannten Tab-Groups, die in Abschnitt 8.1.7 beschrieben werden. Eine Applikation sollte in die Fokussierung der Motif-Widgets nicht selbst eingreifen.

Die Event-Typen *FocusIn* und *FocusOut* teilen einem Window mit, ob es das neue Fokus-Window ist oder ob das Window den Fokus wieder „abgegeben" hat. Diese Events werden oft für ein Echo verwendet — zum Beispiel wird der Rahmen eines Texteingabefeldes geändert, wenn das Feld den Fokus hat. Weiter können Eingaben geprüft werden, wenn der Fokus wieder abgegeben wird.

11.3.5 Window-Änderungen

Dies ist eine relativ große Gruppe von Event-Typen: Insgesamt gibt es 10 Event-Typen, die über Änderungen eines Windows informieren. Hier erfährt man, ob ein Window verschoben, verkleinert, nach vorne geholt oder sonstwie angefaßt worden ist. Zum Glück werden alle diese Events aber schon von den Toolkit-Intrinsics verarbeitet — eine Applikation braucht sich nicht um die Details zu kümmern.

11.3.6 Sonstige Events

Schließlich gibt es Events zur Kommunikation zwischen verschiedenen Applikationen und Events, die Änderungen der Tastaturbelegung oder der Farbtabelle eines Windows anzeigen.

Kommunikation zwischen Applikationen ist zum Beispiel notwendig, wenn Text oder Grafik aus einer Applikation an eine andere Applikation gesendet werden soll. Beispiel: Eine Grafik aus einem Zeichenprogramm soll in einer Textverarbeitung weiterverwendet werden. Der Benutzer wünscht sich natürlich, einfach die Grafik im Zeichenprogramm zu selektieren und diese *Selektion* dann in der Textverarbeitung einzusetzen. Solch ein Austausch wird „cut and paste" genannt.

Die Xlib stellt Routinen zur Verfügung, mit deren Hilfe Daten zwischen verschiedenen Applikationen ausgetauscht werden können. Passend dazu gibt es

Events, die einer Applikation anzeigen, ob eine neue Selektion vorgenommen wurde. All diese Mechanismen können aber mit dem Motif-Toolkit viel komfortabler gehandhabt werden, als direkt mit der Xlib. Hierzu gibt es das *Clipboard* (siehe Abschnitt 13.6).

Um Änderungen der Tastaturbelegung braucht sich die Applikation nicht zu kümmern. Interessanter kann da schon eine Änderung der aktuellen Farbtabelle sein. Ein *ColormapNotify*-Event wird erzeugt, wenn eine neue aktuelle Farbtabelle installiert wird. Eine neue Farbtabelle bedeutet zumeist, daß die Farben einer Applikation nun „falsch" sind, da sich die Farbwerte der Pixel-Werte geändert haben. Die meisten Applikationen werden aber auf solche Änderungen nicht direkt reagieren können. Es wäre zu aufwendig, das Window mit der neuen Farbtabelle auszugeben — zumal ja nicht klar ist, ob die jetzt aktuelle Farbtabelle überhaupt genügend Farben zur Verfügung stellt.

Abstecher über die Verteilung von Events: Über die Verteilung der Events an die einzelnen Widgets braucht man sich bei einer Motif-Applikation normalerweise keine grauen Haare wachsen zu lassen. Im allgemeinen werden die Events durch Standard-Mechanismen der Xlib und des Toolkits verteilt. In Sonderfällen kann aber die Verteilung von Tastatur- und Maus-Events Probleme bereiten.

Tastatur- und Maus-Events beziehen sich immer auf ein Window. Jedem Window ist eine Event-Maske zugeordnet. Nur Event-Typen, die zu dieser Maske passen, werden an das Window weitergeleitet. Wird zum Beispiel eine Maustaste gedrückt, so gelangt dieses Event normalerweise in das Window, das gerade unter dem Maus-Cursor sichtbar ist — dieses Window war ja auch wohl gemeint. Jetzt kann es sein, daß die *ButtonPressMask* nicht in der Event-Maske des Windows enthalten ist, das Window ist also nicht für *ButtonPress*-Events zuständig. In diesem Fall „fällt" das Event tiefer zum Parent-Window. (Das Parent-Window liegt ja — bildlich gesprochen — unter dem Window, in dem das Event auftrat.) Ist auch das Parent-Window nicht zuständig, so fällt das Event nochmals tiefer zum Parent des Parent-Windows, bis es schließlich beim Root-Window angelangt ist. Ist auch das Root-Window nicht zuständig, so wird das Event weggeworfen. Ist aber eines der Windows für das Event zuständig, so wird es vom X-Server an den Client dieses Windows geschickt. Das Toolkit gibt dann das Event an das zum Window gehörende Widget weiter.

Durch diesen Mechanismus werden Tastatur- und Maus-Events normalerweise an ein Widget weitergereicht, das unter dem Maus-Cursor liegt. Das kann manchmal unzweckmäßig sein.

Bei Eingaben mit der Tastatur ist es für den Benutzer oft angenehmer, wenn die Tastatur fest auf ein bestimmtes Window *fokussiert* wird. Die Fokussierung hat den Vorteil, daß die Eingaben nicht in ein falsches Window gehen, wenn die Maus versehentlich verschoben wird. Das Fokus-Window kann vom

Benutzer mit der Maus umgeschaltet werden, indem er in ein anderes Window klickt. Außerdem kann das Fokus-Window per Tastatur — bei Motif meist mit der Tabulator-Taste — umgeschaltet werden. Der Benutzer muß dann nicht extra die Maus verschieben, wenn er im nächsten Window Eingaben machen will. Die Fokussierung und die Umschaltung des Fokus-Windows wird durch das Toolkit organisiert. Der Benutzer kann mit Ressourcen sogar angeben, ob er eine Fokussierung haben will oder lieber die Maus verschiebt. Für die Umschaltung des Fokus-Windows per Tastatur muß eine Applikation nur angeben, in welcher Reihenfolge die Fokussierung geändert werden soll. Hierzu gibt es die bereits erwähnten Tab-Groups, die in Abschnitt 8.1.7 beschrieben werden. Für die Fokussierung der Tastatur gibt es in der Xlib und in den Toolkit-Intrinsics spezielle Funktionen, normalerweise arrangieren die Motif-Widgets alles Nötige.

Ein weiteres Problem bei der Verteilung von Events sind *modale Dialoge*. Das sind Formulare, die eine Eingabe erzwingen, solange sie sichtbar sind. Events, die außerhalb des modalen Dialogs passieren, werden entweder ignoriert oder in das Dialogformular umgeleitet. Im Formular selbst werden alle Eingaben wie gewohnt an die Widgets verteilt. Die Umleitung der Events in den modalen Dialog wird *Grabbing* genannt — der Dialog „schnappt" sich die Events.

Bei modalen Dialogen gibt es zwei Untergruppen: zum einen *Applikations-modale*, die wenigstens noch Eingaben für andere Applikationen erlauben, zum anderen *System-modale*, die auch die Eingaben für andere Applikationen sperren. Popup-Menüs sind zum Beispiel System-modal. Sie müssen auf der Stelle bedient werden. Solange das Menü sichtbar ist, sind keine anderen Eingaben erlaubt. Warnungen oder Fehlermeldungen dagegen sind oft Applikations-modal, die Eingaben für andere Applikationen werden nicht gesperrt.

Applikations-modale Dialoge werden durch die Intrinsics realisiert. Der X-Server verteilt wie gewohnt die Events an die einzelnen Windows. Passiert ein Event in einem Window außerhalb des modalen Dialogs, so wird es vom Toolkit ignoriert oder an das Dialog-Widget geliefert. Das Grabbing wird dabei alleine vom Toolkit durchgeführt. Bei System-modalen Dialogen kommt zusätzlich der Server ins Spiel, er muß Events für andere Applikationen sperren. Hierzu gibt es Xlib-Routinen, die ein Grabbing durch den Server erlauben.

Das Grabbing wird also durch zwei verschiedene Mechanismen realisiert: zum einen auf der Xlib-Ebene durch den Server, zum anderen durch die Toolkit-Intrinsics. Wenn man im Detail wissen will, wo ein Event abgeblieben ist, kann das manchmal etwas verwirren. Zum Glück muß man sich um diese Details aber normalerweise nicht kümmern, modale Dialoge werden schließlich durch das Toolkit realisiert und nicht durch die Applikation. Es gibt zwar in der Xlib und in den Intrinsics eine Reihe spezieller Funktionen für das Grabbing, die kann man aber im allgemeinen getrost ignorieren.

Spannend wird das Grabbing aber, wenn man eigene Widget-Klassen oder Grafik-Editoren programmieren möchte. Bei Eingaben mit der Maus passiert es oft, daß der Benutzer eine Eingabe in einem Widget startet und während der Eingabe das Widget — versehentlich oder absichtlich — verläßt. Meist gehören die Eingaben dann eigentlich noch in das ursprüngliche Widget.

Typisch ist diese Situation bei einem Grafik-Editor: Der Benutzer will eine Linie zeichnen und drückt die Maustaste im Editor-Widget, um den Anfang der Linie zu markieren. Verläßt er jetzt aus Versehen kurz das Widget, so gehen ohne Grabbing die Mauseingaben außerhalb des Editor-Widgets verloren, die Eingabe der Linie muß abgebrochen werden. Besser wäre es, wenn das Editor-Widget in diesem Fall auch die Maus-Events außerhalb seines Windows bekommen würde.

Ein anderes Beispiel: Der Benutzer drückt in einem Push-Button die Maustaste und überlegt sich dann, daß er die Aktion eigentlich gar nicht auslösen wollte — er hat mal wieder schneller gedrückt als gedacht. Also fährt er mit der Maus aus dem Button heraus und läßt die Maustaste erst außerhalb des Widgets los. Für den Benutzer gehört das Loslassen der Maustaste logischerweise noch zur Bedienung des Push-Buttons — es wäre seltsam, wenn ein anderes Widget darauf reagieren würde. Also sollte das *ButtonRelease*-Event an den Push-Button gehen.

Für solche Situationen gibt es einen Standard-Mechanismus im X-Server: Wird in einem Window eine Maustaste gedrückt, so wird automatisch ein Grabbing der Maus-Events gestartet. Die nachfolgenden Maus-Events gehen solange in das ursprüngliche Window, bis alle Maustasten wieder losgelassen werden. Die Maus wird also „festgehalten", solange eine Maustaste gedrückt ist. Dieser Mechanismus reicht in den meisten Situationen aus — der Push-Button aus dem Beispiel würde „sein" *ButtonRelease*-Event bekommen.

Manchmal braucht man aber noch mehr Kontrolle über die Maus. Man stelle sich wieder den Grafik-Editor vor: Mit dem ersten Mausklick soll der Anfangspunkt einer Linie festgelegt werden, mit dem zweiten Klick der Endpunkt der Linie. Dann wird die Maus zwischendurch nicht automatisch „geschnappt". Oder es sollen Linienzüge mit beliebig vielen Punkten eingegeben werden. Dabei muß die Maustaste zwischendurch zwangsläufig wieder losgelassen werden. In solchen Situationen muß die Applikation das Grabbing selbst durchführen. Hierzu dient die Xlib-Funktion *XGrabPointer()*:

*int XGrabPointer(Display *display, Window grab_window, Bool owner_events,*
                  unsigned int event_mask, int pointer_mode, int keyboard_mode,
                  Window confine_to, Cursor cursor, Time time)

display	Verbindung zum X-Server
grab_window	Window, das die folgenden Maus-Events bekommt
owner_event	Bei *False* werden nur noch Maus-Events geliefert, die zur Event-Maske *event_mask* passen. Die Events werden an das *grab_window* geliefert. Bei *True* werden die Maus-Events für andere Clients gesperrt, die Applikation bekommt ihre Events wie

	gewohnt. Maus-Events für andere Clients, die zur Event-Maske *event_mask* passen, werden wieder an das *grab_window* geliefert.
event_mask	Diese Event-Maske legt die Event-Typen fest, die an das *grab_window* geliefert werden. Erlaubt sind dabei nur Masken für Maus-Events.
pointer_mode	Bei *GrabModeSync* werden alle folgenden Maus-Events gesperrt, bei *GrabModeAsync* werden die Maus-Events weiterhin geliefert.
keyboard_mode	Bei *GrabModeSync* werden alle Tastatur-Events gesperrt, bei *GrabModeAsync* werden sie weiter geliefert.
confine_to	Der Maus-Cursor kann in dieses Window „eingesperrt" werden. Bei *None* kann der Cursor wie gewohnt über den ganzen Bildschirm bewegt werden.
cursor	Während des Grabbings wird dieser Cursor gezeigt, bei *None* wird der Cursor nicht geändert.
time	Hier wird der Zeitpunkt des Events angegeben, das das Grabbing ausgelöst hat.

Die Funktion liefert *GrabSuccess*, wenn das Grabbing erfolgreich war. Mit den Parametern *pointer_mode* und *keyboard_mode* kann die Maus bzw. die Tastatur „eingefroren" werden, es werden dann keine weiteren Events mehr geliefert. Als *time* wird das Feld *time* desjenigen Events angegeben, das das Grabbing ausgelöst hat. Dadurch wird sichergestellt, das die Maus nicht „geschnappt" wird, wenn in der Zwischenzeit eine andere Applikation ein Grabbing gestartet hat. (Aus diesem Grund sollte auch immer geprüft werden, ob das Grabbing geklappt hat.) Im Grafik-Editor könnte das Grabbing wie folgt gestartet werden:

```
Widget        canvas;    /* Zeichenflaeche */
XButtonEvent *event;     /* ausloesendes Event */
int           status;


...

status = XGrabPointer(XtDisplay(canvas), XtWindow(canvas), False,
          ButtonPressMask | ButtonReleaseMask | PointerMotionMask,
          GrabModeAsync, GrabModeAsync, None, None, event->time);
```

Durch diesen Aufruf werden alle folgenden Maus-Events an *canvas* geliefert, insbesondere auch sämtliche Mausbewegungen. Dabei muß keine Maustaste gedrückt sein. Der Maus-Cursor kann weiter frei über den gesamten Bildschirm bewegt werden, er wird nicht verändert.

Sobald die Maus nicht mehr benötigt wird, sollte sie mit *XUngrabPointer()* wieder freigegeben werden:

*XUngrabPointer(Display *display, Time time)*
display Verbindung zum Server
time   Hier wird der Zeitpunkt des Events angegeben, das das Grabbing beendet.

Bei *time* kann mit der Konstanten *CurrentTime* auch die aktuelle Server-Zeit angegeben werden, wenn das Grabbing nicht durch ein Event beendet wird.

11.4 Der Grafikeditor *gredi*

In diesem Kapitel wird der Grafik-Editor *gredi* implementiert. Er dient als Testrahmen für die Event-Verarbeitung. Die erste Version von *gredi* wird mit Event-Handlern arbeiten. In einer zweiten Version werden aber auch die Action-Routinen zu ihrem Recht kommen. Hier soll aber erst einmal des „Pudels Kern" vorgestellt werden, der beiden Versionen gemeinsam ist. Dieser Kern besteht im wesentlichen aus einer Erweiterung von *grview*.

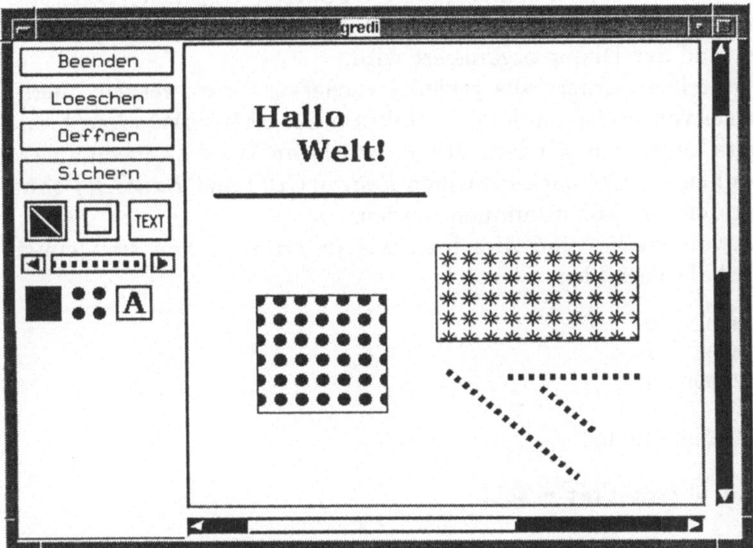

Abb. 11.3 Das Hauptfenster von *gredi*

Abbildung 11.3 zeigt das Hauptfenster von *gredi*. Die Funktion der Push-Buttons „Beenden", „Löschen", „Öffnen" und „Sichern" dürfte klar sein: Mit „Löschen" wird die Grafik gelöscht und mit „Sichern" in ein File gesichert. Mit „Öffnen" werden Grafikdaten vom File eingelesen. Mit den drei Buttons darunter kann der Eingabe-Modus des Editors eingestellt werden. Mit *gredi* können nur neue Objekte gemalt werden. Vorhandene Objekte können nicht verändert oder gelöscht werden. Unterhalb der Buttons für den Eingabe-Modus kann die Linienbreite und der Linientyp eingestellt werden. Die Breite der Linien wird mit den beiden Arrow-Buttons verändert. Sie wird genau wie der Linientyp im mittleren Button angezeigt. Klickt man in diesen „Linien-Button", so wird der Linientyp umgeschaltet. Zuletzt kommen drei Buttons zur Auswahl von Farben, Füllmustern und Fonts. Klickt man in einen dieser Buttons, so wird ein neuer Attributwert eingestellt.

Der Kern von *gredi* ist, wie gesagt, eine Erweiterung von *grview*. Das gilt auch für die Widget-Hierarchie. Neu sind nur die Kinder des *RowColumn*-Widgets für die Buttons. Bei *grview* enthielt das Widget zwei Kommando-Buttons, bei *gredi* sind es einige mehr. Die neuen Kinder des *RowColumn*-Widgets sind in Abb. 11.4 dargestellt.

Die Implementierung von *gredi* ist in acht Module aufgeteilt. Sieben der Module werden dabei einfach von *grview* übernommen, genauer gesagt, von der zweiten Version von *grview* mit der objektorientierten Datenstruktur. Im einzelnen sind das die beiden Module *resources.c* und *primitives.c* und die fünf Module für die Klassen der Datenstruktur: *OgCore.c*, *OgLine.c*, *OgRect.c* *OgString.c* und *OgList.c*. Neu ist nur der Modul *gredi.c*, in dem die Widgets erzeugt werden und der Dialog organisiert wird.

Selbst in *gredi.c* kann einiges aus *grview.c* wiederverwertet werden: zuerst einmal das meiste von *main()*, dann die Funktion *CreateMainWindow()*, mit der alle Widgets außer den Kindern des *RowColumn*-Widgets erzeugt werden. Weiter können die Callback-Routinen *RedrawCB()* und *ExitCB()* ohne Änderungen aus *grview.c* übernommen werden.

Die Includes von *gredi.c* sind dieselben wie in *grtest.c*. Neu sind einige Makros und globale Variablen:

```
#define LINE_MODE    0
#define RECT_MODE    1
#define STRING_MODE 2

#define MAX_LINE_WIDTH 10

static OgObject Object_List = NULL;

static int       Edit_Mode;
static OgObject Edit_Object;
static XSegment Edit_Position;

static Widget    Line_Style_Button;
static Widget    Font_Style_Button;
```

Mit den Konstanten *LINE_MODE*, *RECT_MODE* und *STRING_MODE* wird der Eingabe-Modus angegeben. *MAX_LINE_WIDTH* ist die maximale Linienbreite. Der aktuelle Eingabe-Modus wird in *Edit_Mode* gespeichert. Gibt der Benutzer ein neues grafisches Objekt ein, so wird dieses Objekt während der Eingabe für das Rubberbanding benötigt. Das Objekt wird dabei in *Edit_Object* gespeichert. Wird gerade kein Objekt eingegeben, so ist *Edit_Object* gleich *NULL*. Auch *Edit_Position* wird nur während der Eingabe eines neuen Objekts benötigt: Hier wird die aktuelle Position des Objekts gespeichert. Im *DrawnButton*-Widget *Line_Style_Button* werden die aktuellen Linien-Attribute angezeigt, mit dem *Font_Style_Button* wird der aktuelle Font umgeschaltet. Erinnert sei noch an die Variable *Object_List*, die es auch schon in *grview* gab. Dieses Listen-Objekt enthält alle grafischen Objekte in *gredi*.

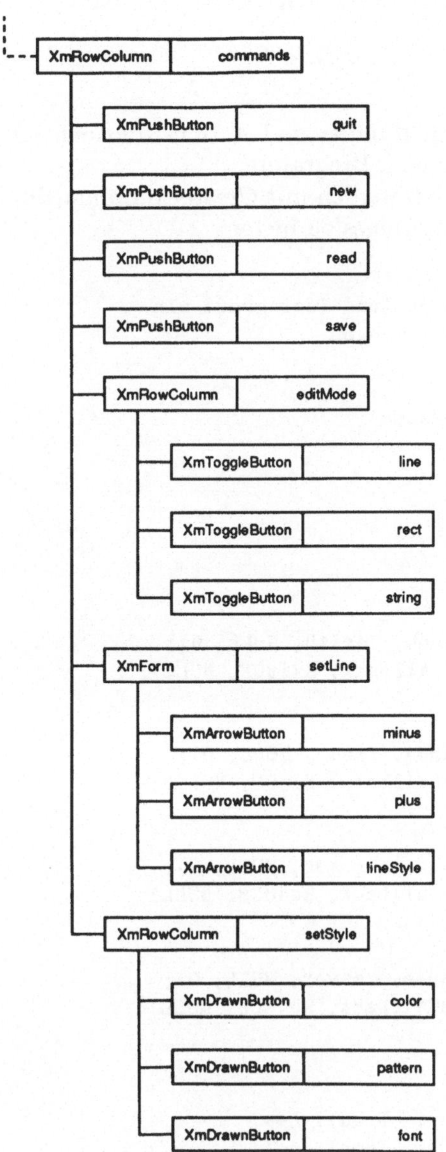

Abb. 11.4 Die Kinder des *RowColumn*-Widgets

In *main()* kommen bei *gredi* nur einige Initialisierungen hinzu: Nachdem die
Klassen für die Grafik-Datenstruktur initialisiert sind, wird zuerst einmal ein

leeres Listen-Objekt erzeugt. In diese Liste werden später alle Grafikobjekte
eingetragen:

```
Object_List = OgNew(OgListClass);
```

Weiter werden in *main()* noch die Event-Handler und Action-Routinen initialisiert. Aber das steht erst später auf dem Programm.
   Die Buttons für die Bedienung von *gredi* werden mit *CreateCommandBut-
tons()* erzeugt. Diese Funktion hat wenig Neues zu bieten:

```
/*
 *  CreateCommandButtons -- Kommando-Buttons fuer gredi als
 *      Kinder des Widgets "commands" erzeugen
 */

static void CreateCommandButtons(commands)
   Widget commands;
{
   Widget    widget;
   Arg       args[10];
   Cardinal  n;
   int       i;

   widget = XmCreatePushButton(commands, "exit", NULL, 0);
   XtAddCallback(widget, XmNactivateCallback, ExitCB, NULL);
   XtManageChild(widget);

   widget = XmCreatePushButton(commands, "new", NULL, 0);
   XtAddCallback(widget, XmNactivateCallback, NewCB, NULL);
   XtManageChild(widget);

   widget = XmCreatePushButton(commands, "read", NULL, 0);
   XtAddCallback(widget, XmNactivateCallback, ReadCB, NULL);
   XtManageChild(widget);

   widget = XmCreatePushButton(commands, "save", NULL, 0);
   XtAddCallback(widget, XmNactivateCallback, SaveCB, NULL);
   XtManageChild(widget);

   n = 0;
   XtSetArg(args[n], XmNradioBehavior,  True); n++;
   XtSetArg(args[n], XmNradioAlwaysOne, True); n++;
   XtSetArg(args[n], XmNorientation,    XmHORIZONTAL); n++;
   widget = XmCreateRowColumn(commands, "editMode", args, n);
   XtManageChild(widget);
   CreateEditButtons(widget);

   widget = XmCreateForm(commands, "setLine", NULL, 0);
   XtManageChild(widget);
   CreateLineButtons(widget);
```

```
    n = 0;
    XtSetArg(args[n], XmNorientation, XmHORIZONTAL); n++;
    widget = XmCreateRowColumn(commands, "setStyle", args, n);
    XtManageChild(widget);
    CreateStyleButtons(widget);
}
```

Die Buttons für Eingabe-Modus, Linientyp und Grafikattribute werden zur
Plazierung jeweils in eigenen Layout-Widgets untergebracht. Bei den drei
Buttons für den Eingabe-Modus wird schon vom *RowColumn*-Widget dafür
gesorgt, daß immer nur ein Button eingeschaltet ist.

Die Callback-Routine *ReadCB()* liest wie bei *grview* Grafikdaten vom File
graphic.dat ein. Der einzige Unterschied zu *grview* gesteht darin, daß die
Grafikkontexte nach dem Einlesen des Files wieder in den ursprünglichen
Zustand gebracht werden, damit sie mit den Buttons konsistent sind:

```
/*
 * ReadCB -- Callback des Buttons "read". Grafikdaten werden vom
 *      File "graphic.dat" eingelesen und ausgegeben.
 */

static void ReadCB(widget, client_data, call_data)
    Widget  widget;        /* PushButton-Widget "read" */
    caddr_t client_data;  /* unbenutzt */
    caddr_t call_data;    /* unbenutzt */
{
    Attributes attributes;   /* aktuelle Attributwerte */
    FILE       *file;

    file = fopen("graphic.dat", "r");

    if (file == NULL) {
        fprintf(stderr, "graphic.dat kann nicht geoeffnet werden\n");
        return;
    }

    GetAttributes(&attributes);

    /* die Grafikdaten einlesen und ausgeben */

    OgDestroy(Object_List);
    Object_List = OgLoad(file);
    OgDraw(Object_List, NULL);

    ChangeGCs(&attributes, NULL);
}
```

Auch die neuen Callback-Routinen *NewCB()* und *SaveCB()* sind wenig spannend. Von *NewCB()* werden die Grafikdaten und das Grafik-Window gelöscht:

```
/*
 *  NewCB -- Grafik loeschen
 */

static void NewCB(widget, client_data, call_data)
   Widget  widget;
   caddr_t client_data;
   caddr_t call_data;
{
   OgDestroy(Object_List);
   Object_List = OgNew(OgListClass);
   XClearWindow(XtDisplay(GetCanvas()), XtWindow(GetCanvas()));
}
```

Die Callback *SaveCB()* schreibt die Grafikdaten auf das File *graphic.dat*.
Dazu wird die Methode *Save()* des Listen-Objekts *Object_List* verwendet:

```
/*
 *  SaveCB -- Grafikdaten in File "graphic.dat" sichern
 */

void SaveCB(widget, client_data, call_data)
   Widget  widget;
   caddr_t client_data;
   caddr_t call_data;
{
   FILE  *file;

   file = fopen("graphic.dat", "w");

   if (file == NULL) {
      fprintf(stderr, "graphic.dat kann nicht geoeffnet werden\n");
      return;
   }

   OgSave(Object_List, file);
   fclose(file);
}
```

Der Name der Grafikdatei ist wie bei *ReadCB()* fest vorgegeben — aber das
ist ja leicht zu ändern.

Die drei Buttons für den Eingabe-Modus werden von *CreateEditButtons()*
erzeugt:

```
/*
 *  CreateEditButtons -- Buttons fuer Eingabe-Modus als
 *      Kinder des Widgets "box" erzeugen
 */
```

```
static void CreateEditButtons(box)
   Widget box;
{

   Widget    button;
   Arg       arg;

   XtSetArg(arg, XmNset, True);
   button = XmCreateToggleButton(box, "line", &arg, 1);
   XtAddCallback(button, XmNvalueChangedCallback,
                 SetEditModeCB, LINE_MODE);
   XtManageChild(button);

   button = XmCreateToggleButton(box, "rect", NULL, 0);
   XtAddCallback(button, XmNvalueChangedCallback,
                 SetEditModeCB, RECT_MODE);
   XtManageChild(button);

   button = XmCreateToggleButton(box, "string", NULL, 0);
   XtAddCallback(button, XmNvalueChangedCallback,
                 SetEditModeCB, STRING_MODE);
   XtManageChild(button);
}
```

Ein neuer Eingabe-Modus wird von der Callback *SetEditModeCB()* in die Variable *Edit_Mode* eingetragen. Der Modus wird dabei mit dem Parameter *client_data* an die Callback übergeben:

```
/*
 * SetEditModeCB -- den aktuellen Editier-Modus setzen
 */
static void SetEditModeCB(widget, client_data, call_data)
   Widget  widget;
   caddr_t client_data;    /* Modus */
   caddr_t call_data;      /* unbenutzt */
{
   Edit_Mode = (int) client_data;
   Edit_Object = NULL;
}
```

In der Funktion *CreateLineButtons()* werden drei Buttons zur Auswahl der Linien-Attribute erzeugt. Die aktuell gültigen Attributwerte werden im *DrawnButton*-Widget *Line_Style_Button* angezeigt, indem eine Linie im Button ausgegeben wird. Die Ausgabe der Linie erfolgt mit der Expose-Callback des Buttons. Mit Hilfe des *DrawnButton*-Widgets kann der Benutzer auch den Linientyp umschalten:

```
/*
 * CreateLineButtons -- Buttons fuer Linien-Typ und -Breite als
 *     Kinder des Widgets "form" erzeugen
 */
```

```
static void CreateLineButtons(form)
   Widget form;
{

   Widget    minus_button, plus_button;
   Arg       args[10];
   Cardinal n;

   n = 0;
   XtSetArg(args[n], XmNtopAttachment,    XmATTACH_FORM); n++;
   XtSetArg(args[n], XmNbottomAttachment, XmATTACH_FORM); n++;
   XtSetArg(args[n], XmNleftAttachment,   XmATTACH_FORM); n++;
   XtSetArg(args[n], XmNarrowDirection,   XmARROW_LEFT);  n++;
   minus_button = XmCreateArrowButton(form, "minus", args, n);
   XtAddCallback(minus_button, XmNactivateCallback,
               LineWidthCB, (caddr_t) -1);
   XtManageChild(minus_button);

   n = 0;
   XtSetArg(args[n], XmNtopAttachment,    XmATTACH_FORM); n++;
   XtSetArg(args[n], XmNbottomAttachment, XmATTACH_FORM); n++;
   XtSetArg(args[n], XmNrightAttachment,  XmATTACH_FORM); n++;
   XtSetArg(args[n], XmNarrowDirection,   XmARROW_RIGHT); n++;
   plus_button = XmCreateArrowButton(form, "plus", args, n);
   XtAddCallback(plus_button, XmNactivateCallback,
               LineWidthCB, (caddr_t) 1);
   XtManageChild(plus_button);

   n = 0;
   XtSetArg(args[n], XmNtopAttachment,    XmATTACH_FORM);   n++;
   XtSetArg(args[n], XmNbottomAttachment, XmATTACH_FORM);   n++;
   XtSetArg(args[n], XmNleftAttachment,   XmATTACH_WIDGET); n++;
   XtSetArg(args[n], XmNleftWidget,       minus_button);    n++;
   XtSetArg(args[n], XmNrightAttachment,  XmATTACH_WIDGET); n++;
   XtSetArg(args[n], XmNrightWidget,      plus_button);     n++;
   Line_Style_Button = XmCreateDrawnButton(form, "lineStyle", args, n);
   XtAddCallback(Line_Style_Button, XmNarmCallback,
               LineStyleCB, NULL);
   XtAddCallback(Line_Style_Button, XmNexposeCallback,
               RedrawLineCB, NULL);
   XtManageChild(Line_Style_Button);
}
```

Die Linienbreite wird mit der Callback *LineWidthCB()* verändert. Durch den
Parameter *client_data* wird angegeben, um wie viele Pixel die Linie breiter
gemacht werden soll. Die Linie wird dann im *Line_Style_Button* neu ausgegeben:

```c
/*
 * LineWidthCB -- Linienbreite aendern und im Line_Style_Button
 *     anzeigen
 */

static void LineWidthCB(widget, client_data, call_data)
   Widget  widget;
   caddr_t client_data;    /* Inkrement fuer Breite */
   caddr_t call_data;      /* unbenutzt */
{
   static int line_width = 1;
   Attributes attributes;

   if ((line_width + (int) client_data > 0) &&
       (line_width + (int) client_data <= MAX_LINE_WIDTH))
      line_width += (int) client_data;

   attributes.value_mask = GCLineWidth;
   attributes.line_width = line_width;
   ChangeGCs(&attributes, NULL);

   XClearArea(XtDisplay(Line_Style_Button),
              XtWindow(Line_Style_Button),
              0, 0, 0, 0, True);
}
```

Die Ausgabe der Linie im *Line_Style_Button* ist etwas trickreich: Das Window
des Buttons wird mit *XClearArea()* gelöscht, dabei wird ein *Expose*-Event
erzeugt. Durch dieses Event wird die Expose-Callback *RedrawLineCB()* ausgelöst, die schließlich die Linie neu malt.

Mit der Callback *LineStyleCB()* wird der Linientyp umgeschaltet. Die Ausgabe der neuen Linie wird wieder durch *XClearArea()* erzwungen:

```c
/*
 * LineStyleCB -- Linientyp aendern und im Line_Style_Button
 *     anzeigen
 */

static void LineStyleCB(widget, client_data, call_data)
   Widget  widget;
   caddr_t client_data;    /* unbenutzt */
   caddr_t call_data;      /* unbenutzt */
{
   static int line_style = LineSolid;
   Attributes attributes;

   line_style =
      ((line_style == LineSolid) ? LineOnOffDash : LineSolid);
   attributes.value_mask = GCLineStyle;
   attributes.line_style = line_style;
```

```
    ChangeGCs(&attributes, NULL);

    XClearArea(XtDisplay(Line_Style_Button),
               XtWindow(Line_Style_Button),
               0, 0, 0, 0, True);
}
```

Mit der Callback *RedrawLineCB()* wird die aktuelle Linie im *Line_Style_Button* ausgegeben:

```
/*
 * RedrawLineCB -- Linie im Line_Style_Button ausgeben
 */

static void RedrawLineCB(widget, client_data, call_data)
    Widget  widget;
    caddr_t client_data;    /* unbenutzt */
    caddr_t call_data;      /* unbenutzt */
{
    Dimension width, height;
    Arg       args[2];

    XtSetArg(args[0], XmNwidth,  &width);
    XtSetArg(args[1], XmNheight, &height);
    XtGetValues(widget, args, 2);

    XDrawLine(XtDisplay(widget), XtWindow(widget), GetLineGC(),
              2, (int)(height/2), (int)(width-2), (int)(height/2));
}
```

Die letzten drei Buttons zur Auswahl von Farben, Füllmustern und Fonts werden mit der Funktion *CreateStyleButtons()* erzeugt. Wie beim *Line_Style_Button* handelt es sich dabei um *DrawnButton*-Widgets. Daher werden auch Expose-Callbacks zur Ausgabe der Buttons benötigt:

```
/*
 * CreateStyleButtons -- Buttons fuer Farbe/Muster/Font als
 *      Kinder des Widgets "box" erzeugen
 */

static void CreateStyleButtons(box)
    Widget box;
{
    Widget  button;

    button = XmCreateDrawnButton(box, "color", NULL, 0);
    XtAddCallback(button, XmNactivateCallback, SetColorCB, NULL);
    XtAddCallback(button, XmNexposeCallback, RedrawColorCB, NULL);
    XtManageChild(button);
```

```
    button = XmCreateDrawnButton(box, "pattern", NULL, 0);
    XtAddCallback(button, XmNactivateCallback, SetPatternCB, NULL);
    XtAddCallback(button, XmNexposeCallback, RedrawPatternCB, NULL);
    XtManageChild(button);

    Font_Style_Button = XmCreateDrawnButton(box, "font", NULL, 0);
    XtAddCallback(Font_Style_Button, XmNactivateCallback,
                SetFontCB, NULL);
    XtAddCallback(Font_Style_Button, XmNexposeCallback,
                RedrawFontCB, NULL);
    XtManageChild(Font_Style_Button);
}
```

Die Callbacks sind jeweils sehr ähnlich. Als Beispiele werden hier nur *SetColorCB()* und *RedrawColorCB()* aufgelistet:

```
/*
 *  SetColorCB -- die aktuelle Farbe setzen und im Farb-Button sowie
 *      im Line_Style_Button und im Font_Style_Button anzeigen
 */

static void SetColorCB(widget, client_data, call_data)
    Widget  widget;
    caddr_t client_data;      /* unbenutzt */
    caddr_t call_data;        /* unbenutzt */
{
    static int color_index = 1;
    Attributes attributes;

    color_index = (color_index + 1) % COLOR_TABLE_SIZE;

    attributes.value_mask  = GCForeground;
    attributes.color_index = color_index;
    ChangeGCs(&attributes, NULL);
    ChangeRubberColor(color_index);

    XClearArea(XtDisplay(widget), XtWindow(widget),
            0, 0, 0, 0, True);
    XClearArea(XtDisplay(Line_Style_Button),
            XtWindow(Line_Style_Button),
            0, 0, 0, 0, True);
    XClearArea(XtDisplay(Font_Style_Button),
            XtWindow(Font_Style_Button),
            0, 0, 0, 0, True);
}
```

Ähnlich wie in *LineStyleCB()* wird zuerst die aktuelle Farbe geändert. Danach wird mit *XClearArea()* eine Ausgabe im *Line_Style_Button*, im *Font_Style_Button* und im Farb-Button selbst erzwungen. Dadurch wird die neue Farbe in diesen Buttons sofort angezeigt.

Als Ausgabe wird der Farb-Button einfach mit einem Rechteck gefüllt,
wobei der Grafikkontext für Linien verwendet wird. Dabei muß genug Platz
für den Schatten des Drawn-Buttons frei bleiben, andernfalls würde er übermalt:

```
/*
 *  RedrawColorCB -- aktuelle Farbe im Farb-Button ausgeben
 */

static void RedrawColorCB(widget, client_data, call_data)
   Widget  widget;
   caddr_t client_data;     /* unbenutzt */
   caddr_t call_data;       /* unbenutzt */
{
   Dimension width, height;
   short     shadow;
   Arg       args[3];

   XtSetArg(args[0], XmNwidth,           &width);
   XtSetArg(args[1], XmNheight,          &height);
   XtSetArg(args[2], XmNshadowThickness, &shadow);
   XtGetValues(widget, args, 3);
   width  -= 2 * shadow;
   height -= 2 * shadow;

   XFillRectangle(XtDisplay(widget), XtWindow(widget), GetLineGC(),
      (int) shadow, (int) shadow, (int) width, (int) height);
}
```

Nun fehlen nur noch die Ressourcen für *gredi*:

```
!
! GraphicTool: Ressourcen fuer gredi
!
*keyboardFocusPolicy:pointer
*form.width: 550
*form.height: 400
*view.scrollingPolicy: automatic
*canvas.width: 700
*canvas.height: 1000

*exit.labelString: Beenden
*new.labelString: Loeschen
*read.labelString: Oeffnen
*save.labelString: Sichern

*XmRowColumn.isAligned: False
*editMode*XmToggleButton.shadowThickness: 2
*editMode*XmToggleButton.indicatorOn: False
*editMode*XmToggleButton.labelType: PIXMAP
```

```
*line.selectPixmap: ./lineInv.bm
*rect.selectPixmap: ./rectInv.bm
*string.selectPixmap: ./stringInv.bm
*line.labelPixmap: ./line.bm
*rect.labelPixmap: ./rect.bm
*string.labelPixmap: ./string.bm

*setLine*height: 20
*setStyle*XmDrawnButton.width: 32
*setStyle*XmDrawnButton.height: 32
```

Damit ist der Rahmen von *gredi* fertig. In Abschnitt 11.6 wird *gredi* mit
Event-Handlern ausgerüstet. Vorher gibt es zu Event-Handlern aber noch
einiges zu sagen.

11.5   Events selbst behandeln

Ein *Event-Handler* ist eine Funktion, die von der Applikation an ein Widget
gebunden wird. Sie wird aufgerufen, sobald ein bestimmtes Event im Widget
auftritt. Mit Event-Handlern kann man Events selbst behandeln, ohne daß
Action-Routinen oder Callbacks ins Spiel kommen. Jedes Widget hat eine
Liste, in die Event-Handler eingetragen werden können. Zu jedem Event-
Handler in der Liste gibt es eine Event-Maske. Diese gibt an, für welche
Typen von Events der jeweilige Handler aufgerufen wird.

Eine wichtige Anwendung von Event-Handlern ist das „Aufpoppen" von
Popup-Menüs, dazu wird im nächsten Kapitel mehr zu sagen sein. Die Verwendung von Event-Handlern ist oft einfacher und leichter durchschaubar als
die Verwendung von Action-Routinen. Event-Handler haben aber den Nachteil, daß der Benutzer keinerlei Einfluß auf die Event-Verarbeitung durch die
Handler hat. Er muß den Dialog-Stil hinnehmen, den die Applikation vor-
schreibt. Bei Action-Routinen kann der Benutzer durch Angabe von *Translation-Tables* den Dialog zum Teil noch selbst mitgestalten. Durch Translation-Tables kann er bestimmen, bei welchen Events eine Action-Routine
aufgerufen wird.

Ein Event-Handler ist eine *void*-Funktion. Er wird durch einen Zeiger vom
Typ *XtEventHandler* angegeben:

```
typedef void (*XtEventHandler)();
```

Event-Masken haben in den Toolkit-Intrinsics übrigens den Typ *EventMask*,
in der Xlib werden sie dagegen durch Variablen vom Typ *unsigned int* angegeben. Mit der Funktion *XtAddEventHandler()* wird ein Event-Handler am
Widget installiert:

void XtAddEventHandler(Widget widget, EventMask event_mask,
Boolean nonmaskable, XtEventHandler handler,
caddr_t client_data)

widget   Für dieses Widget wird der Event-Handler installiert.

event_mask Diese Event-Maske gibt an, für welche Events der Handler aufgerufen wird.

nonmaskable Bei *True* wird der Event-Handler auch für nicht maskierbare Events aufgerufen.

handler   der Event-Handler

client_data Applikations-Daten, diese werden an den Event-Handler weitergereicht.

Zur Erinnerung: Nicht maskierbare Events sind solche, für deren Typen es keine Event-Masken gab. Der Parameter *client_data* wird dem Event-Handler beim Aufruf übergeben. Mit *client_data* kann die Applikation zur Laufzeit noch eigene Daten an den Event-Handler weiterreichen, ohne globale Variablen oder ähnliches verwenden zu müssen.

Der Event-Handler muß von der Applikation wie folgt deklariert werden:

*void MyEventHandler(Widget widget, caddr_t client_data, XEvent *event)*

widget   In diesem Widget ist das Event aufgetreten.

client_data Applikations-Daten von der Installation des Event-Handlers

event   Dieses Event hat den Aufruf des Handlers ausgelöst.

In *grview* wurde das Neuzeichnen durch eine Callback-Routine erledigt. Ebensogut könnte dafür folgender Event-Handler verwendet werden:

```
/*
 * ExposeHandler -- gibt Grafik im Widget canvas aus
 */

void ExposeHandler(canvas, client_data, event)
   Widget  canvas;
   caddr_t client_data;    /* unbenutzt */
   XEvent *event;
{
   XRectangle clip_rect;

   clip_rect.x      = event->xexpose.x;
   clip_rect.y      = event->xexpose.y;
   clip_rect.width  = event->xexpose.width;
   clip_rect.height = event->xexpose.height;

   OgDraw(Object_List, &clip_rect);
}
```

Der Event-Handler müßte dann statt der Callback am Widget installiert werden:

```
canvas = XmCreateDrawingArea(view, "canvas", NULL, 0);
XtAddEventHandler(canvas, ExposureMask, False, ExposeHandler, NULL);
```

Wegen der Event-Maske *ExposureMask* wird die Funktion *ExposeHandler()* nur bei *Expose*-Events in *canvas* aufgerufen, nicht maskierbare Events werden ignoriert. Es werden keine Applikations-Daten an den Handler weitergereicht.

Mit *XtRemoveEventHandler()* können bestimmte Events für einen Event-Handler wieder gesperrt werden:

void XtRemoveEventHandler(Widget widget, EventMask event_mask,
*   Boolean nonmaskable, XtEventHandler handler,*
*   caddr_t client_data)*

widget   Widget, bei dem der Event-Handler installiert ist

event_mask   Diese Event-Maske gibt an, für welche Events der Handler im folgenden nicht mehr aufgerufen wird.

nonmaskable Bei *True* wird der Event-Handler nicht mehr für nicht maskierbare Events aufgerufen.

handler   der Event-Handler

client_data Applikations-Daten von der Installation des Event-Handlers.

Der Parameter *client_data* muß denselben Wert wie beim Aufruf von *XtAddEventHandler()* haben, sonst passiert nichts. Wird für *event_mask* die Konstante *AllEvents* und für *nonmaskable* der Wert *True* angegeben, so wird der Event-Handler überhaupt nicht mehr aufgerufen.

11.6   *gredi* mit Event-Handlern

In der ersten Version von *gredi* organisieren Event-Handler die Eingabe der Grafik. Der Dialog im *DrawingArea*-Widget läuft dabei wie folgt ab:

- Der Anfangspunkt von Linien und Rechtecken wird durch Drücken der Maustaste 1 eingegeben. Der Endpunkt wird durch das Loslassen der Maustaste festgelegt. Zwischen Drücken und Loslassen wird das Objekt „gedehnt", indem ein Rubberbanding durchgeführt wird.
- Vor der Eingabe eines Textes muß der Benutzer zuerst durch Klicken mit der Maustaste die Position des Textes angeben. Danach kann der Text eingegeben werden. Klickt der Benutzer an einer anderen Position, so wird dort der nächste Text angefangen.

Der Dialog wird durch vier Event-Handler realisiert:

FirstPointHandler(): Dieser Event-Handler wird beim Drücken der Maustaste 1 aufgerufen. Ist *STRING_MODE* der aktuelle Eingabe-Modus, so wird ein neues String-Objekt erzeugt. Als Position des Strings werden die Koordinaten verwendet, die im Event angegeben sind. Beim Eingabe-Modus *LINE_MODE* wird eine Linie, bei *RECT_MODE* ein Rechteck erzeugt. Die Event-Koordinaten definieren den Anfangspunkt der Linie bzw. des Rechtecks. Das neue Objekt wird in der Variablen *Edit_Object* gespeichert und in die Liste der Grafikobjekte eingefügt.

StretchHandler(): Wird die Maus bei gedrückter Maustaste bewegt, so ist dieser Event-Handler an der Reihe. Bei der Eingabe von Linien oder Rechtecken führt er das Rubberbanding aus: Das Objekt *Edit_Object* wird vom Bildschirm gelöscht, und die Event-Koordinaten werden als neuer Endpunkt im Objekt eingetragen. Anschließend wird das Objekt mit den neuen Koordinaten wieder ausgegeben.

LastPointHandler(): Dieser Event-Handler tritt beim Loslassen der Maustaste in Aktion. Ist *LINE_MODE* oder *RECT_MODE* der aktuelle Eingabe-Modus, so wird hiermit die Eingabe einer Linie bzw. eines Rechtecks beendet, das Objekt wird „fixiert". Die Event-Koordinaten dienen dabei als Endpunkt des Objekts.

KeyPressHandler(): Bei Eingaben von der Tastatur wird dieser Event-Handler aufgerufen. Wird gerade ein String eingegeben, so wird das vom Benutzer eingegebene Zeichen am String angehängt, und der String wird erneut ausgegeben.

Damit die Event-Handler aufgerufen werden können, müssen sie am *DrawingArea*-Widget angebracht werden. Das kann nach der Erzeugung des Widgets geschehen, zum Beispiel in *CreateMainWindow()* oder in *main()* vor der Funktion *XtMainLoop()*:

```
XtAddEventHandler(canvas, ButtonPressMask, False,
                FirstPointHandler, NULL);
XtAddEventHandler(canvas, ButtonReleaseMask, False,
                LastPointHandler, NULL);
XtAddEventHandler(canvas, Button1MotionMask, False,
                StretchHandler, NULL);
XtAddEventHandler(canvas, KeyPressMask, False,
                KeyPressHandler, NULL);
```

Bei *ButtonPress-* und *ButtonRelease*-Events kann übrigens nicht die Maustaste festgelegt werden, mit der ein Event-Handler aufgerufen wird. Die Taste muß im Event-Handler überprüft werden, wie zum Beispiel beim *FirstPointHandler()*:

```
/*
 * FirstPointHandler -- erzeugt Editier-Objekt und setzt Anfangspunkt
 */

void FirstPointHandler(widget, client_data, event)
   Widget  widget;
   caddr_t client_data;    /* unbenutzt */
   XEvent  *event;
{
   if (event->xbutton.button != Button1)
      return;

   if (Edit_Mode == STRING_MODE) {
      Edit_Object = OgNew(OgStringClass);
```

```
        OgStringSetPos((OgString) Edit_Object,
            (short) event->xbutton.x, (short) event->xbutton.y);
    } else {
        Edit_Position.x1 = Edit_Position.x2 = event->xbutton.x;
        Edit_Position.y1 = Edit_Position.y2 = event->xbutton.y;
        if (Edit_Mode == LINE_MODE) {
            Edit_Object = OgNew(OgLineClass);
            OgLineSetPoints((OgLine) Edit_Object, &Edit_Position);
        } else {
            Edit_Object = OgNew(OgRectClass);
            OgRectSetPoints((OgRect) Edit_Object, &Edit_Position);
        }
        OgRubber(Edit_Object);
    }
    OgListAddElement(Object_List, Edit_Object);
}
```

Eine neue Linie oder ein Rechteck wird mit *OgRubber()* einmal ausgegeben,
sonst würde das erste Löschen beim Rubberbanding genau das Gegenteil
bewirken: Das Objekt würde ausgegeben.

Beim *StretchHandler()* braucht die Stellung der Maustasten nicht überprüft
zu werden. Durch die Event-Maske *Button1MotionMask* wird bereits sichergestellt, daß der Event-Handler nur aufgerufen wird, wenn die Maustaste 1
gedrückt ist:

```
/*
 *  StretchHandler -- dehnt das aktuell editierte Objekt
 */

void StretchHandler(widget, client_data, event)
    Widget  widget;
    caddr_t client_data;    /* unbenutzt */
    XEvent  *event;
{
    if ((Edit_Object != NULL) && (Edit_Mode != STRING_MODE)) {

        /* Objekt bei letzter Stellung loeschen */

        OgRubber(Edit_Object);

        /* neuen Endpunkt speichern */

        Edit_Position.x2 = event->xmotion.x;
        Edit_Position.y2 = event->xmotion.y;

        /* Objekt auf neue Stellung setzen und ausgeben */

        if (Edit_Mode == LINE_MODE) {
            OgLineSetPoints((OgLine) Edit_Object, &Edit_Position);
        } else {    /* RECT_MODE */
```

```
        OgRectSetPoints((OgRect) Edit_Object, &Edit_Position);
      }
    OgRubber(Edit_Object);
  }
}
```

Bevor ein neues Objekt im *LastPointHandler()* fixiert werden kann, muß es
ein letztes Mal mit *OgRubber()* gelöscht werden. Die endgültige Ausgabe des
Objekts erfolgt dann mit der Methode *OgDraw()*:

```
/*
 *  LastPointHandler -- setzt Endpunkt des Editier-Objekts und beendet
 *     die Eingabe
 */

void LastPointHandler(widget, client_data, event)
   Widget  widget;
   caddr_t client_data;    /* unbenutzt */
   XEvent *event;
{
   if ((event->xbutton.state == Button1Mask) &&
       (Edit_Object != NULL) && (Edit_Mode != STRING_MODE)) {

      /* Eingabe beenden, Objekt fixieren */

      OgRubber(Edit_Object);
      OgDraw(Edit_Object, NULL);
      Edit_Object = NULL;
   }
}
```

Tastatur-Events werden mit dem *KeyPressHandler()* behandelt. Sie sind nur
während der Eingabe von Strings interessant:

```
/*
 *  KeyPressHandler -- eingegebenes Zeichen in Text eintragen
 */

void KeyPressHandler(widget, client_data, event)
   Widget  widget;
   caddr_t client_data;    /* unbenutzt */
   XEvent *event;
{
   char buffer[10];

   if ((Edit_Object != NULL) && (Edit_Mode == STRING_MODE)) {

      /* Eingegebenes Zeichen an Text anhaengen und ausgeben */

      if ((XLookupString(&(event->xkey), buffer, 10, NULL, NULL)
```

```
        == 1) && (isprint(buffer[0])))) {
          OgStringAddChar((OgString) Edit_Object, buffer[0]);
          OgDraw(Edit_Object, NULL);
      }
    }
}
```

Mit *XLookupString()* wird das *KeyPress*-Event in einen String umgewandelt. Steht das Event für ein einzelnes druckbares Zeichen, so wird dieses an den String angehängt und ausgegeben.

Zu guter Letzt folgt für die erste Version von *gredi* noch eine Übersicht der verwendeten Funktionen. Die Module *resources.c* und *primitives.c* stammen noch von *grtest*, siehe S. 433. Eine Übersicht der Module für die objektorientierte grafische Datenstruktur — also *OgCore.c*, *OgLine.c*, *OgRect.c*, *OgString.c* und *OgList.c* — steht auf S. 472. Die Ressourcen für *gredi* stehen auf S. 504.

Bleibt nur der Modul *gredi.c*. Hier werden die Includes von *grtest.c* übernommen, die auf S. 363 aufgelistet sind. Die neuen Makros und Variablen für *gredi.c* sind auf S. 494 zu sehen. Die erste Tabelle nennt diejenigen Funktionen in *gredi.c*, die später auch in der zweiten Version von *gredi* verwendet werden. Die zweite Tabelle enthält die Event-Handler für die erste Version von *gredi*.

Modul: *gredi.c*, Allgemeines

Funktion	Quelltext	Ergänzungen
main()	S. 363	S. 471, 496, 508
CreateMainWindow()	S. 364	
RedrawCB()	S. 367	S. 471
CreateCommandButtons()	S. 496	
ReadCB()	S. 497	
NewCB()	S. 498	
SaveCB()	S. 498	
ExitCB()	S. 250	
CreateEditButtons()	S. 498	
SetEditModeCB()	S. 499	
CreateLineButtons()	S. 499	
LineWidthCB()	S. 500	
LineStyleCB()	S. 501	
RedrawLineCB()	S. 502	
CreateStyleButtons()	S. 502	
SetColorCB()	S. 503	
RedrawColorCB()	S. 504	
SetPatternCB()	—	S. 503
RedrawPatternCB()	—	S. 503
SetFontCB()	—	S. 503
RedrawFontCB()	—	S. 503

Modul: *gredi.c*, Eventhandler

Funktion	Quelltext	Ergänzungen
FirstPointHandler()	S. 508	
StretchHandler()	S. 509	
LastPointHandler()	S. 510	
KeyPressHandler()	S. 510	

11.7 Actions

Eine *Action-Routine* ist im Prinzip etwas Ähnliches wie ein Event-Handler. Sie ist eine Funktion der Applikation, die aufgerufen wird, sobald in einem Widget ein bestimmtes Event auftritt. Der wesentliche Unterschied ist folgender: Die Events, die die Action-Routine auslösen, werden durch Ressourcen festgelegt. Diese Ressourcen heißen *Translation-Tables*. Eine Translation-Table gibt an, wie die Events für ein Widget in Aktionen umgesetzt werden.

Jedes Widget hat die Ressource *translations*, für die der Benutzer eine eigene Translation-Table eintragen kann. Damit kann der Benutzer bestimmen, ob eine Action-Routine bei einem *ButtonPress*-Event oder einem *Focus-Out*-Event aufgerufen wird, und so den Dialog selbst gestalten. In gewissen Grenzen, versteht sich: schließlich kann er keine eigenen Actions definieren. Außerdem muß er sich genau im klaren sein, was durch die Actions bewirkt wird. Und nicht zuletzt ist die Syntax der Translation-Tables alles andere als simpel.

Die meisten Widget-Klassen definieren eigene Actions, die letztlich das Echo für die Widgets organisieren und die Callbacks aufrufen. Ein Push-Button kennt zum Beispiel unter anderem folgende Actions:

Arm: Der Push-Button zeigt durch seinen Schatten an, daß er „entsichert" ist — er ist bereit auszulösen. (Man verzeihe die martialische Sprache, das ist nun mal die Motif-Terminologie.)

Disarm: Der Schatten zeigt wieder einen friedlichen Zustand an, der Button ist gesichert.

Activate: Der Button löst aus, die *activate*-Callbacks werden aufgerufen.

ArmAndActivate: Der Button zeigt seinen kriegerischen Zustand an und löst sofort aus.

Leave: Wenn der Benutzer den Button entsichert hat und dann mit der Maus aus dem Widget fährt, so wird der Button wieder gesichert. Wird die Maustaste dann außerhalb des Buttons losgelassen, so passiert nichts.

Enter: Entsichert der Benutzer den Button und fährt dann mit der Maus erst aus dem Widget heraus und wieder hinein, so wird der Button hiermit wieder entsichert.

Die folgende Liste ist ein Auszug aus der Translation-Table für einen Push-Button; die vollständige Tabelle ist um einiges länger:

```
<Btn1Down>:      Arm()
<Btn1Up>:        Activate() Disarm()
<Key>Return:     ArmAndActivate()
<EnterWindow>:   Enter()
<LeaveWindow>:   Leave()
```

Jede Zeile definiert ein Event und die zugehörigen Aktionen. Eine einzelne
Zeile in der Translation-Table wird übrigens oft kurz *Translation* genannt.
Die Bedeutung sollte einigermaßen selbsterklärend sein: Beim Drücken der
ersten Maustaste wird der Push-Button entsichert, beim Loslassen ausgelöst
und wieder gesichert. Der Button kann auch durch die *Return*-Taste direkt
ausgelöst werden.

Actions können auch durch Folgen von Events ausgelöst werden, zum Beispiel steht *<Btn1Down>,<Btn1Up>:* für ein Klicken mit der Maustaste. Per
Translation-Tables können auch Strings als Parameter an Actions übergeben
werden. Ein Scrollbar hat zum Beispiel die Action *UpOrLeft()*. Wird in der
Translation-Table *UpOrLeft(0)* angegeben, so wird der Scrollbar nach oben
bewegt. Mit *UpOrLeft(1)* wird er nach links bewegt. Mit dem Parameter wird
also die Bewegungsrichtung unterschieden.

Wie man an diesem Beispiel sieht, können Actions von recht komplizierten
Zuständen abhängen. Die Actions *Enter* und *Leave* machen nur bei *EnterNo-
tify*- und *LeaveNotify*-Events einen Sinn. Die Bedingungen, unter denen eine
Action aufgerufen werden darf, sind für einen unbedarften Benutzer sicher
nicht immer leicht zu durchschauen. Immerhin ist es aber einfach, den Push-
Button zum Beispiel auf die zweite Maustaste reagieren zu lassen.

Eine Applikation kann eigene Action-Routinen definieren, die der Benutzer
dann auch in Translation-Tables verwenden kann. Damit können zum Beispiel
neue Bedienfunktionen für Widgets definiert werden. In der zweiten Version
des Grafik-Editors *gredi* werden Actions die Event-Handler aus der ersten
Version ersetzen. Dadurch kann der Dialog freier gestaltet werden. Man kann
ohne Programmierung mit verschiedenen Dialogformen experimentieren, einfach indem Translation-Tables geändert werden.

Im folgenden wird zuerst erklärt, wie dem Toolkit eigene Action-Routinen
bekannt gemacht werden. Danach wird beschrieben, wie Translation-Tables
direkt in der Applikation definiert werden können. Zum Schluß wird die Syntax der Translation-Tables beschrieben.

11.7.1 Action-Routinen bekannt machen

In Ressourcen-Files werden Translation-Tables als Strings angegeben. Diese
Strings werden in eine Toolkit-interne Darstellung übersetzt. Die Namen der
Actions im String müssen dabei durch Zeiger auf die Action-Routinen ersetzt
werden. Diese Zeiger haben den Typ *XtActionProc*:

```
typedef void (*XtActionProc)();
```

Die Zuordnung der Action-Namen zu den Funktions-Zeigern geschieht durch
Arrays vom Typ *XtActionsRec*:

```
typedef struct _XtActionsRec {
   String action_name;
   XtActionProc action_proc;
} XtActionsRec, *XtActionList;
```

Hierbei enthält *action_name* den Namen der Action für die Translation-Tables
und *action_proc* den Zeiger auf die Action-Routine. Bei der Widget-Klasse
XmPushButton könnte die Tabelle für die Zuordnung der Actions zum Beispiel wie folgt aussehen:

```
static XtActionsRec actionTable[ ] = {
   { "Arm",             ArmAction },
   { "Disarm",          DisarmAction },
   { "Activate",        ActivateAction },
   { "ArmAndActivate",  ArmAndActivateAction },
   { "Enter",           EnterAction },
   { "Leave",           LeaveAction },
};
```

Diese Tabelle muß dem Toolkit bekannt gemacht werden, bevor die Actions in
einer Translation-Table verwendet werden können. Dabei ist aber noch eine
Besonderheit zu beachten: Während die Actions der Widget-Klassen nur für
die jeweilige Klasse gelten, sind die durch die Applikation definierten Actions
global gültig. Soll heißen: Eine Action, die von der Applikation definiert wird,
kann in jeder beliebigen Translation-Table verwendet werden. Daher sollte
man in eigenen Action-Routinen immer prüfen, ob sie auch vom richtigen
Widget aufgerufen wurden.

Zur Bekanntgabe der Actions dient die Routine *XtAddActions()*. Sie muß
aufgerufen werden, bevor die Widgets realisiert werden:

void XtAddActions(XtActionList actions, Cardinal num_actions)

actions   Liste mit Zuordnungen von Action-Namen zu Action-Routinen.
             Namen für Actions sollten nur einmal vergeben werden.
num_actions Anzahl der Actions in der Liste.

Es wurde schon erwähnt, daß in einer Translation-Table auch Parameter
für Actions angegeben werden können. Diese werden einfach als Array von
Strings an die Action-Routine weitergereicht, ähnlich wie bei *argc* und *argv*
in *main()*. Jede Action-Routine muß wie folgt deklariert werden:

*void MyAction(Widget widget, XEvent event, String *params,*
              Cardinal num_params)

widget   Widget, das die Action ausgelöst hat
event   Dieses Event ist die Ursache für den Aufruf der Action.
params   die Parameter aus der Translation-Table als Array von Strings
num_params Anzahl der Strings im Array.

Actions können in Translation-Tables beliebig viele Parameter haben. Dies
wird bei den Motif-Widgets aber selten ausgenutzt.

11.7.2 Translation-Tables in der Applikation ändern

Translation-Tables können nicht nur durch Ressourcen, sondern auch direkt in der Applikation verändert werden. Die neuen Translations müssen dazu erst einmal mit *XtParseTranslationTable()* in ein internes Format übersetzt werden. Die Translations werden dabei genau wie in Ressourcen-Files angegeben:

XtTranslations XtParseTranslationTable(String table)
table String mit den zu übersetzenden Translations.

Zurückgeliefert wird ein Zeiger auf die interne Darstellung der Translations. Mit dieser Darstellung kann jetzt die Translation-Table eines Widgets verändert werden. Neue Translations können vorhandene Translations ergänzen oder überschreiben.

Mit *XtAugmentTranslations()* wird die vorhandene Translation-Table eines Widgets um neue Translations ergänzt. Die alten Translations haben dabei Priorität: Enthalten die neuen Translations Events, die schon vorhanden sind, so werden die alten Translations nicht überschrieben:

void XtAugmentTranslations(Widget widget, XtTranslations translations)
widget   Die Translations dieses Widgets werden verändert. Das Widget muß bereits eine Translation-Table besitzen.
translations Um diese Translations werden die vorhandenen Translations des Widgets ergänzt.

Mit *XtOverrideTranslations()* werden Einträge in einer vorhandenen Translation-Table überschrieben. Enthalten die neue Translations Events, die schon in den alten vorhanden waren, so gelten danach die neuen Translations:

void XtOverrideTranslations(Widget widget, XtTranslations translations)
widget   Die Translations dieses Widgets werden verändert.
translations Diese Translations werden in die vorhandenen Translations des Widgets kopiert, alte Translations werden dabei ggf. überschrieben.

Mit *XtUninstallTranslations()* kann die Translation-Table eines Widgets gelöscht werden:

viod XtUninstallTranslations(Widget widget)
widget Die Translation-Table dieses Widgets wird gelöscht.

Wenn ein Widget völlig neue Translations bekommen soll, so müssen die alten Translations zuerst mit *XtUninstallTranslations()* gelöscht und die neuen dann mit *XtOverrideTranslations()* am Widget angebracht werden.

11.7.3 Eigene Translation-Tables schreiben

Das Schreiben von Translation-Tables ist eine Wissenschaft für sich — beinahe eine „schwarze Magie". Man sollte bei der folgenden Beschreibung die

Syntax jedenfalls nicht allzu wichtig nehmen. Bei Problemen schaut man sich am besten einige der Beispiele an.

Eine Translation-Table besteht aus einer Folge von einzelnen Translations. Jede Translation muß dabei in einer eigenen Zeile stehen. In Applikationen und Ressourcen-Files wird eine Translation-Table immer als String angegeben. In einem String wird ein Zeilenende durch „\n" markiert:

Translation-Table:
        Translation
        Translation \n *Translation-Table*

Die letzte Zeile muß nicht mit „\n" abgeschlossen werden. Eine Translation-Table mit zwei Translations kann in einer Applikation wie folgt angegeben werden:

```
#define TRANSLATIONS "<Btn1Down>: Arm()\n\
                      <Btn1Up>:   Activate() Disarm()"
```

Das letzte „\" in der ersten Zeile ist das Fortsetzungszeichen für den C-Präprozessor. Der String wird dadurch auf der nächsten Zeile fortgesetzt. Das „\" gehört also zum Programm und nicht zur Translation-Table. In Ressourcen-Files kann eine Translation-Table genauso angegeben werden:

```
*XmPushButton.translations: <Btn1Down>: Arm()\n\
                            <Btn1Up>:   Activate() Disarm()
```

Auch hier besagt das letzte „\" nur, daß der String auf der nächsten Zeile fortgesetzt wird.

Die Reihenfolge der Translations in der Tabelle ist wichtig. Paßt ein Event zu einer Translation, so werden die nachfolgenden Translations nicht weiter abgearbeitet. Die Action *Disarm* in der folgenden Translation-Table wird zum Beispiel nie aufgerufen:

```
<Btn1Up>: Activate() \n
<Btn1Up>: Disarm()
```

Stattdessen können die beiden Actions in einer Translation angegeben werden:

```
<Btn1Up>: Activate() Disarm()
```

Hier werden jetzt die Actions nacheinander aufgerufen.

Eine einzelne Translation besteht aus einer Liste von Events und einer Liste von Actions. Die Actions werden aufgerufen, wenn alle Events aus der Liste nacheinander aufgetreten sind. Jedes Event ist so etwas wie eine Bedingung, die zum Aufruf der Actions erfüllt werden muß. Die eckigen Klammern *[ ]* besagen übrigens, daß die Action-Liste auch fehlen darf:

Translation:
        Event-Liste : [Action-Liste]

Was für einen Sinn hat eine Translation ohne Actions? Ganz einfach, sie wirkt
wie ein Filter:

```
Shift<Btn1Down>: \n
<Btn1Down>:      Activate()
```

Hier wird die *Activate*-Action nur aufgerufen, wenn die *Shift*-Taste nicht
gedrückt ist. Ist die *Shift*-Taste gedrückt, so wird ein *ButtonPress*-Event von
der ersten Translation „geschluckt". So etwas kann übrigens auch einfacher
angegeben werden (s.u.).

Oft wird als Event-Liste nur ein einzelner Event-Typ angegeben. Es können
aber auch recht komplizierte Nebenbedingungen für die Events angegeben
werden — die Angabe der Event-Liste ist das schwierigste an einer Translation. Eine Liste von Actions ist dagegen einfach aufgebaut: Sie besteht nur
aus einer Aufzählung von Action-Namen und Parametern. Die Parameter
dürfen auch fehlen:

> *Action-Liste:*
>   *Action ([Parameter-Liste])*
>   *Action ([Parameter-Liste]) Action-Liste*

Die Parameter-Liste ist eine Folge von Strings, die durch Kommas getrennt
werden:

> *Parameter-Liste:*
>   *String*
>   *String , Parameter-Liste*

Kommt in einem Parameter-String ein Leerzeichen oder eines der Sonderzei-
chen „," oder „)" vor, so muß der String in „"" eingeschlossen werden:

```
<Key>Q:    Echo("Befehl: Quit") Exit(0, Quit) \n
Ctrl<Key>C: Exit(1, "Abbruch (Ctrl-C)")
```

Der Parameter *0* wird an die *Exit*-Action als String *"0"* übergeben, genau
wie jeder andere Parameter.

Jetzt aber zu den Events. Die Events in der Event-Liste werden durch „,"
getrennt:

> *Event-Liste:*
>   *Event*
>   *Event , Event-Liste*

Die Action *Activate* in der folgenden Translation wird aufgerufen, wenn eine
Maustaste gedrückt und danach eine beliebige Maustaste losgelassen wird.
Andere Events dürfen zwischendurch nicht auftreten:

```
<BtnDown>,<BtnUp>: Activate()
```

Bei Event-Listen gibt es aber eine Besonderheit zu beachten: *MotionNotify*-Events, die zwischen zwei Events in der Liste auftreten, werden ignoriert. Beim obigen Beispiel darf die Maus also zwischen Drücken und Loslassen der Maustasten bewegt werden. Das kann manchmal recht verwirrend sein. Bei der folgenden Translation-Table wird die Action *Stretch* nicht aufgerufen, wenn vorher eine Maustaste gedrückt wurde:

```
<BtnDown>,<BtnUp>: Activate() \n
<Motion>        : Stretch()
```

Wird eine Maustaste gedrückt, so werden von der ersten Translation so lange alle Mausbewegungen „geschluckt", bis eine Taste losgelassen wird.

Die einzelnen Events in einer Translation werden durch Event-Typen und zusätzliche Einschränkungen spezifiziert. Diese Einschränkungen machen die Angabe der Events so kompliziert: Da sind einmal die sogenannten *Modifier*. Modifier sind Tasten wie *Control*, *Shift*, *Alt* oder auch die Maustasten. Für jedes Event in der Event-Liste kann genau festgelegt werden, welche Modifier zum Zeitpunkt des Events gedrückt sein müssen, damit die Bedingung für die Actions erfüllt ist. Weiter kann bei einem Maustasten-Event durch eine *Event-Anzahl* ein „Doppelklick" oder ähnliches spezifiziert werden. Bei einem Tasten-Event schließlich kann mit einem *Detail* noch die betätigte Taste festgelegt werden:

Event:
[Modifier] < Event-Typ > [Anzahl] [Detail]

Im einfachsten Fall wird nur der Event-Typ angegeben. In einer Translation werden spezielle Abkürzungen für die Event-Typen verwendet, die leider nicht den Xlib-Namen entsprechen. Zum Teil gibt es auch mehrere Abkürzungen für einen Event-Typ. In Tab. 11.3 sind die wichtigsten Event-Typen mit ihren Abkürzungen aufgelistet.

Tab. 11.3 Die Namen der wichtigsten Event-Typen in Translation-Tables

Event-Typ	Abkürzung
KeyPress	*Key, KeyDown*
KeyRelease	*KeyUp*
ButtonPress	*BtnDown*
ButtonRelease	*BtnUp*
MotionNotify	*Motion, PtrMoved, MouseMoved*
EnterNotify	*Enter, EnterWindow*
LeaveNotify	*Leave, LeaveWindow*
Expose	*Expose*

Bei *MotionNotify*-Events gibt es eine Besonderheit: Wird in einer Event-Liste eine Mausbewegung angegeben, so dürfen an deren Stelle beliebig viele

MotionNotify-Events auftreten. Wird durch das Event eine Action ausgelöst, so wird sie bei jedem *MotionNotify*-Event aufgerufen:

```
<BtnDown>,<Motion>: Stretch()
```

Wird hier eine Maustaste gedrückt und danach die Maus bewegt, so wird bei jedem *MotionNotify*-Event die Action *Stretch* aufgerufen.

Details können, wie gesagt, für Tasten-Events angegeben werden. Das Detail gibt an, welche Taste betätigt werden muß. Das Detail für ein Tastatur-Event wird durch ein *KeySym* spezifiziert. Ein KeySym ist die Codierung einer Taste. Bei einem *ButtonPress*- oder *ButtonRelease*-Event kann mit *Button1* bis *Button5* die jeweilige Maustaste angegeben werden. Die folgenden Actions werden ausgelöst, wenn die Taste A bzw. die Maustaste 2 losgelassen werden:

```
<KeyUp>A       : Arm() \n
<BtnUp>Button2: Activate()
```

Fehlt das Detail *A*, so wird die Action *Arm* bei jedem *KeyRelease*-Event ausgelöst.

Es gibt zwei Arten von KeySyms: Xlib-KeySyms und OSF-KeySyms. *Xlib-KeySyms* werden — wie der Name schon sagt — durch die Xlib definiert. *OSF-KeySyms* werden durch das Motif-Toolkit definiert, sie werden vom Toolkit in Xlib-KeySyms übersetzt. Die Definition der OSF-KeySyms kann dabei vom Benutzer durch Ressourcen oder spezielle Files geändert werden. Dadurch ist es möglich, daß der Benutzer die Bedeutung einzelner Tasten umcodieren kann, ohne sämtliche Translation-Tables ändern zu müssen. Die Definition der OSF-KeySyms wird im nächsten Abschnitt beschrieben.

Xlib-KeySyms können durch Namen oder durch ihren internen Code angegeben werden. Die möglichen Namen der Xlib-KeySyms sind im Include-File *<X11/keysymdef.h>* enthalten. Dort werden die KeySym-Namen als Makros mit dem Präfix „*XK_*" angegeben. Dieses Präfix wird in Translations weggelassen. Der KeySym-Name *XK_A* aus *keysymdef.h* steht zum Beispiel für die Taste „A" und wird in einer Translation einfach als *A* angegeben. In *keysymdef.h* sind die Namen aller gebräuchlicher Tasten enthalten, zum Beispiel auch für die Cursor-Tasten. Diese heißen *Up*, *Down*, *Left* und *Right*. Wird ein KeySym direkt durch seinen Code angegeben, so kann dabei die in C übliche Oktal- oder Hexadezimal-Schreibweise verwendet werden. Das KeySym *0x21* steht zum Beispiel für die Taste „!".

Der Code für das KeySym *A* ist übrigens der gleiche wie für das KeySym *a*, hinter beiden steht ja dieselbe Taste. Die beiden Events *<Key>A* und *<Key>a* sind also identisch:

```
<KeyDown>e: Edit() \n
<KeyUp>E:   Exit()
```

Mit dieser Translation-Table wird beim Drücken der Taste „E" die Action *Edit* aufgerufen und beim Loslassen die Action *Exit*. Wie kann dann zwischen

kleinen und großen Buchstaben unterschieden werden? Durch die Modifier:
Das Event *Shift<Key>A* steht für das Drücken der Taste „A", wenn gleichzeitig die *Shift*-Taste festgehalten wird — so wird ein großes A eingegeben.
Dagegen darf bei *˜Shift<Key>A* die *Shift*-Taste nicht gedrückt sein, also wird ein kleines a eingegeben. Durch die Modifier *Shift* und *˜Shift* wird also zwischen großen und kleinen Buchstaben unterschieden. Das ist in Translations natürlich etwas umständlich zu schreiben, deswegen gibt es die sogenannten *Standard-Modifier*. Wird ein „:" vor dem Tastatur-Event angegeben, so wird automatisch der Zustand der *Shift*- und *Shift-Lock*-Tasten überprüft. Das Event *:<Key>a* steht dann für ein kleines a und *:<Key>A* für ein großes A:

```
:<KeyDown>e: Edit() \n
:<KeyUp>E:   Exit()
```

Hier wird nur bei einem großen E die Action *Exit* aufgerufen. Die Events *:Shift<Key>A* und *:<Key>A* sind dabei übrigens nicht identisch: Im ersten Fall muß die *Shift*-Taste gedrückt sein, im zweiten Fall reicht auch die *Shift-Lock*-Taste.

OSF-KeySyms werden ausschließlich durch ihre Namen angegeben, diese fangen per Konvention mit „osf" an. Mögliche OSF-KeySyms sind zum Beispiel *osfClear* oder *osfHelp*. Bei der folgenden Translation wird die Action *Help* aufgerufen, sobald die „Taste" *osfHelp* gedrückt wird:

```
<Key>osfHelp: Help()
```

Hinter *osfHelp* steht normalerweise die Funktionstaste *F1*. In Tab. 11.4 sind sämtliche OSF-KeySyms aufgelistet, zusammen mit ihren Default-Definitionen.

Tab. 11.4 Die OSF-KeySyms mit den zugehörigen Default-Definitionen

OSF-KeySym	Default-Taste	OSF-KeySym	Default-Taste
osfActivate	—	*osfLeft*	*Left*
osfAddMode	*Shift F8*	*osfMenu*	*F4*
osfBackSpace	*Backspace*	*osfMenuBar*	*F10*
osfBeginLine	*Home*	*osfPageDown*	*Next*
osfClear	*Clear*	*osfPageUp*	*Prior*
osfCopy	—	*osfPaste*	—
osfCut	—	*osfPrimaryPaste*	—
osfDelete	*Delete*	*osfQuickPaste*	—
osfDown	*Down*	*osfRight*	*Right*
osfEndLine	*End*	*osfSelect*	*Select*
osfCancel	*Escape*	*osfUndo*	*Undo*
osfHelp	*F1*	*osfUp*	*Up*
osfInsert	*Insert*		

Details für Maustasten können auch durch spezielle Abkürzungen zusammen mit den Event-Typen angegeben werden. Die folgenden beiden Translations haben zum Beispiel die gleiche Bedeutung — die Action wird durch Drücken der Maustaste 2 ausgelöst:

```
<BtnDown>Button2: Activate() <Btn2Down>:      Activate()
```

Die möglichen Abkürzungen sind *Btn1Down* bis *Btn5Down* und *Btn1Up* bis *Btn5Up*.

Bei Maustasten-Events kann festgelegt werden, daß mehrere solche Events kurz hintereinander auftreten sollen. Die Anzahl der Events wird dabei wie folgt angegeben:

> *Anzahl:*
> > (*Ganzzahl [+]*)

Das „+" besagt, daß mindestens die angegebene Zahl von Events auftreten muß, es aber auch mehr sein können. Ein mehrmaliges Drücken der Maustaste 1 wird zum Beispiel wie folgt angegeben:

```
<Btn1Down>(3+): SelectLine() \n
<Btn1Down>(2) : SelectWord()
```

Durch zweimaliges Drücken kurz hintereinander wird ein Wort selektiert, durch mehr als zweimaliges Drücken eine Zeile. Genauer gesagt wird bei einer Folge von kurz aufeinanderfolgenden *<Btn1Down>*-Events nach dem zweiten Event *SelectWord* und nach jedem dritten und weiteren Event *SelectLine* aufgerufen. Bei fünf „Mausklicks" wird also zuerst einmal *SelectWord* und danach dreimal *SelectLine* aufgerufen.

Ein Event mit einer Anzahl ist im Prinzip eine Abkürzung für eine Event-Liste. Hinter der Angabe *<Btn1Up>(2)* steht zum Beispiel die Liste

```
<Btn1Down>,<Btn1Up>,<Btn1Down>,<Btn1Up>
```

während sich hinter *<Btn1Down>(2)* die Liste

```
<Btn1Down>,<Btn1Up>,<Btn1Down>
```

verbirgt. Die Anzahl steht also für eine Folge von Down/Up-Events. Wie bei einer Event-Liste dürfen zwischen den einzelnen Events *MotionNotify*-Events auftreten. Der wesentliche Unterschied zu einer Liste ist, daß die Events kurz hintereinander kommen müssen, um als „zusammengehörig" zu gelten.

Bleiben noch die Modifier. Mit ihnen wird angegeben, wie bestimmte Tasten — eben die Modifier-Tasten — stehen müssen, wenn ein Event auftritt. Die Action *Exit* in der folgenden Translation wird aufgerufen, wenn die *Shift*- und *Control*-Tasten festgehalten werden und dann die Taste C gedrückt wird:

```
Shift Ctrl <Key>C: Exit()
```

Modifier können nur bei Tastatur- und Maus-Events sowie bei *Enter* und *Leave* angegeben werden. Die Modifier-Tasten können durch Namen oder KeySyms angegeben werden:

> *Taste:*
>> *Tasten-Name*
>> **©** *KeySym*

Die möglichen Modifier-Namen sind in Tab. 11.5 aufgelistet.

Tab. 11.5 Die Namen der Modifier-Tasten

Bedeutung	Tasten-Name	Abkürzung
*Control-*Taste	*Ctrl*	*c*
*Shift-*Taste	*Shift*	*s*
*Shift-Lock-*Taste	*Lock*	*l*
*Meta-*Taste	*Meta*	*m*
*Super-*Taste	*Super*	*su*
*Hyper-*Taste	*Hyper*	*h*
*Alt-*Taste	*Alt*	*a*
Modifier 1 bis 5	*Mod1 – Mod5*	
Maustasten 1 bis 5	*Button1 – Button5*	
Jede Tastenkombination	*ANY*	

Tasten wie *Meta*, *Super*, *Hyper* und *Alt* kommen oft zu zweit vor und liegen meist neben der *Space*-Taste. Hierbei ist es gleichgültig, welche der beiden Tasten gedrückt ist. Das gleiche gilt für *Shift* und *Lock*. Bei den Maustasten wird der Unterschied zwischen Modifiern und Details ganz klar:

```
<Btn1Down>:        Start() \n
Button1 <BtnDown>: Stop()
```

Die *Start*-Action wird aufgerufen, wenn die Maustaste 1 gedrückt wird. *Stop* wird aufgerufen, wenn die Maustaste 1 festgehalten und dann irgendeine Maustaste gedrückt wird.

In den Beispielen wurde schon gezeigt, daß nicht nur einzelne Modifier-Tasten, sondern auch Listen von Tasten angegeben werden können:

> *Modifier:*
>> *Tasten-Liste*
>> **!** *[Tasten-Liste]*
>> **:** *[Tasten-Liste]*

Jede der Tasten in der Liste muß gedrückt sein. Der Zustand der anderen Modifier-Tasten spielt dabei erst einmal keine Rolle. Durch ein „!" vor den Modifiern kann aber festgelegt werden, daß die anderen Modifier-Tasten nicht gedrückt sein dürfen:

```
! <Btn1Down>:          Select() \n
! Shift <Btn1Down>:      SelectMore() \n
! Shift Ctrl <Btn1Down>: SelectAll()
```

Hier wird die Action *Select* nur aufgerufen, wenn die Maustaste 1 gedrückt und dabei keine Modifier-Taste festgehalten wird. Dagegen wird *SelectMore* aufgerufen, wenn die *Shift*-Taste festgehalten wird, und *SelectAll*, wenn sowohl *Shift* als auch *Control* betätigt sind. Würden die „!" fehlen, so würde immer nur *Select* aufgerufen, ganz gleich, wie die Modifier-Tasten stehen.

Bei den Details wurde schon die Bedeutung der Standard-Modifier bei Tastatur-Events erklärt. Die Standard-Modifier werden durch ein „:" vor der Tasten-Liste angegeben.

Eine Modifier-Taste kann durch „˜" auch negiert werden. Hierbei darf die entsprechende Taste dann nicht gedrückt sein:

Tasten-Liste:
>   *[˜] Taste*
>   *[˜] Taste Tasten-Liste*

In der folgenden Translation wird die *Activate*-Action nur ausgelöst, wenn die *Shift*- und *Shift-Lock*-Tasten nicht gedrückt sind:

```
˜Shift ˜Lock <Btn1Down>: Activate()
```

Alle anderen Tasten dürfen beliebig stehen. Bei einem „!" vor der Tasten-Liste macht ein „˜" übrigens wenig Sinn:

```
! Shift ˜Ctrl <Btn1Down>: Activate()
```

Die Angabe *˜Ctrl* ist überflüssig, weil *!Shift* ja schon besagt: keine Taste außer *Shift*. Also darf die *Control*-Taste wegen des „!" sowieso nicht gedrückt sein.

Wird eine Translation-Table in einem Ressourcen-File verwendet, so kann durch eine zusätzliche Option noch angegeben werden, was mit den bereits vorhandenen Translations geschehen soll:

Ressourcen-File-Translation-Table:
>   *Translation-Table*
>   `#replace` \n *Translation-Table*
>   `#override` \n *Translation-Table*
>   `#augment` \n *Translation-Table*

Bei *#replace* wird die vorhandene Translation-Table gelöscht, es gelten dann nur noch die neuen Translations. Das ist auch die Default-Option, wenn sonst nichts angegeben wird. Bei *#override* werden die neuen Translations in die alten kopiert, dabei haben die neuen Translations Vorrang: Hat eine neue Translation dieselbe Event-Liste wie eine alte, so gilt die neue Translation. Bei *#augment* schließlich haben die alten Translations Vorrang, sie werden bei Konflikten nicht durch neue überschrieben.

Durch die folgende Ressource wird eine zusätzliche *Help*-Action für das Widget *canvas* definiert:

```
GraphicTool*canvas: #augment \n <Key>osfHelp: Help()
```

Ist *<Key>osfHelp* bereits in der Translation-Table von *canvas* enthalten, so wird die Translation nicht eingefügt.

Einige zusätzliche Möglichkeiten zur Angabe von Events wurden hier nicht aufgeführt, zum Beispiel gibt es Abkürzungen für *KeyPress-* und *MotionNotify*-Events mit Modifiern. Wichtig ist aber noch ein Hinweis zur Angabe der Events in der Motif-Dokumentation: In den „man pages" der Motif-Widgets werden auch Translation-Tables angegeben. Dabei werden allerdings die Namen der Modifier, Event-Typen und Details durch sogenannte *„virtual bindings"* ersetzt. Das sind Platzhalter für die richtigen Namen in den Translation-Tables. In „wirklichen" Translation-Tables können „virtual bindings" nicht verwendet werden. Die Platzhalter sollen die Konsistenz der „man pages" mit dem Motif-Style-Guide sicherstellen. Im Style-Guide werden nämlich keine konkreten Tasten oder Events genannt, sondern nur abstrakte Namen verwendet, die keine Entsprechung im Toolkit haben müssen. Zu den „virtual bindings" gibt es eine eigene „man page", siehe *VirtualBindings(3X)*.

11.7.4 Tasten umcodieren

Im letzten Abschnitt wurden die *OSF-KeySyms* vorgestellt, mit deren Hilfe man bestimmte Tasten umcodieren kann, ohne Translation-Tables zu ändern. Den OSF-KeySyms werden dabei Xlib-KeySyms zugeordnet. Neben einem KeySym können auch noch Modifier wie *Shift* und *Control* angegeben werden. Die möglichen OSF-KeySyms und ihre Default-Definitionen wurden in Tab. 11.4 gezeigt.

Der Benutzer kann die Definition eines OSF-KeySyms auf zwei Arten ändern: durch ein spezielles File mit Namen *.motifbind* oder durch die Ressource *XmNdefaultVirtualBindings*. Die Definition der KeySyms erinnert dabei an Translation-Tables. Die Definitionen für mehrere KeySyms werden durch „\n" getrennt:

> *OSF-KeySym-Liste:*
> > *OSF-KeySym*
> > *OSF-KeySym* \n *OSF-KeySym-Liste*

Die Definition eines OSF-KeySyms besteht aus dem Namen des KeySyms und einem Tastatur-Event. Das Tastatur-Event wird wie in einer Translation-Table angegeben:

> *OSF-KeySym:*
> > *OSF-KeySym-Name* : *[Modifier]* `<Key>` *Xlib-Keysym-Name*

Das folgende Beispiel zeigt die Definition dreier OSF-KeySyms durch die Ressource *XmNdefaultVirtualBindings*:

```
*defaultVirtualBindings: osfCut   : Shift<Key>F2 \n\
                         osfCopy  : <Key>F2 \n\
                         osfPaste : <Key>F3
```

Das File *.motifbind* muß im Home-Directory des Benutzers stehen und wird
beim Start des Motif-Window-Managers eingelesen. In *.motifbind* werden die
einzelnen Definitionen der OSF-KeySyms jeweils auf einer eigenen Zeile angegeben, das „\n" entfällt dabei:

```
osfCut    : Shift<Key>F2
osfCopy   : <Key>F2
osfPaste  : <Key>F3
```

Wie bei Translation-Tables ist die Reihenfolge der Definitionen wichtig. Im
obigen Beispiel muß das Event *Shift<Key>F2* vor dem Event *<Key>F2*
angegeben werden, andernfalls bleibt das KeySym *osfCut* undefiniert.

11.8   *gredi* mit Action-Routinen

Im zweiten Anlauf wird die Eingabe in *gredi* jetzt mit Action-Routinen realisiert. Dazu werden vier Actions definiert. Die Funktion der Actions hängt
außer von den auslösenden Events noch vom Eingabe-Modus ab und davon,
ob gerade ein neues Objekt eingegeben wird:

SetPoint: Mit dieser Action werden zum einen Linien und Rechtecke erzeugt,
zum anderen werden die Anfangs- und Endpunkte der Objekte festgelegt.
Wird gerade kein Objekt eingegeben, so wird die Eingabe eines neuen Objekts gestartet: Das Objekt wird erzeugt, der Anfangspunkt des Objekts
wird gesetzt. Wird dagegen aktuell ein Objekt eingegeben, so wird die Eingabe beendet: Die Action legt den Endpunkt des Objekts fest und fixiert
es an Ort und Stelle. Die Action kann von allen Events ausgelöst werden,
die Mauskoordinaten enthalten.

Stretch: Während der Eingabe einer Linie oder eines Rechtecks wird das Objekt mit *Stretch* gedehnt. Diese Action realisiert also das Rubberbanding.
Sie kann bei *MotionNotify*-Events aufgerufen werden.

NewString: Mit *NewString* wird ein neues String-Objekt erzeugt und die Position des Textes festgelegt. Die Position kann wie bei Linien und Rechtek-
ken durch alle Events definiert werden, die Koordinaten liefern.

AppendChar: Diese Action kann bei *KeyPress*- oder *KeyRelease*-Events aufgerufen werden. Wird gerade ein String eingegeben, so hängt die Action
AppendChar das Zeichen aus dem Event an den Text an.

Warum gibt es nicht eine Action, die Linien und Rechtecke erzeugt, und eine
andere, die diese Objekte fixiert? Um den Dialog nicht von vornherein einzu-
schränken: Es sollte möglich sein, daß der Anfangspunkt eines Objekts durch
einen ersten Mausklick und der Endpunkt durch einen zweiten Mausklick eingegeben wird. Zwei Mausklicks können in einer Translation-Table aber nicht
unterschieden werden. Also müssen sowohl Anfangs- als auch Endpunkte von
Linien oder Rechtecken mit einer Action behandelt werden. Damit der Dialog freier gestaltbar ist, gibt es auch eine eigene Action, um einen Text zu
erzeugen und zu positionieren.

Eine Translation-Table könnte mit diesen Actions wie folgt aussehen:

```
<Btn1Down>: SetPoint() NewString() \n
<Motion>:   Stretch() \n
<KeyDown>:  AppendChar()
```

Hier werden Linien und Rechtecke mit dem ersten Drücken der Maustaste
erzeugt und mit dem zweiten Drücken fixiert. Ein String wird durch Drük-
ken der Maustaste erzeugt. Bei der Rubberbanding-Action *Stretch* ist kein
Modifier angegeben, damit die Maustaste beim Dehnen des Objekts nicht
festgehalten werden muß.

In *gredi.c* werden nur die Actions bekannt gemacht, die Translation-Tables
werden im Ressourcen-File definiert. So kann man leicht mit unterschiedlichen
Translations experimentieren. Die Zuordnung von Action-Namen zu Action-
Routinen geschieht mit Hilfe der Tabelle *Edit_Actions*:

```
void SetPointAction();
void StretchAction();
void NewStringAction();
void AppendCharAction();

static XtActionsRec Edit_Actions[ ] = {
    { "SetPoint",   SetPointAction   },
    { "Stretch",    StretchAction    },
    { "NewString",  NewStringAction  },
    { "AppendChar", AppendCharAction }
};
```

Diese Tabelle wird in *gredi.c* eingetragen. Mit der Funktion *XtAddActions()*
werden die Actions dann dem Toolkit vorgestellt. Dies muß vor der Realisierung der Widgets geschehen, zum Beispiel in *main()* vor *XtRealizeWidget()*:

```
XtAddActions(Edit_Actions, 4);
```

Damit sind die Actions auch schon am Toolkit angebunden. Bleibt nur noch
die Implementierung der Action-Routinen. Vieles ist dabei ähnlich wie bei
den entsprechenden Event-Handlern. In *SetPointAction()* sind im Prinzip
die Event-Handler *FirstPointHandler()* und *LastPointHandler()* zusammengefaßt. Einen wichtigen Unterschied gibt es allerdings: Bei den Event-Handlern war sichergestellt, daß beim Rubberbanding ein Grabbing der Maus
durchgeführt wurde. Der Grund dafür war, daß die Maustaste beim Rubberbanding gedrückt sein mußte; dadurch wird ja automatisch ein Grabbing
aktiviert. Die *Stretch*-Action wird dagegen nicht unbedingt bei gedrückter
Maustaste aufgerufen. Daher wird jetzt das Grabbing mit *XGrabPointer()*
explizit aktiviert: Beim Erzeugen einer Linie oder eines Rechtecks wird die
Maus „geschnappt" und erst wieder losgelassen, wenn die Eingabe beendet
wird:

```c
/*
 *  SetPointAction -- definiert einen Punkt fuer das zu editierende
 *      Objekt. Ist noch kein Editier-Objekt vorhanden, so wird
 *      eines erzeugt. Der Punkt ist dann Anfangspunkt. Ist ein
 *      Editier-Objekt vorhanden, so wird die Eingabe des Objektes
 *      beendet, der Punkt ist dann Endpunkt.
 */

void SetPointAction(widget, event, params, num_params)
    Widget    widget;
    XEvent    *event;
    String    *params;        /* unbenutzt */
    Cardinal *num_params;     /* unbenutzt */
{
    if ((widget == GetCanvas()) && (Edit_Mode != STRING_MODE)) {
        Edit_Position.x2 = event->xbutton.x;
        Edit_Position.y2 = event->xbutton.y;

        if (Edit_Object == NULL) {

            /* neues Objekt erzeugen */

            if (XGrabPointer(XtDisplay(widget), XtWindow(widget), False,
                    PointerMotionMask|ButtonPressMask|ButtonReleaseMask,
                    GrabModeAsync, GrabModeAsync, None, None,
                    event->xbutton.time)
                != GrabSuccess)
                return;

            Edit_Position.x1 = Edit_Position.x2;
            Edit_Position.y1 = Edit_Position.y2;
            if (Edit_Mode == LINE_MODE) {
                Edit_Object = OgNew(OgLineClass);
                OgLineSetPoints((OgLine) Edit_Object, &Edit_Position);
            } else {
                Edit_Object = OgNew(OgRectClass);
                OgRectSetPoints((OgRect) Edit_Object, &Edit_Position);
            }
            OgListAddElement(Object_List, Edit_Object);
            OgRubber(Edit_Object);

        } else {

            /* vorhandenes Objekt fixieren */

            XUngrabPointer(XtDisplay(widget), event->xbutton.time);
            OgRubber(Edit_Object);
            OgDraw(Edit_Object, NULL);
            Edit_Object = NULL;
```

```
        }
    }
}
```

Während das Grabbing aktiviert ist, kann der Benutzer keine anderen Eingaben machen.

Es kann sein, daß die *Stretch*-Action auch dann aufgerufen wird, wenn gerade kein Objekt eingegeben wird. Um sicherzugehen, wird die Variable *Edit_Object* abgefragt:

```
/*
 *  StretchAction -- dehnt das aktuell editierte Objekt
 */

void StretchAction(widget, event, params, num_params)
    Widget    widget;
    XEvent    *event;
    String    *params;        /* unbenutzt */
    Cardinal *num_params;     /* unbenutzt */
{
    if ((widget == GetCanvas()) && (event->type == MotionNotify) &&
        (Edit_Object != NULL) && (Edit_Mode != STRING_MODE)) {

        /* Objekt bei letzter Stellung loeschen */

        OgRubber(Edit_Object);

        /* neuen Endpunkt speichern */

        Edit_Position.x2 = event->xmotion.x;
        Edit_Position.y2 = event->xmotion.y;

        /* Objekt auf neue Stellung setzen und ausgeben */

        if (Edit_Mode == LINE_MODE) {
            OgLineSetPoints((OgLine) Edit_Object, &Edit_Position);
        } else {    /* RECT_MODE */
            OgRectSetPoints((OgRect) Edit_Object, &Edit_Position);
        }
        OgRubber(Edit_Object);
    }
}
```

Bei den Event-Handlern wurden neue Strings in der Funktion *FirstPoint-Handler()* erzeugt. Das geschieht jetzt in einer eigenen Action-Routine:

```
/*
 *  NewStringAction -- erzeugt einen String als aktuell zu
 *      editierendes Objekt
 */
```

```c
void NewStringAction(widget, event, params, num_params)
   Widget    widget;
   XEvent    *event;
   String    *params;        /* unbenutzt */
   Cardinal  *num_params;    /* unbenutzt */
{
   if ((widget == GetCanvas()) && (Edit_Mode == STRING_MODE)) {
      Edit_Object = OgNew(OgStringClass);
      OgListAddElement(Object_List, Edit_Object);
      OgStringSetPos((OgString) Edit_Object,
         (short) event->xbutton.x, (short) event->xbutton.y);
   }
}
```

Die *AppendCharAction()* schließlich entspricht fast genau dem Event-Handler *KeyPressHandler()*:

```c
/*
 * AppendCharAction -- fuegt Zeichen zum aktuell editierten Text hinzu
 */

void AppendCharAction(widget, event, params, num_params)
   Widget    widget;
   XEvent    *event;
   String    *params;        /* unbenutzt */
   Cardinal  *num_params;    /* unbenutzt */
{
   char buffer[10];

   if (((event->type == KeyPress) || (event->type == KeyRelease)) &&
       (Edit_Mode == STRING_MODE) && (Edit_Object != NULL)) {

      /* Eingegebenes Zeichen an Text anhaengen und ausgeben */

      if ((XLookupString(&(event->xkey), buffer, 10, NULL, NULL)
          == 1) && (isprint(buffer[0]))) {
         OgStringAddChar((OgString) Edit_Object, buffer[0]);
         OgDraw(Edit_Object, NULL);
      }
   }
}
```

Damit ist die zweite Version von *gredi* komplett. Durch entsprechende Translations kann zum Beispiel der gleiche Dialog-Stil wie bei der ersten Version von *gredi* definiert werden:

```
gredi*canvas.translations: #override \n\
   <Btn1Down>:        SetPoint() NewString() \n\
   <Btn1Up>:          SetPoint() \n\
```

```
Button1<Motion>: Stretch() \n\
<KeyDown>:       AppendChar()
```

Der Aufruf der Action *SetPoint* erzeugt beim Drücken der Maustaste eine
Linie oder ein Rechteck. Beim Loslassen der Taste wird das Objekt dann
fixiert.

Insgesamt unterscheidet sich diese zweite Version von *gredi* nur im Modul *gredi.c* von der ersten Version. Im wesentlichen gilt für die Module der
zweiten Version von *gredi.c* also noch die Übersicht auf S. 511. In *gredi.c*
werden statt der Event-Handler nun Action-Routinen eingesetzt. Dazu muß
in *gredi.c* eine Tabelle der Actions eingefügt werden, siehe S. 526. Diese Actions werden dem Toolkit dann in *main()* mitgeteilt, siehe S. 526. (Dadurch
entfällt natürlich die Installation der Event-Handler in *main()*.) In das Ressourcen-File *GraphicTool* müssen weiterhin noch die Translations für *gredi*
eingetragen werden, ein Beispiel dazu wurde oben gezeigt. Die folgende Tabelle listet nochmals die Action-Routinen in *gredi.c* auf.

Modul: *gredi.c*, Action-Routinen

Funktion	Quelltext	Ergänzungen
SetPointAction()	S. 526	
StretchAction()	S. 528	
NewStringAction()	S. 528	
AppendCharAction()	S. 529	

11.9   Eingaben beschleunigen

Manchmal werden Eingaben beschleunigt, indem in einem Widget die Actions eines anderen Widgets ausgelöst werden. Ein typisches Beispiel ist
der „Default-Button" in einem *BulletinBoard*-Widget: Der Button wird ausgelöst, sobald irgendwo im *BulletinBoard* die *Return*-Taste betätigt wird.
Dazu gibt es im *BulletinBoard* eine Action *Return*, die die *Activate*-Callbacks
des Default-Buttons aufruft. Die *Return*-Action sollte auch dann aufgerufen
werden, wenn die *Return*-Taste in einem Kind des *BulletinBoard*-Widgets
gedrückt wird. Dies wird mit einer *Accelerator-Table* organisiert.

Eine Accelerator-Table ist eine Translation-Table, die von einem Widget
exportiert und von anderen Widgets importiert wird. Die Translations der
Accelerator-Table werden dabei in die Translation-Tables der „Importeure"
übernommen. Events in den „Importeuren" lösen somit Actions im „Expor-
teur" aus. Im Beispiel oben exportiert das *BulletinBoard* folgende Accelerator-Table:

```
<Key>F1:       Help() \n
<Key>Return:   Return() \n
<Key>KP_Enter: Return()
```

Das *BulletinBoard* stellt also unter anderem die Action *Return* zur Verfügung, die in den Kindern durch Drücken der *Return*-Taste ausgelöst werden kann.

Eine Accelerator-Table hat die gleiche Syntax wie eine Translation-Table. Sie kann auch in Ressourcen-Files angegeben werden. Zu diesem Zweck hat jedes Widget die Ressource *accelerators*, die die vom Widget exportierte Accelerator-Table enthält. Wohin die Translation-Table überall exportiert wird, hängt von der jeweiligen Widget-Klasse ab. Ein *BulletinBoard* zum Beispiel exportiert seine Accelerator-Table an alle seine Kinder.

Ein Benutzer kann mit der *accelerator*-Ressource die Translation-Tables der importierenden Widgets nicht völlig außer Kraft setzen. Als Optionen für die Accelerator-Table sind nur *#override* und *#augment* erlaubt, *#replace* ist nicht möglich. Die Default-Option ist *#augment*, dabei haben die Translations der „Importeure" Priorität vor den Translations der Accelerator-Table.

Bei Verwendung der Option *#override* wirkt eine Accelerator-Table manchmal recht störend: Die Accelerator-Table eines *BulletinBoard*-Widgets zum Beispiel wird normalerweise mit *#override* exportiert — mit dem Erfolg, daß die Kinder des *BulletinBoard*-Widgets beim Drücken der *Return*-Taste kein Event mehr bekommen. Das Event löst jetzt nur noch die Action *Return* im Bulletin-Board aus. Werden die Events *<Key>F1*, *<Key>Return* oder *<Key>KP_Enter* von einem Kind benötigt, so muß die Accelerator-Table geändert werden.

Accelerator-Tables können in einer Applikation auch explizit an einem Widget angebracht und exportiert werden. Dazu muß die Accelerator-Table ähnlich wie eine Translation-Table zuerst in ein internes Format übersetzt werden. Sie wird dann mit der Funktion *XtSetValues()* an einem Widget angebracht und mit *XtInstallAccelerators()* exportiert.

Die Funktion *XtParseAcceleratorTable()* übersetzt eine Accelerator-Table in das Toolkit-interne Format. Im internen Format hat die Tabelle den Typ *XtAccelerators*:

XtAccelerators XtParseAcceleratorTable(String table)
table String mit der textuellen Beschreibung der Accelerator-Table.

Mit *XtInstallAccelerators()* wird die Accelerator-Table eines Widgets in ein anderes Widget exportiert:

void XtInstallAccelerators(Widget import, Widget export)
import Dieses Widget importiert die Accelerator-Table. Hier auftretende Events lösen die Actions im Widget *export* aus.
export Dieses Widget exportiert die Accelerator-Table, hier werden die Actions ausgeführt.

Bei *gredi* wäre es zum Beispiel günstig, wenn der Maus-Cursor bei der Eingabe von Strings irgendwo im Hauptfenster stehen könnte — bisher muß sich der Cursor ja immer im *DrawingArea*-Widget *canvas* befinden. Um das zu erreichen, könnte eine Accelerator-Table für *canvas* definiert werden, die dann in das oberste *Form*-Widget *form* und in alle Kinder von *form* exportiert würde. Die Translations dafür sind einfach:

```
<Key>: AppendChar()
```

Damit würde *AppendChar* im ganzen Hauptfenster von *gredi* ausgelöst.

12. Menüs à la carte

Dieses Kapitel behandelt die Programmierung von Menüs. Unter Motif stehen drei Menü-Arten zur Verfügung, nämlich *Popup-Menüs*, *Pulldown-Menüs* und *Option-Menüs*.

12.1 Pulldown-Menüs

Pulldown-Menüs dürften den meisten Lesern bekannt sein. Alle Window-Systeme aus der MSDOS-Welt und natürlich auch der Macintosh unterstützen diese Menü-Art. Charakteristisch für sie ist die Menüleiste, die auch *Menu-Bar* genannt wird. In der Menüleiste sind mehrere Pulldown-Menüs enthalten. Für jedes Pulldown-Menü enthält die Menüleiste einen Titel, der über die Funktion des Menüs informieren soll. Durch Anklicken eines Titels mit der Maus klappt das zugehörige Menü herunter.

Das Pulldown-Menü selbst besteht aus der *Menu-Pane*, in der die einzelnen Menüpunkte enthalten sind. Die Menüpunkte werden auch *Menu-Items* genannt. Die Menu-Items können entweder direkt einen Befehl auslösen oder ein neues Submenü repräsentieren. Im letzteren Fall besitzt das Menu-Item rechts neben dem Label zusätzlich einen kleinen Pfeil. Wenn man mit der Maus solch ein Item überfährt, klappt das zugehörige Submenü rechts neben der aktuellen Menu-Pane heraus. Das Submenü kann selbst wieder Submenüs enthalten und so weiter. Man spricht in diesem Zusammenhang von „hierarchischen Menüs". Abbildung 12.1 zeigt ein Pulldown-Menü mit einem Submenü.

Ab und zu taucht auch der Begriff *Dropdown-Menü* in der Literatur auf. Damit ist normalerweise ein Pulldown-Menü gemeint, das sofort sichtbar wird, wenn man mit der Maus auf einen Titel in der Menüleiste fährt. Ein Drücken der Maustaste ist nicht notwendig.

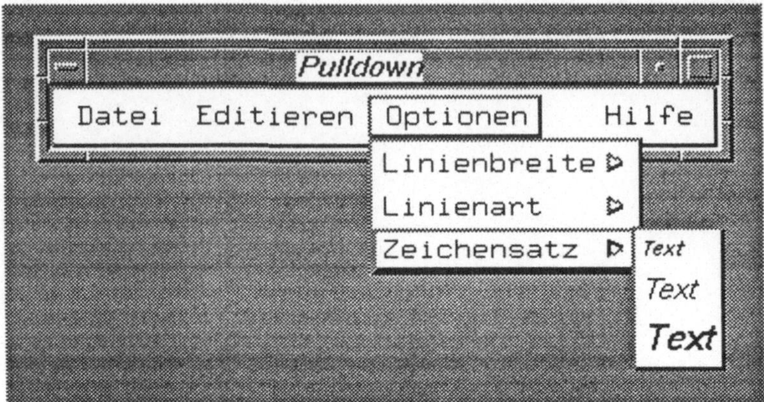

Abb. 12.1 Hierarchisches Pulldown-Menü

Ein Pulldown-Menü kann jedoch nicht nur mit der Maus, sondern auch über die Tastatur bedient werden. Durch Drücken der Funktionstaste *F10* wird der Tastaturfokus auf den ersten Eintrag in der Menüleiste des aktiven Fensters gesetzt. Nun kann man mit den Cursor-Tasten ← und → zwischen den Einträgen in der Menüleiste hin und her springen.

Eine Menu-Pane kann entweder durch Drücken von *Return* oder ↓ heruntergeklappt werden. Mit den Tasten ↓ und ↑ wird der gewünschte Menüpunkt ausgewählt und mit *Return* aktiviert. Falls die Menüselektion unverrichteter Dinge abgebrochen werden soll, kann dies durch Betätigen von *Esc* geschehen.

Auch Submenüs können mittels Tastatur bedient werden: Zunächst muß der Eintrag für ein Submenü ausgewählt werden. In die zugehörige Pane kann man dann durch *Return* oder → hinein traversieren. Durch Drücken von ← gelangt man wieder in das darüber liegende Menü.

Mehr Informationen zur Bedienung von Menüs über die Tastatur findet man in Abschnitt 12.4.

12.1.1 Pulldown-Menüs im Detail

In diesem Abschnitt wird beschrieben, welche Widgets zum Aufbau eines Pulldown-Menüs verwendet werden und was man dabei beachten muß. In Abschnitt 12.1.2 wird dann die Programmierung von Pulldown-Menüs an einem Beispiel gezeigt.

Die Menüleiste: Die Basis für eine Menüleiste bildet das *RowColumn*-Widget (s. 7.8). Dieses Widget besitzt eine Ressource namens *XmNRowColumnType*, die den Verwendungszweck des Widgets bestimmt. Beim Einsatz als Menüleiste muß diese Ressource auf *XmMENU_BAR* gesetzt werden. Dies bewirkt unter anderem, daß nur noch Widgets der Subklasse *XmCascadeButton* als Kinder der Menüleiste akzeptiert werden.

Motif stellt die Convenience-Function *XmCreateMenuBar()* zum Erzeugen einer Menüleiste zur Verfügung. Sie erzeugt ein *RowColumn*-Widget, bei dem die Ressourcen automatisch richtig gesetzt sind:

Widget XmCreateMenuBar(Widget parent, String name, ArgList arglist,
                      Cardinal argcount)

parent   das Parent-Widget

name   der Name des erzeugten *RowColumn*-Widgets

arglist   Die in *arglist* spezifizierten Ressourcen werden bei der Erzeugung des Widgets gesetzt.

argcount enthält die Anzahl der Elemente in *arglist*.

Der Cascade-Button: Wie bereits erwähnt, akzeptiert eine Menüleiste nur Kinder der Klasse *XmCascadeButton*. Ein Cascade-Button ist eine besondere Art von Button, die normalerweise nur in Verbindung mit Menüs oder Menüleisten verwendet wird. Er wird dazu benutzt, eine Menu-Pane „aufzuklappen". In einer Menüleiste dient der Cascade-Button als Titel für ein Pulldown-Menü. In einem Pulldown-Menü wird er als Menüpunkt für ein Submenü verwendet.

Ein Cascade-Button kann mit der Funktion *XmCreateCascadeButton()* erzeugt werden:

Widget XmCreateCascadeButton(Widget parent, String name, ArgList arglist,
                           Cardinal argcount)

Der Parameter *parent* enthält den Widget-Identifier des Parent-Widgets. Dies ist entweder eine Menüleiste oder ein Pulldown-Menü. Die Bedeutung der anderen Parameter sollte klar sein.

Der Cascade-Button ist – wie alle anderen Buttons auch – eine Subklasse von *XmLabel*. Er besitzt nur wenige zusätzliche Ressourcen. Die wichtigste Ressource heißt *XmNsubMenuId*. Über sie wird dem Cascade-Button der Widget-Identifier des Menüs mitgeteilt, das er sichtbar machen soll.

Bei Submenüs kann eine Verzögerung angegeben werden, mit der das Menü erscheinen soll. Dazu gibt es die Ressource *XmNmappingDelay*. Hier wird ein Integer-Wert erwartet, der die Verzögerungszeit in Millisekunden angibt. Default ist 100. Diese Ressource ist nur in Verbindung mit Submenüs wirksam und wird beim Einsatz des Cascade-Buttons in einer Menüleiste ignoriert.

Den Pfeil, der in einem Pulldown-Menü ein Submenü kennzeichnet, kann man mittels *XmNcascadePixmap* gegen ein anderes Pixmap austauschen. Als Wert muß der Identifier des gewünschten Pixmaps übergeben werden.

Der Cascade-Button besitzt außerdem die Callback-Listen *XmNactivateCallback* und *XmNcascadingCallback*. Diese Ressourcen werden in der Praxis nur selten verwendet. Die Callbacks der Liste *XmNactivateCallback* werden immer dann aufgerufen, wenn die Maustaste über einem Cascade-Button, dem kein Submenü zugewiesen wurde, losgelassen wird. Die Callbacks der Liste *XmNcascadingCallback* werden aufgerufen, bevor das Submenü auf den Bildschirm gebracht wird. Die Callbacks erhalten wie üblich als *call_data* einen Zeiger auf *XmAnyCallbackStruct*. Das Feld *reason* enthält entweder *XmCR_ACTIVATE* oder *XmCR_CASCADING*. Eine Beschreibung von *XmAnyCallbackStruct* findet man in Abschnitt 7.5.1.

Die Menu-Pane: Abbildung 12.2 zeigt den prinzipiellen Aufbau einer Menu-Pane. Die Wurzel einer Menu-Pane besteht aus einer Shell der Klasse *XmMenuShell*. Eine Menu-Shell ist eine Subklasse von *OverrideShell*. Der einzige Unterschied zur Override-Shell besteht darin, daß die Ressource *XmNallowShellResize* per Default auf *True* gesetzt ist.

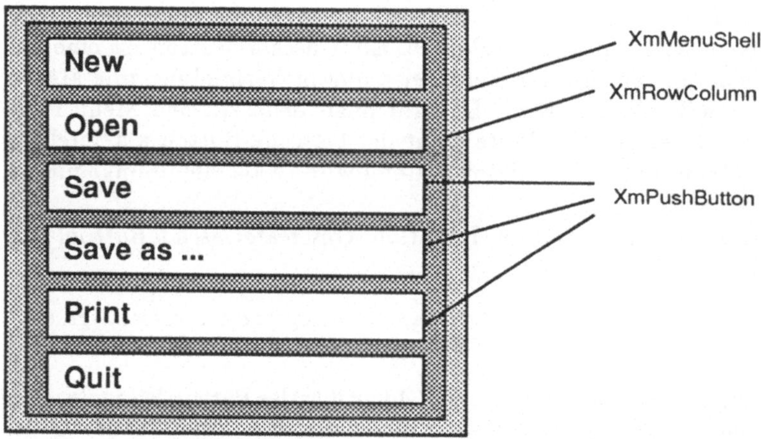

Abb. 12.2 Prinzipieller Aufbau einer Menu-Pane

Eine Override-Shell wiederum ist eine Subklasse von *Shell*, bei der die Default-Werte der Ressourcen *XmNoverrideRedirect* und *XmNsaveUnder* auf *True* gesetzt sind. Dies bewirkt, daß eine solche Shell von einem Window-Manager überhaupt nicht wahrgenommen wird und deshalb auch nicht mit ihm manipuliert werden kann. Außerdem wird der von der Shell überdeckte Hintergrund im X-Server gesichert. Dadurch kann der X-Server nach dem Verschwinden der Shell den Hintergrund selbst wieder rekonstruieren, ohne der Applikation ein Expose-Event senden zu müssen.

Leider kann sich eine Applikation nicht darauf verlassen, daß der Hintergrund wirklich gesichert wird. Es hängt nämlich ganz allein von der aktuellen Implementation des verwendeten X-Servers ab, ob *XmNsaveUnder* unterstützt wird. Indem *XmNsaveUnder* auf *True* gesetzt wird, gibt man dem Server nur den dezenten Hinweis, er möge doch bitte den Hintergrund der

Shell selbst sichern. Eine Applikation muß deshalb immer in der Lage sein, auf Expose-Events entsprechend zu reagieren. Genauere Informationen zu Shells findet man in Abschnitt 8.1.

Die Menu-Shell enthält als Kind ein *RowColumn*-Widget, das die Menüpunkte aufnimmt. Zu diesem Zweck muß die Ressource *XmNrowColumnType* auf *XmMENU_PULLDOWN* gesetzt werden. Jeder einzelne Menüpunkt besteht normalerweise aus einem Button der Klasse *XmPushButton*, *XmToggleButton* oder *XmCascadeButton*. Der Cascade-Button wird, wie gesagt, nur zum „Aufklappen" von Submenüs verwendet. Außerdem können auch *Label*-Widgets oder Widgets der Klasse *XmSeparator* als Menüpunkte verwendet werden. Diese haben nur passiven Charakter, zum Beispiel zur optischen Trennung von Menüpunkten oder für Titel.

Die Menu-Shell muß als Popup-Shell erzeugt werden. Dabei sollte darauf geachtet werden, daß das richtige Widget als Parent-Widget verwendet wird:

- Die Menu-Shells auf der obersten Menüebene müssen Kinder der Menüleiste sein.
- Die Shells von Submenüs müssen Kinder der Menu-Shells der Parent-Menüs sein.

Zu guter Letzt muß der Widget-Identifier des *RowColumn*-Widgets dem Cascade-Button über die Ressource *XmNsubMenuId* bekannt gemacht werden.

Zum Glück bietet das Motif-Toolkit eine Convenience-Function an, die die Erzeugung einer Menu-Pane etwas vereinfacht. Mit *XmCreatePulldownMenu()* kann ein *RowColumn*-Widget für eine Menu-Pane zusammen mit der zugehörigen Shell erzeugt werden:

Widget XmCreatePulldownMenu(Widget parent, String name, ArgList arglist,
*   Cardinal argcount)*

Der Parameter *parent* muß entweder eine Menüleiste oder eine Menu-Pane sein. Im letzteren Fall handelt es sich bei der neu erzeugten Menu-Pane um ein Submenü. Die Ressourcen-Definitionen in *arglist* werden an das *RowColumn*-Widget weitergereicht. Die Funktion liefert das *RowColumn*-Widget als Rückgabewert.

Falls Ressourcen der Menu-Shell von der Applikation verändert werden sollen, so kommt man an deren Widget-Identifier mit Hilfe der Funktion *XtParent()* heran:

```
Widget pane, shell;

pane = XmCreatePulldownMenu(parent, "pane", NULL, 0);
shell = XtParent(pane);
```

Zugegeben, etwas verwirrend ist das alles schon. Auch daß Pulldown-Menüs mittels Popup-Shells realisiert werden, trägt nicht gerade zum Verständnis bei. Abbildung 12.3 soll deshalb den gesamten Sachverhalt noch einmal verdeutlichen. Das Bild zeigt die Hierarchie, die beim Erzeugen von

Pulldown-Menüs eingehalten werden muß. Da man bei Verwendung der Funktion *XmCreatePulldownMenu()* nicht direkt mit den Menu-Shells in Berührung kommt, sind sie auch nicht im Bild enthalten.

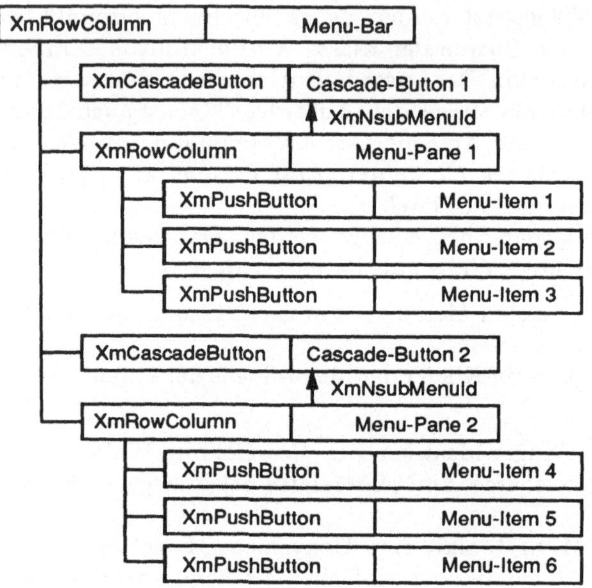

Abb. 12.3 Menu-Bar mit zwei Pulldown-Menüs

Wie man sieht, sind sowohl die beiden Cascade-Buttons, als auch die Menu-Panes Kinder des Menu-Bars. Die beiden Pfeile von den Menu-Panes zu den Cascade-Buttons deuten an, daß in die Ressource *XmNsubMenuId* der Cascade-Buttons der Widget-Identifier der Menu-Panes eingetragen werden muß.

12.1.2   Ein einfaches Pulldown-Menü

Nachdem die Grundlagen erklärt worden sind, soll nun die Programmierung von Pulldown-Menüs in der Praxis gezeigt werden. Zunächst wird ein einfaches Menü mit zwei Menu-Panes und einigen Menu-Items erzeugt (s. Abb. 12.4). Um den Blick auf den eigentlichen Menüaufbau nicht zu sehr durch Details zu versperren, werden dazu einige einfache Hilfsfunktionen verwendet. Diese übernehmen die Hauptarbeit bei der Erzeugung des Menüs und sind besonders zur Programmierung hierarchischer Menüs nützlich.

Das vollständige Beispiel besteht aus den beiden Modulen *pulldown.c* und *util.c*. Das File *pulldown.c* enthält das Hauptprogramm und die Funktion

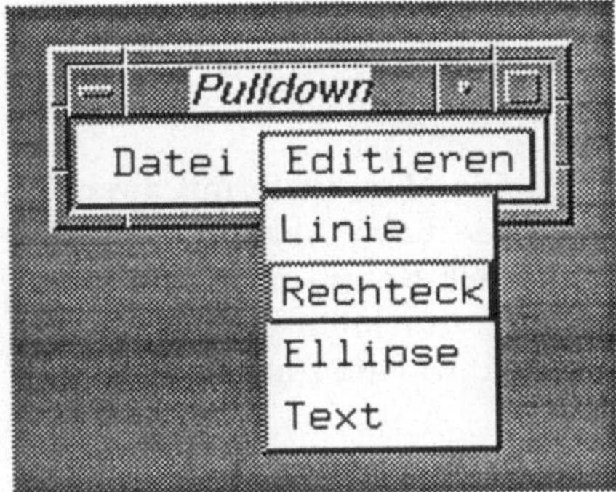

Abb. 12.4 Ein einfaches Pulldown-Menü

CreatePulldownMenu(), die das eigentliche Menü erzeugt. In *util.c* sind die Hilfsfunktionen enthalten, die zur Programmierung des Menüs benutzt werden.

Das Hauptprogramm bietet nichts Neues. Nach der Initialisierung wird die Funktion *CreatePulldownMenu()* aufgerufen. Danach folgt die obligatorische Event-Schleife:

```
/*
 * pulldown.c -- Testrahmen fuer Pulldown-Menus
 */

#include <Xm/Xm.h>

#define APPLCLASS "Menu"

void CreatePulldownMenu();

main(argc, argv)
    unsigned int argc;
    char **argv;
{
    Widget  app_shell;

    /* Initialisierung */

    app_shell = XtInitialize(NULL, APPLCLASS, NULL, 0, &argc, argv);

    /* Menue erzeugen */

    CreatePulldownMenu(app_shell);

    /* Widgets realisieren und Events verarbeiten */
```

```
   XtRealizeWidget(app_shell);
   XtMainLoop();
}
```

Die Funktion *CreatePulldownMenu()* erzeugt eine Menüleiste mit zwei Titeln. An jedem Titel hängt eine Menu-Pane, die beim Anklicken des Titels herunterklappt. Im Beispiel fehlen die Callback-Routinen, die nach dem Auslösen eines Menüeintrags die eigentliche Arbeit durchführen. Einzige Ausnahme ist der Menüpunkt „quit", der durch den Aufruf der Routine *ExitCB()* das Programm beendet.

```
/*
 * ExitCB -- Applikation beenden
 */

static void ExitCB(w, client_data, call_data)
   Widget w;
   caddr_t client_data, call_data;
{
   exit(0);
}


/*
 * CreatePulldownMenu -- Pulldown-Menu erzeugen
 */

static void CreatePulldownMenu(parent)
   Widget parent;
{
   Widget menu_bar, pane;
   extern Widget CreatePulldownPane(), XmCreateMenuBar();

   /* Menueleiste erzeugen */

   menu_bar = XmCreateMenuBar(parent, "menuBar", NULL, 0);

   /* Menu-Pane und Cascade-Button fuer 1. Menue als Kinder
    * der Menueleiste erzeugen. Alle Menuepunkte sind
    * Push-Buttons und muessen als Kinder der Menu-Pane
    * erzeugt werden. */

   pane = CreatePulldownPane(menu_bar, "filePane");
   CascadeButton(menu_bar, "fileMenu", pane);
   PushButton(pane, "new", NULL, NULL);
   PushButton(pane, "open", NULL, NULL);
   PushButton(pane, "save", NULL, NULL);
   Separator(pane);
   PushButton(pane, "quit", ExitCB, NULL);
```

```c
    /* 2. Menue mit Inhalt erzeugen */

    pane = CreatePulldownPane(menu_bar, "editPane");
    CascadeButton(menu_bar, "editMenu", pane);
    PushButton(pane, "line", NULL, NULL);
    PushButton(pane, "rectangle", NULL, NULL);
    PushButton(pane, "ellipse", NULL, NULL);
    PushButton(pane, "text", NULL, NULL);

    /* Menu-Bar beim Parent-Widget anmelden */

    XtManageChild(menu_bar);
}
```

Nun fehlen nur noch die Hilfsfunktionen:

```c
/*
 * util.c -- Hilfsfunktionen zur Programmierung von Menues
 */

#include <Xm/Xm.h>
#include <Xm/RowColumn.h>
#include <Xm/CascadeB.h>
#include <Xm/PushB.h>
#include <Xm/ToggleB.h>
#include <Xm/Label.h>
#include <Xm/Separator.h>

/*
 * CascadeButton -- Cascade-Button 'name' als Kind von 'parent'
 *     erzeugen. Der Parameter 'pulldown' ist der Widget-Identifier
 *     der Pane, die der Cascade-Button sichtbar machen soll.
 */

Widget CascadeButton(parent, name, pulldown)
    Widget parent;
    String name;
    Widget pulldown;
{
    Widget cascade;
    Arg args[1];

    XtSetArg(args[0], XmNsubMenuId, pulldown);
    cascade = XmCreateCascadeButton(parent, name, args, 1);
    XtManageChild(cascade);
    return cascade;
}
```

```c
/*
 * CreatePulldownPane -- Eine Menu-Shell und ein RowColumn-Widget als
 *    Pulldown-Menu erzeugen. Die Funktion liefert den Identifier
 *    des RowColumn-Widgets als Rueckgabewert.
 *    Achtung: Ein derartig erzeugtes Menue darf nicht explizit
 *    gemanagt werden!
 */

Widget CreatePulldownPane(parent, name)
   Widget parent;
   String name;
{
   return(XmCreatePulldownMenu(parent, name, NULL, 0));
}


/*
 * PushButton --  Push-Button 'name' als Kind von 'parent' erzeugen.
 *    Der Parameter 'callback' zeigt auf eine Callback-Routine,
 *    die bei Aktivierung des Buttons aufgerufen wird. 'client_data'
 *    wird an 'callback' weitergereicht.
 */

Widget PushButton(parent, name, callback, client_data)
   Widget parent;
   String name;
   void (* callback)();
   caddr_t client_data;
{
   Widget push;

   push = XmCreatePushButton(parent, name, NULL, 0);
   if (callback)
      XtAddCallback(push, XmNactivateCallback, callback, client_data);
   XtManageChild(push);
   return push;
}


/*
 * ToggleButton --  Toggle-Button 'name' als Kind von 'parent' erzeu-
 *    gen. Der Parameter 'callback' zeigt auf eine Callback-Routine,
 *    die bei Aktivierung des Buttons aufgerufen wird. 'client_data'
 *    wird an 'callback' weitergereicht.
 */


Widget ToggleButton(parent, name, callback, client_data)
   Widget parent;
   String name;
   void (* callback)();
```

```
    caddr_t client_data;
{
    Widget toggle;

    toggle = XmCreateToggleButton(parent, name, NULL, 0);
    if (callback)
        XtAddCallback(toggle, XmNvalueChangedCallback, callback,
                      client_data);
    XtManageChild(toggle);
    return toggle;
}


/*
 * Separator -- Erzeugt einen Separator
 */

Widget Separator(parent)
    Widget parent;
{
    Widget sep;

    sep = XmCreateSeparator(parent, "separator", NULL, 0);
    XtManageChild(sep);
    return sep;
}


/*
 * Label -- Erzeugt ein Label-Widget
 */

Widget Label(parent, name)
    Widget parent;
    String name;
{
    Widget label;

    label = XmCreateLabel(parent, name, NULL, 0);
    XtManageChild(label);
    return label;
}
```

Besonderes Augenmerk verdient die Funktion *CascadeButton()*, die einen
Cascade-Button erzeugt. Die aufzuklappende Menu-Pane wird der Funktion
als letzter Parameter übergeben. Die Verbindung zwischen dem Cascade-
Button und der zugehörigen Menu-Pane wird über die Ressource *XmNsub-
MenuId* des Cascade-Buttons hergestellt. Dieser Ressource wird als Wert der
Widget-Identifier der aufzuklappenden Menu-Pane zugewiesen. Dabei sollte
beachtet werden, daß diese Menu-Pane und der Cascade-Button denselben
Vater besitzen müssen. Der Aufbau und die Funktionsweise der anderen Rou-

tinen sollte klar sein. Das passende Ressourcen-File zum Testprogramm heißt
Menu und sieht folgendermaßen aus:

```
!!
!! Pulldown-Menu Ressourcen
!!

!! File-Menu

*menuBar*fileMenu.labelString: Datei

*new.labelString: Neu
*open.labelString: Oeffnen
*save.labelString: Sichern
*quit.labelString: Ende

!! Edit-Menu

*menuBar*editMenu.labelString: Editieren

*line.labelString: Linie
*rectangle.labelString: Rechteck
*ellipse.labelString: Ellipse
*text.labelString: Text
```

12.1.3   Hierarchische Pulldown-Menüs

Wie oben bereits angesprochen, lassen sich auch hierarchische Menüs programmieren. Abbildung 12.1 zeigte ein solches Menü.

Bei der Programmierung sollte man sich aber darüber im klaren sein, daß
hierarchische Menüs nicht immer der Weisheit letzter Schluß sind. Durch
das Plazieren eines oft benötigten Menüpunkts in ein Submenü auf dritter
Hierarchiestufe kann man einen Benutzer zur Verzweiflung bringen. Das Selektieren eines solchen Eintrags dauert einfach zu lange. Wenn man nicht
ganz auf Hierarchie verzichten kann, sollte man höchstens zweistufige Menüs
verwenden.

Bei der Programmierung eines Submenüs wird statt der Menüleiste einfach
die Menu-Pane des Parent-Menüs verwendet. Man muß für jedes Submenü einen Cascade-Button und eine Pane erzeugen und beides über die Ressource
XmNsubMenuId verbinden. Abbildung 12.5 zeigt den Aufbau eines Menüs
mit zwei Menu-Panes. *Menu-Pane 1* besitzt wiederum ein Submenü.

Das nächste Beispiel zeigt, wie's gemacht wird. Die Menüleiste bekommt
zwei weitere Menüs, „Optionen" und „Hilfe". Das Menü „Optionen" besitzt
seinerseits drei Submenüs.

Das Menü „Hilfe" spielt eine besondere Rolle in der Menüleiste. Es handelt
sich um das sogenannte *Help-Menü*. Über dieses Menü bietet eine Applikation
dem Benutzer Hilfe zur Bedienung der Applikation oder zum Verhalten im

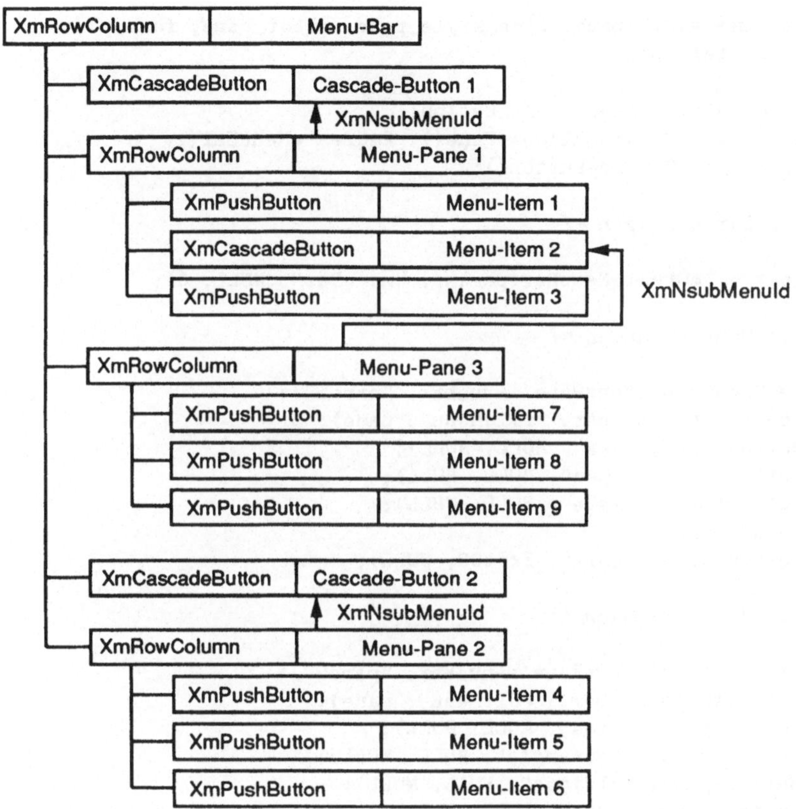

Abb. 12.5 Pulldown-Menü mit Submenü

Fehlerfall an. Das Help-Menü sollte immer am rechten Rand der Menüleiste plaziert werden. Um dies sicherzustellen, besitzt ein als Menüleiste konfiguriertes *RowColumn*-Widget die Ressource *XmNmenuHelpWidget*. Als Wert muß ein Cascade-Button angegeben werden. Dieser Button wird dann passend plaziert. Das nächste Listing zeigt die erweiterte Version von *CreatePulldownMenu()*:

```
/*
 * CreatePulldownMenu -- Pulldown-Menu erzeugen
 */

static void CreatePulldownMenu(parent)
    Widget parent;
{
    Arg args[1];
```

```c
Widget line_width_pane, line_style_pane, color_pane, font_pane,
       pattern_pane;

Widget menu_bar, pane, help_button;
extern Widget CreatePulldownPane(), XmCreateMenuBar();
extern Widget CascadeButton();

/* Menu-Bar erzeugen */

menu_bar = XmCreateMenuBar(parent, "menuBar", NULL, 0);

/* File-Menu erzeugen */

pane = CreatePulldownPane(menu_bar, "pane1");
CascadeButton(menu_bar, "fileMenu", pane);
PushButton(pane, "new", NULL, NULL);
PushButton(pane, "open", NULL, NULL);
PushButton(pane, "save", NULL, NULL);
Separator(pane);
PushButton(pane, "quit", ExitCB, NULL);

/* Edit-Menu erzeugen */

pane = CreatePulldownPane(menu_bar, "pane2");
CascadeButton(menu_bar, "editMenu", pane);
PushButton(pane, "line", NULL, NULL);
PushButton(pane, "rectangle", NULL, NULL);
PushButton(pane, "ellipse", NULL, NULL);
PushButton(pane, "text", NULL, NULL);

/* Option-Menu mit drei Submenues erzeugen */

pane = CreatePulldownPane(menu_bar, "optionPane");
CascadeButton(menu_bar, "optionMenu", pane);

line_width_pane = CreatePulldownPane(pane, "widthPane");
CascadeButton(pane, "lineWidth", line_width_pane);
PushButton(line_width_pane, "width1", NULL, NULL);
PushButton(line_width_pane, "width3", NULL, NULL);
PushButton(line_width_pane, "width7", NULL, NULL);
PushButton(line_width_pane, "width11", NULL, NULL);

line_style_pane = CreatePulldownPane(pane, "stylePane");
CascadeButton(pane, "lineStyle", line_style_pane);
PushButton(line_style_pane, "solid", NULL, NULL);
PushButton(line_style_pane, "onOffDash", NULL, NULL);
PushButton(line_style_pane, "doubleDash", NULL, NULL);
```

```
    font_pane = CreatePulldownPane(pane, "fontPane");
    CascadeButton(pane, "fontMenu", font_pane);
    PushButton(font_pane, "font1", NULL, NULL);
    PushButton(font_pane, "font2", NULL, NULL);
    PushButton(font_pane, "font3", NULL, NULL);

    /* Help-Menu erzeugen */

    pane = CreatePulldownPane(menu_bar, "helpPane");
    help_button = CascadeButton(menu_bar, "helpMenu", pane);
    Label(pane, "noHelp");

    /* Help-Button fuer Menu-Bar setzen */

    XtSetArg(args[0], XmNmenuHelpWidget, help_button);
    XtSetValues(menu_bar, args, 1);

    /* Menu-Bar beim Vater anmelden */

    XtManageChild(menu_bar);
}
```

Das Ressourcen-File *Menu* muß ebenfalls erweitert werden:

```
!!
!! Pulldown-Menu Ressourcen
!!

!! File-Menu

*menuBar*fileMenu.labelString: Datei

*new.labelString: Neu
*open.labelString: Oeffnen
*save.labelString: Sichern
*quit.labelString: Ende

!! Edit-Menu

*menuBar*editMenu.labelString: Editieren

*line.labelString: Linie
*rectangle.labelString: Rechteck
*ellipse.labelString: Ellipse
*text.labelString: Text

!! Option-Menu

*menuBar*optionMenu.labelString: Optionen
```

```
*lineWidth.labelString: Linienbreite
*lineStyle.labelString: Linienart
*fontMenu.labelString: Zeichensatz

*width1.labelString: 1
*width3.labelString: 3
*width7.labelString: 7
*width11.labelString: 11

*solid.labelString: Voll
*onOffDash.labelString: Gestrichelt
*doubleDash.labelString: Doppelt gestrichelt

*font1.labelString: Text
*font1.fontList: -adobe-helvetica-medium-*-normal-*-10-*
*font2.labelString: Text
*font2.fontList: -adobe-helvetica-medium-*-normal-*-14-*
*font3.labelString: Text
*font3.fontList: -adobe-helvetica-medium-*-normal-*-20-*

!! Help-Menu

*menuBar*helpMenu.labelString: Hilfe
*noHelp.labelString: Was nun?
```

12.2 Popup-Menüs

Popup-Menüs zeichnen sich dadurch aus, daß sie nicht durch einen Button „aufgeklappt" werden. Vielmehr können sie an beliebige andere Widgets gehängt werden. Popup-Menüs sind solange unsichtbar, bis sie durch ein bestimmtes Event auf den Bildschirm gebracht werden. Das kann das Drücken einer Maustaste oder einer Taste auf der Tastatur sein. Das entsprechende Menü erscheint dann direkt unter dem Mauszeiger. Abbildung 12.6 zeigt ein Popup-Menü.

Der Vorteil von Popup-Menüs ist folgender: Das Menü kann benutzt werden, ohne daß die Maus erst einmal quer über den Bildschirm bewegt werden muß. Bei bestimmten Applikationen, zum Beispiel Grafik-Editoren, können Popup-Menüs den Bedienungskomfort beträchtlich steigern. Wenn dort zum Beispiel die Zeichenbefehle in einem Popup-Menü untergebracht werden, muß die Maus zum Zeichnen nicht so oft aus dem Zeichenfenster herausbewegt werden.

Das Fehlen der Menüleiste ist fast der einzige Unterschied zum Pulldown-Menü. Die Rolle der Menüleiste nimmt beim Popup-Menü die oberste Menu-Pane ein. Der übrige Aufbau ist mit dem eines Pulldown-Menüs identisch.

Auch Popup-Menüs können über die Tastatur bedient werden. Durch Drücken der Taste *F4* im Parent-Widget des Popup-Menüs wird es sichtbar. Wird

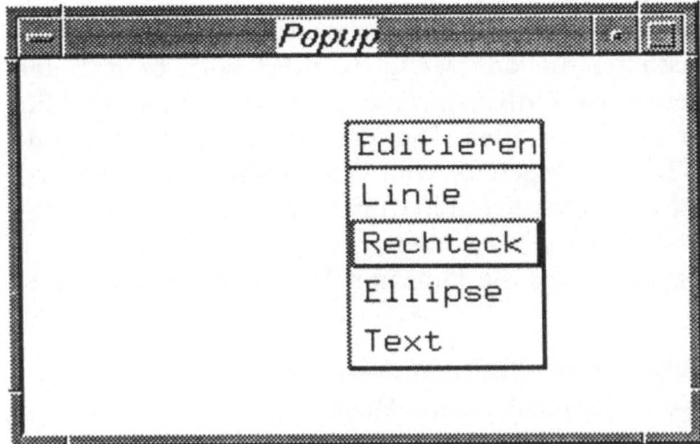

Abb. 12.6 Ein Popup-Menü

das Menü per Tastatur sichtbar gemacht, sind natürlich keine Informationen über die gewünschte Position des Menüs vorhanden. Deshalb wird es in die linke obere Ecke seines Parent-Widgets plaziert. Danach kann es wie ein Pulldown-Menü mit den Cursor-Tasten und *Return* bedient werden. Ein Druck auf *Esc* läßt das Menü wieder verschwinden.

12.2.1 Erzeugung einer Popup-Pane

Die oberste Pane eines Popup-Menüs kann mit Hilfe der Funktion *XmCreatePopupMenu()* erzeugt werden. Falls ein Popup-Menü Submenüs haben soll, werden diese genau wie bei den Pulldown-Menüs mit *XmCreatePulldownMenu()* erzeugt.

Widget XmCreatePopupMenu(Widget parent, String name, ArgList arglist,
                          Cardinal argcount)

parent   das Widget, an welches das Popup-Menü gehängt werden soll

name   der Name des erzeugten *RowColumn*-Widgets

arglist   Die in *arglist* spezifizierten Ressourcen werden an das
           RowColumn-Widget weitergereicht.

argcount enthält die Anzahl der Elemente in *arglist*.

Die Funktion erzeugt eine Menu-Shell und ein *RowColumn*-Widget, dessen Ressource *XmNrowColumnType* auf *XmMENU_POPUP* gesetzt ist. Das *RowColumn*-Widget wird als Rückgabewert geliefert.

   Das Sichtbarmachen eines Popup-Menüs erfordert noch einigen zusätzlichen Aufwand. Beim Pulldown-Menü wurde diese Aufgabe ja vom Cascade-Button übernommen. Beim Popup-Menü muß dies von der Applikation selbst erledigt werden. Das geschieht durch das Anhängen eines Event-Handlers an das Parent-Widget des Popup-Menüs. Der Event-Handler muß das Popup-Menü positionieren und managen, dadurch wird es sichtbar gemacht.

Zum Festlegen der Maustaste, die das Menü aufrufen soll, besitzt das *RowColumn*-Widget die Ressource *XmNmenuPost*. Diese Ressource muß für die Pane des Popup-Menüs gesetzt werden. Der Wert wird wie ein Button-Event in einer Translation-Table angegeben. Man kann deshalb zum Beispiel als Wert für *XmNmenuPost* auch eine Kombination von Maustaste und Modifier angeben. Das Default-Event ist *Btn3Down*.

Zum Positionieren eines Menüs wird die Funktion *XmMenuPosition()* verwendet:

*Widget XmMenuPosition(Widget menu, XButtonPressedEvent *event)*
menu der Widget-Identifier des zu positionierenden Menüs
event das Event, das den Aufruf des Handlers verursachte.

Die Funktion positioniert das Menü mittels der Cursor-Position aus der *event*-Datenstruktur. Zum Sichtbarmachen muß anschließend die Funktion *XtManageChild()* aufgerufen werden.

12.2.2 Testrahmen für Popup-Menüs

Zunächst wird wieder ein eigenes Hauptprogramm benötigt. Im großen und ganzen entspricht es dem Testrahmen für Pulldown-Menüs. Zusätzlich wird jetzt jedoch noch ein *RowColumn*-Widget erzeugt, an das das Popup-Menu gehängt wird. Anstelle des *RowColumn*-Widgets hätte man auch ein anderes Widget nehmen können.

Nach dem Starten des Programms erscheint ein Fenster. Durch Drücken der rechten Maustaste innerhalb des Fensters wird unter dem Mauszeiger das Popup-Menü von Abb. 12.6 sichtbar. Wird die Maustaste losgelassen, so verschwindet das Menü wieder. Das Listing des Hauptprogramms sieht folgendermaßen aus:

```
/*
 * popup.c -- Testrahmen fuer Popup-Menues
 */

#include <Xm/Xm.h>
#include <Xm/RowColumn.h>

#define APPLCLASS "Menu"

void CreatePopupMenu();

main(argc, argv)
    unsigned int argc;
    char **argv;
{
    Widget  app_shell, w;
```

```
    static Arg args[] = {
       {XmNwidth, 200},
       {XmNheight, 100}
    };

    /* Initialisierung */

    app_shell = XtInitialize(NULL, APPLCLASS, NULL, 0, &argc, argv);

    /* Work-Area erzeugen */

    w = XmCreateRowColumn(app_shell, "workArea", args, XtNumber(args));
    XtManageChild(w);

    /* Menue erzeugen */

    CreatePopupMenu(w);

    /* Widgets realisieren und Events verarbeiten */

    XtRealizeWidget(app_shell);
    XtMainLoop();
}
```

Die Funktion *CreatePopupMenu()* erzeugt das eigentliche Popup-Menü. Dazu
werden wieder die Hilfsfunktionen aus *util.c* benutzt:

```
/*
 * CreatePopupMenu -- Popup-Menu erzeugen
 */

static void CreatePopupMenu(parent)
   Widget parent;
{
   Widget popup;
   extern Widget CreatePopupPane();

   /* Oberste Pane erzeugen */

   popup = CreatePopupPane(parent, "popup");
   Label(popup, "editMenu");
   Separator(popup);
   PushButton(popup, "line", NULL, NULL);
   PushButton(popup, "rectangle", NULL, NULL);
   PushButton(popup, "ellipse", NULL, NULL);
   PushButton(popup, "text", NULL, NULL);
}
```

Die Funktion *CreatePopupPane()* erzeugt eine Popup-Pane, hängt einen
Event-Handler an das Parent-Widget und ruft beim Drücken einer Maus-

taste die Funktion *ShowMenuEH()* auf. Mit *ShowMenuEH()* wird zunächst
das Menü positioniert und danach sichtbar gemacht. Am besten, man fügt
die beiden Funktionen zum File *util.c* hinzu:

```
/*
 * ShowMenuEH -- Bringt das Menue auf den Bildschirm
 */

static void ShowMenuEH(w, popup, event)
   Widget w, popup;
   XButtonEvent *event;
{
   XmMenuPosition(popup, event);
   XtManageChild(popup);
}


/*
 * CreatePopupPane -- Erzeugt eine Popup-Pane als Kind von 'parent',
 *     inklusive zugehoerigem Event-Handler, der das Menue sichtbar
 *     macht
 */

Widget CreatePopupPane(parent, name)
   Widget parent;
   String name;
{
   Widget popup;

   popup = XmCreatePopupMenu(parent, name, NULL, 0);
   XtAddEventHandler(parent, ButtonPressMask, False, ShowMenuEH,
                     popup);
   return popup;
}
```

Wie man sieht, überprüft der Event-Handler *ShowMenuEH()* nicht, durch
welches Button-Event er aufgerufen wurde. Dies wird von der Menu-Shell des
Popup-Menüs beim Aufruf von *XtManageChild()* erledigt. Das Menü wird
nur dann gemanagt, wenn die richtige Maustaste gedrückt wurde. Würde
man den Button im Event-Handler überprüfen, so hätte das Ändern der
Ressource *XmNmenuPost* im Ressourcen-File keinen Sinn mehr.

Ein Ressourcen-File für das Popup-Menü sieht so aus:

```
!!
!! Popup-Menu Ressourcen
!!

*editMenu.labelString: Editieren

*line.labelString: Linie
```

```
*rectangle.labelString: Rechteck
*ellipse.labelString: Ellipse
*text.labelString: Text
```

Wie bereits beschrieben wurde, können Popup-Menüs über die Tastatur bedient werden. Welche Taste das Menü sichtbar macht, kann über die Ressource *XmNmenuAccelerator* festgelegt werden. Diese Ressource muß für die oberste Pane eines Popup-Menüs gesetzt werden. Default ist die Funktionstaste *F4*.

Durch das Einfügen der folgenden Zeile ins Ressourcen-File des Testprogramms kann das Menü durch gleichzeitiges Drücken der Tasten *Ctrl p* aktiviert werden:

```
*popup.menuAccelerator: Ctrl<Key>p
```

Der Wert dieser Ressource muß wie ein Tastatur-Event in einer Translation-Table angegeben werden. Der Name *popup* des Menüs wurde beim Aufruf der Funktion *CreatePopupMenu()* angegeben.

12.3 Option-Menüs

Im Prinzip sind Option-Menüs Buttons mit beliebig vielen Zuständen. Der aktuelle Zustand wird dabei durch die Beschriftung des Buttons angezeigt. Die Auswahl eines Zustands erfolgt über eine Menu-Pane, die zum Button gehört.

12.3.1 Der Aufbau eines Option-Menüs

Ein Option-Menü besteht grundsätzlich aus drei Komponenten:

− einem Label auf der linken Seite des Menüs,
− der sogenannten *Selection-Area* auf der rechten Seite,
− einer Menu-Pane, die die eigentlichen Menüpunkte enthält.

Die Selection-Area enthält den zuletzt selektierten Menüpunkt. Durch das Drücken einer Maustaste über der Selection-Area erscheint die Menu-Pane. Dabei wird der zuletzt selektierte Menüpunkt direkt über der Selection-Area positioniert. Nach der Auswahl eines Menüpunkts verschwindet die Pane wieder, und der selektierte Menüpunkt wird in der Selection-Area angezeigt. Abbildung 12.7 zeigt ein Option-Menü: vor, während und nach der Auswahl eines Menüpunkts.

Ein Option-Menü ist keine neue Widget-Klasse, sondern ein *RowColumn*-Widget vom Typ *XmMENU_OPTION*. Als Kinder sind darin ein *Label*-Gadget und ein *CascadeButton*-Gadget enthalten. Das *Label*-Gadget realisiert das Label, das *CascadeButton*-Gadget bildet die Selection-Area. Das *RowColumn*-Widget und die beiden Gadgets werden mit Hilfe der Funktion

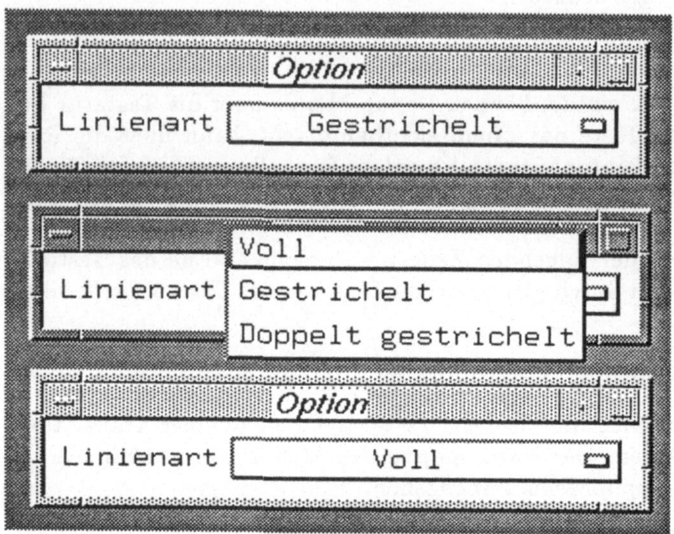

Abb. 12.7 Ein Option-Menü vor, während und nach der Auswahl

XmCreateOptionMenu() erzeugt. Die Menu-Pane muß separat erzeugt werden.

Bemerkenswert ist, daß hier *Gadgets* anstelle von Widgets verwendet werden. Obwohl bisher niemals Gadgets verwendet worden sind, kann ihr Einsatz, besonders in Menüs, sinnvoll sein. Durch Gadgets können Geschwindigkeit und Speicherplatzverbrauch einer Applikation verbessert werden. Da Gadgets im wesentlichen dieselbe Funktionalität wie ihre Widget-Geschwister besitzen, sollten sie möglichst oft eingesetzt werden. Für das *Label*-Widget, das *Separator*-Widget und alle Button-Widgets mit Ausnahme des Drawn-Buttons stellt Motif entsprechende Gadgets zur Verfügung. Mehr über Gadgets findet man in Abschnitt 8.10.3.

Zum Erzeugen eines Option-Menüs gibt es die Funktion *XmCreateOptionMenu()*:

Widget XmCreateOptionMenu(Widget parent, String name, ArgList arglist,
*   Cardinal argcount)*

Diese Funktion erzeugt ein passendes *RowColumn*-Widget inklusive Label und Selection-Area. Der Widget-Identifier des *RowColumn*-Widgets wird zurückgeliefert.

Vor dem Erzeugen des Option-Menüs muß die Menu-Pane erzeugt werden. Diese wird dann dem *RowColumn*-Widget über die Ressource *XmNsubMenuId* beim Aufruf der Funktion *XmCreateOptionMenu()* übergeben.

Zum Setzen des Labels besitzt das *RowColumn*-Widget die Ressource *XmN-labelString*. Diese Ressource kann wie üblich über ein Ressourcen-File oder den Parameter *arglist* beim Aufruf von *XmCreateOptionMenu()* gesetzt werden. Falls Ressourcen des *Label*-Gadgets nachträglich mittels *XtSetValues()* verändert werden sollen, muß man den Identifier des *Label*-Gadgets vorher mit Hilfe der Funktion *XmOptionLabelGadget()* ermitteln:

Widget XmOptionLabelGadget(Widget option_menu)
option_menu der Widget-Identifier des Option-Menüs.

Eine ähnliche Funktion gibt es auch zur Ermittlung der Selection-Area:

Widget XmOptionButtonGadget(Widget option_menu)
option_menu der Widget-Identifier des Option-Menüs.

Außer den bisher genannten Ressourcen sind für ein Option-Menü noch die beiden Ressourcen *XmNmenuPost* und *XmNmenuHistory* von Bedeutung. Über *XmNmenuPost* kann das Button-Event festgelegt werden, für das die Selection-Area des Option-Menüs sensitiv ist (s. auch 12.2.1). Default ist *Btn1Down*.

Die Ressource *XmNmenuHistory* enthält den Widget-Identifier des selektierten Eintrags. Dieser Eintrag wird dann auch in der Selection-Area dargestellt. Besonders sinnvoll ist diese Ressource, um den Menüpunkt festzulegen, der beim Erzeugen des Option-Menüs angezeigt wird. Falls diese Ressource nicht explizit gesetzt wird, wird der erste Menüpunkt in der Menu-Pane dafür verwendet.

12.3.2   Ein Beispiel für das Option-Menü

Als Testrahmen für das Option-Menü muß das Hauptprogramm für Popup-Menüs aus Abschnitt 12.2.2 herhalten. Nur die Funktion *CreatePopupMenu()* wird durch *CreateOptionMenu()* ersetzt. Das eigentliche Option-Menü wird wie folgt erzeugt:

```
/*
 * CreateOptionMenu -- Option-Menu erzeugen
 */

static void CreateOptionMenu(parent)
    Widget parent;
{
    Widget pane, option;
    Arg args[1];
    Widget CreatePulldownPane();

    /* Menu-Pane mit drei Eintraegen erzeugen */

    pane = CreatePulldownPane(parent, "optionPane");
```

```
    PushButton(pane, "solid", NULL, NULL);
    PushButton(pane, "onOffDash", NULL, NULL);
    PushButton(pane, "doubleDash", NULL, NULL);

    /* Option-Menu erzeugen */

    XtSetArg(args[0], XmNsubMenuId, pane);
    option = XmCreateOptionMenu(parent, "option", args, 1);
    XtManageChild(option);
}
```

Das Option-Menü und die Menu-Pane müssen als Kinder desselben Vaters
erzeugt werden. Ein passendes Ressourcen-File für das Option-Menü sieht so
aus:

```
!!
!! Option-Menu Ressourcen
!!

*option.labelString: Linienart

*optionPane*solid.labelString: Voll
*optionPane*onOffDash.labelString: Gestrichelt
*optionPane*doubleDash.labelString: Doppelt gestrichelt
```

12.4   Beschleunigung

Für den unerfahrenen Benutzer reicht die Bedienung eines Menüs mit der
Maus normalerweise aus. Wenn ein Benutzer aber längere Zeit mit einer
Applikation arbeitet, so wird irgendwann der Punkt kommen, an dem ihm
das Herunterklappen der Menüs zu mühsam ist. Man denke zum Beispiel an
einen Texteditor: Die meiste Zeit verbringt man normalerweise damit, seinen Text einzugeben. Wenn man nun ein bestimmtes Kommando ausführen
möchte, muß man nach der Maus greifen, das entsprechende Menü herunterklappen und den gewünschten Eintrag auswählen. In einem solchen Fall wäre
es wünschenswert, den Menüeintrag auswählen zu können, ohne die Hände
von der Tastatur nehmen zu müssen.

Wie bereits erwähnt, ist die Auswahl eines Menüpunkts auch mit Hilfe der
Cursor-Tasten möglich. Leider ist dieses Verfahren aber noch umständlicher
als die Verwendung der Maus und nur bei einem Rechner ohne Maus sinnvoll.

Aus diesem Grund bietet Motif zwei weitere Verfahren die Bedienung eines
Menüs zu beschleunigen. Es handelt sich um *Mnemonics* und *Accelerators*.

12.4.1   Mnemonics

Mnemonics sind einzelne Zeichen, durch deren Eingabe Menüeinträge ausgewählt werden können. Durch Betätigung der entsprechenden Taste auf

der Tastatur wird der zugehörige Menüeintrag aktiviert. Das geschieht allerdings nur dann, wenn das Menü sichtbar ist. Zum Sichtbarmachen des Menüs können die Titel-Einträge in der Menüleiste ebenfalls mit Mnemonics ausgestattet werden.

Zur Festlegung von Mnemonics besitzen alle Buttons die Ressource *Xm-Nmnemonic*. Diese Ressource erwartet als Wert genau ein Zeichen. Wenn das Zeichen im Label des Buttons enthalten ist, wird dieses Zeichen unterstrichen dargestellt. Beispiel:

```
*menuBar*fileMenu.labelString: Datei
*menuBar*fileMenu.mnemonic: D
*menuBar*editMenu.labelString: Editieren
*menuBar*editMenu.mnemonic: E
```

Die Auswirkung dieser Ressourcen-Beschreibung zeigt Abb. 12.8.

Abb. 12.8 Mnemonics werden unterstrichen.

Mnemonics funktionieren auch dann, wenn das Zeichen nicht im Label enthalten ist. Das ist allerdings nicht besonders benutzerfreundlich. Wer will schon gerne raten, welche Tasten er zu drücken hat?

Um einen Eintrag in der Menüleiste zu aktivieren, muß das entsprechende Mnemonic zusammen mit der Taste *Meta* gedrückt werden. Diese Taste ist auf der Tastatur meistens mit einer Raute, mit *Alt* oder auch mit *Left* gekennzeichnet.

Die Einträge in einem heruntergeklappten Menü werden durch Drücken des Mnemonics aktiviert, eine zusätzliche Taste muß dazu nicht betätigt werden. Abbildung 12.9 macht dieses Verhalten noch einmal deutlich. Zum Auswählen des Eintrags „Neu" im Menü „Datei" muß man zuerst *Meta D* drücken und danach *N*.

Durch Erweitern des Ressourcen-Files unseres Pulldown-Menü-Beispiels kann man das bequem ausprobieren:

```
!!
!! Pulldown-Menu Ressourcen
!!


!! File-Menu

*menuBar*fileMenu.labelString: Datei
```

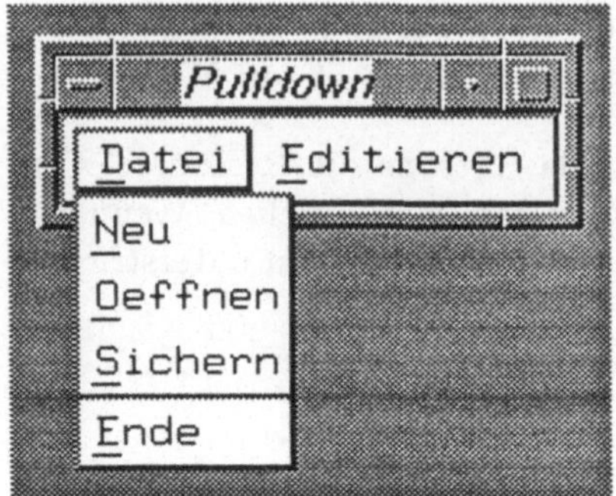

Abb. 12.9 Menü mit Mnemonics

```
*menuBar*fileMenu.mnemonic: D

*new.labelString: Neu
*new.mnemonic: N
*open.labelString: Oeffnen
*open.mnemonic: O
*save.labelString: Sichern
*save.mnemonic: S
*quit.labelString: Ende
*quit.mnemonic: E

!! Edit-Menu

*menuBar*editMenu.labelString: Editieren
*menuBar*editMenu.mnemonic: E

*line.labelString: Linie
*line.mnemonic: L
*rectangle.labelString: Rechteck
*rectangle.mnemonic: R
*ellipse.labelString: Ellipse
*ellipse.mnemonic: E
*text.labelString: Text
*text.mnemonic: T
```

Aber nicht nur in Pulldown- oder Popup-Menüs können Mnemonics eingesetzt werden, sondern auch in Option-Menüs. Normalerweise wird man ein
Mnemonic zum Aufklappen des Menüs vergeben. Jeder Menüpunkt erhält
dann ebenfalls ein Mnemonic. Das folgende Ressourcen-File definiert Mnemonics für das Option-Menü aus dem letzten Abschnitt:

```
!! Option-Menu Ressourcen
```

```
*option.labelString: Linienart
*option.mnemonic: L

*optionPane*solid.labelString: Voll
*optionPane*solid.mnemonic: V

*optionPane*onOffDash.labelString: Gestrichelt
*optionPane*onOffDash.mnemonic: G

*optionPane*doubleDash.labelString: Doppelt gestrichelt
*optionPane*doubleDash.mnemonic: D

*option.whichButton: Button3
```

Bedient wird das Ganze wie ein Pulldown-Menü: Durch Drücken von *Meta L*
erscheint die Menu-Pane. Danach kann man den entsprechenden Menüpunkt
durch *V*, *G* oder *D* auswählen.

12.4.2   Accelerators

Mnemonics bringen bereits eine erhebliche Steigerung des Bedienungskom-
forts. Ihr Nachteil ist jedoch, daß zur Auswahl eines Menüpunkts die entsprechende Menu-Pane heruntergeklappt sein muß. Obwohl man dies ebenfalls
über Mnemonics machen kann, ist es doch etwas umständlich. Aus diesem
Grund gibt es noch ein anderes Verfahren, nämlich die sogenannten Accelerators.

Jedem Button innerhalb einer Menu-Pane kann man eine Tastenkombination zuordnen, bei deren Betätigung der entsprechende Menüeintrag aktiviert
wird. Dabei ist es gleichgültig, ob das Menü sichtbar ist oder nicht, die Maus
muß sich nur irgendwo im Hauptfenster befinden. Die Tastenkombination
besteht aus Modifiern wie *Ctrl*, *Shift*, *Lock* oder *Meta* und einer Taste.

Zur Beschreibung von Accelerators besitzen die Motif-Buttons die beiden
Ressourcen *XmNacceleratorText* und *XmNaccelerator*. Der Wert von *Xm-
NacceleratorText* ist ein Text, der im Menü rechts neben dem eigentlichen
Menüeintrag dargestellt wird. Er informiert den Benutzer über die Tasten-
kombination, die den Menüeintrag aktiviert. Die Ressource *XmNaccelera-
tor* beschreibt den eigentlichen Accelerator. Der Accelerator wird wie ein
Tastatur-Event in einer Translation-Table angegeben (s. 11.7). Die Ressour-
cen-Beschreibung

```
*quit.acceleratorText: Ctrl+E
*quit.accelerator: Ctrl<Key>E
```

bewirkt z.B., daß der Button *quit* durch gleichzeitiges Drücken der Tasten
Ctrl und *E* aktiviert werden kann. Rechts neben dem Menüeintrag wird der
Text „Ctrl+E" dargestellt (s. Abb. 12.10).

Bei der Auswahl der Accelerators muß darauf geachtet werden, daß man
nicht mit dem Window-Manager in Konflikt gerät. Wie bereits in 5.9.5 be-

```
┌──────────────────────┐
│ Ende        Ctrl+E   │
└──────────────────────┘
```

Abb. 12.10 Ein Accelerator für „Ende"

schrieben wurde, kann ja auch der Window-Manager über die Tastatur bedient werden.

Das folgende Ressourcen-File ergänzt das „Datei"-Menü unseres ersten Beispiels um einige Accelerators:

```
!!
!! Pulldown-Menu Ressourcen
!!

!! File-Menu

*menuBar*fileMenu.labelString: Datei
*menuBar*fileMenu.mnemonic: D

*new.labelString: Neu
*new.mnemonic: N
*new.acceleratorText: Ctrl+N
*new.accelerator: Ctrl<Key>N

*open.labelString: Oeffnen
*open.mnemonic: O
*open.acceleratorText: Ctrl+O
*open.accelerator: Ctrl<Key>O

*save.labelString: Sichern
*save.mnemonic: S
*save.acceleratorText: Ctrl+S
*save.accelerator: Ctrl<Key>S

*quit.labelString: Ende
*quit.mnemonic: E
*quit.acceleratorText: Ctrl+E
*quit.accelerator: Ctrl<Key>E
```

Abbildung 12.11 zeigt das Resultat.

Der Leser wird sicherlich in der Lage sein, die beschriebenen Menüs in den Editor *gredi* einzubauen. Für Kommandos, die nicht sehr häufig benötigt werden, bietet sich die Verwendung eines Pulldown-Menüs an. Insbesondere die Befehle zur Bearbeitung einer Datei sollten über ein Pulldown-Menü realisiert werden. Zeichenbefehle sollten besser in einem Popup-Menü untergebracht werden oder, wie gehabt, als Piktogramme innerhalb des Hauptfensters angeordnet sein. Dabei ist es wichtig, daß der Benutzer auch bei unsichtbarem

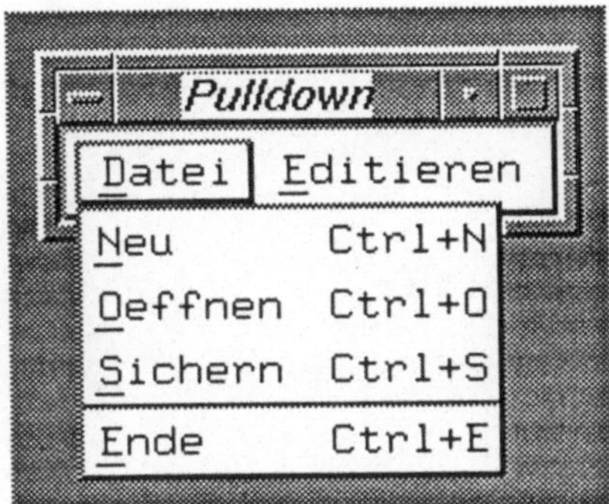

Abb. 12.11 „Datei" Menü mit Accelerators

Menü immer über den aktuellen Modus des Editors informiert wird. Dazu gehört die Anzeige des gerade aktiven Zeichenbefehls und der eingestellten Zeichenattribute.

13. Prozeßkommunikation

Für netzwerkfähige Window-Systeme wie X ist Prozeßkommunikation die Grundvoraussetzung für die Aufgabenverteilung zwischen Client und Server. Verteilung bedeutet, daß Funktionen und Daten auf verschiedene Prozesse aufgeteilt werden. So übernimmt z.B. der X-Server die Verwaltung der Windows auf dem Bildschirm und sämtliche grafischen Ausgaben. Er stellt diese Dienste grundsätzlich für alle Applikationen zur Verfügung.

Beim X-Window-System können X-Server und Applikationen beliebig auf unterschiedliche Rechner verteilt werden. Dabei können sogar die beteiligten Rechner unterschiedlichen Typs sein. Eine solche Verteilung über unterschiedliche Rechner wird allgemein als „heterogene Verteilung" bezeichnet. Die einzige Voraussetzung dafür ist, daß sich die Rechner physikalisch miteinander verbinden lassen und ein gemeinsames Netzwerk-Protokoll unterstützen.

Natürlich ist es nicht damit getan, irgendwelche Daten zwischen den beteiligten Prozessen hin und her zu senden. Die Prozesse müssen diese Daten auch interpretieren können. Alle müssen „eine gemeinsame Sprache sprechen". Im Kommunikationsbereich wird eine solche „gemeinsame Sprache" üblicherweise *Protokoll* genannt. Das X-Window-System basiert auf dem *X-Protokoll* (siehe Scheifler 1989). Dieses Protokoll beschreibt die Kommunikation der Applikationen mit dem X-Server.

Der Programmierer einer Applikation braucht sich mit diesen Dingen glücklicherweise nicht herumzuschlagen. In den meisten Fällen wird er nichts davon merken, daß er eine Applikation für ein verteiltes Window-System schreibt. Das X-Window-System bietet mit der Xlib eine Schnittstelle, die das X-Protokoll vollständig verdeckt.

Die Xlib-Schnittstelle kann nicht nur zur Kommunikation zwischen Applikation und X-Server eingesetzt werden. Man kann damit auch Daten zwischen Applikationen, die mit demselben Server kommunizieren, austauschen.

Zum Beispiel ist das „cut and paste" zwischen *xterm* und dem Text-Widget eine Anwendung dieser Art der Prozeßkommunikation zwischen Clients. Damit sich die beteiligten Applikationen untereinander verstehen, wird von X eine ganze Reihe von Konventionen vorgegeben. Diese Konventionen sind im „Inter-Client Communication Conventions Manual" (ICCCM) festgelegt (s. Rosenthal 1989).

Insbesondere ist dort alles beschrieben, was für den Programmierer eines Window-Managers wichtig ist. Je besser Window-Manager diesen Richtlinien folgen, um so problemloser lassen sie sich gegeneinander austauschen. Für eine Applikation ist es dann gleichgültig, welcher Window-Manager gerade benutzt wird.

13.1 Grundlagen

Es sollen nun die Grundprinzipien und einige wichtige Funktionen erläutert werden, auf denen die Prozeßkommunikation des X-Window-Systems basiert. Allerdings sei vorausgeschickt, daß hier nicht tief ins Detail gegangen wird – dazu wäre ein eigenes Buch nötig. Der Leser sollte nach der Lektüre dieses Kapitels aber die wichtigsten Zusammenhänge verstehen. Derart gerüstet kann man sich dann auch an die Vertiefung in der „Originalliteratur" heranwagen.

13.2 Atome speichern Namen

Im Zusammenhang mit der Prozeßkommunikation unter X stößt man zwangsläufig auf den Begriff *Atom*. Die atomaren Teilchen des X-Window-Systems sind allerdings kein lohnendes Forschungsobjekt für engagierte Physiker: Es handelt sich dabei nämlich nur um die Identifikation eines Strings durch einen eindeutigen Integer-Wert. Man kann sich ein Atom einfach als Index in eine Liste von Strings vorstellen. Diese Liste wird zentral im X-Server-Prozeß abgespeichert.

Warum dieser Aufwand? Bekanntlich basiert die Kommunikation des X-Window-Systems auf Events. Ein Event hat eine feste Größe von 32 Bytes. Wenn nun Namen mit einem Event zwischen Applikation und Server übertragen werden sollen, so ist das nur möglich, wenn Namen durch eine feste Anzahl von Bytes repräsentiert werden. Aus diesem Grund wurden Atome eingeführt. Atome sind vom Datentyp *Atom*, der üblicherweise als *unsigned long* definiert ist.

Zum Speichern eines Strings beim Server stellt die Xlib die Funktion *XInternAtom()* zur Verfügung:

*Atom XInternAtom(Display *display, char *atom_name, Bool only_if_exists)*
display   der Server, bei dem der String gespeichert werden soll
atom_name   der zu speichernde String

only_if_exists Wenn dieser Wert *False* ist und der String noch nicht im Server
vorhanden ist, wird er gespeichert. Falls *True* übergeben wird, liefert
die Funktion nur das Atom zu einem bereits gespeicherten String.

Der Rückgabewert von *XInternAtom()* ist das Atom zum String. Falls der
Parameter *only_if_exists* den Wert *True* hat und der String noch nicht im
Server gespeichert ist, gibt die Funktion den Wert *None* zurück. Bei der
Umwandlung von Strings in Atome wird zwischen Groß- und Kleinschreibung unterschieden. Die Strings „Hallo" und „hallo" liefern also unterschiedliche Atome. Einmal gespeicherte Strings bleiben für die gesamte Laufzeit
des Server-Prozesses erhalten. Es besteht keine Möglichkeit, solche Strings
wieder zu löschen.

Es gibt eine Reihe von Atomen, die bereits vom Server vordefiniert sind.
In der Datei */usr/include/X11/Xatom.h* sind mit Hilfe des Präprozessors
Konstanten für diese Atome definiert. Die Konstanten im Include-File kann
man genauso verwenden, wie einen Rückgabewert von *XInternAtom()*. Als
Merkmal besitzen die Präprozessorkonstanten für alle vordefinierten Atome
das Präfix „XA_".

Wenn man zu einem Atom den zugehörigen String haben möchte, kann
man dazu die Funktion *XGetAtomName()* benutzen:

*String XGetAtomName(Display *display, Atom atom)*
display die Verbindung zum X-Server

atom   das Atom, zu dem der String geholt werden soll.

Die Funktion liefert einen Zeiger auf den String zurück. Der Speicherplatz
dafür wird von der Funktion reserviert und muß mit *XFree()* wieder freigegeben werden, wenn er nicht mehr benötigt wird.

Als Alternative zu den beiden Xlib-Routinen *XInternAtom()* und *XGet-*
AtomName() stellt das Motif-Toolkit die beiden Funktionen *XmInternAtom()*
und *XmGetAtomName()* zur Verfügung. Diese Routinen werden genauso benutzt wie die beiden Xlib-Funktionen. Der Vorteil der beiden Motif-Routinen
besteht darin, daß sie zusätzlich im Client eine Kopie der Atome und der zugehörigen Strings ablegen. Die Routinen sehen immer zuerst im Client nach
und liefern das Gewünschte direkt zurück, ohne daß dafür mit dem Server
kommuniziert werden muß. Das geht viel schneller, kostet aber auch mehr
Speicherplatz. Applikationen, die diese Motif-Routinen verwenden wollen,
müssen das Include-File */usr/include/X11/AtomMgr.h* einbinden.

13.3   Fenster haben Properties

Bekanntlich liegt der Speicherplatz für ein X-Window beim Server. An ein
X-Window kann man nun zusätzliche Daten hängen, wobei der Speicherplatz
für diese Daten ebenfalls beim Server liegt. Ein solches Datum im Server, das
zu einem bestimmten Window gehört, nennt man *Property*.

Ein Window kann mehrere Properties besitzen. Die Xlib stellt Routinen zur Verfügung, mit denen Properties erzeugt, modifiziert, ausgelesen und gelöscht werden können. Um ein Property im Server ansprechen zu können, besitzt jedes Property einen Namen und einen Typ. Name und Typ werden jeweils durch ein Atom angegeben. Die Daten eines Property sind entweder im 8-, 16- oder 32-Bit-Format abgelegt. Bei 16- oder 32-Bit-Werten kümmert sich der Server selbständig um die richtige Byte-Folge. Die Anordnung von höher- und niederwertigen Bytes kann nämlich je nach Prozessor unterschiedlich sein. Dies muß beachtet werden, wenn Applikation und Server auf verschiedenen Rechnerarchitekturen laufen. Im folgenden wird gezeigt, wie Properties erzeugt, mit Daten beschrieben und gelesen werden können.

13.3.1   Properties lesen

Zum Lesen von Properties dient die Funktion *XGetWindowProperty()*:

```
int XGetWindowProperty(Display *display, Window window, Atom property,
                       long long_offset, long long_length, Bool delete,
                       Atom req_type, Atom *actual_type_return,
                       int *actual_format_return,
                       unsigned long *nitems_return,
                       unsigned long *bytes_after_return,
                       unsigned char **prop_return)
```

display	die Verbindung zum X-Server
window	das Window, von dem das Property gelesen werden soll
property	der Name des zu lesenden Property.
long_offset	Dieser Parameter ist ein Offset, ab dem die Daten ausgelesen werden sollen. Der Offset wird als Vielfaches der Größe des Datentyps *long* angegeben. Ein Offset 1 entspricht daher meist vier Bytes.
long_length	spezifiziert die Größe des auszulesenden Datenblocks. Dieser Wert wird ebenfalls als Vielfaches des Typs *long* angegeben.
delete	Falls hier *True* angegeben wird, wird das Property gelöscht, nachdem das letzte Byte des Property ausgelesen worden ist.
req_type	Dieser Parameter beschreibt den Typ, den das Property besitzen muß. Hier kann auch der Wert *AnyPropertyType* übergeben werden.
actual_type_return	enthält den Typ des Property oder *None*, falls das Property nicht existiert. Wenn für *req_type* der Wert *AnyPropertyType* angegeben wurde oder *actual_type_return* mit *req_return* übereinstimmt, wird das Property ausgelesen. Ansonsten enthält *bytes_after_return* die Anzahl der Bytes im Property, und *actual_format_return* enthält das Format. Es werden keine Daten gelesen, und der Parameter *delete* wird ignoriert.
actual_format_return	enthält den Wert 8, 16 oder 32, je nachdem, ob die Daten als Array von 8-, 16- oder 32-Bit-Werten abgespeichert sind

nitems_return	enthält die Anzahl der Elemente im Property in Abhängigkeit vom Wert in *actual_format_return*
bytes_after_return	enthält die Anzahl der noch zu lesenden Bytes im Property
prop_return	enthält einen Zeiger auf die gelesenen Daten.

Bei erfolgreichem Aufruf liefert die Funktion den Wert *Success* zurück, bei einem Fehler wird der Xlib-Error-Handler aufgerufen. „Erfolg" bedeutet aber nur, daß die Anforderung zum Lesen des Property erfolgreich an den Server abgesetzt werden konnte.

Wenn das Property erfolgreich gelesen werden konnte, zeigt *data* auf die Daten, die im Property enthalten sind. Der Speicherplatz für die Daten wird von *XGetWindowProperty()* reserviert und muß mit *XFree()* freigegeben werden, wenn er nicht mehr benötigt wird. *XGetWindowProperty()* hängt an das Ende der Daten immer den ASCII-Wert 0. Dadurch können Properties, die als Datum einen String enthalten, direkt weiterverarbeitet werden.

Auch das Root-Window besitzt Properties. In Abschnitt 5.8 wurde bereits erläutert, daß das Programm *xrdb* Ressourcen-Definitionen im Server abspeichert. Dazu wird ein Property des Root-Windows namens *RESOURCE_MANAGER* verwendet.

Das folgende kurze Programm *readres* liest das Property *RESOURCE_MANAGER* und gibt den Inhalt auf dem Bildschirm aus:

```c
/*
 * readres.c -- RESOURCE_MANAGER-Property lesen
 */

#include <stdio.h>
#include <X11/Xlib.h>

main()
{
    Atom resource_manager_atom, string_atom;
    Atom type_return;
    unsigned long nitems_return, bytes_left;
    int format_return;
    Window root_window;
    char *data;
    Display *display;

    /* Display oeffnen */

    if ((display = XOpenDisplay(NULL)) == NULL) {
        fprintf(stderr, "Display kann nicht geoeffnet werden!\n");
        exit(1);
    }

    root_window = DefaultRootWindow(display);
```

```
    /* Atome fuer den Namen und Typ des Properties holen */

    resource_manager_atom = XInternAtom(display, "RESOURCE_MANAGER",
                                         False);
    string_atom = XInternAtom(display, "STRING", False);

    /* Property vom Root-Window lesen und ausgeben */

    XGetWindowProperty(display, root_window, resource_manager_atom,
        0L, 5000L, False, string_atom, &type_return, &format_return,
        &nitems_return, &bytes_left, &data);

    if (type_return == None) {
        fprintf(stderr, "Property RESOURCE_MANAGER existiert nicht\n");
        exit(1);
    }
    printf("%s", data);
    XFree(data);
    exit(0);
}
```

Wie man sieht, handelt es sich bei *readres* um eine reine Xlib-Applikation.
Zuerst wird das Display geöffnet, und danach werden die beiden Atome für
den Namen und den Typ des Property *RESOURCE_MANAGER* erfragt.
RESOURCE_MANAGER ist vom Typ *STRING*. Danach kann das Property
mit der Funktion *XGetWindowProperty()* gelesen werden. Falls im Server
ein Property mit angegebenem Namen und Typ existiert, zeigt *data* auf die
Daten, die im Property enthalten sind. In unserem Fall ist dies ein String,
der mit *printf()* ausgegeben wird.

In *readres* wird für den Parameter *long_length* der Wert *5000L* eingesetzt.
Dadurch werden beim Aufruf von *XGetWindowProperty()* maximal 20000
Bytes eingelesen. Es wird einfach angenommen, daß das Property nicht mehr
Daten enthält. Die saubere Lösung wäre natürlich, nachzuprüfen, ob nach
dem Lesen noch Bytes vorhanden sind, und *XGetWindowProperty()* gegebe-
nenfalls noch einmal aufzurufen.

Übrigens stellt X das Programm *xprop* zur Verfügung, mit dem beliebige
Properties gelesen und modifiziert werden können.

13.3.2 Properties erzeugen und verändern

Nur mit dem Lesen von Properties ist es natürlich nicht getan – schließlich
müssen Properties ja auch irgendwie erzeugt und mit Daten belegt werden.
Dazu gibt es die Funktion *XChangeProperty()*:

*void XChangeProperty(Display *display, Window window, Atom property,*
*   Atom type, int format, int mode, unsigned char *data,*
*   int nelements)*
display   die Verbindung zum X-Server

window   das Window, dessen Property verändert werden soll

property der Name des Property

type   Dieser Parameter beschreibt den Typ, den das Property besitzen soll. Der Server liefert diesen Typ beim Aufruf von *XGetWindowProperty()* in *actual_type_return* zurück. Ansonsten interpretiert er ihn nicht.

format   enthält den Wert 8, 16 oder 32. In Abhängigkeit davon faßt der Server die Daten als Array von 8-, 16- oder 32-Bit-Werten auf und vertauscht gegebenenfalls selbstständig höher- und niederwertige Bytes in einem Wort. Falls *format* den Wert 16 oder 32 besitzt, muß *data* explizit in *char* * gewandelt werden.

mode   enthält eine der Konstanten *PropModeReplace*, *PropModePrepend* oder *PropModeAppend*. Bei *PropModeReplace* werden die alten Daten im Property durch die neuen Daten ersetzt. Der Wert *PropModePrepend* bewirkt, daß die neuen Daten vor die alten Daten im Property gehängt werden. Bei *PropModeAppend* werden die neuen Daten an das Ende der alten Daten angehängt.

data   ein Zeiger auf die zu speichernden Daten

nelements Dieser Parameter enthält die Anzahl der zu speichernden Elemente in *data*, in Abhängigkeit von *format*.

Falls ein Property nicht existiert, wird es durch *XChangeProperty()* erzeugt.

13.3.3 Portabilitätsprobleme bei Strukturen

Für die Funktionen *XChangeProperty()* und *XGetWindowProperty()* sind die Daten im Property nur ein Array von 8-, 16- oder 32-Bit-Werten. Außer dem eventuell notwendigen Vertauschen von Bytes, dem sogenannten „byte swapping", werden die Daten nicht interpretiert. Sie werden einfach Byte für Byte zum Server transportiert. Eine Applikation muß anhand des Typs eines Property selbst wissen, was sie mit den Daten macht.

Probleme mit dem Format kann es geben, wenn eine C-Datenstruktur in einem Property abgespeichert werden soll. Manche Compiler fügen nämlich zusätzliche Füll-Bytes, sogenannte *Pads* in Strukturen ein. Das wird gemacht, damit jedes einzelne Feld der Struktur auf einer Wortgrenze liegt. Der Prozessor kann dann wortweise auf die Felder zugreifen, was schneller geht. Manche Prozessoren können überhaupt nur wortweise auf Daten zugreifen.

Solange Applikation und Server auf demselben Rechnertyp laufen, merkt man von alledem nichts. Kritisch wird die Sache erst bei der Kommunikation zwischen zwei Rechnern mit unterschiedlicher Architektur. Wenn eine Applikation wirklich portabel sein soll, muß verhindert werden, daß der Compiler Füll-Bytes erzeugt. Beim Definieren einer Struktur muß man darauf achten, daß jedes Feld auf einer Wortgrenze beginnt. Eventuell muß man von Hand Füll-Bytes einbauen.

13.3.4 Properties löschen

Zum Entfernen eines Property von einem Window gibt es die Funktion
XDeleteProperty():

*void XDeleteProperty(Display *display, Window window, Atom property)*
display die Verbindung zum X-Server
window das Window, dessen Property entfernt werden soll
property der Name des Property.

Es gibt außer den bisher vorgestellten Funktionen noch zwei weitere Routinen, die ebenfalls zur Manipulation von Properties verwendet werden. Die
Funktion *XListProperties()* liefert ein Array zurück, in dem alle Properties
eines Windows enthalten sind. *XRotateWindowProperties()* erlaubt das Ro-
tieren von Daten innerhalb einer Liste von Properties. Außerdem gibt es eine
Reihe von speziellen Funktionen, mit denen die vordefinierten Properties manipuliert werden können (s. dazu 13.3.6).

13.3.5 Properties und Events

Oft ist es für eine Applikation wichtig, immer über den Zustand eines Property auf dem Laufenden zu sein. Dazu wird eine Applikation bei Änderungen
am Property vom Server mittels Events benachrichtigt.

Wenn das Property eines Windows verändert wird, werden für das Window Events vom Typ *PropertyNotify* generiert. Mit „verändern" ist gemeint,
daß sich entweder etwas am Inhalt eines Properties ändert oder ein Property erzeugt oder gelöscht wird. Die Event-Maske zum Auswählen eines
PropertyNotify-Events heißt *PropertyChangeMask*. Die Event-Datenstruktur
XPropertyEvent ist folgendermaßen aufgebaut:

```
typedef struct {
    int type;
    unsigned long serial;
    Bool send_event;
    Display *display;
    Window window;
    Atom atom;
    Time time;
    int state;
} XPropertyEvent;
```

Die ersten fünf Felder von *XPropertyEvent* haben dieselbe Bedeutung wie bei
XAnyEvent (s. 11.1), wobei *type* den Wert *PropertyNotify* enthält. Das Feld
window enthält das Window, dessen Property verändert wurde. In *atom* steht
der Name des Property und in *time* die Zeit, zu der das Property modifiziert
wurde. Das Feld *state* enthält den Wert *PropertyDelete*, wenn das Property
gelöscht worden ist. Andernfalls steht hier *PropertyNewValue*.

Wie verwendet man dieses Event nun in einer Applikation? Das ist relativ einfach, wenn das Window, von dem man *PropertyNotify*-Events empfangen möchte, zu einem Widget gehört. Dann kann man nämlich Event-Handler an das Widget hängen.

Komplizierter wird es, wenn das Property zum Beispiel dem Root-Window gehört. Dann muß man zunächst über die Funktion *XSelectInput()* dem Server mitteilen, daß man *PropertyNotify*-Events empfangen möchte:

```
XSelectInput(display, DefaultRootWindow(display), PropertyChangeMask);
```

Weiter muß die Event-Schleife *XtMainLoop()* durch eine eigene Schleife ersetzt werden:

```
while(True) {
    XEvent event;

    XtNextEvent(&event);
    if (event.type == PropertyNotify) {
        if (event.window == DefaultRootWindow(display) &&
            event.xproperty.atom == ...) {
        /* Hier wird auf das Event reagiert... */
        }
    }
    XtDispatchEvent(&event);
}
```

13.3.6   Vordefinierte Property-Namen

Vordefinierte Property-Namen werden hauptsächlich vom Toolkit und von speziellen Applikationen, wie z.B. dem Window-Manager, benutzt. Im Beispiel *readres* hätte man sich eigentlich die beiden Aufrufe von *XInternAtom()* sparen können. Wie in 13.2 bereits erwähnt, gibt es eine Reihe von Atomen, die bereits im Server vordefiniert sind. Die meisten dieser Atome sind Namen und Typen von Properties. Das vordefinierte Atom für den String *RESOURCE_MANAGER* heißt *XA_RESOURCE_MANAGER*, für *STRING* heißt es *XA_STRING*. Den Aufruf von *XGetWindowProperty()* aus *readres* kann man deshalb auch so schreiben:

```
XGetWindowProperty(display, root_window, XA_RESOURCE_MANAGER,
    0L, 5000L, False, XA_STRING, &type_return, &format_return,
    &nitems_return, &bytes_left, &data);
```

Viele der vordefinierten Property-Namen gehören zu Properties, die vom Window-Manager benutzt werden. Darunter ist zum Beispiel das Property *WM_NAME*, in dem der Name eines Shell-Windows abgespeichert ist. Dieser Name wird vom Window-Manager im Titelbalken des Fensters angezeigt. Ein anderes Property namens *WM_NORMAL_HINTS* enthält unter anderem die Größe und Position des Fensters. Eine vollständige Liste aller vordefinierten Property-Namen und -Typen findet man im Xlib-Manual.

Um die Manipulation von vordefinierten Properties zu vereinfachen, stellt
die Xlib spezielle Funktionen zur Verfügung. Diese Funktionen verdecken die
Funktionen *XChangeProperty()* bzw. *XGetWindowProperties()* und erleichtern das Programmiererleben dadurch ein wenig. Um z.B. den String „Applikation" in das Property *WM_NAME* zu schreiben, genügt es, die Funktion
XStoreName() so aufzurufen:

```
XStoreName(display, window, "Applikation");
```

Das ist sicherlich bequemer als ein komplizierter Aufruf von *XChangePro-
perty()*. Übrigens wurde *XStoreName()* bereits still und heimlich in der Xlib-
Version von „Hello World" benutzt, siehe 3.6.

Außer *XStoreName()* gibt es zum Beispiel noch *XFetchName()*, *XSetIcon-
Name()*, *XGetIconName()*, *XSetCommand()* und viele weitere Funktionen.
Wer mehr dazu wissen möchte, kann im Xlib-Manual nachsehen.

13.4 Kommunizieren mit Events

In diesem Abschnitt geht es um den *ClientMessage*-Event, einen besonderen
Event-Typ, der von Applikationen erzeugt wird. Mit Hilfe dieses Event-Typs
können zwei Applikationen über den X-Server miteinander kommunizieren.

Für Events vom Typ *ClientMessage* existiert keine Event-Maske, d.h. es
handelt sich um „nicht maskierbare Events". Die Event-Struktur eines *Client-
Message*-Events ist vom Typ *XClientMessageEvent*:

```
typedef struct {
    int type;
    unsigned long serial;
    Bool send_event;
    Display *display;
    Window window;
    Atom message_type;
    int format;
    union {
        char b[20];
        short s[10];
        long l[5];
    } data;
} XClientMessageEvent;
```

Die ersten fünf Felder der Struktur haben die gleiche Bedeutung wie bei
XAnyEvent, wobei *type* den Wert *ClientMessage* enthält. Das Feld *window*
enthält das Window, zu dem das Event gesendet wird. In *message_type* steht
ein Atom, an dem der empfangende Prozeß erkennen kann, wie das Event zu
interpretieren ist. Das Feld *format* enthält den Wert 8, 16 oder 32, je nachdem
in welchem Format die eigentlichen „Nutzdaten" in *data* interpretiert werden
sollen. Es können maximal 20 Bytes an Nutzdaten übertragen werden.

Beliebige Events – nicht nur *ClientMessage*-Events – können mit der Funktion *XSendEvent()* versendet werden. Diese Funktion ist folgendermaßen definiert:

*Status XSendEvent(Display *display, Window window, Bool propagate,*
         long event_mask, XEvent event_send)

display   der Server, über den das Event versendet werden soll

window   das Window, welches das Event empfangen soll. Außerdem können
        hier die Konstanten *PointerWindow* oder *InputFocus* eingesetzt
        werden. *PointerWindow* ist das Window, in dem sich der Mauszeiger
        gerade befindet. *InputFocus* ist das Window, das den Tastaturfokus
        besitzt.

propagate Dieser Parameter zeigt an, ob das Event eventuell an die Vorfahren
        von *window* hochgereicht werden soll.

event_mask eine Oder-Verknüpfung von Event-Masken

event_send das zu sendende Event.

Bei Erfolg liefert *XSendEvent()* den Wert *Success* als Rückgabewert, im Fehlerfall 0.

Die Auswertung der Übergabeparameter von *XSendEvent()* ist relativ kompliziert. Um sie zu verstehen, muß man wissen, daß beliebig viele Applikationen Interesse an den Events eines Windows anmelden können. Anders ausgedrückt, beliebig viele Applikationen können die Events eines Windows „selektieren". Das geschieht über die Funktion *XSelectInput()*. Zum Beispiel gehört das Root-Window dem Server – er hat es schließlich erzeugt. Wie in 13.3.5 jedoch gezeigt wurde, kann man erreichen, daß Events zusätzlich an andere Applikationen gesendet werden.

Wenn der Parameter *event_mask* den Wert *NoEventMask* hat, wird das Event nur an die Applikation gesendet, die *window* erzeugt hat. Falls die Applikation nicht mehr existiert, wird kein Event gesendet.

Wenn *event_mask* einen anderen Wert besitzt, kommt der Parameter *propagate* ins Spiel. Falls *propagate* den Wert *False* besitzt, wird das Event an jede Applikation gesendet, die einen der Event-Typen in *event_mask* selektiert hat. Wenn *propagate True* ist und keine Applikation für *window* einen der Event-Typen selektiert hat, wird das Event zum nächsten Vorfahren von *window* hochgereicht. Und zwar zum nächsten Vorfahren, für den eine der Applikationen einen der Event-Typen aus *event_mask* selektiert hat.

Übrigens werden Events, die durch einen Aufruf von *XSendEvent()* erzeugt worden sind, auch *Synthetic-Events* genannt.

13.4.1 Properties und *ClientMessage*-Events im Zusammenspiel

Der Einsatz von *ClientMessage*-Events und Properties soll nun an einem Beispiel gezeigt werden. Das Programm heißt *delete* und hat eine recht einfache Benutzungsoberfläche (Abb. 13.1). Sie besteht aus einem Formular mit zwei

Push-Buttons und einem Eingabefeld, in welches ein beliebiger Text eingetragen werden kann. Durch den Button „Daten loeschen", wird der Text im
Eingabefeld gelöscht. Der Button „Beenden" beendet das Programm.

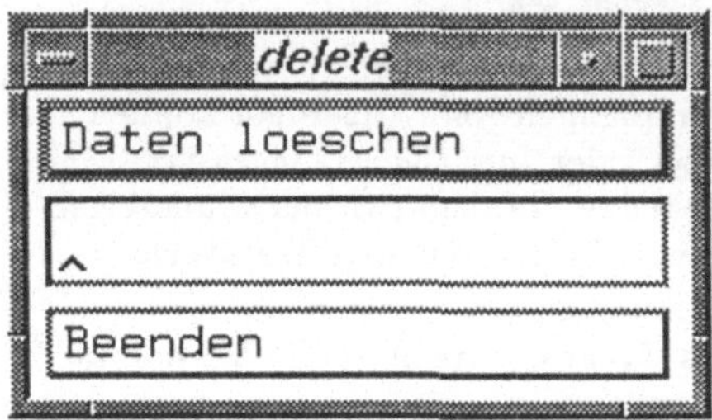

Abb. 13.1 Die Oberfläche von *delete*

Das Besondere an *delete* zeigt sich erst, wenn man *delete* mehrmals auf demselben Bildschirm startet, Text in die Eingabefelder einträgt und anschließend
in irgendeinem Formular den Button „Daten loeschen" drückt. Es werden dadurch nämlich auch die Eingabefelder in allen anderen Formularen gelöscht.
Das Kommando zum Löschen des Eingabefeldes wird vom Prozeß, dessen
Button man gedrückt hat, an alle anderen *delete*-Prozesse weitergeleitet. Zum
Weiterleiten des Kommandos wird ein *ClientMessage*-Event benutzt, das an
die Windows aller vorhandenen Eingabefelder gesendet wird. Das Eingabefeld besitzt einen Event-Handler, der beim Eintreffen dieses Events das Feld
löscht.

Woher weiß *delete*, an welche Windows ein Event gesendet werden muß?
Ein *delete*-Prozeß kennt ja noch nicht einmal seine Geschwisterprozesse, von
deren Windows ganz zu schweigen. Dieses Problem läßt sich durch Properties
in den Griff bekommen: Am Root-Window des Bildschirms wird ein Property
installiert. Dieses Property enthält ein Array mit den Window-Identifiern der
Textfelder aller laufenden *delete*-Prozesse. Immer wenn *delete* gestartet wird,
trägt es in das Property den Window-Identifier seines Eingabefelds ein. Umgekehrt wird dieser Window-Identifier wieder gelöscht, wenn der Prozeß beendet
wird. Ein Prozeß, der ein Event an seine Geschwisterprozesse versenden will,
muß nur das Property auslesen und das Event an alle eingetragenen Windows schicken. Die Datei *prop.c* enthält alle Routinen, die mit der Property-
Verwaltung und dem Senden und Empfangen des *ClientMessage*-Events zu
tun haben.

Eine Bemerkung dazu im voraus: Die Routinen *AddWindow()*, *DeleteWin-
dow()* und *GetWindows()* überprüfen beim Aufruf nicht, ob zur selben Zeit
ein anderer Prozeß ebenfalls eine dieser Routinen aufgerufen hat. Da alle
delete-Prozesse über diese Routinen auf ein gemeinsames Property zugreifen, kann es zu einer *Race-Condition* kommen. Wenn zum Beispiel ein neuer

delete-Prozeß einen Window-Identifier ins Property einträgt und ein alter
Prozeß zur selben Zeit einen Window-Identifier löscht, gibt's Probleme. Für
eine Applikation, die nicht nur als Beispiel dienen soll, muß man solche Situationen durch die Verwendung von *Semaphore* verhindern.

Die Routine *CreateAtoms()* erzeugt zwei Atome: *DELETE_TEXT* ist der
Name des Properties, in dem die Windows gespeichert werden. Dieses Property wird am Root-Window installiert. Das kann Probleme bereiten, wenn
dort bereits eine andere Applikation ein Property gleichen Namens, aber zu
einem anderen Zweck, installiert hat. Man sollte Property-Namen deshalb
möglichst mit einem eindeutigen Präfix versehen. Das Atom *WINDOW_AR-
RAY* ist der Typ von *DELETE_TEXT*. *DELETE_TEXT* wird zugleich als
Nachricht im *ClientMessage*-Event benutzt.

```
/*
 * prop.c -- Routinen zum Verwalten von Windows in einem Property
 *    und zum Senden einer "Delete"-Message
 */


#include <Xm/Xm.h>
#include <X11/AtomMgr.h>

static Atom Delete_Text,  /* Atom fuer Property und Loesch-Befehl */
            Window_Array; /* Atom fuer den Typ des Properties */
/*
 * CreateAtoms -- Atome fuer Property, Property-Typ und
 *    Client-Message erzeugen
 */

void CreateAtoms(display)
    Display *display;
{
    Window_Array = XmInternAtom(display, "WINDOW_ARRAY", FALSE);
    Delete_Text = XmInternAtom(display, "DELETE_TEXT", FALSE);
}
```

Die Funktion *AddWindow()* trägt *window* in das Property *DELETE_TEXT*
des Root-Windows ein. Falls kein Property dieses Namens existiert, wird
es durch die Funktion erzeugt. Der Inhalt des Property besteht aus einem
Array variabler Länge. Jedes Element des Arrays ist 32 Bit groß und nimmt
ein Window auf. Bei jedem Aufruf von *AddWindow()* wird der übergebene
Window-Identifier an den Inhalt des Properties angehängt.

Zuletzt wird *XFlush()* aufgerufen. Dadurch werden alle anstehenden An-
fragen des Clients an den Server sofort zum Server übertragen und alle noch
anstehenden Events des Servers in die Event-Queue des Clients gebracht.

```
/*
 * AddWindow -- Window in das Property eintragen
 */
```

```
void AddWindow(display, window)
   Display *display;
   Window window;
{
   XChangeProperty(display, DefaultRootWindow(display),
                   Delete_Text, Window_Array, 32, PropModeAppend,
                   (char *)&window, 1);
   XFlush(display);
}
```

GetWindows() liest das Array der Windows aus und liefert einen Zeiger auf
die Daten als Rückgabewert. Die Anzahl der Elemente im Property wird
durch *num_windows* zurückgeliefert. Beim Aufruf von *GetWindows()* werden maximal 1000 Einträge ausgelesen. Für unser Beispiel ist das keine Einschränkung – wer startet schon 1000 mal *delete*? Da macht das Betriebssystem dem Benutzer schon vorher einen Strich durch die Rechnung. Die
Ausgabe der Warnung mit *XtWarning()* ist deshalb eher theoretischer Na-
tur.

```
/*
 * GetWindows -- Array mit den Windows lesen
 */

Window *GetWindows(display, num_windows)
   Display *display;
   int *num_windows;
{
   int format_return;
   unsigned long nitems, bytes_left;
   Atom type_return;
   char *data;

   if (XGetWindowProperty(display, DefaultRootWindow(display),
           Delete_Text, 0L, 1000L, False,
           Window_Array, &type_return,
           &format_return, &nitems, &bytes_left, &data) != Success) {
      *num_windows = 0;
      return NULL;
   }

   if (bytes_left != 0) {
      XtWarning("Zu viele Prozesse gestartet");
   }

   *num_windows = (int)nitems;
   return (Window *)data;
}
```

DeleteWindow() entfernt ein Window aus dem Property. Leider gibt es
keine Xlib-Funktion, die das direkt unterstützt. Deshalb ist *DeleteWindow()*
etwas komplizierter:

```
/*
 * DeleteWindow -- Window aus Property entfernen
 */

void DeleteWindow(display, window)
   Display *display;
   Window window;
{
   Window *windows;
   int n;
   register int i, j;

   /* Property lesen */

   windows = GetWindows(display, &n);

   /* Window aus der Liste entfernen */

   for (i = 0; i < n; i++) {
       if (windows[i] == window) {

           /* Zu loeschendes Window mit dem letzten Window
            * in der Liste ueberschreiben */

           windows[i] = windows[--n];
           break;
       }
   }

   /* Veraenderte Liste zurueckschreiben bzw. Property loeschen */

   if (n > 0) {
       XChangeProperty(display, DefaultRootWindow(display),
                   Delete_Text, Window_Array,
                   32, PropModeReplace, (char *)windows, n);
   } else {
       XDeleteProperty(display, DefaultRootWindow(display),
                   Delete_Text);
   }
   XFlush(display);
   XFree(windows);
}
```

Zuerst wird der Inhalt des Property mit *GetWindows()* gelesen. Die Variable *windows* zeigt danach auf das Array mit den gespeicherten Window-
Identifiern, *n* enthält die Länge des Arrays. Danach wird *window* aus dem

Array entfernt. Das veränderte Array wird dann ins Property zurückgeschrieben. Falls das Array leer ist, wird das Property entfernt. Schließlich wird mit *XFree()* der Speicherplatz, der von *GetWindows()* für das Array reserviert wurde, freigegeben.

Die nächste Routine heißt *SendDeleteMessage()* und versendet die Nachricht zum Löschen eines Eingabefelds an das Window, das durch den Parameter *window* beschrieben wird. Dazu wird zunächst die Event-Struktur mit den notwendigen Informationen gefüllt. Das Feld *message_type* enthält die eigentliche Nachricht, das Atom *DELETE_TEXT*. Schließlich wird das Event mit *XSendEvent()* abgeschickt.

```
/*
 * SendDeleteMessage -- Loesch-Befehl an ein Window senden
 */

void SendDeleteMessage(display, window)
    Display *display;
    Window window;
{
    XClientMessageEvent event;

    event.display = display;
    event.window = window;
    event.type = ClientMessage;
    event.format = 32;
    event.message_type = Delete_Text;

    XSendEvent(display, window, False, NoEventMask, &event);
}
```

Nun fehlt noch ein Event-Handler, der beim Eintreffen des *ClientMessage*-Events aufgerufen wird. Der Event-Handler wird mit *XtAddEventHandler()* an das *Text*-Widget gehängt:

```
/*
 * DeleteMessageHandler -- Event-Handler wird durch ein
 *     ClientMessage-Event aufgerufen und loescht den Inhalt
 *     des Text-Widgets.
 */

void DeleteMessageHandler(w, client_data, event)
    Widget w;
    caddr_t client_data;
    XClientMessageEvent *event;
{
    if (event->type == ClientMessage
        && event->message_type == Delete_Text) {
        XmTextSetString(w, "");
    }
}
```

Damit sind die Routinen zur Behandlung von Properties und Events fertig.
Das Hauptprogramm, zwei Callbacks und die Funktion zum Erzeugen des
Formulars stehen in der Datei *delete.c*. Das Hauptprogramm ist wie üblich
aufgebaut. Nach der Initialisierung werden durch *CreateAtoms()* die verwendeten Atome beim Server gespeichert. Danach erzeugt *CreateForm()* das Formular und liefert den Widget-Identifier des Eingabefelds als Rückgabewert.
Die Funktion *AddWindow()* darf erst aufgerufen werden, wenn die Widgets
realisiert worden sind. Vorher existiert ja noch kein Window, das in das Property eingetragen werden kann!

```
/*
 * delete.c -- Beispiel fuer ClientMessage-Events und Properties
 */

#include <Xm/Xm.h>              /* allgem. fuer Motif-Widgets */
#include <Xm/RowColumn.h>       /* RowColumn-Widget */
#include <Xm/PushB.h>           /* PushButton-Widget */
#include <Xm/Text.h>            /* Text-Widget */

/*
 *   main
 */

void main(argc, argv)
   unsigned int argc;
   char **argv;
{
    Widget        app_shell, text;
    extern void   CreateAtoms(), AddWindow();
    extern Widget CreateForm();

    /* Toolkit initialisieren. */
    app_shell = XtInitialize(NULL, "Delete", NULL, 0,  &argc, argv);

    CreateAtoms(XtDisplay(app_shell));

    /* Widgets erzeugen und realisieren. */

    text = CreateForm(app_shell);
    XtRealizeWidget(app_shell);

    /* Window des Eingabefelds in's Property eintragen */

    AddWindow(XtDisplay(text), XtWindow(text));

    /* Events verarbeiten */

    XtMainLoop();
}
```

CreateForm() erzeugt alle Widgets und hängt die Callbacks *DeleteCB()* und *ExitCB()* an die beiden Buttons. Das Eingabefeld besteht aus einem *Text*-Widget, an das der Event-Handler *DeleteMessageHandler()* gehängt wird.

```
/*
 * CreateForm -- Formular erzeugen
 */

static Widget CreateForm(shell)
   Widget shell;
{
   Widget row, delete, quit, text;
   extern void DeleteMessageHandler();

   row = XmCreateRowColumn(shell, "row", NULL, 0);
   XtManageChild(row);

   delete = XmCreatePushButton(row, "delete", NULL, 0);
   XtAddCallback(delete, XmNactivateCallback, DeleteCB, NULL);
   XtManageChild(delete);

   text = XmCreateText(row, "text", NULL, 0);
   XtAddEventHandler(text, NoEventMask, TRUE, DeleteMessageHandler,
                     NULL);
   XtManageChild(text);

   quit = XmCreatePushButton(row, "exit", NULL, 0);
   XtAddCallback(quit, XmNactivateCallback, ExitCB, text);
   XtManageChild(quit);

   return text;
}
```

Die Callback-Routine *DeleteCB()* holt sich zuerst mit *GetWindows()* alle Windows, an die ein Event gesendet werden muß. Danach wird an jedes Window mit *SendDeleteMessage()* ein Event geschickt.

```
/*
 * DeleteCB -- Callback zum Loeschen des Text-Widgets
 */

void DeleteCB(widget, client_data, call_data)
   Widget  widget;
   caddr_t client_data;
   caddr_t call_data;
{
   Display *display;
   Window *windows;
   register int i;
```

```
    int n;
    extern Window *GetWindows();

    display = XtDisplay(widget);
    windows = GetWindows(display, &n); /* Windows holen */

    /* An jedes Window ein Event senden */

    for (i = 0; i < n; i++)
        SendDeleteMessage(display, windows[i]);

    XFlush(display);
    XFree(windows);
}
```

Die Callback *ExitCB()* beendet das Programm. Der Window-Identifier des
Eingabefeldes muß dabei wieder aus dem Property entfernt werden, sonst hat
man dort Window-Identifier stehen, zu denen kein Window mehr existiert.
Das Senden eines Events an ein nicht vorhandenes Window wird dann mit
dem Aufruf des Xlib-Error-Handlers „belohnt", der das Programm normalerweise abbricht.

```
/*
 *  ExitCB -- Callback fuer den Exit-Button beendet das Programm
 */

static void ExitCB(widget, client_data, call_data)
    Widget  widget;
    caddr_t client_data;
    caddr_t call_data;
{
    Widget text = (Widget)client_data;

    /* Window aus der Window-Liste entfernen */

    DeleteWindow(XtDisplay(widget), XtWindow(text));
    exit(0);
}
```

Das Ressourcen-File enthält nur zwei Zeilen:

```
*delete.labelString: Daten loeschen
*exit.labelString:Beenden
```

Ein Schönheitsfehler des Programms soll nicht verschwiegen werden: Solange ein Prozeß über den Exit-Button verlassen wird, funktioniert alles wie
gewünscht. Wenn ein Prozeß aber zum Beispiel durch ein Unix-Signal abgebrochen wird, bleibt der Window-Identifier dieses Prozesses als „Leiche"
im Property stehen. Man könnte nun auf die Idee kommen, die Signale des

Betriebssystems abzufangen. Allerdings gibt es Signale, wie zum Beispiel *SIG-KILL*, die nicht abgefangen werden können.

Eine Lösung des Problems besteht darin, einen eigenen Xlib-Error-Handler zu installieren (s. 8.8.5). Dieser Handler muß zunächst überprüfen, ob es sich um einen Fehler vom Typ *BadWindow* handelt. Außerdem muß der Fehler durch einen Aufruf von *XSendEvent()* ausgelöst worden und der Window-Identifier im Property enthalten sein. In diesem Fall kann der Window-Identifier aus dem Property entfernt werden. Danach kann der Handler zur aufrufenden Prozedur zurückkehren. In allen anderen Fehlerfällen sollte das Programm beendet werden.

Eine andere Lösung ist, auf *DestroyNotify*-Events der im Property eingetragenen Windows zu reagieren. Die erste Applikation, die ein solches Event empfängt, muß den Window-Identifier aus dem Property entfernen. In einer „ernsthaften" Applikation muß dabei der Zugriff auf das Property über Semaphore kontrolliert werden.

13.5 Selektionen

Im Zusammenhang mit dem *Text*-Widget (s. 7.7.6) wurde bereits der Selektionsmechanismus für Texte besprochen. Für den Austausch der selektierten Daten werden Properties benutzt. Im X-Server ist für jede mögliche Selektion ein Name als Atom abgespeichert. Das ICCCM legt dafür die drei Namen *PRIMARY*, *SECONDARY* und *CLIPBOARD* fest. Will ein Prozeß nun selektierte Daten anderen Prozessen zur Verfügung stellen, dann teilt er das dem X-Server mit, indem er den „Besitz" der Selektion anmeldet. Dazu schickt der Prozeß dem Server einen Window-Identifier, den der Server anstelle des selektierten Textes speichert. Dieses Window ist der „Besitzer" der Selektion.

Will nun ein anderer Prozeß die selektierten Daten lesen, so muß er eine Anfrage an den X-Server stellen. Der X-Server schickt daraufhin ein Event an den Besitzer der Selektion. Der Besitzer-Prozeß muß dann den selektierten Text in ein Property schreiben, das vom „Anfrager" zur Verfügung gestellt werden muß. Über *PropertyNotify*-Events bekommt der Anfrager mit, daß der selektierte Text übergeben wurde.

In erster Linie wird man den Selektionsmechanismus wohl im Zusammenhang mit dem interaktiven Selektieren von Daten verwenden, zum Beispiel bei einem Editor. Dies muß allerdings nicht unbedingt der Fall sein. Vielmehr ist der „Selektionsmechanismus" in der Begriffswelt des X-Window-Systems als eine mögliche Art der Prozeßkommunikation zu verstehen. Will man den Selektionsmechanismus in eigenen Applikationen zur Kommunikation über Prozeßgrenzen benutzen, so sind viele Konventionen einzuhalten (s. Rosenthal(1989); die Aufzählung dieser Regeln, der zugehörigen Routinen und Events würde hier zu weit führen).

13.6 Das Motif-Clipboard

Ein *Clipboard* ist eine Art „schwarzes Brett", an das ein Benutzer Informationen heften kann, die von anderen Benutzern des Clipboards gelesen werden können. In unserem Fall handelt es sich bei den Benutzern des Clipboards um Prozesse, die Daten untereinander austauschen möchten.

Eine typische Anwendung für ein Clipboard ist der Datenaustausch zwischen Editoren. Normalerweise bieten Editoren die Möglichkeit, mit dem Befehl „Cut" Text auszuschneiden und auf das Clipboard zu schreiben. Mit „Paste" kann der Text wieder vom Clipboard gelesen und in den laufenden Text eingefügt werden. Das Standardprogramm *xclipboard* kann man benutzen, um die „angehefteten" Texte anzuzeigen.

Der Clipboard-Mechanismus wird mit Hilfe der speziellen Selektion *CLIPBOARD* realisiert. Während auf dem Clipboard mehrere Datensätze vorhanden sein können, gibt es immer nur einen selektierten Datensatz, der anderen Prozessen zugänglich ist. Dieser aktuelle Datensatz wird von der Selektion *CLIPBOARD* kontrolliert.

Das Programm *xclipboard* zeigt stets den aktuellen Datensatz an. Text-Editoren können neue Daten auf das Clipboard schreiben. Die Daten werden von *xclipboard* in einer History-Liste verwaltet. Diese Liste kann man durchlaufen, wobei der gerade sichtbare Text zum aktuellen Datensatz für die Selektion *CLIPBOARD* wird. Der Selektionsmechanismus funktioniert auch, wenn es kein besonderes Programm gibt, das die Daten anzeigt. Im engeren Sinne kann man die Selektion selbst als „Clipboard" bezeichnen, auf dem allerdings nur ein Datensatz abgelegt ist. Das Programm *xclipboard* ist in diesem Sinne ein „Clipboard-Viewer".

Wie im letzten Abschnitt schon erwähnt, ist die korrekte Verwendung einer Selektion recht aufwendig und kompliziert. Glücklicherweise bietet das Motif-Toolkit für die Selektion *CLIPBOARD* aber eine komfortable Schnittstelle an, die ihren Einsatz erheblich vereinfacht. Im Zusammenhang mit dem *Text*-Widget wurden bereits die Funktionen *XmTextCut()*, *XmTextCopy()* und *XmTextPaste()* vorgestellt. Mit ihnen kann der selektierte Text eines *Text*-Widgets, also die Daten der Selektion *PRIMARY*, auf das Clipboard geschrieben werden. Eine allgemeinere Schnittstelle zum Clipboard wird in diesem Abschnitt vorgestellt.

13.6.1 Die Clipboard-Schnittstelle

Im Prinzip benötigt man für die Anwendung des Clipboards nur eine Routine zum Lesen und eine zum Schreiben. Ganz so einfach ist die Clipboard-Schnittstelle allerdings nicht. Man kann die Daten nämlich auch stückweise auf das Clipboard schreiben. Damit die Zusammenstellung der Daten nicht unterbrochen wird, also der Besitz der Selektion *CLIPBOARD* nicht verloren geht, gibt es einen Sperrmechanismus. Er wird mit den beiden Routinen *XmClipboardLock()* und *XmClipboardUnlock()* realisiert. Sperrt ein Prozeß das Clipboard mit der Routine *XmClipboardLock()*, dann kann nur noch dieser Prozeß auf das Clipboard zugreifen. Andere Prozesse erhalten beim Aufruf einer Clipboard-Routine einen Fehler-Status zurückgeliefert. Dies gilt solange, bis der Prozeß *XmClipboardUnlock()* aufruft. Der sperrende Prozeß kann Lock und Unlock auch paarweise geschachtelt aufrufen.

Die Lock-Routinen werden jedoch selten direkt aufgerufen. Andere Clipboard-Routinen sperren das Clipboard automatisch, so daß man sich nicht mehr darum kümmern muß. Eine Schreiboperation muß zum Beispiel immer von den beiden Aufrufen *XmClipboardStartCopy()* und *XmClipboardEnd-Copy()* umrahmt sein. Die erste Routine sperrt das Clipboard, die zweite gibt es wieder frei. Die eigentliche Schreiboperation besteht aus einem oder mehreren Aufrufen der Routine *XmClipboardCopy()*. Jede Schreiboperation, die mit *XmClipboardStartCopy()* eingeleitet und mit *XmClipboardEndCopy()* beendet wird, löscht die Daten der vorherigen Schreiboperation.

Ein einfaches Beispiel soll die Clipboard-Schnittstelle erläutern. Das Programm *clip* besitzt ein Formular mit drei Buttons und einem *Text*-Widget. Abbildung 13.2 zeigt zwei von diesen Formularen, die jeweils zu einem eigenen Prozeß gehören. Das *Text*-Widget befindet sich am unteren Rand des Formulars. Mit dem oberen Button kann der String aus dem Text-Widget auf das Clipboard kopiert werden, mit dem mittleren Button vom Clipboard gelesen und in das *Text*-Widget kopiert werden, und der untere Button beendet das Programm.

Abbildung 13.2 zeigt ein Szenario, bei dem das Programm zweimal gestartet wurde. Mit Hilfe des Clipboards können Texte von einem Prozeß zum anderen gesendet werden. Dazu gibt man in das *Text*-Widget des einen Prozesses einen Text ein und drückt den obersten Button. Dadurch wird der Text auf das Clipboard kopiert. Im zweiten Formular drückt man nun den mittleren Button, und der kopierte Text wird in das *Text*-Widget dieses Formulars eingetragen. Im ersten Formular hat man also eine Cut- oder Copy-Operation durchgeführt, im zweiten eine Paste-Operation. Dieses Spiel kann man natürlich auch mit mehr als zwei Partnern spielen. Man muß dazu nur das Programm *clip* mehrmals aufrufen.

Das Hauptprogramm von *clip* bereitet keine besonderen Schwierigkeiten:

```
#include <Xm/Xm.h>
#include <Xm/RowColumn.h>
#include <Xm/PushB.h>
#include <Xm/Text.h>
#include <Xm/CutPaste.h>

static void CopyCB();
static void PasteCB();
static void ExitCB();

Widget app_shell;          /* Application-Shell von clip.
                            * Dieses Widget dient gleichzeitig als
```

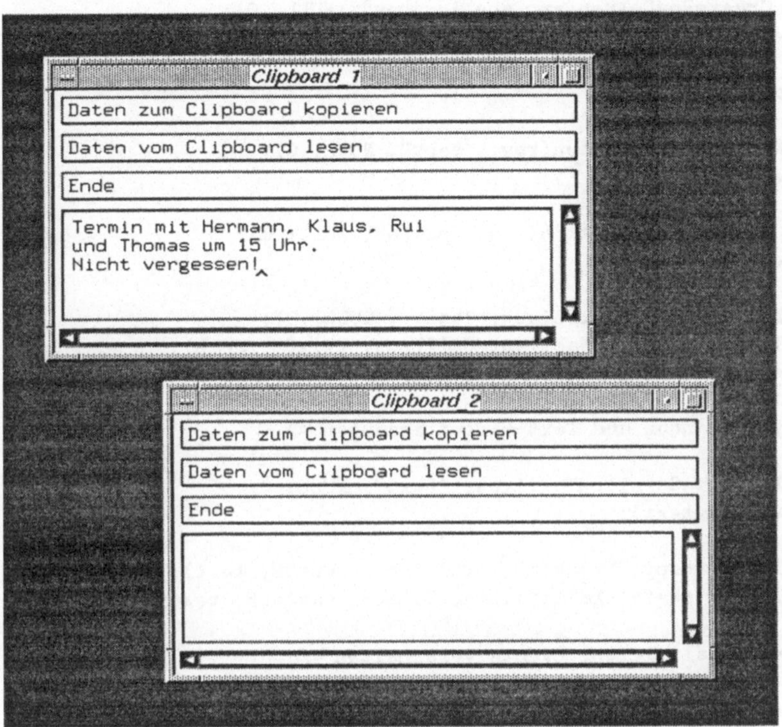

Abb. 13.2 Datenaustausch über das Clipboard

```
                              * ausgezeichnetes Widget fuer alle
                              * XmClipboard...-Funktionen. */

/*
 *   main -- das Hauptprogramm von clip
 */

void main(argc, argv)
   unsigned int argc;
   char **argv;
{
   Widget row, copy, paste, quit, text;

   /* Toolkit initialisieren */

   app_shell = XtInitialize(argv[0], "Clip", NULL, 0,  &argc, argv);

   /* RowColumn-Widget als Container */
```

```
    row = XmCreateRowColumn(app_shell, "row", NULL, 0);
    XtManageChild(row);

    /* Buttons erzeugen */

    copy = XmCreatePushButton(row, "copy", NULL, 0);
    XtManageChild(copy);

    paste = XmCreatePushButton(row, "paste", NULL, 0);
    XtManageChild(paste);

    quit = XmCreatePushButton(row, "exit", NULL, 0);
    XtAddCallback(quit, XmNactivateCallback, ExitCB, NULL);
    XtManageChild(quit);

    /* Scrolled-Window und Text-Widget erzeugen */

    text = XmCreateScrolledText(row, "text", NULL, 0);
    XtManageChild(text);

    XtAddCallback(copy, XmNactivateCallback, CopyCB, text);
    XtAddCallback(paste, XmNactivateCallback, PasteCB, text);

    /* Widgets realisieren, Events verarbeiten */

    XtRealizeWidget(app_shell);
    XtMainLoop();
}
```

Um die Clipboard-Routinen von Motif verwenden zu können, muß das
Include-File *CutPaste.h* eingebunden werden. Da die Callback-Routinen die
Variable *app_shell* benutzen, wird sie als globale Variable definiert. Ein *Row-
Column*-Widget nimmt die drei Buttons und das *Text*-Widget auf. Das *Text*-
Widget wird mit der Funktion *XmCreateScrolledText()* erzeugt. Die Callback-
Routine *ExitCB()* wurde bereits in 8.1.1 beschrieben.

Interessant sind die beiden Callback-Routinen *CopyCB()* und *PasteCB()*,
mit denen die einfachste Handhabung des Motif-Clipboards gezeigt werden
soll. Beiden Callback-Routinen wird das *Text*-Widget als Client-Data übergeben. *CopyCB()* holt den eingegebenen Text aus dem *Text*-Widget heraus
und kopiert ihn auf das Clipboard. Die Funktion *PasteCB()* holt die Daten
aus dem Clipboard heraus und gibt sie in das *Text*-Widget aus.

13.6.2   Daten auf das Clipboard kopieren

Die Callback-Routine *CopyCB()* ermittelt den Inhalt des *Text*-Widgets mit
der Funktion *XmTextGetString()*. Danach wird der Text auf das Clipboard
geschrieben:

```
/*
 * CopyCB -- Inhalt des Text-Widgets auf das Clipboard kopieren
 */

static void CopyCB(widget, client_data, call_data)
    Widget  widget;
    caddr_t client_data; /* das Text-Widget */
    caddr_t call_data;
{
    XmAnyCallbackStruct *cb = (XmAnyCallbackStruct *) call_data;
    Widget    text_widget    = (Widget)client_data;
    Display *display         = XtDisplay(app_shell);
    Window   window          = XtWindow(app_shell);
    long     item_id;
    int      status, data_id;
    char    *text;
    static   XmString clip_label = NULL;

    if (!clip_label)
        clip_label = XmStringCreateSimple("Clipboard");

    /* Inhalt des Text-Widgets ermitteln */

    text = XmTextGetString(text_widget);
    if (text != NULL) {
        while ((status = XmClipboardStartCopy(display, window,
                            clip_label,
                            cb->event->xbutton.time, NULL,
                            NULL, &item_id)) != ClipboardSuccess);

        while ((status = XmClipboardCopy(display, window, item_id,
                            "STRING", text,
                            (unsigned long)(strlen(text) + 1), 0,
                            &data_id)) != ClipboardSuccess);

        while ((status = XmClipboardEndCopy(display, window,
                            item_id)) != ClipboardSuccess);
        XtFree(text);
    }
}
```

Die Funktion *XmClipboardStartCopy()* leitet eine Schreiboperation ein und
sperrt das Clipboard. Diese Funktion muß immer aufgerufen werden, bevor *XmClipboardCopy()* benutzt werden darf. Ein temporärer Speicher sam-
melt die Daten der Aufrufe von *XmClipboardCopy()*. Mit *XmClipboard-
EndCopy()* werden sie dann endgültig auf das Clipboard geschrieben. Alte
Clipboard-Daten werden dadurch überschrieben. Soll eine Schreiboperation
abgebrochen werden, also trotz Aufruf von *XmClipboardCopy()* nicht auf das
Clipboard geschrieben werden, muß die Schreiboperation mit *XmClipboard-*

UndoCopy() anstelle von *XmClipboardEndCopy()* abgeschlossen werden.

Da hier Prozeßkommunikation mit Hilfe des X-Servers betrieben wird, erwarten die Routinen ein Display als Parameter. Zusätzlich muß ein Window angegeben werden, das als Besitzer der Selektion *CLIPBOARD* fungieren kann. Die Clipboard-Schnittstelle geht davon aus, daß jedes Programm ein ausgezeichnetes Clipboard-Widget besitzt, zum Beispiel ein Shell-Widget, das zur Verwaltung des Clipboards benutzt wird. Allen Clipboard-Routinen wird das Window dieses Widgets als Parameter übergeben. Dazu wird *XtWindow()* benutzt. Die Clipboard-Routinen werden solange aufgerufen, bis sie erfolgreich abgeschlossen werden konnten.

Normalerweise speichert die Clipboard-Schnittstelle die aktuellen Daten des Clipboards zusätzlich im X-Server ab. Dies ist eine Erweiterung der Funktionalität der Selektion *CLIPBOARD*. Weil das Abspeichern bei großen Datenmengen nicht immer wünschenswert ist, stellt die Clipboard-Schnittstelle einen besonderen Mechanismus zur Verfügung: Copy-By-Name. Eine Reihe von Parametern, die sich auf diesen Mechanismus beziehen, werden erst später genauer erklärt und können erst einmal ignoriert werden.

Die Routine *XmClipboardStartCopy()* leitet eine Schreiboperation ein:

*int XmClipboardStartCopy(Display *display, Window window,*
*   XmString clip_label, Time timestamp,*
*   Widget widget, VoidProc callback,*
*   long *item_id_return)*

display	Display des ausgezeichneten Clipboard-Widgets
window	Window des ausgezeichneten Clipboard-Widgets
clip_label	beliebiger Text im Format *XmString*, der von einem Clipboard-Viewer zur Kennzeichnung der Daten auf dem Clipboard benutzt werden kann
timestamp	Hier muß die aktuelle Zeit des X-Servers eingetragen werden. Diese Zeit steht zum Beispiel im Feld *time* einer Event-Datenstruktur.
widget	für Copy-By-Name: Dieses Widget erhält die Events, wenn die eigentlichen Daten angefordert werden. Wenn Copy-By-Name nicht verwendet wird, kann hier *NULL* angegeben werden.
callback	für Copy-By-Name: Diese Callback-Routine wird aufgerufen, wenn die Daten angefordert werden. Wenn Copy-By-Name nicht verwendet wird, kann hier *NULL* angegeben werden.
item_id_return	alle folgenden Routinen, die zu einer Schreiboperation gehören, müssen diesen Identifier als Parameter übergeben.

Die Routine *XmClipboardCopy()* kopiert die in *buffer* stehenden Daten zuerst in den temporären Speicher des Clipboards:

*int XmClipboardCopy(Display *display, Window window, long item_id,*
*   char *format_name, char *buffer, unsigned long length,*
*   int private_id, int *data_id_return)*

display	Display des ausgezeichneten Clipboard-Widgets
window	Window des ausgezeichneten Clipboard-Widgets

item_id   der von *XmClipboardStartCopy()* gelieferte Identifier

format_name   Name des Formats, zum Beispiel *STRING*. Die Daten
                 unterschiedlichen Formats werden getrennt verwaltet. Bei
                 mehrmaligem Aufruf von *XmClipboardCopy()* werden alle Daten
                 gleichen Formats hintereinander gehängt.

buffer   Zeiger auf die Daten, die in das Clipboard kopiert werden sollen

length   Größe der zu kopierenden Daten

private_id   Konstante zur Kennzeichnung der Daten eines Formats. Hier kann
                 ein beliebiger Integer-Wert übergeben werden.

data_id_return   für Copy-By-Name: liefert eine eindeutige Nummer für das
                 Datenstück, das später mit dem Aufruf von
                 XmClipboardCopyByName() geschrieben werden muß.

Die Routine *XmClipboardEndCopy()* beendet eine Schreiboperation und kopiert die Daten auf das Clipboard:

*int XmClipboardEndCopy(Display *display, Window window, long item_id)*
display Display des ausgezeichneten Clipboard-Widgets
window Window des ausgezeichneten Clipboard-Widgets
item_id der von *XmClipboardStartCopy()* gelieferte Identifier.

Alle Funktionen liefern bei Erfolg den Wert *ClipboardSuccess* zurück. Falls
das Clipboard von einer anderen Anwendung gesperrt war, ist der Rückgabewert *ClipboardLocked*. *XmClipboardCopy()* kann außerdem den Wert
ClipboardFail zurückgeben, falls vorher *XmClipboardStartCopy()* nicht aufgerufen wurde.

13.6.3   Daten vom Clipboard lesen

Die Callback-Routine *PasteCB()* liest die kopierten Daten vom Clipboard:

```
/*
 * PasteCB -- Daten vom Clipboard lesen und ins Text-Widget kopieren
 */

static void PasteCB(w, client_data, call_data)
    Widget  w;
    caddr_t client_data;
    caddr_t call_data;  /* unbenutzt */
{
    Widget        text_widget = (Widget) client_data;
    char          *buffer;
    unsigned long length, bytes_return;
    int           private_id;
    int           status;


    /* Puffer fuer die gespeicherten Daten schaffen */
```

```
    while ((status = XmClipboardInquireLength(XtDisplay(app_shell),
            XtWindow(app_shell), "STRING", &length))
            != ClipboardSuccess && status != ClipboardNoData);


    buffer = XtMalloc(length);


    /* Daten vom Clipboard lesen */

    while ((status = XmClipboardRetrieve(XtDisplay(app_shell),
            XtWindow(app_shell), "STRING", buffer,
            length, &bytes_return, &private_id))
            != ClipboardSuccess && status != ClipboardNoData);


    /* Daten ins eigene Text-Widget kopieren */

    XmTextSetString(text_widget, buffer);
    XtFree(buffer);
}
```

Die Daten werden mit Hilfe der Routine *XmClipboardRetrieve()* vom Clipboard in einen Puffer gelesen und mit *XmTextSetString()* in das *Text*-Widget geschrieben, das mit *client_data* übergeben wird. Um den bereitgestellten Puffer von vornherein groß genug zu machen, wird die Anzahl der Bytes auf dem Clipboard mit der Routine *XmClipboardInquireLength()* vorher ermittelt:

*int XmClipboardInquireCount(Display *display, Window window, int *count,*
*   int *max_format_name_length)*

display	Display des ausgezeichneten Clipboard-Widgets
window	Window des ausgezeichneten Clipboard-Widgets
count	liefert die Größe aller Daten
max_format_name_length	liefert die maximale Länge aller Formatnamen von den Daten, die sich gerade auf dem Clipboard befinden.

Als Ergebnis liefert die Routine entweder *ClipboardSuccess*, *ClipboardLocked* oder *ClipboardNoData* zurück.

Die Funktion *XmClipboardRetrieve()* kopiert die Daten vom Clipboard in einen Puffer, der von der Applikation bereitgestellt werden muß:

*int XmClipboardRetrieve(Display *display, Window window, char *format_name,*
*   char *buffer, unsigned long length,*
*   unsigned long *num_bytes_return, int *private_id)*

display	Display des ausgezeichneten Clipboard-Widgets
window	Window des ausgezeichneten Clipboard-Widgets
format_name	nur die Daten dieses Formats werden gelesen
buffer	Zeiger auf den Speicherplatz, in den die Daten aus dem Clipboard kopiert werden sollen
length	Speichergröße von *buffer*

num_bytes_return Anzahl der Bytes, die in *buffer* kopiert wurden, also gelesen
werden konnten

private_id   Kennzeichnung der Daten eines Formats.

Diese Routine kann außer *ClipboardSuccess* und *ClipboardLocked* noch folgende Werte zurückliefern:

ClipboardTruncate: Die Daten wurden gekürzt, weil der Speicher des Puffers
  nicht groß genug war.
ClipboardNoData: Es konnten keine Daten mit dem angegebenen Format
  gefunden werden.

Will man zum Lesen der Daten einen Puffer fester Länge verwenden, so
kann man *XmClipboardRetrieve()* auch mehrmals aufrufen, um die Daten
stückweise zu lesen. Dann muß das Lesen aber von Aufrufen der Routinen
XmClipboardStartRetrieve() und *XmClipboardEndRetrieve()* umgeben werden. Diese Routinen sperren das Clipboard, damit zum Beispiel kein anderer
Prozeß die Daten zwischendurch löschen kann.

*int XmClipboardStartRetrieve(Display *display, Window window,*
                        Time timestamp)
display   Display des ausgezeichneten Clipboard-Widgets
window   Window des ausgezeichneten Clipboard-Widgets
timestamp die aktuelle Zeit des X-Servers

*int XmClipboardEndRetrieve(Display *display, Window window)*
display Display des ausgezeichneten Clipboard-Widgets
window Window des ausgezeichneten Clipboard-Widgets

Auch diese beiden Funktionen liefern entweder *ClipboardSuccess* oder *ClipboardLocked* als Rückgabewert.
  Im folgenden wird eine Variation der Callback-Routine PasteCB aufgeführt,
die *XmClipboardStartRetrieve()* und *XmClipboardEndRetrieve()* verwendet:

```
/*
 *  PasteCB -- Daten inkrementell vom Clipboard lesen
 */

static void PasteCB(widget, client_data, call_data)
   Widget  widget;
   caddr_t client_data;
   caddr_t call_data;
{
   XmAnyCallbackStruct *cb = (XmAnyCallbackStruct *) call_data;
   Widget text_widget    = (Widget) client_data;
   Display      *display = XtDisplay(app_shell);
   Window       window   = XtWindow(app_shell);
   unsigned long length, bytes_return;
```

```
    int            status;
    int            priv_id;
    char           *data, buffer[8];

    /* Clipboard sperren */

    while ((status = XmClipboardStartRetrieve(display, window,
                cb->event->xbutton.time)) != ClipboardSuccess);

    /* Daten vom Clipboard lesen */

    data = XtMalloc(1);
    data[0] = 0;
    length = 0;
    do {
       status = XmClipboardRetrieve(display, window, "STRING", buffer,
                          8L, &bytes_return, &priv_id);
       if (status == ClipboardTruncate || status == ClipboardSuccess) {
          length += bytes_return;
          data = XtRealloc(data, length + 1);
          strncat(data, buffer, bytes_return);
          data[length] = 0;

          if (status == ClipboardSuccess) {
             XmTextSetString(text_widget, data);
             XtFree(data);
          }
       }
    } while (status == ClipboardTruncate);

    /* Clipboard wieder freigeben */

    while ((status = XmClipboardEndRetrieve(display, window))
           != ClipboardSuccess);
}
```

Es werden jedesmal acht Zeichen gelesen und in den Puffer *data* kopiert, der
über *XtRealloc()* dynamisch vergrößert wird. Dies wird solange wiederholt,
wie *XmClipboardRetrieve()* den Wert *ClipboardTruncate* zurückliefert. Im
Falle von *ClipboardSuccess* wird der Inhalt des Puffers in das *Text*-Widget
kopiert und *data* wieder freigegeben. In einer realistischen Applikation würde
man pro Aufruf von *XmClipboardRetrieve()* allerdings mehr als acht Zeichen
einlesen.

Der Vollständigkeit halber ist hier noch das Application-Defaults-File *Clip*
aufgeführt:

```
*XmRowColumn.orientation: vertical
*XmText.editMode: multi_line_edit
*XmText.rows: 5
```

```
*XmText.columns: 40
*copy.labelString: Daten zum Clipboard kopieren
*paste.labelString: Daten vom Clipboard lesen
*exit.labelString: Ende
```

13.6.4 Verschiedene Formate

Sollen über das Clipboard nicht nur Texte ausgetauscht werden, dann muß
man ein anderes Format angegeben. Will man etwa Graphikdaten austauschen, dann kann man sich ein eigenes Format, zum Beispiel das Format
SPECIALGRAPHIC, definieren. Dies geschieht mit der Routine *XmClip-
boardRegisterFormat()*:

```
XmClipboardRegisterFormat(display, "SPECIALGRAPHIC", 32);
```

Neben dem Display und dem Window des Clipboard-Widgets muß der Name
des Formats angegeben werden und die Ausrichtung der Daten. Im Beispiel werden die Daten als long-Werte ausgerichtet. Diese Ausrichtung kann
wichtig werden, wenn die Daten zwischen verschiedenen Rechnertypen ausgetauscht werden sollen.

13.6.5 Große Datenmengen

Es wurde bereits erwähnt, daß es bei großen Datenmengen nicht immer
wünschenswert ist, die Daten im X-Server zu speichern. Dafür ist der Mechanismus Copy-By-Name gedacht, bei dem leere Schreiboperationen durchgeführt werden: Die Routine *XmClipboardCopy()* bekommt *NULL* als Puffer
übergeben und liefert einen Identifier (s. Parameter *data_id_return*) zurück,
der beim endgültigen Übertragen der Daten wieder angegeben werden muß.

Das Clipboard geht nun davon aus, daß der Besitzer der Selektion *CLIP-
BOARD* die Daten auf Anforderung schickt. Beim Aufruf von *XmClipboard-
Retrieve()* wird beim Besitzer der Selektion eine Callback-Routine aufgeru-
fen, die die Daten mit Hilfe der speziellen Routine *XmClipboardCopyBy-
Name()* endgültig überträgt. Diese Callback-Routine wird beim Aufruf von
XmClipboardStartCopy() als Parameter angegeben. Als ersten Parameter
erhält diese Callback-Routine ein Widget, das ebenfalls an *XmClipboard-
StartCopy()* übergeben werden muß.

Der Mechanismus Copy-By-Name wird wohl nur in seltenen Fällen benutzt
werden. Um nicht zu sehr in exotische Gebiete des Motif-Toolkits abzugleiten,
sollen die bisherigen Hinweise dazu ausreichen.

13.7 Kommunikation mit dem Window-Manager

Die meisten Applikationen kommunizieren mit dem Window-Manager, ohne
daß der Programmierer dies explizit berücksichtigen muß. Der Grund für diese

Bequemlichkeit sind die *Shell*-Widgets, die den größten Teil der „Unterhaltung" mit dem Window-Manager im verborgenen abwickeln. Über die Ressourcen eines *Shell*-Widgets kann der Programmierer Einfluß auf die Kommunikation nehmen. Abbildung 8.4 zeigt die Klassenhierarchie der Motif-Shells.

Die Basisklasse *Shell* treibt noch keine Kommunikation mit dem Window-Manager. Erst ihre Subklasse *WMShell* stellt eine Reihe entsprechender Ressourcen zur Verfügung, die von allen Window-Managern benutzt werden. Dabei ist es gleichgültig, ob dieser Window-Manager *mwm*, *twm* oder sonstwie heißt – Hauptsache, er erfüllt die im ICCCM aufgestellten Konventionen.

Eine Subklasse von *WMShell* ist *VendorShell*. *VendorShell* stellt Ressourcen zur Verfügung, die nur in Zusammenarbeit mit dem Motif-Window-Manager funktionieren. Alle anderen Shells sind Subklassen von *VendorShell*, mit Ausnahme von *OverrideShell*: Diese Klasse hängt direkt unter *Shell* und wird deshalb vom Window-Manager ignoriert.

13.7.1   Properties für den Window-Manager

Die eigentliche Kommunikation zwischen Window-Manager und Shells läuft über eine Reihe von Properties des *Shell*-Windows ab. Eine Applikation kann in diesen Properties Informationen für den Window-Manager ablegen. Dieser kann die Properties auslesen und das Window in der gewünschten Art und Weise behandeln. Ebenso können die Properties vom Window-Manager verändert werden. Meistens kommt der Programmierer mit diesen Properties nur indirekt, über die Ressourcen der Shell, in Berührung.

Es gibt aber auch eine Reihe von Properties, die nicht über Ressourcen, sondern nur direkt manipuliert werden können. Die folgende unvollständige Liste beschreibt einige Properties für den Window-Manager:

WM_NAME: In diesem Property wird der Titel eines Windows abgelegt, den der Window-Manager im Titelbalken anzeigt. *WM_NAME* kann über die *WMShell*-Resource *XmNtitle* gesetzt werden.

WM_ICON_NAME: enthält das Label für ikonifizierte Windows. Das Label kann nicht über eine Shell-Ressource gesetzt werden, sondern nur direkt durch das Property.

WM_NORMAL_HINTS: enthält Informationen zu Position und Größe des Windows im „normalen" Zustand

WM_HINTS: enthält unter anderem Informationen zur Position des ikonifizierten Windows

WM_PROTOCOLS: enthält eine Liste von Atomen. Jedes Atom kennzeichnet ein Protokoll, an dem die Applikation teilnehmen will. Der Begriff „Protokoll" hat in diesem Zusammenhang eine etwas andere Bedeutung (s. 13.7.2).

_MOTIF_WM_MENU: enthält eine Reihe von Menüpunkten, die vom *mwm* zum Window-Menü eines Windows hinzugefügt werden. Die Menüpunkte werden in form eines Strings angegeben. Die einzelnen Menüpunkte sind durch Line-Feeds voneinander getrennt.

Es gibt noch viel mehr Properties, die aus Platzgründen hier nicht aufgeführt werden können. Die Properties, die speziell vom Motif-Window-Manager benutzt werden, beginnen alle mit dem Präfix „_MOTIF_". Wer mehr wissen möchte, kann in Rosenthal(1989) und OSF(1990b) nachsehen.

13.7.2 Ein Property für Protokolle

Das Property *WM_PROTOCOLS* kann von einer Applikation an einem *Shell*-Widget installiert werden. *WM_PROTOCOLS* enthält ein Array von Atomen. Über diese Atome zeigt die Applikation dem Window-Manager an, bei welchen Ereignissen sie von ihm benachrichtigt werden möchte. Solche Ereignisse werden in der Dokumentation *Protocols* genannt – in diesem Zusammenhang ist dieser Begriff leider eine eher mißverständliche Bezeichnung.

Ein Beispiel für ein solches Protokoll ist das Schließen eines Fensters über die *mwm*-Funktion *f.kill* (s. 5.1). Wenn ein Shell-Window das Property *WM_PROTOCOLS* besitzt und darin das Atom *WM_DELETE_WINDOW* enthalten ist, wird das Window durch *f.kill* nicht mehr wie üblich geschlossen. Vielmehr sendet der Window-Manager der Applikation ein Event vom Typ *ClientMessage*. Das Feld *message_type* des Events enthält das Atom *WM_PROTOCOLS* und *data.l[0]* die Ursache für die Message. In diesem Fall steht dort also *WM_DELETE_WINDOW*. Die Applikation kann auf das Event nun entsprechend reagieren.

Außer *WM_DELETE_WINDOW* versteht der *mwm* noch die Protokolle *WM_SAVE_YOURSELF*, *WM_TAKE_FOCUS* und *_MOTIF_WM_MESSAGES*. Was diese Protokolle im einzelnen bedeuten, soll hier nicht näher erläutert werden.

13.7.3 Window-Manager-Protokolle am Beispiel

Es soll nun an einem Beispiel gezeigt werden, wie man *mwm*-Protokolle auswertet. Normalerweise wird ein Shell-Window einfach geschlossen, wenn der Eintrag „Close" im Window-Menü ausgewählt wird. Wenn es sich beim *Shell*-Widget um die Application-Shell eines Programms handelt, wird das Programm außerdem sofort beendet. Meistens ist dieses Verhalten nicht erwünscht. Der Benutzer sollte zumindest über einen Dialog das Beenden der Applikation bestätigen können. Er hat dann beim versehentlichen Auslösen von „Close" immer noch die Möglichkeit, im Programm fortzufahren oder wichtige Daten zu sichern.

Wenn man das Programm *delete* über den Eintrag „Close" im Window-Menü beendet, bleibt der Window-Identifier des Eingabefelds im Property des Root-Windows als „Leiche" stehen. Welche Probleme dadurch verursacht werden, wurde bereits in 13.4.1 beschrieben. Deshalb soll *delete* nun so erweitert werden, daß die Applikation nicht nur durch Drücken des Exit-Buttons, sondern auch durch „Close" ordnungsgemäß beendet wird. Dazu muß folgendes getan werden:

1. Das Atom *WM_DELETE_WINDOW* muß in das Property *WM_PROTO-COLS* des Shell-Windows eingetragen werden.
2. Es muß ein Event-Handler installiert werden, der bei einem *ClientMessage-*Event aufgerufen wird.
3. Der Event-Handler muß testen, ob das Event im Feld *message_type* den Wert *WM_PROTOCOLS* und im Feld *data.l[0]* *WM_DELETE_WINDOW* enthält. In diesem Fall kann die eigentliche Arbeit erledigt werden.

Man könnte diese Schritte nun direkt ausprogrammieren. Allerdings stellt Motif bereits die Funktion *XmAddProtocolCallback()* zur Verfügung, mit der sie alle auf einmal erledigt werden können:

void XmAddProtocolCallback(Widget shell, Atom property, Atom protocol,
                            XtCallbackProc callback, caddr_t client_data)

Widget   die Shell, für die das Protokoll registriert werden soll

property   das Property, in das das Protokoll eingetragen werden soll

protocol   das Protokoll, bei dem *callback* aufgerufen wird

callback   die Callback-Routine, die beim Eintreffen des entsprechenden
            ClientMessage-Events aufgerufen wird

client_data ein Zeiger auf benutzerdefinierte Daten.

Mit Hilfe dieser Routine kann man das Hauptprogramm von *delete* erweitern:

```
/*
 * delete.c -- Version mit WM_DELETE_WINDOW-Protokoll
 */


#include <Xm/Xm.h>              /* allgem. fuer Motif-Widgets */
#include <Xm/RowColumn.h>       /* RowColumn-Widget */
#include <Xm/PushB.h>           /* PushButton-Widget */
#include <Xm/Text.h>            /* Text-Widget */
#include <X11/Protocols.h>      /* fuer Window-Manager Protokolle */
#include <X11/AtomMgr.h>        /* fuer XmInternAtom() */


/*
 * CloseCB -- Die Callback-Routine fuer das WM_DELETE_WINDOW-Protokoll
 */


static void CloseCB(widget, client_data, call_data)
    Widget widget; /* <== Ungueltig wegen Bug in Motif1.1! */
    char *client_data, *call_data;
{
    Widget text = (Widget)client_data;
    extern void DeleteWindow();

    DeleteWindow(XtDisplay(text), XtWindow(text));
    exit(0);
}
```

```
/*
 *  main
 */

void main(argc, argv)
   unsigned int argc;
   char **argv;
{
   Display       *display;
   Widget        app_shell, text;
   Atom          wm_delete_window, wm_protocols;
   extern void   CreateAtoms(), AddWindow();
   extern Widget CreateForm();

   /* Toolkit initialisieren. */

   app_shell = XtInitialize(NULL, "Delete", NULL, 0,  &argc, argv);
   display = XtDisplay(app_shell);

   wm_protocols = XmInternAtom(display, "WM_PROTOCOLS", FALSE);
   wm_delete_window = XmInternAtom(display, "WM_DELETE_WINDOW",
                                   FALSE);
   CreateAtoms(display);

   /* Widgets erzeugen und realisieren. */

   text = CreateForm(app_shell);

   /* Callback fuer WM_DELETE_WINDOW installieren */

   XmAddProtocolCallback(app_shell, wm_protocols, wm_delete_window,
      CloseCB, text);

   /* Events verarbeiten */

   XtRealizeWidget(app_shell);
   AddWindow(display, XtWindow(text));

   XtMainLoop();
}
```

Die zwei Atome *WM_PROTOCOLS* und *WM_DELETE_WINDOW* werden
erzeugt. Außerdem wird die Callback-Routine *CloseCB()* durch den Aufruf
von *XmAddProtocolCallback()* an *app_shell* gehängt. Dadurch wird die Callback *CloseCB()* immer aufgerufen, wenn der Menüeintrag „Close" ausgewählt
wird. In *CloseCB()* wird zuerst *DeleteWindow()* aufgerufen und danach das
Programm beendet.

Für besonders bequeme Zeitgenossen stellt Motif die Funktion *XmAdd-
WMProtocolCallback()* zur Verfügung. Bei dieser Funktion fehlt der Para-

meter *property*. Als Property wird immer *WM_PROTOCOLS* verwendet, ansonsten ist diese Funktion mit *XmAddProtocolCallback()* identisch.

Leider existiert in Motif 1.1 ein Fehler: Der Callback-Routine wird als erster Parameter ein ungültiges Widget übergeben. Wenn man eine solche fehlerhafte Motif-Version benutzt, darf man dieses Widget innerhalb der Callback-Routine nicht verwenden. Ob das Widget gültig ist, kann man zum Beispiel mit der Funktion *XtIsWidget()* überprüfen.

Neben den beschriebenen Funktionen stellt Motif außerdem noch die Routinen

- *XmAddProtocols()*, *XmAddWMProtocols()*,
- *XmRemoveProtocols()*, *XmRemoveWMProtocols()*,
- *XmActivateProtocol()*, *XmActivateWMProtocol()*,
- *XmDeactivateProtocol()*, *XmDeativateWMProtocol()*,
- *XmRemoveProtocolCallback()*, *XmRemoveWMProtocolCallback()* und
- *XmSetProtocolHooks()*, *XmSetWMProtocolHooks()*

zur Verwaltung von Window-Manager-Protokollen zur Verfügung. Wer mehr über diese Funktionen wissen möchte, kann in OSF(1990b) und OSF(1990d) nachsehen.

14. Spezielle Callbacks

In diesem Kapitel werden einige Möglichkeiten gezeigt, wie man Routinen
in die Event-Schleife „einklinken" kann. Normalerweise übernehmen Event-
Handler oder Callback-Listen diese Aufgabe. Man kann aber auch einen
Callback-Aufruf bewirken, wenn eine bestimmte Zeit abgelaufen ist oder
wenn neue Daten von einem File-Descriptor gelesen werden können. Andere
Callbacks werden aufgerufen, wenn gerade kein Event anliegt, so daß mit
ihnen die Wartezeit „aufgefüllt" wird.

14.1 Callback-Routinen mit Verzögerung

Soll eine Routine erst nach Ablauf einer bestimmten Zeit aufgerufen werden,
dann muß man aus ihr eine *Timer-Callback* machen. Mit dem X-Toolkit kann
man *Timeouts* realisieren, wie man sie von Login-Vorgängen kennt: Wenn der
Benutzer nach einer bestimmten Zeit kein Passwort eingegeben hat, wird der
Login-Vorgang abgebrochen. Timeouts kann man aber auch periodisch anwenden. Nach Ablauf der eingestellten Zeit wird der gleiche Timeout erneut
gestartet. Mit periodischen Timeouts wird der Cursor im *Text*-Widget zum
Blinken gebracht und die Wiederhol-Funktion bei gedrückter Maustaste realisiert.

Es gibt Routinen zum Installieren und zum Deaktivieren von Timer-Callbacks. Mit *XtAddTimeOut()* wird eine Timer-Callback installiert. Als Resultat liefert die Routine einen *Timer-Identifier*, mit dem man gegebenenfalls
die Timer-Callback deaktivieren kann. Nachdem die Timeout-Zeit abgelaufen ist oder der Timeout mit *XtRemoveTimeOut()* deaktiviert wurde, ist
der Timer-Identifier ungültig oder „gelöscht". Soll eine Timer-Callback ein
weiteres Mal aufgerufen werden, dann muß sie erneut installiert werden.

XtIntervalId XtAddTimeOut(unsigned long interval,
$\qquad\qquad\qquad$ *XtTimerCallbackProc proc, caddr_t client_data)*

interval   Zeit in Millisekunden, nach der die Routine *proc* aufgerufen werden soll
proc   Timer-Callback
client_data Benutzerdaten der Callback-Routine.

XtAddTimeOut() ist eine Abkürzung für die Funktion *XtAppAddTimeOut()*,
die zusätzlich einen Application-Context als ersten Parameter besitzt. *XtAdd-
TimeOut()* benutzt einen Standardkontext. Als Parameter erhält eine Timer-
Callback neben den Benutzerdaten auch einen Zeiger auf den Timer-Identifier
übergeben:

*void TimerCallback(caddr_t client_data, XtIntervalId *id)*

Die Routine *XtRemoveTimeOut()* deaktiviert einen Timeout. Danach wird
die Timer-Callback nicht mehr aufgerufen, und der Timer-Identifier ist ungültig.

void XtRemoveTimeOut(XtIntervalId timer)

Das nun folgende Beispiel *clock* greift ein Programm aus Teil A wieder auf.
Dort wurde ein Formular vorgestellt, das Datum und Zeit anzeigt. Dabei
mußte ein Button gedrückt werden, um die Zeit zu aktualisieren. Mit Timeouts kann das automatisiert werden. Nach jeder Sekunde wird eine Callback-
Routine aufgerufen, die die Zeitanzeige auf den neusten Stand bringt.

```
/*
 * Include-Files und Hauptprogramm
 */

#include <X11/Intrinsic.h>       /* globales fuer Toolkit-Intrinsics */
#include <Xm/Xm.h>               /* globales fuer Motif-Widgets */
#include <Xm/Label.h>            /* Label-Widget */

main(argc, argv)
   int  argc;
   char *argv[];
{
   Display *display;            /* X-Server */
   Widget  shell;              /* Shell-Widget */
   Widget  time_label;
   void TimeOutProc();
   void ActualTime();

   /* Toolkit initialisieren, Shell-Widget erzeugen. */

   shell = XtInitialize("xtime", "Time", NULL, 0, &argc, argv);

   /* Label fuer das Datum erzeugen und Formular realisieren. */
```

```c
    time_label = XmCreateLabel(shell, "time", NULL, 0);
    XtManageChild(time_label);
    ActualTime(time_label);

    XtRealizeWidget(shell);

    /* Timer laden */

    XtAddTimeOut(1000, TimeOutProc, time_label);

    XtMainLoop();
}
```

Im Hauptprogramm wird ein Formular mit einem einzelnen *Label*-Widget erzeugt. In der Routine *ActualTime()* wird die aktuelle Zeit dem *Label*-Widget übergeben. *XtAddTimeOut()* setzt dann einen ersten Timeout mit 1000 Millisekunden. Nach Ablauf dieser Zeit wird die Routine *TimeOutProc()* aufgerufen, die als *client_data* das *Label*-Widget *time_label* übergeben bekommt. In *TimeOutProc()* wird erneut ein Timeout gesetzt, da ja der alte mit Aufruf der Routine automatisch gelöscht wird.

```c
/*
 * "TimeOutProc" setzt einen neuen Timeout und zeigt die
 * aktuelle Zeit in einem Label-Widget an.
 */

void TimeOutProc(client_data)
    caddr_t client_data;
{
    Widget   time_label = (Widget) client_data;

    /* Timer neu laden */
    XtAddTimeOut(1000, TimeOutProc, client_data);

    /* Aktuelle Zeit ins Label-Widget eintragen. */
    ActualTime(time_label);
}
```

ActualTime() setzt die aktuelle Zeit in das *Label*-Widget ein.

```c
/*
 * "ActualTime" traegt die  aktuelle Zeit ins Label "time_label" ein.
 */

void ActualTime(time_label)
    Widget time_label;
{
    XmString time_string;
    long     t;              /* aktuelle Zeit */
```

```
char     *s;
Arg      arg;

/* Zeit erfragen und in Compound-String uebersetzen. */

time(&t);
s = ctime(&t);
s[strlen(s) - 1] = '\0'; /* \n loeschen */
time_string = XmStringCreate(s, XmSTRING_DEFAULT_CHARSET);

/* String ins Label-Widget eintragen. */

XtSetArg(arg, XmNlabelString, time_string);
XtSetValues(time_label, &arg, 1);
XmStringFree(time_string);
}
```

ActualTime() bekommt das *Label*-Widget als Parameter übergeben. Mit UNIX-Systemroutinen wird das Datum erfragt und in einen Compound-String umgewandelt, der dann mit *XtSetValues()* dem Label-Widget übergeben wird.

14.2   Callbacks an File-Descriptoren

Neben Timer-Callbacks kann man auch *Input-Callbacks* installieren. Eine Input-Callback wird aufgerufen, wenn eine Veränderung an einem File-Descriptor auftritt. Normalerweise werden Input-Callbacks eingesetzt, um Eingaben aus „pipes", „named pipes" oder „tty"-Files zu lesen. Ist eine Input-Callback für einen File-Descriptor installiert, dann muß nicht auf eine Eingabe gewartet werden. Das X-Toolkit ruft die Input-Callback auf, wenn sich etwas auf dem File-Descriptor tut. Im Gegensatz zur Timer-Callback bleibt die Input-Callback aber auch nach Aufruf noch installiert.

XtAddInput() installiert eine Input-Callback. Sie liefert einen Input-Identifier, den man angeben muß, wenn die Callback-Routine wieder entfernt werden soll.

XtInputId XtAddInput(int source, caddr_t condition,
                          XtInputCallbackProc proc, caddr_t client_data)

source   gibt ein Gerät an, an das die Callback-Routine gebunden werden soll. Bei UNIX-Systemen ist das ein File-Descriptor.

condition gibt die Situation an, in der die Callback-Routine aufgerufen werden soll. Bei File-Descriptoren können hier die Konstanten *XtInputReadMask*, *XtInputWriteMask* und *XtInputExceptMask* eingesetzt werden. Gibt man *XtInputReadMask* an, wird die Input-Callback aufgerufen, wenn etwas vom File-Descriptor gelesen werden kann.

proc   Input-Callback

client_data Benutzerdaten der Input-Callback.

Eigentlich ist *XtAddInput()* nur eine abkürzende Hilfsroutine. Die allgemeinere Routine ist *XtAppAddInput()*. Sie hat zusätzlich einen Application-
Context als ersten Parameter. *XtAddInput()* setzt dafür einen Standardkontext ein und ruft dann *XtAppAddInput()* auf. Eine *InputCallback()* hat etwas
andere Parameter als eine normale „Callback-Routine":

*void InputCallback(caddr_t client_data, int *source, XtInputId *id)*
client_data Benutzerdaten der Input-Callback
source   Zeiger auf den File-Descriptor
id   Zeiger auf Input-Identifier, der von *XtAddInput()* geliefert wurde.

Mit *XtRemoveInput()* kann die Callback-Routine wieder abgehängt werden:

void XtRemoveInput(XtInputId id)

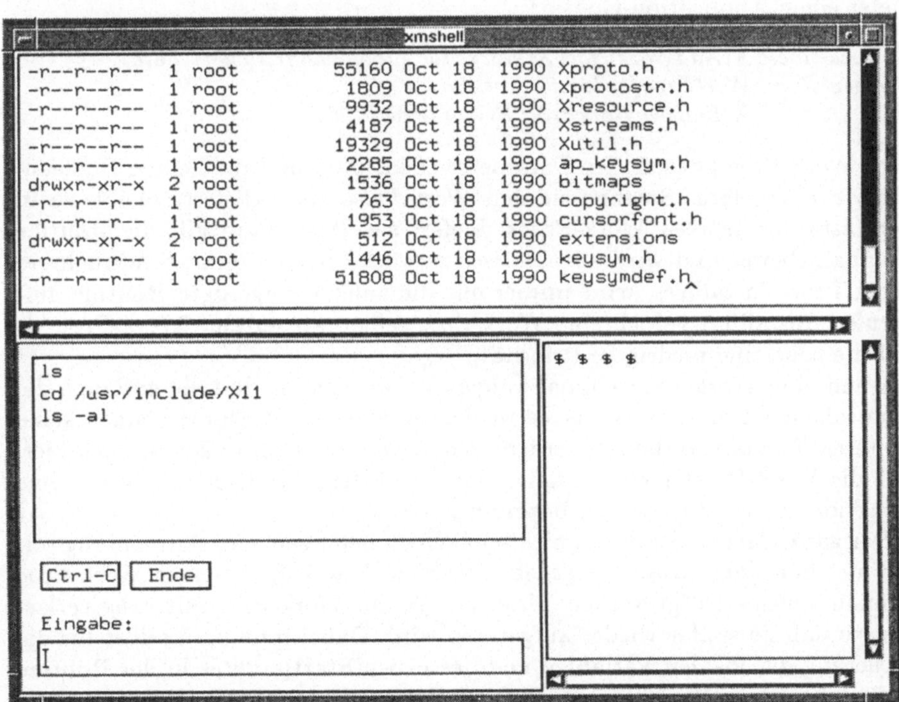

Abb. 14.1 Eine eigene Benutzungsoberfläche für Bourne-Shells

Im Anhang ist ein Beispiel aufgelistet, das eine eigene Benutzungsoberfläche
für eine Bourne-Shell zur Verfügung stellt. Die Prozeßkommunikation geschieht dabei mit Pipes und Input-Callbacks. Abbildung 14.1 zeigt das Fenster dieses Programms: Unten links können Eingaben für die Shell gemacht

werden, darüber erscheinen die Ausgaben der Shell und rechts die Fehlermeldungen.

14.3   Callbacks für die Wartezeiten

Eine andere Art von Callbacks, die *Work-Procs*, werden aufgerufen, wenn sonst kein Event zu verarbeiten ist. Man hat dabei allerdings keine direkte Kontrolle über den Zeitpunkt des Aufrufs. Sie laufen praktisch „im Hintergrund" ab.

Mit *XtAddWorkProc()* wird eine Work-Proc installiert und mit *XtRemoveWorkProc()* wieder entfernt. Bei der Installation wird die Routine in eine Liste aufgenommen, aus der sie gegebenenfalls aufgerufen wird. *XtAddWorkProc()* liefert einen Identifier für die Work-Proc. Die allgemeinere Routine zu *XtAddWorkProc()* ist *XtAppAddWorkProc()*. Sie hat als zusätzlichen Parameter einen Application-Context.

```
XtWorkProcId XtAddWorkProc(XtWorkProc proc,  caddr_t client_data)
Boolean       WorkProc(caddr_t client_data)
void          XtRemoveWorkProc(XtWorkProcId id)
```

Eine Work-Proc hat nur den Parameter *client_data* und muß einen Boolean-Wert zurückliefern. Solange sie den Wert *False* zurückliefert, bleibt sie in der Liste der aktiven Work-Procs. Liefert sie *True*, dann gilt die Routine als abgearbeitet und wird automatisch aus der Liste entfernt. Sind mehrere Work-Procs installiert, wird immer nur die zuletzt eingefügte Routine aufgerufen. Installiert jedoch eine Work-Proc selber wieder eine Work-Proc, so hat die neue eine niedrigere Priorität.

Wenn eine Work-Proc einmal aufgerufen worden ist, hat sie so lange die Kontrolle des Programms, bis sie wieder verlassen wird. Dabei können keine weiteren Events verarbeitet werden. Wie für andere Callbacks gilt auch hier, daß die Work-Procs nicht zu lange dauern dürfen, damit der Benutzer eine Reaktion auf seine Eingaben bekommt.

Der ganze Mechanismus ist nicht einfach zu benutzen. Zur Anwendung sollen hier nur einige Hinweise gegeben werden: Die Aufgabe einer Work-Proc kann in Teilen erledigt werden. Man kann ja eine Work-Proc mit *False* verlassen, so daß sie später wieder aufgerufen wird. Dabei muß man selbst für die Sicherung der lokalen Variablen und des neuen Startpunktes in der Routine sorgen. Statische Variable und eine *switch*-Anweisung können hier weiterhelfen. Liefert eine Work-Proc immer *False* zurück, dann wird sie ständig aufgerufen. So kann man „Polling-Routinen" installieren. Das kann aber nicht unbedingt empfohlen werden, da man keine echte Kontrolle über den Aufrufzeitpunkt besitzt.

Teil C: Programmierung von Widget-Klassen

15. Klassengesellschaft

Für die meisten Anwendungsfälle dürften die Widget-Klassen des Motif-Toolkits völlig ausreichen. Durch geschickte Kombination der Motif-Widgets sollte sich eigentlich jede gewünschte Applikation programmieren lassen. Manche Dialogformen ließen sich durch spezielle Widget-Klassen zwar wesentlich eleganter und effizienter implementieren, man sollte den Implementierungsaufwand für eine neue Widget-Klasse aber nicht unterschätzen. Dieser Aufwand lohnt sich meistens nur dann, wenn das neue Widget universell genug ist, um in mehreren Applikationen eingesetzt werden zu können.

Eine weitere Hürde bei der Programmierung neuer Klassen ist das Motif-Toolkit selbst. Zwar sind die Interna der Toolkit-Intrinsics, nicht aber die Interna der Motif-Widgets ausreichend dokumentiert. Man muß deshalb den Motif-Source-Code nach zusätzlichen Informationen durchforsten. Die Erweiterung des Motif-Toolkits durch eigene Klassen kommt deshalb wohl nur in Ausnahmesituationen in Frage.

Für das allgemeine Verständnis des Toolkits ist es aber nützlich, wenn man Widgets nicht nur als „mysteriöse Objekte" kennt, die auf geheimnisvolle Weise ihren Dienst versehen. Ziel des dritten Teils dieses Buchs ist es daher vor allen Dingen, dem Leser ein Grundverständnis für den internen Aufbau von Widget-Klassen zu vermitteln.

Man sollte sich aber keine Illusionen machen: Wollte man das Thema „Programmierung von Widget-Klassen" erschöpfend behandeln, so wäre dazu sicherlich ein eigenes Buch erforderlich. Deshalb werden hier nur die wichtigsten Konzepte kurz erklärt. Danach wird die Implementierung eines neuen Dialog-Widgets anhand eines praktischen Beispiels vorgeführt.

Viele Begriffe des Tookits und die ganze Philosophie, die dem Aufbau des Toolkits zugrunde liegt, kommen aus dem Bereich der objektorientierten Programmierung. Deshalb wäre es natürlich ideal, wenn das Toolkit mit Hilfe

einer objektorientierten Programmiersprache implementiert wäre. Leider ist
das bisher noch nicht so, obwohl erste Bestrebungen in Richtung C++ er-
kennbar sind. Bis dahin muß man eben in C objektorientiert programmieren.
Daß dies durchaus möglich ist, beweisen die verfügbaren Widget-Sets. Die
Toolkit-Intrinsics stellen Mechanismen zur Verfügung, die den Programmierer dabei unterstützen.

Eine gute Voraussetzung zum allgemeinen Verständnis der Widget-Interna
ist Abschnitt 10.2: Ein Widget wird nach dem gleichen Prinzip implementiert
wie die grafischen Objekte.

15.1 Die Klassenhierarchie von Motif

Der Begriff der Klassenhierarchie wurde bereits im ersten Teil dieses Buchs,
in Abschnitt 4.1 erläutert. Abbildung 15.1 zeigt einen Ausschnitt aus der
Klassenhierarchie von Motif.

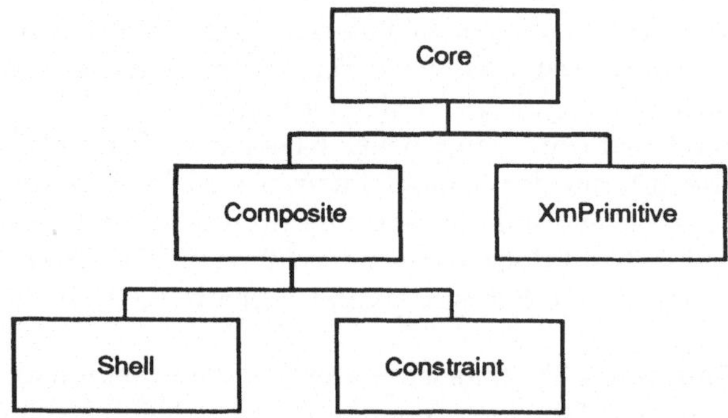

Abb. 15.1 Ausschnitt aus der Klassenhierarchie von Motif

Wie man sieht, ist die Wurzel der gesamten Hierarchie die Klasse *Core*.
Subklassen von *Core* sind *Composite* und *XmPrimitive*. *Composite* besitzt
die Subklassen *Shell* und *Constraint*. Das Besondere an den gezeigten Klassen
ist, daß sie nur als Basisklassen zur Implementierung anderer Widget-Klassen
dienen. Normalerweise werden keine Instanzen dieser Klassen erzeugt. Deshalb heißen diese Klassen auch *Meta-Klassen*. Die Klassen *Core*, *Composite*
und *Constraint* werden von den Toolkit-Intrinsics zur Verfügung gestellt. *Xm-
Primitive* gehört zum Widget-Set von Motif.

– *Core* enthält Eigenschaften, die an alle anderen Widget-Klassen vererbt
   werden. Eine der wichtigsten Aufgaben von *Core* ist die Erzeugung eines
   X-Windows.

- *Composite* vererbt an seine Subklassen die grundlegenden Eigenschaften für Layout-Objekte. Ein besonderes Layout-Objekt ist *Shell*. Ein *Shell*-Widget kann immer nur ein gemanagtes Kind haben. Dafür stellt es die Grundfunktionalität zur Kommunikation mit einem Window-Manager zur Verfügung.
- *Constraint* ist ebenfalls ein Layout-Objekt. Im Unterschied zu *Composite* kann *Constraint* zusätzliche Ressourcen zusammen mit seinen Kindern abspeichern und beim Layout berücksichtigen.
- *XmPrimitive* ist die Motif-Basisklasse für alle Dialog-Widgets. *XmPrimitive* bildet zum Beispiel die Basis für alle Buttons und kümmert sich unter anderem um alles, was mit dem 3D-Effekt zu tun hat.

Obwohl *Core* bisher immer als die Wurzel der Klassenhierarchie betrachtet wurde, existieren oberhalb von *Core* eigentlich drei weitere Klassen (s. Bild 15.2). Die Superklassen von *Core* heißen *Object*, *RectObj* und *[unnamed]*.

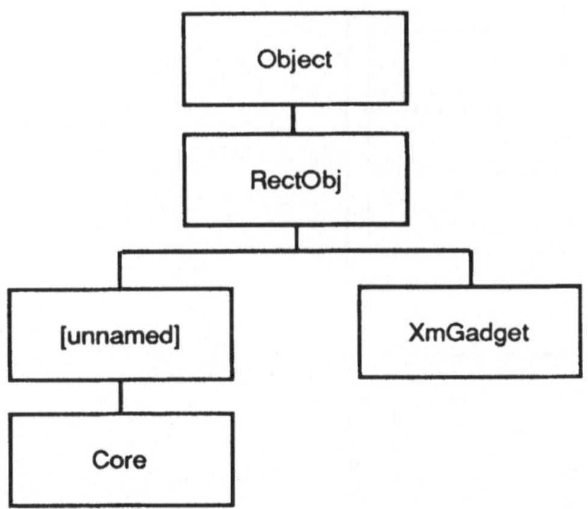

Abb. 15.2 Die Superklassen von *Core*

Die Klassen oberhalb von *Core* wurden deshalb eingeführt, um die Implementierung von „widget-like objects" – sogenannten *Gadgets* – zu ermöglichen. Motif stellt als Basisklasse für Gadgets die Klasse *XmGadget* zur Verfügung, die eine Subklasse von *RectObj* ist. Die Klasse *[unnamed]* ist für spätere Erweiterungen vorgesehen und hat zur Zeit keine Bedeutung.

Für alle Klassen von Dialog-Widgets, mit Ausnahme des Drawn-Buttons, gibt es in Motif eine entsprechende Gadget-Klasse. Gadgets besitzen kein X-Window und haben normalerweise nur die wichtigsten Ressourcen der entsprechenden Widgets. Dafür wird durch den Einsatz von Gadgets Speicherplatz im Client und im Server eingespart. Auf Gadgets wird hier nicht weiter eingegangen.

15.2 Der Aufbau einer Widget-Klasse

Bevor die Basisklassen der Toolkit-Intrinsics im einzelnen erläutert werden,
soll in diesem Abschnitt zunächst erklärt werden, wie eine Widget-Klasse
aufgebaut ist und was beim Aufruf einer Methode passiert. Abbildung 15.3
zeigt den prinzipiellen Aufbau der Klasse *XmLabel*.

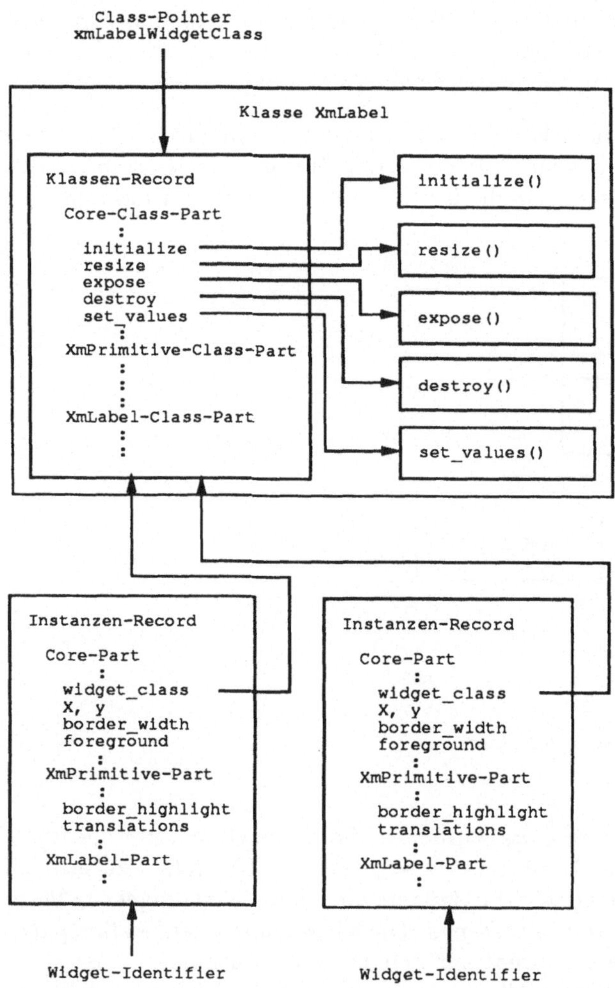

Abb. 15.3 Aufbau der Klasse *XmLabel*

Hauptbestandteil jeder Widget-Klasse ist der Klassen-Record. Die Felder des Klassen-Records enthalten entweder Daten oder sind Zeiger auf Funktionen. Diese Daten und Funktionen existieren pro Widget-Klasse nur einmal und werden von allen Widget-Instanzen der Klasse gemeinsam benutzt.

Für jede Widget-Klasse gibt es eine globale Variable, die auf den Klassen-Record zeigt. Diese Variable ist der sogenannte *Class-Pointer*. Der Class-Pointer von *XmLabel* heißt *xmLabelWidgetClass*. Ein Feld des Klassen-Records enthält den Class-Pointer der Superklasse. Da *XmLabel* eine Subklasse von *XmPrimitive* ist, steht bei *XmLabel* hier *xmPrimitiveWidgetClass*.

Der Klassen-Record von *XmLabel* besteht aus drei Teilen, den sogenannten *Class-Parts*. Für die Klasse *XmLabel* und für jede Superklasse enthält der Klassen-Record solch einen Class-Part. Da *XmLabel* eine Subklasse von *XmPrimitive* und *XmPrimitive* eine Subklasse von *Core* ist, besitzt der Klassen-Record von *XmLabel* die drei Class-Parts *CoreClassPart*, *XmPrimitiveClassPart* und *XmLabelClassPart*. Jeder Class-Part enthält Funktionszeiger und Daten, die für die jeweilige Subklasse spezifisch sind.

Im Gegensatz zum Klassen-Record existiert der Instanzen-Record für jede Widget-Instanz einmal. Der Speicherplatz für Instanzen-Records wird dynamisch alloziiert und initialisiert. Jeder Instanzen-Record von *XmLabel* besteht ebenfalls aus drei Teilen, den *Instance-Parts*. Jeder Instance-Part enthält die Ressourcen und privaten Daten des Widgets, die spezifisch für die jeweilige Subklasse sind – Ressourcen sind nichts anderes als Felder im Instanzen-Record eines Widgets. *CorePart* enthält die Ressourcen, die *Core* und alle Subklassen von *Core* besitzen. *XmPrimitivePart* enthält unter anderem die Ressourcen, die mit dem 3D-Effekt von Motif zu tun haben, und *XmLabelPart* enthält die speziellen Ressourcen des *Label*-Widgets.

Die Methoden der Widgets sind Funktionen, die von den Toolkit-Intrinsics zur Verfügung gestellt werden. Zum Erzeugen einer Widget-Instanz sind dies zum Beispiel die Funktionen *XtCreateWidget()* und *XtCreateManagedWidget()*. Zum Verändern der Ressourcen-Werte eines Widgets dient die Methode *XtSetValues()*, zum Erfragen von Ressourcen-Werten wird *XtGetValues()* verwendet. Durch den Aufruf von *XtDestroyWidget()* wird ein Widget zerstört und der belegte Speicherplatz wieder freigegeben.

Das Charakteristische an den Methoden der Toolkit-Intrinsics ist, daß sie auf die Widgets beliebiger Klassen angewandt werden können. Zusätzlich definieren viele Widget-Klassen noch spezielle Methoden, die nur für Widgets der Klasse aufgerufen werden dürfen. Beispiele dafür sind Methoden wie *XmListAddItem()* oder *XmListDeleteItem()*, die nur auf Widgets der Klasse *XmList* angewandt werden dürfen. Auch die verschiedenen Funktionen zum Manipulieren des Inhalts von *Text*-Widgets und die Convenience-Functions zum Erzeugen von Widget-Instanzen gehören zu dieser Art von Methoden.

Wie erzeugt *XtCreateWidget()* nun ein neues *Label*-Widget? Bekanntlich werden dieser Funktion unter anderem der Instanzenname und der Class-Pointer *xmLabelWidgetClass* als Parameter übergeben. *XtCreateWidget()*

greift über diesen Class-Pointer auf den Klassen-Record zu und schafft zunächst Speicherplatz für den Instanzen-Record des neuen Widgets. Danach wird der Class-Pointer in das Feld *widget_class* des Instanzen-Records eingetragen.

Als nächstes werden die Ressourcen und privaten Daten der Widget-Instanz über das Feld *resources* des Klassen-Records initialisiert. Dieses Feld zeigt auf ein Array von Ressourcen-Definitionen, die die Default-Werte der Ressourcen enthalten. Vor der Initialisierung des Instanzen-Records werden diese Default-Werte von den Toolkit-Intrinsics gegebenenfalls durch Definitionen in Ressourcen-Files oder der Argumentenliste überschrieben.

Der Instanzen-Record wird nicht nur über das Feld *resources* der aktuellen Klasse, sondern auch über die entsprechenden Felder in den Klassen-Records der Superklassen initialisiert. Das ist deshalb möglich, weil jeder Klassen-Record – wie oben erwähnt – den Class-Pointer seiner Superklasse enthält. Die Initialisierung wird in der Klassenhierarchie „von oben nach unten" vorgenommen: Zuerst kommt das Feld *resources* von *Core* dran, danach von *XmPrimitive* und zuletzt von *XmLabel*. Durch diese Vorgehensweise können Subklassen Ressourcen ihrer Superklassen überschreiben.

Danach werden die Initialisierungsfunktionen der Klasse und ihrer Superklassen über die Funktionszeiger in den Klassen-Records aufgerufen. Zuerst wird die Initialisierungsfunktion von *Core*, danach von *XmPrimitive* und zuletzt von *XmLabel* aufgerufen. In den Initialisierungsfunktionen werden Ressourcen-Werte auf Plausibilität getestet und private Daten des Widgets initialisiert. Durch den Aufbau des Instanzen-Records und das Aufrufen der Initialisierungsfunktionen der Superklassen „erbt" ein Widget praktisch sämtliche Ressourcen seiner Superklassen.

Schließlich liefert *XtCreateWidget()* einen Zeiger auf den Instanzen-Record als Rückgabewert. Dieser Zeiger ist der Widget-Identifier des erzeugten Widgets.

Wenn mit *XtSetValues()* Ressourcen eines Widgets verändert werden, läuft ein ähnlicher Vorgang ab. Beim Aufruf von *XtSetValues()* wird aber nicht der Class-Pointer, sondern ein Widget-Identifier als Parameter übergeben. Deshalb greift *XtSetValues()* auf den Klassen-Record über das Feld *widget_class* im Instanzen-Record zu. Über den Funktionszeiger *set_values* im Klassen-Record wird die Funktion zum Setzen der Ressourcen aufgerufen. Vorher werden jedoch die *set_values*-Funktionen aller Superklassen aufgerufen.

Beim Zerstören eines Widgets mit *XtDestroyWidget()* werden die Funktionen aufgerufen, auf die die Felder *destroy* im Klassen-Record der Klasse und der Superklassen zeigen. Diesmal werden die Funktionen aber nicht „von oben nach unten", sondern in anderer Richtung aufgerufen: Zuerst wird die *destroy*-Funktion der aktuellen Klasse aufgerufen, danach die der Superklasse und so weiter. Schließlich gibt *XtDestroyWidget()* den Instanzen-Record frei.

Der Klassen-Record einer Widget-Klasse enthält nicht nur Zeiger auf Funktionen, die über Methoden aufgerufen werden, sondern auch Event-Handler.

Die Toolkit-Intrinsics sorgen dafür, daß diese Event-Handler aufgerufen werden, wenn zum Beispiel die Größe eines Widgets der Klasse verändert wird oder Teile eines Widgets neu gezeichnet werden müssen.

Nicht alle Funktionen einer Klasse werden erst aufgerufen, nachdem die entsprechenden Funktionen der Superklassen aufgerufen worden sind. Dazu gehören zum Beispiel alle Event-Handler oder die Funktion, die von der Methode *XtRealizeWidget()* aufgerufen wird und das Window eines Widgets erzeugt. Solche Funktionen können oft von der Superklasse übernommen werden, die Superklasse „vererbt" die Funktionen an die Subklasse. Die Vererbung von Funktionen wird dadurch realisiert, daß eine Methode die entsprechende Funktion über den Funktionszeiger im Klassen-Record der Superklasse aufruft. Ob eine Funktion von der Superklasse geerbt werden soll, bestimmt der Inhalt eines Funktionszeigers: Wenn ein Funktionszeiger auf die Funktion *_XtInherit()* zeigt, erkennen die Toolkit-Intrinsics daran, daß die entsprechende Funktion aus dem Klassen-Record der Superklasse aufgerufen werden soll.

16. Die Basisklassen der Toolkit-Intrinsics

Zur Implementierung neuer Widget-Klassen stellen die Toolkit-Intrinsics die
drei Basisklassen *Core*, *Composite* und *Constraint* zur Verfügung. Diese Klassen sollen nun erläutert werden. Dabei werden zuerst die verwendeten Datenstrukturen beschrieben. Danach wird der Aufbau einiger Funktionen erklärt,
die über Funktionszeiger im Klassen-Record aufgerufen werden. Es wird dabei jedoch nur auf diejenigen Funktionen eingegangen, die auch später im
Beispiel verwendet werden. Ausführliche Informationen zu den anderen Funktionen kann das Intrinsics-Manual liefern.

16.1 Die Klasse *Core*

16.1.1 Der Klassen-Record von *Core*

Wie bereits erwähnt wurde, handelt es sich bei der Widget-Klasse *Core* um
die Basisklasse aller Widgets. Der Datentyp für den Klassen-Record von *Core*
heißt *WidgetClassRec* und ist folgendermaßen definiert:

```
typedef struct {
    CoreClassPart    core_class;
} WidgetClassRec, *WidgetClass;
```

Der Datentyp für den Class-Part von *Core* heißt *CoreClassPart* und enthält
den für *Core* spezifischen Teil des Klassen-Records. Jede Subklasse definiert
ihren eigenen Class-Part und fügt ihn zum Klassen-Record ihrer Superklasse
hinzu. Dadurch enthält der Klassen-Record immer die eigenen Felder, die
Felder der Superklasse und aller darüber liegenden Klassen. Da alle anderen
Widget-Klassen Subklassen von *Core* sind, enthalten auch alle ein Feld des
Typs *CoreClassPart*.

Der Datentyp für den Class-Part der Klasse *Composite* heißt *Composite-ClassPart*. Der Typ für den Klassen-Record von *Composite* heißt *Composite-ClassRec* und enthält die Class-Parts von *Core* und *Composite*:

```
typedef struct {
   CoreClassPart       core_class;
   CompositeClassPart composite_class;
} CompositeClassRec, *CompositeWidgetClass;
```

Im Class-Part von *Composite* sind nur die für die Klasse *Composite* zusätzlich erforderlichen Felder vorhanden.

Zunächst muß jedoch der Typ *CoreClassPart* erläutert werden. *CoreClass-Part* enthält die Felder, die alle Widget-Klassen gemeinsam haben. Bitte nicht erschrecken, so schlimm, wie's aussieht, wird es nicht:

```
typedef struct {
   WidgetClass          superclass;
   String               class_name;
   Cardinal             widget_size;
   XtProc               class_initialize;
   XtWidgetClassProc    class_part_initialize;
   Boolean              class_inited;
   XtInitProc           initialize;
   XtArgsProc           initialize_hook;
   XtRealizeProc        realize;
   XtActionList         actions;
   Cardinal             num_actions;
   XtResourceList       resources;
   Cardinal             num_resources;
   XrmClass             xrm_class;
   Boolean              compress_motion;
   Boolean              compress_exposure;
   Boolean              compress_enterleave;
   Boolean              visible_interest;
   XtWidgetProc         destroy;
   XtWidgetProc         resize;
   XtExposeProc         expose;
   XtSetValuesFunc      set_values;
   XtArgsFunc           set_values_hook;
   XtAlmostProc         set_values_almost;
   XtArgsProc           get_values_hook;
   XtAcceptFocusProc    accept_focus;
   XtVersionType        version;
   _XtOffsetList        callback_private;
   String               tm_table;
   XtGeometryHandler    query_geometry;
   XtStringProc         display_accelerator;
   XtPointer            extension;
} CoreClassPart;
```

Die einzelnen Felder von *CoreClassPart* werden im folgenden kurz erläutert. Die Beschreibung ist ziemlich knapp gehalten, um vor lauter Details den Überblick nicht zu verlieren. Die meisten Felder des Klassen-Records können ohnehin mit Default-Werten belegt werden. Viele der hier erwähnten Aspekte werden später am konkreten Beispiel deutlich.

superclass: enthält den Class-Pointer der Superklasse

class_name: enthält den Namen der Widget-Klasse als C-String, zum Beispiel „Core" oder „XmPrimitive"

widget_size: enthält die Größe des Instanzen-Records. Diese Information wird zum Erzeugen einer Widget-Instanz benötigt.

class_initialize: Zeiger auf die Klassen-Initialisierungsprozedur der Widget-Klasse. Beim Erzeugen der ersten Instanz der Widget-Klasse oder einer Subklasse wird diese Funktion genau einmal aufgerufen.

class_part_initialize: Zeiger auf eine Initialisierungsprozedur für den Class-Part der Klasse. Beim Erzeugen der ersten Instanz einer Klasse ruft *Xt-CreateWidget()* die *class_part_initialize*-Funktionen der Klasse und aller Superklassen „von oben nach unten" auf.

class_inited: Dieses Feld muß vom Programmierer einer Widget-Klasse auf *False* gesetzt werden. Die Toolkit-Intrinsics tragen hier *True* ein, nachdem die Initialisierung der Klasse abgeschlossen ist.

initialize: Zeiger auf die Initialisierungsprozedur für eine Instanz. Diese Initialisierungsprozedur wird jedesmal beim Erzeugen einer neuen Widget-Instanz aufgerufen.

initialize_hook: enthält entweder *NULL* oder einen Zeiger auf eine Funktion. Diese Funktion wird direkt nach *initialize* aufgerufen und dient zur Initialisierung zusätzlicher Daten eines Widgets.

realize: Zeiger auf eine Funktion, die das Window eines Widgets erzeugt

actions: Action-Table mit den „Actions" der Klasse

num_actions: enthält die Anzahl der „Actions"

resources: Dieses Feld enthält die Adresse des Ressourcen-Arrays der Widget-Klasse. Das Ressourcen-Array beschreibt alle Ressourcen, die eine Widget-Klasse kennt und deren Default-Werte (s. 16.5).

num_resources: enthält die Anzahl der Einträge in *resources*

xrm_class: Die Toolkit-Intrinsics tragen hier den Klassennamen in einem internen Format ein.

compress_motion: Falls der Wert dieses Felds *True* ist, werden *MotionNotify*-Events komprimiert. Statt einer Serie von *MotionNotify*-Events wird immer nur das letzte Event geliefert.

compress_exposure: Wenn dieses Feld *True* ist, werden direkt aufeinanderfolgende *Expose*-Events zu einem einzigen Event zusammengefaßt.

compress_enterleave: Wenn ein *EnterNotify*-Event direkt von einem *LeaveNotify*-Event gefolgt wird und dieses Feld den Wert *True* hat, werden beide Events ignoriert.

visible_interest: zeigt an, ob ein Widget dieser Klasse benachrichtigt werden soll, wenn es sichtbar oder unsichtbar gemacht wird

destroy: Zeiger auf eine Funktion, die aufgerufen wird, wenn ein Widget der Klasse mit *XtDestroyWidget()* zerstört wird

resize: Zeiger auf eine Funktion. Die Funktion wird aufgerufen, wenn das Window eines Widgets der Klasse in seiner Größe verändert wird.

expose: Zeiger auf eine Funktion, die aufgerufen wird, wenn Teile eines Widgets der Klasse neu gezeichnet werden müssen

set_values: Über diesen Zeiger wird eine Funktion aufgerufen, wenn mit *Xt-SetValues()* Ressourcen-Werte eines Widgets der Klasse verändert werden.

set_values_hook: Zeiger auf eine Funktion, die direkt nach *set_values* aufgerufen wird. Diese Funktion dient zum Verändern von Daten, die keine Widget-Ressourcen sind.

set_values_almost: Zeiger auf eine Funktion, die aufgerufen wird, wenn eine Applikation die Geometrie eines Widgets der Klasse mit *XtSetValues()* verändern möchte, das Parent-Widget des Widgets dies aber nicht erlaubt.

get_values_hook: Zeiger auf eine Funktion, die aufgerufen wird, wenn Ressourcen mittels *XtGetValues()* gelesen werden

accept_focus: Zeiger auf eine Funktion, die aufgerufen wird, wenn ein Widget der Klasse den Tastaturfokus zugewiesen bekommt

version: enthält normalerweise die Konstante *XtVersion*. Dieser Wert wird zur Laufzeit mit der Version der Toolkit-Intrinsics verglichen um festzustellen, ob Widget und Intrinsics zusammenpassen.

callback_private: Hier tragen die Toolkit-Intrinsics eigene Informationen ein.

tm_table: die Default-Translation-Table der Klasse

query_geometry: Zeiger auf eine Funktion, die von der Methode *XtQuery-Geometry()* beim Anwenden auf ein Widget der Klasse aufgerufen wird

display_accelerator: enthält die Accelerator-Table der Klasse (s. 11.9)

extension: Mit Hilfe dieses Feldes kann *CoreClassPart* erweitert werden.

16.1.2 Der Instanzen-Record von *Core*

Wie bereits erwähnt wurde, gibt es, neben dem Klassen-Record für die Widget-Klasse, für jede Widget-Instanz einen *Instanzen-Record*. Dieser Record enthält die Daten einer Widget-Instanz. Das sind in erster Linie die Ressourcen des Widgets. Der Instanzen-Record von *Core* ist folgendermaßen definiert:

```
typedef struct {
   CorePart core;
} WidgetRec, *Widget;
```

Jede Subklasse von *Core* erweitert den Instanzen-Record um ihre eigenen Daten. Dazu definiert sie ihren eigenen *Instance-Part*, der zum Instanzen-Record der Superklasse hinzugefügt wird. Für die Klasse *Composite* sieht die Definition des Instanzen-Records deshalb so aus:

```
typedef struct {
  CorePart      core;
  CompositePart composite;
} CompositeRec, *CompositeWidget;
```

Die Struktur *CorePart* enthält die Felder, die alle Widget-Instanzen besitzen.
CorePart ist folgendermaßen definiert:

```
typedef struct _CorePart {
    Widget              self;
    WidgetClass         widget_class;
    Widget              parent;
    XrmName             xrm_name;
    Boolean             being_destroyed;
    XtCallbackList      destroy_callbacks;
    XtPointer           constraints;
    Position            x, y;
    Dimension           width, height;
    Dimension           border_width;
    Boolean             managed;
    Boolean             sensitive;
    Boolean             ancestor_sensitive;
    XtEventTable        event_table;
    XtTMRec             tm;
    XtTranslations      accelerators;
    Pixel               border_pixel;
    Pixmap              border_pixmap;
    WidgetList          popup_list;
    Cardinal            num_popups;
    String              name;
    Screen              *screen;
    Colormap            colormap;
    Window              window;
    Cardinal            depth;
    Pixel               background_pixel;
    Pixmap              background_pixmap;
    Boolean             visible;
    Boolean             mapped_when_managed;
} CorePart;
```

Die meisten Felder dieser Struktur enthalten Werte von Widget-Ressourcen,
z.B. *x, y, width, height, border_width, sensitive* oder *accelerators*. Da diese
Ressourcen nichts Neues sind, sollen hier nur die anderen Felder besprochen
werden:

self: Zeiger auf den eigenen Instanzen-Record. Zum Beispiel zeigt dieses Feld
   bei einem Widget der Klasse *Core* auf eine Instanz vom Typ *WidgetRec*,
   bei der Klasse *Composite* auf eine Instanz vom Typ *CompositeRec*.
widget_class: Zeiger auf den Klassen-Record
parent: Zeiger auf den Instanzen-Record des Parent-Widgets

xrm_name: Hier legen die Toolkit-Intrinsics den Namen der Widget-Instanz in einem internen Format ab.

being_destroyed: Der Inhalt dieses Felds wird von den Toolkit-Intrinsics auf *True* gesetzt, wenn das Widget zerstört werden soll. Das Zerstören eines Widgets läuft in zwei Phasen ab: In Phase eins werden alle zu zerstörenden Widgets mit Hilfe von *being_destroyed* markiert. Derartig markierte Widgets können nicht mehr manipuliert werden. In Phase zwei wird der Speicherplatz des Widgets freigegeben. Phase zwei wird erst ausgeführt, wenn die Applikation sich wieder in der Event-Schleife befindet. Erst dort werden auch die Destroy-Callbacks des Widgets aufgerufen.

constraints: Falls die Instanz das Kind eines *Constraint*-Widgets ist, wird hier vom Parent-Widget ein Zeiger auf eine Datenstruktur für die *Constraint-Ressourcen* eingetragen. Ansonsten steht hier *NULL*.

managed: Dieses Feld enthält *True*, wenn das Widget gemanagt ist.

event_table: Dieses Feld wird von den Toolkit-Intrinsics initialisiert.

tm: Dieses Feld wird ebenfalls von den Toolkit-Intrinsics initialisiert.

popup_list: Dieses Feld zeigt auf ein Array von Popup-Children, die an diesem Widget hängen.

num_popups: enthält die Anzahl der Popup-Children

name: Zeiger auf den Namen der Widget-Instanz

colormap: Farbtabelle, die zu *window* gehört

window: Dieses Feld enthält das Window des Widgets.

visible: Dieses Feld ist *True*, wenn das Feld *visible_interest* im Klassen-Record *True* und das Window sichtbar ist.

16.2 Die Klasse *Composite*

16.2.1 Der Klassen-Record von *Composite*

Die Widget-Klasse *Composite* dient als Basisklasse für alle Layout-Widgets. Da *Composite* eine direkte Subklasse von *Core* ist, sieht der Klassen-Record so aus:

```
typedef struct {
    CoreClassPart        core_class;
    CompositeClassPart composite_class;
} CompositeClassRec, *CompositeWidgetClass;
```

In *CompositeClassPart* sind die für die Klasse *Composite* zusätzlich erforderlichen Felder definiert. Diese Felder sind Zeiger auf Funktionen, mit deren Hilfe ein Widget der Klasse *Composite* seine Kinder verwaltet und deren Layout berechnet.

```
typedef struct {
    XtGeometryHandler    geometry_manager;
    XtWidgetProc         change_managed;
    XtWidgetProc         insert_child;
```

```
    XtWidgetProc          delete_child;
    XtPointer             extension;
} CompositeClassPart;
```

geometry_manager: Dieses Feld zeigt auf den *Geometrie-Manager* für die
Widgets der Klasse *Composite.* Der Geometrie-Manager ist eine Funktion,
die das Layout der Kinder eines *Composite*-Widgets kontrolliert.

change_managed: Dieses Feld zeigt auf eine Funktion, die aufgerufen wird,
wenn die Methode *XtManageChild()* oder *XtUnmanageChild()* auf ein
Kind eines *Composite*-Widgets angewendet wird. In dieser Funktion wird
das neue Layout der Kinder berechnet.

insert_child: Diese Funktion wird aufgerufen, wenn ein neues Kind für ein
Composite-Widget erzeugt wird.

delete_child: Diese Funktion wird aufgerufen, wenn ein Kind eines *Composite*-
Widgets zerstört wird.

extension: Ab Release 4 wird dieses Feld bei *Composite*-Widgets in Verbindung mit Gadgets benutzt. Einem Widget kann hierdurch mitgeteilt
werden, ob als Kinder auch Gadgets zulässig sind.

16.2.2   Der Instanzen-Record von *Composite*

Der Instanzen-Record von *Composite* sieht wie folgt aus:

```
typedef struct {
    CorePart        core;
    CompositePart composite;
} CompositeRec, *CompositeWidget;
```

CompositePart enthält folgende Felder:

```
typedef struct {
    WidgetList            children;
    Cardinal              num_children;
    Cardinal              num_slots;
    XtOrderProc           insert_position;
} CompositePart;
```

children: enthält die Adresse eines Arrays mit den Widget-Identifiern der
Kinder des *Composite*-Widgets

num_children: enthält die Anzahl der Kinder

num_slots: Dieses Feld wird vom *Composite*-Widget intern benutzt, um das
Array *children* zu verwalten.

insert_position: Dies ist die Ressource *XtNinsertPosition.* Sie kann eine Funktion enthalten, die die Position eines neuen Kindes im Array *children* bestimmt.

Die Felder *children* und *num_children* enthalten die Werte der Ressourcen
XtNchildren und *XtNnumChildren.* Sie dürfen von einer Applikation nur gelesen, aber nicht modifiziert werden.

16.3 Die Klasse *Constraint*

„Constraint" heißt übersetzt etwa „Einschränkung". Die Klasse *Constraint* ist eine Subklasse von *Composite* und ist damit ein Layout-Widget. Zu jedem Kind eines *Constraint*-Widgets werden zusätzliche Informationen, die *Constraint-Ressourcen*, abgespeichert. Dabei handelt es sich um Vorschriften, die das *Constraint*-Widget beim Layout seiner Kinder berücksichtigen muß.

Die Klasse *XmForm* ist ein typisches Beispiel für eine Subklasse von *Constraint*. *XmForm* hat eine ganze Reihe von Constraint-Ressourcen, wie zum Beispiel *XmNtopAttachment*, *XmNbottomAttachment*, *XmNleftAttachment* oder *XmNrightAttachment*. Typisch für Constraint-Ressourcen ist, daß sie nicht für ein *Constraint*-Widget, sondern für dessen Kinder angegeben werden. Das *Constraint*-Widget speichert sie zusammen mit den Kindern ab und berücksichtigt sie beim Layout.

Die Constraint-Ressourcen für jedes Kind werden in einer C-Struktur, dem *Constraint-Record*, abgespeichert. Wenn ein Widget mit *XtCreateWidget()* erzeugt wird, überprüft diese Methode zuerst, ob der Vater dieses Widgets zur Klasse *Constraint* gehört. Falls dies der Fall ist, wird zunächst Speicherplatz für den Constraint-Record reserviert und die Adresse in das Feld *constraints* des Instanzen-Records des Kindes eingetragen (s. 16.1.2). Dann wird die Struktur mit den Default-Ressourcen initialisiert. Zum Schluß ruft *XtCreateWidget()* die Initialisierungsfunktion für Constraint-Ressourcen der Klasse des Parent-Widgets auf.

16.3.1 Der Klassen-Record von *Constraint*

Constraint ist eine direkte Subklasse von *Composite*, der Klassen-Record sieht folgendermaßen aus:

```
typedef struct {
    CoreClassPart        core_class;
    CompositeClassPart   composite_class;
    ConstraintClassPart  constraint_class;
} ConstraintClassRec, *ConstraintWidgetClass;
```

ConstraintClassPart enthält die zusätzlichen Felder der Klasse *Constraint*:

```
typedef struct {
    XtResourceList       resources;
    Cardinal             num_resources;
    Cardinal             constraint_size;
    XtInitProc           initialize;
    XtWidgetProc         destroy;
    XtSetValuesFunc      set_values;
    XtPointer            extension;
} ConstraintClassPart;
```

resources: Dieses Feld enthält das Ressourcen-Array mit allen Constraint-Ressourcen der Klasse.

num_resources: Anzahl der Einträge in *resources*

constraint_size: Über dieses Feld ermittelt ein *Constraint*-Widget, wieviel Speicherplatz für den Constraint-Record reserviert werden muß.

initialize: Dieses Feld zeigt auf die Funktion zur Initialisierung des Constraint-Records. Sie wird von der Methode *XtCreateWidget()* beim Erzeugen eines Kinds des *Constraint*-Widgets aufgerufen.

destroy: Dieses Feld enthält die Adresse einer Funktion, die aufgerufen wird, wenn ein Kind des *Constraint*-Widgets mit *XtDestroyWidget()* zerstört wird.

set_values: Dieses Feld enthält einen Zeiger auf eine Funktion, die beim Aufruf von *XtSetValues()* für ein Kind eines *Constraint*-Widgets aufgerufen wird. Hiermit werden die Ressourcen im Constraint-Record gesetzt.

extension: Ab Release 4 benutzen *Constraint*-Widgets dieses Feld zur Implementierung einer *get_values_hook*-Funktion für Constraint-Ressourcen. Diese Funktion wird von *XtGetValues()* aufgerufen.

16.3.2 Der Instanzen-Record von *Constraint*

Der Instanzen-Record von *Constraint* ist gegenüber *Composite* wie folgt erweitert:

```
typedef struct {
    CorePart        core;
    CompositePart   composite;
    ConstraintPart  constraint;
} ConstraintRec, *ConstraintWidget;
```

ConstraintPart braucht eigentlich keine neuen Felder. Damit der Compiler nicht „meckert", wird nur das Feld *empty* definiert.

```
typedef struct { int empty; } ConstraintPart;
```

16.4 Abarbeitung der Felder des Klassen-Records

Wie bereits in Abschnitt 15.2 beschrieben, wird eine Reihe von Feldern des Klassen-Records von den Methoden erst abgearbeitet, nachdem die entsprechenden Felder im Klassen-Record der Superklassen abgearbeitet worden sind. Beispiele dafür sind die Funktionszeiger *initialize* oder *set_values*. Im Intrinsics-Manual wird diese Art der Verarbeitung als „downward superclass chaining" bezeichnet. Im folgenden wird hierfür der Begriff „abwärts verkettet" verwendet – obwohl es sich dabei nicht um eine Verkettung im herkömmlichen Sinn handelt.

Bei anderen Feldern des Klassen-Records geschieht die Abarbeitung genau andersherum, zum Beispiel bei *destroy*. Dies wird als „upward superclass chaining" bezeichnet, die Felder sind sozusagen „aufwärts verkettet".

Schließlich gibt es Felder, bei deren Abarbeitung die Felder in den Klassen-Records der Superklassen nicht berücksichtigt werden. Beispiele dafür sind *realize* oder die Event-Handler *expose* und *resize*. Im Intrinsics-Manual werden diese „nicht verketteten" Felder als „self-contained" bezeichnet.

Tabelle 16.1 gibt eine Übersicht darüber, zu welcher Gruppe die Felder der drei Basisklassen gehören.

Tab. 16.1 Abarbeitung von Feldern bei den Basisklassen der Toolkit-Intrinsics

Class-Part	nicht verkettet	abwärts verk.	aufwärts verk.
Core	class_name	class_part_initialize	destroy
	class_initialize	get_values_hook	actions
	widget_size	initialize	
	realize	initialize_hook	
	visible_interest	set_values	
	resize	set_values_hook	
	expose	resources	
	accept_focus		
	compress_motion		
	compress_exposure		
	compress_enterleave		
	set_values_almost		
	tm_table		
	version		
	display_accelerator		
Composite	geometry_manager		
	change_managed		
	insert_child		
	delete_child		
Constraint	constraint_size	resources	destroy
		initialize	
		set_values	
		get_values_hook	

16.5   Das Ressourcen-Array eines Widgets

In das Feld *resources* im Core-Class-Part einer Klasse wird die Adresse eines Arrays eingetragen, das die Ressourcen eines Widgets beschreibt und Default-Werte dafür enthält. Meistens enthält das Array nur die Beschreibung der Ressourcen-Werte der Klasse. Die Ressourcen der Superklassen werden geerbt

(s. 15.2). Nur wenn Default-Werte einer Superklasse verändert werden sollen, müssen sie in das Ressourcen-Array eingetragen werden. Ein Ressourcen-Array ist ein Array von Strukturen des Typs *XtResource*:

```
typedef struct {
    String    resource_name;
    String    resource_class;
    String    resource_type;
    Cardinal  resource_size;
    Cardinal  resource_offset;
    String    default_type;
    XtPointer default_addr;
} XtResource, *XtResourceList;
```

resource_name: enthält den Namen der Ressource, zum Beispiel *XmNwidth* oder *XmNbackground*

resource_class: enthält den Klassennamen der Ressource, zum Beispiel *XmCWidth* oder *XmCBackground*

resource_type: Enthält einen String, der den Datentyp der Ressource beschreibt. Die Toolkit-Intrinsics verwenden dieses Feld zur Konvertierung des Ressourcen-Werts. Eine Konvertierung ist zum Beispiel nötig, wenn der Ressourcen-Wert kein String ist und über ein Ressourcen-File gesetzt wird. Dann muß der im File angegebene String, der den Wert der Ressource angibt, in den richtigen Typ umgewandelt werden. Diese Konvertierung von Ressourcen-Werten übernimmt eine Reihe von Funktionen, sogenannte *Ressourcen-Konverter.*
Die Toolkit-Intrinsics definieren für alle wichtigen Datentypen mit Hilfe des Präprozessors String-Konstanten, die in *resource_type* eingesetzt werden können. Die Konstanten beginnen mit dem Präfix „XtR", gefolgt vom Namen des Typs. Der Typname beginnt immer mit einem großen Buchstaben. Beispiele sind *XtRCardinal, XtRInt* oder *XtRWindow.*
Motif definiert eigene Namen, die mit dem Präfix „XmR" beginnen. Ob man die Konstanten von Motif oder die der Toolkit-Intrinsics verwendet, bleibt dem Programmierer überlassen.

resource_size: In dieses Feld wird die Größe des Ressourcen-Typs in Bytes eingetragen. Dazu sollte aus Gründen der Portabilität der Operator *sizeof()* verwendet werden.

resource_offset: enthält einen Byte-Offset. Über diesen Offset wird die Adresse des Feldes im Instanzen-Record berechnet, in das der Ressourcen-Wert eingetragen wird. Der Offset kann mit dem Makro *XtOffset()* ermittelt werden.

default_addr: In diesem Feld steht die Adresse einer Variablen, die den Default-Wert der Ressource enthält.

default_type: Hier wird ein String eingetragen, der den Typ des Default-Werts in *default_addr* beschreibt. Falls *default_type* einen anderen Wert als *resource_type* enthält, wird der Default-Wert vor dem Initialisieren der Ressource konvertiert. Neben den oben erwähnten Konstanten mit dem Präfix

„XtR" beziehungsweise „XmR" können in *default_type* auch *XtRImmediate* beziehungsweise *XmRImmediate* eingesetzt werden. In diesem Fall enthält *default_addr* nicht die Adresse des Default-Wertes, sondern den Wert selbst. Beim Verwenden von *XtRImmediate* muß der Default-Wert aber schon vom richtigen Typ sein, eine automatische Konvertierung ist nicht möglich.

Mehr Informationen zum Ressourcen-Array und zu Ressourcen-Konvertern findet man im Intrinsics-Manual. Wie man das Ressourcen-Array in der Praxis verwendet, wird in 17.3.1 und 8.8.4 gezeigt.

16.6   Die Funktionen einer Widget-Klasse

Als nächstes werden einige der Funktionen besprochen, die von den Toolkit-Intrinsics über Funktionszeiger im Core-Class-Part einer Widget-Klasse aufgerufen werden. Allerdings werden hier nur diejenigen Funktionen erläutert, die später auch im Beispiel verwendet werden.

Bei der Beschreibung der Funktionsprototypen wurde als Funktionsname einfach der Name des zugehörigen Felds im Klassen-Record verwendet. Wie die Funktion in der Praxis letztendlich heißt, bleibt aber dem Programmierer einer Widget-Klasse überlassen. Wichtig ist nur, daß die Funktionsadresse in das entsprechende Feld des Klassen-Records eingetragen wird.

Beim Schreiben der Funktionen muß folgendes beachtet werden:

1. Alle im Klassen-Record eingetragenen Funktionen und alle Hilfsfunktionen der Klasse müssen als lokale Funktionen definiert werden, also mit dem Schlüsselwort *static*. Dadurch werden Namenskonflikte mit Funktionen in anderen Widget-Klassen vermieden. Außerdem können die Funktionen von außen nur über die Zeiger im Klassen-Record aufgerufen werden.
2. Funktionen einer Widget-Klasse werden von allen Widget-Instanzen der Klasse benutzt und müssen deshalb „re-entrant" – also „wiedereintrittsfähig" – programmiert werden.

16.6.1   Die Funktion *initialize()*

Diese Routine wird beim Erzeugen einer Widget-Instanz von der Funktion *XtCreateWidget()* aufgerufen. Sie muß den Instanzen-Record initialisieren. Dazu gehört auch die Überprüfung der Ressourcen-Werte auf Plausibilität und gegebenenfalls das Ändern dieser Werte, siehe 15.2. Zum Beispiel wird eine sinnvolle Anfangsgröße für das Widget berechnet, falls die Ressourcen *XmNwidth* und *XmNheight* nicht spezifiziert sind. Für Ressourcen, die über ihre Adresse referenziert werden, muß man Speicherplatz reservieren und private Kopien der Ressourcen-Werte machen. Außerdem müssen Felder des Instanzen-Records, die keine Ressourcen sind, initialisiert werden. Eine häufige Aufgabe besteht im Erzeugen von Grafikkontexten. Die Funktion *initialize()* ist folgendermaßen definiert:

void initialize(Widget request, Widget new)

request ein Zeiger auf eine Kopie des Instanzen-Records, bevor die Funktionen
initialize() der Superklassen aufgerufen wurden

new   ein Zeiger auf eine Kopie des Instanzen-Records, nachdem die Funktionen
initialize() der Superklassen aufgerufen wurden

Die Funktion *initialize()* bekommt beim Aufruf die beiden Widget-Identifier
request und *new* übergeben. Die Ressourcen des Widgets *request* sind mit den
Default-Werten aus dem Feld *resources* beziehungsweise den Werten aus den
diversen Ressourcen-Files und der Argumentenliste initialisiert. Die Initialisierungsfunktionen der Superklassen wurden für *request* jedoch noch nicht
aufgerufen.

Für *new* gilt bezüglich der Ressourcen dasselbe wie für *request*. Zusätzlich
wurden für dieses Widget aber bereits sämtliche Initialisierungsfunktionen
der Superklassen aufgerufen.

Die Funktion *initialize()* kann nun anhand von *request* und *new* entscheiden, wie der Instanzen-Record tatsächlich initialisiert sein soll. Dazu muß
man wissen, daß *new* nach dem Beenden von *initialize()* zum eigentlichen
Instanzen-Record des Widgets wird. Alle Änderungen muß man deshalb an
new vornehmen. Der Record *request* wird verworfen.

16.6.2   Die Funktion *resize()*

Diese Funktion wird aufgerufen, wenn die Größe eines Widgets der Klasse
verändert wurde. Das geschieht zum Beispiel durch den Aufruf der Funktion *XtResizeWidget()* oder durch Verändern der Größe mit dem Window-
Manager. Die Funktion ist folgendermaßen definiert:

void resize(Widget widget)
widget Widget-Identifier mit den geänderten Werten.

Der einzige Parameter von *resize()* ist der Widget-Identifier. Die Felder *x*, *y*,
width, *height* und *border_width* des Instanzen-Records enthalten die geänderten Werte. Anhand dieser Werte muß *resize()* das neue Layout der Widget-
Komponenten berechnen. Wichtig ist, daß *resize()* nur die erforderlichen Berechnungen vornimmt, aber nicht etwa Teile des Widgets selbst neu zeichnet.
Das wird von der Funktion *expose()* erledigt.

Die Sache hat aber leider einen Haken: Ein Expose-Event wird nur dann
erzeugt, wenn vorher unsichtbare Teile des Widgets sichtbar gemacht werden.
Wenn man ein Widget mit dem Window-Manager aber nur kleiner macht,
ist das nicht der Fall. Wenn trotzdem Expose-Events generiert werden sollen, muß man sie selbst erzeugen. Das geht am einfachsten, indem man das
Window durch einen Aufruf von *XClearArea()* löscht und dabei als letzten
Parameter den Wert *True* übergibt.

16.6.3   Die Funktion *expose()*

Diese Routine wird aufgerufen, wenn das Widget ein Expose-Event vom Server empfängt. Aufgabe von *expose()* ist es, die zerstörten Teile des Widgets zu restaurieren:

void expose(Widget widget, XEvent event, Region region)
widget das zu restaurierende Widget

event Expose-Event, das Informationen über einen rechteckigen Bereich enthält, der restauriert werden muß

region Region enthält die Vereinigungsmenge aller neu zu zeichnenden Rechtecke, falls das Feld *compress_exposure* im Klassen-Record den Wert *True* hat. In diesem Fall ist das Rechteck in *event* die Bounding-Box von *region*. Wenn *compress_exposure* den Wert *False* besitzt, ist *region NULL*.

Layout-Widgets besitzen die Funktion *expose()* normalerweise nicht. Deshalb hat hier das *expose*-Feld im Klassen-Record den Wert *NULL*.

16.6.4   Die Funktion *set_values()*

Die Routine *set_values()* wird von der Methode *XtSetValues()* aufgerufen. Vor dem Aufruf von *set_values()* der aktuellen Klasse, werden die entsprechenden Funktionen der Superklassen „von oben nach unten" aufgerufen.

Boolean set_values(Widget current, Widget request, Widget new)
current eine Kopie des Widgets mit den Werten vor dem Aufruf von *XtSetValues()*
request eine Kopie des Widgets mit den gewünschten neuen Ressourcen-Werten, die noch nicht durch die Funktionen der Superklassen modifiziert wurden
new   das Widget mit den bereits modifizierten Werten.

Die Ressourcen des Widgets *request* sind mit den Default-Werten aus dem Feld *resources* beziehungsweise den Werten aus den diversen Ressourcen-Files und der Argumentenliste initialisiert. Die *set_values*-Funktionen der Superklassen wurden für *request* jedoch noch nicht aufgerufen.

Für *new* gilt bezüglich der Ressourcen dasselbe wie für *request*. Zusätzlich wurden für dieses Widget aber bereits sämtliche *set_values*-Funktionen der Superklassen aufgerufen.

In *current* erhält die Funktion eine Kopie des Widgets mit den Werten, die vor dem Aufruf von *XtSetValues()* gültig waren.

Die Routine *set_values()* muß entweder *True* oder *False* zurückliefern. Ein Rückgabewert von *True* zeigt an, daß das Widget neu gezeichnet werden muß, bei *False* passiert nichts weiter. Die Instanzen-Records *request* und *current* werden nach dem Verlassen von *set_values()* verworfen.

Die Funktion *set_values()* muß testen, welche Ressourcen geändert werden sollen. Alle Felder des Instanzen-Records, die von den geänderten Ressourcen abhängen, müssen neu berechnet werden. Zum Beispiel könnte es sein, daß das Widget mit Grafikkontexten arbeitet, die von der aktuellen Vorder-

oder Hintergrundfarbe abhängen. Diese Kontexte müssen in *set_values()* aktualisiert werden, wenn sich die Werte der Ressourcen *XmNbackground* oder *XmNforeground* ändern.

Es kann auch vorkommen, daß von der Superklasse berechnete Werte in Konflikt mit den neuen Werten stehen. Dann muß *set_values()* versuchen, diesen Konflikt zu lösen und die falschen Werte zu überschreiben.

16.6.5 Die Funktion *destroy()*

Innerhalb von *destroy()* muß Speicherplatz, der vom Widget reserviert worden ist, wieder freigegeben werden. Dazu gehört direkt reservierter Speicherplatz, der zum Beispiel mit *XtMalloc()* angefordert worden ist. Aber auch verschiedene Xlib- oder Toolkit-Funktionen verbrauchen Speicherplatz, zum Beispiel die Funktionen *XCreateGC()*, *XtGetGC()* oder *XCreatePixmap()*. Wenn diese Funktionen vom Widget benutzt werden, müssen die Grafikkontexte oder Pixmaps spätestens in *destroy()* durch die entsprechenden Funktionen wieder zerstört werden.

Wenn mit *XtAddEventHandler()* an das Widget Event-Handler angehängt worden sind, müssen diese mit *XtRemoveEventHandler()* entfernt werden. Ebenso muß dafür gesorgt werden, daß keine Timer-Events mehr an das Widget gesendet werden. Deshalb muß man Timer, die zum Beispiel mit *XtAddTimeOut()* an das Widget gehängt worden sind, durch den Aufruf von *XtRemoveTimeOut()* entfernen.

Eine wichtige Regel gilt dabei zusätzlich: In *destroy()* darf man nur Dinge zerstören, die von einer Funktion der Klasse erzeugt worden sind. Den Speicherplatz der Superklassen eines Widgets darf man nicht freigeben. Die Funktion *destroy()* ist folgendermaßen definiert:

void destroy(Widget widget)
widget Das Widget, welches zerstört wird.

16.7 Klassen- und Instanzenzeiger

In Abschnitt 15.2 wurde ja bereits erläutert, wie Methoden über den Class-Pointer beziehungsweise die Widget-Identifier auf den Klassen-Record und die Funktionen einer Klasse zugreifen. Der Class-Pointer der Klasse *Core* heißt zum Beispiel *widgetClass* und ist vom Typ *WidgetClass* (s. 16.1.1). Der Widget-Identifier eines *Core*-Widgets ist vom Typ *Widget*.

Um zu verhindern, daß eine Applikation direkt auf Felder des Klassen-Records und der Instanzen-Records zugreift, sind die Class-Pointer und Widget-Identifier aber nicht so definiert, wie in 16.1.1 und 16.1.2 beschrieben wurde. Vielmehr werden sie in *Intrinsic.h* als Zeiger auf Datenstrukturen definiert, die nicht deklariert sind:

```
typedef struct _WidgetClassRec *WidgetClass;
typedef struct _WidgetRec *Widget;
```

Der C-Compiler akzeptiert so etwas anstandslos. Solange nur *Intrinsic.h* von einer Applikation eingebunden wird, sind die Typen *_WidgetClassRec* und *_WidgetRec* undefiniert. Sie werden im File *IntrinsicP.h* definiert, das von einer gewöhnlichen Applikation nicht verwendet werden sollte. Widget-Klassen benutzen hingegen *IntrinsicP.h* anstelle von *Intrinsic.h*. Dadurch sind hier die gesamten Innereien eines Widgets zugänglich.

Die Class-Pointer aller Widget-Klassen werden intern auf den Datentyp *WidgetClass* „gecastet". Beispielsweise kann man im Source-Code von *Composite* folgende Zeile finden:

```
WidgetClass compositeWidgetClass = (WidgetClass) &compositeClassRec;
```

Das „Casten" der Widget-Identifier übernehmen die Methoden zum Erzeugen einer Widget-Instanz.

17. Die Klasse *XmIconButton*

Es soll nun an einem Beispiel gezeigt werden, wie man bei der Implementierung eines neuen Widgets vorgeht. Dazu muß natürlich zuerst einmal klar sein, was überhaupt implementiert werden soll.

Für manche Applikationen wäre es von großem Vorteil, wenn man einen Button hätte, der ein Pixmap zusammen mit einem darunterliegenden Text anzeigen könnte. Ein *PushButton*-Widget bietet die Möglichkeit, entweder einen Text oder ein Pixmap darzustellen. Beides gleichzeitig geht leider nicht, so sehr mancher Programmierer sich dies auch wünschen mag. Es soll nun die Klasse *XmIconButton* implementiert werden, die unterhalb eines Pixmaps zusätzlich einen Text ausgeben kann.

Abbildung 17.1 zeigt, wie *IconButton*-Widgets zur Anzeige von Dateien eingesetzt werden können. In einem *ScrolledWindow*-Widget wurde für jede Datei eines Directories ein Icon-Button erzeugt. Der Dateityp wird dabei durch das Pixmap, der Dateiname durch den Text des Icon-Buttons angezeigt.

Natürlich bietet es sich an, den Icon-Button als Subklasse einer bereits vorhandenen Klasse zu implementieren. Die erste Aufgabe besteht also darin, eine geeignete Klasse dafür zu finden. Das scheint nicht schwierig zu sein: Ein Push-Button kann ein Pixmap ausgeben und besitzt bereits alle notwendigen Callback-Listen. Außerdem kümmert er sich um den 3D-Effekt. Man muß den Button nur noch dazu bringen, einen zusätzlichen Text unterhalb des Pixmaps auszugeben.

Leider gibt es in der Praxis jedoch ein Problem, das mit der Implementierung des Push-Buttons zu tun hat: Wenn ein Push-Button entsichert wird, ruft der Button seine eigene Funktion zum Neuzeichnen des Widgets auf. Für den Icon-Button ist dies natürlich die falsche Funktion. Würde die Funktion über den Zeiger im Klassen-Record aufgerufen, so könnte der Icon-

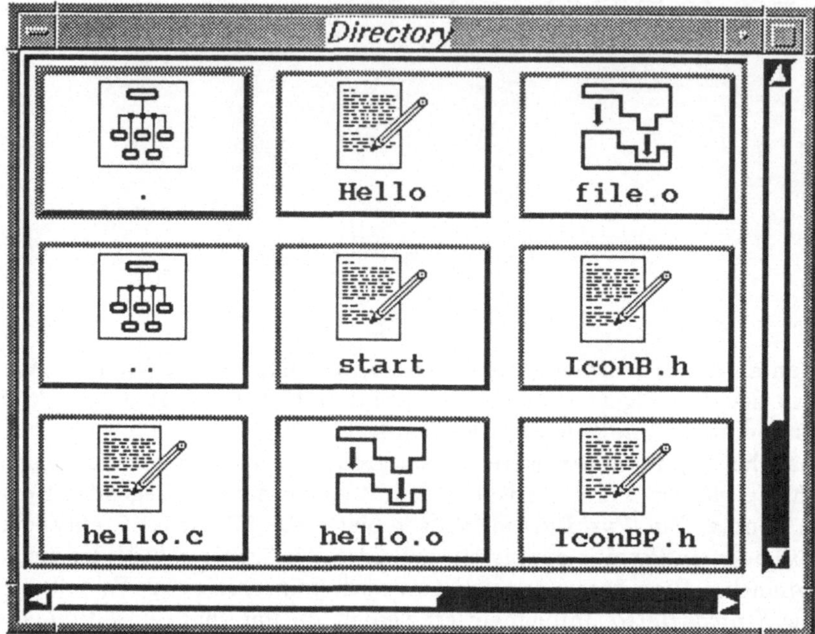

Abb. 17.1 Icon-Buttons zur Anzeige von Dateien

Button die Funktion durch eine eigene ersetzen. Doch das haben die Motif-Programmierer leider nicht vorgesehen.

Man könnte auf die Idee kommen, die Klasse *XmLabel* als Superklasse für den Icon-Button zu verwenden. Dann müßte man allerdings sämtliche Action-Routinen des Buttons selbst implementieren. Auch um das Umschalten des Schattens beim Drücken des Buttons müßte man sich kümmern.

Zum Glück gibt es noch eine andere Widget-Klasse, die fast genauso arbeitet wie *XmPushButton*. Die Rede ist von der Klasse *XmDrawnButton*. Gegenüber dem Push-Button besitzt ein Drawn-Button die zwei zusätzlichen Callback-Listen *XmNexposeCallback* und *XmNresizeCallback*. Diese sind hier jedoch unwichtig. Wichtig ist aber, daß ein Drawn-Buttons bei den „Actions" *arm()* oder *disarm()* nicht neu gezeichnet wird. Deshalb soll der Drawn-Button als Superklasse für den Icon-Button verwendet werden. Die Klassenhierarchie für die Klasse *XmIconButton* zeigt Abb. 17.2.

Die Idee bei der Implementierung des Icon-Buttons ist folgende: Die Superklasse des Icon-Buttons – also *XmDrawnButton* – kümmert sich um die Ausgabe des Pixmaps, das Aufrufen der Callbacks, Umschalten des Schattens und so weiter. Der Icon-Button übernimmt die Ausgabe des zusätzlichen Textes unterhalb des Pixmaps. Dazu muß der Icon-Button vor dem Zeichnen die

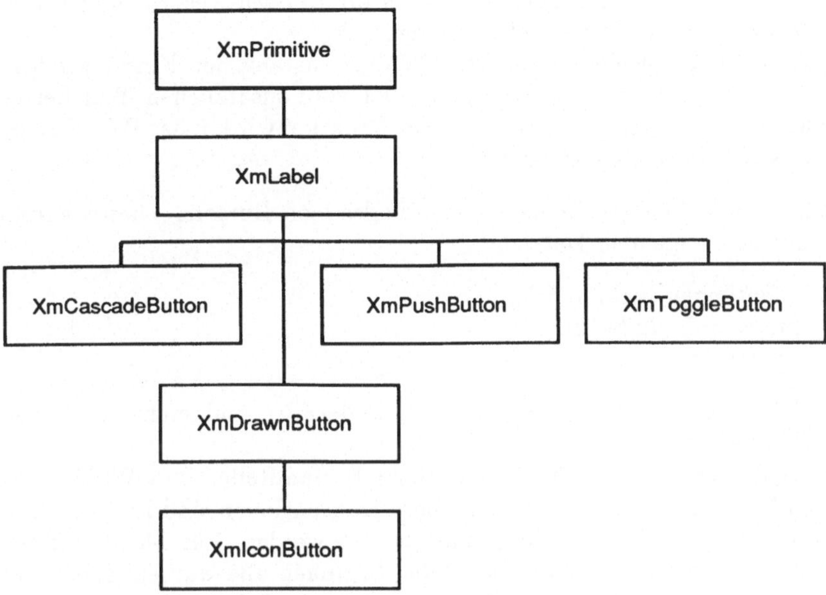

Abb. 17.2 Klassenhierarchie des Icon-Buttons

Größe seines Windows so berechnen, daß Text und Pixmap darin zusammen Platz haben. Der Icon-Button besitzt gegenüber dem Drawn-Button zusätzlich die beiden Ressourcen *XmNspacing* und *XmNaddLabelString*. *XmNaddLabelString* enthält den Text, der unterhalb des Pixmaps angezeigt werden soll. Mit *XmNspacing* kann der Abstand zwischen diesem Text und dem Pixmap eingestellt werden.

Folgende Funktionen des Klassen-Records werden für den Icon-Button neu implementiert:

Resize(): berechnet die Größe des Widgets und die Positionen von Pixmap und zusätzlichem Text. Die Adresse dieser Funktion wird in das Feld *resize* des Klassen-Records eingetragen.

Redisplay(): übernimmt das Neuzeichnen des Widget-Inhalts. Die Adresse von *Redisplay()* wird im Feld *expose* des Klassen-Records eingetragen. Einen Teil des Neuzeichnens übernimmt die entsprechende Funktion der Superklasse des Icon-Buttons. Diese Funktion wird über das Feld *expose* im Klassen-Record der Superklasse aufgerufen. Sie gibt das Pixmap des Buttons aus. *Redisplay()* braucht sich deshalb nur um die Ausgabe des zusätzlichen Textes kümmern.

Initialize(): übernimmt die Initialisierung der zusätzlichen Ressourcen und berechnet die Anfangsgröße des Buttons. Die Adresse dieser Funktion wird in das Feld *initialize* des Klassen-Records eingetragen.

SetValues(): wird über das Feld *set_values* im Klassen-Record aufgerufen, wenn Ressourcen-Werte verändert werden

Destroy(): wird aufgerufen, wenn eine Widget-Instanz der Klasse zerstört wird. *Destroy()* muß den Speicherplatz, der vom zusätzlichen Text belegt wird, wieder freigeben. Die Adresse dieser Funktion wird in das Feld *destroy* des Klassen-Records eingetragen.

Der Code für jede Widget-Klasse – auch die des Icon-Buttons – besteht mindestens aus den folgenden Dateien:

– einem öffentlichen Include-File,
– einem privaten Include-File,
– einem Source-File.

Eventuell können auch mehrere private Include-Files und mehrere Source-Files vorhanden sein.

Die Vergabe von Namen für die einzelnen Bestandteile eines Widgets erfolgt nach bestimmten Konventionen. Diese Konventionen sind im Intrinsics-Manual festgelegt und können dort nachgelesen werden. Für Motif-Widgets gelten diese Konventionen ebenfalls. Dabei beginnen alle Namen jedoch mit dem Präfix „Xm", die Namen der Klassenzeiger mit dem Präfix „xm".

Für das *IconButton*-Widget wurden die Namenskonventionen von Motif verwendet, obwohl diese Vorgehensweise umstritten ist. Eigentlich sollte das Präfix „Xm" den „offiziellen" Erweiterungen von Motif vorbehalten sein. Andererseits kann man so am Namen des Widgets erkennen, daß es sich um die Subklasse eines Motif-Widgets handelt.

17.1   *IconB.h* – das öffentliche Include-File

Zuerst muß das öffentliche Include-File *IconB.h* für die Klasse *XmIconButton* geschrieben werden. Das öffentliche Include-File einer Klasse enthält die Deklarationen für den Class-Pointer und die Convenience-Function zum Erzeugen einer Instanz. Außerdem werden hier die Makros für die Ressourcen-Namen definiert und alle Methoden deklariert, die von der Klasse definiert werden:

```
/*
 * IconB.h -- Oeffentliches Include-File des IconButton-Widgets
 */

#ifndef _IconB_h
#define _IconB_h

/*
 * Includes
 */
```

```
#include <Xm/Xm.h>

/*
 * Deklarationen
 */

extern WidgetClass xmIconButtonWidgetClass; /* Klassenzeiger */
extern Widget XmCreateIconButton();         /* Convenience-Funktion */

/*
 * Klassenstruktur und Widget definieren
 */

typedef struct _XmIconButtonClassRec *XmIconButtonWidgetClass;
typedef struct _XmIconButtonRec      *XmIconButtonWidget;

/*
 * XmIsIconButton liefert 'True', falls das uebergebene Widget
 * zur Klasse 'XmIconButton' gehoert.
 */

#ifndef XmIsIconButton
#define XmIsIconButton(w)      XtIsSubclass(w, xmIconButtonWidgetClass)
#endif

/*
 * Neue Ressourcen-Namen definieren
 */

#ifndef XmNaddLabelString
#define XmNaddLabelString "addLabelString"
#endif

#endif /* _IconB_h */
```

Durch die *ifndef*-Anweisung am Anfang der Datei wird verhindert, daß
IconB.h mehrmals eingebunden wird. Das Include-File *Xm.h* enthält alle
vordefinierten Ressourcen-Namen. Danach werden der Klassenzeiger und die
Convenience-Function deklariert und damit einer Applikation, die dieses
Include-File einbindet, bekannt gemacht.

Als nächstes müssen die Typen *XmIconButtonWidgetClass* und *XmIcon-
ButtonWidget* definiert werden. Sie werden, aus den in Abschnitt 16.7 erläu-
terten Gründen, als Zeiger auf Strukturen vereinbart, die nicht definiert sind.
Das Makro *XmIsIconButton()* wird aus Gründen der Bequemlichkeit definiert. Dieses Makro erwartet als Paramter einen Widget-Identifier und liefert
True zurück, falls es sich dabei um ein Widget der Klasse *XmIconButton*
oder einer Subklasse davon handelt.

Zuletzt müssen noch die Ressourcen-Namen für die neuen Ressourcen der Klasse definiert werden. *XmIconButton* besitzt zwei neue Ressourcen: *XmN-addLabelString* enthält den Text, der zusätzlich angezeigt wird. Mit *XmN-spacing* kann der Abstand zwischen dem Text und dem Pixmap eingestellt werden. Da der Name *XmNspacing* schon in *Xm.h* definiert ist, muß dies hier nicht noch einmal getan werden. Grundsätzlich sollte man bei der Auswahl eines neuen Ressourcen-Namens immer zuerst in *Xm.h* nachsehen, ob dort vielleicht schon ein passender Name existiert.

17.2 *IconBP.h* − das private Include-File

Nachdem das öffentliche Include-File fertig ist, geht es jetzt um die Wurst − das private Include-File des *IconButton*-Widgets muß geschrieben werden. Am bequemsten ist es, die Datei *DrawnBP.h* als Vorbild zu benutzen und die Klassen- und Instanzen-Records um die neuen Komponenten zu erweitern.

Das private Include-File eines Widgets enthält die Definitionen für den Class-Part, den Klassen-Record, den Instance-Part und den Instanzen-Record. Außerdem muß das öffentliche Include-File der Klasse und das private Include-File der Superklasse eingebunden werden.

```
/*
 * IconBP.h -- Privates Include-File des IconButton-Widgets
 */

#ifndef _IconBP_h
#define _IconBP_h

/*
 * Include-Files
 */

#include "IconB.h"
#include <Xm/LabelP.h>
#include <Xm/DrawnBP.h>

/*
 * Definition des Klassen-Records
 */

typedef struct _XmIconButtonClassPart
{
    int empty;
} XmIconButtonClassPart;

typedef struct _XmIconButtonClassRec
{
    CoreClassPart           core_class;
    XmPrimitiveClassPart    primitive_class;
```

```
    XmLabelClassPart        label_class;
    XmDrawnButtonClassPart  drawnbutton_class;
    XmIconButtonClassPart   iconbutton_class;
} XmIconButtonClassRec;

extern XmIconButtonClassRec xmIconButtonClassRec;

/*
 * Definition des Instanzen-Records
 */

typedef struct _XmIconButtonPart
{
    int        spacing;
    _XmString  label;
    XRectangle labelTextRect;
} XmIconButtonPart;

typedef struct _XmIconButtonRec
{
    CorePart            core;
    XmPrimitivePart     primitive;
    XmLabelPart         label;
    XmDrawnButtonPart   drawnbutton;
    XmIconButtonPart    iconbutton;
} XmIconButtonRec;

#endif /* _IconBP_h */
```

Das erste Include-File *IconB.h* ist das öffentliche Include-File der eigenen
Klasse. Danach muß das private Include-File der Superklasse, *DrawnBP.h*,
eingebunden werden. Leider fehlt in *DrawnBP.h* eine derartige Anweisung
für die Superklasse *XmLabel* des Drawn-Buttons. Deshalb muß auch noch
LabelP.h eingefügt werden.

Danach wird der Klassen-Record definiert. Das *IconButton*-Widget benötigt
selbst keine neuen Felder im Klassen-Record. *XmIconButtonClassPart* enthält
darum auch nur das Dummy-Feld *empty*. Der Klassen-Record *XmIconButtonClassRec* enthält wie üblich seinen eigenen Class-Part und die Class-Parts
seiner Superklassen.

Des weiteren muß der Instanzen-Record definiert werden. *XmIconButton-
Part* enthält die neuen Ressourcen *XmNspacing* und *XmNaddLabelString*.
Für den Wert von *XmNspacing* ist das Feld *spacing*, für *XmNaddLabel-
String* das Feld *label* vorgesehen. Außerdem wird Speicherplatz benötigt, um
Position und Größe des zusätzlichen Textes abzulegen. Dazu wird das Feld
labelTextRect verwendet.

17.3 *IconB.c* – das Source-File

Das Source-File einer Klasse enthält alle Funktionen für den Klassen-Record.
Im Schreiben dieser Funktionen steckt die meiste Arbeit bei der Implementierung der Klasse. Das Ressourcen-Array mit den Default-Werten wird definiert und das Feld *resources* des Klassen-Records damit initialisiert. Alle
anderen Felder des Klassen-Records werden ebenfalls initialisiert. Außer den
Funktionen für den Klassen-Record werden im Source-File die Methoden implementiert, die für die Klasse spezifisch sind. Das *IconButton*-Widget besitzt
als spezielle Methode nur die Convenience-Function *XmCreateIconButton()*.
Außerdem enthält das File meistens noch einige Hilfsfunktionen, die von den
Funktionen des Klassen-Records aufgerufen werden.

Die verschiedenen Funktionen des Icon-Buttons greifen auf die folgenden
Felder des Class-Parts von *XmLabel* zu – die komplette Struktur findet man
in *LabelP.h*:

```
_XmString        _label;          /* XmNlabelString */
unsigned char    label_type;      /* XmNlabelType */
unsigned char    alignment;       /* XmNalignment */
unsigned char    string_direction;/* XmNstringDirection */
XmFontList       font;            /* XmNfontList */

short            margin_height;   /* XmNmarginHeight */
short            margin_width;    /* XmNmarginWidth */
short            margin_left;     /* XmNmarginLeft */
short            margin_right;    /* XmNmarginRight */
short            margin_top;      /* XmNmarginTop */
short            margin_bottom;   /* XmNmarginBottom */
Pixmap           pixmap;          /* XmNlabelPixmap */
Pixmap           pixmap_insen;    /* XmNlabelInsensitivePixmap */

GC               normal_GC;       /* GC bei sensitivem Button */
GC               insensitive_GC;  /* GC bei insensitivem Button */
XRectangle       TextRect;        /* x,y,width,height des Labels oder
                                     Pixmaps, je nach XmNlabelType */
```

Die meisten Felder sind Ressourcen des *Label*-Widgets. Nur die Felder *nor-
mal_GC*, *insensitive_GC* und *TextRect* sind private Felder des Widgets. In
TextRect trägt das *Label*-Widget die Position und Größe seines Labels oder
Pixmaps ein, je nachdem, welcher Wert in *label_type* steht. Wenn die Größe
des Buttons verändert wird, muß auch die Position des Pixmaps neu berechnet und in *TextRect* eingetragen werden. Die Felder *normal_GC* und *insen-
sitive_GC* enthalten die Grafikkontexte zur Ausgabe von Pixmap und Text.
Diese Kontexte werden von der Klasse *XmLabel* verwaltet, sodaß sich der
Icon-Button darum nicht zu kümmern braucht. Für den zusätzlichen Text
und dessen Position und Größe werden die Felder *label* und *labelTextRect*
im Class-Part des Icon-Buttons verwendet.

17.3.1   Das Ressourcen-Array

Wie aus der Beschreibung der Klasse *Core* bekannt ist, besitzt der Klassen-Record das Feld *resources*. Dieses Feld enthält die Adresse eines Arrays mit den Default-Werten der Ressourcen. Mit diesen Werten wird beim Erzeugen eines Widgets der Instanzen-Record initialisiert (s. 16.5).

Die einzigen neuen Ressourcen des *IconButton*-Widgets sind *XmNaddLabelString* und *XmNspacing*. Man könnte das Ressourcen-Array so schreiben:

```
static XtResource resources[] = {
    { XmNaddLabelString,
      XmCLabelString,
      XmRXmString,
      sizeof(_XmString),
      XtOffset(XmIconButtonWidget, iconbutton.label),
      XmRImmediate,
      (caddr_t) NULL },
    { XmNspacing,
      XmCSpacing,
      XmRInt,
      sizeof(int),
      XtOffset (XmIconButtonWidget, iconbutton.spacing),
      XmRImmediate,
      (caddr_t) 5 }
};
```

Damit wird die Ressource *XmNaddLabelString* dem Feld *label* zugewiesen. Das geschieht über das Makro *XtOffset()*, mit dessen Hilfe auf das Feld *label* im Instance-Part des Icon-Buttons zugegriffen wird. Das Feld *label* ist vom Typ *_XmString*. Der Typ *_XmString* wird für die interne Darstellung von Compound-Strings verwendet. Er ist in *XmP.h* als Zeiger auf eine Struktur definiert. Außerdem gibt es eine ganze Reihe von Funktionen, deren Name ebenfalls mit „_Xm" beginnt und die mit den internen Compound-Strings zusammenarbeiten. Leider sind weder *_XmString* noch die *_Xm*-Funktionen dokumentiert. Auch hieran sieht man wieder einmal, daß Motif eben nicht dazu gedacht ist, um von „Außenstehenden" erweitert zu werden. Um nicht auf der Strecke zu bleiben, ist man auf einen Blick in den Motif-Sourcecode angewiesen, wenn dieser vorhanden ist.

Der Ressourcen-Wert von *XmNspacing* ist vom Typ *int* und wird in das Feld *spacing* eingetragen. Als Default wird der Wert *5* eingesetzt. Die Klasse ist *XmCSpacing*.

Neben der Initialisierung der neuen Ressourcen sind noch zwei Default-Werte zu ändern:

1. Der gewöhnliche Drawn-Button gibt im Normalfall ein Label aus. Für das *IconButton*-Widget ist es aber wünschenswert, daß standardmäßig ein Pixmap ausgegeben wird. Dazu muß der Default-Wert der Ressource *XmNlabelType* geändert werden.

2. Der Drawn-Button besitzt eine Ressource namens *XmNpushButtonEn-abled*. Diese Ressource muß den Wert *True* besitzen, wenn der Drawn-Button wie ein richtiger Button arbeiten soll. Weil sie normalerweise den Wert *False* hat, muß der Default-Wert dieser Ressource ebenfalls geändert werden.

Diese beiden Default-Werte kann man dadurch ändern, daß man die entsprechenden Ressourcen in das Ressourcen-Array des Icon-Buttons aufnimmt. Wie bereits in 15.2 erläutert, können Ressourcen-Werte einer Superklasse von einer Subklasse geändert werden. Als Parameter des Makros *XtOffset()* muß nur das richtige Feld angegeben werden. Dazu wirft man am besten einen Blick in die privaten Include-Files der Superklassen. Das Feld

```
Boolean pushbutton_enabled;      /* XmNpushButtonEnabled */
```

im Instance-Part des Drawn-Buttons enthält den Wert der Ressource *XmNpushButtonEnabled*. Im Feld

```
unsigned char   label_type;      /* XmNlabelType */
```

im Instance-Part des *Label*-Widgets steht der Wert der Ressource *XmNlabelType*. Das folgende Listing zeigt das endgültige Ressourcen-Array von *XmIconButton*:

```
/*
 * IconB.c -- Source-File der Klasse XmIconButton
 */

#include "IconBP.h"

/*
 * Neue Resourcen
 */

static XtResource resources[] = {
    { XmNaddLabelString,
      XmCLabelString,
      XmRXmString,
      sizeof(_XmString),
      XtOffset(XmIconButtonWidget, iconbutton.label),
      XmRImmediate,
      (caddr_t) NULL },
    { XmNspacing,
      XmCSpacing,
      XmRInt,
      sizeof(int),
      XtOffset(XmIconButtonWidget, iconbutton.spacing),
      XmRImmediate,
      (caddr_t) 5 },
    { XmNpushButtonEnabled,           /* Default wird TRUE */
```

```
        XmCPushButtonEnabled,
        XmRBoolean,
        sizeof(Boolean),
        XtOffset (XmIconButtonWidget, drawnbutton.pushbutton_enabled),
        XmRImmediate,
        (caddr_t) True },
      { XmNlabelType,                    /* Default wird XmPIXMAP */
        XmCLabelType,
        XmRLabelType,
        sizeof(unsigned char),
        XtOffset(XmIconButtonWidget,label.label_type),
        XmRImmediate,
        (caddr_t) XmPIXMAP
      },
};
```

17.3.2   Initialisierung des Klassen-Records

Bevor der Klassen-Record initialisiert werden kann, muß man die Funktionen, die in den Record eingesetzt werden sollen, deklarieren. Dabei kann man auch gleich die benötigten Hilfsfunktionen deklarieren und einige nützliche Makros definieren.

Die Funktionen des Klassen-Records heißen *Initialize()*, *Redisplay()*, *Resize()*, *SetValues()* und *Destroy()*. Die Hilfsfunktion *CalculateSize()* berechnet die Größe des Icon-Buttons und die Positionen von Pixmap und Text. Die Funktion *PixmapSize()* ermittelt die Größe des verwendeten Pixmaps. *FixLabel()* kopiert den Wert von *XmNaddLabelString* in einen lokalen Speicherbereich oder setzt den Namen der Widget-Instanz als Text ein, wenn die Ressource nicht angegeben wird.

Das Makro *IsSensitive()* liefert den Wert *True*, falls das Widget für Eingaben sensitiv ist. Die beiden Makros *HasPixmap()* und *HasAddLabel()* haben den Wert *True()*, wenn das Widget ein Pixmap bzw. einen zusätzlichen Text besitzt.

```
/*
 * Deklaration der Funktionen fuer den Klassen-Record
 */

static void Initialize();
static void Redisplay();
static void Resize();
static void Destroy();
static Boolean SetValues();

/*
 * Hilfsfunktionen und Makros
 */
```

```
static void CalculateSize();     /* Groesse der Komponenten neu
                                  * berechnen */
static void PixmapSize();         /* Pixmap-Groesse ermitteln */
static void FixLabel();           /* Zusaetzlichen Text initialisieren */


#define IsSensitive(w)  ((w)->core.sensitive && \
                         (w)->core.ancestor_sensitive)
#define HasPixmap(w) (IsSensitive(w)? \
                    (w)->label.pixmap != XmUNSPECIFIED_PIXMAP: \
                    (w)->label.pixmap_insen != XmUNSPECIFIED_PIXMAP)


#define HasAddLabel(w) ((w)->iconbutton.label != NULL)
```

Nach dieser Vorarbeit kann der Klassen-Record initialisiert werden. Die bequemste Vorgehensweise besteht darin, diesen Teil aus dem Quellcode des Drawn-Buttons zu kopieren und entsprechend zu ändern. Wenn man den Quellcode nicht besitzt, dürfte es einige Schwierigkeiten beim Initialisieren von *XmPrimitiveClassPart* und *XmLabelClassPart* geben. Die Motif-Dokumentation enthält darüber nämlich keine Informationen.

Auf jeden Fall sollte man sich zuerst die privaten Include-Files der Superklassen ansehen. In unserem Fall sind das die Dateien *XmP.h*, *LabelP.h* und *DrawnBP.h*. Eventuell kann man aus der Definition des Klassen-Records und den dazugehörenden Kommentaren nützliche Informationen gewinnen.

Für den Icon-Button sieht die Initialisierung des Klassen-Records so aus:

```
/*
 * Initialisierung der Klassenstruktur
 */


#define superclass ((WidgetClass)&xmDrawnButtonClassRec)

XmIconButtonClassRec xmIconButtonClassRec = {
    {                                    /* core_class part       */
        /* superclass             */ superclass,
        /* class_name             */ "XmIconButton",
        /* widget_size            */ sizeof(XmIconButtonRec),
        /* class_initialize       */ NULL,
        /* class_part_initialize  */ NULL,
        /* class_inited           */ False,
        /* initialize             */ Initialize,
        /* initialize_hook        */ NULL,
        /* realize                */ XtInheritRealize,
        /* actions                */ NULL,
        /* num_actions            */ 0,
        /* resources              */ resources,
        /* num_resources          */ XtNumber(resources),
        /* xrm_class              */ NULLQUARK,
        /* compress_motion        */ True,
        /* compress_exposure      */ True,
```

```c
    /* compress_enterleave   */ True,
    /* visible_interest      */ False,
    /* destroy               */ Destroy,
    /* resize                */ Resize,
    /* expose                */ Redisplay,
    /* set_values            */ (XtSetValuesFunc) SetValues,
    /* set_values_hook       */ NULL,
    /* set_values_almost     */ XtInheritSetValuesAlmost,
    /* get_values_hook       */ NULL,
    /* accept_focus          */ NULL,
    /* version               */ XtVersion,
    /* callback_offsets      */ NULL,
    /* tm_table              */ XtInheritTranslations,
    /* query_geometry        */ XtInheritQueryGeometry,
    /* display_accelerator   */ XtInheritDisplayAccelerator,
    /* extension             */ NULL,
  },

  {                             /* primitive_class part      */

    /* border_highlight      */ _XtInherit,
    /* border_unhighlight    */ _XtInherit,
    /* translations          */ XtInheritTranslations,
    /* arm_and_activate      */ _XtInherit,
    /* get_resources         */ NULL,
    /* num_get_resources     */ 0,
    /* extension             */ NULL,
  },

  {                             /* label_class part       */

    /* setOverrideCallback   */ XmInheritSetOverrideCallback,
    /* SetWhichButton        */ NULL,
    /* translations          */ NULL,
    /* extension             */ NULL,
  },

  {                             /* drawnbutton_class part   */

    /* empty                 */ 0,
  },

  {                             /* iconbutton_class part   */

    /* empty                 */ 0,
  }
};
WidgetClass xmIconButtonWidgetClass =
                        (WidgetClass)&xmIconButtonClassRec;
```

Zunächst wird die Konstante *superclass* definiert. Sie enthält die Adresse des Klassen-Records des Drawn-Buttons, also der Superklasse des Icon-Buttons. Danach wird der Klassen-Record *xmIconButtonClassRec* definiert und initialisiert. Er besteht aus den Feldern *core_class*, *primitive_class*, *label_class*, *drawnbutton_class* und *iconbutton_class*. Diese Felder müssen initialisiert werden.

Die Bedeutung der einzelnen Felder von *core_class* wurde in 16.1.1 beschrieben. Viele der Felder enthalten Default-Werte oder werden von der Superklasse mit _XtInherit geerbt. Oft enthalten diese Felder anstelle von _XtInherit andere Konstanten, zum Beispiel *XtInheritRealize* oder *XtInheritTranslations*. Dabei handelt es sich einfach um Makros für _XtInherit, die das „type casting" für das entsprechende Feld im Klassen-Record übernehmen.

Das Feld *resources* wird mit dem oben definierten Ressourcen-Array initialisiert. In *num_resources* wird mit Hilfe des Makros *XtNumber()* die Länge dieser Liste eingetragen.

Die Adressen der Funktionen *Initialize()*, *Resize()*, *Redisplay()*, *SetValues()* und *Destroy()* werden in die entsprechenden Felder des Klassen-Records eingetragen. Erwähnenswert ist hierbei, daß die Funktion für das Feld *expose* nicht *Expose()*, sondern *Redisplay()* heißt. Die Xlib definiert nämlich eine Konstante namens *Expose*. Wenn man nun *Expose* in den Klassen-Record einträgt, setzt der C-Präprozessor hier den Wert dieser Xlib-Konstanten ein – eine der Tücken von C.

Wie bereits oben angesprochen, kann die Initialisierung der Strukturen *primitive_class* und *label_class* Probleme bereiten. Beim Icon-Button wurde dieses Problem durch einen Blick in den Sourcecode der Klassen *XmPrimitive* und *XmLabel* gelöst.

Die Class-Parts *drawnbutton_class* und *iconbutton_class* enthalten jeweils nur ein *empty*-Feld, das mit *0* initialisiert wird. Zuletzt wird der Klassenzeiger des Icon-Buttons als globale Variable definiert. Damit ist die Initialisierung des Klassen-Records abgeschlossen.

17.3.3   Funktionen des Icon-Buttons

Als nächstes müssen die Funktionen des Klassen-Records geschrieben werden. Zuerst wird die Funktion *Initialize()* des Icon-Buttons implementiert:

```
/*
 * Initialize -- Initialisierung einer neuen Widget-Instanz
 */

static void Initialize(request, new)
   XmIconButtonWidget request;
   XmIconButtonWidget new;
{
   FixLabel(new);
```

```
    /* Wenn kein Pixmap spezifiziert ist, wird 'spacing' auf null
     * gesetzt. Ebenso wenn kein zus. Label angegeben wurde. */

    if (!HasPixmap(new) && new->label.label_type == XmPIXMAP)
      new->iconbutton.spacing = 0;

    if (!HasAddLabel(new))
      new->iconbutton.spacing = 0;

    /* Anfangsgroesse und Position von Pixmap und Text berechnen:
       Wenn fuer "width" und "height" kein Wert angegeben wurde,
       wird 0 eingetragen. Dadurch berechnet CalculateSize()
       selbst die passenden Werte. */

    if (request->core.width != new->core.width)
      new->core.width = 0;
    if (request->core.height != new->core.height)
      new->core.height = 0;

    CalculateSize(new);
}
```

Zuerst wird die Funktion *FixLabel()* aufgerufen. Wenn für den Icon-Button
kein zusätzlicher Text gesetzt wurde, *XmNlabelType* den Wert *XmPIXMAP*
hat und kein Pixmap spezifiziert ist, wird der Name des Widgets als zusätzlicher Text verwendet. Der Benutzer bekommt dadurch den Namen des Widgets angezeigt und kann so Ressourcen für das Widget in einem Ressourcen-
File angeben. Falls für *XmNaddLabelString* ein Text angegeben wurde, wird
eine Kopie des Text-Strings gemacht.

Wenn nur ein Pixmap oder nur ein Text angegeben ist, wird der Wert der
Ressource *XmNspacing* auf Null gesetzt. Schließlich wird die Anfangsgröße
des Buttons mit der Funktion *CalculateSize()* berechnet. *CalculateSize()* berechnet für Breite und Höhe des Widgets passende Werte, wenn die Felder
width und *height* von *new* Null enthalten. Andernfalls werden Breite und
Höhe auf die Werte gesetzt, die in *width* und *height* enthalten sind.

Das Listing von *FixLabel()* sieht folgendermaßen aus:

```
/*
 * FixLabel -- Zusaetzlichen Text initialisieren
 */

static void FixLabel(iw)
    XmIconButtonWidget iw;
{
    /* Falls kein zus. Label spezifiziert oder das Label kein
     * Compound-String ist */

    if (!HasAddLabel(iw) ||
```

```
        !_XmStringIsXmString(iw->iconbutton.label)) {

    /* Warnung bei ungueltigem Label ausgeben */

    if (HasAddLabel(iw) &&
        !_XmStringIsXmString(iw->iconbutton.label))
        XtWarning("Ungueltiger Compound-String");

    /* Falls "XmNlabelType" auf Pixmap steht, aber kein Pixmap
     * angegeben wurde, wird der Name des Widgets als Label
       verwendet. */

    if (iw->label.label_type == XmPIXMAP && !HasPixmap(iw)) {
        XmString str;
        str = XmStringLtoRCreate(iw->core.name,
                                 XmSTRING_DEFAULT_CHARSET);
        iw->iconbutton.label = _XmStringCreate(str);
        XmStringFree(str);
    }
} else {

    /* Lokale Kopie des zusaetzlichen Labels machen */

    iw->iconbutton.label = _XmStringCreate(iw->iconbutton.label);
}
}
```

Die Funktion *Resize()* ruft zur Berechnung der Größe die Hilfsfunktion *CalculateSize()* auf. Um sicherzustellen, daß der Button neu gezeichnet wird, ruft sie anschließend *XClearArea()* auf:

```
/*
 * Resize -- Groesse des Buttons berechnen
 */

static void Resize(iw)
    XmIconButtonWidget iw;
{
    /* Neue Groesse berechnen */

    CalculateSize(iw);

    /* Window loeschen und Expose-Event erzeugen */

    if (XtIsRealized(iw))
        XClearArea(XtDisplay(iw), XtWindow(iw), 0, 0, 0, 0, True);
}
```

Die Funktion *Redisplay()* des Icon-Buttons testet zuerst, ob das Widget überhaupt realisiert ist. Falls nicht, braucht auch nichts ausgegeben zu werden.

Da der Icon-Button relativ einfach aufgebaut ist reicht es, den Inhalt immer komplett neu zu zeichnen. Bei komplizierteren Widgets muß man eventuell die Parameter *event* und *region* berücksichtigen.

Beim Neuzeichnen des Icon-Buttons leistet der Funktionszeiger *expose* im Klassen-Record des Drawn-Buttons Hilfestellung. Er zeigt auf die Funktion, die der Drawn-Button zum Neuzeichnen seines Inhalts verwendet. Je nach Wert von *XmNlabelType* wird entweder ein Label oder ein Pixmap ausgegeben. Diese Ressource hat beim Icon-Button defaultmäßig den Wert *XmPIX-MAP*. Deshalb wird das Pixmap ausgegeben, wenn die Funktion mit

```
(*superclass->core_class.expose)(iw, event, region);
```

aufgerufen wird. Vorher muß aber die Position des Pixmaps richtig berechnet worden sein. Dies wurde bereits in *Resize()* erledigt.

Redisplay() muß den zusätzlichen Text ausgeben. Normalerweise wird zur Ausgabe von Compound-Strings die Funktion *XmStringDraw()* verwendet. Da hier aber mit der internen Darstellung von Compound-Strings gearbeitet wird, muß in diesem Fall die Funktion *_XmStringDraw()* verwendet werden. Die Parameter beider Funktionen sind identisch, die Beschreibung von *XmStringDraw()* im Manual trifft auch auf *_XmStringDraw()* zu.

```
/*
 * Redisplay -- Button neu zeichnen
 */

static void Redisplay(iw, event, region)
   XmIconButtonWidget iw;
   XEvent *event;
   Region region;
{
   if (XtIsRealized(iw)) {
      /* Expose-Routine der Superklasse aufrufen */

      (*superclass->core_class.expose) (iw, event, region);

      /* Zusaetzlichen Text ausgeben */
      if (HasAddLabel(iw)) {
         _XmStringDraw(XtDisplay(iw), XtWindow(iw),
            iw->label.font, iw->iconbutton.label,
            (((iw->core.sensitive) &&
                 (iw->core.ancestor_sensitive)) ?
              iw->label.normal_GC : iw->label.insensitive_GC),
            iw->iconbutton.labelTextRect.x,
            iw->iconbutton.labelTextRect.y,
            iw->iconbutton.labelTextRect.width, iw->label.alignment,
            iw->label.string_direction, NULL);
      }
   }
}
```

Um die Grafikkontexte zur Ausgabe des Textes braucht man sich nicht zu
kümmern, sie werden von der Klasse *XmLabel* verwaltet.

Die Funktion *SetValues()* des Icon-Buttons sieht folgendermaßen aus:

```
/*
 * SetValues -- Neue Ressourcen-Werte setzen
 */

static Boolean SetValues(current, request, new)
   XmIconButtonWidget current, request, new;
{
   /* Wenn das Label veraendert wird... */

   if (new->iconbutton.label != current->iconbutton.label) {

      /* Neues Label setzen */

      FixLabel(new);

      /* String des alten Textes freigeben */

      if (current->iconbutton.label)
         _XmStringFree(current->iconbutton.label);

      /* Wenn kein Pixmap spezifiziert ist, wird 'spacing' auf null
       * gesetzt. Ebenso wenn kein zus. Text angegeben wurde. */

      if (!HasPixmap(new) && new->label.label_type == XmPIXMAP)
         new->iconbutton.spacing = 0;

      if (!HasAddLabel(new))
         new->iconbutton.spacing = 0;
   }

   /* Passende Groesse des Widgets berechnen */

   if (new->label.recompute_size == True) {
      new->core.width = 0;
      new->core.height = 0;
   } else {
      new->core.width = request->core.width;
      new->core.height = request->core.height;
   }
   CalculateSize(new);
   return True;                     /* Redisplay-Event erzeugen */
}
```

Zunächst wird getestet, ob ein neuer Text gesetzt worden ist. Dies ist der
Fall, wenn *current* und *new* im Feld *label* unterschiedliche Werte besitzen.
Überprüft werden kann dies durch einen einfachen Vergleich, weil die Para-

meter *current*, *request* und *new* nur auf Kopien des Instanzen-Records zeigen. Daten, die über Zeiger im Instanzen-Record referenziert werden, werden nicht kopiert. Deshalb enthält das Feld *label* bei *current*, *request* und *new* die gleiche Adresse, falls kein neuer Text angegeben wurde.

Falls ein neuer Text gesetzt wurde, wird er durch den Aufruf von *FixLabel()* kopiert. Danach wird der alte Text freigegeben. Der Wert von *spacing* wird auf Null gesetzt, wenn nur ein Pixmap oder nur ein zusätzlicher Text angegeben ist. Schließlich wird die Größe des Buttons neu berechnet. Da *SetValues()* als Rückgabewert immer *True* liefert, wird das Widget anschließend neu gezeichnet.

Beim *IconButton*-Widget wird nur für die lokale Kopie von *XmNaddLabelString* Speicherplatz verbraucht. Dieser Speicherplatz muß in *Destroy()* wieder freigegeben werden:

```
/*
 * Destroy -- Destroy-Funktion der Klasse
 */


static void Destroy(iw)
    XmIconButtonWidget iw;
{
    if (iw->iconbutton.label != NULL)
        _XmStringFree(iw->iconbutton.label);
}
```

Die Convenience-Function *XmCreateIconButton()* ist sehr einfach aufgebaut. Sie besteht nur aus einem Aufruf der Funktion *XtCreateWidget()* mit den entsprechenden Parametern:

```
/*
 * XmCreateIconButton -- Icon-Button erzeugen
 */


Widget XmCreateIconButton(parent, name, arglist, argcount)
    Widget parent;
    String name;
    ArgList arglist;
    Cardinal argcount;
{
    return(XtCreateWidget(name, xmIconButtonWidgetClass, parent,
                          arglist, argcount));
}
```

Nun fehlen nur noch die beiden Hilfsfunktionen *CalculateSize()* und *PixmapSize()*. *CalculateSize()* berechnet die Gesamtgröße des Buttons und die Positionen des Pixmaps und des zusätzlichen Textes. Bei der Berechnung müssen die Rahmenbreite und die Breite des Schattens berücksichtigt werden. Die dafür zuständigen Ressourcen wurden bereits bei der Beschreibung des *Label*-Widgets erläutert (7.3).

```c
/*
 * Groesse des Widgets und Position der Komponenten neu berechnen
 */

static void CalculateSize(iw)
   XmIconButtonWidget iw;
{
   XmLabelPart *lp = &(iw->label);
   XmIconButtonPart *ip = &(iw->iconbutton);
   Dimension width,                 /* Hilfsvariablen */
           height;
           int frame_thickness,     /* Gesamtbreite des Schattens */
           left_space,              /* Breite linker Rand */
           right_space,             /* Breite rechter Rand */
           top_space,               /* Breite oberer Rand */
           bottom_space,            /* Breite unterer Rand */
           free_space;              /* Hilfsvariablen */

   /* Gesamtbreite des Schattens berechnen */

   frame_thickness = iw->primitive.shadow_thickness
      + iw->primitive.highlight_thickness;

   /* Breite der einzelnen Raender berechnen */

   left_space = lp->margin_width + lp->margin_left + frame_thickness;
   right_space = lp->margin_width + lp->margin_right
                 + frame_thickness;
   top_space = lp->margin_height + lp->margin_top + frame_thickness;
   bottom_space = lp->margin_height + lp->margin_bottom
                  + frame_thickness;

   /* Groesse von Pixmap oder Label berechnen, je nach Wert
      von XmNlabelType */

   if (iw->label.label_type == XmPIXMAP)
      PixmapSize(iw, &width, &height);
   else
      _XmStringExtent(lp->font, lp->_label, &width, &height);

   lp->TextRect.width = width;
   lp->TextRect.height = height;

   /* Breite und Hoehe des zusaetzlichen Textes berechnen */

   ip->labelTextRect.width = 0;
   ip->labelTextRect.height = 0;

   if (HasAddLabel(iw)) {
```

```c
      _XmStringExtent(lp->font, ip->label, &width, &height);
      ip->labelTextRect.width = width;
      ip->labelTextRect.height = height;
}
/* Breite und Hoehe des gesamten Icons berechnen. Wenn Hoehe bzw.
 * Breite null sind, wird die Groesse passend berechnet. Ansonsten
 * werden die angegebenen Werte verwendet. */

if (iw->core.width == 0)
    iw->core.width = Max(lp->TextRect.width,
                         ip->labelTextRect.width)
                   + left_space + right_space;

if (iw->core.height == 0)
    iw->core.height = lp->TextRect.height + ip->labelTextRect.height
        + ip->spacing + top_space + bottom_space;

/* Groesse des Buttons darf nicht 0 sein */

if (iw->core.width == 0)
    iw->core.width = 10;
if (iw->core.height == 0)
    iw->core.height = 10;

/* Y-Positionen fuer Pixmap und Label bestimmen */

free_space = iw->core.height - top_space - bottom_space
    - lp->TextRect.height - ip->spacing
    - ip->labelTextRect.height;

lp->TextRect.y = top_space + free_space / 2;
ip->labelTextRect.y = lp->TextRect.y + lp->TextRect.height
                      + ip->spacing;

/* X-Positionen fuer Pixmap und Label fuer die gewuenschte
 * Justierung berechnen. */

switch (lp->alignment) {
    case XmALIGNMENT_BEGINNING:
       ip->labelTextRect.x = left_space;
       lp->TextRect.x = left_space;
       break;
    case XmALIGNMENT_END:
       ip->labelTextRect.x = iw->core.width - right_space
          - ip->labelTextRect.width;
       lp->TextRect.x = iw->core.width - right_space
          - lp->TextRect.width;
       break;
    default:                         /* center */
```

```
            free_space = iw->core.width - right_space - left_space
               - ip->labelTextRect.width;
            ip->labelTextRect.x = left_space + free_space / 2;

            free_space = iw->core.width - right_space - left_space
               - lp->TextRect.width;
            lp->TextRect.x = left_space + free_space / 2;
      }
}
```

Zur Routine *PixmapSize()* gibt es nicht viel zu sagen. Falls für das Widget ein Pixmap angegeben ist, wird über die Funktion *XGetGeometry()* dessen Größe ermittelt und in den beiden Parametern *width* und *height* zurückgegeben.

```
/*
 * PixmapSize -- Groesse des Pixmaps berechnen
 */

static void PixmapSize(iw, width, height)
   XmIconButtonWidget iw;
   Dimension *width, *height;
{
   int dummy;

   if (HasPixmap(iw)) {
      unsigned int w, h;

      XGetGeometry(XtDisplay(iw),
         IsSensitive(iw)?iw->label.pixmap:iw->label.pixmap_insen,
         (Window *)&dummy, &dummy, &dummy, &w, &h,
         (unsigned *)&dummy, (unsigned *)&dummy);
      *width = (Dimension)w;
      *height = (Dimension)h;
   } else {
      *width = 0;
      *height = 0;
   }
}
```

Damit ist die Klasse *XmIconButton* fertig.

Literaturverzeichnis

Cox BJ(1986) Object Oriented Programming: An Evolutionary Approach. Addison-Wesley, Reading, MA

Flowers J(1988) X Logical Font Description Conventions, Version 1.3. MIT, Cambridge, MA

Foley JD, Van Dam A(1982) Fundamentals of Interactive Computer Graphics. Addison-Wesley, Reading, MA

Fulton J(1988) Using and Specifying X Resources. MIT, Cambridge, MA

Gettys J, Scheifler RW, Newman R(1989) Xlib - C Language Interface. X Window System, X Version 11, Release 4. MIT, Cambridge, MA

Kernighan B, Ritchie D(1978) The C Programming Language. Prentice-Hall, Englewood Cliffs, Reading, NJ

McCormack J, Asente P, Swick RR(1989) X Toolkit Intrinsics - C Language Interface. X Window System, X Version 11, Release 4. MIT, Cambridge, MA

Nye A(1988) Xlib Programming Manual. O'Reilly, Sebastopol, CA

OSF(1990a) OSF/Motif User's Guide, Revision 1.1. Open Software Foundation, 11 Cambridge Center, Cambridge, MA

OSF(1990b) OSF/Motif Programmer's Guide, Revision 1.1. Open Software Foundation, 11 Cambridge Center, Cambridge, MA

OSF(1990c) OSF/Motif Style Guide, Revision 1.1. Open Software Foundation, 11 Cambridge Center, Cambridge, MA

OSF(1990d) OSF/Motif Programmer's Reference, Revision 1.1. Open Software Foundation, 11 Cambridge Center, Cambridge, MA

Rosenthal DSH(1989) Inter-Client Communication Conventions Manual, Version 1.0, X Window System, X Version 11. MIT, Cambridge, MA

Shneiderman B(1987) Designing the User Interface. Strategies for Effective Human–Computer Interaction. Addison-Wesley, Reading, MA

Scheifler RW(1989) X Window System Protocol, X Version 11, Release 4. MIT, Cambridge, MA

Anhang: Quelltexte

A.1 Textausgaben in Callback-Routinen mit langer Ausführungszeit

In *CreateForm()* wird ein Push-Button erzeugt, der die Callback-Routine *SleepCB()* aufrufen soll. *SleepCB()* benötigt jedoch eine längere Ausführungszeit. Während der Ausführung von *SleepCB()* soll ein neues Formular angezeigt werden, in das laufend Texte ausgegeben werden. Der Push-Button ruft deshalb die Callback-Routine *PopupCB()* auf, die das Formular erzeugt. Wenn das Formular sichtbar ist, wird *SleepCB()* aufgerufen.

```
/*
 * In "CreateForm" wird ein Push-Button erzeugt, der die
 * die Callback "PopupCB" ausloest.
 */

void CreateForm(parent)
   Widget parent;
{
   Widget button;
   void   PopupCB();

   button = XmCreatePushButton(parent, "push", NULL, 0);
   XtAddCallback(button, XmNactivateCallback, PopupCB, button);
   XtManageChild(button);
}
```

```c
/*
 * "PopupCB" erzeugt ein neues Formular mit einem Text-Widget.
 * Wenn das Formular sichtbar wird, bekommt das Text-Widget
 * des Formulars ein Redraw-Event. An dieses Event wird
 * "SleepCB" als Event-Handler gehaengt.
 */

void PopupCB(widget, client_data, call_data)
   Widget  widget;
   caddr_t client_data;
   caddr_t call_data;
{
   Widget parent = (Widget)client_data;
   Widget form;
   Widget text;
   void   SleepCB();

   form = XmCreateFormDialog(parent, "beispiel", NULL, 0);
   text = XmCreateText(form, "text", NULL, 0);
   XtAddEventHandler(text, ExposureMask, False, SleepCB, form);
   XtManageChild(text);

   XtManageChild(form);
}


/*
 * "SleepCB" wartet 20 Sekunden und macht dabei Ausgaben
 * in ein Text-Widget. Das Formular wird am Ende zerstoert.
 */

void SleepCB(text, client_data, event, continue_to_dispatch)
   Widget  text;
   caddr_t client_data;
   XEvent  *event;
   Boolean *continue_to_dispatch;
{
   Widget form = (Widget)client_data;
   char str[10];
   int  i;

   /* WICHTIG: "XFlush" leert den Buffer fuer die
      Prozesskommunikation mit dem X-Server */

   XFlush(XtDisplay(text));
   for (i = 0; i < 20; i++)
   {
       /* String ins Text-Widget kopieren und Buffer leeren. */
```

```
      sprintf(str,"%d", i);
      XmTextSetString(text, str);
      XFlush(XtDisplay(text));
      sleep( 1 );
   }

   XtDestroyWidget(form);
}
```

A.2   Benutzungsoberfläche für Bourne-Shells

Das Programm *xmshell* stellt eine grafische Eingabe für eine Bourne-Shell
zur Verfügung, wie sie in Abb. 14.1 (S. 603) gezeigt wird. Die Prozeßkommunikation zwischen *xmshell* und der Bourne-Shell erfolgt über Pipes. Die
Standardein- und -ausgaben werden in Pipes des Programms *xmshell* umgelenkt.

Die Routine *CreateForm()* erzeugt das Formular, in *Exec()* wird die Bourne-
Shell aufgerufen. *SendCB()* schickt ein Kommando zur Bourne-Shell, und
ReadPipe() liest die Ausgaben der Bourne-Shell. Mit der Callback-Routine
KillCB() wird ein angefangener Shell-Befehl abgebrochen. Die Callback-Rou-
tinen zum Verlassen des Programms sind auf den Seiten 250 und 250 aufge-
listet.

```
/*
 * xmshell.h -- "client_data" fuer die Callback-Routinen
 * des Formulars
 */

typedef struct _FormData {
    int     pid;
    int     in_of_child;
    int     out_of_child;
    int     err_of_child;
} FormData;
```

```c
/*
 * xmshell.c
 */

#include <stdio.h>
#include <signal.h>                    /* UNIX-Signale; zum Abbrechen von
                                          Shell-Kommandos */
#include <X11/Intrinsic.h>
#include <X11/Shell.h>

#include <Xm/Xm.h>
#include <Xm/Text.h>
#include <Xm/PushB.h>
#include <Xm/RowColumn.h>
#include <Xm/Form.h>
#include <Xm/Command.h>
#include <Xm/MessageB.h>
#include <Xm/RowColumn.h>

#include "xmshell.h"                   /* private Definitionen */

/*
 * Hauptprogramm fuer "xmshell"
 */

#define APPLCLASS "XMShell"

void main(argc, argv)
   int  argc;
   char **argv;
{
   Widget app_shell;
   void CreateForm();

   /* Toolkit initialisieren, Formular erzeugen. */

   app_shell = XtInitialize(argv[0], APPLCLASS, NULL, 0, &argc, argv);
   CreateForm(app_shell);

   /* Formular anzeigen, Eventschleife */

   XtRealizeWidget(app_shell);

   XtMainLoop();
}
```

```c
/*
 * "CreateForm" erzeugt den Formularinhalt des Programm "xmshell".
 */

void CreateForm(parent)
    Widget parent;
{
    Widget form;
    Widget out_text;
    Widget err_text;
    Widget button;
    Widget work_area;
    Widget command_list;
    Arg       arg[6];
    Cardinal n;
    FormData *form_data;

    form_data = (FormData *) XtCalloc(1, sizeof(FormData));

    /* Erzeuge einen neuen Shell-Prozess mit zugehoerigen Pipes */

    Exec(form_data);

    /* Formularinhalt: */

    form = XmCreateForm(parent, "base", arg, 0);
    XtManageChild(form);

    /* Kommandoeingabe mit Text- und List-Widget */

    n = 0;
    XtSetArg(arg[n], XmNleftAttachment, XmATTACH_FORM); n++;
    XtSetArg(arg[n], XmNbottomAttachment, XmATTACH_FORM); n++;
    command_list = XmCreateCommand(form, "commandList", arg, n);
    XtAddCallback(command_list, XmNcommandEnteredCallback,
                  SendCB, form_data);
    XtManageChild(command_list);

    /* Zwei Buttons als Work-Area */
    n = 0;
    XtSetArg(arg[n], XmNorientation, XmHORIZONTAL); n++;
    work_area = XmCreateRowColumn(command_list, "commandButtons",
                                      arg, n);
    XtManageChild(work_area);

    n = 0;
    button = XmCreatePushButton(work_area, "kill", arg, n);
    XtManageChild(button);
    XtAddCallback(button, XmNactivateCallback, KillCB, form_data);
```

```
    n = 0;
    button = XmCreatePushButton(work_area, "exit", arg, n);
    XtManageChild(button);
    XtAddCallback(button, XmNactivateCallback, ExitCB, form_data);

    /* Text-Widget fuer die Ausgaben der Shell, oben */

    n = 0;
    XtSetArg(arg[n], XmNeditMode, XmMULTI_LINE_EDIT); n++;
    out_text = XmCreateScrolledText(form, "outText", arg, n);
    XtManageChild(out_text);

    n = 0;
    XtSetArg(arg[n], XmNtopAttachment, XmATTACH_FORM); n++;
    XtSetArg(arg[n], XmNleftAttachment, XmATTACH_FORM); n++;
    XtSetArg(arg[n], XmNrightAttachment, XmATTACH_FORM); n++;
    XtSetArg(arg[n], XmNbottomAttachment, XmATTACH_WIDGET); n++;
    XtSetArg(arg[n], XmNbottomWidget, command_list); n++;
    XtSetValues(XtParent(out_text), arg, n);

    /* Text-Widget fuer die Fehlerausgaben der Shell, unten rechts */

    n = 0;
    XtSetArg(arg[n], XmNeditMode, XmMULTI_LINE_EDIT); n++;
    err_text = XmCreateScrolledText(form, "errText", arg, n);
    XtManageChild(err_text);

    n = 0;
    XtSetArg(arg[n], XmNtopAttachment, XmATTACH_WIDGET); n++;
    XtSetArg(arg[n], XmNtopWidget, XtParent(out_text)); n++;
    XtSetArg(arg[n], XmNleftAttachment, XmATTACH_WIDGET); n++;
    XtSetArg(arg[n], XmNleftWidget, command_list); n++;
    XtSetArg(arg[n], XmNbottomAttachment, XmATTACH_FORM); n++;
    XtSetArg(arg[n], XmNrightAttachment, XmATTACH_FORM); n++;
    XtSetValues(XtParent(err_text), arg, n);

    /* An den File-Descriptor "form_data->out_of_child", der das andere
       Ende von "stdout" der Shell ist, wird der Input-Handler
       "ReadPipe" gehaengt. Sie wird aufgerufen, wenn es auf der Pipe
       etwas zu lesen gibt. "ReadPipe" schreibt den ankommenden Text in
       das Text-Widget "out_text", das als "client_data" uebergeben
       wird. */

    XtAddInput(form_data->out_of_child, XtInputReadMask,
            ReadPipe, out_text);
    XtAddInput(form_data->err_of_child, XtInputReadMask,
            ReadPipe, err_text);
}
```

```c
/*
 * "Exec" erzeugt einen neuen Shell-Prozess. Die File-Descriptoren
 * fuer "stdin", "stdout" und "stderr" dieser Shell werden auf Pipes
 * umgelenkt, die vom Vaterprozess gelesen und beschrieben werden
 * koennen.
 */

void Exec(form_data)
   FormData *form_data;
{
   int out_of_child[2];
   int err_of_child[2];
   int in_of_child[2];
   int pid;

   /* Erzeuge die Pipes */

   pipe(out_of_child);
   pipe(err_of_child);
   pipe(in_of_child);

   /* neuer Prozess mit "fork" */

   pid = fork();
   if (pid > 0) {
      /* Dies ist der alte Prozess. "pid" enthaelt die Prozess-Id des
         Kindes. Die Daten werden in die Formular-Datenstruktur
         eingetragen, und die ueberfluessigen Pipe-Descriptoren
         werden geschlossen. */

      form_data->pid = pid;
      form_data->in_of_child = in_of_child[1];
      close(in_of_child[0]);

      form_data->out_of_child = out_of_child[0];
      close(out_of_child[1]);

      form_data->err_of_child = err_of_child[0];
      close(err_of_child[1]);
   } else if (pid == 0) {

      /* Dies ist der neue Prozess. "stdin", "stdout" und
         "stderr" werden geschlossen, stattdessen wird ein Pipe-Descr.
         eingesetzt. Eine Pipe hat einen Schreib- und eine Lese-
         Descriptor. Der ueberfluessige Descriptor wird geschlossen. */

      close(0);
      dup(in_of_child[0]);
      close(in_of_child[1]);
```

```c
        close(1);
        dup(out_of_child[1]);
        close(out_of_child[0]);

        close(2);
        dup(err_of_child[1]);
        close(err_of_child[0]);

        /* Der neue Prozess wird zur Prozessgruppe gemacht und die
           eigentliche Shell wird ueberlagert. */

        pid = getpid();
        setpgrp(pid, pid);
        execlp("sh", "sh", "-i", NULL);
    } else {
        XtWarning("Prozess kann nicht gestartet werden!");
    }
}


/*
 * "AddText" haengt den String "string" ans Ende des Text-Widgets
 * "text_widget". Wenn eine maximale Zeilenzahl ueberschritten wird,
 * wird der Text am Anfang gekuerzt.
 */

void AddText(text_widget, string)
    Widget text_widget;
    String string;
{
    int length;         /* Anzahl der Zeichen im Text-Widget */
    int rows;           /* Anzahl der Zeilen im Text-Widget */
    int i;
    char *text;         /* Text im Text-Widget */
    Arg arg[1];
    Cardinal n;

#define MAX_ROWS 100

    /* Haenge den neuen Text ans Ende des Text-Widgets */

    length = XmTextGetLastPosition(text_widget);
    XmTextReplace(text_widget, length, length, string);

    /* Hole den neuen Text und berechne die Zeilenzahl */

    n = 0;
    XtSetArg(arg[n], XmNvalue, &text); n++;
    XtGetValues(text_widget, arg, n);
```

```c
    length = XmTextGetLastPosition(text_widget);
    rows = 0;

    for (i = length; i >= 0; i--)
    {
        if (text[i] == '\n')
        {
            rows++;
            if (rows == MAX_ROWS)
            {
                XmTextReplace(text_widget, 0, i + 1, "");

                /* Scrollbar auf den richtigen Wert setzen:
                 * ??? Fehler von Motif ???
                 */
                XmTextSetInsertionPosition(text_widget, 0);
                break;
            }
        }
    }

    /* Setze Cursor ans Ende des Textes */

    length = XmTextGetLastPosition(text_widget);
    XmTextSetInsertionPosition(text_widget, length);
}


/*
 * "ReadPipe" liest aus dem File "file_descr" und schreibt den Text
 * in das Text-Widget, das mit "client_data" uebergeben wird. Diese
 * Routine wird sowohl fuer "stdout", als auch "stderr" der Shell
 * aufgerufen. Das Text-Widget ist jeweils ein anderes.
 */

void ReadPipe(client_data, file_descr, id)
    caddr_t   client_data;
    int       *file_descr;
    XtInputId *id;
{
    Widget text_widget = (Widget) client_data;
    char buffer[BUFSIZ]; /* Buffer fuer die "read"-Routine */
    int count;           /* Anzahl der eingelesenen Zeichen */

    /* "read" liest aus der Pipe "*file_descr" in "buffer" */

    count = read(*file_descr, buffer, BUFSIZ - 1);
    buffer[count] = '\0';
    AddText(text_widget, buffer);
}
```

```c
/*
 * "SendCB" bekommt einen Text aus dem Command-Widget und schreibt
 * ihn in die "stdin"-Pipe der Shell.
 */

void SendCB(widget, client_data, call_data)
   Widget  widget;
   caddr_t client_data;
   caddr_t call_data;
{
   XmCommandCallbackStruct *command =
      (XmCommandCallbackStruct *) call_data;
   FormData *form_data = (FormData *) client_data;

   char    *text;        /* C-String eines XmStrings */
   int     length;       /* Laenge von "text" */

   if (command->length > 0) {
      /* Konvertiere den XmString zum C-String, schreibe in die
         Pipe und haenge ein '\n' fuer die Shell ans Ende. */

      XmStringGetLtoR(command->value, XmSTRING_DEFAULT_CHARSET,
                      &text);

      length = strlen(text);
      write(form_data->in_of_child, text, length);
      write(form_data->in_of_child, "\n", 1);
      XtFree(text);
   }
}

/*
 * "KillCB" sendet an die Shell das Signal "SIGINT".
 * Als Prozessgruppe erhalten dieses Signal auch alle Kinder, die
 * dann abgebrochen werden.
 */

void KillCB(widget, client_data, call_data)
   Widget  widget;
   caddr_t client_data;
   caddr_t call_data;
{
   FormData *form_data = (FormData *) client_data;

   killpg(form_data->pid, SIGINT);
}
```

```
! Ressourcen des Programms "xmshell" in File "XMShell"

XMShell*keyboardFocusPolicy:POINTER
XMShell*shadowThickness:2
XMShell*base.width:800
XMShell*base.height:600
XMShell*commandList.width:400

XMShell*commandList.promptString: Eingabe:
XMShell*commandList.historyVisibleItemCount: 8

XMShell*errText.autoShowCursorPosition: False

XMShell*commandList.commandButtons.kill.labelString: Ctrl-C
XMShell*commandList.commandButtons.exit.labelString: \ Ende\

XMShell*exitMessage.messageString: \
Wollen Sie wirklich\ndas Programm verlassen?
XMShell*exitMessage.okLabelString: Ende
XMShell*exitMessage.cancelLabelString: Weiter
XMShell*exitMessage.dialogStyle: DIALOG_SYSTEM_MODAL
```

Sachverzeichnis